Karl Friedrich von Nägelsbach, Georg Autenrieth

Homerische Theologie

Karl Friedrich von Nägelsbach, Georg Autenrieth

Homerische Theologie

ISBN/EAN: 9783743309821

Hergestellt in Europa, USA, Kanada, Australien, Japan

Cover: Foto ©Thomas Meinert / pixelio.de

Karl Friedrich von Nägelsbach, Georg Autenrieth

Homerische Theologie

Carl Friedrich von Nägelsbach's

Homerische Theologie.

Zweite Auflage,

nach Auftrag des verewigten Verfassers

bearbeitet

von

Georg Autenrieth,
Assistent am k. Gymnasium zu Erlangen.

Nürnberg.
Geiger'sche Verlagsbuchhandlung.
1 8 6 1.

Seinem

hochverehrten und geliebten Lehrer

Herrn

Dr. Ludwig Doederlein,

königl. Hofrath und ordentl. Professor der Philologie und Eloquenz an
der kgl. Universität, Director des philol. Seminars, zugleich Studien-
rector des k. Gymnasiums zu Erlangen, Ritter des Maximilians - sowie
des k. b. Ordens vom h. Michael etc.

widmet auch seinen Antheil

an der zweiten Auflage dieses Werkes

in herzlicher Pietät und Dankbarkeit

der Herausgeber.

Vorwort zur zweiten Auflage.

Es war heute vor zwei Jahren, dass mich der verewigte Verfasser, damals schon mit christlich gefasster Ergebung seinem nahen Tod entgegensehend, zu sich bescheiden liess. Die Stunde wird mir ewig unvergesslich bleiben, in welcher der treue Lehrer, obwohl er nur mit schwacher Stimme und in Pausen zu sprechen vermochte, doch vor Allem nach einigen seiner früheren Schüler sich theilnehmend erkundigte und dabei Gedanken aussprach, die seitdem auf seine Veranlassung hin gewissermassen als sein Vermächtniss bekannt gegeben wohl keinem Freund oder Schüler des edlen Heimgegangenen unbekannt geblieben sind. Damals nun äusserte er auch einen speciellen Wunsch an mich, dass ich nämlich die von ihm schon länger begonnene aber mehrfach uuterbrochene Bearbei-

tung einer zweiten Auflage des vorliegenden Werks nach
seinem Tode zu Ende führen sollte, mit Benützung der
Randbemerkungen in seinem Handexemplar. Ich erkannte
dankbar das in diesem Auftrag liegende ehrenvolle Zutrauen; indess war es keineswegs Ueberschätzung meiner
Kraft oder Verkennung der eigenthümlichen Schwierigkeiten einer solchen Aufgabe, welche mich zu einer Zusage
bestimmte. Aber es konnte ja das letztemal sein, dass ich
dem geliebten Lehrer ins Auge schauen durfte — bei dem
stillen Gedanken an diese Möglichkeit vermochten wir
beide den gewaltsam hervorbrechenden Thränen nicht zu
gebieten — und ich hätte irgend einen Einwand dagegen
erheben sollen? dem Manne gegenüber, der auch mir seine
aufopfernde Thätigkeit in Vorlesungen und besonders im
philologischen Seminar zugewendet, der mir ausserdem so
manchfache Beweise seines Wohlwollens gegeben, dem ich
vier Jahre lang mit freudigem Eifer zu Füssen gesessen
und der mich mit mehreren andern „jüngeren Freunden"
auch nachher fortwährend seines näheren belehrenden Um-
gangs gewürdigt hatte — ihm gegenüber verstummten alle
anderen Gedanken und Gefühle vor dem einen mächtigen
der innigsten Dankbarkeit: sein Wunsch war mir Befehl,
und ohne Zaudern willigte ich dankbar für dies Zutrauen
ein, nur mit dem aufrichtigen Wunsche, dass es einer andern Hand als der seinigen hiezu nicht bedürfen möge.
Er sollte leider nicht erfüllt werden! — „So gebe ich Ihnen
denn, fuhr er fort, plein pouvoir, mein Werk umzuarbeiten
und daran zu bessern nach bestem Wissen und Gewis-

sen." — Nur fünf Punkte deutete er in der Kürze — denn
seine Kraft war fast erschöpft und sein Gemüth zu sehr
ergriffen — für mich zur Orientirung an. Sie betrafen die
Stellung der Moira zu Zeus (vgl. III §. 13); in der Lehre
de inferis habe er mehrfach geirrt, weil er den dritten Band
von Nitzsch Anmerkungen noch nicht kannte, auf welchen
er mich daher auch mündlich hinwies; in Betreff der Hom.
Psychologie sollte ich Grotemeyer's Abhandlung, welche
er nur aus der Anzeige von Ameis kannte, einsehen (vgl.
VII §. 16 letzte Note); vorläufig bleibe er noch bei seiner
früheren Ansicht; betreffs der τάλαντα Διὸς (III §. 7) erklärte er sich gegen Welckers Auffassung; endlich was
Göttererscheinungen anlangt, halte er entschieden an der
IV §. 8 ausgesprochenen Ansicht (jetzt S. 158) fest. Schliesslich erklärte er sich nochmals gegen die von einigen Seiten versuchte sentimentale und gegen die pantheistische
Auffassung des Alterthums, wie er es von jeher gethan; besonders aber verwahrte er sich gegen das Missverständniss
als wolle er christliche Elemente, sei es nun typisch oder
wie immer, im heidnischen Alterthum nachweisen: „Nie
wäre mir so etwas eingefallen, aber das wollte ich zeigen,
dass auch in der heidnischen Religion ein Streben nach
etwas Besserem, ein Suchen der Gottheit vorhanden
war." —

Am fünften Tag nach dieser Besprechung wurde ich
noch einmal gerufen und mir von ihm mitgetheilt, dass er
— übrigens keineswegs aus irgend welchem Misstrauen —
nunmehr auch die äusserlichen Bestimmungen über sein

Werk, so weit sie mich beträfen, zu Papier gebracht und
mit Siegel und Unterschrift bekräftigt habe. Ich glaube
diesen Zug treuer Gewissenhaftigkeit, die ja so sehr das
innerste Wesen des schmerzlich Vermissten ausmachte, hier
nicht verschweigen zu dürfen.

Er selbst hatte die Bearbeitung von Abschnitt I und
II vollendet, den dritten eben begonnen: Die Note [1]) zu §. 2
enthält die letzten von seiner Hand geschriebenen Worte.
Dieser Theil ist, abgesehen von stillschweigender Beseitigung einiger kleiner Versehen, unverändert geblieben. Bei
dem mir zufallenden Theile der Arbeit nun war es, wie billig,
mein Hauptbestreben, die relativ neueste Ansicht des Verewigten, so weit ich konnte, aufzusuchen und darzulegen.
Dazu dienten mir ausser eigener Erinnerung und Aufzeich-
nungen besonders in Vorlesungen und im philologischen
Seminar die Bemerkungen des Handexemplars, welche in kür-
zester Weise meist in Form von Citaten am Rand angebracht
sind. Nur war insofern hiebei Vorsicht anzuwenden, als dieselben im Verlauf von fast zwanzig Jahren niedergeschrieben
waren, theilweise auch in der Nachhomerischen Theologie
schon ihre Verwendung gefunden haben. Mit fast durchgän-
giger Ausnahme dieser letzteren habe ich sie alle genau an
den betreffenden Stellen verzeichnet, und zwar in der Regel
in den durch Ziffern kenntlich gemachten Noten. Ausserdem hatte ich vom verewigten Verfasser einige Recensio-
nen der ersten Auflage erhalten, die man ebenfalls benützt
findet. Durch freundliche Mittheilung der Hinterbliebenen
desselben kamen mir auch einige Fascikel schedulae zu,

in welchen theils Sammlungen theils Concepte für die erste
Auflage dieses Werks und der Anmerkungen zur Ilias u.
dgl. enthalten waren; doch überzeugte ich mich bald, dass
ich hievon wenig Gebrauch machen konnte. Endlich wurde
mir auch das Handexemplar des Vf. von dessen Anmerkungen zur Ilias (2. Aufl.) mitgetheilt, wo ebenfalls eine
Anzahl von Citaten an den Rand bemerkt sind. Dies waren nebst den gedruckten Schriften desselben Verfassers
die Mittel, aus denen ich seine Ansichten theils kannte,
theils genau zu erkennen, suchte. — Es versteht sich von
selbst, dass ich davon gewissenhaften Gebrauch gemacht
und hier so wenig als sonst Resultate fremder Forschung
als die meinigen hingestellt habe.

Demnächst muss ich als Quelle reicher Belehrung die
Schriften von W. Nitzsch, dem hochverdienten Homeri-
ker, und meines dankbarst verehrten Lehrers, Hofrath
L. Döderlein, hervorheben. Ich ergreife mit Freuden
die Gelegenheit, dem gefeierten Manne, dessen Vorträge
mir wie jedem seiner Zuhörer vielfältige Belehrung und
Anregung boten, dem ich aber auch nach meiner Universitäts-
zeit im amtlichen und Privatverkehr näher zu stehen bisher
das Glück hatte und von welchem mir seit nunmehr acht
Jahren die vielfältigsten Beweise gütigen Wohlwollens zu Theil
geworden sind, hiemit öffentlich meine besondre Verehrung
und Dankbarkeit zu bezeugen, auf welche er bei diesem
Werk durch die bereitwilligste Mittheilung von Werken seiner Bibliothek noch besonderen Anspruch hat. In dieser
Gesinnung habe ich es auch gewagt, meinen immerhin ge-

ringen Antheil an vorliegendem Werke dem Manne zu
widmen, dessen Name schon an der Spitze der ersten Auflage glänzte. — Aber auch aus den Werken anderer Gelehrten, die man im Werke selbst genannt findet, wurde
mir manchfache dankenswerthe Belehrung. Bei dem regen
Eifer, mit welchem die Homerischen Studien gegenwärtig
betrieben werden, konnte oder musste mir freilich Manches
entgehen; Anderes musste ich auch trotz der dankenswer-
then Liberalität, mit welcher mir von der verehrlichen
Commission und den Herren Vorständen der k. Universi-
tätsbibliothek dahier deren Benützung gestattet wurde, doch
schmerzlich vermissen, wie z. B. Gladstone's Studies on
Homer and the Homeric Age, von welchen ich nur die
Recension in der Edinburgh Review und erst kürzlich die
von A. Schuster in Mützells Zeitschrift kennen lernte. Da
in beiden hauptsächlich nur die mehrfachen Irrthümer
Gladstone's in Bezug auf die Homerische Frage und Geo-
graphie besprochen sind, so wäre mir die Einsicht der
übrigen Partieen des Werkes selbst, besonders Vol. II und
III, sehr willkommen gewesen.

Was nun die äussere Einrichtung des Buches betrifft,
so galt es vor Allem leicht erkennbar zu machen, was ich
hinzugethan habe. Unbedeutende und seltene Aenderungen
im Ausdruck abgerechnet, gibt der nicht in eckige Klammern gesetzte Text die eigenen Worte des Verfassers,
alles was in diese Klammern [ ] gefasst ist, wurde von
mir selbständig hinzugefügt. Wo eine vom Vf. herrührende Notiz Anlass zu einer Erörterung gab, ist letztere

zwar auch in eckige Klammern gesetzt, jene Notiz aber
genau in der bezifferten Anmerkung wiedergegeben. Durch
diese Einrichtung, die für mich freilich einige Unbequem-
lichkeit mit sich brachte, suchte ich es zu ermöglichen,
dass der Leser den Text ohne Unterbrechung lesen könne
und nicht in noch mehr Noten, als ohnediess nöthig wurden, auch das Wesentlichere suchen müsse. In diesem
Bestreben habe ich mich auch in der Citir- und Darstel-
lungsweise möglichst an den Verfasser angeschlossen. Wo
ein Paragraph gänzlich umgestaltet werden musste, was
dann auch an jenen Klammern kenntlich ist, wurde selbstverständlich das in der ersten Auflage Gegebene ohne
weiteres benützt; was hiegegen in dem §. geändert ist,
rührt blos von mir her, wofern nicht andre Quellen angegeben sind.

Auf mehrseitigen Wunsch und in Folge eigener früherer Wahrnehmungen habe ich ein kurzes Register an-
gefügt; die dem Ganzen vorstehende Uebersicht, welche
den Bau des Werkes aufzeigt, durfte darum nicht weg-
bleiben. Ebenso lasse ich auch die Vorrede zur ersten
Auflage folgen.

Dass das Erscheinen des schon früher angekündigten
Werkes verzögert wurde, wolle man damit entschuldigen,
dass ich wegen vielfacher Beschäftigung an hiesiger An-
stalt ausser den Ferien nur sehr selten ein Continuum von
Zeit für diese Arbeit zu erübrigen vermochte.

Schliesslich habe ich noch meinen lieben Freunden
und Collegen Herrn Dr. Friedlein und Soergel für ihre freund-

liche Unterstützung bei der Correktur herzlichen Dank zu
sagen.

Und so möge denn dieses monumentum postumum
des Verfassers dazu dienen, sein Gedächtniss bei den
Freunden classischer Bildung wach zu erhalten, wo möglich zu verbreiten; meinen Versuchen aber eine billige
Beurtheilung nicht versagt werden. Freundliche Belehrung
werde ich stets dankbar annehmen.

Erlangen, den 21. März 1861.

G. Autenrieth.

Vorrede zur ersten Auflage.

———

Jean Paul hat irgendwo gesagt, dass eine Vorrede
nichts sein solle, als ein längeres Titelblatt. Diese Vorschrift kommt dem persönlichen Bedürfniss des Verfassers
vorliegender Arbeit in so ferne zu statten, als er sich vor
Allem gedrungen fühlt, durch Darlegung dessen, was er
unter homerischer Theologie versteht, den Verdacht von
sich abzuwenden, als wolle er sich unberufen, wie er ist,
der imposanten Reihe unserer mythologischen Forscher
vorwitzig anschliessen. Allein indem er sein Buch eine
homerische Theologie nennt, will er schon durch den
Titel erklären, dass er sich der Arbeit des Mythologen,
nämlich der Sichtung und Sonderung, der Kritik und Entzifferung, der historischen Entwicklung mythologischer Vorstellungen gar nicht zu unterziehen gewagt hat. Seine

Forschung hat zum Gegenstande das Wissen des homerischen Menschen von der Gottheit, und die Wirksamkeit, die Bethätigung dieses Wissens in Glauben und Leben, keineswegs aber die Geschichte der Gottheiten in der dichtenden Phantasie des Hellenenvolks. Er wollte den Inhalt, Umfang und Gehalt der homerischen Gotteserkenntniss darstellen, nicht den Ursprung, die Ausbildung, die Verzweigung und Umgestaltung der homerischen Mythologeme. Den Mythologen beschäftigt vorzugsweise die bestimmt umschriebene Person des Gottes und die sich an dessen Verehrung knüpfende religiöse Vorstellung; unsere Betrachtung fasst das allen Gottheiten gemeinsame *numen divinum* ins' Auge; wir fragen nicht sowohl was der homerische Mensch von den Göttern, als was und wieviel er von Gott weiss. Denn wenn wir auch am bestimmten Orte genöthigt sind, von einer Gliederung des Götterhimmels, von den theologischen Bezügen der einzelnen Gottheiten aufeinander zu reden, so sind wir es nur desshalb, weil es in dem Wesen des von Homer erkannten *numen* liegt, sich in einer Vielheit göttlicher Individuen zu manifestiren. Haben wir diese Besonderung und die aus ihr sich ergebenden Beziehungen erkannt, so kümmern uns für unseren Zweck die Gottheiten in ihrer Vereinzelung, das selbständige Leben, was jede für sich im Glauben des Volkes lebt, nichts weiter. Vielmehr wenden wir uns sofort zur Erörterung des Einflusses homerischer Gotteserkenntniss auf alle Gestaltungen des Menschenlebens, so weit diese nämlich auf religiöser Grundlage ruhn, durch

welche Bestimmung sich natürlich jede nicht religiös be-
dingte Lebensrichtung innerhalb der homerischen Welt,
so wie selbst im Bereiche religiöser Sitte das blos anti-
quarisch Interessante von der Betrachtung ausschliesst.
Dagegen ist es wenigstens der Absicht und dem
Wunsche nach des Verfassers Hauptbestreben gewesen,
die homerische Theologie in ihrem Zusammenhange
verstehen zu lernen. Was ein Volksindividuum Geistiges
erzeugt, ist im Jugendalter seiner Entwicklung, ehe noch
die Berührung mit Gebilden ausländischer Phantasie ihren
störenden und entstellenden Einfluss geübt hat, ein orga-
nisches Kunstwerk des unmittelbaren Bewusstseins. Wenn
schon die Mythen des Hellenenvolkes, in deren Gestaltung
nnd Veränderung doch der Unterschied der Oerter und
Zeiten, kurz die ganze locale und historische Sonderung
der Nation so mächtig einwirkt, so viele deren ächt sind,
unverkennbar ein gemeinsam - hellenisches, auf dieselben
Grundgedanken hinleitendes Gepräge tragen, so muss doch
wahrlich die geistige Thätigkeit des Volks in einer von
den natürlichen Unterschieden und Gegensätzen nur leise
berührten Sphäre etwas Einheitliches und Ganzes zu schaffen im Stande sein, das sich dem Versuch einer wissen-
schaftlichen Darstellung nicht hartnäckig entzieht. Die
Structur also, welche diesem Buche zu Grunde liegt, hat
der Verfasser desselben nicht künstlich gemacht; der Gegenstand selber hat sich gegliedert und in seine Momente
zerlegt; sollte sich's befinden, dass diese Gliederung, wie
sie hier vorliegt, dem Gegenstande nicht entspräche, so

müsste sich der Verfasser einer freilich unwissentlichen
Nichtachtung der Weisungen und Winke schuldig bekennen, welche so gewiss im Inhalte liegen, als das Griechen-
volk in allen seinen Schöpfungen den Gesetzen organi-
scher Entfaltung folgt.

Endlich ist die Theologie, die der Unterzeichnete in
diesem Werke darstellt, blos die homerische, mit Aus-
schluss Hesiod's, der Hymnendichter und der Fragmente
späterer Epik. Nur einen Augenblick konnte der Verfasser den Gedanken hegen, auch die genannten Documente
religiöser Weltanschauung in den Kreis seiner Arbeit zu
ziehn, sah jedoch sehr bald ein, dass in denselben ein so
bedeutender Fortschritt der Gotteserkenntniss des Menschengeistes zu Tage liege, dass er den aus ihnen zu ge-
gewinnenden Stoff nur in einem zweiten Theile des Buches, nimmermehr aber innerhalb der homerischen Theologie hätte verarbeiten können; er wirft daher nur hin
und wieder einen vergleichenden Blick auf dieselben. Dagegen ist er himmelweit entfernt von jener Chorizonten-
Manie, welche Benjamin Constant verleitet hat zu sagen,
dass der Sänger der Odyssee eben so wenig die Ilias
habe dichten können, als ein alexandrinischer Jude die
Psalmen oder den Hiob (Tome III p. 435). Die Acten
über die Verschiedenheit der Sänger beider Gedichte sind
überhaupt noch nicht geschlossen; der Verfasser scheut
das Bekenntniss dieser philologischen Ketzerei nicht; was
aber insbesondere die Annahme eines wesentlichen, nicht
blos durch poetische Motive scheinbar herbeigeführten Un-

terschieds der religiösen Vorstellungen betrifft, so glaubt
er durch sein ganzes Buch dem aufmerksamen Leser den
indirecten Beweis geliefert zu haben, dass dieselbe jedes
haltbaren Grundes ermangelt.

Ob mir das Bestreben, eine tiefer gründende, aus
objectiver Gliederung des Gegenstandes erwachsene Darstellung der homerischen Gotteserkenntniss zu liefern, einigermassen gelungen sei, darüber erwarte ich das Urtheil
der Kenner „mit etwas mehr als gewöhnlicher Autorfurcht-
samkeit." Schon das muss mich bedenklich machen, dass
es mir aus Gründen, die ich hier zu verschweigen habe,
völlig unmöglich war, einen vollständigen Apparat von
den Vorarbeiten und Hülfsmitteln zusammen zu bringen;
ja es würde sich derselbe kaum über das Bekannteste und
Zugänglichste erstrecken, wenn mich nicht Herr Inspector
Dr. Netto in Halle mit der edelsten Liberalität aus seiner
reichen *Bibliotheca Homerica* mit einer Anzahl von Mono-
graphieen unterstützt hätte. Die Schnelligkeit und Bereitwilligkeit, womit dieser verdiente Gelehrte der Bitte des
ihm persönlich ganz Unbekannten im ausgedehntesten Umfang entsprochen hat, erheischt meinen wärmsten und leb-
haftesten Dank. Ich habe von diesen und anderen Hülfsmitteln gewissenhaften Gebrauch auch in so fern gemacht,
als ich niemals die Schrift eines Gelehrten ohne dessen
Namen zu nennen benützt, dagegen allen Citatenprunk
verschmäht habe, wo ich etwas mir durch eigene Forschung
klar gewordenes später bei Andern bestätigt fand. Freilich giebt alles, was mir von Vorarbeiten zu Gesichte ge-

**

kommen ist, kaum zusammen genommen so viel wesentlich fördernde Ausbeute, als Nitzsch's Commentare zur
Odyssee, deren Vollendung die philologische Welt mit
Sehnsucht erwartet. Doch ist mir auch Helbig's Buch*)
vielfach nützlich geworden, was ich mit Freuden aner-
kenne, wenn ich mich gleich durch die Erscheinung seiner
Arbeit nicht wissenschaftlich verpflichtet erachten konnte,
mit der meinigen zurückzuhalten. Glaub' ich doch auch
nur einen Beitrag zur Erforschung eines Gegenstandes geliefert zu haben, dessen bisher von Philologen wie Theo-
logen mehr denn billig unbeachtete Wichtigkeit zu tieferer
und allseitiger Ergründung noch manchen begabteren, um-
sichtigeren und gelehrteren Forscher erheischt. Denn es
handelt sich um nichts Geringeres als um eine vollständige
unverrückbare Grundlage einer Religionsgeschichte der
klassischen Heidenwelt, welche nur derjenige mit völliger
Zuverlässigkeit bieten kann, der die Gesammtentwicklung
der im Dichter keimenden religiösen Vorstellungen nach
allen Richtungen durch alle Zeitalter verfolgt hat; denn
jeder Anfang wird vollständig nur durch den Process und
Abschluss der Entwicklung begreiflich.

Zu solcher Arbeit gebricht es mir als einem vielbe-
schäftigten Schulmanne an Kraft und Musse zu sehr, als
dass ich vor Bearbeitung des vorliegenden Werkes an de-

---

*) Die sittlichen Zustände des griechischen Heldenalters. Ein Bei-
trag zur Erläuterung des Homer und zur griechischen Kulturgeschichte von Karl Gustav Helbig. Leipzig bei Kayser 1839.

ren Unternehmung hätte denken können; und das ist der Hauptgrund, aus welchem ich mein Buch mit Schüchternheit und nur als eine Vorarbeit dem philologischen und theologischen Publicum übergebe. Den Gewinn, den ich persönlich aus derselben gezogen habe, schlage ich nichts desto weniger sehr hoch an. Es stellte sich mir das Sehnen und Ringen des Menschengeistes nach dem Besitze des Einen, des lebendigen, persönlichen Gottes dar, ohne welchen derselbe sich nicht zu beruhigen und zu befriedigen, den ihm keine, dem Alterthum stets nahe liegende pantheistische Weltanschauung zu ersetzen vermag. Dieses Suchen Gottes ist der lebendige Pulsschlag in der gesammten religiösen Entwicklung des Alterthums. Aber schon bei dem Dichter tritt es für jeden, der Augen hat zu sehen, so deutlich als möglich hervor, dass dieses Suchen in der Ahnung und Sehnsucht des Bedürfnisses viel weiter vorgeschritten ist, als in der Fähigkeit demselben aus eigenem Vermögen Genüge zu thun. Darum reiht sich Versuch an Versuch, der wirklichen und wesentlichen Gottheit auf irgend eine Weise habhaft zu werden. Sie misslingen sämmtlich, und das gesammte Weltwesen wäre ohne Steuer und Halt, die Bewegung und der Fortschritt ohne Leitstern und Mittelpunkt, wenn sich nicht theils im Gewissen des Menschen ein stetes Zeugniss von Gott, theils aus demselben die Kenntniss vom Guten und Bösen zu sittlichen Institutionen entwickelte, welche dem menschlichen Dasein wie Grund und Boden bereiten, so Sicherung und Garantie geben. Diese sittlichen Institutionen sind es,

welche das Weltwesen bis zu der Zeit erhalten, wo der
Menschengeist im eigenen Suchen des lebendigen Gottes
befriedigungslos erschöpft das als Gnadengeschenk von
oben erhält, was er als ein von seinem Ursprung zeugen-
des Postulat zwar immer vor Augen hatte, aber nie sich
selber zu geben vermögend war. Wir haben in neuester
Zeit den Versuch erlebt, beides, jene sittlichen Institute sowohl als das Gnadengeschenk der Erkenntniss des Einen,
lebendigen, persönlichen Gottes wegzuwerfen. Die Mon-
strosität dieses Frevels wird nicht nur darin anschaulich,
dass man erwägt, was durch denselben sowohl dem Individuum als der gegenwärtigen Weltentwicklung genommen
wird, sondern auch, wenn man das Sehnen und Ringen
der Vorwelt nach dem Gute betrachtet, in dessen Weg-
werfung man eben jenes Sehnen factisch verhöhnt, die
Menschheit aber in die nunmehr tantalische Qual eines
Suchens ohne Ziel und Ende stürzt. Dass die vorliegende
Arbeit auch Andern einige Anschauung von der Natur jenes edlen, im Christenthum auf tiefste befriedigten Suchens
gewähren möge, ist des Verfassers herzlicher Wunsch.

Nürnberg, den 14. Julius 1840.

Naegelsbach.

Inhalt.

Zweiter Abschnitt.

Die Gliederung der Götterwelt. Der olympische Staat.

Fünfter Abschnitt.

Die praktische Gotteserkenntniss.

Uebergang: die Offenbarungen der Gottheit offenbaren weder Lehre noch Gesetz; beides schöpft der homerische Mensch aus dem durch den Volksglauben bestimmten und gebildeten Gewissen. 1. Aus diesem heraus gestaltet sich das Verhältniss des Menschen zur Gottheit.

A. Verhalten des Menschen zur Gottheit unmittelbar; die subjective Pietät.

Quelle derselben ist das Abhängigkeitsgefühl Der Mensch bedarf der Gottheit. 2. Dies wird anerkannt

I. durch das Opfer, welches Hauptstück des Kultus ist. 3.

   1. Der priesterliche Kultus, der gebunden ist an heilige Stätten (4) und an die Personen der Priester (5), welche jedoch keine hierarchische Corporation bilden oder ins Leben des Volkes ein hieratisches Element bringen, so dass auch die mehrmals erwähnte Göttersprache keine hieratische ist. 6.

   2. Der politische Kultus. 7. Die θυοσκόοι. 7b.

   3. Der häusliche oder sonstige Privatkultus. Im Gegensatze zu den *statis* und *anniversariis sacrificiis* 'das Gelegenheitsopfer und die Libation. 8.

   Gegensatz: Opfer des eigenen Willens und der Gehorsam der Selbstverläugnung. 9.

II. Durch Zuversicht und Vertrauen (10), deren Bethätigung

III. das Gebet ist (Bitt-, selten Lob- und Dankgebet). 11. Priesterliche Fürbitte. 11. Ansprüche des Betenden; Bedingungen des erhörlichen Gebets. 12. Liturgische Form desselben; Wahl der Gottheit. 13. Sonstiges Rituelle. 14. Aber die Erhörung beruht gleichwohl lediglich auf subjectiver Willkür der Gottheit. 15.

Aus dieser subjectiv willkürlichen Stellung der Gottheit zum Menschen resultirt eine nur unvollständige, mit innerem Widerstreben gepaarte Ergebung in die Fügungen und den Willen derselben. 16. Daher

   1. einerseits der Gottheit gegenüber Resignation, 17.

   2. andererseits ein Schelten der Gottheit. 18.

Da aber auch die Μοῖρα waltet, so kommt es zur vollendeten Resignation. Auflösung der subjectiven Pietät. 19.

Diese löst sich auch noch auf anderem Wege auf:

   1. Die Lieblings-Gottheit wird geehrt, die anderen neben ihr für nichts geachtet. 20.

   2. Der Mensch vermag sich an der leibhaftigen Gottheit zu vergreifen. 21.

B. Verhältniss des Menschen zur Gottheit mittelbar durch andere Menschen. Die objective Pietät oder die Ethik. 22.

Derselben Quelle: das Gewissen und das sittliche Institut; Standpunkt: Identität der Sphären des Rechts, der Sittlichkeit

Sechster Abschnitt.

Die Sünde und die Sühnung.

Es giebt nämlich

a. Ein körperliches Princip des geistigen Lebens, eben die φρένες.

Denn

α. Empfinden, Denken und Wollen ruht in ihnen beim Menschen wie beim Thiere. 17. 18.

β. Das Leblose bekommt die φρένες, sobald ihm eine geistige Thätigkeit zugeschrieben wird. 19.

b. ein seelisches Princip des geistigen Lebens, den θυμός.

Denn

α. im θυμός gehen die nämlichen geistigen Functionen vor, wie in den φρεσίν. 20.

β. Die beiden Hauptseelenkräfte, μένος und νοῦς, haben so gut im θυμός als in den φρεσὶν ihren Sitz. 21.

γ. Der θυμός verlässt im Tode den Leib so gut als die ψυχή, welche das animalische Princip des Lebens ist, jedoch ohne das Schicksal derselben zu theilen. 22.

Aber das seelische Princip des geistigen Lebens wird den φρεσὶ nicht blos coordinirt, sondern inhäriert denselben auch. Die φρένες sind die alleinigen Träger des Geistes. 23.

2. Gehn also im Tode die φρένες zu Grunde, so ist nicht nur der Leib des Menschen, sondern auch der Geist desselben gestorben. Darum hat die zum εἴδωλον gewordene ψυχή keine φρένες mehr, ausgenommen die des Teiresias. 24.

Folgen hieraus für das εἴδωλον im Hades:

a. physische Existenz, 25.

b. geistige Existenz desselben. Die Bewusstlosigkeit der Todten. 26.

c. Drang nach Wiederbelebung durch das Blut. 26.

III. Nichts desto weniger sind die 'Manes in anderer Beziehung wieder divi Manes. 27. Versuch einer pragmatischen Entwicklung des homerischen Glaubens über das Jenseits. 28. 29. Die Widersprüche auf diesem Gebiete:

1. In Absicht auf die Localität des Hades. 30 (28.)

2. In Absicht auf die Leiblichkeit 30 (28) und Geistigkeit der Todten. 31 (29).

α. Minos' Richteramt unter den — nicht über die Todten.

β. Uebermenschliches Wissen derselben.

γ. Opfer und Gebete, den Todten geweiht. 32 (30.) Die Widersprüche in Od. ω. 33 (31).

***

Berichtigungen.

S. 18 Z. 10 l. *Δωδωναῖε.*

— 20 — 12 l. Spähers.

— 23 — 3 füge man bei „vgl. über die Kritik dieser Stelle W. Nitzsch in NJbb. 81 S. 866".

— 57 — 4 v. u. l. *ὅς κε.*

— 63 — 16 tilge man das Punctum.

— 67 — 21 nach „Patroklos" ist die Schlussklammer) zu setzen.

— 96 — 21 l. Klothes (*Κλῶθες*).

— 129 — 15 nach „zu lassen" fehlt die Schlussklammer].

— 135 — 13 l. zuzuschreiben.

— 144 — 6 v. u. l. dieselben reagirt.

— 159 Note. Eine genaue Analyse von ll. *d*, 73 ff., verglichen mit Od. *π*, 160 und ähnlichen Stellen, kann allerdings wenn auch nicht für die *μετάβασις εἰς ἄλλο γένος* der Götter zeugen, so doch eine vermittelnde Ansicht ermöglichen, nach welcher dem menschlichen Auge, welches ja der Gottheit gegenüber von Natur gebunden ist, in solchen Fällen die Gottheit in einer willkürlich von dieser gewählten Form als ein anderes Wesen erscheint, ohne doch ihr Wesen in der That aufzugeben.

— 169 not. 2 Z. 2 l. meist auch für.

— 199 die letzte Note soll 3) bezeichnet sein.

— 211 not. die Klammer [gehört vor „und".

— 216 Z. 7 v. u. l. an, ihn.

— 236 n. 1 Z. 1 tilge man das Punctum nach 95.

— 253 Z. 3 u. l. Edinburgh.

— 257 — 2 u. „bei" gehört in die Klammer.

— 260 — 12 u. l. „die er als Erbe gegenüber der P."

— 265 — 13 streiche man die Klammer (vor: So auch N.

— 350 — 3 u. setze man das Semikolon vor Benfey.

— 362 — 6 l. dass das.

— — — 11 l. *σοὶ μὲν παρὰ καὶ κακῷ.*

— 382 — 20 v. u. l. (vgl. die obigen Stellen aus ll. *ψ*).

Durch einen eigenthümlichen Zufall kommt dem Herausgeber leider erst jetzt die Fortsetzung von Bergk's Abhandlung „die Geburt der Athene" (NJbb. 81 Heft 6, S. 377 ff.) zu Gesicht. Es sind dort auch einige in die Hom. Theologie einschlagenden loci behandelt z. B. über Ambrosia, Bestattung und Zustand der Todten, die Localität des Hades u. ä.; auf diese von der unsern mehrfach wesentlich abweichende Darstellung wollen wir wenigstens hiemit aufmerksam machen.

Einleitung.

Es darf wohl gegenwärtig als ausgemachte Wahrheit gelten, dass uns der Zauber homerischer Poesie aus einer nicht durch bewusstes Denken vermittelten Einheit von Natur und Kunst entgegentritt. Homer ist ein Naturdichter, aber so, dass sich in seiner Natur die ganze Fülle der edelsten Kunst offenbart, dass er, indem er seine Lieder dichtet, die Gesetze der Epik nicht befolgt, sondern schafft, während ihm die künstlerische Technik, in deren Handhabung seine Gesänge sich gestalten, so wenig Gegenstand bewusster Erkenntniss ist, dass er, wenn wir ihn über die dem Sänger zu lösenden Aufgaben selbst befragen, mit Bestimmtheit nur Anschaulichkeit in der Darstellung und etwa noch, jedoch nach Od. α, 337 nicht ausschliesslich, Neuheit in der Wahl des Stoffes fordert. Man sehe Od. ϑ, 489 ff., wo Odysseus zu Demodokos sagt: λίην γὰρ κατὰ κόσμον Ἀχαιῶν οἶτον ἀείδεις, ὅσσ᾽ ἔρξαν τ᾽ ἔπαϑόν τε, καὶ ὅσσ᾽ ἐμόγησαν Ἀχαιοί· ὥστε πού ἢ αὐτὸς παρεὼν ἢ ἄλλου ἀκούσας· ferner Alkinoos' Lob der anschaulichen Erzählungen seines Gastes in Od. λ, 368 f.; μῦϑον δ᾽, ὡς ὅτ᾽ ἀοιδὸς, ἐπισταμένως κατέλεξας, πάντων τ᾽ Ἀργείων σέο τ᾽ αὐτοῦ κήδεα λυγρά· endlich Telemachs bekanntes Wort Od. α, 351: τὴν γὰρ ἀοιδὴν μᾶλλον ἐπικλείουσ᾽ ἄνϑρωποι, ἥτις ἀκουόντεσσι νεωτάτη ἀμφιπέληται. Sonst ist die Schönheit des Ganzen wie des Einzelnen seines Geistes unmittelbare That; jede Vorstellung, welche das künstlerische Schaffen und das künstlerische Wissen des Sängers auseinander fallen und dieses wie bei dem modernen Dichter jenem vorausgehen lässt, macht eine sich

Nägelsbach, Hom. Theol. 2. Aufl.   1

der Gesetze nach denen sie schafft bewusste Schöpfung des
Schönen höchst unnatürlich zur Grundlage der abendländi-
schen Poesie. Denn ist Homer auch keineswegs der Anfang,
sondern gewiss der Höhepunkt einer poetischen Entwicklungs-
periode, und ist er desshalb auch weit mehr als sein Phemios,
sein Demodokos, so ist doch die Periode selbst, die er abschliesst, unwidersprechlich die der unmittelbaren, der noch
nicht durch Reflexion geschaffenen Einheit von Natur und
Kunst. Aber der Zauber homerischer Poesie wird auch dadurch
zerstört, dass man zwischen den Dichter und seine Schöpfungen die Reflexion in so fern einschiebt, als man dem Inhalt
und Stoffe nach das Wissen des Dichters von dem Wissen
der Menschheit, die er darstellt, unterscheidet *), gleich als
sei er ein Weiser gewesen, der, entweder priesterlich geweiht, dem Volke nur die Hüllen einer von ihm erkannten
Geheimlehre gegönnt, oder, verständig aufgeklärt, die Göt-
terfabeln selbst belächelt und blos als poetischen Zierrath
oder höchstens als Einkleidung moralischer und physikalischer
Lehren gebraucht habe. Ueber letztere Vorstellung, die sich
in möglichst alberner Form bei Damm in den Anmerkungen
zur übersetzten Odyssee findet, die von Heyne näher begründet **) und selbst von Voss trotz seiner scharfen Polemik gegen Heyne wenigstens in so weit festgehalten worden
ist, als er meint, Homer sei göttlicher als seine Götter und
habe, soweit Satzung und Volkswahn gestatteten, deren alt-
väterische Rohheit gemildert ***), dürfen wir uns wohl erlauben hinwegzugehn. Die erstere, zwar wesentlich modificirt,
wird bekanntlich von Creuzer z. B. in seinen und Hermanns
Briefen vertreten, und vielleicht am meisten charakteristisch
in folgender Stelle ausgesprochen (p. 53): „Wenn Sie also
sagen: „die Poesie weiss nichts von dergleichen Anspielungen

---

*) Ueber die Unzulässigkeit dieser Unterscheidung vgl. die erschö-
pfende Auseinandersetzung Hegels in der Aesthetik Bd. 3. p. 335.
**) Vgl. Nov. Comment. Soc. reg. Gott. Vol. VIII.; Exc. 1 ad Il. ϑ;
Müller Prolegg. p. 317 ff.
***) Vgl. Mythol. Br. I p. 20; Müller Prolegg. p. 321, bes. 322 am
Ende; auch Preller in den Hallischen Jahrb. 1838 p. 827 f.

(auf Geheimlehren)," so sage ich in Hinsicht solcher durch
Wortkargheit auffallenden Stellen: „diê Poesie will und darf
nichts davon wissen; es will aber der Dichter, und namentlich auch der Homerische Hymnendichter, vor dem versammelten Volke den Unterrichteten und Eingeweihten zu verstehen geben, dass auch er zu den Religionskundigen gehöre." Hiemit vergleiche man Creuzers Aeusserungen in der
Symbolik II p. 447, 459; III, 182 f. Seine ursprüngliche
Ansicht blickt selbst leise noch in einer Stelle durch, wo er
sie, wenn ich ihn anders recht verstehe, zurückzunehmen
scheint: „Homer selbst konnte von einem allegorischen Verstande seiner Gesänge kein Wort wissen oder wissen wollen. Seine Lieder gefielen dem Volke, wie dem Könige.
Damit gut. — Für das Uebrige (d. i. für höhere religiöse
Bedürfnisse) war bei den Hellenen, wie allerwärts, auf andere Weise gesorgt" (Vorrede zur Symb. IV p. XV). Noch
stärker als Creuzer drückt sich Wachsmuth aus (hell. Alterthumskunde 2. Ausg. Bd. 2 p. 442): „Ohne Zweifel haben
Homer und Hesiod noch mehr gewusst, als ihre Gedichte sagen. In diesen spricht sich ja nur der Dichter aus, nicht
der denkende Mensch überhaupt; die Tiefe des letzteren tritt
oft vor der sinnlichen Auffassung des ersteren in Hintergrund."
Dass nun im Dichter Spuren symbolischer Mythen wirklich vorhanden sind, lehrt der Augenschein und es haben
auch die competentesten Richter diese Thatsache anerkannt;
vgl. Hermann's Briefwechsel mit Creuzer p. 13. 26, Welcker Aesch. Tril. p. 151, Müller in den Prolegom. p. 340.
342; Voelcker im rhein. Museum für Philologie Jahrg. I
Heft 2 p. 191 ff., Baeumlein in dem schönen Aufsatze:
Pelasgischer Glaube und Homer's Verhältniss zu demselben
in Zimmermann's Zeitschrift 1839. XII. Nro. 147 ff.; Müller
findet insbesondere bei den ärgerlichen und unwürdigen Göt-
tergeschichten die Läugnung aller Bedeutsamkeit widersinnig
(Prolegom. p. 356). Darum wagen wir auch nicht in der
Mythe von Zeus' Fesselung (Il. α, 397 ff., vgl. Welcker Aesch.
Tril. p. 150), in der von Zeus und Typhoeus (Il. β, 781), in
Zeus' goldener Kette (Il. ϑ, 18), in Here's Bestrafung (Il. o,
18), in Here's Verbergung des lahmgeborenen Hephaistos

1 *

(Il. σ, 396), in der Fesselung des Ares durch Otos und
Ephialtes (Il. ε, 385 ff., vgl. Nitzsch Od. Bd. III p. 247),
vielleicht auch in der unorganisch eingeschalteten Theomachie
(Il. φ, 385 ff.), in Helios' Rindern (Od. μ, 127 ff.) und Anderem Ueberbleibsel uralter Symbolik zu verkennen, wenn
wir uns gleich mit physikalischen Deutungen der Ilias und
Odyssee im Ganzen, dergleichen Bernhardy gr. L. G. II, 1
p. 69 2. Ausg. erwähnt, auch nicht im entferntesten befreun-
den können.

Aber mit der Anerkennung symbolischer Mythen im
Dichter ist nun und nimmermehr eingeräumt, was Creuzer
in der oben angeführten Stelle sagt, dass der Dichter, den
er hier zusammenstellt mit dem Hymnendichter, den Unterrichteten und Eingeweihten habe zu verstehen geben wollen,
dass auch er zu den Religionskundigen gehöre. Schon O u-
w a r o f f hat in seiner Schrift über das vorhom. Zeitalter p.
28 treffend erwidert, die anerkannte Wahrheit, dass Homer's
Dichtung eine jugendliche, ja sogar eine kindliche sei, ent-
ferne jede Vorstellung von einer absichtlichen und willkürlichen Geheimhaltung mystischer Lehre. Und es findet sich
im ganzen Dichter auch nicht die geringste Spur, dass er
Symbolisches, welches er berichtet, a l s Symbolisches berichte *), dass er eine Geheimlehre, ja dass er nur einen
Stand kenne, der als Inhaber eines mystischen Wissens, als
Ausleger eines ἱερὸς λόγος betrachtet werden könnte. Denn
wenn irgend etwas, so steht die Thatsache fest, dass seine
Priester (an die μάντεις ist gar nicht zu denken), deren er
auf Seite der Hellenen höchst selten erwähnt, weder einen
geschlossenen, von den Nichtpriestern wesentlich verschiedenen Stand bilden, noch irgend geheimen Kulten vorstehn,
oder verborgener Weisheit kundig erachtet werden; vgl. L o-
beck Aglaoph. I p. 256 ff. Die Voraussetzung also, dass
er die Symbolik, die in seinem Liede nicht spurlos verschwunden ist, für seine Person auch habe deuten können,
bringt in die Weltanschauung des Dichters ein Element, von

---

*) Anders Welcker Aesch. Tril. p. 151 in Bezug auf Briareus - Ae-
gaeon. [Vgl. desselben Gr. Götterlehre I. p. 88.]

welchem die Menschen, die er schildert, offenbar kein Bewusstsein haben, ja das der Sinnes - und Anschauungsweise
derselben aufs entschiedenste widerspricht. Jene Voraussetzung befestigt somit zwischen ihm und der Zeit, die Gegenstand seines Liedes ist, eine Kluft, welche in seine ganze
Poesie das Element einer sichtenden und wählenden *), bald
vorsichtig andeutenden, bald schlau verhüllenden Reflexion
zu bringen droht. Auf ein Mehr oder Weniger kommt es
hier gar nicht an. Er ist einmal, jene Voraussetzung angenommen, nicht mehr der Dichter, dem das Herz auf der
Zunge liegt; er will dann nicht mehr blos das Gemüth der
Menschen erfreuen, er kennt Interessen und Absichten noch
anderer Art. Er ist kein Phemios, kein Demodokos **),
keine Stimme der schlichten und einfältigen Natur, keine
„abgespiegelte Wahrheit einer uralten Gegenwart" mehr
(Goethe XXVI. p. 146). Problematisch bleibt mir desswegen sogar das Gefühl der Bedeutsamkeit, welches noch
Müller Proleg. p. 343 dem Dichter z. B. in der Darstellung
von Zeus' und Here's Umarmung Il. ξ zugesteht, und welches nur im krassen Euhemerismus völlig verschwinde. Denn
treffend und wahr sagt Ulrici Gesch. der hellen. Dichtkunst
I p. 189: „Sein Gesang ist nur wie die allgemeine Stimme
der Zeit und des Lebens, das er besingt. Diese völlige Unterordnung seines Geistes, diese innige Einheit seines Ich's
und seines Gegenstandes war nur möglich, sobald er in kind-

---

*) Etwas ganz Anderes ist es, wenn Herodot 2, 116 vom Dichter
meint, er habe unter mehreren Sagen diejenige gewählt, welche
sich zur epischen Dichtung am besten schickte, etwas Anderes
auch die homerische Schlauheit, von welcher Nitzsch in den
Anmerkungen zur Od. Bd. I p. 298 spricht.

**) Gegen die Vergleichung Homers mit diesen „improvisirenden
Aöden der Heroenzeit" erklärt sich zwar Hermann in der Kulturgeschichte p. 92; allein wenn Homer auch unendlich mehr als
diese war, er gehört doch derselben Gattung an. Denn wenn er
des Odysseus das ist seine Erzählung von des erstern Aben-
teuern Od. λ, 368 von Alkinoos loben lässt, als die Leistung
eines ἀοιδός, der μῦθον ἐπισταμένως κατέλεξεν, so setzt er damit unzweifelhaft sein eignes Werk in die Klasse der Leistungen
jener Aöden.

licher Unbewusstheit selbst nichts Höheres und Schöneres
kannte, als was die Wirklichkeit, was Sage und Geschichte
der jugendlich vergrössernden und ausschmückenden Phantasie darbrachten, sobald er nur aufnahm und wiedergab, und
sich selbst wie das gleichgestimmte Gefäss erschien, das die
ausströmenden Töne und Klänge des Lebens und der Aus-
senwelt zurücktönte." In jener Umarmung, auch wenn sie
für sich betrachtet, Symbol eines Naturprocesses wäre, ist
dem Dichter doch nur die Macht bedeutsam, mit welcher sie
in den Gang .der epischen Handlung eingreift; so gut der
Hörer ihre Wirksamkeit als poetisches Motiv nur dann vollkommen empfand, wenn er Here's listigen Anschlag als solchen nicht ausser Augen verlor, so gut mein' ich musste in
dem Dichter die Bedeutsamkeit des Faktums für die Folge
der Ereignisse jeden Gedanken an dessen physikalische Bedeutung zurückdrängen. Wir dürfen nur uns nicht mit dem
Dichter verwechseln; uns liegt es freilich nahe, in Berichten,
wie der ist von Agamemnon's Scepter (vgl. Nitzsch I p. 201),
von Demeter und Jasion (Od. ε, 125 ff.), von Hephaistos und
Charis, in Angaben, wie von der Aegypter Abstammung von
Paieon (Od. δ, 232, wo Nitzsch zu vergleichen), in Stellen,
wie Il. ξ, 490; π, 179, welche Müller Proll. p. 355 deutet,
das .Symbolische oder Allegorische (siehe unten) sogleich zu
erkennen. Aber ich fürchte nicht den Dichter falsch zu verstehn, wenn ich behaupte, dass gerade dergleichen Erwähnungen für ihn und seine Zuhörer ihre wahre Bedeutung,
ihr eigentlichstes Interesse nur in ihrem buchstäblichen Wortsinn hatten. Was ists denn weiter, dass ein Königreich vom
Vater auf den Sohn erbt! Das ist bedeutsam, dass der Hee-
resfürst Agamemnon, indem er zur Versammlung spricht, ein
Scepter führt, das einst in den Götterhänden des Zeus gewesen und als heiliges Familienkleinod von König zu König
vererbt worden ist. Dass mit diesem Scepter die Herrschaft
v e r b u n d e n war, das s a g t der Dichter, das braucht man
nicht erst zu erdeuten; Il. β, 107: $\alpha\dot{\upsilon}\tau\dot{\alpha}\varrho$ $\ddot{o}$ $\alpha\ddot{\upsilon}\tau\varepsilon$ $\Theta\upsilon\dot{\varepsilon}\sigma\tau'\dot{}A\gamma\alpha$-
$\mu\dot{\varepsilon}\mu\upsilon\upsilon\upsilon\iota$ $\lambda\varepsilon\tilde{\iota}\pi\varepsilon$ $\varphi\upsilon\varrho\tilde{\eta}\upsilon\alpha\iota$, $\pi\upsilon\lambda\lambda\tilde{\eta}\sigma\iota\upsilon$ $\upsilon\dot{\eta}\sigma\upsilon\iota\sigma\iota$ $\varkappa\alpha\dot{\iota}$ $\mathring{}A\varrho\gamma\ddot{\varepsilon}\ddot{\iota}$ $\pi\alpha\upsilon\tau\dot{\iota}$
$\dot{\alpha}\upsilon\dot{\alpha}\sigma\sigma\varepsilon\iota\upsilon$ aber gerade desswegen b e d e u t e t das Scepter ihm
die Herrschaft nicht, sondern hat so sehr eine selbständige
Geschichte, dass es nach der bekannten Erzählung bei Pau-

san. 9, 40, 6 von den Chaeroneensern sogar göttlich verehrt
worden ist.

Nun entsteht aber die weitere Frage: ist unter diesem
Symbolischen Nichthellenisches, d. h. Pelasgisches und Orientalisches? Ueberhaupt wie verhält sich's mit den Einflüssen
fremder Bildung und Religion auf die Vorstellungen des Dichters? Was das Pelasgische betrifft, so kennt er nicht nur
in Thessalien nach Il. β, 681 ein Πελασγικὸν Ἄργος, das zu
den Städten gehört, deren Bewohner Μυρμιδόνες ἐκαλεῦντο
καὶ Ἕλληνες καὶ Ἀχαιοί *), sondern auch einen Ζεὺς Δωδω-
ναῖος Πελασγικός Il. π, 233 **), zu welchem der Myrmi-
donenfürst Achäer und Hellene Achilleus betet, und als Gemahlin dieses Zeus die pelasgische Dione (H. D. Müller Myth.
der gr. Stämme p. 248). In Bezug auf Orientalisches ist man
jetzt wohl allgemein der Ansicht, dass in vorhomerischer
Zeit von ägyptischen Einflüssen, wenigstens von direkten,
keine Rede sein kann ***). Auch für phönicische Einwirkungen auf griechische Religion sind aus den Nachrichten, welche
der Dichter vom Verkehr der Phönicier mit den Griechen
giebt, unmittelbare Belege nicht zu gewinnen. Zwar gelan-
gen Paris und Menelaus nach Sidon, Il. ζ, 290; Od. δ, 617;
o, 117; auch wird sidonisch-phönicischer Handelsverkehr
mehrfach erwähnt, Il. ψ, 744; Od. ν, 272; o, 414 ff.; es ver-
weilen die Phönicier sogar sehr lange Zeit an griechischen
Küsten, Od. o, 455. Aber der Verkehr ist ein lediglich kauf-
männischer; höchstens kommen zu den Griechen von Sidon
aus-technische Fertigkeiten, wie zum Beispiel durch die Scla-

*) Dass nämlich v. 684 Μυρμιδόνες δὲ καλεῦντο κτλ. nicht blos auf
die Bewohner des v. 683 genannten Phthia und Hellas geht, sondern auf die sämmtlichen von v. 681 an genannten Landschaften
und Städte, scheint nicht zweifelhaft zu sein.
**) Der schon alte Streit, ob hier das thesprotische oder das thes-
salische Dodona gemeint sei, geht uns für jetzt nicht an. Entschieden für das thessalische erklärt sich Welcker gr. Götterlehre
I. p. 199, für das thesprotische H. D. Müller Myth. der gr. St.
p. 195. 198.
***) Vgl. Hermann Staatsalterth. Ed. 4. §. 4, 10, Gottesd. Alt. §. 3, 3.
4. 5; Culturg. p. 39; Welcker Götterl. I p. 10.

vinnen, welche nach Il. ζ, 290 Paris von Sidon mitbringt.
Sonst aber findet sich im Dichter nicht die leiseste Spur, dass
er sich die Phönicier als Verbreiter, ja nur als Bekenner
und Inhaber einer von der seinigen verschiedenen Religion
denkt *). Nichts destoweniger ist unter den Gottheiten
des Dichters eine gewiss ursprünglich phönicische. Das ist
Aphrodite; siehe Curtius Peloponn. II p. 299, Welcker Götterl. I p. 666; die Beinamen *Κύπρις* und *Κυθέρεια*, jener der
Ilias, dieser der Odyssee angehörig, bezeichnen den Weg und
den ersten Sitz des Aphroditekultus in Griechenland. Weniger einleuchtend, jedoch, wie es scheint, nicht unmöglich
und vielleicht durch Samothrake vermittelt ist die phönicische
Abkunft der Ino-Leukothea, von welcher unten im zweiten
Abschnitt die Rede sein wird. Sonstige, das ist nicht im
Dichter zu Tage liegende Einflüsse phönicischer Kultur macht
Hermann namhaft in der Culturgeschichte p. 40. Aber neben diesen im Homer bemerkbaren direkten Einwirkungen
des Orients muss eine tief gehende indirekte auf die Ge-
sammtcultur Griechenlands angenommen werden, wenn Ernst
Curtius **) Recht hat, dass die Jonier, ursprünglich in Kleinasien sesshaft und nicht in Folge der dorischen Wanderung
zum ersten Male dorthin gelangt, vermöge ihres uralten Verkehrs mit Syrern und Aegyptern den ganzen Schatz morgen-
ländischer Bildung zu den Westgriechen gebracht haben.
Und sollte sich auch Curtius' Ansicht nicht in ihrem ganzen
Umfang bestätigen, wie denn z. B. H. D. Müller mehrfachen
Widerspruch erhoben hat ***), so bleiben doch die Hellenen
jedenfalls Indogermanen, hängen mit der japhetischen Be-
völkerung des Orients ursprünglich zusammen und können
auf ihrer uralten Wanderung Bildungskeime aus dem Osten
mitgebracht haben, welche sich späterhin auf griechischem
Boden entwickelten. Somit kommen wir zu dem Ergebniss,
erstlich, dass sich im Dichter Pelasgisches und Phönici-

---

*) Stuhr in den Hall. Jahrb. 1838 p. 625 erklärt sogar den Grund-
satz, mit Handelsverkehr sei nothwendig auch Ideeenverkehr verknüpft, für unhaltbar. Vgl. Welcker Götterl. I. p. 116 f.
**) Die Jonier vor der jonischen Wanderung. Berlin 1855.
***) Mythol. der gr. Stämme p. 237. 258 und öfter.

sches *) wirklich findet, ferner, dass in seiner Weltanschauung orientalische Elemente wenigstens verborgen sein können **).

Aber trotzdem dürfen wir aufs entschiedenste behaupten, dass alles Nichthellenische bei ihm schon völlig entweder abgethan oder hellenisirt ist. Für diese Ansicht erklären
sich die gewichtigsten Auctoritäten, Bernhardy sagt gr. L.
G. 2. Ausg. I p. 176, „dass die Hellenen vermöge ihrer
freien und selbständigen Nationalität den Zusammenhang mit
Orientalen frühzeitig aufgehoben und das Andenken daran
fast unbewusst nur in Mythen bewahrt hatten;" nur die Traditionen der Kunst liessen sich als unzweifelhaftes Band zwischen Orient und Hellas bezeichnen (p. 177). Ferner p. 197:
„das Pelasgische Götterthum liegt hinter Homer oder zur
Seite, da der mystische Gesichtspunkt niemals ein allgemeiner und nationaler geworden war. Jenes steht im Gegensatze zum Hellenischen Cultus und Haushalte der Götter,
welche nichts geringeres als eine freie Produktion der Hellenen sind und von vorn begannen;" sodann II p. 37: „Homer kennt weder Mystik noch die Dämmerungen der Pelasgischen Urzeit noch die formlosen Volkssagen." Vgl. noch
I p. 184 ff. Welcker lehrt in der Götterl. I p. 12, dass die
Griechen früh und spät keine Ahnung eines ursprünglichen
Zusammenhangs mit der asiatischen Welt hatten. Nach E.
Curtius in den Joniern p. 21 „können wir der Ueberlieferung
ihr volles Recht lassen, welche in zahlreichen und ursprünglichen Sagen die Kulturanfänge und Staatengründungen im
eigentlichen Hellas an überseeische Einflüsse anknüpft, ohne
dass dadurch die Reinheit griechischer Nationalität aufgehoben wird;" denn „soviel auch die griechische Nation an fremd-
artigen Einwirkungen erfahren hat, sie hat dennoch im Ganzen und Grossen nur gleichartige Volkselemente bleibend in

---

*) Gewiss auch Thracisches; Dionysus, Herm. Cult. G. p. 65;
Welcker Götterl. I p. 424 ff.
**) Vgl. Völcker über Spuren ausländischer, nichthellenischer Götter-
kulte bei Homer im Rhein. Mus. (siehe oben p. 3); Bernhardy gr.
L. G. I p. 187 erkennt diesen Spuren wenig Zusammenhang und
Bedeutung zu.

sich aufgenommen und als ihre Bestandtheile ausgebildet.
Selbst Ross, der bekanntlich für einen ganz unmittelbaren
Zusammenhang Griechenlands mit dem Orient aufs entschiedenste kämpft, muss anerkennen *), dass schon Homer den
Schlüssel zum richtigen Verständniss „der Aegyptisch-Pelas-
gischen Götter- und Heldensage" verloren hat. — Und befragen wir den Dichter über seine pelasgischen oder asiatischen Erinnerungen selbst, so finden wir kaum eine leise
Spur von solchen. Die phönicische Aphrodite ist schon Tochter der pelasgischen Dione geworden und beide befinden sich
im Olymp, Il. ε, 367 — 371. Dort sind die nach höchster
Wahrscheinlichkeit ursprünglich verschiedenen Stämmen gehörigen Götter bereits zu einer Familie verbunden, in einen
Götterstaat vereinigt und zu Nationalgottheiten geworden.
Ueberhaupt kennt Homer keine von der seinigen verschiedene Religion; die ganze Welt glaubt bei ihm hellenisch.
Selbst die Cyclopen, welche sich um Zeus und die Götter
nichts kümmern und nichts nach ihnen fragen (Od. ι, 273—
278), wissen von den Göttern des Olymp, und Vater Poly-
phems ist Poseidon. Menelaos wird im Osten, Odysseus im
Westen zu fernen Völkern Eilanden und Küsten verschlagen;
wo sie nichthellenische Sitte treffen, wie bei den Cyclopen,
Lotophagen, Lästrygonen, merkt es der Dichter stets an;
aber niemals und nirgends gedenkt er einer Religions- und
Kultusverschiedenheit. Gleich wenig ist er sich irgend einer
innerhalb seiner eigenen Religion vorgegangenen Entwicklung
bewusst. Denn sogar, wenn man den Sturz der Titanen und
den Wechsel der Götter-Dynastien von einer historisch ein-
getretenen Aenderung des Glaubens und des Kultus versteht,
sogar dann wird man sagen müssen, der Dichter habe sich
auf seinem Standpunkte, wenn er je dazu gekommen sei den
Unterschied der Titanen und Olympier sich deutlich zu machen, unter den ersteren gewiss nur andere Götter, nicht
eine andere Art von Göttern, somit auch bei deren Verehrung keine von den ihm bekannten wesentlich verschiedene
Glaubens- und Kultusverhältnisse gedacht.

---

*) Morgenland und Griechenland — in der Zeitschr. für A. W. 1850
p. 208.

Somit dürfen wir sagen: der Dichter hat Symbolisches,
hat Pelasgisches und Orientalisches, aber nicht als Symbolisches, nicht als Pelasgisches und Orientalisches. Für alle
diese Gegensätze ist in seinem vom Hellenismus durchdrun-
genen Geiste kein Raum. Wenn wir also die homerische
Weltanschauung, so wie sie im Dichter lebte, verstehen wollen,
so müssen wir alle Gedanken an symbolische oder ausländi-
sche und vorhellenische Geheimnisse entfernen. Seine Theologie liegt vielmehr in der Fülle dessen, was seine Helden
thun und reden, offen zu Tage; ihr Gehalt ist nicht durch
Deutung und Entzifferung, sondern fast ausschliesslich durch
Beobachtung und Vergleichung, sodann durch Erkenntniss
der Einheit des religiösen Bewusstseins zu gewinnen, welche
den vielgestaltigen Erscheinungen desselben zu Grunde liegt.
Wohl verrathen die Götter des Dichters sowohl einzeln als
in ihren gegenseitigen Beziehungen sinnige Anschauungen,
die wir theologische, d. h. Ahnungen wirklicher Gotteserkenntniss, nennen dürfen; aber sie gelten ihm nicht als blosse
Symbole des Bereiches, dem sie vorstehn; so ist Athene gewiss (siehe unten im zweiten Abschnitt) die substantiirte μῆτις
des Zeus, doch nimmermehr, wie die von Platon Cratyl. 407
B. erwähnten Ausleger des Dichters meinten, das Sinnbild
des νοῦς und der διάνοια überhaupt, Ares nicht das des
Krieges, sondern beide sind Individuen, in denen sich der
Charakter dessen, worin sie walten, abspiegelt, ohne dass
sie mit der Sphäre ihrer Wirksamkeit zusammenfielen. Diese
Götter beobachten wir, wie sie es mit den Menschen, die
Menschen, wie sie es mit den Göttern halten und nehmen
hinzu, was sich bei dem Dichter hin und wieder in Form
eigentlicher Lehre findet.

Diese findet sich bei ihm erstlich in Gestalt der freilich
seltenen Allegorie, welche der gerade Gegensatz des Sym-
boles ist. Das Symbol verhüllt, die Allegorie enthüllt die religiöse Vorstellung; das Symbol muss dem Ungeweihten durch
den ἱερὸς λόγος gedeutet werden, die Allegorie deutet sich
selber; jenes ist heiliges, diese, wie z. B. der Helm des Aides, den sich Athene aufsetzt, poetisches Bild (Il. ε, 845;
vgl. Nitzsch II p. 135 und Hes. Sc. Herc. 227 Göttl.). Das
Symbol hat Theil an der Göttlichkeit dessen, was es darstellt

(Hermann Brief an Cr. p. 15), ist von der Gottheit erfüllt;
die Allegorie ist menschlicher Ausdruck menschlicher Anschauung vom Göttlichen. Darum hat die ausgeführteste
Allegorie, die sich bei dem Dichter findet, die von der Ate
und den Bitten Il. ι, in Phoinix' Rede einen rein didaktischen Charakter, fast wie der αἶνος oder die Fabel. Dasselbe gilt von den allegorischen Fässern des Guten und Bösen, die auf der Schwelle des Zeus liegen (Il. ω, 527 ff.), so
wie von den elfenbeinernen und hörnernen Thoren der Träume
(Od. τ, 562 ff.). Zweitens kleidet der Dichter, was er von eigentlicher
Lehre giebt, in die Gnome oder den Spruch, das Resultat
nicht eines geheimen, sondern erfahrungsmässigen Wissens,
den Ausdruck der unmittelbaren, sich von selbst verstehen-
den Wahrheit, welche nicht die Vermittlung der Reflexion,
sondern der Erfahrung hinter sich hat. Aus diesen drei Elementen, aus dem historischen des Gehandelten und Gesagten, aus dem didaktischen der sich selbst deutenden
Allegorie, aus dem dogmatischen der in sich selbst gewissen, unbestrittenen Gnome suchen wir die wissenschaftliche Erkenntniss des Zusammenhangs der homerischen
Theologie zu gewinnen. Denn der Geist, der sich in diesen
drei Elementen ausspricht, ist überall nur Einer.

Erster Abschnitt.

Die Gottheit.

1. Indem sich die Vorstellung des homerischen Menschen Götterindividuen schafft, gelangt sie bekanntlich nicht hinaus über das Menschenideal. Sie schafft den Gott nach des Menschen Bilde, während der wahrhaftige Gott die Menschen nach seinem Bilde geschaffen hat. Zwar ist es ihr, eben weil sie etwas Uebermenschliches hervorbringen will, unmöglich, bei der unmittelbaren Natürlichkeit menschlicher Wesen, so wie sie dieselbe vorfindet, stehen zu bleiben; sie sucht dieselbe vielmehr von ihrer Beschränktheit und Mangelhaftigkeit zu entkleiden. Aber trotz aller Versuche, in ihrem Gestalten göttlicher Persönlichkeit die Schranken menschlicher Natur zu überschreiten, vermag sie doch nicht etwas wesentlich und von dem, was ihr im Menschen erscheint, qualitativ Verschiedenes zu erzeugen. Die Forderung des Menschengeistes an das Wesen seines Gottes geht weiter, als sein Vermögen, derselben durch Gebilde seiner eigenen Phantasie zu genügen, und so finden wir denn die göttliche Persönlichkeit, so hoch sie dem Glauben nach über der menschlichen steht, gleichwohl der Erscheinung nach mit allen Schranken und Mängeln irdischer Natur behaftet.

Wir finden die Quelle des heidnischen Gottesbewusstseins in jenem dem gottverwandten Menschengeist eingepflanzten Bestreben „Gott zu suchen, ob er ihn fühlen und finden möchte" (Apostelgesch. 17, 27), und erkennen in den Gestaltungen, welche der Menschengeist in der Arbeit des Suchens auf dieser Entwicklungsstufe hervorgebracht hat, ein Gedoppeltes, erstlich den Ausdruck des für den innern Menschen vorhandenen Bedürfnisses einer qualitativ und wesentlich über den Menschen erhabenen Gottheit, zweitens aber des Menschen Unfähigkeit, aus sich selbst eine Gottheit zu schaffen, die nicht unmittelbar wieder mit der Menschlichkeit geschlagen wäre. Aber das Emporheben der Gottheit über das Menschliche und das Herabziehen derselben in das Menschliche ist uns ein und derselbe, nicht ein getheilter Akt des religiösen Bewusstseins; der Mensch strebt zwar in seinem Suchen Gottes die Schranken des Diesseits aufzuheben und fühlt sich über dieselben hinausgetrieben; sein Empfinden und Vorstellen aber bleibt immer ein irdisches, diesseitiges, und kommt somit nur zum Postulate der Vernichtung jener Schranken, nie zur Verwirklichung dieses Postulates. Dieser Widerstreit dessen, was der Mensch seiner göttlichen Natur nach setzen wollte und dessen, was er praktisch zu setzen vermag, dieser ist die Quelle der durch die gesammte homerische Theologie sich hindurchziehenden, uneigentlich so zu nennenden Dialektik, kraft deren alles vom Menschen theoretisch, Gesetzte, dogmatisch Geglaubte sofort in der Wirklichkeit des Lebens wieder aufgehoben und vielmehr als nicht geglaubt und nicht gesetzt sich darstellt.

Benjamin Constant freilich sucht in seinem Werke *de la Religion Tome III. p.* 327, 332, 356, die Quelle dieses Widerspruchs in den verschiedenen Faktoren, welche zur Gestaltung des homerischen Götterwesens zusammenwirkten. Das religiöse Gefühl der Hellenen, sagt er, stattet die Götter ursprünglich mit allem Hohen, Schönen und Edlen aus (p. 326). Aber die niedrigen Interessen des Menschen verführen ihn, sie sich als bestechlich, als käuflich durch Opfer und Gelübde zu denken (p. 330), und nun ist die Religion, die sich eben erst dem Fetischismus entrungen hatte, aufs neue verderbt. In diesem Zustande fällt sie dann obendrein in die Macht einer unabweisbaren Logik (p. 332), welche aus den Prämissen, die das gemeine Interesse unbesonnener Weise zugelassen hat, unvorhergesehene Folgerungen zieht, durch welche dieses selbst wieder gefährdet wird. Es war diesem Interesse gemäss, sich Gottheiten vorzustellen, die mit ihm nicht leicht in Collision gerathen könnten (p. 355). Da zog aber die Logik z. B. daraus, dass einmal — *par les premières modifications qui se sont glissées dans leur caractère* (p. 333) — eine *société divine* gebildet war, jede *société* aber ihren eigenen Vortheil wahren müsse, den Schluss, dass demgemäss auch die *société* der Götter nur das Ihre suche. *La société des dieux dut en conséquence s'occuper des siens et ne considérer les hommes que comme accessoires. L'intelligence hu-*

maine est soumise à des·lois indépendantes de ses désirs (p. 356).
Hiebei kommt nun freilich das *sentiment religieux* bedeutend zu
kurz; *son ame proteste contre les conclusions que lui impose son
esprit* (p. 398); und in diesem Widerspruch des religiösen Gefühls
gegen die logischen Consequenzen einmal angenommener Zustände
sucht Benjamin Constant die Nöthigung, die zu einer immer
grösseren Läuterung des Gottesbewusstseins treibt. Sein Grund-
irrthum ist der, dass er verständig reflektirend die Gestaltung dieses Bewusstseins zu einem äusserlich zusammengesetzten Erzeugniss
von Geistesthätigkeiten macht, die einander beeinträchtigen und
durchkreuzen, zu deren schädlichen, jedoch unabweisbaren Resul-
taten sich das bessere religiöse Gefühl am Ende wieder als ein
Corrigens verhalten muss Er hätte vielmehr die innere Natur dieses Gefühles untersuchen sollen, ob es nicht in seinem Schaffen
von vorne herein mit den Schwächen und Mängeln selbst behaftet
sei, die er theils mit dem menschlichen Eigennutz, theils der aus
unbedachtsam eingeräumten Prämissen unbarmherzig fortschliessen-
den Logik aufbürdet.

2. So ist zunächst die leibliche Gestalt der Götter
nach ihren Maassen und Verhältnissen ganz die menschliche.
Zwar überragen Ares und Athene auf Achilleus' Schild an
Schönheit und Grösse ihre menschlichen Umgebungen weit
(Il. σ, 516—519), stehn aber doch nicht ausser Verhältniss
zu diesen; und wenn die Gottheit mit dem Menschen in un-
verwandelter Gestalt verkehrt (vgl. Abschnitt 4), wie z. B.
Athene mit Diomedes Il. ε, 124; κ, 507, Apollon mit Hektor
Il. o, 243; υ, 375, Iris mit Achilleus Il. σ, 166, Eidothea mit
Menelaos Od. δ, 367, Athene mit Telemach Od. o, 9, so ist
der Mensch ihr gegenüber kein Zwerg. Die alle Vorstellung
übersteigende Colossalität Athene's, die sonst gefolgert wurde
aus Il. ε, 744, wo sie den Helm aufsetzt ἑκατὸν πολίων πρυ-
λέεσσ' ἀραρυῖαν, hat Herm. de Hyperb. Opusc. IV p. 287 ff.
durch richtige Erklärung dieser Stelle beseitigt *). Fährt sie
doch ib. 837 mit Diomedes auf einem Wagen, und neben

---

*) Man verstand sonst einen Helm, der für die Krieger von hundert
Städten passend gewesen sei, so dass sich diese sämmtlich unter
ihm hätten bergen können; gemeint ist aber ein mit den Bildern
der Vorkämpfer von hundert Städten versehener, gezierter Helm.
Vgl. auch Döderl. Gloss. II §. 446.

ihrem Gewicht, unter welchem dessen Achse kracht (vgl. Hes.
Sc. 441: βρισάρματος οὔλιος Ἄρης und hier Göttling), ist auch
die Schwere des Helden noch nennenswerth; ib. 838: μέγα
δ᾽ ἔβραχε φήγινος ἄξων βριθοσύνῃ· δεινὴν γὰρ ἄγεν θεὸν
ἄνδρα τ᾽ ἄριστον.
Gleichwohl aber hat sich in einzelnen Stellen die Vorstellung von den Göttern auch zu gigantischer Grösse erweitert, z. B. wenn geredet wird vom Schreien der Götter in der
Schlacht. Von Athene's Stimme zwar, wie sie Il. σ, 217
Achilleus' gegen die Troer gerichteten Schreckruf verstärkt,
wird nichts Ungeheueres ausgesagt; aber Ares (Il. ε, 860)
und Poseidon (ξ, 148) schreien wie zehn oder zwölf Tau-
sende. — Von Athene zu Boden geworfen bedeckt Ares Il. φ,
407 einen Flächenraum von sieben Plethren; und wenn auch
diese Stelle der in die Ilias unorganisch eingefügten Theomachie angehört (vgl. Nitzsch Od. Bd. III p. 313), so zittert
doch unter Here's und des Hypnos Tritten der Wald (Il. ξ,
285), und als jene vollends auf Lemnos diesem Gotte die
Charitin Pasithea zu geben schwört, soll sie mit der einen
Hand die Erde, mit der andern das Meer berühren (Il. ξ,
272), wobei wir uns die Göttin denken müssen, wie sie am
Ufer in übermenschlicher Grösse kniet. Solche Grösse den
Göttern zuzuschreiben ist Homer um so mehr geneigt, als er
sich schon die schöne menschliche Leiblichkeit nicht ohne
hohen stattlichen Wuchs zu denken vermag. Jede wunderbare Verschönerung eines Menschen ist von einer Vergrösse-
rung begleitet (unten §. 10), und nie vergisst der Dichter,
wenn er von dem Aeusseren eines Helden spricht, einen et-
wanigen Mangel an Grösse durch Hervorhebung anderer Vorzüge auszugleichen; Il. γ, 168; 210; ε, 801.
3. Die Fortdauer der leiblichen Existenz einer Gottheit
ist, ganz wie bei den Menschen, an die Bedingung des Schlafes und der Nahrung geknüpft *). Jener ist auch der Gott-

---

*) Verwandt hiemit ist, dass sie des Sonnenlichtes bedürfen; vgl.
das Ζηνὶ φόως ἐρέουσα καὶ ἄλλοις ἀθανάτοισι Il. β, 49; Od. γ, 1,
Nitzsch zu Od. ι, 2, welcher die Drohung des Helios ihnen sein
Licht zu entziehen (Od. μ, 382 f.) mit Recht als eine sie
schreckende bezeichnet.

heit gegenüber eine Macht (Il. ξ, 353: Ζεὺς—ὕπνῳ καὶ φιλό
τητι δαμείς), und Hermes, den der weite Weg zu Kalypso
besonders seiner Unwirthlichkeit wegen verdriesst (Od. ε,
100 ff.), labt sich, wie ein ermüdeter menschlicher Wanderer, an Trank und Speise (ib. 95: αὐτὰρ ἐπεὶ δείπνησε καὶ
ἤραρε θυμὸν ἐδωδῇ). Aber während es ein charakteristisches
Merkmal der Sterblichen ist, dass sie die Gabe der Demeter
essen (Il. ν, 322: ἀνδρὶ —, ὃς θνητός τ᾽ εἴη, καὶ ἔδοι Δη
μήτερος ἀκτήν vgl. Od. ι, 90; 191) wesshalb sie ἀλφησταί
d. i. nach K. Fr. Hermann im Philol. II p. 437 brotessend
heissen*), sagt Homer von den Göttern Il. ε, 341: οὐ
γὰρ σῖτον ἔδουσ᾽, οὐ πίνουσ᾽ αἴθοπα οἶνον, wesshalb sie
auch kein menschliches Blut haben, sondern unsterbliches
(ib.: ῥέε δ᾽ ἄμβροτον αἷμα θεοῖο, ἰχώρ, οἷός πέρ τε ῥέει
μακάρεσσι θεοῖσιν), und so setzen auch der Kalypso die
Mägde Nektar und Ambrosia vor, während neben ihr Odysseus irdische Speise geniesst (Od. ε, 194—199). Ganz consequent wird Hymn. Aphrod. 233 der alte Tithonos mit Brod
und Ambrosia zugleich genährt: αὐτὸν δ᾽ αὖτ᾽ ἀτίταλλεν
(Ἡὼς) σίτῳ τ᾽ ἀμβροσίη τε.

4. Natürlich ist die Existenz der Götter beschlossen im
Raum, dessen Schranken sie unterworfen sind. Denn Od. ζ,
20, wo von Athene gesagt wird: ἢ δ᾽ ἀνέμου ὡς πνοιὴ
ἐπέσσυτο δέμνια κούρης, ist nur die Vorstellung der Unkörperlichkeit eines Traumbilds auf die Göttin übertragen**),
ohne dass über die wirkliche Leiblichkeit der Göttin etwas
ausgesagt werden soll. Die Gebundenheit der Götter an den
Raum bringt es mit sich, dass man sich bestimmte Aufenthaltsorte für sie denkt. Hier liegt es nahe, sie wohnhaft in
dem Bereiche zu denken, wo sie walten, also den Poseidon
im Meere, Il. ν, 21; ο, 58; υ, 14; Od. λ, 253 wie Il. ο, 219.
Und zwar kennt man seinen Wohnort bestimmt; da wo an
der Mündung des Flusses Crathis in Achaja die später verödete Stadt Aegae liegt, ἔνθα δέ οἱ κλυτὰ δώματα βένθεσι

---

*) Fäsi's Widerspruch in der Zeitschr. für A.W. 1855 XIII p. 436 ff.
hat mich nicht überzeugt. [Vgl. jetzt auch Düntzer die homer. Beiwörter des Götter- und Menschengeschl. Abschn. IV.]
**) Vgl. Nitzsch Od. Bd. I p. 316.

Nägelsbach, Hom. Theol. 2. Aufl. 2

λίμνης, χρύσεα, μαρμαίροντα τετεύχαται, ἄφθιτα αἰεί, Il. ν,
21 wie Od. ε, 381. So wohnen Ares und Phobos sein Sohn
in Thracien Il. ν, 301, eben daselbst auch Boreas und Zephyros, Il. ψ, 200; das Land ist zwar hier nicht namhaft gemacht, ergiebt sich aber aus V. 229, 230. Ob man aus Il.
ξ, 230 schliessen dürfe, dass Hypnos in Lemnos wohne, ist
sehr zweifelhaft. — Zweitens denkt man bei den Wohnungen der Götter an die Tempel, in denen ihr Kultus vornehmlich blüht. Auf diese Vorstellung führen Aeusserungen
wie Il. π, 233: Ζεῦ ἄνα, Δοδωναῖε Πελασγικέ, τηλόθι ναίων·
γ, 276 : Ζεῦ πάτερ, Ἰδηθεν μεδέων· denn nach Il. θ, 48 hat
er dort ein τέμενος und einen Altar, vgl. Il. ω, 290. Allein
was wir sogleich beibringen werden macht die Annahme
eines beständigen Aufenthalts, eines eigentlichen Wohnens
der Götter in ihren Tempeln unmöglich und lässt nur die
Vorstellung einer zeitweiligen Einkehr in dieselben, eines
vorübergehenden Besuches übrig, wie nach Od. η, 81 Athene,
welche Scheria verlassen hat, zu Athen in das festgefügte
Haus des Erechtheus eingeht *), selbstverständlich nicht zu
bleibendem Aufenthalt, und wie Aphrodite Od. θ, 363 nach
dem Abenteuer mit Ares ihren Tempel zu Paphos in Cy-
pern besucht. Nämlich der Sitz der Götter ist der macedo-
nische oder genauer pierische Berg Olympos; Od. ζ, 42.
Οὔλυμπόνδ᾽, ὅθι φασὶ θεῶν ἕδος ἀσφαλὲς αἰεὶ ἔμμεναι· es
ist lächerlich, dieses φασί von einem unbestimmten Gerüchte
zu verstehn, als ob der eben auch hiedurch vom Dichter der
Ilias unterschiedene Sänger der Odyssee den Götterberg nur vom
Hörensagen gekannt hätte, während jenes φασί gerade die
Sicherheit der historischen Ueberlieferung ausdrückt; vgl.
Wolf Proll. p. LXXVII und statt aller sonstigen Beweisstellen
die ganz entscheidende Od. γ, 84. Hier auf diesem Olympos
wohnte Zeus und Here, Il. α, 533; θ, 375; ξ, 338; hier hat
Hephaistos auch sich und den andern Göttern, wenigstens
darf man annehmen, der zur Zeusfamilie gehörigen, schöne

---

*) Nicht als ob der δόμος Ἐρεχθῆος ein Tempel gewesen wäre,
    vgl. Thiersch Epicrisis der neuesten Untersuchungen des Erech-
    theums (Abh. der k. b. Ac. d. W. 1. Cl. VIII Bd. II Abth. p. 3 ff.).

Wohnungen gebaut, Il. λ, 75; α, 606; σ, 142. Hieher kommen auch die Götter, welche ihre eigentliche Behausung anderwärts haben, wie Poseidon; Il. ο, 160: *παυσάμενόν μιν ἄνωχϑι μάχης ἠδὲ πτολέμοιο ἔρχεσϑαι μετὰ φῦλα ϑεῶν ἢ εἰς ἅλα δῖαν*, vgl. φ, 438. Hier sind denn auch die Götter für gewöhnlich versammelt, Il. ϑ, 437, 439; ν, 525; ξ, 189; ο, 54; ν, 142, und sind einander, wenn sie sich besprechen wollen, ohne weiteres zur Hand, Il. ϑ, 200. Und zwar finden sie sich zusammen im Hause des Zeus; Il. ο, 85: *ὁμηγερέεσσι δ᾽ ἐπῆλϑεν* ('*Ηρη*) *ἀϑανάτοισι ϑεοῖσι Διὸς δόμῳ*. Aber die Götter wohnen nicht blos auf dem Olympos, sondern auch im Himmel, *οὐρανός*. Denn soweit der Olympos über die Wolken, welche die irdische Atmosphäre begrenzen, emporragt, so weit ragt er in den Himmel und in die himmlische Luftregion, den *αἰϑήρ*, hinein, so dass sich, wer auf dem Gipfel des Olympos ist, eben damit auch im Aether und in dem vom Aether erfüllten Raum d. i. im Himmel befindet; Od. ο, 523: *ἀλλὰ τάγε Ζεὺς οἶδεν Ὀλύμπιος αἰϑέρι ναίων***). Aus diesem Verhältniss des Olympos zum Himmel erklärt sichs, dass ersterer in der Ilias beschneit ist, *νιφόεις* σ, 615, *ἀγάννιφος* α, 420, in der Odyssee ζ, 44 von Winden, Schnee und Regen unbehelligt, dass Od. ν, 103 von Zeus gesagt werden kann *ἐβρόντησεν ἀπ᾽ αἰγλήεντος Ὀλύμπου*, während es ib. 113 vom nämlichen Donner heisst: *ἡ μεγάλ᾽ ἐβρόντησας ἀπ᾽ οὐρανοῦ ἀστερόεντος*, und dass neben der Formel *ϑεοὶ οἳ Ὄλυμπον ἔχουσιν* die andere *τοὶ οὐρανὸν εὐρὺν ἔχουσιν*, diese in der Odyssee vorherrschend im Gebrauch ist. Doch da diese Frage der hom. Weltkunde über unsere Betrachtung hinausreicht, so brechen wir ab, um so mehr, als nach Voss insbesondere Völcker, Lehrs Aristarch. p. 167—176, und Nitzsch Od. Bd. I p. 26, II p. 12, 95, III p. 249 dieselbe aufs allseitigste erörtert haben; wir forschen vielmehr

---

**) Dass, wie Völcker H. Geogr. u. Weltk. p. 17 meint, der Himmel über dem Aether und dessen oberer Theil ist, geht aus Il. β, 458: ρ, 425; τ, 351 und ϑ, 558; π, 300 meines Erachtens nicht hervor. Wo Himmel, da ist auch Aether, der bis an die scheinbare Grenze des Himmels reicht.

2 *

nach der Art, auf welche sich der Mensch die der göttlichen
Macht und Wirksamkeit durch ihr Gebundensein am Raum
gesetzten Schranken wieder aufgehoben denkt. 4 b.

Hier vermitteln ihre von den menschlichen zwar
nicht qualitativ verschiedenen aber quantitativ unendlich stärkeren Sinne, und die alle Entfernungen für sie auf ein Ge-
ringes reducirende Schnelligkeit ihrer Bewegung, welche
den Dichter, wenn auch nur in Bezug auf die Götterrosse,
anschaulich macht Il. ε, 770: ὅσσον δ᾽ ἠεροειδὲς ἀνὴρ ἴδεν
ὀφθαλμοῖσιν ἥμενος ἐν σκοπιῇ, λεύσσων ἐπὶ οἴνοπα πόντον,
τόσσον ἐπιθρώσκουσι θεῶν ὑψηχέες ἵπποι, so weit der Blick
des Spähens auf einer Warte, der über das Meer hinschaut,
in die neblige Ferne hinausreicht, so weit reicht ein Sprung
der göttlichen Rosse *). Dieser Schnelligkeit aber bedürfen
die Götter; denn sie müssen sich mit dem Orte, wo sie
sehen oder einwirken wollen, in leibliche Beziehung setzen;
vgl. Nitzsch zur Od. I p. 175, 219, der auch anführt Wolf
Verm. Schr. S. 279 — 286. Selbst zu den Opfern kommen
sie persönlich, bei den Völkern der Sage, wie bei den Aethiopen, Phäaken, sichtbar Od. η, 201, bei den übrigen unsichtbar, Od. γ, 435. Zwar knüpfen sich an Zeus' Persönlichkeit
die ersten Spuren der Vorstellung, welche der Gottheit die
Fähigkeit zutraut, eine physische und sinnlich wahrnehmbare
Wirkung auch aus der Ferne hervorzubringen. Hieher rechnen wir keineswegs die Stellen, in welchen der auf den Ida
herabgekommene Zeus den der sonstigen Erzählung nach
auf dem Olymp befindlichen Gott, dessen er bedarf, ohne
weiteres anredet, als wäre derselbe gleichfalls auf dem Ida
gegenwärtig, Il. π, 432; 666; ρ, 545. Wir finden hier mit
den Scholien nur eine zweckmässige Abkürzung der poeti-

---

*) Mir scheint es unnöthig und unthunlich, mit Döderlein Gloss. II,
§. 411 unter ἠεροειδές das Meer selbst, den ἠεροειδῆς πόντος
zu verstehn Auch bei der weitesten Fernsicht und bei hellstem
Wetter wird der Blick auf eine unabsehbare Wasserfläche von
einem nebligen Horizont begrenzt. Indem der Dichter den
Späher in nebelnde Ferne sehen lässt, trübt und beschränkt er
die Fernsicht nicht, sondern steckt ihr die möglichst weite
Grenze.

schen Erzählung, ein σιωπώμενον, vgl. Fäsi Einl. zur II.
p. 11 f. Aber zu Il. *o*, 242, wo der schwergetroffene Hektor
zu sich kommt, ἐπεί μιν ἔγειρε Διὸς νόος (ein hier bedeutsamer Ausdruck), bemerkt schon Heyne: *paulo aliter h. l.
dictum de recreato Hectore, quam alibi de animo audacia et
virtute nova inflammato, ut supra ν*, 58: εἰ καί μιν Ὀλύμπιος
αὐτὸς ἐγείροι, et saepe, wie z. B. Od. ω, 164: ἀλλ᾽ ὅτε δή
μιν ἔγειρε Διὸς νόος αἰγιόχοιο. Il. *o*, 463 reisst er, ohne
leiblich anwesend zu sein, dem auf Hektor zielenden Teukros die Bogensehne entzwei; Od. ξ, 310 sagt, von einem
Schiffbruch erzählend, Odysseus: αὐτὰρ ἐμοὶ Ζεὺς αὐτὸς —
ἱστὸν ἀμαιμάκετον νηὸς κυανοπρώροιο ἐν χείρεσσιν ἔθηκεν.
Solche Handlungen vollziehen sonst die Götter nur in leiblicher Nähe, wie z. B. Il. ψ, 384 Apollon gewiss nicht vom
Himmel oder vom Olympos aus dem Diomedes die Peitsche
aus der Hand schlägt; vgl. Il. *r*, 325; 439; wenn wir gleich
mit Nitzsch II p. 168 sagen, dass eben nur der Dichter in
seiner veranschaulichenden Erzählung die Götter persönlich
die Hülfen leisten lässt, welche der Glaube ihrer Gunst zuschrieb. Nur bei der unsichtbaren Wirksamkeit der Götter
im Geiste des Menschen, von welcher unten, bedarf die Vorstellung des Vehikels einer leiblichen Nähe nicht; vgl. Nitzsch
III p. 63. Die Schlachten aber in der Ilias regieren die
Götter niemals aus der Ferne; ja selbst Zeus, der zwar so
persönlich wie Ares, Athene und Apollon nie Theil am
Kampfe nimmt, begiebt sich, als Il. λ, 181 Agamemnon der
troischen Mauer zu nahen im Begriff ist, mit dem Blitz in
der Hand vom Himmel auf den Ida herab, um dem Schau-
platz der Begebenheit näher zu sein; Il. *o*, 694 stösst er
χειρὶ μάλα μεγάλῃ den Hektor vorwärts; ib. 179 droht er
durch Iris dem Poseidon ἐναντίβιον πολεμίζων ἐνθάδ᾽ ἐλεύ-
σεσθαι (vgl. ib. 310; δ, 167); und wenn die Götter dem
Frevelmuth und der Gerechtigkeit der Menschen nachforschen
wollen, schauen sie nicht vom Himmel auf die Erde herab,
sondern durchwandeln in menschlicher Gestalt die Städte
(Od. ρ, 485 ff.). Aber weil sie mit wenigen Schritten unge-
heure Räume durchmessen, sind sie, wie Telemach von
Zeus und Athene meint, gar treffliche Helfer, ὕψι περ ἐν
νεφέεσσι καθημένω (Od. π, 263). Denn ihr Ohr vernimmt

ja den Ruf der Hülfeflehenden überall, so dass Glaukos in seiner Noth nach Sarpedon's Fall sein Gebet zu Apollon mit den Worten beginnt (Il. π, 514 f.): κλῦθι, ἄναξ, ὅς που Λυκίης ἐν πίονι δήμῳ εἰς ἢ ἐνὶ Τροίῃ· δύνασαι δὲ σὺ πάντοσ᾽ ἀκούειν ἀνέρι κηδομένῳ, gerade wie Achilleus, als er zum dodonäischen Zeus betet, der doch so ferne wohnt (τηλόθι ναίων), dem Auge des Angerufenen nicht entgeht (Il. π, 231, 232; vgl. β, 27). Ja sie hören, wo sie sich immer befinden, auch was nicht unmittelbar zu ihnen gesprochen wird; so Here Il. θ, 198 Hektor's sieghoffende Rede, Thetis den Klageruf um den gefallenen Patroklos (Il. σ, 35), Poseidon das prahlerische Frevelwort des Ajas (Od. δ, 505). Letzterer sieht weit von den südöstlichen Solymer-Bergen aus den auf seinem Floss nordwestlich hersteuernden Odysseus (Od. ε, 283), und wird selbst von Zeus augenblicklich vom Ida her gesehn, als er auf des letzteren Befehl das Schlachtfeld verlassend in die Tiefe taucht (Il. ο, 222). Und wenn Zeus im Augenblick eines lebensgefährlichen Speerwurfs dem getroffenen Sohne Sarpedon das Verderben noch abwendet (Il. ε, 662), und wenn er unerwartet im Augenblick als Odysseus Od. φ, 413 im Begriff ist, den Bogen zu spannen, durch ein σῆμα seine Gunst oder Ungunst verräth, so wird sein Blick als ein allgegenwärtiger, auf jedes menschliche Thun und Treiben allwärts gerichteter gedacht, obschon den wörtlichen Ausdruck dieser Vorstellung erst Hesiod hat in den ἐ. κ. ἡμ. 267: πάντα ἰδὼν Διὸς ὀφθαλμὸς καὶ πάντα νοήσας.

Aber, wie gesagt, einen qualitativ vom menschlichen verschiedenen, also vollkommen unbeschränkten Gebrauch der Sinne vermag sich der in den Grenzen seines Daseins befangene Mensch nicht vorzustellen. Die im Hause des Zephyros schmausenden Winde vernehmen Achilleus' Gebet, dass sie kommen und des Patroklos Scheiterhaufen entflammen möchten, nicht; Iris erst bringt ihnen Kunde davon (Il. ψ, 199). Das Fangnetz, das Hephaistos auf sein Ehebette breitet, ist so fein geschlungen, dass es selbst ein Gott nicht gewahrt (Od. θ, 280); und Helios, der Gott, ὅς πάντ᾽ ἐφορᾷ καὶ πάντ᾽ ἐπακούει, durchblickt nicht nur die Wolke nicht, mit welcher Zeus sich und seine Gemahlin verhüllt (Il. ξ, 344), sondern wird auch von dem Frevel, den Odysseus' Ge-

fährten an seinen Rindern verüben, was schon den Alten
sehr auffiel, vgl. Schol. Ven. Il. γ, 277, erst durch die Nymphe Lampetie unterrichtet (Od. μ, 374).

5. Noch weit bedeutsamer ist der Contrast, in welchem
der Glaube des homerischen Menschen mit der Wirklichkeit
steht, in Absicht auf die Allwissenheit und Allmacht
der Götter: Theoretisch heisst es: ϑεοὶ δέ τε πάντα ἴσασιν
Od. δ, 379, 468, vgl. Nitzsch Od. Bd. I p. 269*). Und so
wissen die Götter denn auch wirklich das Geschick voraus.
Als Aphrodite die von ihr erzogenen Töchter des Pandareos
zur Ehe reif erachtet, verlangt sie diese für ihre Pflegekinder von Zeus; Od. υ, 74 — 76: ὃ γάρ τ᾽ εὖ οἶδεν ἅπαντα,
μοῖράν τ᾽ ἀμμορίην τε καταϑνητῶν ἀνϑρώπων. Wie wir
heutzutage sagen: das weiss Gott, so der homerische Mensch:
Ζεὺς γάρ που τόγε οἶδε καὶ ἀϑάνατοι ϑεοὶ ἄλλοι Od. ξ, 119
vgl. o, 523. So hat auch Zeus sammt den andern Göttern
dem Aegisthos warnend sein Schicksal vorausverkündet Od.
α, 37. Poseidon (Od. λ, 249) weiss, dass ihm Tyro binnen
Jahresfrist herrliche Kinder, nicht blos überhaupt ein Kind,
gebären, so wie, dass Odysseus' Irrsal bei den Phäaken ein
Ende haben wird (Od. ε, 288); nicht anders Leukothea (ib.
345). Circe kann ihm (Od. x, 490) die Reise zum Hades als
seine nächste Bestimmung bezeichnen, wie Athene (ν, 306)
vorausverkündigen, was er in seinem Haus angekommen zu
dulden haben wird, während sie jedoch den festen Glauben,
mit dem sie stets seiner endlichen Rückkehr entgegengesehn,
mit Worten menschlicher Zuversicht ausspricht (Od. ν,

---

*) Dass die Rede der Sirenen Od μ, 189 — 191. ἴδμεν γάρ τοι
πάνϑ᾽ ὅσ᾽ ἐνὶ Τροίῃ εὐρείῃ ᾿Αργεῖοι Τρῶές τε ϑεῶν ἰότητι μόγησ-
σαν ἴδμεν δ᾽ ὅσσα γένηται ἐπὶ χϑονὶ πουλυβοτείρῃ nicht ein
Wissen der Zukunft sondern eine Kunde des Geschehenen,
alles dessen, was etwa geschehn sein wird, verheisst. hat Nitzsch
zu dieser Stelle gezeigt, Bd. III p. 394 Es ist dies Wissen der
Sirenen ein Wissen der geschehenen Dinge, wie es auch die
Musen haben; Il β, 485: ὑμεῖς γάρ ϑεαί ἐστε πάρεστέ τε ἴστε τε
πάντα d. i. die Musen sind als Göttinnen Augenzeugen von Allem
was geschieht und haben daher ein untrügliches Wissen: ἡμεῖς
δὲ κλέος οἶον ἀκούομεν οὐδέ τι ἴδμεν.

339: αὐτὰρ ἐγὼ τὸ μὲν οὔποτ᾽ ἀπίστεον, ἀλλ᾽ ἐνὶ θυμῷ ἤδε, ὃ νοστήσεις). Thetis weiss durch Zeus (Schol. AD. zu Il. α, 417) das Doppelschicksal ihres Sohnes voraus, Il. α, 416, ι, 410 ff., ja es beruht überhaupt auch die dem Menschen mitgetheilte Sehergabe lediglich auf der Götter Fähigkeit in die Zukunft zu sehn.

Allein höchst naiv contrastirt mit dieser Fähigkeit ihr Nichtwissen von Vorgängen, die sie selbst aufs unmittelbarste und mitunter aufs schmerzlichste berühren. Odysseus furchtbarstes Elend rührt vom Zorne Poseidon's wegen der Blendung des Cyclopen her; dieser hört nach vollbrachter That des Sohnes Gebet sogleich (ι, 536), aber von der That, indem sie geschieht, weiss er nichts. Here's trügerische List in Il. ξ, mit der sie dem Gemahle so grossen Verdruss bereitet, wäre eine reine Unmöglichkeit, Poseidon könnte Il. ν, 356 den Achäern nicht heimlich beistehn, wenn Zeus allwissend gedacht würde; der Dichter hebt obendrein recht geflissentlich hervor, dass Poseidon, eben weil er gegen Zeus als den älteren und weiseren öffentlich aufzutreten sich gescheut, desshalb zu heimlicher Einwirkung auf das Achäer-Heer seine Zuflucht genommen habe. Vgl. Il. σ, 184 ff., wo Iris zu Achilleus sagt: Ἥρη με προέηκε, Διὸς κυδρὴ παράκοιτις, οὐδ᾽ οἶδε Κρονίδης ὑψίζυγος, οὐδέ τις ἄλλος ἀθανάτων· ferner ib. 404: οὐδέ τις ἄλλος ᾔδεεν, οὔτε θεῶν, οὔτε θνητῶν ἀνθρώπων. Indem Zeus der Thetis seinen Zorn über Achilleus Verfahren gegen Hektors Leichnam Il. ω, 116 mit dem Zusatz verkündet: αἴ κέν πως ἐμέ τε δείσῃ ἀπό θ᾽ Ἕκτορα λύσῃ, giebt die Form seiner Reue deutlich zu erkennen, dass er den Erfolg derselben nicht voraus weiss. Here müht sich Il. α, 540 ff. vergeblich, Zeus' Rathschlüsse zu erspähn; Ares hat Il. ν, 521 keine Ahnung vom Tode seines Sohnes Askalaphos, der ihn so grimmig macht, als er ihn durch Here's boshafte Rede vernimmt (Il. o, 110), ingleichen Poseidon keine von dem ihm ärgerlichen, während er bei den Aethiopen war, hinsichtlich des Odysseus gefassten Beschlusse des Götterraths (Od. ε, 286), und Kalypso verspricht im Voraus dem Hermes, der ihr den Helden abzufordern kommt, willige Gewähr seines Begehrens (Od. ε, 87 — 90). Proteus, der als Gott gedachte Meergreis (Od. δ, 397), der

die Tiefen des Meeres kennt, der dem Menelaos Fahrt und
Weite des Wegs und die daheim vorgefallenen Ereignisse
zu berichteu vermag, hat, während er das Ferne weiss, vom
Nächsten keine Ahnung, und erliegt dem Anschlag seiner
Tochter (Od. *δ*, 388—393), die ihn wie einen Menschen be-
trügt, ohne dass er vom Truge das Mindeste merkt; ib 452:
οὐδέ τι θυμῷ ὠίσθη δόλον εἶναι· Den Atreussohn kennt er
sogleich, fragt aber nichts desto weniger, was sein Begehren
sei. Man sieht, was ihm Menelaos zutraut, indem er v. 465
antwortet: οἶσθα, γέρον κτλ., ein Zutrauen des Menschen
zum Wissen des Gottes, das sich gleichermassen ausspricht
in dem οἶσθα, das Achilleus seiner Mutter Thetis auf deren
Frage nach der Ursache seiner Trauer erwiedert (Il. *α*, 362
coll. *σ*, 63), und in jenem, Verwunderung über die Frage
des als Gott'erkannten Apollon andeutenden οὐκ ἀΐεις —;,
das der von seiner Ohnmacht wieder erwachende Hektor
spricht (Il. *ο*, 248).

6. Noch weniger, als ein unbeschränktes Wissen von
Geschehenem, kommt den Göttern ein der Arbeit des Nach-
denkens überhobenes, unmittelbares Erfinden des besten
Rathes zu. Von Zeus heisst es Il. *β*, 3: ἀλλ᾿ ὅγε μερμήριξε
κατὰ φρένα, ὡς Ἀχιλῆα τιμήσει, ferner *π*, 646: καὶ φράζετο
θυμῷ πολλὰ μάλ᾿ ἀμφὶ φόνῳ Πατρόκλου, μερμηρίζων κτλ.
Here sagt Il. *v*, 115 zu Poseidon und Athene: φράζεσθον
δή σφῶϊ, Ποσείδαον καὶ Ἀθήνη, ἐν φρεσὶν ὑμετέρησιν, ὅπως
ἔσται τάδε ἔργα· und Zeus Il. *χ*, 174 zu sämmtlichen Göttern: ἀλλ᾿ ἄγετε, φράζεσθε, θεοί, καὶ μητιάασθε κτλ.
Und wie könnte den Göttern ein unmittelbares Erkennen des
Rechten eigen sein, da sie nicht einmal frei von schmählicher
Bethörung, von der Macht der verderblichen Ἄτη sind (Il. *τ*,
95; 112: Ζεὺς δ᾿ οὔτι δολοφροσύνην ἐνόησεν), und Poseidon
die Gemahlin seines Bruders ermahnen muss (Il. *v*, 133):
Ἥρη, μὴ χαλέπαινε παρὲκ νόον, ja da Ares von Athene
selbst als ein ἄφρων geschildert wird, ὃς οὔτινα οἶδε θέμιστα (Il. *ε*, 761).

7. Dem theoretisch geglaubten θεοὶ δέ τε πάντα ἴσασιν entspricht gleichfalls theoretisch das θεοὶ δέ τε πάντα
δύνανται Od. *x*, 306, was ganz bestimmt ausgeführt wird
in Od. *ξ*, 444: θεὸς δὲ τὸ μὲν δώσει, τὸ δ᾿ ἐάσει, ὅττι κεν

ᾧ θυμῷ ἐθέλῃ· δύναται γὰρ ἅπαντα, und δ, 236: ἀτὰρ θεὸς
ἄλλοτε ἄλλῳ Ζεὺς ἀγαθόν τε κακόν τε διδοῖ· δύναται γὰρ
ἅπαντα. Eurykleia's gläubige Zuversicht auf Athene geht
Od. δ, 753 so weit, dass sie behauptet, die Göttin könne
den Telemach nicht blos vom Tode sondern sogar aus dem
Tode erretten. Aber als Telemach Od. γ, 225 ff. einer ihm
allzuherrlich dünkenden Verheissung Nestors unter anderen
mit den Worten entgegnet: οὐκ ἄν ἔμοιγε ἐλπομένῳ τὰ γέ-
νοιτ᾽, οὐδ᾽ εἰ θεοὶ ὡς ἐθέλοιεν, da weist ihn die Göttin zwar
zurecht v. 231: ῥεῖα θεός γ᾽ ἐθέλων καὶ τηλόθεν ἄνδρα
σαώσαι, leicht kann ein Gott (als Gott; dies deutet das γέ
an) wenn er will einen Mann auch aus fernen Landen glücklich heimbringen, gesteht aber v. 236 ff. gleichwohl zu, dass
von dem allgemeinen Tode, vom θάνατος ὁμοίιος, auch die
Götter selbst einen Liebling nicht erretten können, wenn einmal die Μοῖρα Hand an ihn gelegt hat, so wenig als Zeus
selbst Geschehenes zu ändern vermag (Il. ξ, 53). Vgl. Odysseus' vermessenes Wort zu dem Cyclopen Od ι, 525: ὡς
οὐκ ὀφθαλμόν γ᾽ ἰήσεται οὐδ᾽ Ἐνοσίχθων. So bestimmt sich
denn jenes θεοὶ δύνανται ἅπαντα sofort näher dahin, dass
die Macht der Götter keineswegs unumschränkt, wohl aber
im Verhältniss zur menschlichen ausserordentlich ist. Drum
erklärt Athene dem vor den Folgen des Freiermords, wenn
er auch gelinge, bangenden Odysseus, dass ihm unter ihrem
Beistande selbst fünfzig Schaaren (λόχοι) von Menschen
nichts würden anhaben können (Od. υ, 49 ff.). Hektor
stürmt, als er das Thor des achäischen Lagers eingeworfen,
so gewaltig vor, dass ihn Niemand aufzuhalten vermöchte
ausser die Götter (Il. μ, 466). Aber diese besitzen keineswegs alle einerlei Macht; es bestehen unter ihnen in dieser
Hinsicht Abstufungen, vermöge deren manche Gottheiten
vergleichsweise schwach erscheinen. Il. η, 455 sagt Zeus zu
Poseidon: ὦ πόποι, Ἐννοσίγαι᾽ εὐρυσθενές, οἷον ἔειπες; Ἄλλος κέν τις τοῦτο θεῶν δείσειε νόημα, ὃς σέο πολλὸν ἀφαυ-
ρότερος χεῖράς τε μένος τε· υ, 107: καὶ δὲ σέ φασι Διὸς
κούρης Ἀφροδίτης ἐκγεγάμεν (Αἰνείαν); κεῖνος δὲ (Ἀχιλλεύς)
χερείονος ἐκ θεοῦ ἐστιν· ἡ μὲν γὰρ Διός ἐσθ᾽, ἡ δ᾽ ἐξ ἁλίοιο
γέροντος. Ib. 122 sagt Here: ἵνα εἰδῇ (Ἀχιλλεύς), ὅ μιν
φιλέουσιν ἄριστοι ἀθανάτων, οἱ δ᾽ αὖτ᾽ ἀνεμώλιοι, οἳ τὸ

πάρος περ Τρωσὶν ἀμύνουσιν πόλεμον καὶ δηϊοτῆτα. Man
sieht zugleich aus diesen Stellen, dass das Können und Vermögen der Götter nicht blos von ihrer Stellung im Götterstaate, sondern auch von ihrer physischen Stärke abhängig
gedacht wird. Aber auch ausserdem sind ihnen vielfach die
Hände gebunden. Wir reden aber jetzt noch nicht von den
Schranken, welche Zeus' Wille den übrigen Göttern oder
ihm selbsten die Moira setzt; denn diese Verhältnisse sind
ohne die hier noch nicht möglichen Untersuchungen über die
Gestaltuug des Götterstaates und über die Moira nicht verständlich; sondern wir erinnern nur an folgendes. Dem
Achilleus den Leichnam Hektor's zu stehlen hält Zeus wegen
Thetis' Wachsamkeit für unmöglich (Il. ω, 71); ein furchtbares Schlachtfeld überall zu begehn, vermöchte selbst Ares
nicht, „ὅσπερ θεὸς ἄμβροτος", und Athene (v, 358 ff.); Athene's Schild ist selbst dem Donnerkeil ihres Vaters undurch-
dringlich (ρ, 401), das Schloss, das Hephaistos an Here's
Thüre gemacht, von keinem andern Gotte zu eröffnen (ξ,
168); Poseidon kann, μάλα περ μενεαίνων, wie Ino sagt,
den Odysseus so wenig verderben (Od. ε, 341), als er den
Helden, wenn dieser gerade zur Zeit des Einschluckens dort
wäre, aus dem Rachen der Charybdis erretten könnte (Od.
μ, 107).

8 (12). *) Wir sehen hiemit noch nichts weiter, als
was der Dichter von dem den Göttern zustehenden Besitz
der Macht im Allgemeinen aussagt. Von dem Wichtigsten,
von dem Gebrauche und von der Bethätigung dieser Macht
können wir erst reden, wenn uns unsere Untersuchung auf
die Bestimmung des Verhältnisses der Gottheit zur Welt führt.
Vor der Hand bleibt nur noch übrig hervorzuheben, wie der
Gott in Absicht auf den äusserlichen Vollzug der Machthand-
lung über menschliche Weise hinausgeht. Hier tritt uns bedeutsam das ῥεῖα entgegen, welches so häufig die Handlung
des Gottes als solche abgesehn von ihrem Gegenstande charakterisirt **). So heisst es von Apollon, wenn er den Hek-

---

*) Die eingeklammerten Paragraphen sind die der ersten Auflage.
**) Vgl. meine Nachhom. Theol. I, 10.

tor aus Achills Händen rettet, Il. *v*, 144: τὸν δ᾽ ἐξήρπαξεν
Ἀπόλλων ῥεῖα μάλ᾽, ὥστε θεός · von Poseidon Il. *v*, 90:
ῥεῖα μετεισάμενος κρατερὰς ὤτρυνε φάλαγγας. Odysseus
als angeblicher Fremdling erzählt dem Eumaios Od. ξ, 348:
αὐτὰρ ἐμοὶ δεσμὸν μὲν ἀνέγναμψαν θεοὶ αὐτοὶ ῥηϊδίως, und
357: ἐμὲ δ᾽ ἔκρυψαν θεοὶ αὐτοὶ ῥηϊδίως. Vgl. die Stellen
Od. π, 198 und 211; χ, 573; Il. ο, 356; endlich Od, ψ, 185:
kein Mensch konnte mein Bette verrücken, ὅτε μὴ θεὸς
αὐτὸς ἐπελθὼν ῥηϊδίως ἐθέλων θείη ἄλλῃ ἐνὶ χώρῃ. Anschaulich malt dieses ῥεῖα Il. *v*, 438, wo Athene den Speer,
den Hektor gegen Achilleus geschleudert hat, πνοιῇ Ἀχιλλῆος
πάλιν ἔτραπε κυδαλίμοιο, ἧκα μάλα ψύξασα. Vgl. Il. *v*, 325,
wo Poseidon's Hand den Aeneas über viele Reihen der Helden und Gespanne wegspringen lässt, ib. *v*, 60, wo desselben
Scepterschlag die Ajanten mit Muth erfüllt [vgl. unten §. 43],
Od. *v*, 164, wo ein Streich seiner Hand das Phäakenschiff
in einen Fels verwandelt. Aber auch hier fehlt, wie überall
in dem, was den Göttern zugetraut und zugeschrieben wird,
die andere Seite nicht: ἀργαλέον δὲ, sagt Athene Il. ο, 140,
πάντων ἀνθρώπων ῥῦσθαι γενεήν τε τόκον τε, und Here zu
Zeus Il. δ, 26: πῶς ἐθέλεις ἅλιον θεῖναι πόνον ἠδ᾽ ἀτέ-
λεστον, ἱδρῶ θ᾽, ὃν ἵδρωσα μόγῳ κτλ. Denn unmöglich
kann diesen Stellen Beweiskraft darum abgesprochen werden,
weil es in der Absicht der Göttinnen liege, zu übertreiben.
Denn abgesehen von allem Andern kann der Dichter eine
Gottheit unmöglich etwas sagen lassen, was der Vorstellung
seiner Volksgenossen von der göttlichen Natur widerspräche.

9 (13). Die zuletzt angeführte Stelle, nach welcher Here
der Arbeit und den Strapazen menschlich unterliegt, führt
uns zu den Schranken zurück, welche die Gottheit durch ihre
Leiblichkeit an sich selbst hat. Ihre Sinne erheben sie zwar,
wie wir sehen, vielfältig über Zeit und Raum; ihr Wissen,
obwohl keine Allwissenheit, reicht weit über das menschliche
hinaus, und ihrer Macht, obwohl auch diese keine Allmacht
ist, ist unendlich viel möglich; ingleichen ist auch ihr Handeln eigentlich kein durch Anstrengung und Mühe sich hindurch arbeitendes, sondern ein leichtes, unmittelbares Wirken.

Finden wir aber das göttliche Wesen in all' diesen seinen Eigenschaften innerhalb seiner selbst durch seine

Körperlichkeit beschränkt, finden wir es durch dieselbe sogar
der Plage und Mühsal unterworfen, so kann uns die Vorstellung nicht befremden, dass sich durch das Medium derselben Leiblichkeit auch Noth und Qual von aussen her
zur Gottheit Bahn macht, und dieselbe in alle Pein sterblichen Elends herabstürzt. Vergebens hat der menschliche
Glaube die Gottheit selig und leichthinlebend genannt (ϑεοὶ
μάκαρες, ῥεῖα ζώοντες, ἀκηδέες Il. ω, 526); der nämliche
Glaube kommt trotz alles Bemühns über die Schranken der
Endlichkeit, über die Noth des irdischen Lebens nicht hinaus,
und es begegnet ihm gleichsam wider Wissen und Willen,
dass er in die dem zeitlichen Wesen von ihm entrückte Gottheit doch immer wieder dasselbe setzt, was er am Menschen
findet.

10 (14). So wenig der göttliche Leib frei von λύμασιν
ist (Il. ξ, 170: ἀμβροσίῃ μὲν πρῶτον ἀπὸ χροὸς ἱμερόεντος
λύματα πάντα κάϑηρεν, Here), so wenig ist er von Qual
(der Flussgott Xanthos Il. φ, besonders vgl. v. 380: οὐ γὰρ
ἔοικεν ἀϑάνατον ϑεὸν ὧδε βροτῶν ἕνεκα στυφελίζειν),
so wenig von Schmerz und Kraftlosigkeit frei (Ares Il. ε, 885:
ἀλλά μ᾽ ὑπήνεικαν ταχέες πόδες· ἦ τέ κε δηρὸν αὐτοῦ πήματ᾽
ἔπασχον ἐν αἰνῇσιν νεκάδεσσιν, ἦ κε ζὼς ἀμενηνὸς ἔα χαλ-
κοῖο τυπῇσιν). Zeus droht mit Schlägen (Il. ϑ, 12), mit dem
Blitz (ib. 418; 455), der nicht nur Wunden schlagen, sondern
den Gott auch unter Blut und Leichen hinstrecken kann,
(Il. ο, 117). Wie haben es die Götter, umhergeschleudert
im Saale, büssen müssen, als der Schlafgott den Kroniden
auf Here's Antrieb zu Herakles' Verderben berückt hat (Il. ξ,
256 f.). Jedermann kennt die Bestrafungen des Hephaistos
Il. α, 586, und Here's Il. ο, 18. Aphrodite sagt Il. ε, 361:
λίην ἄχϑομαι ἕλκος, ὅ με βροτὸς οὔτασεν ἀνήρ. Und womit
tröstet sie ihre Mutter Dione? Mit dem Elend, das schon andere Götter von Sterblichen, Ares von Otos und Ephialtes,
Here und Aides von Herakles zu leiden hatten (ib. 381—402).
Vgl. das Fragment des Panyasis bei Düntzer Fragmente der
ep. Poesie der Gr. p. 94: τλῆ μὲν Δημήτηρ, τλῆ δὲ κλυτὸς
Ἀμφιγυήεις· τλῆ δὲ Ποσειδάων, τλῆ δ᾽ ἀργυρότοξος Ἀπόλλων ἀνδρὶ παρὰ ϑνητῷ ϑητευέμεν εἰς ἐνιαυτόν· τλῆ δὲ καὶ
ὀβριμόϑυμος Ἄρης ὑπὸ πατρὸς ἀνάγκῃ. Diomedes verwundet

auch den Ares, dass er aufschreit wie neun oder zehn Tau-
sende (Il. ε, 858 f.); Lykurgos der Thracier schlägt des Dionysos Ammen und jagt den Gott selber ins Meer (Il. ξ,
134 sq.); Poseidon und Apollon werden dem Könige Laomedon dienstbar, und von diesem, noch obendrein mit Andro-
hung schmählicher Misshandlungen, um ihren Lohn betrogen
(Il. φ, 442 f.). Wie sehr wird nicht auch die selige Ruhe
der Götter von den Drohungen Gewaltiger gestört, die sich
mit ihnen in die Schranken zu treten vermessen. Idas hebt
(Il. ι, 559), nicht blos wie Eurytos zum Wettkampf Od. ϑ,
225, gegen Apollon den Bogen auf; Otos und Ephialtes drohen den Himmel zu stürmen (Od. λ, 313 f.), und den hun-
derthändigen Riesen Briareos, der, von Thetis gerufen, dem
Zeus zu Hülfe kommt gegen Here, Poseidon und Athene,
müssen, so heisst es ausdrücklich, diese seligen Götter
fürchten; Il. α, 406: τὸν καὶ ὑπέδδεισαν μάκαρες θεοί.
Noch mehr: die Verhältnisse und Zustände des Götter-
staats, unaufhörlicher Hader und Zwist, die Spaltungen und
Parteiungen, von denen später die Rede sein muss, wenn die
Gliederung des olympischen Reiches zu betrachten ist, erfüllen das Leben der „kummerlosen" Götter mit Leid und
Verdruss. Und auch unberührt von diesen, wie schmerzlich
klagt Thetis ihren Schwestern (Il. σ, 52) und nachher dem
Hephaistos (ib. 430 f.) ihres Herzens Bekümmerniss, sie wider ihren Willen Gattin des ˊsterblichen Manns und Mutter
des im Leben unglücklichen und so frühem Tode verfallenen
Sohns (vgl. Il. α, 413 f.). In ihrer Grotte, von ihren Schwestern umgeben, beweint sie das Geschick desselben, und als
sie von Iris in den Olymp zu Zeus gerufen wird, hüllt sie
sich in dunkles Trauergewand (Il. ω, 85 und 93, 94).

11 (15). So finden wir denn die Gottheit mit Sorge,
Kummer und Elend nicht minder behaftet, als die δειλοί
βροτοί. Valerius Maximus sagt VII, 1, 1 mit vollem Recht:
luctus et dolores deorum quoque pectoribus a maximis vati-
bus assignari videmus *). Nun aber drängt sich uns sofort
die gewichtigere Frage auf: wenn auch der menschliche
Glaube die Gottheit in die von aussen kommende Noth der

---

*) Vgl. Nachhom. Theol. I, 5.

sterblichen Natur hereinzieht, hat er sie sich denn nicht vorzustellen vermocht als frei von sittlicher Gebundenheit, von den
Fesseln des Bösen und der Sünde? Er hat es versucht und
hat seinen Göttern Heiligkeit zugeschrieben; es kommt darauf
an, ob er ihnen dieselbe zu bewahren weiss.
Zwar als constitutives Element der Göttlichkeit,
so lange diese für sich betrachtet oder nur im Verkehre der
Götter untereinander wahrgenommen wird, findet sich Heiligkeit nirgends ausgesprochen. Niemals wird der Gottheit ein
Beiwort gegeben, das auf ein demjenigen ähnliches Bewusstsein hindeutete, in welchem die Bibel von der Heiligkeit des
wahrhaftigen Gottes spricht. Die göttliche Heiligkeit giebt
sich vielmehr in dem, was sie an den Menschen ehren und
strafen, kund. So sagt Eumaios Od. ξ, 83: οὐ μὲν σχέτλια
ἔργα θεοὶ μάκαρες φιλέουσιν, ἀλλὰ δίκην τίουσι καὶ αἴσιμα
ἔργ᾽ ἀνθρώπων, so selbst einer der übermüthigen Freier Od.
ρ, 485: καί τε θεοὶ ξείνοισιν ἐοικότες ἀλλοδαποῖσιν — ἐπιστρωφῶσι πόληας, ἀνθρώπων ὕβριν τε καὶ εὐνομίην ἐφορῶντες. Unrecht und Frevel zu strafen ist so sehr ihres Amtes,
dass Laertes Od. ω, 351 am Untergange der Freier erkennt,
dass die Götter noch sind (ἦ ῥα ἔτ᾽ ἔστε θεοὶ κατὰ μακρὸν
Ὄλυμπον, εἰ ἐτεὸν μνηστῆρες ἀτάσθαλον ὕβριν ἔτισαν), und
Zeus dem Volk, das ungerechte Richter in seiner Mitte hegt,
eine Sündfluth sendet (Il. π, 385: ὅτε λαβρότατον χέει ὕδωρ
Ζεύς, ὅτε δή ῥ᾽ ἄνδρεσσι κοτεσσάμενος χαλεπήνῃ, οἳ βίῃ εἰν
ἀγορῇ σκολιὰς κρίνωσι θέμιστας, ἐκ δὲ δίκην ἐλάσωσι, θεῶν
ὄπιν οὐκ ἀλέγοντες). Dem Achilleus, der oft als Liebling der
Götter bezeichnet wird, muss Thetis nachdrücklich der Götter
und Zeus' besonderen Zorn verkündigen, dass er in böser
Leidenschaft so schnöde Unbarmherzigkeit an Hektor's Leichnam verübt (Il. ω, 113).

12 (16). Gleich an dieser Stelle thut sich ein auffallender Contrast kund. Die nämliche Erbarmungslosigkeit, von
Achilleus an den vom Verderben bedrohten Achäern verübt,
denen er trotz aller Genugthuung seinen Zorn gegen Agamemnon nicht opfern will, wie kommt sie in sein Herz? Ajas
spricht es aus Il. ι, 636 (cf. 600); σοὶ δὲ, sagt er, ἄλληκτόν
τε κακόν τε θυμὸν ἐνὶ στήθεσσι θεοὶ θέσαν εἵνεκα κούρης
οἴης. Und so erscheinen denn die Götter vermöge der Macht,

die sie über das menschliche Gemüth üben, häufig als Versucher und Verführer, wie z. B. Helena Od. δ, 261 geradezu sagt: ἄτην δὲ μετέστενον, ἥν Ἀφροδίτη δῶχ᾽, was dem allgemeinen Glauben so wenig widerspricht, dass auch Penelope nicht ihr selbst, sondern göttlichem Antrieb ihre Schuld beimisst: τὴν δ᾽ ἤτοι ῥέξαι θεὸς ὥρορεν ἔργον ἀεικές Od. ψ, 222. Ist doch selbst Oidipus zur Herrschaft von Theben gekommen und dadurch in seine Sünden gerathen θεῶν ὀλοὰς διὰ βουλάς Od. λ, 276. Jede Vorstellung von einer blossen Zulassung der Götter ist fern zu halten; denn Il. δ, 64 ff. schlägt Here vor und Zeus willigt ein, dass Athene sich unter die Troer und Achäer begebe, und erstere zum Bruch des vor Paris' und Menelaos' Zweikampf geschlossenen Vertrags, zum Meineid (vgl. γ, 299) verleite (Il. δ, 66: πειρᾶν δ᾽, ὥς κε Τρῶες ὑπερκύδαντας Ἀχαιοὺς ἄρξωσι πρότεροι ὑπὲρ ὅρκια δηλήσασθαι), was nun auch wirklich geschieht. Autolykos, Odysseus' mütterlicher Grossvater, zeichnet sich vor allen Menschen aus κλεπτοσύνῃ θ᾽ ὅρκῳ τε, durch listige Gaunerkunst und falsches Schwören. Diese Fertigkeit hat ihm Hermes selbst verliehn (θεὸς δέ οἱ αὐτὸς ἔδωκεν, Ἑρμείας Od. τ, 396), wie die Götter vielfach den Menschen auch gute Künste verleihn. Trug und Arglist übt ferner Zeus, indem er den Heeresfürsten Agamemnon durch das verderbliche Traumgesicht in den Kampf treibt, in welchem er ihn besiegen lassen will (Il. β, init.), desgleichen Ares, indem er dem Menelaos Kampfmuth eingiebt, um ihn unter Aeneas' Händen fallen zu sehn (Il. ε, 563), so dass nach alle dem Telemach Od. π, 194 in der Erkennungsscene nicht Unrecht hat, zu fürchten, ein Gott möge sein Spiel mit ihm treiben, ὄφρ ἔτι μᾶλλον ὀδυρόμενος στεναχίζοι. Und wie teuflisch ist der Betrug, den Athene in Deiphobos' Gestalt mit Hektor spielt in dessen letzter Noth, wo sie den arglosen, der den helfenden Bruder neben sich zu sehn glaubt, mit gleissnerischer Schmeichelrede berückt, seinem Verderben entgegen zu gehen (Il. χ, 226 — 299). Und selbst wo es nicht so hohe Interessen gilt, sondern nur Befriedigung einer persönlichen Feindschaft, ist der Mensch der göttlichen Tücke preisgegeben. Dass Diomedes mit seinem Gespann des Eumelos von Apollon erzogene Rosse (Il. β, 766) nicht überhole, schlägt ihm dieser boshaft

Die Gottheit. §. 13.   33

die Peitsche aus der Hand (Il. ψ, 384), gleichwie Athene,
damit Odysseus im Wettlauf siege, den Ajas ausgleiten und
fallen lässt (ib. 774: βλάψεν γὰρ Ἀθήνη). Auch hat der
Mensch nicht die mindeste Scheu, bei den Göttern anzufra-
gen, ob er einen frevelhaften Anschlag, dessen Ruchlosigkeit
er wohl kennt, in Ausführung bringen soll. Den Mordplan
des Antinoos Od. π, 371 ff. widerräth der Freier Amphinomos
v. 400 ff. in folgender Weise: ὦ φίλοι, οὐκ ἂν ἔγωγε κατακτεί-
νειν ἐθέλοιμι Τηλέμαχον· δεινὸν δὲ γένος βασιλήϊόν ἐστιν
κτείνειν· ἀλλὰ πρῶτα θεῶν εἰρώμεθα βουλάς. Εἰ μέν κ᾽ αἰνήσωσι Διὸς μεγάλοιο θέμιστες, αὐτός τε κτενέω, τούς τ᾽ ἄλλους πάντας ἀνώξω· εἰ δέ κ᾽ ἀποτρωπῶσι θεοί, παύσασθαι
ἄνωγα. Die Anfrage bei einem Orakel, welche Amphinomos
vorschlägt, nimmt es für möglich an, dass die Götter den
Mord des vollkommen unschuldigen Telemach, somit eine
That billigen, deren moralischer Urheber selbst weiss, wie
gottlos sie ist. [Ein Gegenstück dazu bildet eine ähnliche
Anfrage beim Orakel und deren Bestrafung an dem fragenden Glaukos bei Herodot 6, 86; vgl. N. Th. I §. 22 p. 35.]

13 (17). Weiter findet Herodots berühmter Ausspruch
φθονερὸν τὸ θεῖον *) schon bei Homer seine volle Bestätigung. Poseidon neidet den Achäern die Mauer und den Graben, mit denen sie, ohne vorher Hekatomben zu opfern, ihr
Lager geschützt haben; deren Ruhm werde sich, fürchtet er,
über die ganze Welt verbreiten, während die von ihm und
Apollon um Troja gebaute der Vergessenheit anheimfalle (Il.
η, 446 f.). Derselbe neidet den Phäaken die glücklichen
Fahrten, mit denen sie die Fremdlinge gefahrlos zur Heimath
bringen (Od. θ, 565 f. ν, 125—187). Als Il. ο, 461 ff. Zeus
dem Teukros, um Hektor zu schützen, die Bogensehne
zerrissen hat und Teukros in Klagen ausbricht, erkennt sein
Bruder Ajas hierin sogleich den Neid eines Gottes: v. 473:
συνέχευε θεὸς, Δαναοῖσι μεγήρας. Nicht nur gönnt Apollon
dem Menelaos die Waffen des getödteten Euphorbos nicht
(Il. ρ, 71), sondern selbst dem Kroniden dünkt Hektor's Sie-

*) Viele Nachweisungen hierüber giebt Lange verm. Schr. p. 238 f.;
Blomfield Gloss. zu Aesch. Pers. 368; Nachhom. Theol I, 31 ff.
Nägelsbach, Hom. Theol. 2. Aufl.   3

gesglück zu gross, wenn er ausser der Rüstung Achill's auch noch dessen Gespann sich erbeutete (Il.ρ, 450: ἦ οὐχ ἅλις, ὡς καὶ τεύχε' ἔχει, καὶ ἐπεύχεται αὔτως;). Sogar sich unter einander gönnen die Götter kein Glück *), wie Kalypso Od. ε, 119 klagt: σχέτλιοί ἐστε, θεοί, ζηλήμονες ἔξοχον ἄλλων, οἵ τε θεαῖς ἀγάασθε παρ' ἀνδράσιν εὐνάζεσθαι ἀμφαδίην, ἤν τίς τε φίλον ποιήσετ' ἀκοίτην, eine Missgunst, deren Opfer, wie sie im folgenden ausführt, schon Orion und Jasion wurden. — So wird denn auch der Hass der Götter, der Bellerophon am Ende seines Lebens zu Boden drückt, aus dem beständigen Glück zu erklären sein, mit welchem der sieghafte Held eine Gefahr nach der andern bestanden und endlich ein Königreich und hausväterliche Ruhe sich errungen hatte (Il. ζ, 191 – 205). Ja die Vorstellung der homerischen Menschheit hat den Göttern in den Erinyen gleichsam ein Werkzeug geschaffen, ununterbrochenes Glück, das selbst schuldlos als unnatürlich und ihre Vorrechte beeinträchtigend erscheint, gerade wie Schuld und Sünde zu rächen. Doch davon unten.

14 (18). Ist nun schon der Neid der Götter fähig, sich in Hass zu verwandeln, wie viel weniger wird dieser fehlen, wo die Gottheit persönlich beleidigt worden ist. Aphrodite sagt Il. γ, 414 zu Helene'n: μή μ' ἔρεθε, σχετλίη· μὴ χωσαμένη σε μεθείω, τὼς δέ σ' ἀπεχθήρω, ὡς νῦν ἔκπαγλ' ἐφίλησα, μέσσῳ δ' ἀμφοτέρων μητίσομαι ἔχθεα λυγρά, Τρώων καὶ Δαναῶν, σὺ δέ κεν κακὸν οἶτον ὄληαι. Nie vergeben Here und Athene den nach Il. δ, 31 ff. unschuldigen Troern das Urtheil des Paris, Il. ω, 25 — 30 **); ja es ist jene, um ihre Rachsucht ersättigen zu können, deren Grösse Zeus in den Worten schildert: εἰ δὲ σύ γ' — ὠμὸν βεβρώθοις Πρίαμον Πριάμοιό τε παῖδας ἄλλους τε Τρῶας, τότε κεν χόλον ἐξακέσαιο (δ, 34 f.), sogar die drei ihr liebsten Städte zum Entgelt für Troja zu geben bereit, und motivirt noch obendrein ihr rachedurstiges Begehren nach der Troer Untergang mit dem kleinlich selbstsüchtigen Grunde, dass ja doch die

---

*) Dies ist nicht die spätere Vorstellung; vgl. Nachhom. Theol. p. 49 *).

**) Diese Verse gehören freilich der ächten Ilias nicht an

Mühe und der Schweiss nicht vergeblich sein dürfe, die sie
zur Versammlung des Griechenheers aufgewendet (ib. 26—28
coll. 57). Vgl. was II. η, 27. 31 Apollon von Athene sagt,
und was sie Il. χ, 178 ff. selber spricht. Poseidon's ganze
Stellung zu Odysseus in der Odyssee ist nicht die einer strafenden, sondern einer rachesüchtigen Gottheit (vgl. Od. α,
19 f. mit ε, 377—379). Denn fragen wir den Dichter, warum Poseidon dem Odysseus zürnt, so macht er zum Grunde
dieses Zürnens niemals jenes übermüthige Wort Od. ι, 523:
αἲ γὰρ δὴ ψυχῆς τε καὶ αἰῶνός σε δυναίμην εὖνιν ποιήσας
πέμψαι δόμον Ἀΐδος εἴσω, ὡς οὐκ ὀφθαλμόν γ᾽ ἰήσεται οὐδ᾽
Ἐνοσίχθων· er nennt stets nur die Blendung des Cyclopen.
So sagt Teiresias Od. λ, 103: οὐ γὰρ ὀίω λήσειν (σὲ) Ἐννοσί-
γαιον, ὅ τοι κότον ἔνθετο θυμῷ χωόμενος ὅτι οἱ υἱὸν φίλον
ἐξαλάωσας· nicht anders Athene Od. ν, 341: ἀλλά τοι οὐκ
ἐθέλησα Ποσειδάωνι μάχεσθαι πατροκασιγνήτῳ, ὅς τοι κότον
ἔνθετο θυμῷ. Diese Blendung aber war für Odysseus unver-
meidliche Nothwehr, durchaus gerechte Selbsthülfe, und für den
frevelhaften Unhold wohlverdiente und wenn auch grausame
doch nach den Umständen die einzig mögliche Strafe (ι, 299 ff.),
welche unmöglich selbst wieder strafbar sein konnte. Somit
hat der andauernde Zorn Poseidons keine sittliche Berechtigung. Diese hätte der Dichter allerdings diesem Zorne geben
können, wenn er denselben nur an jenes Wort geknüpft
hätte; aber er hat dies eben nicht gethan. Nicht einmal in
den unmittelbar folgenden Versen 526 ff. wird es vom Cyclopen zu einer Anklage des Helden benützt; die von diesem
verschuldete Missachtung der göttlichen Majestät Poseidon's
an dessen eigener Person bleibt in der Darstellung des Dichters ganz ausser Berechnung. Dass dessen ungeachtet Zeus
und die Götter, selbst Athene dem Zorne Poseidon's bis zu
einem gewissen Grade Vorschub thun und ihn gewähren lassen, hat ihrerseits darin seinen Grund, dass sie sich gegenseitig die Befugniss auch eines ungerechten Hasses zugestehen,
wie denn Zeus nach den oben angeführten Stellen auch dem
unberechtigten und nicht etwa durch Paris' Urtheil motivirten
Hasse der Gattin gegen die Troer nachgiebt. Für den Dichter aber wird jener Zorn das Mittel, um seinen Helden im
Unglück zu verherrlichen. Denn dieser leidet nicht als ein

Frevler: gleich von Anbeginn und bevor er einen Gott im Mindesten beleidigt hat, wird nach Od. ι, 37 von Zeus über ihn νόστος πολυκηδής verhängt *). — Wegen eines Opfers, zu dem sie nicht geladen war, sendet Artemis dem Aitoler Oineus den Eber ins Land (Il. ι, 533 f.), ·und was Laomedon der Troer an Apollon und Poseidon gesündigt, die er um ihren Lohn für die Dienstarbeit betrog, das will letzterer an den Nachkommen rächen, auf dass sie untergehen πρόχνυ κακῶς σὺν παισὶ καὶ αἰδοίης ἀλόχοισιν (Il. φ, 460.)

Nun ist es freilich wahr: die Götter sind auch στρεπτοί, versöhnbar (Il. ι, 497), und ihr Beispiel wird dem Achilleus von Phoinix als Motiv zur Versöhnlichkeit vorgehalten. Eine Sühnung Apollon's durch Gutmachen des Verbrochenen, so wie durch Gebet und Opfer ist der Inhalt eines grossen Theils von Il. α. Weil aber der Zorn der homerischen Gottheit nicht sowohl der Sünde, als vielmehr der Person des Menschen gilt, wird derselbe durch Anerkennung und Abthun der Sünde durchaus nicht in jedem Falle gestillt. Es kann die persönlich beleidigte Gottheit den Werth des an ihr begangenen Vergehens nach jedesmaligem Belieben so hoch anschlagen, dass alle vom Menschen dargebotene Genugthuung immer unter diesem Werthe bleibt. Belege dafür geben besonders Here. und Athene; letztere namentlich versagt dem ·Gebete der Troerinnen, das sie ihr nebst dem πέπλος und einem Gelübde darbringen (Il. ζ, 286—311), die Gewährung (ὡς ἔφατ᾽ εὐχομένη· ἀνένευε δὲ Παλλὰς Ἀθήνη), und Agamemnon täuscht sich, indem er vor der Abfahrt von Troja ihren schrecklichen Zorn durch Opfer zu versöhnen hofft (νήπιος, sagt Nestor Od. γ, 146, οὐδὲ τὸ ᾔδη, ὃ οὐ

---

*) Nach dem Gesagten muss ich finden, dass Nitzsch in seiner trefflichen Abhandlung über den Zorn des Poseidon Bd. III p. XIV—XXI jenem vermessenen Worte etwas zu viel Folge zuschreibt. Jedenfalls eigne ich mir ganz das Zugeständniss des verehrten Meisters an, „dass das Unheil, das dem Helden widerfährt, mehr in der Gestalt eines schweren Geschicks, denn als verschuldete Rache des gekränkten Gottes hervortritt, und der Hörer darnach mehr an dem Muthe, der es besteht, als an der Genugthuung der es bereitenden Gottheit Theil nimmt" (p. XX f.).

πείσεσθαι ἔμελλεν· οὐ γάρ τ᾽ αἷμα θεῶν τρέπεται νόος
αἰὲν ἐόντων). Alle Götter fühlen Mitleid, als Hektor's
Leiche von Achilleus so schmählich gemisshandelt wird, und
wollen sie durch Apollon ihm stehlen lassen; allein (heisst es,
freilich in der unächten Stelle Il. ω, 25) οὐδέ ποθ᾽ Ἥρῃ (sc.
ἐήνδανε τοῦτο), οὐδὲ Ποσειδάων, οὐδὲ γλαυκώπιδι κούρῃ, ἀλλ᾽
ἔχον, ὥς σφιν πρῶτον ἀπήχθετο Ἴλιος ἱρή. Eben so steht
Od. α, 19: θεοὶ δ᾽ ἐλέαιρον ἅπαντες, νόσφι Ποσειδάωνος·
ὁ δ᾽ ἀσπερχὲς μενέαινεν ἀντιθέῳ Ὀδυσῆϊ. Immer ist
also das Maass des persönlichen Grolls auch das Maass ihrer
Versöhnbarkeit, so wie sie im Mitleid mit einem unglücklichen Günstling nur ihrer eigenen Liebe zu diesem genug
thun, z. B. Zeus Il. χ, 168: ὢ πόποι, ἦ φίλον ἄνδρα διωκό-
μενον περὶ τεῖχος ὀφθαλμοῖσιν ὁρῶμαι· ἐμὸν δ᾽ ὀλοφύρεται
ἦτορ Ἕκτορος, ὅς μοι πολλὰ βοῶν ἐπὶ μηρί᾽ ἔκηεν κτλ. [π,
431 ff.].

15 (19). Somit bleiben die Götter auch auf diesem Gebiet im Bereiche gewöhnlicher, menschlicher Natürlichkeit
stehn, dem sie denn auch überhaupt in allen Erleidnissen
des Gemüthes vollständig angehören. Ihre Göttlichkeit
überhebt sie der Furcht nicht; die grossartigen Verse Il.
α, 528 — 530, in welchen Zeus geschildert wird, wie
er mit dem versicherungskräftigen Neigen des majestäti-
schen Hauptes den Olymp erschüttert, folgen unmittelbar
auf Aeusserungen seiner Besorgniss vor Here, wenn diese
von der geleisteten Zusage Kunde bekomme (ib. 518 —
523). Von dem durch Lykurgos gescheuchten Dionysos
heisst es Il. ζ, 136: Θέτις δ᾽ ὑπεδέξατο κόλπῳ δειδιότα·
κρατερὸς γὰρ ἔχε τρόμος ἀνδρὸς ὁμοκλῇ, und bei Scylla's Anblick würde sich auch ein Gott des Grausens nicht erwehren
können Od. μ, 87. Auch erinnern wir an Circe's Furcht vor
Odysseus, Od. κ, 296. 323. Wie sehr die Götter der Lust
und Lüsternheit erliegen, beweisen die Geschichten in Il.
ξ und Od. θ, und wenn Il. ρ, 567 von Athene gesagt wird:
γήθησεν δὲ θεὰ γλαυκῶπις Ἀθήνη, ὅττι ῥά οἱ πάμπρωτα
θεῶν ἠρήσατο πάντων, so ist das ganz die Freude einer sich
geehrt fühlenden menschlichen Persönlichkeit (während Od.
γ, 52: χαῖρε δ᾽ Ἀθηναίη πεπνυμένῳ ἀνδρὶ δικαίῳ,
οὕνεκά οἱ προτέρῃ δῶκε χρύσειον ἄλεισον einen andern

Charakter, den der Freude über Peisistratos' sorgfältige
Beachtung der *θέμιστες*, trägt); — so wie ihr ingleichen
auch ein menschliches Ergötzen an den schönen goldbeschla-
genen Hörnern des Opferthiers zugetraut wird (Od. γ, 437:
ὁ δ' ἔπειτα βοὸς κέρασιν περιχεῦεν ἀσκήσας, ἵν' ἄγαλμα θεὰ
κεχάροιτο ἰδοῦσα· cf. Od. π, 185). Vgl. Od. θ, 509: ἄγαλμα
θεῶν θελκτήριον. Verräth sich doch selbst in dem Genusse, den der Gott beim Anblick einer lieblichen Gegend
empfinden kann (Od. ε, 72: ἔνθα κ' ἔπειτα καὶ ἀθάνατός
περ ἐπελθὼν θηήσαιτο ἰδὼν καὶ τερφθείη φρεσὶν ᾗσιν), ein
Mangel, eine Bedürftigkeit seiner Natur *).

16 (20). Wir haben bisher die Natur der Gottheit so
viel als möglich für sich, d. h. zwar in vielfältiger Beziehung
auf das Nicht-Göttliche, aber doch nicht im Gegensatze zu
demselben betrachtet. Wir haben das menschliche Bewusstsein bemüht gefunden, die Gottheit in jeder Beziehung über
den Bereich des Menschlichen emporzuheben. Da stellte sich
denn jederzeit ein Widerspruch des menschlichen Glaubens
von den Göttern mit der Wirklichkeit der im Epos handelnd
eingeführten Gottheit heraus. Die Menschen Homer's denken
besser von ihren Göttern, als diese sind **); es ist die Erscheinung derselben der Vorstellung, die sich der Mensch von
ihnen bildet, durchaus nicht angemessen, oder es ist vielmehr
die Vorstellung trotz ihres Bemühens im Denken der Gottheit sich selbst vom Irdischen zu entkleiden, unmittelbar und
eodem actu wieder irdische, menschliche Vorstellung. Die
Sehnsucht, das Bedürfniss des Menschen nach einer Gottheit,
die nicht Bein von seinem Bein und Fleisch von seinem
Fleisch ist, reicht weiter, als sein Vermögen, diesem Bedürfniss Befriedigung zu schaffen. Und doch rastet diese Sehnsucht nicht; die Menschheit wäre nicht göttlichen Geschlechts,
wenn sie sich mit einer Gottheit lediglich menschlichen Ge-

---

*) Vgl. die naive Stelle Hymn. Herm. 130: ἔνθ' ὁσίης κρεάων ἠράσ-
σατο κύδιμος Ἑρμῆς· ὁ δ' μὴ γὰρ μιν ἔτειρε καὶ ἀθάνατόν
περ ἰόντα.

**) Nach Il. δ, 166. 235 erwartet Agamemnon von Zeus Bestrafung
des Vertragsbruches, den Zeus selbst herbeigeführt hat, v. 70 ff.
Vgl. Il. β, 80 ff. ünd hiezu meine Anmerkung.

schlechts begnügte. Etwas muss der Gottheit eigen sein, wodurch sie sich nicht blos dem Grade nach, nicht blos dann und
wann, sondern qualitativ und jederzeit vom Menschen unterscheidet. Dieses entscheidende Etwas, diese wesentlich den
Gott vom Menschen trennende Bestimmtheit kann der Mensch
nur da finden, wo er sich selbst ein Ziel gesetzt sieht, über
welches mit der Vorstellung hinauszugehn ihm unmöglich ist,
ohne etwas qualitativ Anderes, denn er selbst ist, zu schaffen. Dieses Ziel ist der leibliche Tod. Das menschliche Bewusstsein kann sich eine minder hinfällige, minder leidende,
minder unsittliche, aber, ohne die Gottheit selbst aufzugeben,
nimmermehr nur eine minder sterbliche, etwa blos länger
lebende Gottheit vorstellen. Jenseits der Sterblichkeit liegt
sogleich die Unsterblichkeit, und, da das eigentliche Selbst
des homerischen Menschen, das er im Tode verliert, der Leib
ist, die leibliche Unsterblichkeit. Und dass diese es ist,
welche den homerischen Gott zum Gotte macht, dass derselbe ein „ἀθάνατος ἄνθρωπος" ist, werden wir nachzuweisen im Stande sein *).

17 (21). Homer, der bei der Wahl seiner Beiwörter am
Gegenstande stets das am meisten bezeichnende, am stärksten
individualisirende Moment herausgreift, nennt die Götter nicht
nur von ihrem Aufenthalt ἐπουράνιοι, Ὀλύμπια δώματ᾽ ἔχοντες (Gegensatz: ἐπιχθόνιοι, χαμαὶ ἐρχόμενοι ἄνθρωποι) oder
von ihrer Lebensweise μάκαρες, ῥεῖα ζώοντες, ἀκηδέες (Gegensatz: ὀιζυροί, δειλοὶ βροτοί), sondern auch äusserst häufig
αἰὲν ἐόντες (z. B. Il. α, 290), ἀειγενέται (Il. ζ, 527), οὗτοι
μόρσιμοι (Il. χ, 13), ἀθάνατοι καὶ ἀγήραοι (Il. θ, 539 vgl.
ρ, 444), die Menschen dagegen καταθνητοί, βροτοί, auch θνη-
τοὶ βροτοί (Od. β, 3), so dass βροτός, so viel als πάλαι
πεπρωμένος αἴση Il. π, 441, förmliches Substantivum für ἄνθρωπος wird, und ζωοὶ βροτοί Il. σ, 539 lebendige Menschen
heissen im Gegensatze der blos abgebildeten **).

---

*) Vgl. Nachhom. Theol. I, 6.
**) [Vgl. hierüber Düntzer die homerischen Beiwörter des Götter-
und Menschengeschlechts. Abschn. I.]

18 (22). Ist demnach der Mensch darin Mensch, dass er sterblich ist, so wird er unmittelbar zum Gott werden, sobald er Unsterblichkeit empfängt. Dies sehen wir an Odysseus. Ohne erst durch den Tod hindurchgehen, ohne in seiner sittlichen Natur irgend eine Umwandlung erleiden zu müssen, würe er, wie er eben leibt und lebt, auf der Stelle ein Gott, wenn er seinem Leibe (durch den Genuss der Ambrosia, wie wir sehen werden) von Kalypso ewige Dauer und Jugend geben liesse (Od. ε, 135; 209). Minder beweisend, jedoch analog ist die Verheissung, die nach Od. δ, 561 f. dem Menelaos wird, dass er nicht in Argos sterben, sondern als Eidam des Zeus in das elysische Gefilde versetzt werden solle; denn dessen Bewohner werden, wenn sie schon ein göttergleiches Leben führen, v. 565 noch Menschen genannt (auch ist nicht vom Genuss der Ambrosia die Rede). Aber das Beispiel einer an einem Menschen wirklich vollzogenen Erhebung zur Gottheit haben wir an Leukothea, von welcher es Od. ε, 334 heisst: ἣ πρὶν μὲν ἔην βροτὸς αὐδήεσσα, νῦν δ᾽ ἁλὸς ἐν πελάγεσσι θεῶν ἐξέμμορε τιμῆς, und welche wir mit ihrer Erhebung zur Göttin zugleich mit allen Vorrechten göttlicher Macht und Wirksamkeit ausgestattet sehn. Auch an den von Eos geraubten Kleitos (Od. ο, 250) und an Ganymedes muss erinnert werden (Il. υ, 234 f. Hymn. Aphrod. 215), wenn auch deren Persönlichkeit nirgends bei Homer bestimmt als eine göttliche hervortritt. Von Herakles und den Dioskuren, von denen wegen ihrer wenigstens halben Unsterblichkeit Od. λ, 304 gesagt wird: τιμὴν δὲ λελόγχασ᾽ ἶσα θεοῖσιν, wird am Schlusse des letzten Abschnitts die Rede sein.

19 (23). Wird nun der Mensch durch Mittheilung der Unsterblichkeit zum Gott, so muss der Gott, wenn er seine Unsterblichkeit aufgiebt, sich selbst und sein innerstes Wesen aufgeben. Darum bindet der Eid bei der Styx die Götter unauflöslich. Denn der Schwörende erkennt dasjenige, bei dem er schwört, als eine Macht an, der er sich, wenn er den Eid bricht, ergiebt. Nun ist die Styx ein Fluss und Repräsentant des Todtenreichs, und der bei ihr schwörende Gott will, falls er eidbrüchig würde, der Macht des Todes verfallen, das heisst seiner Gottheit verlustig sein. Vgl.

Nitzsch II p. 30 *). Heisst nun aber dem Tod anheimfallen so viel als aufhören ein Gott zu sein, so ist die leibliche Unsterblichkeit das wesentliche Element des Göttlichen. 20 (24). Weil aber die unsterblichen Götter nicht von Ewigkeit sind, sondern einmal in die Welt hereingeboren wurden, so kann ihre Unsterblichkeit nur als zeitliche Fortdauer einer unzerstörbaren, unverwüstlichen Leiblichkeit gefasst werden, und erfordert zu ihrer vollkommenen Verwirklichung nothwendig ewige Jugendlichkeit. Daher ist es Hebe, die Jugend selbst, welche den Göttern den Trank der Unsterblichkeit reicht (Il. δ, 2) und dem zum Olymp emporgeführten Herakles vermählt wird, Od. λ, 603; vgl. Nitzsch III p. 346. Das Nichtige einer leeren, das nackte Sein bewahrenden Unsterblichkeit hat das griechische Volk in der nachhomerischen Mythe von Tithonos ausgesprochen (Hymn. Aphrod. 219 ff.). Es kommt also darauf an, dass der Leib erhalten werde, wie er ist **); Odysseus' Leib braucht z. B. nicht erst von gröberen, irdischen Substanzen gereinigt zu werden; es würde höchstens in ihm durch das Essen der Ambrosia eine Verwandlung des Blutes in den $\iota\chi\dot\omega\rho$ vorgehn (vgl. Il. ε, 341 sq.); doch ist davon nirgends die Rede. Hieraus erklärt sich, dass Alles, was den Göttern angehört, unsterblich ist, wie sie selbst; es darf ihm zu diesem Behufe nur seine Dauer erhalten, nicht irgend eine besondere, irdischen Dingen nicht zukommende Qualität ertheilt werden, wiewohl sichs von selber versteht, dass alles göttliche Werk oder Besitzthum an Schönheit und Trefflichkeit das menschliche übertrifft. Die Beiwörter $\dot\alpha\vartheta\dot\alpha\nu\alpha\tau o\varsigma$, $\dot\alpha\mu\beta\rho\dot\upsilon\sigma\iota o\varsigma$, welches letztere Wort erst im Hymn. auf Herm. 230 von Personen gebraucht wird, erklären sich somit von selbst durch das neben ihnen und statt ihrer gebrauchte $\dot\alpha\varphi\vartheta\iota\tau o\varsigma$. Genannt aber werden unsterblich ausser den Gliedern (das Haupt und

---

*) Putsche de juramento Stygio sucht in einer gründlichen Deduktion zu erweisen, dass Zeus Vollstrecker der Strafe des bei der Styx geschworenen Meineides, die Strafe selbst aber Verstossung in den Tartaros sei. Ich kann diese Vorstellung nicht recht homerisch finden.

**) Dagegen Cic. de rep. III, 28, 40, 29.

die Haare des Zeus, Il. α, 529, die Locken Here's, ξ, 176)
und Werken der Götter (Kalypso's Gewebe, Od. κ, 222) ihre
Kleider (ἄμβροτα εἵματα Kalypso's Od. η, 260, der Nereiden ω, 59 vgl. Il. π, 670, ἄμβροτον ἑανὸν Here's Il.
ξ, 178, der Artemis φ, 507, ἀμβρ. κρήδεμνον Ino's Od. ε, 346, die
πέδιλα Od. α, 97; ε, 45; Il. ω, 341), ihre Wohnungen
(Il. ν, 22; σ, 370; Od. δ, 79), ihr Geräthe (Il. ε, 722; θ,
431) und ihr Salböl (Il. ξ, 171; Od. θ, 365). Unsterblich
und ewig jung sind, ihrer Abkunft von Boreas und der Har-
pyie Podarge wegen, auch die Rosse Achills, Il. π, 149—154;
867; ϱ, 77; ψ, 277, und aus gleichem Grunde wohl auch,
wenn schon es nicht ausdrücklich gesagt wird, Adrasts Orion
Il. ψ, 347.

21 (25). Wenn aber die Unsterblichkeit der homerischen Götter nichts anders als zeitliche Fortdauer ihrer Leiblichkeit ist, so ist für den Menschen hiemit die Nöthigung
vorhanden, sich dieselbe ernährt und unterhalten zu denken
von aussen her, durch den Genuss von Nektar und Ambrosia. Im Hymn. auf Apoll. Del. 127 wird sich das neugeborene
Götterkind seiner selbst und seiner Gottheit unmittelbar nach
dem Genusse von Ambrosia bewusst. Dieser Genuss ist es,
der den Menschen unsterblich machen würde, wenn er ihm
gestattet wäre; denn Odysseus, der die Unsterblichkeit aus-
schlägt, geniesst bei Kalypso nur irdische Speise, während
die Göttin selbst sich mit der Götterspeise nährt (Od. ε, 196
—199 vgl. Il. ε, 341). Diese Ambrosia selbst aber, deren
Existenz vorausgesetzt wird *), ist wie Buttmann im Lexilog.

---

*) Nach Od. μ, 63 (vgl. dagegen Il. ι, 777, wird sie dem Zeus
durch Tauben gebracht. Nach einer alten, von Nitzsch Bd III
p XXX und p. 375 mit Recht belobten Deutung sind diese Tauben das Plejadengestirn; „wenn mit der Erscheinung der Pleja-
den die Aernte begann, sagte die Volkssprache wohl: nun tragen
die Himmelstauben auch den Göttern die Ambrosia zu." Gerade
so bringt bei Hes. Theog. 286 Pegasos dem Kroniden die Blitze
(Näheres hierüber bei Voelcker Mythol. des Jap. Geschl. p.
187). Spätere Fabel ist, die Ambrosia quelle nahe bei Zeus' Gemach im Elysium; Eurip Hippol. 744. Nach den Orphikern ist
sie von Demeter geschaffen worden; μήσατο δ' ἀμβροσίην καὶ

1 p. 133 schlagend erwiesen hat, nichts anders als der in
Form von Speise real oder concret gewordene Begriff der Unsterblichkeit (ἀμβροσία s. v. a. ἀθανασία: Lucian. Dial. Deor.
4 extr. bei Buttm.: νῦν δὲ ἄπαγε αὐτὸν (den Ganymed) ὦ
Ἑρμῆ, καὶ πιόντα τῆς ἀθανασίας ἄγε οἰνοχοήσοντα ἡμῖν).
Die Götter, sagt Buttmann, essen und trinken Unsterblichkeit, wie sie sich mit der Schönheit selbst waschen (Od. σ,
192: κάλλεϊ μέν οἱ πρῶτα προσώπατα καλὰ κάθηρεν ἀμβροσίῳ, οἵῳπερ ἐϋστέφανος Κυθέρεια χρίεται vgl. Il. ξ,
170), und wie ihnen sonst auch, fügen wir hinzu, eine Eigenthümlichkeit ihres Wesens durch ein äusserliches Attribut,
z. B. Aphrodite'n der Liebreiz durch den Gürtel des Reizes
(Il. ξ, 214: ἦ καὶ ἀπὸ στήθεσφιν ἐλύσατο κεστὸν ἱμάντα,
ποικίλον· ἔνθα δέ οἱ θελκτήρια πάντα τέτυκτο· ἔνθ᾽ ἔνι μὲν
φιλότης, ἐν δ᾽ ἵμερος, ἐν δ᾽ ὀαριστὺς πάρφασις κ. τ. ἑ.), dem
Hermes die Kraft einzuschläfern und aufzuwecken durch seinen Stab; Il. ω, 343; Od. ε, 47: εἵλετο δὲ ῥάβδον, τῇ τ᾽
ἀνδρῶν ὄμματα θέλγει, ὧν ἐθέλει, τοὺς δ᾽ αὖτε καὶ ὑπνώοντας ἐγείρει *). Dass sich aber diese Ambrosia je nach der
Natur derjenigen, die sie geniessen, in verschiedenen Formen
darstellen kann, scheint hervorzugehn aus Il. ε, 777: τοῖσιν
δ᾽ (den Rossen Here's) ἀμβροσίην Σιμόεις ἀνέτειλε νέμεσθαι,
in welcher Stelle der Ausdruck ἀνέτειλε auf Gras deutet
(vgl. das ἀμβρόσιον εἶδαρ, Il. ε, 369 von Iris den Rossen
des Ares, ib. ν, 35 von Poseidon den seinigen vorgelegt).

Aber unsterblich wird durch den Genuss der Ambrosia
nur, wem er beständig zu Theil wird; denn Achilleus, der
aus Kampf- und Rachbegierde sich der Nahrung geweigert,
wird nicht sofort unsterblich, als ihm Il. τ, 353 Athene Nektar und Ambrosia einträufelt. Es kommt ihr also eine nur
relativ, nicht absolut erhaltende Kraft zu; daher sie dient,
Leichname vor der Verwesung oder sonstiger Verunstaltung

ἐρυθροῦ νέκταρος ἄρθρον, bei Lob. Aglaoph. p. 538; Düntzer
p. 82.

*) Vergl. die Hesiodische Mythe von Zeus und Metis Theog. 886 ff.:
v. 899: ἀλλ᾽ ἄρα μιν Ζεὺς πρόσθεν ἑὴν ἐγκάτθετο νηδὺν, ὡς δή
οἱ φράσσαιτο θεὰ ἀγαθόν τε κακόν τε.

zu bewahren, den des Patroklos Il. τ, 38: *Πατρόκλῳ δ᾽ αὐτ᾽ ἀμβροσίην καὶ νέκταρ ἐρυθρὸν στάξε κατὰ ῥινῶν, ἵνα οἱ χρὼς ἔμπεδος εἴη·* den Sarpedon's Il. π, 670. — Il. ψ, 186 heisst es von Aphrodite in Bezug auf Hektors Leiche: *ῥοδόεντι δὲ χρῖεν ἐλαίῳ, ἀμβροσίῳ, ἵνα μή μιν ἀποδρύφοι* (*Ἀχιλλεύς*) *ἑλκυστάζων.* Vor der Fäulniss schützt hier Apollon durch Abhaltung der Sonnenstrahlen. Zur Vertilgung des unerträglichen Robbengeruchs dient sie Od. δ, 445 mittelst ihres lieblichen Duftes.

22 (26). So hätten wir denn die Götter unsterblich, **aber das Princip und die Quelle ihrer Unsterblichkeit ausser ihnen gefunden,** so dass ihnen eine vollständige Allgenugsamkeit, ein reines Beruhen auf sich selbst sogar in dieser Hinsicht nicht eigen ist. Wir erkennen hieraus wiederum aufs deutlichste, wie unmöglich es dem seine Götter aus sich selbst schaffenden Menschen wird, über seine eigene Natur vollständig und qualitativ hinauszugehn. Er muss, wenn er eine Gottheit haben will, die Schranke, welche ihm selbst durch den Tod gesetzt ist, aufheben; aber auch durch Aufhebung derselben hat er erst ein Nicht-Sterbliches, kein innerlichst und durch sich selbst Unsterbliches gewonnen. Dieses Nichtsterbliche erscheint ihm in seiner vom Tode befreiten Existenz sofort wieder eben so bedingt, wie er sich, so lange er lebt, in der seinigen; es darf daher die Bedingung dieser Nicht-Sterblichkeit nur auch ihm zu Theil, er darf nur zum Genusse der ausser ihm vorhandenen Unsterblichkeit zugelassen werden, und er ist sofort dasselbe, was sein Gott ist. Ja es ist sogar diese Freiheit vom Tode kein unbedingt und in jedem Falle wünschenswerthes Glück; denn Odysseus zieht die Rückkehr in seine Familie, in Haus und Hof dieser ihn seiner menschlichen Verhältnisse beraubenden Unsterblichkeit vor. Denn dass Odysseus die Unsterblichkeit nicht verschmähe, sondern Kalypso's Zusage für eitel halte, besagt der hiefür citirte Vers η, 258: *ἀλλ᾽ ἐμὸν οὔποτε θυμὸν ἐνὶ στήθεσσιν ἔπειθεν* gewiss nicht. Odysseus sagt: sie konnte mich nicht bereden, zu thun, mir gefallen zu lassen, was sie wollte; vgl. z. B. Il. χ, 78; Od. α, 43; ι, 500 etc. Die leibliche Fortdauer, die ihn von den Schrecken des Todes befreit, ist nicht einladend genug, ihn innerlich von den Ver-

hältnissen zu lösen, in welchen er die einzige Gewähr eines wünschenswerthen Glückes hat. Somit wird das Einzige, was der Gott vor dem Menschen absolut voraus hat, das, worin das eigentliche Wesen seiner Göttlichkeit ruht, unter Umständen werthlos. Gleichwohl knüpfen sich an das Moment der Unsterblichkeit, als an das erste wahrhaftig dem Gottesbegriff gemässe, Berechtigungen, welche die Wichtigkeit dieses schwachen Abglanzes von Wahrheit ins Licht zu stellen geeignet sind.

23 (27). Indem nämlich das menschliche Bewusstsein in dieser Vorstellung von der leiblichen Unsterblichkeit seiner Götter über die Schranken irdischer Hinfälligkeit absolut hinausgegangen ist, hat es eine Grundlage des Zutrauens zu seiner Götterwelt gewonnen, welchem gemäss es sich von ihnen in aller und jeder Beziehung beherrscht weiss. In der Unsterblichkeit des Gottes liegt sein Werth und seine Würde; mit der Vorstellung von dieser ist unmittelbar auch die der Macht verknüpft, die ihm das Endliche, dem Tode Verfallene, sich gegenüber eingeräumt denkt. Dieses Bewusstsein, dass der Gott eben **kraft seiner Unsterblichkeit** ein das menschliche weit übertreffendes Können und Vermögen besitzt, findet sich bei dem Dichter auch deutlich ausgesprochen; z. B. Il. τ, 21: μῆτερ ἐμή, τὰ μὲν ὅπλα θεὸς πόρεν, οἵ᾽ ἐπιεικὲς ἔργ᾽ ἔμεν ἀθανάτων, μηδὲ βροτὸν ἄνδρα τελέσσαι, und besonders anschaulich Il. ψ, 276: ἴστε γὰρ, ὅσσον ἐμοὶ ἀρετῇ περιβάλλετον ἵπποι· ἀθάνατοί τε γάρ εἰσιν· ϱ, 76. οἱ δ᾽ ἀλεγεινοὶ (ἵπποι Ἀχιλλέως) ἀνδράσι γε θνητοῖσι δαμήμεναι ἠδ᾽ ὀχέεσθαι, ἄλλῳ γ᾽ ἢ Ἀχιλῆϊ, τὸν ἀθανάτη τέκε μήτηρ. Od. ψ, 81: μαῖα φίλη, χαλεπόν σε θεῶν αἰειγενετάων δήνεα εἴρυσθαι, μάλα περ πολύιδριν ἐοῦσαν. Weil aber die **übermenschliche** Macht der Götter doch eine Sphäre haben muss, in der sie sich wahrhaft bethätigen kann, so wird sie sofort als eine Macht über die **Natur** und den **Menschen** gedacht. Dieser weiss sich mit allem was er sieht und hat, mit all seinem Denken und Thun innerhalb des Bereiches derselben, und findet somit seine ganze Welt in jeder Hinsicht und nach allen Richtungen von ihr beherrscht und durchwaltet.

24 (8). Es zeigt sich aber die Erhabenheit göttlicher
Macht über die menschliche vornehmlich in ihrer Herrschaft
über die Natur. Zwar sind die Götter nicht die Schöpfer der
Natur und der Menschenwelt; Zeus ist nicht wie bei Virg.
Aen. XII, 829 hominum rerumque repertor; die Frage, woher die Welt sei, berührt der Dichter so wenig, als er
irgendwo eine bestimmte Vorstellung über den Ursprung des
Menschengeschlechts äussert *). Gleichwohl wird die Macht
der Götter über die unvernünftigen Geschöpfe und über die
leblose Welt gedacht als eine von diesen empfundene und
anerkannte. Die Thierwelt kennt sie und huldigt ihnen, das
Element verräth ein Gefühl ihrer Nähe. Od. π, 160 sieht
Telemach die Göttin Athene nicht, ἀλλ᾽ Ὀδυσεύς τε κύνες τε
ἴδον, καί ῥ᾽ οὐχ ὑλάοντο, κνυζηθμῷ δ᾽ ἑτέρωσε διὰ σταθμοῖο
φόβηθεν. In Bezug auf Poseidon heisst es Il. ν, 27 f.: βῆ
δ᾽ ἐλάαν ἐπὶ κύματ᾽· ἄταλλε δὲ κήτε᾽ ὑπ᾽ αὐτοῦ πάντοθεν
ἐκ κευθμῶν, οὐδ᾽ ἠγνοίησεν ἄνακτα· γηθοσύνῃ δὲ θά--
λασσα διίστατο. Dasselbe Meer geräth in Regung und Auf-
ruhr, wenn ihr Gebieter in mächtiger Handlung begriffen ist,
so dass es, als Il. ξ, 389 Poseidon und Hektor furchtbaren
Kampf zwischen den Heeren hervorrufen, seine Wogen an
die Küste schleudert, gleichwie, als Il. φ, 387 die Götter
selbst auf einander losstürzen, die weite Erde kracht und
der grosse Himmel dröhnt. Allbekannt ist die Erschütterung
des Olympos, welche Zeus durch das Neigen seines königlichen Hauptes bewirkt. Von dieser Stellung der Götter zur
Natur aus werden manche Verbindungen des ἱερός mit Sub-
stantiven begreiflich. Ἱερά werden nämlich nicht blos nach
dem gewöhnlichen Sprachgebrauche Dinge genannt, die den
Göttern von den Menschen förmlich geweiht sind, wie Städte
und Orte, auch nicht blos Dinge, welche die Träger sind sitt-

---

*) Wenn Menschen, einzelne oder ganze Völker, gottentstammt δῖοι
heissen, wie Od. γ. 116 die Achäer, τ, 177 die Pelasger, wenn
das Od. η, 205 von den Phaeaken, Cyclopen und Giganten ausgesagte ἐπεί σφισιν (θεοῖς) ἐγγύθεν εἰμέν gleichfalls auf göttliche Abstammung zurück geht, so ist damit stets ein besonderer Vorzug gemeint und es werden die Bevorzugten von dem
übrigen Menschengeschlecht gerade dadurch unterschieden.

licher, dem Schutz der Götter unterstellter Verhältnisse, wie
Il. σ, 504 der ἱερὸς κύκλος der Richter, ib. ϱ, 464 der Wa-
genstuhl δίφρος, als Stätte der heiligen Genossenschaft des
Kämpfers und des Wagenlenkers, sondern es heissen auch
solche Dinge ἱερά, die man sich als unmittelbares und ur-
sprüngliches Eigenthum der Götter denkt, von welchem sie
den Menschen auch mittheilen. Dergleichen sind das ἱερὸν
ἄλφιτον Il. λ, ʾ31, das heilige Gerstenmehl, der ἱερὸς ἰχθύς
ib. π, 407, der nicht, wie ein Hausthier, den Menschen sondern den Göttern gehört, die ἱεραὶ βῆσσαι Od. κ, 275, die
unangebauten Waldgründe, die kein Mensch besitzt und welchen die ἱεροὶ ποταμοί in der verdächtigen Stelle ib. 351
entsprechen, wenn hier nicht etwa wie Il. λ, 726 bei dem
ἱερὸς ῥόος Ἀλφειοῖο speciell an die Flussgötter als Inhaber
der Flüsse gedacht werden muss. Mit diesem ἱερὸς ist zwar
nicht δῖος, welches nach Nitzsch zu Od. I p. 189 auf Geburt und Abstammung geht, wohl aber ϑεῖος zu vergleichen,
welches, wie divinus, theils gottartige ungewöhnliche, gleichsam übernatürliche Trefflichkeit bezeichnet, z. B. in ϑεῖος χορός
Od. ϑ, 264, theils den göttlichen Ursprung einer Gabe oder
Begabung ausdrückt; so heisst das Salz ϑεῖον Il. ι, 214, so
der Sänger ϑεῖος in der für dieses Wort klassischen Stelle
Od. ϑ, 43: καλέσασϑε δὲ ϑεῖον ἀοιδόν, Δημόδοκον· τῷ γάρ
ῥα ϑεὸς πέρι δῶκεν ἀοιδήν.

25 (9). Doch zurück. Bei diesem Verhältniss der Götter
zur Natur, mit welcher sie als mit ihrem Eigenthume schal-
ten, ist dem homerischen Menschen das Wunder nicht auffallend, das eine Gottheit wirkt. Darum braucht der Dichter für
sein Epos die Wunder nicht als phantastisch erkünstelten Zierrath, sondern ganz unbefangen und ohne dass er damit etwas Besonderes zu thun glaubt. Das Uebernatürliche, von
der Gottheit gewirkt, tritt nicht etwa in schnellen Contrast
mit dem gewöhnlichen Laufe der Dinge, sondern fügt sich
demselben als natürlich ein. Darum lässt auch der Dichter
nur selten, z. B. Il. ʋ, 344 vgl. ε, 516 von Seiten der Menschen Verwunderung über geschehene Wunder laut werden;
die grössten ereignen sich, ohne dass er eines Staunens der
Betheiligten gedenkt; vgl. Il. o, 355 ff. τ, 407. Um nunmehr
Einzelnes zu geben, so finden wir, dass die Gottheit den Na-

turprocess sowohl beschleunigt als aufhält und hemmt, jenes
in den wunderbar schnellen Heilungen, die Apollon Il. ε,
447 durch Leto und Artemis an Aeneas, Il. o, 262 f. an
Hektor vollzieht, und in dem plötzlichen Emporspriessen-lassen
von Ambrosia, das Il. ε, 777 durch den Flussgott Simoeis für
Here's Rosse, und von blumigen Kräutern, das zur Bereitung
eines Lagers für Zeus und Here durch die Erde geschieht,
Il. ξ, 347 *); dieses in der wunderbaren Bewahrung der
Leiche Hektor's vor Verwesung (Il. ω, 414 coll. 422), und in
der Verzögerung des Sonnenaufgangs, den Od. ψ, 243 Athene
bewirkt (νύκτα μὲν ἐν περάτη δολιχὴν σχέθεν, Ἠῶ
δ᾽ αὖτε ῥῦσατ᾽ ἐπ᾽ Ὠκεανῷ χρυσόθρονον, cf. 345), während
Here Π σ, 239 den Helios wider seinen Willen zum Ocean
schickt (πέμψεν ἐπ᾽ Ὠκεανοῖο ῥοὰς ἀέκοντα νέεσθαι), in
welchen beiden Stellen, in jeder auf andere Weise, eine Be-
herrschung des Naturlaufs sich ausspricht, die nicht etwa
blos durch ein gütliches Benehmen mit den der Gestirne waltenden Gottheiten vermittelt gedacht wird. — Ingleichen bringen die Götter, wenn sie wollen, atmosphärische Erscheinungen hervor, Zeus zur Ehre seines Sohnes Sarpedon, damit
dessen Fall ein Wunder begleite, einen Blutregen Il. π, 459,
und als er gefallen, verderbliche Nacht, ὄφρα φίλῳ περὶ παιδὶ
μάχης ὀλοὸς πόνος εἴη Il. π, 567; Ares hüllt als Beistand der
Troer zum Schrecken der Achäer das Kampfgetümmel in
Nacht (Il. ε, 506). Diese wird herbeigeführt durch Nebel
(Il. ρ, 269 coll. 366 f.) und Gewölk (ib. 594 coll. 644), und
verbreitet solche Schauer, dass Ajas an letzterer Stelle vor
Allem um Wiederkehr des Tageslichtes fleht, und dann gerne
zu Grunde gehn will (647: ἐν δὲ φάει καὶ ὄλεσσον, ἐπεί νύ
τοι εὔαδεν οὕτως). Als Achill, um die Troer wenigstens durch
seinen Anblick aus der Ferne zu schrecken, am Graben sich
zeigt, hüllt Athene sein Haupt in eine feurige, Flammen
strahlende Wolke (Il. σ, 205); Here breitet Nebel vor die
flüchtigen Troer, sie aufzuhalten (Il. φ, 6), und Poseidon um-
zieht Achilleus' Augen mit Finsterniss, um Aeneas vor ihm

---

*) Otfried Müllers an sich so schöne Deutung (Proleg. p. 343)
geht über das Bewusstsein des Dichters hinaus.

zu retten (Il. *v*, 321 cf. 341). Eine Wolke haben die Götter
immer zur Hand, wenn sie sich oder Anderes verbergen wollen (Il. *ε*, 23; *v*, 150; Od. *η*, 15; *ν*, 189; *ψ*, 372); eine
Wolke führt Apollon vom Himmel zur Erde nieder, um Hektor's Leiche vor den Sonnenstrahlen zu schützen (Il. *ψ*, 1ε9).
Aber es ist auch dem Scheine nach die Sonne vom Himmel
verschwunden und unselige Nacht ausgebreitet, als Athene
zur Vorbedeutung des nahenden Todes den Freiern die Sinne
verwirrt (vgl. Od. *χ*, 298), die Wände blutig erscheinen lässt
und Haus und Hof mit Gespenstern (*εἰδώλοις*) füllt, Od. *v*,
345 — 357 *). Ein *εἴδωλον* schafft sie denn auch und begabt es mit Sprache für Penelope zum tröstlichen Traumbild
Od. *δ*, 796, wie Apollon, um Troer und Achäer zu äffen (Il. *ε*,
449), ein dem Aeneas gleichendes Trugbild bereitet.

26 (10). Aber es erweist sich die Macht des Göttlichen
nicht blos an der unorganischen Natur, oder, wie bei den
Heilungen, an einzelnen Theilen des Organismus, sondern
sie beherrscht diesen ganz bis zu übernatürlicher Verschönung,
Verjüngung, ja sogar gänzlicher Umbildung wenigstens der
äusseren Gestalt. An Penelope zwar wird die Verschönung
Od. *σ*, 192 auf äusserliche Weise vollzogen, indem ihr die
Göttin selbst *κάλλεϊ ἀμβροσίῳ προσώπατα καλὰ κάθηρεν* (*οἵῳ
περ ἐϋστέφανος Κυθέρεια χρίεται*); auch in dem *θεσπεσίην
κατέχευε χάριν κεφαλῇ τε καὶ ὤμοις* (z. B. Od. *ϑ*, 19; *ζ*,
235; *ρ*, 63) deutet der Ausdruck auf ein den Organismus
nicht berührendes Anbilden der Anmuth von aussen her; dass
aber das die Verschönungen immer und auch Laertes' Verjüngung begleitende Schaffen der Gottheit, **dass der Mensch
stattlicher und völliger erscheine** (Od. *ζ*, 230; *ϑ*, 20;
σ, 195; *ω*, 369), nicht als ein an den Augen der andern Menschen gewirktes Wunder, als ein diesen vorgespiegeltes Blend-
werk gedacht werde, geht aus dem *μέλε᾽ ἤλδανε ποιμένι
λαῶν* hervor, was wir Od. *σ*, 70 und *ω*, 368 finden. Auf ein
wirkliches Verwandeln des äussern Ansehens deutet ferner
das *κὰδ᾽ δὲ κάρητος οὔλας ἧκε κόμας*, Od. *ζ*, 230; *ψ*, 157, so

---

*) Vgl. die Wunder mit den geschlachteten Sonnenrindern Od. *μ*,
364 ff.

wie sich ingleichen, was man einem Gott in dieser Beziehung
wenigstens zutraut, ausgesprochen findet in Il. *ι*, 445: *οὐδ'
εἴ κέν μοι ὑποσταίη θεὸς αὐτός, γῆρας ἀποξύσας, θήσειν
νέον ἡβώοντα.* Am vollendetsten aber giebt sich die Vorstellung einer völligen Umwandlung der Gestalt kund in dem
mehrmaligen Umschaffen des Odysseus. Athene sagt Od. *ν*,
398: *κάρψω μὲν χρόα καλὸν — ξανθὰς δ' ἐκ κεφαλῆς ὀλέσω
τρίχας — κνυζώσω δέ τοι ὄσσε κτλ.* Als der also verwandelte Bettler durch Berührung mit Athene's Stabe in
schönen Kleidern und wieder in ursprünglicher nur verherr-
lichter Gestalt vor Telemach tritt (Od. *π*, 175: *ἂψ δὲ μελαγ-
χροίης γένετο, γναθμοὶ δὲ τάνυσθεν, κυάνεαι δ' ἐγένοντο
γενειάδες ἀμφὶ γένειον*), kann dieser nur unter der Voraussetzung, dass dieses Alles ein Gott gethan, solche Verwandlung begreiflich finden (ib. 196 f.), ist aber auf der Stelle
den Vater in dem Verwandelten anzuerkennen d. h. das Wunder natürlich, dem Wesen der Gottheit angemessen zu finden
geneigt, als dieser ihm versichert, das Alles sei ein Werk
Athene's, und den Glauben Telemachs, dass solches nur ein
Gott vermöge, durch den förmlichen Lehrsatz bestätigt (211):
ῥηΐδιον δὲ θεοῖσι — ἠμὲν κυδῆναι (herrlich machen dem Leibe
nach) *θνητὸν βροτὸν ἠδὲ κακῶσαι.*

27 (11). Aber die Macht der Gottheit erstreckt sich
noch weiter, als auf ein Umgestalten des leiblichen Organismus. Hier blieb, was verwandelt wurde, innerhalb seiner Art;
eine *μετάβασις εἰς ἄλλο γένος* fand nicht statt. Aber selbst
eine solche wird von den Göttern gewirkt, wenn sie Verwandlungen vornehmen, wie Il. *β*, 319 die der Schlange in einen
Stein, Od. *ν*, 163 die des Phäakenschiffes in einen im Mee-
resgrund wurzelnden Fels, insbesondere wenn sie Lebloses
zu Lebendigem, Vernunftloses zu Vernünftigem, Sterbliches
zu Unsterblichem machen. Als Hephaistos-von Thetis gerufen hinkend zur Thüre geht (Il. *σ*, 417), heisst es: *ὑπὸ δ'
ἀμφίπολοι ῥώοντο ἄνακτι, χρύσειαι, ζωῇσι νεήνισιν εἰοι-
κυῖαι. Τῇς ἐν μὲν νόος ἐστὶ μετὰ φρεσὶν, ἐν δὲ καὶ αὐδὴ
καὶ σθένος, ἀθανάτων δὲ θεῶν ἄπο ἔργα ἴσασιν.* Seine
Blasebälge verstehen sein Gebot und blasen, wie er es gerade
braucht (ib. 469 f.). Goldene Hunde, ein Werk des Hephaistos, liegen vor Alkinoos' Thüre, das Haus zu bewachen

Od. η, 91. — Xanthos, dem Rosse Achills, giebt Here das Vermögen der Sprache und mit diesem für den Augenblick die Gabe der Weissagung Il. τ, 407. Unsterblichkeit aber und ewige Jugend will Kalypso dem Odysseus verleihn (Od. ε, 135) (Leukothea, Ganymedes). 28. Weiter erkennt der homerische Mensch in den Göttern die Lenker und Urheber des Geschicks der Völker und Staaten an. Il. η, 209 lesen wir, dass Ares in den Krieg unter Männer geht, οὔστε Κρονίων θυμοβόρου ἔριδος μένει ξυνέηκε μάχεσθαι. Od. ϑ, 82 heisst es: τότε γάρ ῥα κυλίνδετο πήματος ἀρχὴ Τρωσί τε καὶ Δαναοῖσι Διὸς μεγάλου διὰ βουλάς, und ib. 579 ist von Ilios' Untergang gesagt: τὸν δὲ θεοὶ μὲν τεῦξαν, ἐπεκλώσαντο δ' ὄλεθρον. Hektor's Hoffnungen auf Errettung (Il. ζ, 526: αἴ κέ ποθι Ζεὺς δώῃ, ἐπουρανίοισι θεοῖς αἰειγενέτῃσιν κρητῆρα στήσασθαι ἐλεύθερον ἐν μεγάροισιν, ἐκ Τροίης ἐλάσαντας ἐυκνήμιδας Ἀχαιούς, cf. ϑ, 526), Agamemnon's Erwartungen (Il. ϑ, 287: αἴ κέν μοι δώῃ Ζεύς τ' αἰγίοχος καὶ Ἀθήνη Ἰλίου ἐξαλαπάξαι ἐυκτίμενον πτολίεθρον) die Klagen desselben (Il. β, 116: καί με κελεύει (Ζεύς) δυσκλέα Ἄργος ἱκέσθαι), Chryses' gute Wünsche (Il. α, 18: ὑμῖν μὲν θεοὶ δοῖεν Ὀλύμπια δώματ' ἔχοντες ἐκπέρσαι Πριάμοιο πόλιν, εὖ δ' οἴκαϑ' ἱκέσθαι), dies alles spricht gleichmässig den Glauben aus, dass die grösseste Geschichte, die auf Erden je geschah, ihrem Ursprung und Ende nach auf den Göttern beruhe. Priamos weist sogar die Vorstellung, dass menschliches Thun, d. i. Helena's Schuld, die Noth herbeigeführt habe, ausdrücklich ab Il. γ, 164: οὔτι μοι αἰτίη ἐσσί, θεοί νύ μοι αἴτιοί εἰσι, gerade wie Il. ν, 222 Idomeneus das Unglück der Schlacht unmittelbar von Zeus herleitet: ὦ Θόαν, οὔτις ἀνὴρ νῦν αἴτιος, ὅσσον ἔγωγε γιγνώσκω —, ἀλλά που οὕτω μέλλει δὴ φίλον εἶναι ὑπερμενέϊ Κρονίωνι νωνύμνους ἀπολέσθαι ἀπ' Ἄργεος ἐνθάδ' Ἀχαιούς. Und was insbesondere die Geschichten der Ilias selbst betrifft, so stellt deren Prooemium die Folge vom Hader der Könige, den Tod so vieler Helden, dar als Erfüllung der βουλὴ Διός. Denn vollständig erläutert wird dieses, Od. λ, 297 wiederkehrende Διὸς δ' ἐτελείετο βουλὴ durch Il. τ, 270:

Ζεῦ πάτερ, ἦ μεγάλας ἄτας ἄνδρεσσι δίδοισθα.
Οὐκ ἂν δήποτε θυμὸν ἐνὶ στήθεσσιν ἐμοῖσιν

4 *

'Ατρείδης ὤρινε διαμπερές, οὐδέ κε κούρην
ἦγεν, ἐμεῦ ἀέκοντος, ἀμήχανος· ἀλλά ποϑι Ζεὺς
ἤϑελ᾽ Ἀχαιοῖσιν ϑάνατον πολέεσσι γενέσϑαι,

so dass bei der μήνιδος ἀπόρρησις Achilleus über diese
Zwietracht dasselbe Bewusstsein ausspricht, das der Dichter
von derselben im Prooemium der μῆνις hat, dass nämlich
Alles, wie es gekommen, so habe kommen müssen, weil Zeus
es gewollt, der die Gemüther der Sterblichen also lenke, dass
sie mit ihren Handlungen lediglich unbewusste und unfreie
Vollstrecker seines Willens seien (vgl. Il. o, 593: Τρῶες δὲ,
λείουσιν ἐοικότες ὠμοφάγοισιν, νηυσὶν ἐπεσσεύοντο, Διὸς δ᾽
ἐτέλειον ἐφετμάς κτλ.). Aber nach den Motiven dieses
Willens zu fragen, in der göttlichen Weltregierung einen
Plan, ein providentielles Walten vorauszusetzen, liegt
den Gedanken des homerischen Menschen völlig fern *); ihm
erscheint alles Grosse, der Achäer Heereszug, Troja's Untergang, Helena's Verschuldung, der Penelope Treue und Leid

---

*) Interessant ist, wie sich die spätere Vorstellung diese βουλὴ Διὸς
rationalisirend erklärt. Die Scholien zu Il. α, 4 bewahren aus
den Κυπρίοις des Stasinos folgende Verse (bei Wolf Od. Bd. II
p. 533; Düntzer p. 12):

᾽Ην ὅτε μύρια φῦλα χϑόνα πλαζόμενα . .
      —   —   — βαρυστέρνου πλάτος αἴης·
Ζεὺς δὲ ἰδὼν ἐλέησε καὶ ἐν πυκιναῖς πραπίδεσσι
σύνϑετο κουφίσαι ἀνϑρώπων παμβώτορα γαῖαν
ῥιπίσας πολέμου μεγάλην ἔριν Ἰλιακοῖο,
ὄφρα κενώσειεν ϑανάτῳ βάρος· οἱ δ᾽ ἐνὶ Τροίῃ
ἥρωες κτείνοντο, Διὸς δ᾽ ἐτελείετο βουλή.

Die nämliche Vorstellung findet sich bei Eurip. Orest. 1640
(Dind.), Electra 1283 (Matth.). — Was übrigens die Providenz
der Götter betrifft, so stellte schon Delbrück in der Abhandlung: *Homeri religionis quae ad bene beateque vivendum heroicis*
temporibus fuerit vis. Magdeb. 1797 p. 11 folgende vollkommen
richtige Sätze auf: *Dii non ita administrant res humanas, ut*
totam rerum et eventuum seriem mente provida complectantur,
praeteritis praesentia, praesentibus futura annectantur, sed ita, ut
singulis eventibus fortuitis intersint. — Providentia divina, quae
universi populi aut unius modo hominis totam vitam prospiciens
singula quaeque ordinet et instituat, Homero non venit in men-
tem. Vergl. auch Nitzsch II p. 113.

von den Göttern nur darum herbeigeführt, damit die Menschen Stoff hätten zu Gesang, so dass für ihn die weltgeschichtliche Bedeutung der That im Liede, dem sie das Leben giebt, aufgeht. Den Untergang von Ilios haben die Götter gefügt und Verderben den Menschen verhängt, ἵνα ἦσι καὶ ἐσσομένοισιν ἀοιδή (Od. ϑ, 580), Helene'n und Paris ein traurig Geschick auferlegt, „ὡς καὶ ὀπίσσω ἀνϑρώποισι πελώμεϑ' ἀοίδιμοι ἐσσομένοισιν" (Il. ζ, 358), und durch die Tugend Penelope's den Sterblichen ein liebliches, durch Klytämnestra's Frevel ein schauerliches Lied bereitet (Od. ω, 197: τεύξουσι δ' ἐπιχϑονίοισιν ἀοιδὴν ἀϑάνατοι χαρίεσσαν ἐχέφρονι Πηνελοπείῃ. Οὐχ ὡς Τυνδαρέου κακὰ μήσατο ἔργα κουρίδιον κτείνασα πόσιν· στυγερὴ δέ τ' ἀοιδὴ ἔσσετ' ἐπ' ἀνϑρώπους) *). Es ist freilich wahr: blos sprachlich betrachtet lassen sich jene Absichtspartikeln ὡς und ἵνα mit Nitzsch Od. Bd. III p. 122 auch so verstehn, dass durch diese der Dichter einen möglichen Erfolg der göttlichen Handlungen ihren Urhebern als Absicht unterschiebt, so dass ἵνα und ὡς stünden für ὥστε: die Götter haben Troja den Untergang bereitet und Verderben über die Menschen verhängt, so dass auch die Nachwelt noch davon zu singen haben wird. Aber vom Dichter selbst ist schwerlich in dieser Weise zwischen Absicht und Erfolg unterschieden worden. Da in seinem Gedankenkreise die Vorstellung einer anderen, etwa weltgeschichtlich bedeutenden Absicht göttlicher Providenz bei dem Untergange Troja's gar nicht lag, so nahm er den allgemein-

---

*) Wenn man nämlich letztere Stelle mit den beiden ersten zusammenhält, so sieht man deutlich, dass die Worte: durch Penelope *werden* die Götter den Menschen Gesang bereiten nicht blos ausdrücken, sie würden bewirken, dass man von nun an ihr Geschick als Stoff zu Liedern benütze, als könne das ohne besondere göttliche Dazwischenkunft nicht geschehn. Vielmehr will der Dichter sagen: die Götter haben durch Penelope's Geschick den Menschen Stoff zu Liedern bereitet, und diesen wird man von nun an benützen. In der Vorstellung des Dichters hat sich das, was geschehn wird, mit dem, was die Götter schon gethan haben, damit es geschehe, nicht scharf und bestimmt gesondert.

sten, überall sichtbaren, ihn selbst am nächsten berührenden
Erfolg jener Ereignisse auch für die Absicht der Götter. 29.
Aber nicht blos im Ganzen und Grossen ist die
Handlung in den beiden Epopöen auf die βουλὴ ϑεῶν gebaut, in der Ilias auf die βουλὴ Διός, in der Odyssee auf die
βουλὴ Ἀϑήνης (Od. ε, 23: οὐ γὰρ δὴ τοῦτον μὲν ἐβούλευσας νόον αὐτή, ὡς ἤτοι κείνους Ὀδυσεὶς ἀποτίσεται ἐλϑών·
vgl. Od. ω, 479), sondern sie wird auch im Besondern und
Einzelnen und zwar gleich von vorne herein (Il. α, 8; Od. α,
25) durch das Einschreiten der Götter bestimmt. Diess geschieht aber auf doppelte Weise *). Denn entweder steht
der Gott für seine Person ausser und über der Handlung
als eigentlicher Lenker und Leiter derselben, so dass sie
ohne den von ihm gegebenen Anstoss nicht weiter gehn
würde, oder er ist bei derselben irgendwie persönlich betheiligt, in seinen Interessen verletzt, zu Zorn oder Mitleid aufgefordert, so dass er ihr eine andere Wendung, als die sie
genommen hat, um seiner selbst willen giebt oder zu geben
versucht. So erkennen wir in Zeus' Absendung des verderblichen Traums (Il. β init.), in Iris' Abholen der Helena zur
Mauer (Il. γ, 121), in Hektor's Entfernung durch Zeus aus
dem Schlachtgetümmel so lang Agamemnon tobt (Il. λ, 163),
in dessen Herstellung eines Gleichgewichts im Kampfe (ib.
336), in seiner Absendung des Hermes zum Geleite des Priamos (ω, 331), in Athene's Vorbereitung der Erkennungsscene
zwischen Odysseus und Telemach, nachdem Eumaios zur
Stadt gegangen (Od. π, 155), in allem diesen Thun der Götter erkennen wir Hebel und Triebfedern der epischen
Handlung. Aber in diesen Fällen sämmtlich greift die
Gottheit um der Menschen willen ein; sie bethätigt ihre
Macht über diese, indem sie regiert und waltet.

30. Ist aber irgend eine Handlung auf einen Punkt
gediehen, wo sie der Gottheit eigenes Interesse berührt, wo
sie deren Mitleid, Zorn, Missgunst erregt, da geschieht's,
dass sie um ihrer selbst willen einschreitet und der

---

*) Heyne Exc. I. ad Il. α berührt den Unterschied, ohne näher auf
die Sache einzugehn. Vgl. auch Nitzsch Bd. I p. 212.

Handlung eine andere, ihren Interessen entsprechende Wendung giebt. Ein klares Bewusstsein über dieses Verhältniss hat Achilleus, der Il. π, 91 ff. zu Patroklos, den er in die Schlacht sendet, folgendermassen spricht:

μηδ᾽ ἐπαγαλλόμενος πολέμῳ καὶ δηϊοτῆτι,
Τρῶας ἐναιρόμενος, προτὶ Ἴλιον ἡγεμονεύειν·
μήτις ἀπ᾽ Οὐλύμποιο θεῶν αἰειγενετάων
ἐμβήῃ· μάλα τούς γε φιλεῖ ἑκάεργος Ἀπόλλων.

Als Patroklos, dieser Warnung vergessend, wirklich zu weit vordringt, da kommt denn auch Apollon, tritt ihm in den Weg (ἐμβαίνει), und führt den Wendepunkt in der Handlung der Ilias herbei (ib. 786 ff.). Diese Art des göttlichen Eingreifens wird sehr häufig vom Dichter in der stehenden Form erzählt: und nun wäre wohl dies oder jenes geschehn, wenn nicht just der oder der Gott dazwischengetreten wäre; z. B. Il. γ, 374 (Zweikampf des Paris und Menelaos): καί νύ κεν εἴρυσσέν τε καὶ ἄσπετον ἤρατο κῦδος, εἰ μὴ ἄρ᾽ ὀξὺ νόησε Διὸς θυγάτηρ Ἀφροδίτη, ἥ οἱ ῥῆξεν ἱμάντα βοὸς ἴφι κταμένοιο· Od. δ, 363 (Menelaos in Pharos) καὶ νύ κεν ἤϊα πάντα κατέφθιτο καὶ μένε᾽ ἀνδρῶν, εἰ μή τίς με θεῶν ὀλοφύρατο καί μ᾽ ἐσάωσεν. Vgl. Il. β, 156; ε, 311; θ, 130; σ, 165; ν, 291; φ, 328; 545; Od. ε, 282; 427. [Il. ε, 389; θ, 217; ξ, 259; ο, 121; π, 698; ρ, 71; σ, 397; 454; φ, 212; χ, 202; ψ, 383; Od. ε, 437; λ, 317.] Wenn auch nicht in dieser Form dargestellt, doch ganz von demselben Charakter ist das Eingreifen Athene's in den Streit der Fürsten Il. α, 193: ἕως ὁ ταῦθ᾽ ὥρμαινε κατὰ φρένα καὶ κατὰ θυμὸν, ἕλκετο δ᾽ ἐκ κολεοῖο μέγα ξίφος, ἦλθε δ᾽ Ἀθήνη οὐρανόθεν· πρὸ γὰρ ἧκε θεὰ λευκώλενος Ἥρη, ἄμφω ὁμῶς θυμῷ φιλέουσά τε κηδομένη τε [vgl. θ, 358]; ferner Athene's zur Rettung des Menelaos bei Pandaros' Pfeilschuss (Il. δ, 127: οὐδὲ σέθεν, Μενέλαε θεοὶ μάκαρες λελάθοντο —, eine nicht seltene Weise des Ausdrucks), Apollon's, als die Troer weichen (ib. 507: νεμέσησε δ᾽ Ἀπόλλων —), Athene's und Here's, wie sie die Achäer von den Troern hart bedrängt sehn Il. ε, 711. — Zeus will eingreifen, als seinem Sohne Sarpedon durch Patroklos das Verhängniss droht (Il. π, 431: τοὺς δὲ ἰδὼν ἐλέησε Κρόνου παῖς ἀγκυλομήτεω) und wieder, als Achilleus den Troerhelden um die Stadt jagt (Il. χ, 167),

wird aber dort von Here, hier von Athene zurückgehalten.
Vgl. Poseidon's Klage über das Glück der Phäaken Od. ν,
125 [und ähnliches Il. π, 102; χ, 15; φ, 326]. Zuweilen ist
auch das Eingreifen der Götter etwas recht eigentlich für
den Moment, für den Augenblick berechnetes und hat, ohne
die Handlung im Ganzen zu bestimmen, in der plötzlichsten
Abwehr einer Gefahr seinen Zweck. So ist Hektor im Zweikampf mit Ajas durch dessen Steinwurf zu Boden gestreckt
worden; aber, heisst es, τὸν αἶψ' ὤρθωσεν Ἀπόλλων Il. η,
272. Bei gefährlichen Schüssen, die dem Sarpedon drohn,
ist gesagt Il. ε, 662: πατὴρ δ' ἔτι λοιγὸν ἄμυνεν, und μ,
402: ἀλλὰ Ζεὺς Κῆρας ἄμυνεν παιδὸς ἑοῦ. Die Art, wie
eine solche augenblickliche Hülfe geleistet wird, ist ausführlich beschrieben Il. ο, 461: ἀλλ' οὐ λῆθε (Τεῦκρος) Διὸς πυκινὸν νόον, ὅς ῥ' ἐφύλασσεν Ἕκτορ', ἀτὰρ Τεῦκρον Τελαμώ-
νιον εὖχος ἀπηύρα, ὅς οἱ ἐϋστρεφέα νευρὴν ἐν ἀμύμονι τόξῳ
ῥῆξ' ἐπὶ τῷ ἐρύοντι. Vgl. auch Il. ε, 23. Damit wir des
Details nicht zu viel häufen, begnügen wir uns noch zu verweisen auf Il. κ, 507; λ, 751; ϑ, 350; Od. ε, 333, endlich
Il. η, 17; ξ, 135; Od. ω, 472, und zu bemerken, dass wegen
der Häufigkeit des Dazwischentretens der Götter die Menschen geneigt sind, dasselbe bei jeder plötzlichen Wendung
der Dinge vorauszusetzen. Von Hektor ermuthigt treten Il.
ζ, 106 die Troer den Achäern aufs neue herzhaft entgegen;
da weichen diese, und, heisst es weiter, φὰν δέ τιν' ἀθανάτων ἐξ οὐρανοῦ ἀστερόεντος Τρωσὶν ἀλεξήσοντα κατελθέμεν·
ὡς ἐλέλιχθεν (Τρῶες).

31. Um so bedeutsamer ist es, dass Odysseus in der
Odyssee, in welcher sich planmässig ein solches Eingreifen
der Götter zur Rettung eines Gefährdeten viel seltener findet,
in den Augenblicken der höchsten Noth so ganz auf eigene
Kraft gestellt ist. Aber nur auf diese Weise kann des Helden göttliche Klugheit und Besonnenheit, sein unerschöpf-
licher Verstand, in welchem der Dichter das andere Herr-
lichste menschlicher ἀρετή zu preisen unternommen hat, ins
rechte Licht treten *). Allein ist er in der Höhle des Cyclo-

---

*) Ein Bewusstsein darüber, dass die Götter einen Menschen der

pen, allein zwischen Scylla und Charybdis; denn Circe kann
ihn mit den Gefahren, die ihm drohen, nur bekannt machen,
durchzukommen muss er selbst suchen; und selbst von Kalypso's Insel soll er heimkehren οὔτε θεῶν πομπῇ, οὔτε
θνητῶν ἀνθρώπων Od. ε, 32 cf. 140. Indem Aiolos ihm die
Winde zur Verfügung giebt, bekommt er sogar die Bedingungen seines Schicksals in seine Gewalt, und höher kann
er als Mensch nicht gestellt werden. Denn um ihn blos glücklich nach Ithake zu bringen, brauchte Aiolos nur die dieser
Absicht hinderlichen Winde selbst zu verschliessen. Aber er
selbst soll Herr seines Geschickes sein; er hat, was ihm Heil
oder Verderben bringen kann, vollkommen in seiner Hand.
Da vermag er den Talisman seines Schicksals nicht zu bewahren; er entschläft (Od. κ, 31: ἔνθ᾽ ἐμὲ μὲν γλυκὺς
ὕπνος ἐπήλυθε κεκμηῶτα), und indessen macht seine Um-
gebung mit dem Geheimniss seines Glückes, das er in sterblicher Schwachheit nicht zu wahren vermocht hat, was ihr
gut dünkt. Dass Odysseus, wie Nitzsch meint Bd. III p. 5,
mit diesem Schlafe für jenes vermessene Wort an Poseidon
gestraft worden sei, hätte der Dichter sagen müssen, wenn
er so verstanden sein wollte. Nun aber sagt er gerade das
Gegentheil, indem er erstlich jenen verhängnissvollen Schlaf
aufs ausdrücklichste v. 31. 32 mit der natürlichen Ermüdung
motivirt, die ihn nach neuntägiger ununterbrochener Führung
des Steuers nothwendig überwältigen musste, sodann v. 27
den Odysseus aussprechen lässt: αὐτῶν γὰρ ἀπωλόμεθ᾽ ἀφρα-
δίῃσιν. Allerdings sagt Aiolos v. 72: ἔρρ᾽ ἐκ νήσου θᾶσσον,
ἐλέγχιστε ζωόντων· οὐ γάρ μοι θέμις ἐστὶ κομιζέμεν οὐδ᾽ ἀποπέμπειν ἄνδρα τόν, ὅς κε θεοῖσιν ἀπέχθηται μακάρεσσιν·
aber Aiolos schliesst auf den Hass der Götter gegen Odysseus lediglich aus dessen Unglück und würde die angeführten
Worte unter allen Umständen sagen können. Die Spitze der

Mühsal, auch wenn sie könnten, um seiner selbst willen nicht
überheben, verräth sich in dem, was Athene Od. ν, 422 zu
Odysseus von ihrer Absicht bei Telemachs Reise sagt. Vgl. Od.
χ, 236: ἦ ῥα, καὶ οὔπω πάγχυ δίδου ἑτεραλκέα νίκην, ἀλλ᾽ ἔτ᾽
ἄρα σθένεός τε καὶ ἀλκῆς πειρήτιζεν ἡμῖν ᾽Οδυσσῆος ἠδ᾽ υἱοῦ κυδαλίμοιο.

Erzählung liegt in der Unfähigkeit auch des besonnensten
und umsichtigsten aller Sterblichen, selbst bei der günstig-
sten Sachlage Meister seines Schicksals zu sein, sodann in
der Standhaftigkeit, mit welcher er dieses herbste aller Geschicke erträgt, dem Vaterlande so nahe wieder in so weite
Ferne von ihm weggerissen zu werden. Der einzige Fall, in
welchem Odysseus gerade in der Stunde der Gefahr eine unmittelbare Hülfe der Gottheit erfährt, ist der, dass ihm Hermes das gegen Circe's Zauberkünste schützende Kraut
reicht, weil ohne solches ein Bestehn dieses Abenteuers unmöglich gewesen wäre, dasselbe somit in der Erzählung keinen Platz hätte finden können *). Aber Athene bleibt wenigstens der sichtlichen Erscheinung nach fern (Od. ζ, 329), so
dass er Od. ν, 314 ff. sagen kann:

> τοῦτο δ᾽ ἐγὼν εὖ οἶδ᾽, ὅτι μοι πάρος ἠπίη ἦσθα,
> εἵως ἐν Τροίῃ πολεμίζομεν υἷες Ἀχαιῶν·
> αὐτὰρ ἐπεὶ Πριάμοιο πόλιν διεπέρσαμεν αἰπήν,
> βῆμεν δ᾽ ἐν νήεσσι, θεὸς δ᾽ ἐκέδασσεν Ἀχαιούς,
> οὐ σέγ᾽ ἔπειτα ἴδον, κούρη Διός, οὐδ᾽ ἐνόησα
> νηὸς ἐμῆς ἐπιβᾶσαν, ὅπως τί μοι ἄλγος ἀλάλκοις.

32. Wir haben bis jetzt die Bethätigung göttlicher Macht
im Geschicke der Völker betrachtet, wie sie theils von den
Menschen geglaubt, theils vom Dichter im Epos dargestellt
wird. Indem wir in Absicht auf das letztere · ein gedoppeltes
Eingreifen der Götter unterscheiden mussten, wurden wir am
Ende in die Sphäre, wenn man den Ausdruck nicht unho-
merisch versteht, der *providentia specialissima* herabgeführt
und fanden den Gott in jedem Augenblick zu Schutz und
Fürsorge bereit, und nur denjenigen Helden im Momente der
höchsten Gefahr allein gelassen und lediglich auf eigene
Kraft gestellt, dessen Trefflichkeit durch das Alleinstehn zu
verherrlichen eben des Dichters Aufgabe war. Aber der
Glaube des homerischen Menschen beschränkt die Wirkung
und Wirksamkeit der Gottheit im Menschlichen nicht blos auf
einzelne Fälle von Noth und Gefahr, vielmehr beruht wie

---

*) [Doch erhält Odysseus eine ähnliche Hülfe durch Leukothea Od.
ε, 334 ff.]

das ganze Geschick der Völker und Reiche so auch das gesammte Dasein des Individuums in leiblicher und geistiger
Hinsicht, in Leben und Tod auf den Göttern. Von nichts
ist die Menschheit, welcher der Dichter selbst angehört, weiter und vollständiger entfernt, als sich vom Göttlichen isolirt
und gesondert zu denken, oder die göttliche Weltregierung
als ein todtes Walten von Normen und Gesetzen zu betrachten, die den Dingen ein für allemal eingepflanzt seien. Was
dem Menschen vom Gotte zu Theil wird, ist zwar durch das
besondere Amt und Wesen desselben bedingt; aber er erhält
es durchaus von dem Gotte als einem lebendigen, mit Bewusstsein handelnden Individuum, so dass das Verhältniss
der menschlichen zu den göttlichen Persönlichkeiten als ein
lebendiger Verkehr zu begreifen und alle Vorstellung einer
blossen in den Göttern nur individualisirten Naturnothwen-
digkeit fern zu halten ist. Diese Seite homerischer Weltanschauung ist eine von denjenigen, welche den meisten religiösen Gehalt haben. Dass aber das Durchdrungen - und
Bedingtsein des menschlichen Lebens vom Göttlichen zu deutlicher Anschauung komme, sind wir genöthigt, in ein man-
nigfaltiges, buntes Detail einzugehn, durch welches wir uns
dadurch ohne Verwirrung durchzuarbeiten hoffen, dass wir
das Individuum durch das Göttliche bedingt und bestimmt
betrachten erstlich in so fern es sich lediglich auf sich
selbst bezieht, zweitens, sofern es in Verhältnisse nach
aussen tritt.

33. I. Der Gottheit verdankt das Individuum die Grundlage seines ganzen irdischen Daseins in leiblicher wie in
geistiger Hinsicht. Glaukos' Sohn ist Bellerophon; τῷ δὲ
ϑεοὶ κάλλος τε καὶ ἠνορέην ἐρατεινὴν ὤπασαν Il. ζ, 156;
Hektor sagt vor dem Zweikampf zu Ajas Il. η, 288: Αἴαν,
ἐπεί τοι δῶκε ϑεὸς μέγεϑός τε βίην τε καὶ πινυτήν, und
Paris' Lockenhaar und Anmuth sind Gaben Aphrodite's Il. γ,
54, und sind um so weniger gering zu achten, als sie kein
Mensch sich selbst zu geben vermag, ib. 65. 66. Den Telemach haben die Götter auferzogen, dass er emporwuchs wie
ein Reis (ἔρνεϊ ἴσος) Od. ξ, 175, und er ist zum Manne, der
er ist, gereift Ἀπόλλωνός γε ἕκητι Od. τ, 86 *). Sie sind es

---

*) Hes. Theog. 346: τίκτε δὲ (Τηϑύς) ϑυγατέρων ἱερὸν μένος, αἳ

aber auch, die, was sie gegeben haben, wieder nehmen:
ἀγλαίην γὰρ ἔμοιγε, sagt Penelope, ϑεοὶ, τοὶ Ὄλυμπον ἔχουσιν,
ὤλεσαν Od. σ, 180, und ib. 251: Εὐρύμαχ᾽, ἤτοι ἐμὴν ἀρετὴν
εἶδός τε δέμας τε ὤλεσαν ἀϑάνατοι. Wie bei Ajas, werden
auch bei Pandareos' Töchtern leibliche und geistige Vorzüge
als Gaben der Götter nebeneinander genannt Od. v, 68—72:
αἱ δ᾽ ἐλίποντο, sagt der Dichter, ὀρφαναὶ ἐν μεγάροισι, κόμισσε
δὲ δῖ᾽ Ἀφροδίτη τυρῷ καὶ μέλιτι γλυκερῷ καὶ ἡδέϊ οἴνῳ·
Ἥρη δ᾽ αὐτῇσιν περὶ πασέων δῶκε γυναικῶν εἶδος καὶ πινυτήν, μῆκος δ᾽ ἔπορ᾽ Ἄρτεμις ἁγνή, ἔργα δ᾽ Ἀϑηναίη δέδαε
κλυτὰ ἐργάζεσϑαι. Was nun Eigenschaften der Seele insbesondere betrifft, so beweisen die beiden Gedichte selbst, dass
Kriegsmuth und verständige Klugheit, bald vereint, bald
mehr einzeln hervortretend, die Elemente der psychischen
Trefflichkeit des Mannes sind*). Jener ist von Stärke des
Leibes bedingt, und gerade diese wird bei dem allergewaltig-
sten Helden am ausdrücklichsten als Gabe der Götter bezeichnet. Agamemnon sagt Il. α, 178: εἰ μάλα καρτερός ἐσσι,
ϑεός που σοὶ τόγ᾽ ἔδωκε, so dass sich Achilleus seiner selbst
nicht überheben dürfe, wie denn gleich v. 290 Agamemnon
weiter spricht: εἰ δέ μιν αἰχμητὴν ἔϑεσαν ϑεοὶ αἰὲν ἐόντες,
τοὔνεκά οἱ προϑέουσιν ὀνείδεα μυϑήσασϑαι; Hatte doch der
alte Peleus selbst dem Sohne beim Abschied gesagt Il. ι, 254:
τέκνον ἐμὸν, κάρτος μὲν Ἀϑηναίη τε καὶ Ἥρη δώσουσ᾽. Hiemit vergleiche man, was Odysseus in jener fingirten Erzählung seiner Schicksale von sich rühmt Od. ξ, 216: ἦ μὲν δὴ
ϑάρσος μοι Ἄρης τ᾽ ἔδοσαν καὶ Ἀϑήνη καὶ ῥηξηνορίην, und
als Gegensatz Il. ι, 38 Diomedes' Worte zu Agamemnon:
σκήπτρῳ μέν τοι δῶκε τετιμῆσϑαι περὶ πάντων· ἀλκὴν δ᾽ οὔτοι δῶκεν, ὅ,τε κράτος ἐστὶ μέγιστον. Der weise Mann
aber hat seine consilia von den Göttern; so Alkinoos, ϑεῶν
ἄπο μήδεα εἰδώς Od. ζ, 12. Dies spricht Od. ψ, 11 Penelope in Form eines Lehrsatzes aus: μαῖα φίλη, μάργην (Thö-

---

κατὰ γαῖαν ἄνδρας κουρίζουσι σὺν Ἀπόλλωνι ἄνακτι καὶ Ποταμοῖς,
wo Göttling zu vergleichen.

*) [Eine von obiger etwas verschiedene Eintheilung findet man durch-
geführt bei Jansen über die beiden Homer. Cardinaltugenden.
Itzehoe 1854.]

rin) σε ϑεοὶ ϑέσαν· οἵτε δύνανται ἄφρονα ποιῆσαι καὶ
ἐπίφρονά περ μάλ᾽ ἐόντα, καί τε χαλιφρονέοντα σαοφροσύνης
᾽ ἐπέβησαν. Und zwar findet es nicht blos im Allgemeinen
statt, sondern auch die Anlage, die Fertigkeit, durch welche
sich der Beruf, die Thätigkeit des Menschen im Volke bestimmt, ist eine Gabe der Gottheit. Nicht Mehrung des Hauses und Ackerbau war nach jener Erzählung Od. ξ, 222 ff.
dem angeblichen Kretenser genehm, sondern Seefahrt und
Krieg, λυγρὰ, τά τ᾽ ἄλλοισίν γε καταριγηλὰ πέλονται. Αὐτὰρ
ἐμοὶ τὰ φίλ᾽ ἔσκε, τά που ϑεὸς ἐν φρεσὶ ϑῆκεν· ἄλλος
γάρ τ᾽ ἄλλοισιν ἀνὴρ ἐπιτέρπεται ἔργοις. So schenkt Apollon μαντοσύνην Il. α, 72 cf. Od. ο, 252, Artemis Jagdkunde
Il. ε, 51, Athene τεκτοσύνην Il. ε, 61 cf. ο, 411, dieselbe
nebst Hephaistos die Kunst des Goldschmieds Od. ζ, 233,
Zeus und Poseidon ἱπποσύνας Il. ψ, 307, letzterer Kunde der
Schifffahrt Od. η, 35, Zeus den Phäaken von jeher Schnelligkeit im Lauf und gleichfalls Trefflichkeit zur See Od. ϑ, 245
— 247, Hermes (ὅς ῥά τε πάντων ἀνϑρώπων ἔργοισι χάριν
καὶ κῦδος ὀπάζει) Anstelligkeit δρηστοσύνην Od. ο, 319, ja
sogar κλεπτοσύνην ὅρκον τε Od. τ, 396. Endlich ist auch
die liebliche Kunst des Sängers eine Gabe der Gottheit Od.
ϑ, 44; seine Lehrmeister sind Apollon, als Meister des Ki-
tharaspieles, und die Muse ib. ϑ, 480; 488, wesswegen er
singt als ein ϑεῶν ἔξ — δεδαὼς Od. ρ, 518, und eben darum,
als nicht von menschlichen Lehrern, sondern in den Tiefen
des Gemüthes von der Gottheit unterwiesen, αὐτοδίδακτος
heisst, nach Od. χ, 347: αὐτοδίδακτος δ᾽ εἰμί· ϑεὸς δέ μοι
ἐν φρεσὶν οἴμας παντοίας ἐνέφυσεν.

34. II. Das Individuum ist durch das Walten der Gottheit bedingt und bestimmt, sofern᾽ es in Beziehungen und
Verhältnisse nach aussen tritt. Was dem Menschen Gutes oder Böses wird, erhält er von ihrer Hand: Ζεὺς αὐτὸς
νέμει ὄλβον Ὀλύμπιος ἀνϑρώποισιν, ἐσϑλοῖς ἠδὲ κακοῖσιν,
ὅπως ἐϑέλησιν, ἑκάστῳ (Od. ζ, 188) und ϑεὸς ἄλλοτε
ἄλλῳ. Ζεὺς ἀγαϑόν τε κακόν τε διδοῖ· δύναται γὰρ
ἅπαντα (Od. δ, 236), ferner ϑεὸς — τὸ μὲν δώσει, τὸ δ᾽
ἐάσει, ὅ,ττι κεν ᾧ ϑυμῷ ἐϑέλῃ· δύναται γὰρ ἅπαντα (Od. ξ,
444). Dies sind Glaubensbekenntnisse, die sich in der Allegorie von den Fässern des Guten und Bösen, welche in Zeus'

Palaste stehn, und aus denen er mittheilt nach Belieben (Il.
ω, 527 ff.), verkörpert haben, und in welchen der Sinn wurzelt, mit welchem der Dichter alle einzelnen Momente eines
menschlichen Lebens betrachtet.

35. So regiert denn die Gottheit zunächst im Hause
und in der Familie. Sie giebt (*φαίνει*) dem Jüngling die
Braut (Od. *o*, 26), den Aeltern das Kind (Od. *δ*, 12; Il. *ι*,
493); sie segnet des Mannes, dem sie wohl will, Geburt und
Heirath (Od. *δ*, 208), so dass dessen Sprösslinge leicht erkennbar sind; die Zahl der Kinder in einer Familie wird von
ihr bestimmt (ὦδε γὰρ ἡμετέρην γενεὴν μούνωσε Κρονίων,
Od. *π*, 117), der Ruhm des Hauses durch sie bewahrt (Od.
α, 222: οὐ μέν τοι γενεήν γε θεοὶ νώνυμνον ὀπίσσω θῆκαν,
ἐπεὶ σέγε τοῖον ἐγείνατο Πηνελόπεια, d. i.: gleichwohl haben
die Götter deine Familie für die Zukunft nicht namenlos gemacht, nicht ihres Ruhmes verlustig gehn lassen, da dich
Penelope als einen so trefflichen geboren). Auch der Wohlstand des Hauses rührt von den Göttern her; was es Köst-
liches birgt, ist ihre Gabe; Od. *η*, 132: τοῖ ἄρ ἐν Ἀλκινόοιο
θεῶν ἔσαν ἀγλαὰ δῶρα, ib. *λ*, 340: πολλὰ γὰρ ὕμμιν (den
Phäaken) κτήματ ἐνὶ μεγάροισι θεῶν ἰότητι κέονται, *π*, 232:
καὶ τὰ μὲν — des Odysseus χρήματα — ἐν σπήεσσι θεῶν
ἰότητι κέονται ferner Il. *ψ*, 298: μέγα γάρ οἱ ἔδωκεν Ζεὺς
ἄφενος (dem Echepolos), ib. *β*, 670: καί σφιν θεσπέσιον
πλοῦτον κατέχευε Κρονίων (den Rhodiern). Vgl. Od. *σ*, 19.
Auch Einzelnes schenken die Götter ihren Lieblingen, mitunter als bedeutsame Gaben, wie Pelops das Familenscepter
der Atriden durch Hermes von Zeus erhalten hat Il. *β*, 106
—108, wie Pandaros und Teukros, die Bogenschützen, ihre
Waffe unmittelbar von Apollon haben (Il. *β*, 827 coll. *ε*, 104;
o, 441), und Peleus seine unsterblichen Rosse von Poseidon
(Il. *ψ*, 277). Vgl. Il. *κ*, 546; *λ*, 353; *ρ*, 195; *χ*, 470. — Aber
den Wohlstand, den die Götter geben, sind sie auch wieder
zu vernichten im Stande. Odysseus, der als Bettler dem Antinoos von seinem ehmaligen Reichthum erzählt, endet Od. *ρ*,
424 mit: ἀλλὰ Ζεὺς ἀλάπαξε Κρονίων· ἤθελε γάρ που.

36. Ist aber der Mann aus dem Familienleben heraus-
getreten und hat sich auf gefährliche Seefahrt und in Kriegs-
getümmel gewagt, so hat er Gutes wie Böses, Obhut und

Verderben, Förderung und Hemmniss wieder nur von der Gottheit zu gewärtigen. Von ihr wird der Mensch in allen diesen Verhältnissen recht eigentlich geführt. Odysseus sagt zu Penelope vor der Abreise Od. σ, 265: τῷ οὐκ οἶδ', εἴ κέν μ' ἀνέσει θεὸς, ἦ κεν ἁλώω αὐτοῦ ἐνὶ Τροίῃ· die Seinigen wünschen, als er so lange fern bleibt, Od. ρ, 243: ὡς ἔλθοι μὲν κεῖνος ἀνήρ, ἀγάγοι δέ ἑ δαίμων (vgl. φ, 196; ω, 149); unterwegs sind es die Götter, die ihn νῆσον ἐς Ὠγυγίην πέλασαν μ, 447 (cf. ω, 306). Während er dort ist, sagt Zeus im Götterrathe zu Pallas Od. ε, 23: οὐ γὰρ δὴ τοῦτον μὲν ἐβούλευσας νόον αὐτή, ὡς ἤτοι κείνους (die Freier) Ὀδυσσεὺς ἀποτίσεται ἐλθών; womit zu vergleichen Od. ν, 383 — 385. Als er zu Ithaka bei Eumaios angekommen ist, glaubt dieser ihn von einem Gotte zu sich geleitet: ἐπεί σέ μοι ἤγαγε δαίμων ξ, 386, und sogar ein höhnender Freier sagt σ, 353 οὐκ ἀθεεὶ ὅδ' ἀνὴρ Ὀδυσήϊον ἐς δόμον ἵκει, während er, selbst dem wohlmeinenden Amphinomos wünscht σ, 146: ἀλλά σε δαίμων οἴκαδ' ὑπεξαγάγοι, μηδ' ἀντιάσειας ἐκείνῳ. Und ·als er sich endlich wieder im Vollbesitz seines Hauses und der Seinigen sieht, erkennt Penelope und der alte Diener Dolios in seiner Rückkehr ein unmittelbares Werk der Götter (Od. ω, 401: θεοὶ δέ σ' ἀνήγαγον αὐτοί· ψ, 258: ἐπεὶ ἄρ σε θεοὶ ποίησαν ἱκέσθαι οἶκον ἐϋκτίμενον καὶ σὴν ἐς πατρίδα γαῖαν). So hofft auch Achilleus gute Fahrt (εὐπλοίην) von Poseidon (Il. ι, 362 vgl. 393,· ζ, 171), und der heimgekehrte Telemach sagt Od. ρ, 148: ἔδοσαν δέ μοι οὖρον ἀθάνατοι, günstigen Wind, der besonders oft eine Gabe der Götter genannt wird, z. B. Il. η, 4; Od. ε, 167, 268; λ, 7; μ, 149; ο, 292. Διὸς οὖρος: Od. μ, 169; ο, 297; 475. Hiezu: κοίμησε δὲ κύματα δαίμων Od. μ, 169; ἐστόρεσεν δὲ θεὸς μεγακήτεα πόντον γ, 158. Dagegen heisst es Od. α, 195: ἀλλά νυ τόνγε (Ὀδ.) θεοὶ βλάπτουσι κελεύθου· ξ, 61: ἦ γὰρ τοῦγε θεοὶ κατὰ νόστον ἔδησαν· γ, 288: τότε δὴ στυγερὴν ὁδὸν εὐρύοπα Ζεὺς ἐφράσατο, λιγέων δ' ἀνέμων ἐπ' ἀϋτμένα χεῦεν. Vgl. auch Od. ε, 421.

37. Dass aber die Götter in Kampf und Schlacht den Einzelnen schirmen, davon hatten wir schon oben, wo von ihrem unmittelbaren Eingreifen die Rede war, viele Beispiele; ohne dass eines solchen Einschreitens gedacht wird, schützt Il. ν, 554 Poseidon den Antilochos, ibid. 781 Zeus den Deï-

phobos und Hēlenos, *o,* 521 Apollon den Polydamas, *v,* 194
Zeus und die andern Götter den Aeneas. Der Krieger tödtet nur, wen ihm ein Gott in seine Hand giebt; Il. ζ, 227:
πολλοὶ μὲν γὰρ ἐμοὶ Τρῶες κλειτοί τ' ἐπίκουροι κτείνειν, ὅν
κε θεός γε πόρῃ καὶ ποσσὶ κιχείω, vgl. Il. φ, 103: νῦν δ' οὐκ
ἔσθ', ὅστις θάνατον φύγῃ, ὅν κε θεός γε 'Ιλίου προπάροιθεν
ἐμῆς ἐν χερσὶ βάλῃσιν und ib. 47; er siegt nur mit dem Beistand oder unter der Zulassung eines Gottes; denn, heisst es Il. η,
101, ὕπερθεν νίκης πείρατ' ἔχονται ἐν ἀθανάτοισι θεοῖσι, und
ψ, 724: ἢ ἔμ' ἀνάειρ', ἢ ἐγὼ σέ· τὰ δ' αὖ Διὶ πάντα μελήσει. Vgl. Il. γ, 439: νῦν μὲν γὰρ Μενέλαος ἐνίκησεν σὺν
'Αθήνῃ· δ, 390 (cf. ν, 676): πάντα δ' ἐνίκα ῥηϊδίως (vgl.
§. 8)· τοίη οἱ ἐπίρροθος ἦεν 'Αθήνη· δ, 408: ἡμεῖς —
Θήβης ἕδος εἵλομεν — πειθόμενοι τεράεσσι θεῶν καὶ Ζηνὸς
ἀρωγῇ· Od. φ, 280: ἠῶθεν δὲ θεὸς δώσει κράτος, ᾧ κ'
ἐθέλησιν· Il. χ, 130: ὅττι τάχιστα εἴδομεν, 'ὁπποτέρῳ κεν
'Ολύμπιος εὖχος ὀρέξῃ· ε, 185: οὐχ' ὅγ' ἄνευθε θεοῦ τάδε
μαίνεται· π, 800: τότε δὲ Ζεὺς "Εκτορι δῶκεν ἢ κεφαλῇ
φορέειν (den Helm Achill's). Vgl. ferner Il. μ, 436; ν, 743;
χ, 285; ψ, 660; λ, 192; 753; 288; und im Gegensatz Il. θ,
140 ff. Gleichwie Sieg im Kampf, giebt die Gottheit auch
Macht zur Rache. Od. γ, 205 sagt Telemach: αἲ γὰρ ἐμοὶ
τοσσήνδε θεοὶ δύναμιν περιθεῖεν, τίσασθαι μνηστῆρας ὑπερβασίης ἀλεγεινῆς —, ἀλλ' οὔ μοι τοιοῦτον ἐπέκλωσαν θεοὶ
ὄλβον, und Od. ι, 316 Odysseus: αὐτὰρ ἐγὼ λιπόμην κακὰ
βυσσοδομεύων, εἴ πως τισαίμην (den Cyclopen), δοίη δέ μοι
εὖχος 'Αθήνη.

38. Aber nicht blos im Getümmel des Kampfes, sondern auch sonst in allerlei Fährlichkeiten und Nöthen hält die
Gottheit über den Menschen ihre schirmende Hand, über
Priamos, als ihm bei seiner Ausfahrt ins achäische Lager
Hermes begegnet, Il. ω, 374: ἀλλ' ἔτι τις καὶ ἐμεῖο θεῶν
ὑπερέσχεθε χεῖρα, ὅς μοι τοιόνδ' ἧκεν ὁδοιπόρον ἀντιβολῆσαι,
über Telemach, im Fall er den auflauernden Freiern ent-
kommt, O. ξ, 184: ἢ κεν ἀλῴη, ἤ κε φύγοι, καί κέν οἱ ὑπέρ-
σχοι χεῖρα Κρονίων, und als er gerettet ist, ruft selbst der
übermüthige Antinoos Od. π, 364: ὦ πόποι, ὡς τόνδ' ἄνδρα
θεοὶ κακότητος ἔλυσαν (vgl. 370), wie Thoas Il. o, 290 in Bezug auf den von Ajas niedergeworfenen, aber wieder erstan-

denen Hektor: ἀλλά τις αὖτε θεῶν ἐρρύσατο καὶ ἐσάωσεν "Εκτορ᾽ —. Vgl. die schöne Stelle Od. ε, 395, wo geredet wird von einem schwer erkrankten Familienvater: στυγερὸς δέ οἱ ἔχραε δαίμων, ἀσπάσιον δ᾽ ἄρα τόνγε θεοὶ κακότητος ἔλυσαν. So lösen auch die Götter einem von treulosen Schiffern schmählich Gefesselten seine Bande leicht (δεσμὸν μὲν ἀνέγναμψαν θεοὶ αὐτοὶ ῥηϊδίως) und verbergen ihn vor seinen Verfolgern, Od. ξ, 348; 357. Ein Gott führt Odysseus bei dunkler Nacht mehrere Male in den sicheren Hafen ein (καί τις θεὸς ἡμεμόνευεν) Od. ι, 142; κ, 141; ein Gott jagt dem Speisedürftigen Wildpret auf Od. ι, 154; 158 (αἶψα δ᾽ ἔδωκε θεὸς μενοεικέα θήρην); κ, 157. Schlaf giesst Hermes, dem Priamos sicheren Gang zu verschaffen, über die Thorwächter des achäischen Lagers aus, Il. ω, 445; wie Athene über die Freier, um Telemachs Abreise zu schirmen, Od. β, 395: Schlaf hat Athene zu ungewöhnlicher Stunde für Penelope bereit, damit sie von der Katastrophe ihres Geschicks, dem Bogenschiessen und Freiermord, bis Alles vorbei sei, nichts vernehme, Od. φ, 357; χ, 429. — Die Götter ferner sind es, die Gleiche zu Gleichen gesellen Od. ρ, 218, welche die Leier zur heiteren Genossin des Mahles machen Od. ρ, 271, aber auch bei diesem störende Unlust herbeiführen, ib. 446 (τίς δαίμων τόδε πῆμα προσήγαγε, δαιτὸς ἀνίην;). Selbst die Leiche des todten Lieblings entbehrt ihrer Fürsorge nicht; vgl. Il. ψ, 185; ω, 19 (τοῖο δ᾽ Ἀπόλλων πᾶσαν ἀεικείην ἄπεχε χροϊ φῶτ᾽ ἐλεαίρων καὶ τεθνηότα περ); 422, so wie sichs dagegen der Dichter gleichfalls nur durch Zeus' Zulassung geschehen denkt, dass Achilleus dieselbe misshandelt; Il. χ, 403: τότε δὲ Ζεὺς δυσμενέεσσιν δῶκεν ἀεικίσσασθαι ἑῇ ἐν πατρίδι γαίῃ.

39. Denn dass auch alles Unglück von den Göttern komme, spricht Od. α, 33 Zeus selbst als den Glauben der Menschen aus (ἐξ ἡμέων γάρ φασι κάκ᾽ ἔμμεναι). Darum darf Odysseus Il. ξ, 85 die Helden als Männer schildern, οἷσιν ἄρα Ζεὺς ἐκ νεότητος ἔδωκε καὶ ἐς γῆρας τολυπεύειν ἀργαλέους πολέμους, ὄφρα φθιόμεσθα ἕκαστος, und desswegen wird alles Unheil, welches sich innerhalb des Sagenkreises der beiden Epopöen entwickelt, auf die Schickung der Götter

zurückgeführt. Hektor sagt Il. ζ, 282 ιvon Paris: μέγα γάρ
μιν Ὀλύμπιος ἔτρεφε πῆμα Τρωσί τε καὶ Πριάμῳ μεγαλήτορι, τοῖό τε παισίν, und Telemach Od. ρ, 119 von Helena:
ἧς εἴνεκα πολλὰ Ἀργεῖοι Τρῶές τε θεῶν ἰότητι μόγησαν,
gleichwie diese selbst ihren Lebensgang als ein Verhängniss
der Götter beklagt Il. ζ, 349. Achilleus fasst des Priamos Unglück nicht anders Il. ω, 547: αὐτὰρ ἐπεί τοι πῆμα τόδ᾽
ἤγαγον Οὐρανίωνες, αἰεί τοι περὶ ἄστυ μάχαι τ᾽ ἀνδροκτα-
σίαι τε.

Ein solches πῆμα wird auch den Achäern vor ihrer Abfahrt von Troja durch. Zeus bereitet (Od. γ, 152: ἐπὶ γὰρ
Ζεὺς ἤρτυε πῆμα κακοῖο, und v. 160: Ζεὺς δ᾽ οὔπω μήδετο
νόστον, σχέτλιος, ὅς ῥ᾽ ἔριν ὦρσε κακὴν ἔπι δεύτερον αὖτις);
zu einem solchen hatten ihnen schon früher die Götter des
Achilleus für Ajas verderbliche Waffen gemacht (Od. λ, 555:
τὰ δὲ πῆμα θεοὶ θέσαν Ἀργείοισιν), und geschlagen in den
Schlachten vor Troja werden sie mehrere Male vom Dichter
Διὸς μάστιγι δαμέντες genannt (Il. μ, 37; ν, 812). — Odysseus' und Penelope's Leiden werden stets betrachtet als von
den Göttern verhängt (Penelope Od. δ, 722: πέρι γάρ μοι
Ὀλύμπιος ἄλγε᾽ ἔδωκεν· σ, 256 (vgl. 273): νῦν δ᾽ ἄχομαι·
τόσα γάρ μοι ἐπέσσευεν κακὰ δαίμων· Odysseus ι, 15: κήδε᾽
ἐπεί μοι πολλὰ δόσαν θεοὶ Οὐρανίωνες· Telemach von seinem Vater γ, 88: κείνου δ᾽ αὖ καὶ ὄλεθρον ἀπευθέα θῆκε
Κρονίων· vgl. Od. ζ, 174; η, 214 und ξ, 198; ib. 39; ψ, 210;
352),. und als dem unglücklichen Hause in Telemach ein Hoff-
nungsstern aufgeht, sagt Antinoos Od. δ,͵667: ἄρξει καὶ προ-
τέρω κακὸν ἔμμεναι· ἀλλὰ οἱ αὐτῷ Ζεὺς ὀλέσειε βίην, πρὶν
ἡμῖν πῆμα φυτεῦσαι.

40. Haben nun die Götter in der geschilderten Weise
den Menschen durch Böses und Gutes geführt, so ist endlich
wiederum nur von ihnen ein beglücktes Alter zu hoffen,
nach Od. ψ, 286: εἰ μὲν δὴ γῆράς γε θεοὶ τελέουσιν ἄρειον,
ἐλπωρή τοι ἔπειτα κακῶν ὑπάλυξιν ἔσεσθαι. Aber auch den
Tod empfängt der Mensch aus ihrer Hand. Denn obwohl
an einigen Stellen von dem durch die Götter unmittelbar bewirkten Tode ein von anderen Ursachen herrührender unter-

schieden wird, z. B. Od. λ, 171: *τίς νύ σε Κήρ ἐδάμασσε τανηλεγέος θανάτοιο; ἢ δολιχὴ νοῦσος; ἢ Ἄρτεμις ἰοχέαιρα οἷς ἀγανοῖς βελέεσσιν ἐποιχομένη κατέπεφνεν*; worauf v. 198 ff. Odysseus' Mutter Antikleia, beides verneinend, als Veranlassung ihres Todes angiebt die Sehnsucht nach ihm, nach seiner Klugheit und Freundlichkeit *), und Od. π, 447: *οὐδέ τί μιν* (den Telemach) *θάνατον τρομέεσθαι ἄνωγα ἔκ γε μνηστήρων· θεόθεν δ᾽ οὐκ ἔστ᾽ ἀλέασθαι*, so geht doch aus unserer ganzen obigen Darstellung hervor, dass hiemit nur zwischen dem unmittelbar und dem mittelbar von den Göttern herrührenden Tod unterschieden werden soll, und dass es ist, als ob z. B. Odysseus seine Mutter fragte : hat dich Artemis durch einen schnellen sanften Tod hinweggenommen, oder haben dir die Götter eine langsam tödtende Krankheit gesendet? [Vgl. Od. ι, 411.] Denn wenn die unmittelbare Todesursache auch kein Gott ist, so ist doch das Herbeiführen derselben ein Werk der Götter. Von Archelochos, den der Speer des Telamoniers trifft, heisst es Il. ξ, 464: *τῷ γάρ ῥα θεοὶ βούλευσαν ὄλεθρον*, von Patroklos Il. π, 693, dass ihn *θεοὶ θανατόνδε κάλεσσαν* (vgl. τ, 9: *ἐπειδὴ πρῶτα θεῶν ἰότητι δαμάσθη (Πάτροκλος)*. Achilles sagt Il. σ, 115; χ, 365 : *Κῆρα δ᾽ ἐγὼ τότε δέξομαι, ὁππότε κεν δὴ Ζεὺς ἐθέλῃ τελέσαι ἠδ᾽ ἀθάνατοι θεοὶ ἄλλοι*. Vgl. Od. σ, 155; γ, 242; ν, 360; υ, 67.

41. Aber nicht nur das Geschick des Menschen, sondern auch das Gelingen seines Wollens und Bestrebens im Einzelnen hängt lediglich von den Göttern ab; die Absicht und der Gedanke des Menschen verwirklicht sich nicht, wofern die göttliche Thätigkeit in dieselbe nicht eingeht. Denn, heisst es, *οὐ θην Ἕκτορι πάντα νοήματα μητίετα Ζεὺς ἐκτελέει* Il. κ, 104; *ἀλλ᾽ οὐ Ζεὺς ἄνδρεσσι νοήματα πάντα τελευτᾷ* Il. σ, 328; *ἀλλὰ πολὺ μεῖζόν τε καὶ ἀργαλεώτερον ἄλλο μνηστῆρες φράζονται, ὃ μὴ τελέσειε Κρονίων* Od. δ, 699; cf. *μὴ τοῦτο θεὸς τελέσειεν* Od. ρ, 399; *ταῦτ᾽ αἰνῶς δείδοικα κατά*

---

*) Diese richtige Erklärung des *σ ό ς τ ε πό θ ο ς σά τε μήδεα* etc. mittelst eines *ἓν διὰ δυοῖν* giebt Doederlein Vocab. Homeric. etyma p. 9.

φρένα, μή οἱ ἀπειλὰς ἐκτελέσωσι θεοί Il, *ι*, 244. Naiv ist
diese Verwirklichung menschlichen Thuns durch die Gottheit
in einigen Stellen der Ilias dadurch ausgedrückt, dass gesagt
wird, das Geschoss treffe nur, wenn oder weil ein Gott es
lenke, Il. *ϱ*, 631 — 633: *τῶν μὲν γὰρ πάντων βέλε᾽ ἅπτεται,*
ὅστις ἀφείη, ἢ κακὸς ἢ ἀγαθός· Ζεὺς δ᾽ ἔμπης πάντ᾽ ἰθύνει.
ἡμῖν δ᾽ αὔτως πᾶσιν ἐτώσια πίπτει ἔραζε· Il. *ε*, 290: *ὡς φά-*
μενος προέηκε· βέλος δ᾽ ἴθυνεν Ἀθήνη ῥῖνα παρ᾽ ὀφθαλμόν·
Il. *ϱ*, 515: *ἤσω γὰρ καὶ ἐγώ· τὰ δέ κεν Διῒ πάντα μελήσει·*
cf. *v*, 435. — Ferner hatte Menelaos Hermione'n dem Neoptolemos schon vor Troja verlobt; *τοῖσιν δὲ θεοὶ γάμον ἐξετέ-*
λειον Od. *δ*, 7. Neun Jahre lang haben die Helden Troja
belagert und mit allerlei Listen bedrängt, *μόγις δ᾽ ἐτέλεσσε*
Κρονίων Od. *γ*, 119.

Der wohlgesinnte Hausherr lohnt mit eigenem Heerd
und Besitz die Treue des Knechtes, *ὅς οἱ πολλὰ κάμῃσι,*
θεὸς δ᾽ ἐπὶ ἔργον ἀέξῃ Od. *ξ*, 65; cf. *o*, 371: *ἀλλά μοι αὐτῷ*
ἔργον ἀέξουσιν μάκαρες θεοί, ᾦ ἐπιμίμνω. Als Telemach bei
Menelaos sich zur Rückkehr anschickt, sagt dieser Od. *o*, 111:
Τηλέμαχ᾽, ἤτοι νόστον, ὅπως φρεσὶ σῇσι μενοινᾷς, ὥς τοι
Ζεὺς τελέσειεν, ἐρίγδουπος πόσις Ἥρης· vgl. Od. *ζ*, 180; *o*,
180. Und so wünscht denn auch Odysseus, dass die Götter
ihm die Gaben der Phäaken segnen mögen, Od. *ν*, 40: *ἤδη*
γὰρ τετέλεσται — πομπὴ καὶ φίλα δῶρα, τά μοι θεοὶ Οὐρα-
νίωνες ὄλβια ποιήσειαν.

42. Es hat aber die göttliche Thätigkeit mit diesem
Vollbringen dessen, was der Mensch beginnt oder erstrebt,
noch keineswegs ihren Gipfel erreicht. Hier ist dasjenige,
was sie verwirklichend zum Ziele führt, der Wunsch, dem sie
Gewährung schafft, noch immer des Menschen eigenes Werk
und von diesem selbständig ausgegangen. Aber sie wirkt
und waltet auch im Geiste des Menschen, und leitet nicht
nur die That, sondern schafft auch den Gedanken, Willen
und Entschluss. Somit giebt es kein Gebiet mehr, in welches
diese Macht der Unsterblichen nicht hineinreichte, wenn auch,
wie wir oben gesehn haben, diese Macht an sich selbst mit
Schranken behaftet ist. Und zwar hat sie Gewalt über den
ganzen geistigen Menschen nach Willen, Gemüth und Verstand.
Denn die Gottheit ist es erstlich, welche ihm den Gedanken,

den Entschluss eingiebt, zu handeln. Il. α, 55: τῷ γὰρ (dem
Achilleus) ἐπὶ φρεσὶ ϑῆκε ϑεὰ λευκώλενος Ἥρη, nämlich die
Achäer zu einer Versammlung zu rufen; cf. ϑ, 218; Od. σ,
158; τ, 10; 138; Il. ι, 703: τότε δ᾽ αὖτε μαχήσεται, ὁππότε
κέν μιν ϑυμὸς ἐνὶ στήϑεσσιν ἀνώγη καὶ ϑεὸς ὄρσῃ, welches
letztere jedoch nicht epexegetisch zu nehmen ist; denn zwischen eigenem Antrieb und göttlicher Anregung wird unterschieden, wie Od. ι, 339: οὐδέ τι λεῖπε βαϑείης ἔκτοϑεν αὐλῆς, ἤ τι ὀϊσάμενος, ἢ καὶ ϑεὸς ὣς ἐκέλευσεν· oder wie in
Od. δ, 712: οὐκ οἶδ᾽, εἴ τίς μιν ϑεὸς ὤρορεν, ἦε καὶ αὐτοῦ
ϑυμὸς ἐφωρμήϑη ἴμεν ἐς Πύλον· oder wie in Il. ο, 604: Ζεὺς
— ἔγειρεν Ἕκτορα Πριαμίδην, μάλα πέρ μεμαῶτα καὶ αὐτόν.
Ferner heisst es Od. ω, 164: ἀλλ᾽ ὅτε δή μιν ἔγειρε Διὸς
νόος αἰγιόχοιο nämlich den Odysseus zum Freiermord; von den
Phäaken erhält derselbe die Geschenke διὰ μεγάϑυμον Ἀϑή-
νην Od. ν, 121, oder wie Athene v. 305 sagt, ἐμῇ βουλῇ τε
νόῳ τε, und würden ihn diese wider seinen Willen zurück-
halten in ihrem Lande, so könnte dies auch nur durch Zeus'
Zulassung geschehn, nach Od. η, 315: ἀέκοντα δέ σ᾽ οὔτις
ἐρύξει Φαιήκων· μὴ τοῦτο φίλον Διὶ πατρὶ γένοιτο.

43. Die Gottheit bestimmt zweitens auch die Verfassung des Gemüths. Muth und Zuversicht des Menschen in
und ausser der Schlacht rührt von ihr her. Μένος πολυ-
ϑαρσὲς giebt Thetis sogar dem Achilleus Il. τ, 37 vgl. Il. φ,
299 und Od. ν, 387; ferner Apollon dem Aeneas Il. ε, 513:
ἐν στήϑεσσι μένος βάλε ποιμένι λαῶν· vgl. Il. κ, 366; 482;
ϑ, 335; τ, 159. Man sehe ferner Il. β, 451 (λ, 11); ἐν δὲ
σϑένος ὦρσεν (Ἀϑήνη) ἑκάστῳ καρδίη, ἄλληκτον πολεμίζειν
ἠδὲ μάχεσϑαι· ε, 256, wo Diomedes ausruft: τρεῖν μ᾽ οὐκ ἐᾷ
Παλλὰς Ἀϑήνη, und Od. ι, 381: αὐτὰρ ϑάρσος ἐνέπνευσεν
μέγα δαίμων. Höchst anschaulich ist Il. ν, 59—82 die Schilderung, wie Poseidon durch eine Berührung mit seinem Stabe
die beiden Aianten mit Muth und Kampflust erfüllt und wie
die Helden die Wirkung des Gottes in sich spüren. Die Berührung mit dem Stabe jedoch ist durchaus nicht wesentlich;
vgl. Nitzsch Bd. III p. 63. Dagegen lesen wir Il. λ, 544:
Ζεὺς δὲ πατὴρ Αἴανϑ᾽ ὑψίζυγος ἐν φόβον ὦρσεν· ρ, 118:
ϑεσπέσιον γὰρ σφιν φόβον ἔμβαλε Φοῖβος Ἀπόλλων. Dieses
φόβον ἐμβάλλειν geht Il. ν, 435 bis zu völliger, selbst die

Sehkraft raubender Betäubung und Lähmung: τὸν τόϑ᾽ ὑπ᾽
Ἰδομενῆϊ Ποσειδάων ἐδάμασσεν, ϑέλξας ὄσσε φαεινά, πέδησε
δὲ φαίδιμα γυῖα, so dass der Unglückliche wie eine Säule
oder ein hochbelaubter Baum steht. — Männlichen, auf dem
Bewusstsein selbständiger Kraft beruhenden Muth giebt
Athene dem Telemach; Od. α, 89: αὐτὰρ ἐγὼν Ἰϑάκην ἐσε-
λεύσομαι, ὄφρα οἱ υἱὸν μᾶλλον ἐποτρύνω, καί οἱ μένος ἐν
φρεσὶ ϑείω, vgl. 320: τῷ δ᾽ ἐνὶ ϑυμῷ ϑῆκε μένος καὶ ϑάρ-
σος· dieselbe giebt ihm Muth den Nestor anzureden Od. γ,
76: αὐτὴ γὰρ ἐνὶ φρεσὶ ϑάρσος Ἀϑήνη ϑῆχ᾽· vgl Od. ζ, 139:
οἴη δ᾽ Ἀλκινόου ϑυγάτηρ μένε. (als der nackte Odysseus aus
seinem Gesträuche hervortritt); τῇ γὰρ Ἀϑήνη ϑάρσος ἐνὶ
φρεσὶ ϑῆκε καὶ ἐκ δέος εἵλετο γυίων.

44. Endlich waltet die Gottheit auch im menschlichen
Verstand und in dessen Aeusserung, der Rede. Als Telemach in anmuthiger Schüchternheit, indem er vor Nestor
treten soll, um verständige Rede verlegen ist, tröstet ihn
Athene Od. γ, 26: Τηλέμαχ᾽, ἄλλα μὲν αὐτὸς ἐνὶ φρεσὶ σῇσι
νοήσεις, ἄλλα δὲ καὶ δαίμων ὑποϑήσεται, in welchen Worten
sich die einer oben §. 42 berührten verwandte merkwürdige
Vorstellung ausspricht, dass der menschliche Geist von der
göttlichen Wirkung nicht durchdrungen wird, sondern neben
dieser selbständig bleibt. Vgl. weiter Od. α, 384: Τηλέμαχ᾽,
ἦ μάλα δή σε διδάσκουσιν ϑεοὶ αὐτοὶ ὑψαγόρην τ᾽ ἔμεναι
καὶ ϑαρσαλέως ἀγορεύειν. Der Mensch erinnert sich des Ge-
hörten durch göttliche Mahnung; Circe sagt Od. μ, 38: ὥς
τοι ἐγὼν ἐρέω, μνήσει δέ σε καὶ ϑεὸς αὐτός· vgl. Od. τ, 485
(ψ, 260): ἀλλ᾽ ἐπεὶ ἐφράσϑης καί τοι ϑεὸς ἔμβαλε ϑυμῷ.
Dagegen Od. τ, 478: ἡ δ᾽ (Penelope) οὔτ᾽ ἀϑρῆσαι δύνατ᾽
ἀντίη, οὔτε νοῆσαι· τῇ γὰρ Ἀϑηναίη νόον ἔτραπεν.

45. Es nimmt aber die Herrschaft der Götter über den
menschlichen Geist, der sich ihres Einflusses nicht zu erwehren vermag, auch den verderblichen Charakter der Bethörung an. Dies drückt der Dichter entweder negativ durch
ein Nehmen, Vernichten, Beschädigen des Verstandes aus;
Il. ζ, 234: ἔνϑ᾽ αὖτε Γλαύκῳ Κρονίδης φρένας ἐξέλετο
Ζεύς, ὃς πρὸς Τυδείδην Διομήδεα τεύχε᾽ ἄμειβεν᾽ wie Il. ι,
377; σ, 311; — Il. μ, 234: ἐξ ἄρα δή τοι ἔπειτα ϑεοὶ φρένας ὤλεσαν· Od. ξ, 178 (Il. ο, 724): τοῦ δέ τις ἀϑανάτων

βλάψε φρένας ἔνδον ἐίσας, wo der Beisatz merkwürdig·
ist: ἠέ τις ἀνθρώπων· endlich Od. ξ, 488: παρά μ᾽ ἤπαφε
δαίμων οἰοχίτων᾽ ἴμεναι· oder affirmativ durch eine Eingebung des thörichten Sinnes; vgl. Od. δ, 261, wo Helena sagt:
ἄτην δὲ μετέστενον, ἣν Ἀφροδίτη δῶχ᾽· Od. ο, 234: Melampus lag in Fesseln εἵνεκα Νηλῆος κούρης, ἄτης τε βαρείης,
τήν οἱ ἐπὶ φρεσὶ θῆκε θεὰ δασπλῆτις Ἐρινύς· Od. λ, 61:
ἀσέ με δαίμονος αἶσα κακὴ καὶ ἀθέσφατος οἶνος. Beide Ausdrucksweisen sind vereinigt in Il. ρ, 469: Αὐτόμεδον, τίς τοι
νυ θεῶν νηκερδέα βουλὴν ἐν στήθεσσιν ἔθηκε καὶ ἐξέλετο
φρένας ἐσθλάς; und ganz geradezu heisst es Od. φ, 102:
ἦ μάλα με Ζεὺς ἄφρονα θῆκε Κρονίων· ψ, 11: μαῖα φίλη,
μάργην σε θεοὶ θέσαν. Damit ist jedoch nicht zu verwechseln, was Telemach sagt Od. π, 194: ἀλλά με δαίμων θέλγει,
macht mir Gaukelwerk vor, bezaubert mich, womit zu vergleichen Od. υ, 345 ff.

46. Diesen Stellen zufolge geht die Bethörung möglicher Weise von allen Göttern aus, und es ist somit der
Geist der Berückung und Verführung in das Göttliche selber
gelegt. Zwar wird die verderbliche Kraft der Bethörung
personificirt in der Ἄτη (Hauptstelle Il. τ, 86 ff.), der Tochter des Zeus, die selbst ihres Vaters nicht schont; aber diese
ist, wie Ἔρις und andere Personifikationen, so sehr allegorisches Wesen, hat so wenig fest umschriebene Persönlichkeit,
dass, was sie gethan hat, ohne weiteres wieder andern Göttern zugeschrieben wird. Il. τ, 95: καὶ γὰρ δή νύ ποτε Ζῆν᾽
ἄσατο (Ἄτη), τόνπερ ἄριστον ἀνδρῶν ἠδὲ θεῶν φασ᾽
ἔμμεναι· ἀλλ᾽ ἄρα καὶ τὸν Ἥρη, θῆλυς ἐοῦσα, δολοφροσύ-
νης ἀπάτησεν. In derselben Rede sagt Agamemnon v.
134 ff.: als Hektor die Argiver bei den Schiffen würgte, οὐ
δυνάμην λελαθέσθ᾽ Ἄτης, ἡ πρῶτον ἀάσθην. Ἀλλ᾽ ἐπεὶ ἀασάμην, καί μ᾽ εν φρένας ἐξέλετο Ζεύς κτλ. Hieraus geht
hervor, dass uns die dichterische Darstellung von ihr als einer
Persönlichkeit durchaus nicht bestimmen darf, mit derselben
schon bei Homer gegeben zu finden, was sich in der Fort-
bildung des griechischen Gottesbewusstseins erst verhältnissmässig spät entwickelt hat, nämlich die feste Unterscheidung
eines böse wirkenden Dämonischen neben dem Göttlichen;
vgl. Nachhom. Theol. II, 11 p. 114 ff.

47. Von dieser Vorstellung finden sich beim Dichter
erst die Keime vor, einmal insofern, als mit dem Worte
δαίμων ziemlich oft die böse und schädlich wirkende Gottheit bezeichnet wird, zweitens in dem niemals in gutem
Sinne wie θεῖος oder δῖος gebrauchten Adjektivum δαιμόνιος.
Ueber δαίμων hat Nitzsch Bd. I p. 89, II p. 64, besonders
überzeugend III p. 391 bemerkt, dass es bei Homer eigentlich nur das göttliche Wirken überhaupt, das Wirken der
höheren Macht bezeichne, die dem Menschen dunkel und un-
begriffen sich kund gebe; vgl. Nachhom. Th. II, 11 p. 116.
Wir erörtern den homerischen Sprachgebrauch näher dahin:
Δαίμων steht indifferent für θεός fünfmal in der Ilias (α,
222; γ, 420; ζ, 115; τ, 188; ψ, 595), einmal in der Odyssee
(o, 261); ja beide Wörter sind in denselben Gedanken ver-
tauschbar; Odysseus fragt Od. φ, 195: ποῖοί κ᾽ εἶτ᾽ Ὀδυσῆϊ
ἀμυνέμεν, εἴ ποθεν ἔλθοι ὧδε μάλ᾽ ἐξαπίνης, καί τις θεὸς
αὐτὸν ἐνείκοι; Philoitios antwortet v. 201: ὡς ἔλθοι μὲν κεῖνος ἀνὴρ, ἀγάγοι δέ ἑ δαίμων. Vergl. Od. ζ, 172—174, wo
δαίμων und θεοί Synonyma sind; vgl. Nachhom. Th. II, 22, 1.
Vergleicht man aber mit diesen Stellen Il. ϱ, 98. 99: ὁππότ᾽
ἀνὴρ ἐθέλῃ πρὸς δαίμονα φωτὶ μάχεσθαι, ὅν κε θεὸς
τιμᾷ, ferner Od. ε, 396. 397: στυγερὸς δέ οἱ ἔχραε δαίμων
(dem schwer erkrankten Hausvater), ἀσπάσιον δ᾽ ἄρα τόνγε
θεοὶ κακότητος ἔλυσαν, endlich Od. γ, 27: ἄλλα δὲ καὶ δαίμων ὑποθήσεται· οὐ γὰρ ὀΐω οὔ σε θεῶν ἀέκητι γενέσθαι
τε τραφέμεν τε, so sieht man deutlich, dass sich δαίμων zu
θεός wie numen zu persona divina verhält *), ingleichen dass
es, als um Schlimmes zu bedeuten eines στυγερὸς benöthigt,
ursprünglich nicht in malam partem genommen wurde; vergl.
dafür, dass eben so wenig das Gegentheil statt fand, das
ὀλβιοδαίμων Il. γ, 182. In diesem Sinne für numen divinum,
voluntas divina, ohne Beimischung des Nebenbegriffes von
gütig und böse, finden wir das Wort in der Ilias sechsmal,
in der Odyssee gegen eilfmal. Mit dem Nebenbegriffe des
gütigen, gnädigen steht es in der Ilias zweimal (Il. λ, 792;
o, 403) in der nämlichen Redensart: τίς δ᾽ οἶδ᾽, εἴ κέν οἱ

---

*) In Il. ω, 258: Ἕκτορα, ὃς θεὸς ἔσκε μετ᾽ ἀνδράσιν könnte nicht
δαίμων stehn.

σὺν δαίμονι (mit Hülfe der Gottheit) *) θυμὸν ὀρίνω παρειπών; in der Odyssee dagegen in keiner entscheidenden Stelle.
Aber mit dem entgegengesetzten Nebenbegriffe lesen wir es
in der Ilias zehnmal in der Formel ἐπέσσυτο δαίμονι ἶσος,
wo man zu übersetzen versucht ist: einem Teufel gleich,
zweimal sonst (ι, 600; ο, 468), einmal sogar geradezu für
den Begriff Tod oder Verderben (πάρος τοι δαίμονα δώσω, θ, 166); in der Odyssee vollends zwanzigmal, theils
mit den Beiwörtern στυγερός, κακός, χαλεπός (δαίμονος αἶσα
κακή λ, 61), theils ohne dieselben. Die schon hieraus einigermassen erkennbare Tendenz des Wortes, den schlimmen
Nebenbegriff als einen ihm wesentlichen zu fixiren, offenbart
sich, wie schon Nitzsch bemerkt hat, besonders im Adjektivum δαιμόνιος, das einer Vertauschung mit θεῖος schon nicht
mehr fähig ist. Der δαιμόνιος, der von einem δαίμων Er-
griffene, ist in Folge dessen entweder bethört oder wenigstens zu seltsamem ungewöhnlichen Benehmen angeregt, oder
er ist unglücklich; beides aber modificirt sich in der Uebersetzung je nach dem Tone der Liebe oder des Vorwurfs,
in welchem zu dem angeredeten Gott oder Menschen — δαιμόνιος steht immer im Vokativ — gesprochen wird. Hart
und strenge klingt das δαιμόνιοι, μαίνεσθε, was Od. σ, 406
zu den Freiern gesagt wird („Thoren, eigentlich: Besessene,
ihr raset"); vgl. Il. β, 200; ι, 40; Od. δ, 744. Für Thor
oder Toller passt dann zuweilen das Consequens Arger
für solche, welche von einem unheimlichen Dämon zu argem,
heillosen Thun getrieben werden, z. B. Il. γ, 399; δ, 31 coll.
α, 561; Od. σ, 15; τ, 71. Das „Thöricht" in milder strafendem
Sinne hören wir aus Odysseus' Rede zu den vorschnell den.
Schiffen zutrachtenden Fürsten Il. β, 190, aus Hektor's Worten zu Paris Il. ζ, 521, ein im Tone zärtlichen Vorwurfs ge-
sprochenes arg oder böse aus Andromache's Rede zu Hektor Il. ζ, 407, ingleichen aus der des Odysseus zu Penelope'n
Od. ψ, 166 heraus. Der Begriff des Unglücks aber liegt im
Worte, wenn Hektor zu Andromache'n Il. ζ, 486, Priamos zu
Hekabe'n Il. ω, 194 sagt: arme, von einem Unglücksdämon

---

*) Vgl. Jacobs zu Achill. Tat. p. 1046.

verfolgte Frau! während Ajas Il, *v.* 810 in seinem δαιμόνιε,
σχεδὸν ἐλθέ dem Hektor drohend entgegenruft: Unglücklicher, komm her! In zwei Stellen der Odyssee Od. ξ, 443:
ἔσθιε, δαιμόνιε ξείνων, ψ, 174: δαιμόνι᾽, οὔτ᾽ ἄρ τι μεγαλί-
ζομαι οὔτ᾽ ἀθερίζω ist auch die Bedeutung s e l t s a m, wun-
derlich, nicht zu verkennen, welche sich in Kottos' Anrede
an Zeus bei Hes. Theog. 655 bis zu w u n d e r b a r zu stei-
gern scheint.

Aber Alles genau erwogen können wir bei Homer so
wenig als im späteren Griechenthum mit dem Worte δαίμων
eine neben die übrige Götterwelt gestellte selbständige Macht
des Bösen bezeichnet finden. ̄Weder der homerische δαίμων
noch das nachhomerische δαιμόνιον thut etwas, das nicht ein
übelwollender Gott ebenfalls zu thun im Stande wäre. Wir
können daher nur sagen, dass δαίμων und insbesondere δαιμόνιος häufig dazu verwendet wird, diejenige Weise göttlicher Einwirkung auf den Menschen auszudrücken, welche
einen nicht blos dunkeln und unerklärlichen, sondern auch
unholden und feindseligen Charakter hat.

Zweiter Abschnitt.

Die Gliederung der Götterwelt. Der olympische Staat.

1. Die homerische Götterwelt ist nicht von jeher im Besitze des Weltregiments gewesen. Vor ihr walteten die Titanen *), Kronos und die Seinen (nunmehr genannt οἱ ἔνερθε θεοὶ Κρόνον ἀμφὶς ἐόντες, Il. ξ, 274, oder θεοὶ οἱ ὑποταρτάριοι, οἳ Τιτῆνες καλέονται ib. 279), welche Zeus γαίης νέρθε καθεῖσε καὶ ἀτρυγέτοιο θαλάσσης, ib. 204. Sie hausen nunmehr unten im Tartaros, ὑπὸ Ταρτάρῳ, daher ὑποταρτάριοι, in dem Abgrund unter der Erde, der da beginnt, wo die äussersten d. i. untersten Enden des Meeres und der Erde aufhören (τὰ νείατα πείρατα γαίης καὶ πόντοιο, Il. θ, 478), dessen Zugang mit eisernen Thoren verschlossen ist (ἧχι βάθιστον ὑπὸ χθονός ἐστι βέρεθρον· ἔνθα σιδήρειαί τε πύλαι καὶ χάλκεος οὐδός, Il. θ, 15), in welchen weder ein Strahl der Sonne noch ein erfrischender Windhauch dringt (Il. θ, 480).

2. Dass dieser von Zeus herbeigeführte, nach einem Sieg erfolgte Sturz der Titanen für den Griechen den Untergang eines Götter‐ und folglich Kultussystems bedeutet, obwohl Homer selbst hiefür entscheidende Anhaltspunkte nicht bietet, habe auch ich in der Nachhom. Th. II, 4 p. 99 f. auseinandergesetzt. Dass dem Mythus eine Erinnerung an

---

*) Die Erklärung dieses Namens ist noch immer sehr zweifelhaft; vgl Schoem. Opp. II p. 117. [Pott in Kuhns Ztschr. VII, 254 Note.]

einen Wechsel des religiösen Glaubens, an eine frühere religiöse Kulturstufe als historischer Kern zu Grunde liegt, will
ich eben so wenig bestreiten. Dass aber die von Homer ausser Kronos und Japetos nur im Allgemeinen, von Hesiod
einzeln benannten Titanen die vor den Olympiern in Griechenland wirklich verehrten Götter waren, das glaubt und
behauptet wohl kein von dem Zwang eines Systems unbeirr-
ter Forscher. Faktisch können in der Urzeit Griechenlands
nur solche Götter verehrt worden sein, aus welchen sich die
Olympier herausgebildet haben; eine Revolution dagegen,
wodurch eine frühere Götterwelt, wie bei Einführung des
Christenthums, verdrängt und an deren Stelle eine ganz neue
anderswo fertig gewordene gesetzt worden wäre, scheint mir
undenkbar. Mag desshalb immerhin in dem Mythus vom
Sturze der Titanendynastie nach Welcker und Hermann die
Erinnerung ausgedrückt sein, dass es mit der Götterwelt
früher anders bestellt war als zur Zeit der Olympier - Verehrung, die Titanen, wie sie nicht Homer, sondern Hesiod in
ein System bringt, sind niemals die in Griechenland vor den
Olympiern wirklich verehrten Götter gewesen. Dazu haben
sie schon zu wenig greifbare Persönlichkeit; selbst Hesiod
schreibt ihnen keine Thätigkeiten, keine Wirkungskreise zu;
er kennt von ihnen nur das Unentbehrlichste, ihre Zeugung
und ihren Sturz, ihre Namen und gegenseitige Verwandtschaft.
Im ganzen Titanensystem ist kein Bestandtheil, der nicht Erzeugniss einer allerdings noch roh symbolisirenden, aber doch
schon systematisirenden Poesie sein und durch Rückschluss
von den Kindern auf die Aeltern entstanden sein könnte,
wahrscheinlich mit Hinzunahme eines und des andern Ele-
mentes aus dem Orient (Kronos). Sie sind aber auch nicht
wilde ungebändigte Naturmächte, nicht, wie Duncker meint
in der Gesch. des Alterth. III p. 29. 290, Dämonen des Dun-
kels und der Nacht, mit welchen die Lichtgötter gekämpft
hätten; denn wäre diese Anschauung im griechischen Geiste
nur einigermassen befestigt gewesen, so hätten ihnen Themis,
Mnemosyne, Prometheus unmöglich beigezählt werden können.
Auch sind sie nicht die Olympier in deren früherer noch un-
entwickelten Gestalt, eine Ansicht, zu der sich Hermann in
der Kulturgeschichte p. 52 neigt. Denn die homerischen

Olympier waren auf ihrer früheren Entwicklungsstufe gewiss Naturmächte, und wir können bei einigen mit ziemlicher Sicherheit ihre Umwandlung in ethische Wesen verfolgen (vgl. im Allgemeinen Preller und Duncker). Aber in dieser ihrer Gestalt als Naturmächte bieten sie durchaus keinen Anhalt dar, um sie mit den Titanen zusammenfallen zu lassen. Denn gerade von einer Wirksamkeit der Titanen in bestimmten Gebieten der Natur ist uns nichts überliefert. So bleibt denn nichts übrig, als sie für ein Erzeugniss der ersten systematisirenden Theologie, welche zugleich Poesie war, anzusehen. Als nach Festigung des Olympierstaats in den Gemüthern der Griechen die unabweisbare Frage entstand, wie denn diese Olympier geworden seien, eine historische Antwort aber auf diese Frage unmöglich war, so musste sich wohl eine sinnig dichtende Theologie ins Mittel legen; sie schuf eine ältere, die Olympier erklärende Götterwelt von diesen rückwärts, nicht ohne Hinzunahme einzelner bereits vorhandener Namen und uralter Kulte; vgl. Schömann Opusc. II p. 114. 115. Dieser führt ib. p. 37 n. 28 folgende Stelle aus Plutarch de plac. phil. 1, 6, in welcher die Ansicht der Stoiker über die vorliegende Frage enthalten ist, an, welche mit der von uns vertretenen nahe verwandt ist, nur dass sie den Hesiod persönlich zum Erfinder der Titanendynastie macht: ʽΗσίοδος βουλόμενος τοῖς γεννητοῖς ϑεοῖς πατέρας συστῆσαι εἰσήγαγε τοιούτους αὐτὸς γεννήτορας, Κοῖόν τε Κρεῖόν ϑ᾽ ʽΥπερίονα τ᾽ Ἰαπετόν τε. Dass aber diese die Existenz der Olympier zu erklären bestimmte Titanenwelt nicht ein unmittelbares Erzeugniss des Volksgeistes ist, geht aus ihrem systematischen Charakter hervor, den alle Forscher anerkennen, ja voraussetzen, so weit auch ihre Deutungen sonst auseinander gehn. Dass endlich dieses System in sich selbst den Keim zu reicherer Ausgestaltung nach rückwärts trug und in dieser Richtung auch entwickelt wurde, zeigt die Vergleichung Hesiods mit Homer, der noch keinen Gott Uranos, viel weniger ein Chaos und dessen Erzeugungen kennt.

3. Denn nach der hesiodischen Theogonie sind diese Titanen Söhne des Uranos und der Gaia. Von Homer aber wird Il. ξ, 201 (302) aufs bestimmteste Okeanos als ϑεῶν

γένεσις bezeichnet; und damit man ja nicht meine, dies ϑεῶν sei nach Il. φ, 195 (ἐξ οὔπερ, sc. Ὠκεανοῦ, πάντες ποταμοὶ καὶ πᾶσα ϑάλασσα, καὶ πᾶσαι κρῆναι καὶ φρείατα μακρὰ νάουσιν) von den Fluss - und Wassergöttern zu verstehn, so steht Il. ξ, 244 ff. ganz ausdrücklich: ἄλλον μέν κεν ἔγωγε ϑεῶν αἰειγενετάων ῥεῖα κατευνήσαιμι, καὶ ἂν ποταμοῖο ῥέεϑρα Ὠκεανοῦ, ὅσπερ γένεσις πάντεσσι (ϑεοῖς) τέτυκται. Und unverkennbar steht dieses Mythologem in einem freilich ganz allgemeinen Zusammenhang der Anschauung mit jenem Philosophem der jonischen Schule *), dass das Wasser der Urstoff aller Dinge sei, eine Vorstellung, von welcher schon Andere bei Homer eine Spur gefunden haben in des Menelaos' Verwünschung Il. η, 99: ἀλλ᾽ ὑμεῖς μὲν πάντες ὕδωρ καὶ γαῖα γένοισϑε. Denn erkläre man diese Stelle, wie man wolle (siehe das Nähere bei Heyne; Bothe findet das πύϑεσϑαι darin), immer bleibt die Vorstellung einer Auflösung des Leibes in seine Grundstoffe zurück. Nur eine Stelle scheint im Widerspruch mit den angeführten die Titanen für Söhne des Uranos zu erklären, Il. ε, 898, wo Zeus zu Ares sagt: εἰ δέ τευ ἐξ ἄλλου γε ϑεῶν γένευ ὧδ᾽ ἀΐδηλος, καί κεν δὴ πάλαι ἦσϑα ἐνέρτερος Οὐρανιώνων **). Trotz des vielfältigsten Widerspruchs (vgl. Schoem. Opp. II p. 35) muss ich immer noch an der von Göttling im Hermes Bd. 29 Hft. 2 p. 251 gegebenen Erklärung dieser Stelle festhalten. Es wird allgemein zugestanden, dass im ganzen Homer Οὐρανίωνες die Olympier sind; also dürfen uns nur die zwingendsten Gründe bestimmen, dem Worte hier eine andere Bedeutung zu geben. Zweitens kann ich (vgl. §. 4) dem Uranos bei Ho-

---

*) Natürlich ohne dass jenes eine philosophische Grundlage der griechischen Mythologie ist, wogegen sich Göttling im Hermes Bd. 29 Hft. 2 p. 247 mit Recht erklärt. Die Anerkennung jenes Zusammenhangs ist schon vorhanden bei Plat. Theaet. 152 E, Aristot. Metaph. I p. 11 Brand. Vielleicht gehört auch Aesch. Suppl. 855 Dind. (821 Herm.) hieher.

**) Von den Orphikern wurden freilich die Titanen und Uranionen identificirt: Κούρους δ᾽ Οὐρανίωνας ἐγείνατο πότνια Γαῖα, οὓς δὴ καὶ Τιτῆνας ἐπίκλησιν καλέουσιν (Lob. Aglaoph. I p. 506, Düntzer p. 78).

mer durchaus keine Persönlichkeit zugestehn (gegen Schoemann 1. c. p. 37); daher ich auch die Titanen nicht für Kinder des Uranos halten kann. Drittens heissen ja die Titanen
entschieden ϑεοὶ ἐνέρτεροι· Il. o, 225: μάλα γάρ κε μάχης
ἐπύϑοντο καὶ ἄλλοι, ὅιπερ ἐνέρτεροί εἰσι ϑεοί, Κρόνον ἀμφὶς
ἐόντες. Wie ist denn dieser unzweifelhafte Comparativ zu
erklären? Doch wohl so, dass man sich zu ἐνέρτεροι hinzu-
denkt ein τῶν ἄλλων ϑεῶν, somit Götter versteht, welche
tiefer unten sind als die Olympier oder Uranionen, also im
Gegensatz zu diesen die unteren Götter sind. Wird nun
Ares mit dem Verluste seiner Stellung als Olympier oder
Uranione bedroht, so kann dies gar nicht treffender geschehen, als indem Zeus zu ihm sagt: wärest du nicht mein
Sohn, du würdest längst tiefer unten als die Himmelsbewoh-
ner d. i. wie die anderen ϑεοὶ ἐνέρτεροι Οὐρανιώνων ein
aus dem Himmel verstossener Gott sein *). Es bleibt also
dabei: Okeanos ist der Allvater, wie Tethys, sein Weib, die
Allmutter (sic heisst in Il. ξ, 201, 302 vorzugsweise μήτηρ **)). Dazu passt vortrefflich, dass nach Il. ξ, 202 Rhea,
die Mutter der Kroniden, ihre Tochter Here beim Kampfe

---

*) [In Il. o, 225 möchte sich dieser Comparativ auch wohl auflösen
lassen in· μᾶλλον ἔνερος im Sinne von potius inferus: vielmehr
unten (als oben) befindlich — während er ε, 898 einfach mit
magis inferus sich verdeutlichen lässt — und daher ebenso wie
δεξιτερός, ἀριστερός (vgl Grimm Gesch d. deutsch. Spr. II, 993)
u. a. sich vom Positiv nur darin unterscheiden, dass vermittelst
der Comparativendung der andere d. h. entgegengesetzte Begriff
stärker ausgeschlossen wird. Wir übersetzen diese Comparative
(gerade wie in citius und ocius abi und δύσεο τεύχεα ϑᾶσσον Il. π,
129 vgl. des Vf. Anm. zu β, 440) durch Positive und demnach ἐνέρτεροι Il. o, 225; Aesch. Choe. 286 u. ο. ebenso wie ἔνεροι in Il. o,
188; v. 61; Aesch. Pers. 618 622 u. a. Vgl. hierüber Döderlein's Gloss. §. 2500 a. E und eine umfassende Zusammenstellung aus verwandten Sprachen von Corssen in Kuhns Ztschr. III
p. 241 ff. bes. 251—264.]

**) [Dies wäre sogar die Bedeutung des Namens, von ϑῆσϑαι, nach
Ahrens in Kuhns Ztschr. III p. 103; Döderlein Gloss. §. 2349,
vgl. Curtius Grundz. I n. 307; während Pott in Kuhns Ztschr. VIII
p. 175 lieber an τὰ τήϑυα die Ableitung anknüpft.]

des Zeus gegen Kronos in des Okeanos und der Tethys Behausung zu den Grossältern flüchtet, so wie dass Here zu
Zeus (Il. ξ, 305) und Aphrodite (206) sagen kann, jene beiden hätten lange schon der Liebe zu pflegen und zu zeugen aufgehört (ἤδη γὰρ δηρὸν χρόνον ἀλλήλων ἀπέ-
χονται εὐνῆς καὶ φιλότητος, ἐπεὶ χόλος ἔμπεσε θυμῷ). Here's
Versuch, sie wieder zu gemeinschaftlichem Lager zu bewegen, ist ja nur ein vorgeblicher. Auch steht keine von des
Dichters sonstigen Angaben über Okeanos mit dem Angeführten im Streite. Nirgends wird seines Vaters gedacht (bei
Hesiod ist er ein Bruder des Kronos); nicht mit den Titanen,
seinen Kindern, in den Tartaros verstossen, umfliesst er nach
wie vor die Erdscheibe, aber er hat keinen Theil mehr am
gegenwärtigen Weltregiment: er kommt nicht mit zur
Götterversammlung (Il. υ, 7: οὔτε τις οὖν Ποταμῶν
ἀπέην νόσφ᾽ Ὠκεανοῖο); ist minder mächtig als Zeus, vor
dessen Blitz er sich fürchtet (Il. φ, 198), wenn er gleich dem
Ansehen nach diesem zunächst steht; denn Hypnos, indem
er Il. ξ, 244 sagt, dass er jeden andern Gott, sogar den Vater aller Götter Okeanos leicht einschläfern würde, nur Zeus
nicht, giebt ihm offenbar den Rang vor allen übrigen Göttern, Zeus allein ausgenommen. Er ist der greise König,
dessen Sohn vom Enkel gestürzt ist, während er selbst ein
zwar einflussloses und dem neuen Herrscher unterthäniges
aber geehrtes Alter in ruhiger Abgeschiedenheit geniesst.

4. Von einer Persönlichkeit des Uranos aber findet
sich bei dem Dichter, ganz anders als bei Hesiodos, durchaus keine Spur, nur dass er zweimal neben der Gaia und
dem Wasser der Styx als Schwurzeuge genannt wird, von
Here Il. o, 36, von Kalypso Od. ε, 184. Vergleicht man nun
diese Schwurformel: ἴστω νῦν τόδε γαῖα καὶ οὐρανὸς εὐρὺς
ὕπερθεν, καὶ τὸ κατειβόμενον Στυγὸς ὕδωρ mit einer andern, Il. τ, 258 von Agamemnon ausgesprochenen: ἴστω
νῦν Ζεὺς πρῶτα, θεῶν ὕπατος καὶ ἄριστος, Γῆ τε καὶ Ἠέ-
λιος καὶ Ἐρινύες, αἵθ᾽ ὑπὸ γαῖαν ἀνθρώπους τίνυνται,
ὅτις κ᾽ ἐπίορκον ὀμόσσῃ, so ergiebt sich zwar, dass in beiden
geschworen werden soll bei dem, was im Himmel, auf Erden
und unter der Erde ist; allein, wenn man in letzterer die
bestimmten Persönlichkeiten beachtet, welche zu Zeugen ge-

nommen werden, so drängt sich uns in ersterer um so mächtiger die Vorstellung der tres mundi partes auf, deren untersten das Stygische Wasser zu repräsentiren hat. Homer
spricht in derselben nicht anders als Aesch. Pers.
497 — 499: ϑεοὺς δὲ εἰς τὸ πρὶν νομίζων οὐδαμοῦ τότ' ηὔχετο λιταῖσι, γαῖαν
οὐρανόν τε προσκυνῶν, wo gerade wie bei Homer γαῖα καὶ οὐρανός von allen Herausgebern als Appellativa nicht mit Uncialen
geschrieben werden. Ferner steht Uranos, wenn auch nicht
er der eigentliche Wohnort der Götter ist *), sondern der
Olympos, zu diesem in so fern in engster Beziehung, als die
Götter, indem sie sich auf dem Olymp befinden, zugleich im
Uranos sind, in welchen der Olymp hineinragt; vgl. I §. 4.
So wenig nun dem Olympos eine Persönlichkeit zukommt,
indem er erst lange nach Homer den Titanen beigezählt wird
(Schoem. II p. 121), so wenig hat der Dichter den Raum,
in welchem die Götter so gut wie im Olymp verkehren, in
irgend einer Weise als Persönlichkeit bezeichnet; die ihm gegebenen Beiwörter sind ἀστερόεις, εὐρύς, χάλκεος, πολύχαλ-
κος und σιδήρεος, welche letztere drei bildlich zu verstehn
sind von seiner ewigen Dauer; vgl. Voelcker hom. Geogr.
p. 4. 5.

Anders ist es mit Gaia. Diese ist Mutter des Riesen
Tityos (Od. η, 324; λ, 576) und heisst in letzterer Stelle ἐρι-
κυδής. Ihr werden Opfer und Gebete geweiht (bei dem Vertrag Il. γ, 104 und 278); hier und in der oben aus Il. τ angeführten Stelle wird sie neben lauter bestimmt umschriebenen Götterindividuen genannt, und der ihr entsprechende Gott scheint Helios zu sein; Il. γ, 104: οἴσετε
δ' ἄρν', ἕτερον λευκόν, ἑτέρην δὲ μέλαιναν, Γῆ τε καὶ Ἡελίῳ,
so dass also beiden Gottheiten Schaafe, dem Helios ein weis-
ses männliches, der Erde ein schwarzes weibliches geopfert
werden; vgl. die eben erst ausgeschriebene Stelle Il. τ, 259
und Nachhom. Theol. II, 12, 2. Somit gehört sie, wie Helios,
unter die nicht von Zeus in den Tartaros gestürzten, d. h.
von der Vorstellung des Dichters in ihrem Walten und Wirken fortwährend anerkannten Naturmächte, von denen weiter
unten geredet werden muss.

---

*) Anders Hes. Theog. 128.

5. Denn die Titanen stehen zu den Menschen in keinem Verhältnisse mehr, und werden nicht mehr als regierende Potenzen betrachtet. Nur von Here verlangt der Gott des Schlafes, dass sie ihm bei den Titanen den Besitz der Charitin Pasithea zuschwöre, was sie auch wirklich thut. Nimmermehr werden die Titanen, wie Mätzner de Jove Hom. p. 54 meint, der Here gegenüber als Rächer des Meineids gedacht. Sie sind ja keine Mächte der Todtenwelt, sondern im Tartaros eingekerkerte Gefangene. Die Forderung des Hypnos lautet Il. ξ, 271 ff. so: ἄγρει νῦν μοι ὄμοσσον ἀάατον Στυγὸς ὕδωρ· χειρὶ δὲ τῇ ἑτέρῃ μὲν ἕλε χθόνα πουλυβότειραν, τῇ δ᾽ ἑτέρῃ ἅλα μαρμαρέην· ἵνα νῶϊν ἅπαντες μάρτυροι ὦσ᾽ οἱ ἔνερθε θεοί, Κρόνον ἀμφὶς ἐόντες, ἦ μέν μοι δώσειν. — Aus diesen Versen geht hervor, dass das, wodurch sich Here binden soll, der Schwur bei der Styx ist. Die Titanen aber sind nicht die Macht, der sie durch einen Meineid etwa verfallen würde, sondern blos Zeugen des Faktums, dass sie geschworen, und, damit sie dies seien, wird von Here die Erde berührt, das ist an die unterirdische Wohnung der Titanen gleichsam angepocht; vgl. N. Theol. II, 5, V, 15 und was Althäa Il. ι, 568 bei einem Gebete zu den chthonischen Göttern thut: πολλὰ δὲ καὶ γαῖαν πολυφόρβην χερσὶν ἀλοία (percutiebat), κικλήσκουσ᾽ Ἀίδην καὶ ἐπαινὴν Περσεφόνειαν. Dass aber Hypnos gerade diese Schwurzeugen verlangt, scheint daraus erklärt werden zu müssen, dass er, ein Sohn der Nacht, eine noch waltende Naturmacht, den gestürzten Naturmächten verwandt, somit deren Gottheit gelten zu lassen geneigt ist.

6. Nämlich nicht alle Naturmächte sind gestürzt; wie könnten es auch diejenigen sein, deren Einfluss und Walten vom Menschen tagtäglich empfunden wird, oder deren Existenz gebunden erscheint an Sichtbares in der Natur, z. B. an Himmelskörper, Flüsse u. dgl. Diese sind in Zeus' Weltordnung mit aufgenommen und stören die Regel derselben nicht. Dies drückt die nachhomerische Mythe in Bezug auf Gaia und Prometheus so aus, dass diese sich dem Zeus und der neuen Dynastie freiwillig angeschlossen hätten; vgl. N. Theol. II, 4.

Zum Göttersysteme Homers gehören demnach folgende

Mächte der Natur. Vor allen *Γαῖα*, deren Sohn Tityos, Vergewaltiger Leto's, als diese nach Pytho geht, gleichsam den letzten Versuch der dunkeln, in der Erde beschlossenen Naturkraft darstellt, sich störend und hemmend in das Reich des Lichtes einzudrängen. — Dann die *Νύξ* mit ihrem Geschlechte, nach Il. *ξ*, 258—261 ohne Zweifel wie bei Hesiodos Mutter des *"Υπνος*, nicht aber der *ὄνειροι*, da diese in den ächthomerischen Gedichten (anders freilich in Od. *ω*, 12) keine feste, bleibende Persönlichkeit haben, und zwar göttliche Boten und desshalb auch göttlicher Art sind (Il. *β*, 56; Od. *δ*, 831), aber niemals irgend woher gerufen, sondern immer für den besonderen Fall geschaffen werden und nach erfülltem Auftrag in die Lüfte zerrinnen, ib. 839. Die Nacht ist folglich auch Mutter seines Bruders, des *Θάνατος* (Il. *ξ*, 231; *π*, 454; bes. 672; 682), und somit wohl auch der *Κήρ* oder der *Κῆρες*, der Todesarten.

7. Ferner sind zu nennen *'Ηέλιος* und *'Ηώς*, jener bei Homer durchaus nur die Sonne, beide jedoch bestimmte Persönlichkeiten, wenn auch *'Ηώς* ohne einen namhaft gemachten Kultus. Der *Σελήνη* wird vom Dichter nirgends als einer Göttin gedacht; über die hiefür denkbaren Gründe vgl. Nitzsch zur Od. Bd. III p. 36.

8. Weiter gehören zu den Naturgottheiten die Meer- und Flussgötter. **Poseidon** erscheint nur noch in seinen Beiwörtern *γαιήοχος*, *ἐννοσίγαιος*, *ἐνοσίχθων* identisch mit dem Meere, wie Hephaistos zuweilen mit dem Feuer (Il. *β*, 426); sonst erkennt man in ihm zwar überall den Beherrscher, den Gott des Meeres, vermag ihn aber eben so wenig mit seinem Reiche zu identificiren, als Zeus mit der Luft. Das Meer, als Element des Weltganzen, ist vielmehr die nur in der Odyssee vorkommende und von Homer vielleicht zufällig nicht, wohl aber von Hesiod seine Gemahlin genannte **Amphitrite**; denn sie wird, wie schon Dissen zu Pind. Ol. 6, 105 lehrt, immer nur entweder in Beziehung auf die Wogen des Meeres, *'Αμφιτρίτης κῦμα*, *κύματα*, Od. *γ*, 91; *μ*, 60, oder auf die Meerwunder und Ungeheuer genannt, *κῆτος*, *ἃ μυρία βόσκει ἀγάστονος 'Αμφιτρίτη*, Od. *μ*, 97; *ε*, 422 *).

---

*) **Nitzsch** II p. 64 erkennt in ihr insbesondere die Repräsentan-

6 *

Darum ist wahrscheinlich sie die Besitzerin der schwimmfüssigen Robben, die *καλὴ Ἀλοσύδνη* Od. *δ*, 404; als Nereide wenigstens, und als solche kennt sie Hesiod, kann sie substantivisch nicht minder so heissen, als Il. *v*, 207 die Nereide Thetis adjektivisch so heisst. Belebt aber ist das Meer von den Nereiden, gewissermassen den Nymphen des Meers, deren Namen (Il. *σ*, 39—49) grossentheils Eigenschaften desselben oder der Wellen oder sonstige Vorkommenheiten in diesem Elemente bezeichnen; vgl. Schoem. Opusc. II p. 164 ff. Die bedeutendste von ihnen ist Thetis. Dass sie, wie Göttling l. c. p. 269 (jetzt Ges. Abhdlg. I p. 211) will, die heitere, segenbringende Seite des Meeres darstelle *), wie Poseidon die finstere, scheint mir nicht ausgemacht. Wohl bietet sie dem verfolgten Dionysos (Il. *ζ*, 136, ff.), dem aus dem Himmel geschleuderten Hephaistos (Il. *σ*, 395 ff.) in ihrer Meeresgrotte Zufluchtsstätten mit einer Art von mütterlicher Sorge dar (*Θέτις δ' ὑπεδέξατο κόλπῳ*), wohl kann sie sich rühmen, Zeus' Rettung aus den Banden der ihm feindlichen Gottheiten herbeigeführt zu haben (Il. *α*, 395 ff.); charakteristisch an ihr ist aber bei dem Dichter gerade das, dass sie, die nach oben freundlich-hülfreiche, von Zeus wider ihren Willen gezwungen ist, ein persönliches Verhältniss des Unsterblichen und Sterblichen nach unten zu vermitteln und hiemit in alle Leiden der Sterblichkeit verflochten zu werden (Il. *σ*, 429 ff.). Während in Eos' und Tithonos' Ehe der sterbliche Gatte zur Unsterblichkeit emporgehoben wird, aber in seiner irdischen Natur die Unsterblichkeit nicht zu tragen vermag, wird in Thetis' und Peleus' Verbindung umgekehrt die Göttin in die Sphäre der von irdischer Vergänglichkeit bedingten Leiden herabgezogen. Irren wir nicht, so hat auch

---

tin des tobenden Meeres, so dass sie sich zu Poseidon verhält, wie Enyo zu Ares.

*) [Eine andere Auffassung, nach welcher sie vielmehr wie ursprünglich auch Themis „Herstellerin eines geordneten Kosmos unter den anfangs rohen und wild durcheinander kämpfenden Naturgewalten" wäre, gibt Pott in Kuhns Ztschr. VIII p. 174 ff. Davon verschieden ist wieder die Erklärung ihres Namens und Wesens bei Welcker gr. Götterl. I p. 617 f.].

die spätere Vorstellung gerade diese Seite ihres Wesens vorzüglich festgehalten; erst spätere Dichter brauchen Thetis geradezu für das Meer. — Ihr Vater Nereus, der fliessende, von $\nu\acute{\alpha}\omega$, $\nu\alpha\varrho\acute{o}\varsigma$ ($\dot{\varrho}\epsilon\nu\sigma\tau\iota\varkappa\acute{o}\varsigma$), wie jetzt nach Lob. Phryn. p. 42 wohl allgemein angenommen wird, Il. σ, 145 $\gamma\acute{\epsilon}\varrho\omega\nu$ $\ddot{\alpha}\lambda\iota o\varsigma$ genannt, tritt bei Homer nicht hervor; nach Preller Myth. I p. 344 bezeichnet er das ruhige, freundliche Meer; vgl. auch Schoem. Opusc. II p. 181. In Phorkys dagegen, dem Grossvater des Kyklopen Polyphem (Od. α, 72), nach welchem ein Hafen Ithaka's benannt ist (Od. ν, 96. 345), welcher hier ebenfalls $\ddot{\alpha}\lambda\iota o\varsigma$ $\gamma\acute{\epsilon}\varrho\omega\nu$ und nach α, 72 ein Walter des unfruchtbaren Meeres heisst, in dem Herren der Meeresungeheuer stellt sich bei Hesiod und den Späteren das Meer von seiner unheimlichen, grausenerregenden Seite dar; vgl. Prell. ib. p. 346, Schoem. ib. p. 176 ff. Wichtiger für uns ist die von Pindar Ol. 2, 29 eine Gesellin der Nereiden genannte Leukothea oder Ino, die Tochter des Kadmos, bei Homer und sonst eine Retterin der Schiffbrüchigen. Ihr Name $\varLambda\epsilon\upsilon\varkappa o\vartheta\acute{\epsilon}\alpha$ erinnert auch Nitzsch II p. 52 an die $\lambda\epsilon\upsilon\varkappa\grave{\eta}$ $\gamma\alpha\lambda\acute{\eta}\nu\eta$ (Od. $\varkappa$, 94), die heitere Meeresruhe, und hält man mit demselben ihre Funktion zusammen, so möchte man in ihr die nach dem Sturme eintretende Ruhe des Meeres personificirt finden, welche die Schiffbrüchigen endlich doch das Land gewinnen lässt. Dass ihr weisser Schleier ($\varkappa\varrho\acute{\eta}\delta\epsilon\mu\nu o\nu$), den sie Od. ϵ, 351 dem Odysseus giebt, damit er sich aus dem stürmenden Meer errette, an die *taenia* erinnert, welche die Geweihten in Samothrake empfiengen, um sie sich zur Rettung in Sturmesnoth um den Leib zu winden (vgl. Nachh. Th. VII, 10), hat nach dem Schol. zu Apoll. Rh. I, 917 Welcker in der Gr. Götterlehre I, p. 644 bemerkt.

9. Ein räthselhaftes Wesen im Meer ist Proteus *) sammt seiner Tochter Eidothea Od. δ, 365 — 570. Als Diener Poseidon's ($\varPi o\sigma\epsilon\iota\delta\acute{\alpha}\omega\nu o\varsigma$ $\dot{\upsilon}\pi o\delta\mu\acute{\omega}\varsigma$ l. c. 386) hütet er die Robben Amphitrite's, d. i. des Meeres. Zugleich aber heisst er $A\dot{\iota}\gamma\acute{\upsilon}\pi\tau\iota o\varsigma$ und ist ein $\gamma\acute{o}\eta\varsigma$, ein Zauberer, $\dot{o}\lambda o\varphi\acute{\omega}\ddot{\iota}\alpha$ $\epsilon\dot{\iota}\delta\acute{\omega}\varsigma$ (410), der sich in alle Gestalten verwandeln, aber in

---

*) Geschichtliches über den Mythus siehe bei Voss zu Virg. Georg. IV, 387.

diesen Verwandlungen festgehalten und zu reden gezwungen
werden kann. Was aber redet er? Nach der Angabe seiner
Tochter Eidothea (388—393) kann er dem Menelaos den
Weg bezeichnen und die Maasse, d. h. die Weiten des
Weges, ferner die Rückkehr, d. i. die Bedingung derselben, unter der Menelaos über das Meer nach Hause gelan-
gen mag. Er kann ferner berichten, was in Menelaos' Hause
während dessen Abwesenheit Gutes und Böses geschehn ist.
Man sieht, von eigentlicher Prophezeiung der Zukunft ist
durchaus nicht die Rede. Das einzige Prophetische, was er
gegen Menelaos ausspricht, ist die Verkündigung, dass derselbe nicht sterben, sondern als Eidam des Zeus in das elysische Gefilde kommen werde *). Sonst aber sagt er durchaus
nichts Anderes, als was ein weitgereister Schiffer, der
überall hinkommt und von Allem hört, ebenfalls zu berichten
vermag. Den Odysseus hat er auf der Insel der Kalypso gesehn (556: τὸν δ' ἴδον ἐν νήσῳ θαλερὸν κατὰ δάκρυ χέοντα).
Nimmt man hiezu, dass er zugleich auch alle Tiefen
des Meeres kennt (385), so kann man sich des Gedan-
kens nicht erwehren, Proteus sei das Bild der Schifffahrt, die ihre Heimath, ihren Ausgangspunkt im Osten hat,
und mit Aegypten in enger Berührung steht. Das wäre die
phönicische, und ein enger Verkehr der Aegypter und Phönicier in uralter Zeit wird jetzt allgemein anerkannt; vgl. Hug
in Ersch und Gruber's Enc. Th. 2 p. 35, Curt. Jonier p. 19;
nach Herod. 2, 112 wird merkwürdig genug des zum König
Aegyptens gemachten Proteus τέμενος in Memphis von tyri-
schen Phöniciern umwohnt. Aber wie passt zum Schiffer
der Zauberer, der sich in alle Gestalten verwandeln kann?
Hier vermittelt seine enge Verbindung mit Aegypten, welche
nicht blos Homer und Herodot, sondern auch Euripides in
der Helena feststellen; letzterer, ganz an Homer anknüpfend,
lässt ihn zwar in Pharos wohnen, aber doch Beherrscher von
Aegypten sein (v. 5). Denn Aegypten ist ja nach Homer
ein Wunderland, reich an zauberkräftigen Kräutern (δ, 220—
232). Und wo es solche giebt, ist es nicht zu kühn, man

---

*) [Gerade diese Stelle aber hat man der Unächtheit verdächtig ge-
funden.]

denke nur an Kolchis, auch Zauberkünste, die nicht durch
φάρμακα gewirkt werden, vorauszusetzen. Wir kennen übrigens ägyptische Zauberer, die namentlich das Verwandeln
verstehn, schon aus der Bibel. Dass man schon bei Homer
an die von den Späteren so häufig gefabelte Verwandlungs-
fähigkeit der Wassergötter denken dürfe, scheint mir weniger
wahrscheinlich. Eine ganz moderne Erklärung giebt Diodor.
I, 62; bei Basil. Magn. de leg. libr. gent. IX p. 18 ed. Loth-
holz ist er schon das Bild eines Sophisten geworden. [Als
Repräsentanten des „alten Urwassers" fasst den Proteus·, in
der Hauptsache mit Welcker Götterl. I p. (49 übereinstim-
mend, Pott in Kuhns Ztschr. VI p. 115 ff. und IX, 173 f.]
  Weil aber das θαλάσσης πάσης βένθεα οἶδεν nicht blos
von Proteus, sondern auch von Atlas ausgesagt wird
(Od. α, 52), so wäre es dem Geiste homerischer Weltanschauung nicht gemäss, diese Persönlichkeit von der des Proteus in der Betrachtung zu trennen. Mindestens müssen
diese grammatisch klaren Worte zur Basis der Untersuchung
über das Wesen des Atlas gemacht werden. Er kennt also
die Tiefen des Meeres, und zwar πάσης θαλάσσης, alles dessen was Meer heisst; sein Name bedeutet, wie Hermann
übersetzt, so viel als Sufferus *); er hat eine Tochter Ka-
λυψώ, die Verbergerin, welche weit im Westen, gleichviel, ob
im Süd- oder Nordwesten, wohnt. Endlich heisst es von
ihm (Od. α, 52): ἔχει δέ τε κίονας αὐτὸς μακράς, αἳ γαῖάν
τε καὶ οὐρανὸν ἀμφὶς ἔχουσιν. Was heisst das? Für's erste
liegt nicht darin, dass er, wie die Späteren fabeln, den Himmel trägt. Wer kann sich ferner etwas Bestimmtes denken,
wenn man übersetzt: er hält die Säulen des Himmels, und
zwar er allein, αὐτός? Diese Säulen halten, dass sie nicht
wanken oder umstürzen, oder dieselben auf dem Rücken tragen, ist eine Vorstellung, die der Phantasie so wenig gerecht und bequem war, dass man ihn schon sehr bald selbst
zur Himmelssäule gemacht hat, hinwiederum eine alte exe-
getische Tradition (vgl. Nitzsch I p. 18), ἔχει mit φυλάσσει
deutete. Versuchen wir doch einmal die wörtliche Ueber-

---

*) [Der „Verwegene" Döderlein Gloss. §. 2382; vgl. Schmidt in
Mützell's Ztschr. 1857.]

setzung, und sagen demnach: „der duldende, ausharrende
Mann, der Vater der Verbergerin, der im Westen ist, wie
diese, der alle Tiefen des Meeres kennt, besitzt oder hat die
Säulen, die Erde und Himmel auseinander halten, allein." —
Ich weiss nicht, wie es Andern geht; mir wenigstens drängte
sich, als ich mir diese verschiedenen bei Homer sich über
ihn findenden Data zusammengestellt hatte, unwillkürlich die
Vorstellung der phönicischen Westschifffahrt auf, der Schifffahrt des Volkes, das allein die Meerenge zwischen
den Säulen des Herakles befährt, andern Völkern aber
den Westen (seine Handelswege und fernen Faktoreien) sorgfältig verbirgt, denn Atlas ist Vater der listigen (Od. η, 245)
Verbergerin, und die Kinder heissen ja nicht blos bei Homer, wie die Väter thun; man denke nur an Ἀστυάναξ, Τηλέμαχος, ferner Εὐρυσάκης, Τισαμενός· und endlich wohl auch
an Proteus' Tochter Εἰδοθέα, die wissende Göttin, bezüglich deren ein Schol. zu Od. δ, 366 sagt: ἀπὸ τῆς εἰδήσεως
καὶ ἐπιστήμης τοῦ πατρὸς τὸ ὄνομα *), und welche somit in
geradem Gegensatze zur Καλυψώ steht; vgl. Müller Proleg.
p. 275, Nitzsch hist. Hom. p. 57 not. Atlas heisst aber auch
ὀλοόφρων, verderblich, wie Circe's Bruder der Zauberer Aie-
tes Od. κ, 137, und der, in der attischen Sage wenigstens,
schlimme Minos ib. λ, 322, wo man Nitzsch vergleiche. Während dieses ὀλοόφρων auf Atlas als einen Berg bezogen, keinen Sinn hat, passt es vortrefflich auf den Repräsentanten
des schlauen Handelsvolkes, das mit seinem Handel auch Betrug und Menschenraub verbindet, Od. ξ, 288; ο, 415 ff.
Dass Homer über das, was die Mythe verräth, kein Bewusstsein haben kann, hindert diese Deutung so wenig, als der
Mangel einer bestimmten Kunde von den Säulen des Herakles bei ihm. „Wir müssen, sagt Nitzsch II p. 152, das Wahr-
scheinlichste im Homer erforschen, und daraus auf die ihm
zugekommene dunkle Kunde schliessen." Uebrigens behauptet Eggers in der Comment. de Orco Hom. p. 18 gegen
Völcker, der bekanntlich in der hom. Weltkunde p. 92. 98

---

*) [Pott in Kuhns Ztschr. VI p. 116 verwirft freilich diese Deutung
und erklärt den Namen als „Gestaltengöttin"; ähnlich Welcker
Götterl. I p. 649.]

durchaus keine Säulen des Herakles zugiebt, mit grosser
Entschiedenheit, und zwar aus Gründen, die mit gegenwär-
tiger Untersuchung nichts gemein haben, dass eine Einmün-
dung des Ocean und Säulen des Herakles auf einer homerischen Welttafel nicht fehlen können.

Doch da Homer über Atlas so wenig sagt, so dürfen
wir uns wohl auch in den späteren Dichtungen umsehn, ob
sich vielleicht in diesen seine Natur noch deutlicher ausspricht.
Er bewacht die Aepfel der Hesperiden, die Schätze und
Reichthümer des Westens; auch ist er ein Astronom, und,
wie bei Homer der Tiefen des Meers, so bei Virgil Aen. I,
741 und Cic. Tusc. 5, 3 der himmlischen Dinge kundig *).
Herakles tritt an seine Stelle und trägt für ihn den Himmel.
Welcher andere Herakles kommt so weit nach Westen als
der tyrische? Hier deutet die Sage sich selber. Zwei
sind's, welche die Säulen des Himmels besitzen, Atlas und
Herakles der Tyrier. Dieser thut, was jener gethan; nun ist
aber Herakles der Tyrier nichts anders als Symbol des phönicischen Volkes.

So hätte sich denn aus diesen Combinationen das Resultat ergeben, dass Atlas mit Kalypso im Westen dem
Proteus mit Eidothea im Osten entspricht, ein Verhältniss, das wesentlich bestätigt wird durch die Columnae Pro-
tei im Osten, von denen Virgil weiss (Aen. XI, 262), dass
aber beide keine Naturgottheiten, sondern Symbole der Schifffahrt sind. Es ist daher für Homer auch der Umstand nicht
zu übersehen, dass er beide mit keiner eigentlichen Natur-
gottheit in verwandtschaftliche Beziehungen bringt **).

---

*) Wie Proteus bei Diodor. I, 62.

**) Ich hatte diese Deutung des Proteus und Atlas längst niederge-
schrieben, bevor ich Völckers (Mythol. der Japetiden p. 243 ff.)
und Hermann's (de Atlante Opusc. VII p. 241 ff.) hieher gehörige
Untersuchungen sammt Heffter's (siehe Herm.) und Göttling's (im
Hermes l. c. p. 249) Entgegnungen kannte. Weil ein selbstän-
diges Zusammentreffen der Ansichten in solchen Dingen ein starkes Argument für die Probabilität derselben ist, so habe ich meine
Darstellung, wie sie entstanden ist, unverkürzt stehen lassen,
auch in den Punkten, wo ich nur auf die Schriften jener Gelehr-

10. Dagegen gehören zu den an physische Existenzen gebundenen oder eigentlichen Naturgottheiten die *Ποταμοί*, die Flussgötter, welche sämmtlich nach Il. φ, 195 aus dem Okeanos entsprungen, als Personen aber nicht von diesem gezeugt sind. Wenigstens wird Il. ξ, 434 Zeus des **Xanthos** Vater genannt und ist es also wahrscheinlich auch von **Simoeis**, des Xanthos Bruder (Schoem. Opusc. II p. 44)· Ausser diesen sind die bedeutendsten der **Acheloios** Il. φ, 194; der **Alpheios** Il. ε, 545, der **Enipeus** Od. λ, 238, der **Spercheios** Il. ψ, 142, der **Axios** Il. β, 849; φ, 141; 158. Sie treten als Väter von Söhnen, die troischen Flüsse als wesentliche Theilnehmer an der epischen Handlung, durchaus in abgeschlossener Persönlichkeit auf. Auch fehlt ihnen ein Kultus nicht; der Fluss in Scheria heisst Od. ε, 445 πολύλλιστος· der Skamandros hat einen Priester, ἀρητήρ Il. ε, 78, der Spercheios ein τέμενος und einen Altar; ihm hat der alte Peleus des heimgekehrten Achilleus Lockenhaar gelobt, Il. ψ, 144 ff., vgl. Aesch. Choeph. 7; denn nach Hes. Theog. 346 sind es nebst Apollon und den Nymphen auch die Flüsse, οἳ κατὰ γαῖαν ἄνδρας κουρίζουσιν. Die Flussgötter gehören, den Okeanos ausgenommen, zur vollständigen Götterversammlung mit, Il. υ, 7. Besonders merkwürdig ist

---

ten zu verweisen gebraucht hätte. Ich unterscheide mich von ihnen darin, dass ich Proteus und Atlas strenge combinire, dass ich in ihnen Personifikationen nicht nur der Schifffahrt überhaupt, sondern bestimmt der phönicischen, endlich in jenen Säulen geradezu die des Herakles sohn zu müssen glaube. Vorzüglich freut es mich, dass ich durch Hermann meine grammatische Ansicht von der Stelle Od. α in den Hauptpunkten bestätigt finde. Ibi ergo, sagt er p. 253, ubi tales columnae coelum sustinerent, ipsi orbis terrarum termini esse credebantur; *ad quos qui pervenisset constantia sua et fortitudine, tenere istas columnas usitatissimo verbi significatu dicebatur.* Jetzt darf ich mich auch auf Schoemann berufen, der Opusc. II p. 47 meine Ansicht vom Atlas admodum probabilem nennt. Und in der That glaube ich noch immer, dass sie für Homer ihre Berechtigung hat, wenn ich gleich vollständig einräume, dass die nachhomerische Sage, vornehmlich anknüpfend an das *ἔχειν κίονας*, der homerischen Anschauung nicht mehr folgt.

ihre Stellung im Eide des Agamemnon Il. *γ*, 276 ff. Da, wie oben bemerkt wurde, dem Schwure Zeugschaft geben soll was im Himmel, auf Erden und unter der Erde ist, so haben sie nebst der *Γαῖα* das mittlere Gebiet zu repräsentiren, und ihre Stellung in dem Schwure lässt auf bedeutende Ehre, die man ihnen auch ausserhalb der Lokalkulte widmete, schliessen, wenn sie sich gleich mit Zeus nicht messen dürfen Il. *φ*, 190 — 195. Skamandros wird in Il. *ζ*, 248 *μέγας θεός* genannt.

11. An die Flussgottheiten schliessen sich zunächst die Quellnymphen, und durch deren Vermittlung die Nymphenwelt überhaupt an. Hier drängt sich uns zuvörderst die Nothwendigkeit auf, zwischen Nymphen im weiteren und engeren Sinne zu unterscheiden. Denn Kalypso, des Atlas Tochter, Phaëthusa und Lampetie, die Hüterinnen von Helios', ihres Vaters, Rinder- und Schafheerden (Od. *μ*, 132), obgleich *Νύμφαι* genannt, geben sich gleichwohl auf den ersten Blick als Wesen anderer Art zu erkennen denn die *κοῦραι Διός*, die *ὀρεστιάδες* Il. *ζ*, 420, *νηϊάδες κρηναῖαι* Od. *ϱ*, 240, *αἳ ἔχουσ' ὀρέων αἰπεινὰ κάρηνα καὶ πηγὰς ποταμῶν καὶ πίσεα ποιήεντα*, Od. *ζ*, 123; f. vgl. Il. *ν*, 8: *αἵ τ' ἄλσεα καλὰ νέμονται*, in welchen Versen vier Arten, die Berg-, Quell-, Wiesen- und Hainnymphen, unterschieden sind. Bekanntlich hat die spätere Vorstellung in ihnen das *θεῖον* erkannt, welches in jenen Naturgegenständen waltet und sie belebt, aber auch an deren Existenz, wie besonders von den bei Homer nicht unter diesem Namen vorkommenden Dryaden gesagt wird (Hymn. Ven. 265 ff.), zum Mitleben und Mitsterben gebunden ist. Aber auf diese Vorstellung deutet bei dem Dichter nur eine einzige von Nitzsch für eingeschoben erklärte Stelle hin, Od. *χ*, 350: *γίγνονται δ' ἄρα ταίγ' ἔκ τε κρηνέων ἀπό τ' ἀλσέων ἔκ θ' ἱερῶν ποταμῶν·* sonst werden sie, was auch bei der Deutung ihrer Gattungsnamen zu beachten ist, als Bewohnerinnen jener Oertlichkeiten betrachtet, wie hervorgeht aus den Ausdrücken in den oben angeführten Stellen: *αἳ ἔχουσ' ὀρέων αἰπεινὰ κάρηνα* (wie *θεοὶ οἳ Ὄλυμπον ἔχουσιν*), *αἵτε — νέμονται.* Auch was von ihrem Thun und Treiben ausgesagt wird, bezieht sich keineswegs auf ein geheimes, stilles Walten im Innern der Quellen oder Bäume, sondern sie sind

theils gütige, den Menschen hilfreiche Gottheiten (die Ulmen-
pflanzung um des Eetion Grab Il ζ, 420, das Aufjagen von
Ziegen dem Odysseus zur Jagd Od. ι, 154), theils Gespielin-
nen und Dienerinnen von Göttinnen höheren Rangs, der Artemis Od. ζ, 105, wo sie ἀγρονόμοι, d. i. nach Aesch. Agam.
142 Dind. ohne Zweifel feldbewohnende, heissen, der
Circe Od. κ, 348 ff., wo sie deren δρήστειραι sind. Häufig
halten sie sich in Grotten auf, Od. μ, 318; ν, 104; in solchen sind ihre χοροὶ und θόωκοι, auch ihre steinernen Webe-
bäume.

Man sieht hieraus, wie wenig der Dichter geneigt ist,
die Naturgottheiten mit den Naturgegenständen, denen sie
angehören, zu identificiren. Seine Vorstellung strebt vielmehr,
auch diejenigen Götterwesen, die wir die gebundenen genannt
haben, aus ihrer Beschlossenheit in der Natur zu befreien und
ihnen zu einem selbständigen Leben zu verhelfen. Dennoch
aber ist in jener oben gegebenen Stelle der Odyssee (κ, 350)
die elementarische Bedeutung ihres Wesens unverkennbar
enthalten. Sie sind die Quellen-, Hain- und Triftengeister,
und als solche κοῦραι Διός. Nämlich Nitzsch zu Od. ζ, 105
versteht unter diesem den Regen-Zeus, „indem die Nymphen
eigentlich alle Dämonen der Quellen sind, welche selbst
vom Regen wachsend mit demselben den Bäumen und Trif-
ten, dem Wilde und den Heerden Erfrischung und Wachs-
thum geben.“

Was ihre sonstigen Verhältnisse betrifft, so gehören sie
mit zur Götterversammlung Il. υ, 8, und haben einen Kultus.
Odysseus hat ihnen τελήεσσας ἑκατόμβας geopfert Od. υ, 350;
ϱ, 240 und betet zu ihnen ν, 355, wie Eumaios ϱ, 240, der
als Hirte ihres Beistandes vor allen bedürftig ξ, 435 nicht
versäumt ihnen zugleich mit Hermes beim Mahle zu opfern.
Ein vielbesuchter Altar von ihnen steht über der Quelle, aus
der die Bürger von Ithaka Wasser holen Od. ϱ, 210. — Sie
gatten sich als ἀγρονόμοι nicht selten mit Hirten, Il. ξ, 444;
ζ, 21; vgl. Hymn. Ven. 285; aber auch mit Anderen Il.
υ, 384.

12. Nunmehr sind von den Naturgöttern blos die
Winde noch übrig, von denen Homer blos den Boreas,
Zephyros, Notos und Euros kennt. Auch sie sind in der Ilias

vollkommene Persönlichkeiten, wohnen, wenigstens Zephyros und Boreas als Personen, in Thracien Il. ψ, 229, vgl. Völcker Hom. Geogr. p. 78, und halten im Hause des Zephyros ein Gelage, ib. 200. Boreas zeugt in Gestalt eines Hengstes mit des Erichthonios Stuten zwölf Füllen, welche die Schnelligkeit ihres Vaters besitzen, Il. v, 223. Obgleich zur Götterversammlung Il. v, init. nicht mit berufen, haben sie doch einen Kultus, Il. ψ, 195; 209. Eine besondere Gattung von ihnen sind die schlimmen, auch Menschen entraffenden Sturmwinde, die Ἅρπυιαι, welche bei Homer durchaus nur ἄελλαι oder ϑύελλαι, aber noch keineswegs die hässlichen Vögel der späteren Sage sind und Flügel erst bei Hes. Th. 269 bekommen; vgl. Völcker p. 85. — Weniger vereinbar hiemit ist die Mythe der Odyssee (κ, init.) von Aiolos, dem von Zeus bestellten, aber nicht unsterblichen ταμίης ἀνέμων. Die eigenthümliche Bedeutung derselben in den Begegnissen des Odysseus, die wir oben besprochen haben, duldet nicht, dass in ihr die Winde als Personen und selbständig erscheinen. Der Dichter bedient sich mit Recht seiner Befugniss, die natürlichen Existenzen bald als solche, bald als Götter zu brauchen, und wir gewinnen aus diesem Wechsel der Darstellung nur eine neue Bestätigung der aus unserer ganzen bisherigen Betrachtung sich ergebenden Wahrheit, dass von jenen beiden Möglichkeiten, in den Naturgottheiten bald das Naturelement, bald die göttliche Person darzustellen, keine die andere aufhebt. Vgl. Nitzsch III p. 93.

13. Doch ist noch ein Blick auf das Verhältniss zu werfen, in welchem sich der Gott zu dem Naturgegenstand befindet, mit dessen Existenz die seinige verknüpft ist. Historisch hat sich freilich erst aus dem Dasein des Naturkörpers die Vorstellung von dem Gott entwickelt; aber nachdem einmal derselbe sein Dasein in der Vorstellung gewonnen hatte und im Bewusstsein des Menschen als Gott fixirt war, wird nicht mehr der Naturkörper, sondern der Gott als das Prius betrachtet, und Helios existirt nicht durch die Sonne, sondern die Sonne durch Helios. Wie könnte sonst Helios Od. μ, 383 drohen, in des Aides Behausung zu gehn und unter den Gestorbenen zu scheinen oder der Sonnenaufgang unter dem Bilde dargestellt werden, dass Eos zum Olympos

geht, dem Zeus das Licht anzukündigon Il. *β*, 48? Vgl. ib.
ψ, 226: ἦμος δ' Ἑωσφόρος εἶσι φόως ἐρέων ἐπὶ γαῖαν· Die
Behausungen und Reigenplätze der Eos sind nach Od.
μ, 3 im Westen, und Zephyros, der Westwind, hat seine Wohnung nördlich in Thracien. Der Schlafgott hat den Zeus in
tiefen Schlummer gehüllt Il. *ξ*, 359, νήδυμος ἀμφιχυθείς, wie
es ib. 253 wenn auch für einen andern Fall heisst; er entfernt sich, um das Gelingen des listigen Anschlags dem Poseidon anzuzeigen ib. 354; gleichwohl schläft Zeus noch eine
lange Weile fort. Der Flussgott von Scheria, der Od. *ε*, 449
in den Worten σόν τε ῥόον σά τε γούναθ' ἱκάνω als Person
mit seinem Strome merkwürdig identificirt wird, rettet den
Odysseus ib. 453 ἐς ποταμοῦ προχοάς, so dass er wieder
ein anderer als sein Strom ist. Nun werden freilich oft genug
die Götter ganz für die Gegenstände oder Zustände der Natur
gesetzt, welche sie vertreten. Vgl. Il. *ν*, 837: ἠχὴ δ' ἀμφοτέρων ἵκετ' αἰθέρα καὶ Διὸς αὐγάς, d. i. Glanz des Himmels; *ρ*,
210: δῦ δέ μιν Ἄρης, δεινός, ἐννάλιος· *ε*, 289: αἵματος ἄσαι
Ἄρηα· *φ*, 112: ὁππότε τις καὶ ἐμεῖο Ἄρει ἐκ θυμὸν ἕληται·
β, 426: σπλάγχνα δ' ἄρ' ἀμπείροντες ὑπείρεχον Ἡφαίστοιο
(anders *ι*, 468: σύες — εὑόμενοι τανύοντο διὰ φλογὸς Ἡφαίστοιο); *τ*, 119: Ἥρη — Ἀλκμήνης ἀπέπαυσε τόκον, σχέθε δ'
Εἰλειθυίας d. i. ὠδῖνας. Aber aus den oben angeführten
Stellen geht nichtsdestoweniger hervor, dass der Naturgott
persönlich als das Prius des von ihm vertretenen Gegenstandes betrachtet werden kann. Vgl. Schoem. Opusc. II p. 56.

14. Zu dieser Weise der Betrachtung aber stehn im
geraden Gegensatz die Personifikationen von seelischen, sittlichen oder sonst unkörperlichen Zuständen, z. B. die Ἔρις,
der Φόβος und andere mehr. Diese sind nur Ergebnisse
dessen, was sie bezeichnen; der Gott ist nicht, oder ist n u r
die Sache, welche er darstellt, der abstrakte Begriff derselben. Daher kommen diese Wesen bei dem Dichter nie zu
wahrer Persönlichkeit, gehören nicht mit zur Götterversammlung und haben bei Homer noch keinen Kultus. Denn obgleich sie mit den Naturgottheiten nach der sie erzeugenden
Weltanschauung auf einerlei Stufe stehn, sofern mit jenen die
p u r e Natürlichkeit sinnlich wahrnehmbarer Existenzen, mit
diesen die der dämonisch zu nennenden Erscheinungen ge-

läugnet wird, so sind doch j e n e stets an ihrem Orte vorhanden, ihr Numen folglich ein beständig gegenwärtiges, dem
Gebete, der Verehrung immer zugängliches und in diesen
Eigenschaften ein wirklicher Persönlichkeit theilhaftiges;
d i e s e dagegen kommen und verschwinden, und folglich ist
auch ihr Numen nichts Bleibendes und desshalb angerufen
und verehrt zu werden nicht fähig. Namentlich sind sie, wie
Nitzsch Vorrede zur Od. I p. XV vortrefflich sagt, die besonderen Dämonen der Erscheinungen, die sich im Bereiche
einer göttlichen Person auffallend hervorthun, und werden
desshalb gewöhnlich mit dieser in ein menschlich geartetes
Verhältniss gesetzt. So ist $Φόβος$ Il. $ν$, 299 des Ares Sohn;
drum wohl auch $Δεῖμος$, beide des Gottes Diener Il. o,
119; vgl. $δ$, 440; $λ$, 37. `Eris, des Ares Schwester und Ge-
sellin, ist klein anfänglich, stösst aber bald mit dem Haupt
an den Himmel, während sie auf der Erde steht (Il. $δ$, 440);
als eine neue Schlacht beginnt Il. $λ$, 1 ff., wird sie von Zeus
zu den Schiffen der Achäer gesendet, und hat das Zeichen
des Krieges, das $τέρας πολέμοιο$, in der Hand, in welchem
Göttling im Hermes l. c. p. 261 und zum Sc. Herc. 339 die
Aegis *) findet. Sie bleibt allein in der Schlacht, was allen
übrigen Göttern verwehrt ist (ib. 73). Ein dunkles Wesen
ist $Ἐννώ$, die Il. $ε$, 333 als $πτολίπορθος$ mit der kriegerischen
Athene, ib. 592 mit Ares zusammengestellt wird. Nach Göttling ist sie das weibliche Gegenbild des Ares, nach Nitzsch
II p. 64 der t o b e n d e Krieg, wofür das Adjektivum $ἐννά-$
$λιος$ als Prädikat des Ares zu sprechen scheint. Il. $ε$, 592
hat sie den $Κυδοιμός$ zum Begleiter, den Göttling p. 261
[Ges. Abhdlgg. I p. 202] mit Unrecht klein geschrieben und
unter ihm abermals Zeus' Aegide verstanden wissen will.
Denn Il. $σ$, 535 lesen wir: $ἐν δ᾽ Ἔρις, ἐν δὲ Κυδοιμὸς ὁμί-$
$λεον$. — Weiter nennt Homer noch die $Ἀλκή$ und $Ἰωκή$ Il.
$ε$, 740. — $Φύζα$ Il. $ι$, 2 ist keine Personifikation; siehe Dissen's kleine Schriften p. 353.

---

*) [Weil diese mit dem Gorgonenhaupt versehen ist, welches selbst
Il. $ε$, 742 $Διὸς τέρας αἰγιόχοιο$ genannt wird. In anderem Sinne ist
der Donner des Zeus $τέρας πολέμοιο κακοῖο$ genannt in der Ba-
trachomyomachie v. 201.]

Von nicht kriegerischen Wesen allegorischen Charakters
kommen noch vor die Ἄτη, von deren Natur erst im Abschnitte von der Bethörung und Sünde geredet werden kann.
Il. τ, 91 heisst sie (vgl. oben I §. 46) πρέσβα Διὸς θυγάτηρ,
wird aber von Zeus, als sie auch ihn betrogen hat, aus dem
Himmel verstossen. Ihr stehn Il. ι, 502, gleichfalls als Διὸς
κοῦραι μεγάλοιο, die λιταί, die Bitten, gegenüber, die was
Ate, die rasch voraneilende Bethörung, verschuldet, hinterher
wieder gut machen. Von ihnen kann gleichfalls nur im Zusammenhange mit der Ἄτη die Rede sein. — Die Ὄσσα, Il.
β, 94 vgl. Od. ω, 413 Διὸς ἄγγελος genannt, das Dämonische
eines sine certo auctore sich verbreitenden Gerüchtes (vgl.
Lange verm. Schriften p. 235; Nitzsch I p. 51), kann kaum
mehr eine Personifikation genannt werden, wenn gleich Hesiod von der φήμη, dem ominösen Worte bei Homer, in den
Werken und Tagen 764 sagt: θεός νύ τίς ἐστι καὶ αὐτή.
Wie sich diese Vergötterungen dämonisch im Menschenleben
wirkender Mächte späterhin vermehrt und einen Kultus bekommen haben, ist eine Untersuchung, die über den Dichter
hinausführt; vgl. Nachhom. Theol. II, 1. [Von der Moira,
Aisa, Ker, den Klothe's wird im nächsten Abschnitte die
Rede sein.]

15. Hat sich nun in den Naturgottheiten und — nach
Nitzsch's (I p. XV ff.) trefflicher, von Dissen (kl. Schr. p. 349)
anerkannter Bemerkung — in diesen allegorischen Wesen
die pantheistische oder lieber pandämonistische Seite der
homerischen Weltanschauung geltend gemacht, so tritt in der
polytheistischen deutlich das Bestreben hervor, den
Gott von der Welt und ihren Zuständen zu befreien. Das menschliche Bewusstsein verlangt nämlich ein
göttliches Wesen, welches Leben und Bestehn in sich selbst
hat, und weder Naturkörpern verhaftet ist, noch das Trug-
leben der Personifikation führt. Es gehn daher diese Natur-
und allegorischen Gottheiten nur in untergeordneter Bedeutsamkeit neben einer freien Götterwelt her, welche lediglich
aus selbständigen, bestimmt umschriebenen und in sich
selbst beruhenden Persönlichkeiten besteht. Der homerische
Gott ersten Ranges ist im Glauben des Dichters weder
Symbol noch Allegorie, sondern ein Individuum, welches das,

worin sich im Besonderen seine Wirksamkeit äussert, als
Amt und Beruf übt (vgl. Od. *v*, 70 ff.), in diesem aber durchaus nicht dergestalt aufgeht, dass es nicht auch thun könnte,
was in der Regel ein anderes göttliches Individuum thut. Der
günstige Fahrwind heisst Od. *ε*, 176; *o*, 297 *Διὸς οὖρος* und
wird gesendet von Zeus Od. *o*, 475; es sendet ihn aber auch
Kalypso Od. *ε*, 167; 268, Circe *λ*, 7; *μ*, 149, Athene *o*, 292,
Apollon Il. *α*, 479. Poseidon zieht die Wolken zusammen
und gebietet den Winden Od. *ε*, 291, wie Zeus z. B. *ι*, 67 ff.,
und Odysseus schreibt *ε*, 303 dem Zeus zu, was so eben
Poseidon gethan. Die von ihm erregten Winde besänftigt
Athene *ε*, 383, welche Here vom Meere zu holen geht Il. *φ*,
334 f.; Poseidon, sonst aber weder Gott noch Mensch, meint
der Kyklope, werde seine Wunde heilen Od. *ι*, 520, obwohl,
wie Nitzsch Bd. III p. 80 bemerkt, der griechische Glaube
diesem Gotte keine Heilkraft beilegt. Dem Helios wird Od.
μ, 349 zugetraut, dass er, was nachher Zeus thut, Odysseus'
Schiff vernichten könne. Il. *δ*, 101 soll Pandaros vor einem
Schusse zu Apollon, ib. *ε*, 174 unter gleichen Umständen zu
Zeus beten. Athene giebt der Penelope Schlaf Od. *π*, 451
und öfter, sendet den Freiern Wahnsinn *v*, 345, und verlän-
gert die Nacht *ψ*, 243. Unmöglich wäre dies Uebergreifen
in andere Bereiche, wenn den einzelnen Gottheiten die Macht
der Selbstbestimmung nicht zukäme, wenn sie nur Symbole
von Kräften wären, welche nach unabänderlichen Richtungen
das Weltganze durchwalteten. Allein das ist eben der in
der Schöpfung homerischer Göttergestalten erkennbare Fortschritt des Menschengeistes, dass er die Welt in denselben
als befreit von blossen Naturgewalten darstellt, dass die Naturmächte das menschliche Leben nicht weiter als in seinen
äusserlichen Verhältnissen bedingen. Gleichwie der Dichter
dieses Leben von andern als natürlichen Mächten regiert
weiss, so stellt sich ihm auch das Leben und Wesen der
Götter dar als von den sittlichen Principien des Rechts, der
Satzung und Ehrfurcht gestaltet. Die Götterwelt erscheint
ihm nicht als ein System physisch zusammenwirkender Naturgewalten, sondern als ein politisch gegliederter,
nach Verschiedenheit der ungleich berechtigten Individuen

organisirter Staat *), der, wie der irdische, seinen βασιλεύς,
seine βουλή und ἀγορά hat.

16. Denn gleichwie neben dem Phäakenkönig Alkinoos
noch zwölf andere βασιλῆες fürstlich (richterlich) walten, die
seine βουλή bilden (Od. ϑ, 391 coll. ζ, 54), wie neben dem
Männerfürsten Agamemnon eine βουλή der Geronten steht,
an der nur die vornehmsten und tapfersten Kriegsfürsten
Theil haben (βουλὴ δὲ πρῶτον μεγαϑύμων ἷζε γερόντων, Il.
β, 53), so ist unter des Götterköniges Vorsitze mit dem Weltregiment gleichsam ein Ausschuss der Götterwelt beschäftigt,
zu welchem ausser dem für gewöhnlich im Meere wohnenden
Poseidon (Il. ν, 21) nur die eigentlichen ϑεοὶ Ὀλύμπιοι gehören, d. i. diejenigen, denen Hephaistos auf dem Olympos
Wohnungen gebaut hat, Apollon, Ares, Hephaistos, Hermes,
Here, Athene, Artemis, Aphrodite, vielleicht auch Themis und
Dione, welche, wenn auch ursprünglich in einer Hauptbezie-
hung eins mit Here (vgl. unten und Buttm. Mytholog. I p.
22 ff.), doch im Dichter von dieser bestimmt unterschieden
ist. Iris und Hebe sind, wie die Horen, dienende Göttinnen.
Die Sitzung dieses Götterrathes wird Od. ε, 3 ϑῶκος genannt.
Denn dass ϑῶκος, wenn gleich nicht ausschliesslich (vgl. Il.
ϑ, 439: ϑεῶν δ᾽ ἐξίκετο ϑώκους· Od. ο, 468: οἱ μὲν ἄρ᾽ ἐς
ϑῶκον πρόμολον δήμοιό τε φῆμιν), für eine Sitzung der
βουλή gebraucht werden kann, beweist Od. β, 26: οὔτε ποϑ᾽
ἡμετέρη ἀγορὴ γένετ᾽, οὔτε ϑόωκος, wo offenbar die ϑῶκος
genannte βουλή der Volksältesten von der Volksversammlung
unterschieden wird; dass es Od. ε, 3 dafür gebraucht worden
ist, macht das ϑεοὶ ϑῶκόνδε καϑίζανον, welches so viel
ist als das attische καϑίζειν, zu einer Sitzung sich nieder-
lassen, um so wahrscheinlicher, als Hesiod Θ. 802 von einer
βουλὴ ϑεῶν ausdrücklich spricht und dieselbe von den ge-
selligen Zusammenkünften der Götter bestimmt unterscheidet.
Dieser ϑῶκος ist aufs deutlichste unterschieden von der Il. ν,
4 ff. coll. ϑ, init. beschriebenen ἀγορά, zu welcher durch

---

*) Dies ausgesprochen zu haben ist meines Bedünkens ein grosses
Verdienst Göttlings in jenem oft erwähnten Aufsatz im Hermes.
[Ges. Abhdl. S. 181.]

Themis auf Zeus' Befehl selbst alle Flussgötter und Nymphen geladen werden. Es lassen sich selbst die im irdischen Staate bemerklichen Abstufungen der politischen Bedeutsamkeit auch im Götterstaat unterscheiden. In beiden erfreut sich das demokratische Element noch keiner Berechtigung. Wie die Mannen vor Troja (Il. *β*, 86 ff.), die Ithakesier (Od. *β*, init.), die Phäaken (Od. *θ*, init.) zusammengerufen werden, nur um den Willen der Fürsten zu vernehmen, ohne Stimm- und Entscheidungsrechte (vgl. unten V, 51), so sind Il. *θ* und *v* auch die Götter nur herbeigekommen, damit ihnen des Königs Wille kund werde. Das aristokratische Element geniesst im irdischen wie im Götterstaate wenigstens das Recht des Beiraths (vgl. z. B. die *βουλή* der Geronten Il. *β*, 55 ff. mit dem *θῶκος* der Götter, Od. *ε*, in.), während jedoch von einer Verpflichtung des Königs sich der Mehrheit zu fügen nirgends eine Spur ist. Denn gleichwie der irdische König, was unten erwiesen werden soll, im Grund eine unumschränkte Gewalt besitzt, so findet sich auch Zeus' Wille nirgends rechtlich oder politisch beschränkt; er gebietet und verbietet, er hilft und verdirbt, wie er will. Während Poseidon mit seinem Willen gegen den Gesammtwillen der anderen Götter nicht aufkommen kann (Od. *α*, 78), während auch sonst jeder einzelne Gott seinem Hass und seiner Liebe nur genügen kann, wenn Zeus und die andern Götter es zulassen (Od. *μ*, 349; *τ*, 276), ist Zeus allein souverain; Od. *ε*, 103: *ἀλλὰ μάλ' οὔπως ἔστι Διὸς νόον αἰγιόχοιο οὔτε παρεξελθεῖν ἄλλον θεὸν οὔθ' ἁλιῶσαι.* Und wenn es auch Regel ist, dass unter Zeus' Vorsitz der Götterrath einhellig waltet (Nitzsch III p. 72, Od. *ι*, 479), wenn auch Zeus gegen Götter von der Bedeutung Here's und Poseidon's nicht gerne feindlich verfährt (Nitzsch III Einl. p. XIV), so kann er doch durchführen, was Alle nicht wollen; die andern können über seine Rathschlüsse missgestimmt, denselben aber nicht hinderlich sein: *ἔρδ'*, sagt Here, *ἀτὰρ οὔ τοι πάντες ἐπαινέομεν θεοὶ ἄλλοι,* Il. *δ*, 29 und öfter. Während ferner die anderen einen Conflict miteinander vermeiden (Od. *v*, 341; Nitzsch II p. 132), scheut er den Kampf mit allen nicht Il. *θ*, 5 ff. In so weit erkennen die Götter sein oberstrichterliches Regiment an, dass sie weder gegen einander noch auch Menschen

gegenüber zur Selbsthülfe greifen, sondern ihre Klage bei
Zeus anbringen. So klagt Il. ε, 872 Ares gegen Athene, η,
446 Poseidon gegen die Achäer, Od. ν, 128 derselbe gegen
die Phäaken, μ, 377 Helios gegen die Gefährten des Odysseus [sogar Aides von Herakles verwundet (ε, 395) βῆ πρὸς
δῶμα Διὸς καὶ μακρὸν Ὄλυμπον].

17. Wie sich nämlich die Macht des irdischen Königs
keineswegs blos auf Geburt und Erblichkeit seiner Würde
stützt, sondern ganz vornehmlich auf die Heldenkraft und
persönliche Tüchtigkeit des damit Bekleideten, — denn Telemach fühlt sich nicht stark genug das Königthum von Ithaka
für sich in Anspruch zu nehmen und zu behaupten, und vom
Lykierfürsten Sarpedon heisst es Il. π, 542: ὃς Λυκίην εἴρυτο
δίκῃσί τε καὶ σθένεϊ ᾧ, — so ist auch Zeus ὕπατος κρειόν-
των insbesondere desswegen, weil er von allen Göttern der
stärkste und auch allein diesen sämmtlich gewachsen ist. Ausser dem Anfang von Il. ϑ vgl. ib. 450: πάντως, οἷον ἐμόν-
γε μένος καὶ χεῖρες ἄαπτοι, οὐκ ἄν με τρέψειαν, ὅσοι θεοί
εἴσ᾽ ἐν Ὀλύμπῳ· Il. α, 566: μή νύ τοι οὐ χραίσμωσιν, ὅσοι
θεοί εἴσ᾽ ἐν Ὀλύμπῳ, ἆσσον ἰόνθ᾽, ὅτε κέν τοι ἀάπτους χεῖρας
ἐφείω· vgl. 580, 589; Il. λ, 78 ff.: πάντες δ᾽ ἠτιόωντο κελαινεφέα
Κρονίωνα, οὕνεκ᾽ ἄρα Τρώεσσιν ἐβούλετο κῦδος ὀρέξαι. Τῶ ν
μ ὲ ν ἄ ρ᾽ ο ὐ κ ἀ λ έ γ ι ζ ε π α τ ή ρ· ὃ δὲ νόσφι λιασθεὶς τῶν
ἄλλων ἀπάνευθε καθέζετο, κ ύ δ ε ϊ γ α ί ω ν Il. ο, 107: φησὶν
γὰρ ἐν ἀθανάτοισι θεοῖσιν κάρτεΐ τε διακριδὸν εἶναι ἄριστος·
vgl. Müller Proleg. p. 246 ff.; Lange Einl. in das Stud.
der griech. Mythol. p. 101 f.. Doch wozu nützt es, die allgemein anerkannte Wahrheit, dass Zeus der älteste (Il. ν, 355;
ο, 166), oberste, stärkste und in seiner Stärke mächtigste
Gott ist, dem sich die übrigen Götter willig unterordnen (Od.
ν, 148) ja dienstbar bezeigen (Il. ϑ, 438), durch Beweisstellen zu erhärten? weit interessanter und durch die Sache
selbst geboten ist es, zu untersuchen, in wie fern und wie
weit die Macht des Göttervaters durch die Gliederung des
ganzen Göttersystemes selbst beschränkt ist. Ja irren wir
nicht, so ist diese Untersuchung, bei welcher vor der Hand
Zeus' Verhältniss zur Moῖρα ausser Anschlag bleibt, nicht
nur unentbehrlich, um einen Blick in die inneren, theologischen Beziehungen der Götter auf einander zu werfen,

sondern auch für das Verständniss der Oekonomie beider
Gedichte höchst erspriesslich.

18. Selbst die oberflächlichste Betrachtung der Mythologie lehrt, dass sich die Fülle des Wesens einer Gottheit mit
einer gewissen Nothwendigkeit im Dualismus eines männlichen und weiblichen Individuums darstellt *). Freilich musste
dieser Dualismus um so mehr allmählich in den Hintergrund
treten, je mehr sich im hellenischen Bewusstsein die Gottheiten ihrer symbolischen Bestimmtheiten entkleideten und
in freie, durch keine Bedeutsamkeit gebundene Persönlichkeiten verwandelten. Es darf folglich nicht befremden, dass derselbe bei dem Dichter nicht offen zu Tage liegt, aber eben
so wenig sind die einzelnen Züge zu übersehn, in welchen
er sich gleichsam im Verschwinden noch verräth. Wir erinnern zuvörderst an *Ζεύς* und *Διώνη* (vgl. Herm. Opusc. VII
p. 276), wenn gleich diese Verdopplung der Persönlichkeit
des Zeus im Göttersysteme des Dichters nicht mehr von
Wichtigkeit ist. Aber man beachte, was wir von *"Ηρη* lesen.
Sie sagt Il. *δ*, 59 von sich: *καί με πρεσβυτάτην τέκετο Κρό-
νος ἀγκυλομήτης, ἀμφότερον, γενεῇ τε καὶ οὕνεκα σὴ παράκοιτις κέκλημαι·* Man sieht, dass *πρεσβυτάτη* durchaus nicht
blos auf das Alter, sondern auch auf ihre Würde und Hoheit
geht. Daraus erklärt sich das ihr vor allen Göttinnen ausschliesslich gegebene Beiwort *π ρ έ σ β α ϑ ε ά* (immer in Verbindung mit *ϑυγάτερ μεγάλοιο Κρόνοιο* Il. *ε*, 721; *ϑ*, 383;
ξ, 194; 243), welches *πρέσβα* nur noch vorkommt in Od. *γ*,
452: *Εὐρυδίκη, πρέσβα Κλυμένοιο ϑυγατρῶν*, und in Il. *τ*, 91:
πρέσβα Διὸς ϑυγάτηρ "Ατη, in diesen Stellen aber vorzugsweise den Altersbegriff zu bezeichnen scheint. So wird sie
denn damit als die vornehmste von allen weiblichen Gottheiten bezeichnet. Lesen wir nun Il. *o*, 49, dass ihr Zeus auf
ihr Versprechen, auch Poseidon zur Unterwerfung unter seinen Willen zu bereden, Folgendes antwortet: *εἰ μὲν δὴ σύγ'
ἔπειτα, βοῶπις πότνια "Ηρη, ἴσον ἐμοὶ φρονέουσα μετ' ἀϑανάτοισι καϑίζοις, τῷ κε Ποσειδάων γε, καὶ εἰ μάλα βούλεται*

---

*) Vgl. Buttm. Mythol. I p. 22; Bäumlein in Zimmermann's Zeit-
schrift 1839. XII p. 1204.

ἄλλῃ, αἶψα μεταστρέψειε νόον, μετὰ σὸν καὶ ἐμὸν κῆρ, dass folglich Poseidons, des nächst Zeus mächtigsten Gottes Gehorsam von Here's Einigkeit mit Zeus abhängig gemacht wird, vergleichen wir ferner hiemit, was Here Il. δ, 62 f. sagt: ἀλλ᾽ ἤτοι μὲν ταῦθ᾽ ὑποείξομεν ἀλλήλοισιν, σοὶ μὲν ἐγώ, σὺ δ᾽ ἐμοί· ἐπὶ δ᾽ ἕψονται θεοὶ ἄλλοι, so zeigt sich die wohl allgemein geltende Annahme, dass sich dem Dichter das *supremum numen* in der Doppelgestalt von Zeus und Here darstelle, vollkommen begründet. Vgl. noch Hymn. 11 (12), 4: Ἥρην —, ἣν πάντες μάκαρες κατὰ μακρὸν Ὄλυμπον ἁζόμενοι τίουσιν ὁμῶς Διὶ τερπικεραύνῳ· Daher sie ἰσοτελής heisst; siehe Düntzer Fragm. p. 82. Die Wesenseinheit beider Individuen blickt durch das vom Dichter freilich nur im schlichten Wortsinn genommene κασιγνήτη ἄλοχός τε ebenfalls durch.

19. Aber diese Einheit beider Gottheiten hat nichts weniger als Einigkeit zur Folge; diese ist nur eine postulirte, keine wirkliche. Denn die weibliche Macht will beständig übergreifen und sich dem Gehorsam entziehn; das ist eines der wesentlichsten Motive in der ganzen Handlung der Ilias; vgl. Il. α, 520 ff., vornehmlich 540 ff., wo besonders Here's Anspruch auf Mittheilung aller Rathschlüsse des Gemahles zu beachten ist. Darum ist auch Zeus' und Here's Sohn A r e s, der K r i e g, ein Verhältniss, von dem der Dichter zwar kein entwickeltes, wohl aber ein unmittelbares Bewusstsein hat, indem er Zeus den Vater Il. ε, 890 zu dem Sohne sagen lässt: ἔχθιστος δέ μοί ἐσσι θεῶν, οἳ Ὄλυμπον ἔχουσιν. Αἰεὶ γάρ τοι ἔρις τε φίλη πόλεμοί τε μάχαι τε· μητρός τοι μένος ἐστὶν ἀάσχετον, οὐκ ἐπιεικτόν, Ἥρης· τὴν μὲν ἐγὼ σπουδῇ δάμνημ᾽ ἐπέεσσιν. Weil aber Here, die minder mächtige Göttin, für sich allein nichts ausrichtet, so tritt sie bei dem Dichter stets im Bunde mit anderen Mächten a u f, denen auch usurpirende Bestrebungen eigen sind, wenn solche gleich auf anderen Gründen und Beziehungen beruhn, mit P o s e i d o n nämlich und mit A t h e n e. Diese theilen nicht nur mit ihr in der ganzen Ilias die Vorliebe für die von Zeus bedrängten Achäer, sondern sind auch bei einzelnen Vorkommenheiten, besonders wenn es gegen Zeus anzustreben gilt, immer zusammen erwähnt; so Il. α, 400: Thetis allein hat

Zeus vom schmählichen Elende gerettet, ὁππότε μιν ξυνδῆσαι Ὀλύμπιοι ἤθελον ἄλλοι, Ἥρη τ̓ ἠδὲ Ποσειδάων καὶ Παλλὰς Ἀθήνη *)· ferner Il. ω, 25: ἔνθ᾽ ἄλλοις μὲν πᾶσιν ἑήνδανεν, οὐδέ ποθ᾽ Ἥρῃ, οὐδὲ Ποσειδάων̓, οὐδὲ γλαυκώπιδι κούρῃ. Als Il. v, 32 ff. die Götter sich mit Zeus' Genehmigung in den Kampf begeben, werden jene zwar zuèrst mit andern zusammen genannt, berathschlagen abeŗ ib. 115 mit Umgehung der übrigen für sich allein. Wir werden folglich von selbst darauf geführt, das vom Dichter dargestellte Ver-. hältniss auch dieser beiden Gottheiten zu Zeus in Betrachtung zu ziehn.

20. Nehmen wir fürs erste Poseidon. Will Here Zeus gegenüber die Gleichberechtigte in der Einigung sein, so macht Poseidon Anspruch ̓ auf gleiche Rechte im Verhältnisse der Geschiedenheit. Denn es gelingt der menschlichen Vorstellung durchaus nicht, Zeus zu einer negativen Macht zu erheben, welche, um einen philosophischen Ausdruck zu entlehnen, die übrigen Götter zu blossen Momenten herabsetzte. Denn Poseidon ordnet sich zwar unter und erkennt den usurpirenden Bestrebungen Here's gegenüber Zeus' Oberhoheit an; vgl. Il. ϑ, 210: οὐκ ἂν ἔγωγ᾽ ἐθέλοιμι Διὶ Κρονίωνι μάχεσθαι ἡμέας τοὺς ἄλλους, ἐπεὶ ἦ πολὺ φέρτερός ἐστιν· Il. ν, 354 sagt der Dichter: ἠ μὰν ἀμφοτέροισιν (dem Zeus und Poseidon) ὁμὸν γένος ἠδ᾽ ἴα πάτρη, ἀλλὰ Ζεὺς πρότερος γεγόνει καὶ πλείονα ἤδη· vgl. ϑ, 440; v, 301; Od. ν, 133; 148; aber er wird zugleich von Zeus selbst anerkannt als πρεσβύτατος καὶ ἄριστος Od. ν, 142, und sein Zürnen als ein vollkommen ausreichender Grund angegeben, warum Zeus trotz seines guten Willens für Odysseus noch nichts habe ·thun können Od. α, 68, und kann (in der durch Spitzner und Bekker 1. ed. von den Wolfischen Klammern befreiten Stelle Il. ο, 212—217) dem Bruder mit unversöhnlichem Hasse drohen, wenn er Troja ohne seine und der troerfeindlichen Gottheiten Zustimmung einseitig erretten wolle. Ja er stellt seinen An-

---

*) Eine andere Lesart: καὶ Φοῖβος Ἀπόλλων ist, wie sich ·unten ergeben wird, mit dem Göttersysteme des Dichters durchaus nicht zu vereinigen.

spruch, als ein mit Zeus gleich berechtigter zu gelten, so zu
sagen als rechtlich begründet dar. Die Hauptstelle ist Il. ο,
185—210, wo Poseidon, durch Iris aus der Schlacht zurück-
gerufen, über Zeus, der es unverschämt findet, dass Poseidon, der schwächere und jüngere, zu trotzen wage, Folgendes ausspricht:

ὦ πόποι, ἦ ῥ᾽ ἀγαθός περ ἐὼν ὑπέροπλον ἔειπεν,
εἰ μ᾽ ὁμότιμον ἐόντα βίῃ ἀέκοντα καθέξει.
Τρεῖς γάρ τ᾽ ἐκ Κρόνου εἰμὲν ἀδελφεοὶ, οὓς τέκετο ῾Ρέα,
Ζεὺς καὶ ἐγώ, τρίτατος δ᾽ Ἀΐδης, ἐνέροισιν ἀνάσσων.
Τριχθὰ δὲ πάντα δέδασται*), ἕκαστος δ᾽ ἔμ-
μορε τιμῆς·

Er, Poseidon, habe das Meer, Aides das unterweltliche Gebiet, Zeus den Himmel erloost —

γαῖα δ᾽ ἔτι ξυνὴ πάντων καὶ μακρὸς Ὄλυμπος.
Τῷ ῥα καὶ οὔτι Διὸς βέομαι φρεσίν. ἀλλὰ ἔκηλος
καὶ κράτερός περ ἐὼν μενέτω τριτάτῃ ἐνὶ μοίρῃ.
Χερσὶ δὲ μήτι με πάγχυ, κακὸν ὥς, δειδισσέσθω.
Θυγατέρεσσιν γάρ τε καὶ υἱάσι βέλτερον εἴη
ἐκπάγλοις ἐπέεσσιν ἐνισσέμεν, οὓς τέκεν αὐτός,
οἳ ἕθεν ὀτρύνοντος ἀκούσονται καὶ ἀνάγκῃ.

In diesen Worten ist klar ausgesprochen, dass Poseidon
auf den Grund der durchs Loos vollzogenen Welttheilung dem
Zeus sich durchaus gleichgestellt sehen und ihm nur das Recht
patriarchalischer Herrschaft über seine Familie zugestehn will. Höchst merkwürdig ist nun der Grund, durch
welchen ihn Iris gleichwohl zur Nachgiebigkeit bestimmt.
Willst du denn wirklich, sagt sie, vom starren Trotz nicht
lassen? „Οἶσθ᾽, ὡς πρεσβυτέροισιν Ἐρινύες αἰὲν ἕπονται"
(v. 204). Sie leitet also die Verpflichtung Poseidon's zum Gehorsam ebenfalls aus dem Familienrecht her, und lässt uns
somit auch ihrerseits das Princip der Gliederung des Götter-
staats im gegenseitigen Verhältnisse der Familienglieder erkennen. Vergl. Zeus' und Poseidons Aeusserungen v. 166
und 197, und die oben angeführte Stelle Il. ν, 354.

21. Während nun aber Poseidon rechtlich auf Gleich-
heit und Selbständigkeit Ansprüche macht, dieselben aber

---

*) Vgl. Hymn. Dem. 85. 86.

gegen das Uebergewicht der sittlichen den Familienverband
beherrschenden Verhältnisse nicht durchzuführen vermag, fehlt
Athene'n zur Begründung ihrer Opposition gegen Zeus aller rechtliche Vorwand. Die Tochter steht anders zum Vater als die Gattin und der Bruder. Aber dieses Tochterver-
hältniss ist so eigener Art, dass Athene durch dasselbe die
interessanteste Erscheinung des ganzen Olympos wird. Sie
ist nämlich die Tochter ohne Mutter, Zeus' eigene Geburt.
Denn obschon der Dichter jenes zuerst bei Hes. Theog. 924 ff.
und im Hymn. Apoll. Pyth. 130 sich findenden Mythologems
von Athene's Geburt aus Zeus' Haupte nirgends gedenkt, so
wird doch eben so wenig einer Mutter von ihr gedacht, Zeus'
Vaterschaft aber immer mit einem gewissen Nachdruck hervorgehoben; vgl. Nachh. Th. II, 19. Sie heisst vorzugsweise
ὀβριμοπάτρη, Διὸς θυγάτηρ κυδίστη Τριτογένεια (Il. δ, 515),
wenn gleich Tritogeneia nicht die aus dem Haupte des Zeus,
sondern die am böotischen Waldstrom Triton geborene *) bedeutet (Nitzsch I. p. 213 und besonders Aesch. Eum. 293
Dind.). In der menschlich gedachten Götterfamilie ist sie des
Vaters verzogene Lieblingstochter, die gewähren zu lassen,

---

*) [Allerdings hat diese überlieferte Erklärung für unsere Zeit
ihre sprachliche Schwierigkeit; ob indess der Name zurückgeht
auf das Element des Wassers überhaupt und „die Wasserge-
borene" bezeichnet, wie Bauer, Preller, Gerhard, Welcker u. A.
erklären, wagen wir nicht zu entscheiden. Die homerische Zeit,
auf die es hier allein ankommt, hatte diese Vorstellung nicht;
wie könnte sonst die Göttin (a. O. und Od. γ, 378) in Einem
Athem Διὸς θυγάτηρ κυδίστη Τριτογένεια genannt werden? Die
Bedeutung des überhaupt nur fünfmal vorkommenden Beiworts
scheint aber in dieser Zeit so wenig mehr bekannt gewesen zu
sein als die des Ἀργειφόντης und man mochte sich dasselbe am
wahrscheinlichsten nach einer, vielleicht erst erfundenen, Localsage deuten. Die Zurückführung auf einen physikalischen Mythus
wenigstens lag gewiss fern; und die sehr kühne Vermuthung
eines Zusammenhangs mit dem Indischen Tritas = Indras = Zeus
wird ihr Urheber (Leo Meyer, Benm. p. 16) selbst nicht der homerischen Zeit vindiciren wollen. Neuerdings hat Bergk „die
Geburt der Athene" in NJbb. 81 p. 289 ff. die Sache ausführlich behandelt; vgl. bes. S. 305 ff.]

er nicht umhin kann; Il. ε, 875—880: σοὶ πάντες μαχόμεσθα, sagt Ares zu Zeus; σὺ γὰρ τέκες ἄφρονα κούρην κ. τ. λ..
Ἄλλοι μὲν γὰρ πάντες, ὅσοι θεοί εἰσ᾽ ἐν Ὀλύμπῳ, σοί τ᾽ ἐπιπείθονται καὶ δεδμήμεσθα ἕκαστος· ταύτην δ᾽ οὔτ᾽ ἐπεῖ προτιβάλλεαι, οὔτε τι ἔργῳ, ἀλλ᾽ ἀνιεῖς, ἐπεὶ αὐτὸς ἐγείνα ο παῖδ᾽ ἀΐδηλον. Eben hat er Il. ϑ, 5—27 den sämmtlichen Göttern die Einmischung in die Schlachten aufs strengste verboten, als Athene das Wort nimmt, und sich ausbittet den Achäern wenigstens mit gutem Rath an Handen gehn zu dürfen; er antwortet v. 39: θάρσει, Τριτογένεια, φίλον τέκος· οὔ νύ τι θυμῷ προφρονι μυθέομαι· ἐθέλω δέ τοι ἤπιος εἶναι. Das nämliche, mit dem Zusatze: ἔρξον, ὅπη δή τοι νόος ἔπλετο, μηδέ τ᾽ ἐρώει sagt er Il. χ, 183 — 185, als sich Athene seinem Antrag den um die Mauer gejagten Hektor zu retten widersetzt. Darauf pocht aber Athene, und schilt heftig, wenn der Vater ihren Bestrebungen in den Weg tritt; Il. ϑ, 360: ἀλλὰ πατὴρ οὑμὸς φρεσὶ μαίνεται οὐκ ἀγαθῆσιν, σχέτλιος, αἰὲν ἀλιτρός, ἐμῶν μενέων ἀπερωεύς· weiss aber wohl, wessen sie sich zu ihm zu versehen hat; v. 373: ἔσται μὰν, ὅτ᾽ ἄν αὐτε φίλην Γλαυκώπιδα εἴπῃ. Sehr häufig wird sie mit Zeus zusammengenannt und für ihn oder mit ihm wirkend gedacht. Il. ϑ, 287 sagt Agamemnon: αἴ κέν μοι δώῃ Ζεύς τ᾽ αἰγίοχος καὶ Ἀθήνη Ἰλίου ἐξαλαπάξαι ἐϋκτίμενον πτολίεθρον· ib. κ, 552 Nestor: ἀμφοτέρω γὰρ σφῶϊ φιλεῖ νεφεληγερέτα Ζεὺς κούρη τ᾽ αἰγιόχοιο Διός, γλαυκῶπις Ἀθήνη· derselbe λ, 736: συμφερόμεσθα μάχη, Διΐ τ᾽ εὐχόμενοι καὶ Ἀθήνη. Wenn Herakles, den ihm von Eurystheus befohlenen Arbeiten erliegend, zum Himmel weinte, war es Athene, die von Zeus dem Sohne zur Rettung gesendet ward (Il. ϑ, 362 ff.). Odysseus sagt Od. ν, 42 zu ihr: εἴπερ γὰρ κτείναιμι (τοὺς μνηστῆρας) Διός τε σέθεν τε ἔκητι, und fordert ib. π, 260 seinen Sohn auf zu bedenken, ἦ κεν νῶϊν Ἀθήνη σὺν Διῒ πατρὶ ἀρκέσει ἦέ τιν᾽ ἄλλον ἀμύντορα μερμηρίξω. Vgl. Il. ν, 192: μεθορμηθεὶς (Ἀχιλλεὺς) σὺν Ἀθήνῃ καὶ Διῒ πατρί. In Od. π, 265 wird sie mit Zeus in Gemeinschaft geradezu für die höchste und mächtigste Gottheit erklärt: ἐσθλώ τοι τούτω γ᾽ ἐπαμύντορε — ὥστε καὶ ἄλλοις ἀνδράσι τε κρατέουσι καὶ ἀθανάτοισι θεοῖσι, eine Vorstellung von Athene, die sich, wenn gleich

hin und wieder rationalistisch beschränkt, durch das ganze
Alterthum hindurchzieht. Vergl. die Ausleger zu Hor. Od. 1,
12, 20: proximos illi tamen occupavit Pallas honores, welche
anführen Hesiod. Theog. 896, wo sie heisst ἴσον ἔχουσα πατρὶ
μένος καὶ ἐπίφρονα βουλήν· Callimach. Lav. Pall. 132: μούνᾳ
Ζεὺς τόγε θυγατέρων δῶκεν Ἀθαναίᾳ πατρώϊα πάντα φέρε-
σθαι· Plutarch. Sympos. 2, p. 617 C.: ἡ δὲ Ἀθηνᾶ φαίνεται
τὸν πλησίον αἰεὶ τοῦ Διὸς τόπον ἔχουσα. Διαρρήδην δὲ ὁ
Πίνδαρος λέγει (Fragm. XI, 9 p. 241 Diss.): πῦρ πνέοντος ἅ
τε κεραυνοῦ ἄγχιστα ἡμένη, eigentlich: ἄγχιστα δεξιὰν
κατὰ χεῖρα πατρὸς ἵζεαι· vgl. Il. ω, 100. Bekannt ist
ferner und von den Auslegern zu Pindar und Horaz bemerklich gemacht die Tempelgenossenschaft der beiden Gottheiten (σύνναοι). Nach Aesch. Eumen. 825 weiss von den Göttern nur Athene um die Schlüssel des Gemachs, ἐν ᾧ
κεραυνός ἐστιν ἐσφραγισμένος, so wie sie denn den Wetter-
strahl häufig entlehnt und auf Attischen und Syracusanischen
Münzen auch schleudert (vergl. Dissen ad l. c. p. 655).
Ein Orphiker sagt (Düntzer p. 82): δεινὴ γὰρ Κρονίδαο
νόου κράντειρα τέτυκται. Diesen Vorstellungen entspricht bei dem Dichter das Donnerwetter, das sie Il. λ, 45
mit Here erregt, ferner dass sie Il. ε, 736, θ, 387 Zeus'
Leibrock anzieht, um in den Kampf zu gehn. Aus dieser
ihrer engen, unlösbaren Verbindung mit Zeus, aus ihrer
Macht- und Ehrengemeinschaft mit dem Gotte, aus ihrer
Erzeugung durch ihn unmittelbar ohne Zuthun einer Mutter
scheint hervorzugehn, dass hier selbst innerhalb der durch
und durch vermenschlichten Olymposreligion der Gedanke
hervorblickt, dass Athene eine Hypostase des Zeus, eine aus
ihm herausgeborene Seite seines Wesens selbst ist. Daraus
erklärt sich erstlich ihr Name und ihre beständige Jungfrau-
schaft; sie ist (vgl. γαλαθηνός, τιθήνη) die Nicht-säugende
(Nelacta, Hermann); denn nur dem Männlichen entstammt, ein
weibliches Abbild des höchsten Gottes hat sie das Element des
wahrhaft Weiblichen nicht; sie ist, nach einem Ausdruck,
welchen wir bei Plat. Symp. p. 180 D 181 C von der Aphrodite Urania gebraucht finden, ἀμήτωρ οὐ μετέχουσα θήλεος·
sie kann keines Mannes sein, da sie von Geburt nichts Weibliches und in sich keine Fähigkeit Mutter zu werden, son-

dern nur die Gestalt eines Weibes hat. Ferner wird nunmehr anschaulich, warum Zeus nie von ihr lassen kann, und am Ende doch immer thut, was sie will, aber auch warum sie sich gegen ihn auflehnt und mit andern rebellischen Gottheiten verbindet. Nämlich als die selbständig gewordene, von ihm ausgeschiedene Metis des Zeus setzt sie sich ihm, erregt vom Bewusstsein dessen, was sie ist, feindlich entgegen. Zeus' eigener, aus ihm frei entlassener Gedanke will, wie Here, der weibliche Neben-Zeus, für sich selbst etwas sein, begeht aber durch Störung dieses Kindschaftverhältnisses ein weit grösseres Unrecht, als Here, da für diese, als für das andere Element des dualistisch gespaltenen dialischen Wesens, der Streit schon gegeben, ja gewissermassen natürlich ist. Dies finden wir angedeutet in Zeus' Drohrede, mit welcher er durch Iris die beiden unbotmässigen Göttinnen vom Kampfe zurückrufen lässt, Il. ϑ, 399 — 408, besonders von v. 404 an: οὐδέ κεν ἐς δεκάτους περιτελλομένους ἐνιαυτοὺς ἕλκε᾽ ἀπαλθήσεσθον, ἅ κεν μάρπτῃσι κεραυνός· ὄφρ εἰδῇ Γλαυκῶπις, ὅτ᾽ ἂν ᾧ πατρὶ μάχηται. Ἥρῃ δ᾽ οὔτι τόσον νεμεσίζομαι οὐδὲ χολοῦμαι· αἰεί γάρ μοι ἔωθεν ἐνικλᾶν, ὅ,ττι νοήσω. Weiter ergiebt sich aus diesem Verhältniss ein Hauptunterschied der beiden Gedichte. In der Odyssee ist ein Kampf unter den Olympiern gar nicht vorhanden; denn die enge zusammen gehörigen Gottheiten befinden sich nicht im Zustande der Entzweiung. Zeus und Athene sind einig; man sehe, wie sie sich Od. ω, 472 ff. in Einigkeit des Willens berathen; und Here bleibt ganz aus dem Spiele; somit steht Poseidon auf der anderen Seite allein. In der Ilias dagegen ist der Kampf auf Erden nur das irdische Gegenbild vom Kampfe der Olympier; man erwäge, was Il. φ, 432 Athene mit dürren Worten sagt: τῷ κεν δὴ πάλαι ἄμμες ἐπαυσάμεθα πτολέμοιο, Ἰλίου ἐκπέρσαντες ἐϋκτίμενον πτολίεθρον. Hier treten die von Rechts wegen als einig und willensgleich postulirten Götterindividuen in den Zustand der Spannung und Feindschaft ein, und dies giebt den Göttern der Ilias scheinbar einen andern Charakter als denen der Odyssee *). Denn aller Hass, alle Bos-

---

*) Zeyss in der Commentat. quid Homerus etc. p. 34 hat dieses im

heit und Arglist, wozu Krieg und Hader die Sterblichen ver-
leitet, erzeugt sich in Folge der Zwietracht auch unter den
Göttern, in deren Wesen, wie wir oben gesehen haben,
Heiligkeit keineswegs ein constitutives Element ist.

22. Haben wir bisher diejenigen Gottheiten betrachtet,
welche mit Zeus aus verschiedenen Ursachen in den engsten
Bezug gesetzt in eben diesem Bezuge die Berechtigung zu
. finden glauben, sich ihm selbständig gegenüberzustellen und
obwohl minder mächtig, dennoch irgend eine Theilung der
Herrschaft in Anspruch zu nehmen, so führt uns nunmehr
der Gegensatz auf diejenige Gottheit, welche gleichfalls mit
Zeus aufs engste verbunden und bei Göttern und Menschen
in hohen Ehren stehend doch die untergeordnete Stellung gegen Zeus niemals aufgiebt, sondern stets mit ihm in Willens-
einheit lebt. Das ist Apollon, der nicht ohne Bedeutsamkeit Il. α, 86 Διὶ φίλος heisst, und Il. π, 667, wie nie sonst
ein anderer Gott, von Zeus mit φίλε Φοῖβε angeredet wird,
der überall den Geboten des Vaters sich fügsam zeigt, und
auch von der hellenischen Anschauungsweise des Götterthums, aus welcher die Anordnung der Festspiele hervorgieng,
in der olympischen Feier neben Zeus gestellt wurde (vergl.
Müller die Dorier I p. 251 ff. und meine Nachh. Th. II, 18).
An Ehren steht er Athene'n nicht nach; vgl. Il. ϑ, 540, ν,
827: τιοίμην δ᾽ ὡς τίετ᾽ Ἀθηναίη καὶ Ἀπόλλων· was, wie
wir oben sahen, Od. π, 265 von der Göttin gesagt ist, spricht
der Dichter des Hymn. in Apoll. Del. 68 auch von Apoll aus,
μέγα μιν πρυτανευσέμεν ἀθανάτοισιν καὶ θνητοῖσι βροτοῖσιν
ἐπὶ ζείδωρον ἄρουραν· vgl. Hymn. Herm. 468 ff.: πρῶτος γάρ,
Διὸς υἱέ, μετ᾽ ἀθανάτοισι θαάσσεις, ἠΰς τε κρατερός τε, φιλεῖ
δέ σε μητίετα Ζεύς· wie denn auch Athene selbst mit ihm
nicht in beständigem Zwiespalt lebt, wie mit Ares, sondern
auf einen Wunsch und Vorschlag von ihm eingeht; vgl. Il. η,
17—42. Warum er aber diese seine bedeutende Stellung unter den Olympiern (die ihm Il. τ, 413 gegebene Benennung
θεῶν. ὥριστος theilt er ib. 95 mit Zeus) nie zur Auflehnung
und Unbotmässigkeit benützt, davon liegt der Grund darin,

_____

Ganzen richtig erkannt. Vgl. auch Otfr. Müllers griech. Literatur-
gesch. I p. 105 ff.

dass er wesentlich Zeus' Organ, dessen Mund ist, und des Vaters Satzungen verkündet; Hymn. Del. 132: χρήσω δ' ἀν-θρώποισι Διὸς νημερτέα βουλήν· Hymn. Apoll. Pyth. (75) 254: τοῖσιν δέ τ' ἐγὼ νημερτέα βουλὴν πᾶσι θεμιστεύοιμι· vgl. Hymn. Herm. 533 ff. und Od. π, 402: ἀλλὰ πρῶτα θεῶν εἰρώμεθα βουλάς. Εἰ μέν κ' αἰνήσωσι Διὸς μεγάλοιο θέμι-στες κτλ. Denn Apollon ist auch bei dem Dichter nicht nur ein Weissage-Gott, der Gott der Mantik überhaupt (Od. o, 526: ὣς ἄρα οἱ εἰπόντι ἐπέπτατο δεξιὸς ὄρνις, κίρκος, Ἀπόλ-λωνος ταχὺς ἄγγελος), sondern er ist auch schon der pythi-sche Gott; Il. ι, 405: οὐδ' ὅσα λάϊνος οὐδὸς ἀφήτορος ἐντὸς ἐέργει, Φοίβου Ἀπόλλωνος, Πυθοῖ ἔνι πετρηέσσῃ· Od. θ, 79: ὣς γάρ οἱ χρείων μυθήσατο Φοῖβος Ἀπόλλων Πυθοῖ ἐν ἠγαθέῃ, und als solcher gewiss wie bei Aesch. Eum. 19 Διὸς προφήτης*), wenn dies der Dichter auch nirgends ausdrück-lich sagt. Denn dass Apollon in Absicht auf die Weissagung mit Zeus in Beziehung gesetzt wird, geht hervor aus Od. o, 245: Ἀμφιάραον, ὃν περὶ κῆρι φίλει Ζεύς τ' αἰγίοχος καὶ Ἀπόλλων. Indem somit das Amt, worin er das ihm zuge-schriebene Wesen bethätigt, eine durchgängige Einstimmig-keit mit Zeus unabweislich erfordert, ist in ihm gar kein Moment vorhanden, aus dem sich Gegensatz und Widerstre-ben entwickeln könnte; er ist stets der gehorsame Sohn, der keinen andern Willen hat, als den des Vaters auszurichten und zu verkünden.

23. Ist unsere bisherige Darstellung gegründet, so leuchtet nunmehr von selbst ein, warum grosse, sehr schwer oder gar nicht zu erfüllende Wünsche, deren Gewährung je-denfalls Einigkeit der Hauptgottheiten voraussetzt, so häufig eingeleitet werden mit: αἲ γάρ, Ζεῦ τε πάτερ καὶ Ἀθη-ναίη καὶ Ἄπολλον· Il. β, 371; δ, 288; η, 132; π, 97; Od. δ, 341; η, 311; σ, 235; ω, 376. In dieser Formel, in wel-cher das griechische Gottesbewusstsein vielleicht seine tiefste theologische Anschauung niedergelegt hat, in dieser auch den Attikern bekannten Formel „stellt der Grieche die für ihn höchsten und unter sich innigst verbundenen Gottheiten

---

*) Cf. Schol. ad. Soph. Oed. Col. 789 (Doed. p. 176).

in eine das Heiligste vereinende Gemeinschaft zusammen"
(Nachh. Th. II, 20). Diese Zusammenstellung ist bei Homer
so wenig zufällig, als im Eide der Athenienser (Schol. Il. β,
371). Denn es ist dem Menschen natürlich, bei seinen höchsten Wünschen wie bei seinen heiligsten Betheuerungen den
Blick auf seine höchsten Gottheiten zu richten. Hochwichtig
aber ist sie desshalb, weil sie Zeugniss giebt, dass der Grieche
ein freilich nicht speculativ entwickeltes Bewusstsein der Zu-
sammengehörigkeit gerade dieser drei Gottheiten hat; vgl.
Schneidewin zu Soph. OR. 163*).

24. Die freien Gottheiten, die wir bisher betrachtet
haben, bilden die Grundlage des im Epos hervortretenden
Götterthums, sowie sie auch am tiefsten in die epische Handlung eingreifen. Die Vermehrung derselben und die fortge-
setzte Gliederung der olympischen Götterwelt, welche vom
Dichter zwar nimmermehr geschaffen wird, wohl aber natio-
nale Feststellung erhält, entspringt theils aus weiteren Fami-
lienbeziehungen, theils aus jenem Dualismus der Götterindividuen, theils endlich aus der Nothwendigkeit, gewissen Bereichen des Weltwesens Vorsteher und Verwalter zu geben.
So entspricht denn erstlich dem kriegerischen Sohne Zeus'
und Here's gegensätzlich der friedlichen Künsten zugewen-
dete Hephaistos, dem kampfrüstigen der lahme, dem nach
Art der Mutter zu Streit geneigten der friedfertige, den
Zwist der Aeltern vermittelnde Sohn, Il. α, 571 ff.; ferner
Artemis dem Apollon, die Jägerin (vgl. Nitzsch II p. 101),
welche jedoch auch mit sanften Geschossen schnell und un-
vermuthet die Frauen tödtet, dem ferne treffenden Gott mit
dem silbernen Bogen, der mit gleicher Waffe Tod den Män-
nern giebt, Il. ω, 758; Od. γ, 280; η, 64; ρ, 251; 494. —
Während Zeus als ἑρκεῖος der Schirmvogt des Familienrech-
tes und Hausregiments ist, und ihm entsprechend Here in
den Eileithyien, ihren Töchtern (Il. λ, 271), der Familiener-
haltung, den Geburten vorsteht (vgl. Il. τ, 115 ff.); ist die
natürlich-sinnliche Seite des Geschlechtsverhältnisses Aphro-

---

*) Gegen Missdeutungen dieser Ansicht habe ich mich in meiner
Note zu Il. β, 371 verwahrt.

dite'n zugewiesen (Il. ε, 429: *ἀλλὰ σύγ' ἱμερόεντα μετέρχεο
ἔργα γάμοιο*); desshalb gewährt sie den von ihr erzogenen
Pandareos-Töchtern die Vermählung als sittlich-bürgerliche
Verbindung nicht selbst, sondern fordert diese für dieselben
von Zeus, Od. v, 74, 75. — Hermes endlich ist, bei Homer wenigstens, vor Allem der Bote des Zeus; Od. ε, 28:
*ἦ ῥα καὶ Ἑρμείαν, υἱὸν φίλον, ἀντίον ηὔδα· Ἑρμεία· σὺ γὰρ
αὖτε τά τ' ἄλλα περ ἄγγελός ἐσσι.* Aber er ist kein blosser
Bote, sondern der Besteller von Aufträgen, deren Ausrichtung Klugheit, Gewandtheit und Vorsicht erheischt, wie in
Il. ω die Geleitung des Priamos ins achäische Lager, in
Od. ε die Botschaft an Kalypso, die Tödtung des Argos,
eine Sage, die vom Dichter wie manche andere blos angedeutet ist im Ausdruck *Ἀργειφόντης*. In dieser seiner Eigenschaft als Bote ist er *διάκτορος*, welches Beiwort den Begriff eines Wegweisers zwar in sich fasst, schwerlich aber
darin aufgeht; vgl. Welcker Götterl. I p. 346. Aber Hermes
ist als *ἐριούνιος* der auch ohne Auftrag freundlich hülfreiche,
geleitende, vermittelnde Gott; z. B. für Odysseus, dem er
das *μῶλυ* giebt, für Herakles, den er in der freilich zweifel-
haften Stelle Od. λ, 626 in die Unterwelt geleitet. Vgl. Il.
ω, 334: *Ἑρμεία· σοὶ γάρ τε μάλιστά γε φίλτατόν ἐστιν ἀνδρὶ
ἑταιρίσσαι, καί τ' ἔκλυες ᾧ κ' ἐθέλησθα.* So wird er in der
nachhomerischen Vorstellung Od. ω der *ψυχοπομπός*. Der
Stab, den er bei seinen Ausrichtungen führt und von dem
er *χρυσόῤῥαπις* heisst, ist kein Heroldstab (vgl. Nitzsch II
p. 11), auch noch nicht *ὄλβου καὶ πλούτου ῥάβδος*, wie im
Hymn. Herm. 529, sondern ein Zauberstab, *τῇ τ' ἀνδρῶν
ὄμματα θέλγει* (vgl. Od. κ, 291), *ὧν ἐθέλει, τοὺς δ' αὖτε
καὶ ὑπνώοντας ἐγείρει*, welche für Il. ω, 343, 344 passenden
Verse (denn ib. 445 schläfert er wirklich die Wächter des
Lagers ein) in Od. ε, 47 f. und ω, 2 ff. nicht motivirt stehn.
Selbst anstellig und mit tüchtigem Verstande geschmückt
(Il. v, 35: *ἐπὶ φρεσὶ πευκαλίμῃσι κέκασται*) ist er auch Geber der Anstelligkeit (Od. o, 319: *Ἑρμείαο ἕκητι διακτόρου,
ὅς ῥά τε πάντων ἀνθρώπων ἔργοισι χάριν καὶ κῦδος ὀπάζει,
δρηστοσύνῃ οὐκ ἄν μοι ἐρίσσειε βροτὸς ἄλλος*), ja sogar der
betrüglichen List und des Meineids; Od. τ, 396. Dem Mann,
den er liebt, verleiht er Wohlstand, Il. ξ, 490; darum heisst

auch der Sohn, den er mit Polymele zeugt, *Εὔδωρος* Il. *π*, 179; denn die Söhne werden oft nach dem Thun der Väter benannt. In diesen Gestalten zeigt sich Hermes bei Homer; die Erörterung seines ursprünglichen Wesens und die weitere Entwicklung desselben liegt ausserhalb unserer Aufgabe. Diese vier zuletzt genannten Gottheiten sind, wie Apollon und Athene, Kinder des Zeus. Somit beruht ihr Wesen, wie die Natur dieser beiden, nicht auf ihnen selbst, sondern ist ein Ausfluss des seinigen; ihre Mütter sind entweder, wie Dione, gleich Here'n weibliche Gegenbilder, oder wie Leto, Gegensätze des Zeus (der Weltregent und Urheber der *θέμιστες* zeugt aus der Verborgenheit den seine *θέμιστες* offenbarenden Sohn, dem sich dann in den oben angegebenen Beziehungen die Schwester gesellt); über Maja lässt sich aus dem Dichter nichts Sicheres entnehmen. Folglich sind jene Gottheiten in den von ihnen verwalteten Bereichen eigentlich nur den Götterkönig repräsentirende, an seiner Statt wirkende Wesen. Für diese Vorstellung spricht nicht nur Apollons und Athene's Verhältniss zu Zeus, sondern sogar auch das Poseidons, wenn man Od. *o*, 245: *Ἀμφιάραον, ὃν περὶ κῆρι φιλεῖ Ζεύς τ᾽ αἰγίοχος καὶ Ἀπόλλων* vergleicht mit Il. *ψ*, 306: *Ἀντίλοχ᾽, ἤτοι μέν σε νέον περ ἐόντ᾽ ἐφίλησαν Ζεύς τε Ποσειδάων τε, καὶ ἱπποσύνας ἐδίδαξαν παντοίας*, in welcher Stelle der Dichter selbst in der Function des *Ποσειδῶν ἵππιος* ein dem Zeus ebenfalls und priori loco zukommendes Wirken erblickt. In Bezug auf Artemis heisst es ausdrücklich Il. *φ*, 483: *ἐπεί σε λέοντα γυναιξὶν Ζεὺς θῆκεν, καὶ ἔδωκε κατακτάμεν, ἥν κ᾽ ἐθέλῃσθα*. In dieser Zurückführung göttlicher Thätigkeiten auf Zeus als deren Urquell verräth sich deutlich eine der homerischen Weltanschauung eingepflanzte monotheistische Tendenz; vgl. Müller Prolegom. p. 245, Nitzsch I p. 57, Nachhom. Th. II, 17 — 21.

25. An einige dieser Gottheiten schliessen sich mehrere minder individualisirte Wesen gleichsam als dienende, die Hauptgottheit begleitende Genien an, in denen sich irgend eine Seite des Wesens derselben insonderheit ausprägt. Mit Zeus, als dem Horte der Gerechtigkeit und des politischen Lebens, ist Themis verbunden, nicht wie bei Hesiodos *Θ*.

901 ff. als Gemahlin und Mitherrschorin,, sondern in dienen-
der Eigenschaft; vgl. Il. *v*, 4: Ζεὺς δὲ Θέμιστα κέλευσε θεοὺς
ἀγορήνδε καλέσσαι· ferner Od. *β*, 68: λίσσομαι ἡμὲν Ζηνὸς
Ὀλυμπίου ἠδὲ Θέμιστος, ἥτ᾽ ἀνδρῶν ἀγορὰς ἡμὲν λύει ἠδὲ
καθίζει mit Here, der Ehegöttin, die Eileithyien, ihre
Töchter, Il. *λ*, 271, mit Apollon die Musen, sofern er nach
Il. *α*, 603 des Saitenspiels waltet, wie die Musen des Ge-
sanges und der Dichtung (Od. *θ*, 481), deren Gott Apollon
noch nicht ist (Müller Proleg. p. 425, Nitzsch II p. 224).
Wenn Od. *θ*, 488 nach Odysseus' Vermuthung auch Apollon
den Demodokos gelehrt haben kann (ἢ σέ γε Μοῦσ᾽ ἐδίδαξε
Διὸς παῖς, ἢ σέ γ᾽ Ἀπόλλων), diese Belehrung Apollons aber
nicht auf des Sängers Saitenspiel geht, sondern nach v. 489
darauf, dass Demodokos λίην — κατὰ κόσμον Ἀχαιῶν οἶτον
ἀείδει, — ὥστε που ἢ αὐτὸς παρεὼν ἢ ἄλλου ἀκούσας, so
wird Apollon hier mit Müller und Nitzsch als der inspirirende
Gott der Weissagung zu denken sein, welcher auch Geschehenes mittheilt, das dem Menschen nicht auf natürlichem
Wege bekannt geworden ist. So weiss Kalchas als μάντις
auch was früher geschehen war, ingleichen auch die äschy-
leische Kassandra, Agam. 1196 — 1201 Dind.*). Mit Aphrodite sind die Charitinnen verbunden, Il. *ε*, 338; dass gerade Here Il. *ξ*, 267 deren eine, Pasithea, dem Hypnos zu
vermählen verspricht, ist wohl nur poetisches Motiv. Dass
aber die in Il. *σ*, 382 κατ᾽ ἐξοχὴν Charis genannte Gattin des
Hephaistos Aphrodite selbst sei, dem widerstreitet des Dichters streng ausgebildetes Namensystem so sehr, dass eher
jener Abschnitt in Od. *θ*, der uns in Aphroditen Hephaistos'
Gemahlin kennen lehrt, einem andern Dichter zugeschrieben
werden muss. Jedenfalls sind diese Vermählungen allego-
risch. — Von den Horen ist für unseren Standpunkt, da
wir keine hom. Mythologie schreiben, aus dem Dichter wenig
zu entnehmen. Wir erkennen willig die Belehrung von
Lehrs**) an, dass sie nicht, wie sonst angenommen worden,
die Jahreszeiten, sondern gleichsam den Wellenschlag der

---

*) Meine Note zu Il. *α*, 70 ist hienach zu berichtigen.
**) [Populäre Aufsätze, p. 75 ff.]

Zeiten bezeichnen, wofür auch Il. φ, 450 einen Anhaltspunkt giebt: ἀλλ᾽ ὅτε δὴ μισθοῖο τέλος πολυγηθέες Ὧραι ἐξέφερον. Sie stellen aber die Zeit nicht von ihrer traurigen Seite, als die alles verschlingende, sondern von ihrer erfreulichen, - als die alles bringende und reifende dar. Von besonderen Thätigkeiten gedenkt Homer blos ihres Geschäfts als der Himmelspförtnerinnen, τῆς ἐπιτέτραπται μέγας᾽ οὐρανὸς Οὔλυμπός τε, ἠμὲν ἀνακλῖναι πυκινὸν νέφος ἠδ᾽ ἐπιθεῖναι (Il. ε, 749, ϑ, 394), und dass sie den gerade am Thore (ϑ, 411) durch Iris zurückgerufenen Göttinnen Here und Athene die Pferde wieder ausspannen (433). Während letzteres mit ihrem Dienst am Thore des Olympus nur zufällig verbunden und ein Beweis der freundlichen Unterwürfigkeit ist, mit welcher bei Homer die niederen Gottheiten den höheren sich unterordnen, bringt sie das Geschäft die Wolken vor- und wegzuschieben in unmittelbare Verbindung mit dem Wolkenversammler Zeus, dessen und der Themis Töchter sie nach der Theogonie sind. Vgl. Paus. 5, 11, 2: εἶναι γὰρ θυγατέρας Διὸς καὶ ταύτας (τὰς Ὧρας) ἐν ἔπεσίν ἐστιν εἰρημένα· Ὅμηρος δὲ ἐν Ἰλιάδι ἐποίησε τὰς Ὧρας καὶ ἐπιτετράφθαι τὸν οὐρανόν, καθάπερ τινὰς φύλακας βασιλέως αὐλῆς. Dass sie bei Homer schon die ethische Bedeutung haben, welche ihre erst von Hesiod genannten Namen Eunomia, Dike, Eirene andeuten, ist aus dem Dichter selbst nicht erweisbar; vgl. Schoem. Opusc. II p. 52.

Mehr blos zur Vollständigkeit der olympischen Hofhaltung scheint im Göttersysteme des Dichters die Schenkin Hebe (Zeus' und Here's Tochter nach dem freilich obelisirten 604ten Verse von Od. λ vgl. Il. ε, 722) zu gehören, deren Ehe mit dem Gott gewordenen Herakles,' wie die der Charis mit Hephaistos, für uns offenbar allegorischer Natur ist. Gleichermassen verhält sichs wohl (vgl. Göttling) mit Asklepios und Paieon.

26. Hiemit schliesst sich der Kreis der olympischen Gottheiten. Von den nicht olympisch genannten, jedoch oberweltlichen noch nicht chthonischen Gottheiten Dionysos und Demeter, deren Bedeutsamkeit erst in dem nachhomerischen Zeitalter mächtig hervortritt, ist aus dem Dichter folgendes zu berichten; denn es ist doch sehr zu bezweifeln,

dass alle Stellen, in denen der Dichter von Dionysos redet, unächt seien, wenn auch Od. *ω*, 74 in einem Abschnitte der unächten Odyssee steht. Beide sind ihm wirkliche, wesentliche Götter, da Dionysos Il. ζ, 129. 131 so gut unter die ϑεοὶ ἐπουράνιοι gerechnet wird, als Od. ε, 125 nach 119 Demeter unter die ϑεαί. Beide erscheinen aber nicht in der Gesellschaft der übrigen Götter auf dem Olymp; thätig sind sie nur für die Menschenwelt. Dionysos heisst Il. ξ, 325 wenn auch in einer unächten Stelle doch bezeichnend χάρμα βροτοῖσιν, und nur die Menschen essen Δημήτερος ἀκτήν (vgl. Göttling l. c. p. 266 [Ges. Abhdlg. I p. 208]). Doch stehn beide Gottheiten mit Zeus in Verbindung, Dionysos als Sohn, Demeter als Mutter Persephone's, welche nach Od. λ, 217 Zeus' Tochter ist; denn es ist wenigstens keine zwingende Nothwendigkeit vorhanden, dieser eine andere Mutter zu geben; vgl. Schoem. Opusc. II p. 53. Ferner kennt der Dichter wohl einen Kultus der Demeter (Il. β, 696 Δήμητρος τέμενος im thessalischen Pyrasos), aber keineswegs eleusinische Mysterien; von dionysischen Orgien auf dem heiligen Nysaberg in Thrakien hat er Kunde, Il. ζ, 132 coll. χ, 460*), aber als von bekämpften und gewehrten; denn der Thrakerfürst Lykurgos jagt den Dionysos nebst seinen thyrsosschwingenden Ammen ins Meer. Dass sich an agrarische und dionysische Kulte menschliche Gesittung, fester Wohnsitz, Regelung des ehelichen und politischen Lebens knüpft, davon findet sich im Dichter keine Spur, obgleich er von der edleren Gestaltung des Lebens, in der diese Gottheiten walten, die niedere, wo nicht gepflügt noch gepflanzt wird, sondern Alles, auch der Weinstock, wild wächst, in der Beschreibung des Kyklopenlandes (Od. ι, 105 ff.) vollkommen genau unterscheidet. Von sonstigen Mythen erwähnt Homer blos Demeter's Verbindung mit Jasion (Od. ε, 125) und die des Dionysos mit Ariadne in der überaus räthselhaften Stelle Od. λ, 325, in welcher Διονύσου μαρτυρίῃσιν sprachlich nach Hesiod. Opp. 282 nichts Anderes bedeuten kann, als dass

---

*) Vgl. Voelcker Rec. von Lobeck's Aglaoph. in den NJbb. Bd. V, 1. p. 48 ff. Thrakischer Weinbau: Il. ι, 72.

der Gott Artemis durch sein Zeugniss vermocht habe, die
Jungfrau durch ihre sanften Pfeile zu tödten. Warum Dionysus in dieser Gestaltung der Sage als deren Widersacher
erscheint, ist durchaus nicht zu ermitteln. Der Eindruck
also, den das Reden und Schweigen des Dichters von diesen
Gottheiten giebt, ist der, dass sie, nicht theilhaftig des Götterrathes, unverwickelt in die Bewegungen der epischen
Handlung und abgesondert von dem Treiben des Kriegs und
der Meerfahrt, die friedlichen Pfleger des Acker- und des
geregelten Weinbaues sind. Ob Homer einen Kultus des
Weingotts gekannt habe, ob ihm überhaupt des Dionysus
göttliche Wirksamkeit als Weingott lebendig gegenwärtig
war, muss nach Nitzsch III p. 42 allerdings sehr zweifelhaft
erscheinen, da der Dichter in Stellen, die nach seiner sonstigen Anschauung vom Wirken der Götter Erwähnung des
Weingotts fast nothwendig machen, seiner nicht gedenkt,
nicht bei Maron, dem Besitzer des edelsten Weins, der Apol-
lopriester ist, nicht beim Weingarten des Alkinoos, nicht bei
Beschreibung der Weinlese auf Achilles' Schild. Und doch
machen die oben angeführten Stellen, und namentlich diejenigen, wo von Thyrsusstäben und Mänaden als von bekannten Dingen gesprochen wird (Il. ζ, 134; χ, 460), den Zweifel
wiederum sehr unsicher. Mit Demeter steht es entschieden
anders. Die täglich genossene Δημήτερος ἀκτή musste auch
täglich an die Geberin erinnern; im Geschäfte der Worfe-
lung, des Absonderns der Spreu von der Frucht, ist die Göttin thätig; Il. ε, 500: ἀνδρῶν λικμώντων, ὅτε τε ξανϑὴ Δημήτηρ κρίνῃ, ἐπειγομένων ἀνέμων, καρπόν τε καὶ ἄχνας.
Aber warum tritt auch sie so wenig im Epos hervor? Duncker III p. 305 vertritt die seit Welckers Erklärung in den
Nachträgen zur Tril. p. 197 wohl allgemein gewordene Ansicht, indem er sagt: „die Götter der Bauern, des Ackers
und der Obstfrucht, Dionysos und Demeter, interessirten die
Ritter und deren Sänger nicht." Wir müssen abermal auf
die Bemerkung Müllers in den Proleg. p. 127, 354 zurückgehen, dass die mehr oder minder häufige Erwähnung eines
Gottes von der Anlage der epischen Handlung abhängt. Wer
würde von Here's Bedeutung als Göttin etwas ahnen, wenn
wir nur die Odyssee hätten, in welcher diese ganz ausser

der Handlung steht und desshalb auch nur dreimal im Vorbeigehn genannt wird, Od. *δ*, 513, *μ*, 72, *ν*, 70. In gleichem
Falle befindet sich Demeter für die beiden Gedichte; eine
blosse Bauerngottheit ist sie gewiss nicht.

27. Vollständig schliesst sich das homerische Götter-
system mit A i d e s und P e r s e p h o n e'n ab, welche bei dem
Dichter, wenn auch Zeus' und Demeters Tochter, doch nach
P r e l l e r's treffender Bemerkung*) durchaus nicht die liebliche Jungfrau der späteren Mythe, sondern die furchtbare
Beherrscherin des Todtenreichs und als solche lediglich das
weibliche Gegenbild ihres Gemahles ist. Da nun Aides in
der Theilung des Weltregiments als Zeus' gleichberechtigter
Bruder durchs Loos den ζόφος ἠερόεις bekommen hat (Il. *o*,
191), und ausdrücklich Ζεὺς καταχθόνιος genannt wird (Il. *ι*,
457 coll. 569), so ist er im Reiche der Todten mit Persephone'n ganz was Zeus mit Here'n im Olympos ist. Persephone theilt seine Macht. Sie straft mit ihm die Meineidigen
in der Unterwelt, wie Il. *γ*, 278 schon von den Alten richtig
erklärt wird, sie hört mit ihm den von Aeltern über ihre
Kinder ausgesprochenen Fluch, Il. *ι*, 454 ff. 569 ff. Zwar
ist man nach Od. *λ*, 213. 226. 385. 634 zu glauben versucht,
dass sie insonderheit die Schatten der Frauen beherrsche;
aber nach Od. *κ*, 494 ist sie es, welche auch dem Teiresias
allein unter den Schatten Besinnung und Bewusstsein gelassen hat, so dass es beinahe scheint, als führe sie das Regiment u n t e r den Todten (vgl. Nachh. Theol. II, 15 p. 126),
während Aides als der ἀμείλιχος ἠδ' ἀδάμαστος, als θεῶν
ἔχθιστος ἁπάντων (Il. *ι*, 158. 159) die Gewalt des Todes
über die Lebendigen bezeichne. Der Il. *π*, 672 vorkommende Θάνατος ist allegorisches Bild für den Zustand des
Todtseins, und wird vom Dichter mit Aides in keine Beziehung gebracht. Uebrigens bemerkt Bäumlein (Zimm.
Zeitschr. für Alterth. 1839 p. 1183) sehr richtig, dass, da
bei Homer die ganze Götterwelt zu éinem System ab-
schliesse, dessen Spitze und Einheit Zeus ist, auch Aides

---

*) Dem. und Pers. p. 10 f.

dieser Einheit sich fügen und folglich, von Herakles verwundet, Heilung im Olympos von Pàieon suchen müsse,
Il. ε, 395 — 402*).

---

*) Die Graungestalten der odyssecischen Mährchenwelt, Scylla
(ἀθάνατον κακὸν genannt) mit ihrer Mutter Krataiis, Charybdis, ferner die Sirenen, die Zauberin Kirke liegen ausserhalb des Götterkreises. Von den Keren, den Erinyen reden wir da, wo die Vorstellung von diesen Wesen in das praktische Leben des homerischen Menschen eingreift.

Dritter Abschnitt.

Die Götter und die Moira.

1. War man früher gewohnt gewesen in der *Moῖρα*
schlechtweg das blinde Fatum, jene die Freiheit des göttlichen Waltens und menschlichen Willens unbedingt aufhe-
bende, von keiner Persönlichkeit getragene Macht zu finden,
so konnte sich doch diese aus der Kenntniss anderweitiger
Weltanschauungen in den Dichter hineingetragene Vorstellung dem besonnenen Leser desselben unmöglich bestätigen.
So ist es denn neuerdings dahin gekommen, dass man häufig
der entgegengesetzten Ansicht gehuldigt hat, als sei die
Moira mit dem Willen und Walten der Götter und des Götterköniges identisch oder diesem sogar unterworfen, und die
Vorstellung eines blindherrschenden, das heisst von keinem
persönlichen, seiner selbst bewussten Willen ausgehenden
Fatums im Dichter gar nicht zu finden *). Damit hat aber

---

*) Einige literarische Nachweisungen. I. Die *Moῖρα* steht über Zeus:
Harless de theol. inprimis fato et Jove Homeri in den Opusc.
var. argum. p. 388 besonders p. 433 ff.; Müller Prolegom. p.
247; Hase Alterthumskunde p. 83: Bernhardy gr. Literaturg. p.
180 extr., jetzt II p. 21 ed. 2. Ulrici Geschichte der hellen. Dichtkunst p. 187; Haupt allgemeine wissenschaftliche Alterthumskunde Bd 2. p. 102; Dissen kleine Schriften p. 348; Bumke de
fato Homerico Progr. Braunsberg 1828; [von den Neueren führt
Welcker (I, 184) noch an: Creuzer hist. Kunst S. 117; Solger
nachgel. Schr. II, 698, 708; Schömann Prometheus S. 133]. II. Zeus
steht über der *Moῖρα*. Vor allen Lange Einleitung in das Stu-

die wissenschaftliche Forschung, die sich früher meist blos mit Erklärung des räthselhaften *ὑπέρμορον* zu beschäftigen veranlasst sah, eine zweite Hauptaufgabe erhalten, welche nur darin bestehen kann: den Ursprung des Widerspruchs

---

dium der griech. Mythol. p. 100 ff. Ihm folgen, theilweise mit , Modifikationen, Nitzsch Anmerkungen zur Od. Bd. I p. 178 ff.; Göttling im Hermes XXIX p. 272; Zeyss Comment. quid Hom. et Pindarus etc. p. 35 ff.; Voelcker in der allg. Schulzeitung 1831. Abth. II Nro. 144. Ferner Mätzner de Jove Homeri p. 76 ff. (p. 79: apparet, fatum Homericum nihil aliud significare nisi Jovis de hominum rebus decreta, deorum suffragiis probata); Eckenbrecher de Jove Homeri p. 3 ff., der für seine Ansicht p. 17 auch Manso citirt in den „Versuchen über einige Gegenstände der Mythol. der Gr. u. R." 1794. p. 503; Schmalfeld de fato Homerico partic. 1. (Progr. von Eisleben 1836). [Hiezu ergänzt Welcker a. O.: Kanne Mythol. der Gr. 1805 S. 64; Baur Symbol. und Mythol. II, 1. S. 334—36; Bode hellen. Dichtkunst III, 1. S. 270; Helbig die sittl. Zustände des Gr. Heldenalters 1839 S. 11 ff. und Ztschr. f. AW. 1843 S. 658 f.] III. Vermittelnde Ansichten, mehr oder weniger in dem Sinne, den wir unten auszuführen gedenken, bei Delbrück: Homeri religionis quae ad bene beateque vivendum heroicis temporibus fuerit vis. Magdeb. 1797. p. 48 ff (p. 52: Quae igitur disputavimus, eorum huc redit summa, Homerum ad fatum non referre, nisi ea, quae ita evenerant, ut, cur Dii eorum auctores essent, nullam rationem probabilem invenire posse sibi videretur); vornehmlich aber bei Creuzer Symbolik II p. 458. [Bendtsen de fato, imprimis Homerico. Hann. 1815. Haentjes üb. d. Schicksalsidee etc. Köln 1848. Hammer de Jove Hom. Zerbst. 1855. Malkowsky, de Jove etc. Deutsch-Krone 1838 ist uns nicht bekannt. Von Neueren stimmen im Wesentlichen mit uns überein: Lübker Ges. Schrr. S. 20; L. Müller de fato Homerico Berol. 1852 bes S. 52; Schwenk Mythol. der asiat. Völker I S. 423; Preller in Pauly's Real-Encyclop. III S. 431 f. IV, 593 und Griech. Mythol. I S. 328, doch vgl. 329; Gerhard gr. M. I §. 201; Furtwängler die Idee des Todes etc. S. 48. 172; Jacob über d. Entst. d. Il. und Od. S. 51. 61 f. u. A] Ueber Benj. Constant de la religion (Bd. III p. 358) und Limburg Brouwer (II, 6, p. 39) vgl. Nachhomer. Theol. Anm. 14. — Im Widerspruch mit den bisherigen Auffassungen führt Welcker Gr. Götterlehre I S. 183 ff. den Satz aus: „Möra und Gottes Wille oder Wirken sind eins."

dieser Ansichten in der Weltanschauung des Dichters selbst
nachzuweisen, und auf diesem Wege jedweder derselben sowohl ihre Berechtigung zuzuerkennen, als ihre Einseitigkeit
aufzudecken und demgemäss auch wohl aufzuheben.

Da sich aber der Dichter zur Bezeichnung des Schick-
salsbegriffes verschiedentlicher Ausdrücke und dieser selbst
wieder nicht in einerlei Sinne bedient, so ist vor allen Dingen Feststellung des Sprachgebrauchs nöthig, damit wir die
für Ergründung der Sache maassgebenden Stellen von den
andern gleichgültigen zu unterscheiden im Stande sind. Wir
fassen uns hiebei, zumal was Aufzählung gleichartiger Stellen betrifft, so kurz als möglich. Die Wörter, welche hiebei
in Frage kommen, sind vor allen αἶσα und μοῖρα.

2. Obgleich die Etymologie von αἶσα sehr unsicher
bleibt — am wahrscheinlichsten ist mir die von Döderlein
Gloss. 429 [und etwas anders auch von Curtius Grdzg. I
N. 569] versuchte Zurückführung des Wortes auf den Stamm
ἴσος ᴝ das kann doch mit Sicherheit angenommen werden,
dass es so viel als *portio* bedeutet, also den richtig zugemes-
senen, gebührenden Theil, sodann das richtige, gebührende
Maass überhaupt. So heisst Il. σ, 327: ληΐδος αἶσαν λαχεῖν
den gebührenden Antheil an der Beute erhalten; ferner Od.
τ, 84: ἔτι γὰρ καὶ ἐλπίδος αἶσα, denn noch ist auch von Hoffnung ein gemessen Theil vorhanden. Das τίω δέ μιν ἐν
καρὸς αἴσῃ (Il. ι, 378) kann, wie man auch das καρὸς erkläre,
doch nur bedeuten: ich achte ihn im Maasse eines κάρ, mit
dem Maasse der Achtung, die einem κάρ gebührt. Und ganz
deutlich ist Il. ζ, 333: ἐπεί με κατ' αἶσαν ἐνείκεσας οὐδ'
ὑπὲρ αἶσαν, nach Gebühr, über Gebühr. Es verengert
sich indessen der Theilbegriff dadurch, dass er nicht mehr
auf ein beliebiges, sondern auf ein bestimmtes Ganze bezogen wird, auf das L e b e n; αἶσα wird *vitae* portio, wie Juven.
9, 127 sagt. Und zwar erstlich in dem Sinne, dass vitae
der Genit. partitivus ist, so dass die Bedeutung entsteht: Antheil a m Leben, L e b e n s d a u e r; Il. α, 416: ἐπεί νύ τοι αἶσα
μίνυνθά περ, οὔτι μάλα δήν· zweitens so, dass vitae der Genit.
des Besitzers ist: Theil des Lebens, das was dem Leben
zu Theil wird, d. i. das S c h i c k s a l. In diesem Sinne hat
αἶσα entweder einen Genitiv bei sich, oder nicht. Findet

ersteres statt, so ist der Genitiv entweder als genit. auc-
toris zu fassen, wie in dem häufigen *Διὸς* oder *δαίμονος αἶσα*,
dem von Zeus verhängten Geschick, oder als genit. apposi-
tionis, wie in *αἶσα ϑανάτοιο*, Il. *ω*, 428: *τῷ οἱ ἀπεμνήσαντο
καὶ ἐν ϑανάτοιό περ αἴσῃ* im Todesgeschick, in dem Verhängniss, welches die Menschen als Tod trifft. Im letzteren Falle, d. i. ohne einen Genitiv ist *αἶσα* entweder unpersönlich als Zustand zu fassen, wie in Il. *χ*, 477: *ἰῇ ἄρα
γεινόμεϑ᾽ αἴσῃ* *) *π*, 441: *πάλαι πεπρωμένον αἴσῃ*, oder
persönlich als Gottheit, und ob letzteres geschehen müsse,
ergiebt sich aus dem beigesellten Prädikate. [Zunächst ᾿in Il.
υ, 127: *ἄσσα οἱ Αἶσα γεινομένῳ ἐπένησε λίνῳ, ὅτε μιν τέκε
μήτηρ*. Göttling läugnet dies zwar [1]) Ges. Abhdlgg. I p. 214,
und will in diesen Worten nur eine symbolische Bezeichnung
erkennen; aber vgl. Od. *η*, 197: *ἄσσα οἱ Αἶσα κατὰ Κλῶϑές
τε βαρεῖαι γεινομένῳ νήσαντο λίνῳ*. Die Parallele, in
welche so Aisa zu ̄ den Klothes tritt, und die weitere, in
welche sie mit den Göttern (z. B. Od. *α*, 17) und mit Zeus
selbst gesetzt wird (Od. *δ*, 208 vgl. §. 5), so wie die ihr beigelegten Prädikate (*παρέστη, ἄσε με* u. dgl.) beweisen, dass
die Aisa ebenfalls als Person gedacht ist; das-Symbolische
könnte also zwar auf die Handlung bezogen, nicht aber die
Persönlichkeit der handelnden Subjekte selbst geläugnet werden. Eine andere Frage wäre, ob diese beiden Stellen nicht
einer späteren Anschauung ᠎angehören **). Jedenfalls liegt
aber hier nur eine derartige Personifikation vor, wie sie oben
I, 46 und II, 14 angedeutet wurde, und das Vorkommen

---

*) Dieses *ἰῇ αἴσῃ* fasse ich noch immer als den Dativ der Bestim.
   mung (vgl zu Il. *α*, 418), weil es mir natürlicher scheint, dass
   der Dichter gesagt hat: wir sind zu einerlei Schicksal, zum Unglück nämlich, als durch einerlei Schicksal geboren. [So ist
   wohl auch Il. *ε*, 209 und Od. *τ*, 259 *κακῇ αἴσῃ* aufzufassen.]
1) Gegen Göttling ap. Docd. [Glossar §. 429.]
**) [In Betreff der ersteren Stelle scheinen wenigstens die im Schol.
   angeführten Gründe der Athetese keineswegs stichhaltig; die
   zweite ist Nachhom. Thlg. III, 6 p. 150 als stark verdächtig bezeichnet und bleibt es, auch wenn man nach dem Schol. *κατὰ
   Κλῶϑες* schreibt, in sprachlicher und sachlicher Beziehung.]

der Mehrzahl von *Moῖραι, Κλῶϑες, Κῆρες* wie *Εἰλείϑυιαι* und
Ἐρινύες neben der Einzahl dürfte nicht zu Athetesen berechtigen.   Man erinnere sich, wie die Vorstellung oder Ausdrucksweise des Volks auch bei uns in ähnlichen Dingen
schwankt, wie z. B. schon in der Bibel zwischen einer Einzahl und Mehrzahl von Teufeln].

3. Aehnlich zwar, jedoch nicht vollkommen ähnlich
entwickeln sich die Bedeutungen von *μοῖρα*. Es ist der
Theil eines sinnlichen oder unsinnlichen Ganzen (*οὐδ᾽ αἰδοῦς
μοῖραν ἔχουσιν* Od. *v*, 171), und findet sich auch zu *ἐν κα
ρὸς αἴσῃ* keine analoge Stelle [bei Homer; — denn später
sind Wendungen wie *ἐν μέρει* oder *ἐν μοίρᾳ τινὸς εἶναι,
τιϑέναι, λαβεῖν, ἀριϑμεῖν* u. a. bekanntlich gar nicht selten],
so steht doch dem *κατ᾽ αἶσαν* unzählige Male *κατὰ μοῖραν*
gleich; vgl. auch *ἐν μοίρῃ πέφαται* Od. *χ*, 54 [mit Il. *τ*, 186
ἐν μοίρῃ πάντα διΐξεο und das entsprechende *ἐναίσιμος*].
Für vitae portio im Sinne von Lebensdauer findet sich
μοῖρα nur mit dem Zusatze *βιότοιο* Il. *δ*, 170: *αἴ κε ϑάνῃς
καὶ μοῖραν ἀναπλήσῃς βιότοιο*.   Und als Bezeichnung dessen,
was dem Leben selbst beschieden ist, hat das Wort zwei Bedeutungen *κατ᾽ ἐξοχὴν* bekommen, erstlich die des dem Leben beschiedenen Guten, des Glücks; Od. *v*, 76: *ὃ γάρ
τ᾽ εὖ οἶδεν ἅπαντα, μοῖράν τ᾽ ἀμμορίην τε καταϑνητῶν
ἀνϑρώπων·* [der Gegensatz *ἀμμορίην* bedeutet Unglück;
auch Welcker fasst es so I p. 176; denn *ἄμμορος*, eigentlich
untheilhaftig (Il. *σ*, 489; Od. *ε*, 275), geht in die Bedeutung
unglücklich (Il. *ω*, 773; *ζ*, 409) gerade so über, wie *ἄποτμος*,
über dessen Bedeutung Il. *ω*, 388; Od. *α*, 219. 217 und *v*,
140 verglichen mit *πανάποτμος* keinen Zweifel lassen. Ebenso
wie *ἄμμορος* bei Homer findet sich nach ihm *ἄμοιρος* in beiden Bedeutungen, in der letzteren *ἄμορος* bei Soph. O. R.
248], vgl. Il. *γ*, 182: *ὦ μάκαρ ᾽Ατρείδη, μοιρηγενὲς* *)

---

*) [*Μοιρηγενής* so viel als *μοίρῃ γεννηϑείς* bedeutet wohl nicht:
vom Schicksal (zum Unheilbringen) geboren; denn diese Anschauung findet sich bei Homer nicht; sondern: zum Glück geboren.   Wie möchten wohl sonst Aeltern später ihre Kinder
Μοιραγέτης benannt haben?   Es sind wohl „Glückskinder" gemeint.]

(Glückskind), ὀλβιόδαιμον· zweitens die des jedem Leben
ebenmässig beschiedenen, unausbleiblichen Bösen, des Todes. Das ist die μοῖρα δυσώνυμος Il. μ, 116, die μοῖρα,
welche mit dem θάνατος genannt wird Il. γ, 101: ἡμέων δ᾽
ὁπποτέρῳ θάνατος καὶ μοῖρα τέτυκται, τεθναίη· Od. φ, 24:
αἳ δή οἱ καὶ ἔπειτα φύνος καὶ μοῖρα γένοντο. Das ist μοῖρα
auch allein in Od. λ, 561: τεὶν (Αἴαντι) δ᾽ ἐπὶ μοῖραν ἔθηκε
(Ζεύς)· während Od. τ, 592 in ἐπὶ γάρ τοι ἑκάστῳ μοῖραν
ἔθηκαν ἀθάνατοι θνητοῖσιν aus dem Vorhergehenden zu
μοῖραν ergänzt werden muss ὕπνου (die Götter haben alle
Menschen des Schlafes theilhaftig gemacht); ferner in Od. ω,
28. 29: ἥ τ᾽ ἄρα καὶ σοὶ πρῶτα παραστήσεσθαι ἔμελλεν
μοῖρ᾽ ὀλοή, τὴν οὔτις ἀλεύεται, ὅς κε γένηται. [Nunmehr
aber entspricht auch αἶσα Διὸς dem μοῖρα θεοῦ Od. λ, 292
und θεῶν Od. γ, 269; χ, 413 und αἶσα θανάτοιο dem μοῖρ᾽
ὀλοὴ θανάτοιο· αἴσιμον ἦμαρ dem μόρσιμον ἦμαρ, αἴσιμόν
ἐστι dem μόρσιμόν ἐστι· zu beachten ist auch κακὴ Διὸς
αἶσα παρέστη ἡμῖν αἶνο μόροισιν Od. ι, 53. Endlich ist
auch μοῖρα vielmal gerade wie αἶσα das unpersönliche Schicksal. Dagegen das persönlich gedachte Schicksal wird, wenn
die beiden §. 2 a. E. besprochenen Stellen unächt sind, nur
Μοῖρα genannt; denn Il. ω, 49 ist schon Nachhom. Th. III,
§. 6, somit auch eine Mehrzahl von Mören, beseitigt, die sich
erst die spätere Zeit zur Dreizahl umgebildet hat. Aber die
Persönlichkeit der Μοῖρα zu läugnen glauben wir uns nicht
berechtigt. Man beachte, wie sie neben Zeus (Il. τ, 410),
neben Zeus und Erinys (ib. 87), neben Apollo (π, 849) und
vielmals neben den Göttern genannt ist, demgemäss auch
die Prädikate παρέστηκε, δάμασσε, ἔλλαβε, ἐπέδησε, ὦρσε
erhält vgl. Il. φ, 82: νῦν αὖ με τεῆς ἐν χερσὶν ἔθηκε Μοῖρ᾽
ὀλοή und man wird sich der Ueberzeugung nicht verschliessen können, dass der Dichter die Moira sich als eine persönliche Gewalt vorgestellt haben muss wenn er so spricht, ohne
dass desshalb bei ihm diese Persönlichkeit bereits jene fester
ausgeprägte Gestalt zu haben braucht, die sie nachmals im
griechischen Volksglauben erhielt].

[3 b. Die Etymologie von μοῖρα ist ausser Zweifel; das
Nähere s. in Döderlein's Glossar §. 581. Als Synonymum
schliesst sich das primitive μόρος an, dessen Bedeutungen

sich wie die von μοῖρα bei Homer entwickeln, nur weniger vollständig. So entspricht nun ὑπὲρ μόρον dem ὑπὲρ μοῖραν, μόρος αἰνὸς der μοῖρ᾽ ὀλοή, μόρος Tod in Il. χ, 280 vgl. 270 f. ω, 85 der μοῖρα als Tod, θάνατόν τε μόρον τε Od, λ, ·409; π, 422; ν, 241 dem θάνατος καὶ μοῖρα. daher treten auch, διαμοιράομαι und μοιρηγενής ausgenommen, bei Homer die Ableitungen von μόρος geradezu für die von μοῖρα ein. — Ferner ist zu beachten πότμος, abgeleitet von πίπτω wie casus von cado, das gefallene Loos (vgl. κλᾶρος προπετής Pind. Nem. 6, 107): πότμος βιότοιο vitae sors Il. δ, 170 und so bezeichnet es auch ohne den Genitiv gerade wie seine Synonyme überhaupt das Lebensloos z. B. Il. π, 857; χ, 363; ἀδευκὴς Od. κ, 245; daher πότμον ἐπισπεῖν (3 mal in der Il., 10 mal in der Od.), vgl. θανέειν καὶ πότμον ἐπισπεῖν (Il. η, 52 und 5 mal in der Od.), θάνατον καὶ πότμον ἐπισπ. (4 mal in der Il., Od. ω, 31; 473); vgl. αἴσιμον ἦμαρ ἐπισπεῖν Il. φ, 100 mit τ, 294. Endlich bezeichnet es geradezu den Tod: Il. σ, 96 vgl. 98; Od. λ, 196; daher auch πότμον ἐφιέναι τινὶ gesagt wird. — Auch οἶτος von οἴσομαι, wie fors von fero (nach Lobeck und Curtius aber von εἶμι), eigentlich: das was sich zuträgt, erscheint als Synonymum obiger Wörter, jedoch immer in solchem Zusammenhang, dass sich daraus die Bedeutung von Missgeschick ergibt: κακὸν οἶτον (Il. γ, 417; Od. α, 350; ν, 354) ἐπισπεῖν (Od. γ, 134) oder ἀναπλῆσαι (Il. θ, 34; 354; 465) vgl. Il. ο, 132: ἀναπλήσας κακὰ πολλά und ähnlich in Il. ι, 563; ω, 388 vgl. θ, 489 ff. und 578. Es hat mit πότμος das gemein, dass es nie zur Bezeichnung eines guten Geschicks verwendet wird und beide Wörter unterscheiden sich hinwieder von μοῖρα und αἶσα dadurch, dass sie bei Homer (vgl. dagegen Pind. Ne. 4, 68) niemals als Namen des personificirten Schicksals vorkommen].

4. Zwischen αἶσα und μοῖρα selbst aber ergiebt sich in sprachlicher Hinsicht der Unterschied, dass αἶσα nicht für sich allein den Tod und das Glück, μοῖρα nie für sich allein die Lebensdauer bezeichnet. In religiöser Beziehung aber findet sich bereits in ihr der Dualismus jener beiden oben genannten Ansichten begründet, wenigstens angedeutet.

Wir finden in dem Μοῖρα oder Αἶσα ἐπένησε und den oben §. 3 a. angegebenen Ausdrucksweisen die Bezeichnung eines selbständig waltenden, mit dem Willen der Götter an und für sich in keine Beziehung gesetzten Wesens, während andrerseits in Διὸς αἶσα oder μοῖρα θεῶν die Vorstellung eines von Zeus oder den Göttern verhängten Schicksals ausgesprochen ist. Also ertheilt uns auch der Sprachgebrauch die Berechtigung, die weitere Untersuchung so zu führen, wie es uns oben die historische Betrachtung der über die Sache hervorgetretenen Ansichten zur Pflicht gemacht hat, d. h. ihre beiderseitige Begründung im Dichter selbst nachzuweisen.

5. So spricht denn erstlich für die Einheit von Zeus und der Moira der Gebrauch von Ausdrücken, wie Διὸς αἶσα Od. ι, 52; δαίμονος αἶσα Od. λ, 61; θεῶν ἰότητι καὶ αἴσῃ h. Aphrod. 166; μοῖρα θεοῦ Od. λ, 292, μοῖρα θεῶν Od. γ, 269; χ, 413. Ferner ist auch Il. ρ, 327 ὑπὲρ θεὸν einerlei mit ὑπὲρ αἶσαν, ὑπέρμορον· [diesem Ausdruck ὑπὲρ θεὸν dürfte das nicht seltene θεῶν ἀέκητι nahe kommen; man vergleiche Il. μ, 8; ο, 720 und den Gegensatz σὺν θεῷ ι, 49, · οὐκ ἀθεεὶ Od. σ, 353 oder θεσπεσίη scil. μοῖρᾳ oder βουλῇ Il. β, 367. Patroklus, der (π, 850) vor allem durch die Μοῖρ᾽ ὀλοὴ getödtet ist: θεῶν ἰότητι δαμάσθη (τ, 9 vgl. π, 845); und Odysseus muss Od. η, 214 und ξ, 198 sowie die Argiver μ, 190 und ρ, 119 auf der Heimfahrt vieles θεῶν ἰότητι erdulden]. Ebenso muss das θέσφατον, der Götterspruch, verstanden werden von einem unwiderruflichen Schicksalsbeschluss; z. B. Il. θ, 473 — 477: οὐ γὰρ πρὶν πολέμου ἀποπαύσεται ὄβριμος Ἕκτωρ, πρὶν ὄρθαι παρὰ ναῦφι ποδώκεα Πηλείωνα. Ὡς γὰρ θέσφατόν ἐστι und Od. κ, 473: εἴ τοι θέσφατόν ἐστι σαωθῆναι καὶ ἱκέσθαι οἶκον ἐς ὑψόροφον [nebst δ, 561: σοὶ δ᾽ οὐ θέσφατόν ἐστιν Ἄργει ἐν ἱπποβότῳ θανέειν] mit Od. ι, 532: ἀλλ᾽ εἴ οἱ μοῖρ᾽ ἐστὶ φίλους τ᾽ ἰδέειν καὶ ἱκέσθαι οἶκον ἐϋκτίμενον [vgl. δ, 475; ε, 41, 114; nimmt man dazu die oftmaligen Ausdrücke μοῖρ᾽ ἐστί τινι, αἶσα, μόρος, μόριμον μόρσιμόν ἐστι (τινὶ), so ist die Identität des θέσφατον mit denselben einleuchtend und wir übersetzen es daher *fatale est.* Genaue Analogien der späteren Zeit s. in Nachhom. Th. III, §. 7 S. 151 f. Θέσφατον

bezeichnet nämlich seiner Abstammung nach*) zunächst Göt-
tersprüche, wenn sie auch nicht durch den Mund eines Gottes, sondern durch sein Organ, die Seher, gegeben sind (für
die spätere Zeit vgl. Aesch. Eum. 593 ff. Df.), als Orakel[1]),
dann überhaupt Voraussagungen, Weissagungen Od. ι, 507,
ν, 172: παλαίφατα θέσφατα (vgl. Soph. OC. 452 f.); λ, 151;
297; μ, 155. Daher auch Aeschylus und Spätere das Wort
geradezu im Sinne von χρηστήρια, μαντεῖα gebrauchen z. B.
θέσφατα Λοξίου Sept. 618 vgl. Ag. 1130 u. a.] Insofern nun
aber Orakel eben die Schicksalsbestimmungen zum Haupt-
inhalt haben, ist obiger Gebrauch des Worts möglich und
wird weiter bestätigt durch die sonstige Gleichsetzung der
Götter mit der Μοῖρα z. B. Od. α, 33: ἐξ ἡμέων γάρ φασι
κάκ᾽ ἔμμεναι· οἱ δὲ καὶ αὐτοὶ σφῇσιν ἀτασθαλίῃσιν ὑπέρμορον ἄλγε᾽ ἔχουσιν d. i. οὐκ ἐξ ἡμέων. Weiter entspricht dem, in oben angeführten Stellen von der Αἶσα und
Μοῖρα gebrauchten, ἐπινῆσαι bei den Göttern an vielen Stel-
ten das ἐπικλώθειν (Od. α, 17; γ, 209; ϑ, 579; λ, 139; π,
64; υ, 196; Il. ω, 525), und jenem: τῷ δ᾽ ὥς ποθι Μοῖρα
κραταιὴ γεινομένῳ ἐπένησε λίνῳ, ὅτε μιν τέκον αὐτὴ
(Il. ω, 209) ist nicht nur Od. δ, 208 verwandt: ᾦτε Κρονίων ὄλβον ἐπικλώσῃ γαμέοντί τε γεινομένῳ τε, sondern auch Il. κ, 70: ὡδέ που ἄμμιν Ζεὺς ἐπὶ γεινομένοισιν ἵει κακότητα βαρεῖαν. [Vgl. Od. υ, 201 ff.]

[5 b. Hier mag daran erinnert werden, dass trotz der
mannichfachen Scenen von Uneinigkeit und Feindschaft der
Götter dieselben in der Anschauung des Dichters, wie natürlich, zu einer Einheit nicht blos unter einander sondern auch
mit dem Götterkönig zusammengefasst werden. Vor Allem
in dem formelhaften Ζεὺς καὶ ἀθάνατοι θεοὶ ἄλλοι und seinen Variationen Il. ν, 818; ξ, 120; ι, 357. Daher dann auch

---

*) [Verschiedene Ansichten der Neuern: Buttmann Lexil I, 165 ff.
   Lobeck Rhem. p. 128, Elem p. 309; Bopp Vergl. Gramm.
   §. 971, vgl. Curtius in Kuhns Ztschr VI, 88, Pott ebd. VI.
   121; anders Döderlein Gloss §. 2500, .Curtius Grdzg.
   N. 312 b.]
1) Dagegen Nitzsch III p. 75. Doch cf. Blomf. Gloss. ad S.
   Th. 614.

Verbindungen wie Il. δ, 408: πειϑόμενοι τεράεσσι ϑεῶν καὶ
Ζηνὸς ἀρωγῇ. Daher betet der Rinderhirte um des Odysseus
Rückkehr zu Zeus Od. φ, 200, während gleich darauf ὡς δ᾽
αὔτως Εὔμαῖος ἐπεύχετο πᾶσι ϑεοῖσι vgl. ν, 237 f., woraus
sich auch der Plural in ν, 98 f. erklären lässt. Denn wenn
man zu den Göttern betet, genügt es den πατὴρ ἀνδρῶν τε
ϑεῶν τε anzurufen vgl. Il. η, 177; 179; γ, 318 ff. (anders
γ, 298; ἡ, 200 ff.). Ja diese Anschauung steigert sich bis
zur Identification der Götter mit Zeus: Il. π, 120: γνῶ δ᾽
Αἴας κατὰ ϑυμὸν ἀμύμονα, ῥίγησέν τε ἔργα ϑεῶν, ὅ ῥα
πάγχυ μάχης ἐπὶ μήδεα κεῖρεν Ζεὺς ὑψιβρεμέτης vgl. 688,
793 und ρ, 514 f.; ω, 241 mit 547; ζ, 349 mit 357. Dies
Verhältniss, auf welches übrigens auch Welcker I, 180 f.
aufmerksam macht, bitten wir für die folgenden Paragraphen
nicht ausser Acht zu lassen. So ist auch Διὸς νόος oder
νόημα mit ϑεοὶ identisch Il. π, 687 f. ἥ τ᾽ ἂν ὑπέκφυγε
Κῆρα κακὴν μέλανος ϑανάτοιο. Ἀλλ᾽ αἰεί τε Διὸς κρείσσων
νόος ἠέπερ ἀνδρῶν mit v. 693: ἔνϑα τίνα πρῶτον, τίνα δ᾽
ὕστατον ἐξενάριξας, Πατρόκλεις, ὅτε δή σε ϑεοὶ ϑανατόν-
δε κάλεσσαν; [ebenso später noch mit Διὸς βουλή vgl. Il. α,
5 mit hymn. in Merc. 10 vulg.; Hes. Θ. 1002 und Il. ν, 20
mit hymn. in Merc. 538. Ferner erinnert Il. ϑ, 143 f. ἀνὴρ
δέ κεν οὔτι Διὸς νόον εἰρύσσαιτο, οὐδὲ μάλ᾽ ἴφϑιμος an
μοῖραν δ᾽ οὔτινά φημι πεφυγμένον ἔμμεναι ἀνδρῶν, οὐ
κακὸν οὐδὲ μὲν ἐσϑλόν (ζ, 488; vgl. Aesch. Suppl. 1047=1019,
Hesiod E. 105 und Nachh. Theol. p. 145) und an μαῖα φίλη,
χαλεπόν σε ϑεῶν αἰειγενετάων δήνεα εἴρυσϑαι*), μάλα
περ πολύϊδριν ἐοῦσαν Od. ψ, 82, d. h. μοῖραν, ebenso wie
in Il. η, 44 Helenos σύνϑετο ϑυμῷ βουλήν, ἥ ῥα ϑεοῖσιν
ἐφήνδανε μητιόωσιν, und daher seinem Bruder sagen kann
(52): οὐ γάρ πώ τοι μοῖρα ϑανεῖν (vgl. hymn. in Apoll. Pyth. 306,
in Merc. 537. Hesiod. E. 483 f.)] Anderwärts wird Διὸς νόος
geradezu μοῖρα geheissen. Bekannt sind nämlich Achilleus'

---

*) [Sollte nicht dies εἴρυσϑαι (vgl. Bopp Gloss. s. v. 4. vṛi) lautlich
éin Wort sein mit goth. varjan? Es bedeutete dann 1) abweh-
ren arcere und bewahren (wie ῥύεσϑαι schützen) 2) gewah-
ren, erkennen — in obiger Stelle. Vgl. übrigens Döderlein
Gloss. III p. 224 f.]

διχθάδιαι Κῆρες (Il. ι, 411). Da er selbst das Todesloos gewählt, so kann von ihm Il. ρ, 406 gesagt werden: ἐπεὶ οὐδὲ τὸ ἔλπετο πάμπαν ἐκπέρσειν (sc. Πάτροκλον) πτολίε-θρον ἄνευ ἔθεν οὐδὲ σὺν αὐτῷ. Πολλάκι γὰρ τόγε μη-τρὸς ἐπεύθετο, νόσφιν ἀκούων, ἥ οἱ ἀπαγγέλλεσκε Διὸς με-γάλοιο νόημα, dass er nämlich fallen werde vor Troja's Eroberung. Nun lesen wir Il. ψ, 80: καὶ δὲ σοὶ αὐτῷ μοῖ-ρα, θεοῖς ἐπιείκελ᾽ Ἀχιλλεῦ, τείχει ὕπο Τρώων εὐηγενέων ἀπολέσθαι. Vgl. Il. σ, 115, 116 [τ, 417, 421].

6. *) [Aber der Dichter geht noch einen Schritt weiter: was die Μοῖρα thut, wird unmittelbar von ihm auch ange-sehen, als habe es Zeus gethan. Il. μ, 116 ist es die Μοῖρα δυσώνυμος, welche den Asios durch Idomeneus erlegt; er selbst aber klagt den Zeus an v. 164 vgl. 173; ν, 602: τὸν δ᾽ (Πείσανδρον) ἄγε Μοῖρα κακὴ θανάτοιο τέλοσδε. Menelaos aber scheint v. 624 den Zeus als Urheber anzusehen. In einem freilich unächten Stück Od. ω, 28 schliesst die Seele des Peliden daraus, dass die Μοῖρ᾽ ὀλοὴ auch den Agamem-non angetreten hat, sofort, dass jener doch dem Zeus nicht so lieb gewesen sein könne, und jener bestätigt v. 96: ἐν νόστῳ γάρ μοι Ζεὺς μήσατο λυγρὸν ὄλεθρον, während hinwie-der γ, 269 μοῖρα θεῶν die sonst verständige Klytaimnestra zum Frevel bethört. — Es kommen aber umgekehrt auch Stellen vor, wo das was Zeus oder die Götter oder beide thun, hinterdrein als Μοῖρα angeschaut wird [1]). Ueber Hektors Tod berathen die Götter Il. χ, 174; durch Zeus (vgl. ω, 241) erhält Athene v. 185 Vollmacht, nach der sie v. 214, 226 ff. verfährt; Hektor aber merkt es und sagt v. 297: ἦ μάλα δή με θεοὶ θανατόνδε κάλεσσαν (vgl. ω, 547) und v. 301: ἦ γάρ ῥα πάλαι τόγε φίλτερον ἦεν Ζηνί τε καὶ Διὸς υἱεῖ ἑκηβόλῳ, οἵ με πάρος γε πρόφρονες εἰρύατο· νῦν αὐτέ με Μοῖρα κιχάνει· danach ist auch Il. χ, 5 zu beurthei-

---

*) Dieser §. ist grösstentheils umgearbeitet theils nach eigens ge-sammeltem Material theils nach demjenigen, welches derselbe §. in der ersten Aufl. enthält und den Randnoten: „,Il. π, 693. γ, 308; hier scheint Zeus um das Geschick zu wissen." s. folg. Note.

1) Was Zeus gethan, wird hinterher als M. angeschaut. Das νῦν δέ μοι — εἵμαρτο. Prell. p. 328. Annot. p. 149. Il. χ, 301.

len. Aehnlich hat ein Gott Il. φ, 46 den Lykaon wieder dem
Achilleus in die Hand gegeben; das weiss er auch v. 93,
und welchem Gott er die Schuld giebt, zeigt v. 82 ff.: νῦν
αὖ με τεῆς ἐν χερσὶν ἔθηκεν Μοῖρ᾽ ὀλοή· μέλλω που ἀπέ-
χθεσθαι Διὶ πατρὶ, ὅς μέ σοι αὖτις ἔδωκε· also ist des Zeus
Hass der Anlass oder Grund, warum die so identisch mit ihm
gesetzte Μοῖρα diesen dem Achilleus überantwortet. An
Patroklos' Tod ist Schuld: Zeus (π, 252; 647 vgl. 800) und
Διὸς νόος (688); die Götter rufen ihn zum Tode (693), Apollo
schlägt ihn unversehens (791), löst ihm den Panzer (804 vgl.
816); Patroklos weiss (844): σοὶ γὰρ ἔδωκεν νίκην Ζεὺς
Κρονίδης καὶ Ἀπόλλων, οἵ μ᾽ ἐδάμασσαν ῥηϊδίως und doch
sagt derselbe (849): ἀλλά με Μοῖρ᾽ ὀλοὴ καὶ Λητοῦς ἔκτανεν
υἱός. Vgl. Il. χ, 59: δύσμορον, ὅν ῥα πατὴρ Κρονίδης — αἴσῃ
ἐν ἀργαλέῃ φθίσει und ε, 662 mit 674; ε, 191 mit 205, 209;
auch φ, 289 ff.: τοίω γάρ τοι νῶϊ θεῶν ἐπιταρρόθω εἰμέν —,
ὡς οὔ τοι ποταμῷ γε δαμήμεναι αἴσιμόν ἐστιν (ὡς ita ut,
Lehrs Arist. p. 162). Besonders tritt letztere Anschauung
hervor in dem νῦν δὲ — εἵμαρτο· vgl. Od. ε, 312 mit 286,
304; Il. φ, 281 mit 273; und Od. ω, 34 mit 24. Darum
handelt auch θεοῦ oder θεῶν μοῖρα mit Zeus oder den Göttern identisch: Od. λ, 292: χαλεπὴ δὲ θεοῦ κατὰ μοῖρ᾽ ἐπέ-
δησεν (μάντιν ἀμύμονα); v. 297: Διὸς δ᾽ ἐτελείετο βουλή· vgl.
noch Od. χ, 412 mit ω, 479. — So wird auch die Zulassung
oder Nichtzulassung durch die Götter mit dem Geschick
identificirt Il. σ, 328: ἀλλ᾽ οὐ Ζεὺς ἄνδρεσσι νοήματα πάντα
τελευτᾷ· ἄμφω γὰρ πέπρωται ὁμοίην γαῖαν ἐρεῦσαι αὐτοῦ ἐνὶ
Τροίῃ und Il. ι, 244: ταῦτ᾽ αἰνῶς δείδοικα κατὰ φρένα, μή οἱ
ἀπειλὰς ἐκτελέσωσι θεοί, ἡμῖν δὲ δὴ αἴσιμον εἴη φθίσθαι ἐνὶ
Τροίῃ, wodurch auch σ, 8 vgl. 74, 79 seine besondre Bedeutung erhält. Verwandt damit, wenn nicht identisch, sind Aus-
sprüche, in denen das Geschick und hier speciell das Missgeschick auf den Hass oder Neid der Götter oder des Zeus
zurückgeführt wird. Beispiele hiefür wurden schon oben I
§. 13 f. angeführt; ausserdem kann verglichen werden: Il. ζ,
138, 140, 200 ff.; θ, 37 nebst dem unächten v. 551; σ, 290
ff. υ, 306; Od. ε, 339 f. 423; α, 62; 49; χ, 436 f. 555, 559 f.
ξ, 365 f. τ, 274 ff. 363, 369; κ, 74 f. Demnach kann es
auch nicht Wunder nehmen, wenn Zeus und im Einzelnen

auch die Götter das Geschick vorauswissen. Ausser den
schon I §. 5 angeführten Stellen bemerke man z. B. wie
Zeus Il. π, 434 weiss, dass es dem Sarpedon beschieden ist,
durch Patroklos zu sterben, Od. ε, 41 dem Odysseus, heim-
zukehren und seine Lieben zu sehen; Poseidon weiss Il. v, 302,
dass Aineias gerettet werden soll; Apollon π, 707, dass weder Patroklos noch Achilleus Troja nehmen wird; Thetis kennt
des besten Myrmidonen Loos vorher σ, 10; Proteus weissagt
dem Menelaos Od. δ, 561 ff. u. s. f. So können denn auch
Menschen mittelbar durch θέσφατα darum wissen und das
ganze Institut der Weissagung beruht selbstverständlich auf
diesem Glauben. Allgemein aber wird nur von Zeus gesagt
ὁ γάρ τ' εὖ οἶδεν ἅπαντα, μοῖράν τ' ἀμμορίην τε καταθνη-
τῶν ἀνθρώπων Od. v, 76, obwohl nach dem Dogma θεοὶ δέ
τε πάντα ἴσασιν (vgl. I §. 5) dies von allen Göttern unbe-
schränkt gelten sollte. Allein Zeus ist eben auch der Schick-
salspender κατ' ἐξοχήν, obwohl sonst, wie wir 1 §. 28 —
46 gesehen haben, auch andere Götter ein einzelnes Geschick
zusenden oder verursachen.] In Zeus'Hause sind die πίθοι der
guten und bösen Gaben; den Versen Il. ω, 527 ff.: ᾧ μὲν κ' ἀμμίξας δώῃ Ζεὺς τερπικέραυνος, ἄλλοτε μέν τε κακῷ ὅγε κύρεται,
ἄλλοτε δ' ἐσθλῷ entspricht ohne Bild Od. ο, 488: ἀλλ' ἤτοι
σοὶ μὲν παρὰ καὶ κακῷ ἐσθλόν ἔθηκεν Ζεύς· [denn: Ζεὺς
αὐτὸς νέμει ὄλβον Ὀλύμπιος ἀνθρώποισιν ἐσθλοῖς ἠδὲ κακοῖσιν, ὅπως ἐθέλῃσιν ἑκάστῳ Od. ζ, 188 f.; daher auch Il. ζ,
357 Helena von sich und Alexandros sagt: οἷσιν ἐπὶ Ζεὺς
θῆκε κακὸν μόρον, vgl. Od. λ, 560.]

7. Aber mit diesen allerdings die Einerleiheit des Zeus
und der Moira bekundenden Stellen ist die Sache durchaus
noch nicht abgethan. Betrachten wir vorläufig nur die spätere Vorstellung des griechischen Alterthums *), die sich z. B.
ausspricht bei Herod. 1, 91 in einem Bescheide der Pythia:
τὴν πεπρωμένην μοίρην ἀδύνατά ἐστι ἀποφυγέειν καὶ θεῷ
und von Lucian in seinem Jupiter confutatus schliesslich auf
die Spitze getrieben wird, so scheint es undenkbar, dass die
griechische Nation, die doch anerkanntermassen mit ihrem

---

*) [Vgl. hierüber Nachhom. Thlg. III, 3, 4.]

religiösen Glauben im Dichter wurzelt, solche Vorstellung
unabhängig von ihm in sich ausgebildet habe, vielmehr ist es
gleich von vorne herein sehr wahrscheinlich, dass es jenem
fast in dogmatischer Form ausgesprochenen Lehrsatz an Aus-
gangs- und Anknüpfungspunkten auch im Dichter nicht fehlen werde.   Wenig Gewicht haben freilich Stellen wie Il.
ο, 117, wo
der Gott Ares sagt: μὴ νῦν μοι νεμεσήσετ᾽, Ὀλύμπια δώ-
ματ᾽ ἔχοντες, τίσασθαι φόνον υἷος, ἰόντ᾽ ἐπὶ νῆας Ἀχαιῶν·
εἴπερ μοι καὶ μοῖρα Διὸς πληγέντι κεραυνῷ κεῖσθαι ὁμοῦ
νεκύεσσι κτλ.; denn hier spricht Ares, wie z. B. gesprochen
wird Il. ϱ, 421: ὢ φίλοι, εἰ καὶ μοῖρα παρ᾽ ἀνέρι τῷδε δαμῆναι πάντας ὁμῶς, μήπω τις ἐρωείτω πολέμοιο, d. h. wie
ein Mensch: „wenn es mir auch beschieden ist u. s. f." Aber
schon bedeutender ist es, dass die Vorstellung des Dichters
die Götter in Verhältnisse bringt, die ohne den Glauben an
eine Verschiedenheit zwischen beiden ein für allemal nicht
denkbar wären.   In ein solches Verhältniss wird Zeus zur
Moira gestellt durch die in der Ilias ihm beigelegte Handhabung der τάλαντα. [Diese in der Hand des Gottes sind natürlich ἱερὰ und χρύσεια, und er nimmt sie zur Hand nur
da, wo er als ταμίης πολέμοιο in Kämpfen sei es zwischen
Einzelnen oder ganzen Heeren eine endgültige Entscheidung
herbeiführen will.] In welcher Weise er dies vollführt, ergiebt sich am deutlichsten aus Il. χ, 208—13. Dreimal schon
hat Achilleus den Hektor um die Mauern gejagt und der Kampf
ist noch ganz unentschieden (199 ff.), beide kommen zum
viertenmal an die Quellen — jetzt am letzten Knotenpunkt
der ganzen Ilias muss sich der Sieg entscheiden und dies
geschieht in vier vom Dichter sehr hervorgehobenen Momenten (212 f.); der Vollzug des Schicksalswillens beginnt augenblicklich. — Ein andermal hatte Zeus den andern Göttern
die fernere Einmischung in den Kampf verboten und sieht
vom Ida aus dem halbtägigen blutigen aber unentschiedenen
Kampf der Griechen und Troer zu; dann aber will er eine
Entscheidung herbeiführen und wir lesen ϑ, 69—72 abgesehen von nothwendigen Aenderungen (71) genau dieselben
Worte wie in Il. χ. — [In τ, 223 f. ἄμητος δ᾽ ὀλίγιστος, ἐπὴν
κλίνῃσι τάλαντα Ζεύς, ὅστ᾽ ἀνθρώπων ταμίης πολέμοιο τέ-

τυκται (vgl. λ, 67 — 72 mit 336; ν, 101; ο, 406 und die, Nachahmung Quint. Smyrn. 8, 275—283): das Niedermähen (von Seiten hungernder Krieger) dauert nur ganz kurze Zeit, wenn Zeus die Wage neigt d. h. den unentschiedenen Kampf entscheidet mittels der Wage. Darum kann kurz gesagt werden: γνῶ γὰρ Διὸς ἱρὰ τάλαντα π, 658, was doch wohl nach dem Zusammenhang durch Ergänzung von μεταχλιν-θέντα oder (Damm) ῥέψαντα zu erklären; er erkannte, dass Zeus den Kampf — und zwar gegen ihn und die Troer, v. 656 — entschieden habe; wie Aias π, 362: ἦ μὲν δὴ γίγνω-σκε μάχης ἑτεραλκέα νίκην und ebenso ρ, 626 vgl. 593; das Gegentheil von ϑ, 175 vgl. 170 und ο, 719 ff. vgl. 694.]. Wie kommt nun aber die homerische Zeit zu dieser Anschauung? Offenbar so, dass, wie so oft, menschliche Weise auf die Gottheit übertragen wird. [Zeus ist nicht willenlos dabei ge-dacht; wir sehen, dass er zum Theil lange ehe er zur Wage greift schon seinen Entschluss gefasst hat. So ist dem He-ktor der Tod (χ, 179; 185), den Argivern (η, 478 vgl. ϑ, 37) und dem Hektor (π, 652 ff.) die Flucht schon bestimmt, ehe die Wage erwähnt wird.] Zeus greift nun aber zur Wage, ebenso wie ein Mensch, wenn er auch immerhin weiss was er zu thun hat oder schon entschlossen war, gleichwohl wenn der schwere, folgenreiche Schritt geschehen soll, zaudert und durch ein äusseres Zeichen wie durchs Loos eine Bestimmung von aussen erhalten will [um in einem naiven Selbstbetrug gleichsam sich der Verantwortlichkeit durch die Entschuldigung mit einer ausser ihm liegenden Entscheidung entziehen zu können]. Eine solche Anschauung muss zu Grunde gelegen haben, als man den Zeus vor der wichtigen Entscheidung ein äusseres Zeichen, einen ausser ihm vorhandenen Willen befragen liess [woraus sich dann weiterhin die Vorstellung entwickelte, dass in wichtigen Momenten überhaupt, auch wenn deren Herbeiführung nicht, wie Il. χ, 21 durch das Gefühl von Mitleid erschwert wird, Zeus seine Wage zur Hand nehme. Dass dies aber für den Dichter so wenig eine blos symbolische Bezeichnung war, als wenn er den Ares unter goldnen Wolken sitzen (Il. ν, 523 cf. hymn. in Apoll. Del. 98) oder die Götter ihre Waffen und Wagen an eine Wolke lehnen (Il. ε, 356) oder sie auf goldnem Wagen fah-

ren oder die Artemis eine goldne Spindel handhaben lässt
u. ä., diesen Eindruck müssen doch wohl jene Stellen auf
einen unbefangenen Leser machen und, wir könnten uns dafür auch auf das Alterthum selbst berufen *). — Zum Schluss
erinnern wir nur noch an eine ganz ähnliche Vorstellung in
der ä. Edda, Hymiskvidha 1, wo es von den Walgöttern heisst:
„Sie schnitten Stäbe (d. h. Runen), besahen das Opferblut
und fanden, dass Aegirn der Braukessel fehle." Vgl. §. 14
a. E. — Es ist nun zunächst lediglich die Verschiedenheit
der Moira von Zeus, das Vorhandensein eines andern
Willens neben dem seinen, das wir mit Bestimmtheit
aus obigen Stellen erschliessen können; also ein Versuch der
Moira gleiche Macht wie Zeus zugeschrieben, wie ihn auch die
spätere Zeit gemacht hat. Vgl. Nachhom. Th. III, 6 p. 148].

8. Dasselbe Verhältniss zwischen Zeus und der
Moira, wie hier, finden wir auch anderwärts. Wenn
Il. *π*, 433 ff. Zeus überlegt, ob er den der Moira längst
(441) verfallenen (434) Sarpedon derselben überlassen oder
entreissen solle, so wird ihm damit offenbar die Macht

---

*) [Abgesehen von der Psychostasie, in welcher Aeschylus „der den ho-
merischen Zeus wohl verstand" (Welcker) nach Il. *χ*, 208 ff. — worüber er sich freilich von Porphyrius u. den Scholl. zurechtweisen
lassen muss — die Wage des Zeus sogar auf die Bühne bringt,
was er auch kaum der damals gangbaren Ansicht zum Trotz gethan haben würde, vergleiche man Suppl. 822 Df. (790 Hr.) *σὸν
δ' ἐπὶ πᾶν ζυγὸν ταλάντου* — eine Ausdrucksweise, die fast zu
verrathen scheint, dass für Aeschylus *Ζεὺς ὑυίζυγος* wie für Phi-
lemon cf. Villoison ad Apollon. p. 819 n. 2 *οἷον ταλαντεύων τὰ
κατ' ἀνθρώπους* war —, ausserdem Suppl. 403 (388), Pers. 346
(341), Sept. 21. 23, u. d. Ausll.; Theogn. 157 (159) und noch
spät: Qu. Smyrn. 8, 277, 282 (wozu Köchly: Nonn. 17, 353) u. a.
Eine ähnliche Anschauung bei Sophocles (fr. inc. 809 Nauck) *αἰεὶ
γὰρ εὖ πίπτουσιν οἱ Διὸς κύβοι*. In der späteren Zeit der Reflexion fasste man freilich solche Stellen bildlich, was schon einzelne Scholien zu Homer beweisen. Wie geläufig aber dann das
Bild der Wage überhaupt wurde, zeigen schon Ausdrücke wie
σταθμᾶσθαι, perpendere, erwägen u. ä. und Beispiele dieser bild-
lichen Anwendung der Wage finden sich von der ältesten Zeit
(z. B. Daniel 5, 26) bis auf die neueste in verschiedenen Sprachen
und Literaturgattungen.]

zugetraut das Letztere zu thun und anerkannt wird diese
von der gegen Anwendung derselben eifernden Hera (442 f.).
[Zeus giebt nach (458), jedoch nicht wegen einer etwaigen
Ueberordnung der Moira, sondern wegen der Consequenzen
den andern Göttern gegenüber (446 f.); denn dies ist offenbar der Kernpunkt in der Gegenvorstellung der Hera, welche
den andern Göttern somit ebenfalls ein Einschreiten gegen
die Moira zutraut. Dies bestätigt sich durch folgende Stel-
len]. Il. χ, 174 ff. berathen die Götter zusammen über et-
waiges Einschreiten gegen die Moira und nur dem ähnlichen
Widerspruch der Athene giebt hier Zeus nach [und zwar,
wie es scheint, bestimmt ihn hier das Verhältniss zu ihr als
seiner Lieblingstochter 183 f.]. Es zeigt sich also hierin
wenigstens die Möglichkeit eines Einschreitens gegen den
Schicksalswillen von Seiten des Zeus und in zweiter Linie
der Götter. [Daraus ergiebt sich nun aber weiter ein doppelter Schluss, der denn auch, sei es bewusst oder unbewusst,
im homerischen Glauben vollzogen wurde. Durch Betonung
dieser Vollmacht der Götter nämlich gelangt man zu dem
Satze, dass alles von der Zulassung der Götter abhängt (§. 6);
darin aber, dass die Götter der Moira nicht gerne entgegen-
treten (π, 441 f. = χ, 179 f.) und Zeus sie gewähren lässt,
liegt hinwieder auch eine Ueberordnung der Moira; also ein
anderer Wille über dem des Zeus.] Dies ist angedeutet in der oben schon erwähnten Stelle Il. υ, 127, wo die
dem Achilleus so befreundete Göttin Here nach der an Athene
und Poseidon gerichteten Aufforderung, ihm für diesmal bei-
zustehn, am Ende sagt: ὕστερον αὖτε τὰ πείσεται, ἄσσα οἱ
Αἶσα γεινομένῳ ἐπένησε λίνῳ, ὅτε μιν τέκε μήτηρ. So könnte
der Dichter die Göttin nicht sprechen lassen, wenn in seiner
Vorstellung der Götterwille von dem der Μοῖρα nicht unterschieden, oder wenn deren Fügung blos die des Götterköniges wäre, gegen den sich Here nach ihrem Charakter ohne
weiteres erklären würde. [Auch das Gebet des Polyphemos
an seinen Vater Poseidon lautet Od. ι, 528 ff.: „Höre mich
Poseidon — — und lass den Odysseus nicht heimkommen;
ἀλλ᾽ εἴ οἱ μοῖρ᾽ ἐστὶ φίλους τ᾽ ἰδέειν καὶ ἱκέσθαι — —
ὀψὲ κακῶς ἔλθοι. Im Fall der Erhörung lässt also Poseidon
den Odysseus gar nicht oder wenn ja das Geschick anders be-

stimmt hat, erst spät heimkommen. Die Heimkehr kann
also ganz ausserhalb der Macht des Poseidon liegen, dem
dann nur ein Aufschub möglich wäre; mit andern Worten:
im Glauben des Polyphemos (d. h. des Dichters) steht Poseidon unter der Moira.] Noch deutlicher spricht diese Unterordnung der Götter wenigstens in Bezug auf die Μοῖρα ϑα-
νάτου Athene selbst aus in der freilich athetisirten Stelle Od.
γ, 236 ff.: ἀλλ᾽ ἤτοι ϑάνατον μὲν ὁμοίϊον οὐδὲ ϑεοί περ καὶ
φίλῳ ἀνδρὶ δύνανται ἀλαλκέμεν, ὁππότε κεν δὴ Μοῖρ᾽ ὀλοὴ
καϑέλῃσι τανηλεγέος ϑανάτοιο. Dass diesen Lehrsatz Fälle,
wie mit Ganymedes, Rhadamanthys und Menelaos nicht um-
stossen, fällt um so mehr in die Augen, als es von Menelaos
Od. δ, 561 ausdrücklich heisst: σοὶ δ᾽ οἰ ϑέσφατόν ἐστι,
Διοτρεφὲς ὦ Μενέλαε, Ἄργει ἐν ἱπποβότῳ ϑανέειν καὶ πότμον ἐπισπεῖν. Wie kann .gesagt werden, dass Zeus seinen
Eidam vom Tod errettet habe, da diesem ja gar nicht beschieden war ·zu sterben?

9. Aber bei dieser passiven Unterordnung der Götter
unter die Moira bleibt die Anschauung Homers nicht stehen:
von noch grösserer Bedeutung ist es, dass die Götter auch
in ihrem Handeln derselben mit Bestimmtheit untergeordnet
erscheinen als Vollstrecker und Werkzeuge der Moira.
Und zwar zunächst positiv. Beinahe ῥητῶς findet sich
diese Bezeichnung in Il. ο, 613, wo die Vorstellung, wenn
auch die Verse unächt sein sollten, doch gewiss homerisch
ist: (Ἕκτωρ) μινυνϑάδιος — ἔμελλεν ἔσσεσϑ᾽· ἤδη γάρ οἱ
ἐπώρνυε μόρσιμον ἦμαρ Παλλὰς Ἀϑηναίη ὑπὸ Πηλείδαο
βίηφιν. Ferner erscheinen die Götter als Vollzieher des
Schicksalsbeschlusses in Beziehung auf Aineias Il. υ, 300, wo
Poseidon sagt: ἀλλ᾽ ἄγεϑ᾽, ἡμεῖς πέρ μιν ὑπὲκ ϑανά-
του ἀγάγωμεν, μήπως καὶ Κρονίδης κεχολώσεται, αἴ κεν
Ἀχιλλεὺς τόνδε κατακτείνῃ· μόριμον δέ οἷ ἐστ᾽ ἀλέασϑαι.— Il. χ, 213 verlässt Apollon, des trojanischen Helden
bisher so getreuer Hort, seinen Schützling in dem Augenblick, als über dessen Tod durch die Wage des Schicksals
entschieden ist, und Athene macht sich unmittelbar an's
Werk, ihn durch des Peliden Hand zu verderben. Und Od.
ε, 41. 42. bezeichnet Zeus selbst die Befehle, die er dem
Hermes an Kalypso in Betreff der Heimkehr des Odysseus

zu überbringen giebt, als gegeben nach des Schicksals Fügung, indem er seine Rede schliesst mit: ὡς γάρ οἱ μοῖρ᾽ ἐ-
στὶ φίλους τ᾽ ἰδέειν καὶ ἱκέσθαι οἶκον ἐς ὑψόροφον καὶ ἑὴν ἐς
πατρίδα γαῖαν, vgl. v. 103, 112 ff. — [Zweifelhaft könnte erscheinen, ob dies Verhältniss zur Moira auch in dem δα-
μάσσω des Zeus Il. π, 438 zu Grunde liegt, wenn man dies
nämlich mit Köppen durch δαμῆναι ἐάσω nach v. 451 (vgl.
ϑ, 243 = ο, 376; ν, 2; ο, 522) erklärt; denn dann erschiene
Zeus der Moira übergeordnet; allein abgesehen davon, dass
Here ohne Rückblick auf v. 438 lediglich die Vollstreckung
durch einen Menschen (Patroklos) als Werkzeug des Gottes
im Auge haben kann, ᾽erscheinen als Vollzieher der Moira
eben durch das von ihnen prädicirte δαμάσαι auch Ares Il.
π, 543; Athene χ, 271, 446, ϑεοὶ χ, 379, Od. ξ, 367 *).]
Ebenso wird, wo Μοῖρα καὶ ϑεός etwas thut, die Wirksamkeit des Gottes entschieden als eine untergeordnete dargestellt; vgl. Il. π, 849: ἀλλά με Μοῖρ᾽ ὀλοὴ καὶ Λητοῦς ἔ-
κτανεν υἱός, ἀνδρῶν δ᾽ Εὔφορβος· σ, 117—119: οὐδὲ γὰρ οὐδὲ
βίη Ἡρακλῆος φύγε Κῆρα, ὅσπερ φίλτατος ἔσκε Διῒ Κρονίωνι
ἄνακτι· ἀλλά ἑ Μοῖρ᾽ ἐδάμασσε καὶ ἀργαλέος χόλος Ἥρης·
[gerade so, wie auch die Thätigkeit der Menschen mittelbar durch die Gottheit der Moira untergeordnet erscheint,
wenn es z. B. heisst Il. τ, 416: σοὶ αὐτῷ (dem Achill) μόρσιμόν ἐστι ϑεῷ τε καὶ ἀνέρι ἶφι δαμῆναι, wo nach Il. χ, 359
Apollon und Paris gemeint ist; ohne dass man mit Schol.
BV. anzunehmen hat, Apollon habe es in der Gestalt des
Paris gethan. Ebenso Il. υ, 94: ἦ κ᾽ ἐδάμην ὑπὸ χερσὶν
Ἀχιλλῆος καὶ Ἀθήνης· vgl. auch π, 849 f.]. Dass dann die
Sterblichen auch unmittelbar in ihrem Thun Werkzeuge
der Moira sein müssen, versteht sich von selbst; z. B. Il. π,
103; δ, 517 ff.; μ, 116; Od. λ, 61; 292; χ, 413.

---

*) [Dagegen aus den Stellen Il. ν, 434; γ, 352; ζ, 368; Od. φ, 213;
    τ, 488, 496; λ, 398 = ω, 109 vgl. λ, 406; σ, 156 lässt sich über
    das Verhältniss der Moira bei diesem δαμάσαι der Götter mit Be-
    stimmtheit desshalb nichts erschliessen, weil die jedesmalige Be-
    stimmung der Moira uns hier nicht bekannt ist und daher eben-
    sowohl eine Gleichstellung als eine Ueberordnung der Götter be-
    zeichnet sein kann.]

Nur die negative Seite dieser vollziehenden Thätigkeit der Götter ist es, wenn sie verhindern, was dem Schicksalswillen zuwiderlaufen würde. [So Zeus selbst in Od. ε, 112, wo der oben auś v. 41 angeführte Gedanke negativ und positiv ausgedrückt ist. Ferner Il. ε, 674 ff.: οὐδ᾽ ἄρ᾽ Ὀδυσσῆι μεγαλήτορι μόρσιμον ἦεν ἴφθιμον Διὸς υἱὸν ἀποκτάμεν ὀξέϊ χαλκῷ· τῷ ῥα κατὰ πληθὺν Λυκίων τράπε θυμὸν Ἀθήνη. Zeus selbst begründet seine Drohung, den Achäern durch Hektor noch vieles Leid zuzufügen (Il. ϑ, 470 ff.): ὡς γὰρ θέσφατόν ἐστιν v. 477; und so werden wir auch Od. δ, 563 f. einen causalen Zusammenhang mit v. 561 f. annehmen dürfen]. So hindern die Götter das ὑ π έ ρ μ ο ρ ο ν, Il. π, 707: χάζεο, Διογενὲς Πατρόκλεις· ο ὔ ν ύ τ ο ι α ἶσα σῷ ὑπὸ δουρὶ πόλιν πέρθαι Τρώων ἀγερώχων· denn vorher hat es v. 698 geheissen: ἔνθα κεν ὑψίπυλον Τροίην ἕλον υἷες Ἀχαιῶν Πατρόκλου ὑπὸ χερσί· περιπρὸ γὰρ ἔγχεϊ θῦεν· εἰ μὴ Ἀπόλλων Φοῖβος ἐϋδμήτου ἐπὶ πύργου ἔστη. [Man vergleiche die unten ausgeschriebenen Stellen Il. φ, 517 cll. 544 ff.; Od. ε, 436 mit 426 f.; Il. β, 155; υ, 336. Aehnlich sind aber, ohne ausdrückliche Nennung eines ὑπέρμορον, die oben I §. 30 med. verzeichneten Stellen mit der Formel: und nun wäre wohl dies und jenes geschehen, wenn nicht just der und der Gott eingeschritten wäre].

10. Wir schliessen somit aus der von Zeus vollzogenen Erforschung des Verhängnisses, aus der von den Göttern diesem gegenüber an den Tag gelegten Resignation, endlich aus der Bestimmtheit, in welcher dieselben als Vollstrecker der Μοῖρα erscheinen, auf eine vom Dichter geglaubte Nichteinerleiheit des göttlichen und des Schicksalswillens und sind zu diesem Resultate, wie wir hoffen, durch einfachen Zusammenhalt der Thatsachen, wie sie in den Worten des Dichters vorliegen, gelangt. Am schlagendsten aber wird diese Verschiedenheit, wo wir nicht irren, bewiesen durch die Natur des ὑ π έ ρ μ ο ρ ο ν *), von dem wir behaupten, dass es, wenn

---

*) [Allerdings sollte man eigentlich mit Heliodor ὑπὲρ μόρον schreiben, wie Bekker auch thut; dass aber zur Zeit des Dichters in dem Ausdruck nicht mehr das Substantivum gehört wurde, son-

die *Moῖρα* nichts weiter wäre als Wille und Fügung der Götter oder des Zeus, völlig unmöglich sein würde. Vorab ist
eine Sprachbemerkung nöthig.

Um den Widerspruch eines *ὑπέρμορον* mit der gewöhnlichen Vorstellung von einer allmächtigen *Moῖρα* wegzuschaf-
fen, hat man dem Worte die Bedeutung leihen wollen: ü b e r
d a s G e s c h i c k h i n a u s (vgl. Passow), so dass Alles, was
dem Menschen *ὑπὲρ αῖσαν* begegnete, nur ein den Willen
der *Moῖρα* nicht beeinträchtigendes Mehr von Begegnissen
wäre. Damit hat man aber erstlich nichts gewonnen. Denn
was das Maass des Gewollten überschreitet, steht, wenn einmal der Wille ein bestimmter und zielsetzlicher war, mit diesem Willen in Widerspruch. Es ist aber zweitens diese Erklärung entschieden falsch, schon wegen des dem *ὑπέρμορον*
und *ὑπὲρ αῖσαν* gleichbedeutenden *ὑπὲρ θεὸν* in Il. ρ, 327,
wo Apollon sagt: *Αἰνεία, πῶς ἂν καὶ ὑπὲρ θεὸν εἰρύσσαισθε
Ἴλιον αἰπεινήν;* Denn die Rettung von Ilios, wenn sie möglich wäre, geschähe nicht etwa blos unbeabsichtigt von dem
göttlichen Willen, als etwas, das über denselben nur hinaus
läge, sondern geradezu wider denselben; es würde nicht blos
weiter, als die Götter wollten, sondern gegen sie an gegangen. Dann wegen Od. ε, 436: *ἔνθα κε δὴ δύστηνος ὑπέρμορον ὤλετ' Ὀδυσσεύς.* Wer nämlich stirbt, o h n e dass ihm
das Geschick den Tod bestimmt, erleidet nicht blos ein *plus*,
sondern in diesem *plus* liegt auch ein *contrarium* dessen,
was das Schicksal will. [Eine Analogie bietet *ὑπὲρ ὅρκια πη-
μαίνειν*, s. zu Il. γ, 299.]

.   11. Was folglich hinaus geht über den Willen des Geschicks, das kann demselben nur entgegen und zuwider sein.
Und dass dergleichen nach des Dichters Vorstellung trotz
dem dass in Il. ζ, 487—489 das Gegentheil ausgesprochen
scheint (*οὐ γάρ τίς μ' ὑπὲρ αῖσαν ἀνὴρ Ἄϊδι προϊάψει· μοῖραν δ' οὔτινά φημι πεφυγμένον ἔμμεναι ἀνδρῶν, οὐ κακὸν
οὐδὲ μὲν ἐσθλόν, ἐπὴν τὰ πρῶτα γένηται*) wirklich geschehen
könne, dafür finden sich der Belege nicht wenige. Die M ö g-

_____

dern ein Adverbium (d. h. ntr. adj.), beweist die Bildung eines
ὑπέρμορα Il. β, 155.]

lichkeit des ὑπέρμορον setzen voraus die Stellen Il. β, 155:
ἔνϑα κεν Ἀργείοισιν ὑπέρμορα νόστος ἐτύχϑη, εἰ μὴ Ἀϑη-
ναίην Ἥρη πρὸς μῦϑον ἔειπεν, wozu die oben angeführte
Stelle Od. ε, 436 gehört; ferner sagt Il. v, 29. 30 Zeus selber:
νῦν δ᾽, ὅτε δὴ καὶ ϑυμὸν ἑταίρου χώεται αἰνῶς, δείδω μὴ
καὶ τεῖχος ὑπέρμορον ἐξαλαπάξῃ· ib. 335 sagt Poseidon zu
Aineias, vor Achilleus warnend: ἀλλ᾽ ἀναχωρῆσαι, ὅτε κεν
συμβλήσεαι αὐτῷ, μὴ καὶ ὑπὲρ μοῖραν δόμον Ἀϊδος εἰσαφί-
κηαι. Il. φ, 516 heisst es von Apollon: μέμβλετο γάρ οἱ τεῖχος ἐυδμήτοιο πόληος, μὴ Δαναοὶ πέρσειαν ὑπέρμορον ἤματι
κείνῳ vgl. 544 f. Dasselbe liegt in Il. v, 302, wo Poseidon
von Aineias sagt: μόριμον δέ οἵ ἐστ᾽ ἀλέασϑαι, während
er unmittelbar vorher v. 293 gesagt: ἦ μοι ἄχος μεγαλήτορος
Αἰνείαο, ὃς τάχα Πηλείωνι δαμεὶς Ἀϊδόςδε κάτεισιν, also ein
ὑπέρμορον befürchtet hat. Nicht minder geht die Möglichkeit eines solchen hervor aus Il. π, 433 ff. und Il. χ, 175 ff.,
was schon oben §. 8 dargethan wurde. [In all' diesen Stellen
sowie in den beiden noch zu besprechenden will Welcker I,
192 das ὑπέρμορον u. s. w. nur als „hyperbolischen Ausdruck" gelten lassen, „wie zuweilen unmenschlich, unnatürlich, unmässig, mehr als zufällig" und läugnet daher geradezu, dass dasselbe von Vollbrachtem, Geschehenen gebraucht
werde. Nun ist freilich wahr, dass ὑπὲρ αἶσαν in Verbindung mit seinem Gegensatz (κατ᾽ αἶσαν — οὐϑ᾽ ὑπὲρ αἶσαν,
Il. γ, 59; ζ, 333) die Bedeutung „über Gebühr" hat; daraus
folgt aber noch nicht, dass es dieselbe auch ausser dieser
Formel habe; und was hätte ὑπὲρ Διὸς αἶσαν Il. ρ, 327 für
einen Sinn? Von κατὰ μοῖραν dagegen, welches nur die Bedeutung „nach Gebühr" (eigentlich: Theil für Theil z. B. κα-
ταλέξαι) hat, heisst der Gegensatz wieder nicht ὑπὲρ μοῖραν,
sondern einmal παρὰ μοῖραν Od. ξ, 509, sonst aber οὐ κατὰ
μοῖραν. — Wie nun aber die homerische Zeit dazu kommt,
ein ὑπέρμορον für möglich zu halten, dürfte sich vielleicht
noch erkennen lassen. Wenn Odysseus Od. ξ, 357, 359 aus
seiner wenn auch fingirten Errettung durch die Götter den
Schluss zieht: ἔτι γάρ νύ μοι αἶσα βιῶναι, so ist es der sonstigen Anschauung des Dichters ebenso gemäss, aus dem
Nichteintreten irgend eines schon erwarteten, für unvermeid-
lich gehaltenen Ereignisses sofort zu schliessen, dass dasselbe

eben nicht *μόρσιμον* gewesen sein könne und er erzählt es
daher in folgender Form: dies und jenes wäre, *ὑπὲρ μοῖραν*,
geschehen, wenn es nicht durch eine Gottheit, die ja den
Willen der Moira auch sonst vollzieht, abgewendet worden
wäre. —   ,
Die **Wirklichkeit** eines *ὑπέρμορον* besagen zwei andere Stellen. Nachdem in Il. *π*, 698 ff. die Achäer unter Patroklos durch das Einschreiten des Apollo gehindert waren,
Troja zu nehmen, und von Mittag an hitzig aber unentschieden gekämpft hatten, da war es *μόρσιμον*, dass sie nicht sie-
gen sollten — aber sie siegten doch: *ὑπὲρ αἶσαν* [1]). Man
versuche die Uebersetzung: „da waren sie denn unmässig im
Vortheil" oder etwas der Art und man wird fühlen, dass die
spannenden Verse 764 — 778 etwas anderes erwarten liessen
als nur einen symbolischen Ausdruck für den Sieg. Noch [)]
unstatthafter wäre dies in der andern Stelle Od. *α*, 33 ff.: *ἐξ*
ἡμέων γάρ φασι κάκ᾽ ἔμμεναι· οἱ δὲ καὶ αὐτοὶ σφῇσιν ἀτα-
σθαλίῃσιν ὑπέρμορον ἄλγε᾽ ἔχουσιν [1]). Vielmehr war jene
Heirath sammt ihren Folgen dem Aegisthos eben nicht beschieden; wozu hätten ihn denn sonst die Götter, auch hier
Vollzieher der Moira, davor (als einem *ὑπέρμορον*) warnen
lassen? Die Götter wollen eben auch hier die Ueberschrei-
tung des Schicksalsschlusses abwenden; diesmal vergebens].

12.   Wie aber innerhalb der Weltanschauung des Dichters die Vorstellung von der **Wirklichkeit** eines *ὑπέρμορον*
aufkommen kann, wird zwar nicht directe, wohl aber analoger Weise begreiflich aus Il. *ρ*, 321: *Ἀργεῖοι δέ κε κῦδος*
ἕλον καὶ ὑπὲρ Διὸς αἶσαν κάρτεϊ καὶ σθένεϊ σφετέ-
ρῳ· vgl. 327—330: *Αἰνεία, πῶς ἂν καὶ ὑπὲρ θεὸν εἰρύσσαι-*
σθε Ἴλιον αἰπεινήν; ὡς δὴ ἴδον ἀνέρας ἄλλους κάρτεϊ τε
σθένεϊ τε πεποιθότας ἠνορέῃ τε πλήθεϊ τε σφετέρῳ, καὶ
ὑπερδέα δῆμον ἔχοντας. Vgl. Il. *λ*, 90; *ν*, 57; *ρ*, 104. Wir
sehen, wenn ein *ὑπέρμορον* geschieht, die Menschen, oder,
wie in Od. *ε*, 436, das empörte Element **Gewalt thun** und
ungemeine Kraft und Anstrengung entwickeln. Hinwiederum
ist eine von der *Moῖρα* aufgebotene Gegenkraft dem Dichter

---

1) Falsche Deutung Welckers. (s. d. vor. S.)

undenkbar; denn es ist die *Μοῖρα* nicht in einer Persönlichkeit beschlossen, ist nichts Lebendiges und kann sich demzufolge n i c h t w e h r e n.   Wäre die *Μοῖρα* mit Zeus oder dem Gesammtwillen der Götter identisch, so würde sie gegen die ringende, sich selbst überbietende Kraft des Sterblichen ihre göttliche Kraftfülle einzusetzen haben; der ankämpfenden Person würde der übermächtige Gegner nicht fehlen.   Insofern sie aber dem Dichter nicht als regsame, gegen den Kühnen, der ihre Satzung zu brechen, ihr Wesen zu vernichten droht, in die Schranken tretende Macht erscheint, fasst er sie nicht als Person, nicht als Zeus noch als den Ausdruck des Gesammtwillens der Götterwelt; und wir sind somit auf ein unserem früheren Resultate, nach welchem die *Μοῖρα* mit Zeus identisch ist, direkt entgegengesetztes Ergebniss gekommen.

13.   Die Berechtigung beider im Eingang dieses Abschnittes erwähnten Ansichten über die *Μοῖρα* kann als dargethan erscheinen, und wir sind nunmehr in den Stand gesetzt, folgende Frage zu thun:

von welcher Eigenthümlichkeit ist das religiöse Bewusstsein, welches die Götter, ja den König und Vater der Götter dem dunkeln Wesen der *Μοῖρα* zumal u n t e ro r d n e t u n d g l e i c h s e t z t?

Wir fanden im vorigen Abschnitt einen manchfaltig gegliederten Götterstaat und in demselben allerdings eine höchste monarchische Gewalt, der es aber nicht immer gelingt, die neben ihr und durch ihren Bezug auf sie mächtigen Gewalten in den nothwendigen Schranken zu halten. Der Wille, der diesen Götterstaat beherrscht, ist kein absoluter, kein solcher, vor dem jeder andere verstummt und in die Grenzen seiner befugten Stellung zurückträte. Nun wohnt aber dem Menschengeist ein unabweisliches Verlangen ein, dem gegliederten Organismus des Götterhimmels seinen Halt in einer allen Widerstand ausschliessenden Einheit zu geben, und das Ergebniss dieses Verlangens ist der *Μοῖρα* Ueberordnung über die Götterwelt, e i n w e i t e r e r V e r s u c h, d a s B ed ü r f n i s s d e s M e n s c h e n g e i s t e s n a c h m o n o t h e i s t is c h e r W e l t a n s c h a u u n g z u b e f r i e d i g e n.   [Wäre dies der homerischen Welt durch Erschaffung der *Μοῖρα* wirklich

gelungen, so könnte man allerdings diese gleichsam als „Oberkönig über dem Götterkönig" ansehen — eine Ansicht von
der *Moῖρα*, wie man sie durch einen Missverstand des letzten
Satzes früher bei uns als die endgiltige zu finden vermeinte].
Allein diesem in der *Moῖρα* von ihm geschaffenen Haupte
der Götter- und Menschenwelt kann die Vorstellung der homerischen Zeit, als ob sie den Begriff persönlicher Gottheit
schon in der Erzeugung der Olympier verbraucht hätte, kein
Leben, keine Persönlichkeit, keine festbegränzte Bestimmtheit
des selbstbewussten Willens, somit keine Fähigkeit geben,
diesen Willen in der Energie des Niederkämpfens entgegen-
gesetzter Bestrebungen zu behaupten. Daher, wie wir sahen,
das *ὑπέρμορον*. Sie versucht also nunmehr andrerseits, nicht
befriedigt von der unlebendigen, dunkeln Macht der *Moῖρα*,
deren Unpersönlichkeit für sie nichts Erfassbares ist, den einzig noch übrigen Ausweg, die *Moῖρα* mit dem höchsten lebendigen Gott oder mit dem Gesammtwillen der Götterwelt
i d e n t i s c h zu setzen. Sonach wird jenes religiöse Bewusstsein, das ein Höchstes, Eines in der Götterwelt schaffen
wollte, zu ohnmächtig erfunden, um dasselbe mit selbstbe-
wusster Lebendigkeit zu begaben: das Unlebendige aber, das
von ihm geschaffen wird, gewährt ihm keine Befriedigung;
es kehrt daher zu dem höchsten Gotte zurück, den es schon
hatte, ohne jedoch auch in ihm die Absolutheit jenes Willens
und jener 'Persönlichkeit zu finden, die seinem Bedürfniss
allein Genüge thut. — [Die Frage nach der Vorstellung des
Dichters von der F r e i h e i t   d e s   m e n s c h l i c h e n   W i l l e n s
gegenüber der *Moῖρα* ist materiell eigentlich in dem Bisheri-
gen schon abgethan. Im Zusammenhang wird unten Abschn.
VI §. 4 ff. davon gehandelt. Einstweilen leuchtet ein, dass
bei dem Schwanken der homerischen Ansicht über die Grenzen des göttlichen Willens, der sich ja bald der *Moῖρα* beugt,
und deren Beschlüsse als unantastbar anerkennt, bald gegen
denselben reagirt, eine völlige Freiheit des menschlichen Willens schon analoger Weise undenkbar ist, ja man möchte von
hier aus auf unbedingte Gebundenheit desselben schliessen.
Allein dem widerspricht das *ὑπέρμορον*. Denn wenn es einmal als möglich zugestanden wird, dass der Mensch trotz
dem Schicksal etwas ins Werk setze — mag er auch an der

wirklichen Ausführung durch die Götter hie und da gehindert werden — so ist damit eine Unabhängigkeit des Menschen vom Schicksal anerkannt; um so mehr, wenn er von den Göttern nicht gehindert wird. Also ist der menschliche Wille nicht in allen Fällen an die Moira gebunden: die nothwendige Consequenz der Ansicht über das Verhältniss der *Μοῖρα* zu den Göttern].

14. Ist unsere bisherige Darstellung gegründet, so zeigt sich auch, dass die weitere Frage, was denn eigentlich von der *Μοῖρα*, was von Zeus nnd dem Götterrathe verhängt und verfügt werde, eine müssige ist. Die homerische Vorstellung hat eben die Bereiche beider Wirksamkeiten durchaus nicht sondern können, da sie ja zwischen Unterscheidung und Confundirung des göttlichen und des Schicksals-Willens hin und her schwankt. Nur so viel ist klar, dass in der epischen Handlung, in welche die Götterwelt mit hereingezogen ist, der lebendige, sich seiner selbst bewusste Wille derselben ein weit poetischeres Motiv abgiebt, folglich auch bei weitem anschaulicher hervortritt, als die dunkle Macht des unpersönlichen Schicksals. [Dieser Umstand hat mehrfach die Auffassung veranlasst, als ob wirklich ausschliesslich die Götter die ganze Epopöe regierten [1]) und z. B. L. Müller sucht dies durch eine Reihe von Stellen darzuthun, in denen allerdings meist ein Eingreifen der Götter in die Handlung der beiden Gedichte gemeldet wird; allein abgesehen von einzelnen, die wir gerade für die *Μοῖρα* in Anspruch nehmen z. B. Od. ι, 52, stehen eben jenen gegenüber andre Stellen *), in denen der Dichter den

---

1) Die Einwendungen: die Götter thun Alles. Die Götter regieren die Epopöe.

*) [Diese darf man aber, wie es hie und da geschieht, weder ignoriren noch umdeuten, um dann aus Stellen, wo Homer von einer Thätigkeit der *Μοῖρα* berichtet, die Thätigkeit der Götter herauszulesen. Die reflexionslose Zeit des Dichters hatte, wie schon bemerkt, beide Anschauungen neben einander und fühlte vielleicht den Widerspruch nicht einmal so sehr, den wir wo er besteht, eben auch anerkennen müssen und wohl analysiren, aber nicht wegdeuten dürfen.]

Nägelsbach, Hom. Theol. 2. Aufl.   **10**

Einfluss der *Moῖρα* auf die Handlung, sogar in Hauptwende-
punkten, ganz entschieden ausspricht. Wir erinnern nur bei-
spielsweise an das schon erwähnte Eingreifen der *Moῖρα* bei
Patroklos', Hektors, Achilleus' etc. Tode, an Od. *ε,* 41, 113,
wo deutlich aus dem Willen der *Moῖρα* der Befehl des Zeus
an Kalypso und die weitere Heimkehr des Odysseus abgeleitet ist. Andere Belege haben wir im Verlauf der Untersuchung angeführt und erinnern besonders noch daran, wie die
Götter oftmals als Vollstrecker und Werkzeuge der *Moῖρα*
erscheinen. Wie wäre sonst auch die spätere Zeit, die doch
mit ihrem gesammten Glauben im Dichter wurzelt, darauf
verfallen, der *Moῖρα* eine so bedeutende Stelle in demselben
anzuweisen, wenn sie in der homerischen Zeit so bestimmt
untergeordnet wäre? — Es finden sich im Allgemeinen eben
in der heidnischen Zeit des Griechenvolkes ähnliche ungelöste
Widersprüche wie in der des deutschen; die alten Deutschen
glaubten an ein personifizirtes Geschick, „welches zur
Erscheinung kommt 1. im Allvater 2. in den Regin, den welt-
ordnenden berathenden Mächten, welche die Götter selber
sind, welche dem Menschen sein „bescheiden Theil" durch
ein Urtheil ermitteln, (ihre Beschlüsse die reganogiscapu) 3.
in den drei Nornen (deren Beschlüsse wurdigiscapu) welche
den Göttern nur nach den ältesten Vorstellungen übergeordnet sind. — Sonst ist das Schicksal unpersönlich
(seine Beschlüsse giscapu, alts. plur.); die Geschicke sind
Urniederlegungen (ahd. sing. urlac, mhd. urlouc), denen der
Mensch sich nicht entziehen mag, denen selbst die Götter
unterliegen." Haben wir hier nicht Zug für Zug ein Spie-
gelbild der in diesem Abschnitt besprochenen Vorstellungen
der homerischen Zeit? Es ist höchst interessant, das entsprechende Kapitel der deutschen Mythologie (z. B. bei Simrock Hdb. §. 60. 106) zu vergleichen. Dass sich im Einzelnen
dabei Verschiedenheiten herausstellen, ist natürlich und irre-
levant: uns ist es hier nur um Anerkennung der Thatsache
zu thun, dass das religiöse Bewusstsein eines Volkes auf der
früheren Stufe seiner Entwicklung sich so gestaltet hat; damit ist der Zweifel über die Möglichkeit dieser religiösen
Vorstellungen auch praktisch gelöst].

15. Verschieden von den Schicksalsmächten ist, wie

längst N i t z s c h (Anm. Bd. I p. 177 f.) dargethan, die *Κήρ* *)
[die dem Einzelnen bestimmte Todes a r t im Gegensatze zur
ὁμοίη μοῖρα d. i. *θάνατος ὁμοίϊος* Od. *γ*, 236] oder im Plural
Κῆρες die Todesarten überhaupt, als personifizirte im Moment
des Todes wirksame Gewalten gedacht. Sarpedon sagt Il. *μ*,
322 ff.: wenn wir diesem Krieg entronnen keinen Tod mehr
zu fürchten hätten, dann würde ich weder selbst Vorkämpfer
sein wollen, noch dich in die Schlacht treiben; nun aber drohen uns jedenfalls *Κῆρες θανάτοιο μυρίαι, ἃς οὐκ ἔστι φυ-
γεῖν βροτὸν οὐδ᾽ ὑπαλύξαι.* Und Od. *λ*, 171 fragt Odysseus
seine Mutter: *τίς νύ σε Κὴρ ἐδάμασσε τανηλεγέος θανάτοιο;
ἦ δολιχὴ· ν ο ῦ σ ος; ἦ Ἄρτεμις ἰοχέαιρα οἷς ἀ γ α ν ο ῖ ς βε-
λ έ ε σ σ ι ν ἐποιχομένη κατέπεφνεν;* [Die Bedeutung des Ge-
waltsamen liegt also nicht ausschliesslich im Worte, vgl. hymn.
8, 17; denn die *Κήρ* ist eigentlich nur das T ö d t e n d e (Nitzsch),
so zu sagen der Tr e ff des Todes (Welcker). Persönlich gedacht sind sie es, welche den Sterblichen wie eine Beute fort-
schleppen — *φέρουσιν* allgemein, oder *θανάτοιο τέλοσδε* Il.
ι, 411 — ihre Opfer sind dann *κηρεσσιφόρητοι*, worüber vgl.
Döderlein Gl. §. 593]. Schon bei der Geburt ist dem Sterblichen die *Κήρ*, die ihn tödten soll, beschieden; Il. *ψ*, 78:
*ἀλλ᾽ ἐμὲ μὲν Κὴρ ἀμφέχανε στυγερὴ, ἥπερ λάχε γεινόμενόν
περ.* [Zugleich mit der allgemeinen *Μοῖρα* ist also die specielle *Κήρ* beschieden [1]); daraus erklärt sich wohl auch die
Parallele: Il. *λ*, 332, *β*, 834: *Κῆρες γὰρ ἄγον μέλανος θανάτοιο* mit *ε*, 614: *ἀλλά ἑ Μοῖρα ἦγ᾽ ἐπικουρήσοντα* und wieder: *τὸν δ᾽ ἄγε Μοῖρα κακὴ θανάτοιο τέλοσδε ν*, 602 mit *ι*,
411: *διχθαδίας Κῆρας φερέμεν θανάτοιο τέλοσδε*]. Nur hat
Mancher, wie Achilleus (Il. *ι*, 411) oder Euchenor (Il. *ν*,
665 ff.), die Wahl zwischen Schlachtentod und langsam ab-
zehrender Krankheit oder Alterschwäche.   Die Zeit aber,
wann der Mensch seiner *Κὴρ* verfallen sein soll, bestimmt
diese nicht selber, sondern das hängt von Zeus oder dem von
ihm erforschten Willen des Geschickes ab (vgl. Il. *θ*, 70; *χ*,

---

*) [Den Namen leitet man meist (Döderlein, Welcker, Curtius Nr. 53)
von *κείρειν* ab; Leo Meyer in Kuhns Ztschr. V, 375 vergleicht
sachlich und sprachlich den indischen Todesgott Kala.]

1) Aber Il. *β*, 834 u. *λ*, 332? NB. die *κύνες κηρεσσιφόρητοι θ*, 527 (s. o.).

210; π, 687 f.; γ, 309 Nitzsch). Und das eben ist des
Menschen μοῖρα, dass ihn endlich seine Κήρ erreicht (D e r-
s e l b e). [Il. σ, 117. 119: οὐδὲ γὰρ οὐδὲ βίη Ἡρακλῆος φύγε
Κῆρα — ἀλλά ἑ Μοῖρ᾽ ἐδάμασσε καὶ ἀργαλέος χόλος Ἥρης.]
Die Persönlichkeit der Κήρ tritt nur in einem Bildwerk auf
dem Schilde des Achilleus hervor (Il. σ, 535 — 538), wo sie
mit blutigem Gewande unter den Frischverwundeten, noch
nicht Getroffenen und Getödteten ihr Wesen . treibt, eine
Stelle, deren Erklärung nicht ohne- Schwierigkeit ist, jedoch
hier uns zu weit führen würde. · Il. χ, 210 sind die δύο κῆρε
τανηλεγέος θανάτοιο die zwei pondera, deren eines Hektors,
das andere Achill's Todesloos repräsentirt; der stirbt, dessen
Todesloos (nach der Entscheidung der ᾽Μοῖρα) das Uebergewicht hat[1]). Ebenso ist die Situation θ, 70. Die Hesiodische Vorstellung von den Κῆρες als von Rächerinnen der
Uebertretungen der Menschen und Götter (Θ. 220 ff.) findet
bei Homer durchaus keinen Anknüpfungspunkt. [Denn dass
eigner Mangel, Verkehrtheit oder Schuld dem Menschen gerade die spezielle Κήρ zuzieht wie Furtwängler Ideen des
Todes etc. S. 45 meint, lässt sich aus Homer nicht nachweisen;
die Κήρ ist hier von der μοῖρα θανάτου zu unterscheiden, wie
derselbe im Allgemeinen gleich darauf selbst erinnert].

---

1) Αἴσιμον ἦμαρ, Todeszeit, ist hier identisch mit Κήρ: „und
Hektors Todesstunde sank."

Vierter Abschnitt.

Die Gotteserkenntniss und Offenbarung.

1. So haben wir denn das Vermögen des homerischen Menschen sich erschöpfen sehn in Versuchen, einer wahrhaftigen, wesentlichen Gottheit habhaft zu werden. Aber sowohl in den Vorstellungen von göttlicher Natur überhaupt blieb der dem Streben nach der Menschlichkeit entkleidete Gott immerfort mit den Mängeln irdischer Unvollkommenheit behaftet, und auch sein tiefes Bedürfniss nach einem Einigen, Absoluten in der Götterwelt vermochte der Mensch weder in der Gliederung des olympischen Staates und Gipfelung desselben in Zeus, noch in dem Glauben an die Moira zu befriedigen. Aber nachdem wir den Schöpfungen des unmittelbaren Bewusstseins nachgegangen sind, nachdem wir es in seiner hervorbringenden Thätigkeit betrachtet haben, ist der nächste Gegenstand, der sich unserem Auge darbietet, kein anderer als dieses Bewusstsein selbst, wie es sich selber vermittelt zu denken, und sich auf seine Weise über sich selber bewusst zu werden strebt.

Denn natürlich dürfen wir vom Dichter keine Reflexionen über sein Gottesbewusstsein erwarten. Eben damit wäre er ja über die Stufe, welcher dasselbe in der weltgeschichtlichen Entwicklung des Menschengeistes angehört, schon hinausgegangen. Er wird vielmehr nur gelegentlich verrathen, oder aus der Haltung, welche er der Gottheit dem Menschen gegenüber überhaupt giebt, erschliessen lassen, woher ihm sein Wissen von ihr geworden ist, wodurch es

vermittelt und erhalten, endlich aber innerlich geändert und
einer neuen, höheren Stufe entgegengeführt wird.

2. Wissen ist bei dem Dichter Erfahrung[1]); wer
Vieles gesehn, gehört und beobachtet hat, ist ein weiser
Mann, wie Od. β, 16´ der alte Aigyptios, ὃς δὴ γήραϊ κυφὸς
ἔην καὶ μυρία ᾔδη, wie ibid. 188 Halitherses, παλαιά τε
πολλά τε εἰδώς. Vgl. Il. τ, 217, wo Odysseus zu Achilleus
sagt: κρείσσων εἰς ἐμέθεν καὶ φέρτερος οὐκ ὀλίγον περ ἔγχει·
ἐγὼ δέ κε σεῖο νοήματί γε προβαλοίμην πολλόν· ἐπεὶ πρότερος γενόμην καὶ πλείονα οἶδα (vgl. φ, 440, wo Poseidon dem Apollon gegenüber dieselben Worte[2]) gebraucht)
Od. β, 314 sagt Telemach: νῦν δ᾽ ὅτε δὴ μέγας εἰμὶ καί ἄλλων μῦθον ἀκούων πυνθάνομαι, καὶ δή μοι ἀέξεται
ἔνδοθι θυμός. Und in gleichem Sinne wird in vielen andern
Stellen das Wissen jeder Art von Alter und Erfahrung abhängig gemacht (Il. β, 555; δ, 308; ι, 60; λ, 786 ff.; Od. γ,
125; 245; δ, 205; η, 157). Nirgends hat das Denken Ueber-
sinnliches zum Gegenstand, sondern ist stets entweder ein
kluges Verknüpfen des Nächsten mit dem Nächsten in prak-
tischer Hinsicht (νοῆσαι ἅμα πρόσσω καὶ ὀπίσσω Il. α,
343; οἷς δ᾽ ὁ γέρων μετέῃσιν, ἅμα πρόσσω καὶ ὀπίσσω λεύσ-
σει Il. γ, 109; σ, 250 [und so ist auch κ, 246 zu verstehen,
wo Diomedes von dem klugen Odysseus sagt: τούτου γ᾽
ἑσπομένοιο καὶ ἐκ πυρὸς αἰθομένοιο ἄμφω νοστήσαιμεν, ἐπεὶ
περίοιδε νοῆσαι], oder ein Erkennen und Unterscheiden dessen, was recht und gut ist vor Göttern und Menschen*).
Telemach sagt Od. σ, 228: αὐτὰρ ἐγὼ θυμῷ νοέω καὶ οἶδα
ἕκαστα, ἐσθλά τε καὶ τὰ χέρεια· πάρος δ᾽ ἔτι νήπιος ἦα·
von Peisistratos, Nestor's Sohne, der in Mentor das Alter
ehrt, lesen wir Od. γ, 52: χαῖρε δ᾽ Ἀθηναίη πεπνυμένῳ
ἀνδρὶ δικαίῳ, dagegen Od. β, 282 von den Freiern: ἐπεὶ

---

1) Vgl. Nitzsch III p. 394. (Hiob 12, 12).
2) Mit diesen wird denn auch die Schlauheit des Sisyphos bezeichnet
Theogn. 701 ff. Bgk.: οὐδ᾽ εἰ σωφροσύνην μὲν ἔχοις ῾Ραδαμάν-
θυος αὐτοῦ, πλείονα δ᾽ εἰδείης Σισύφου Αἰολίδεω, ὅστε καὶ
ἐξ Ἀΐδεω πολυϊδρίησιν ἀνῆλθεν.
*) [Vgl. Ameis zu Od. ι, 189].

οὔτι νοήμονες οὐδὲ δίκαιοι, und Od. ν, 209 von den
Phäaken: οὐκ ἄρα πάντα νοήμονες οὐδὲ δίκαιοι ἦσαν
Φαιήκων ἡγήτορες ἠδὲ μέδοντες, cf. Od. γ, 133. Von Achilleus heisst es hinwiederum Il. ω, 157: οὔτε γάρ ἐστ᾽ ἄφρων
οὔτ᾽ ἄσκοπος οὔτ᾽ ἀλιτήμων, von Nestor Od. γ, 20:
ψεῦδος δ᾽ οὐκ ἐρέει· μάλα γὰρ πεπνυμένος ἐστίν, und in
Menelaos' Anrede an Antilochos Il. ψ, 603 hat νοῦς, der
Verstand, die Bedeutung von Rechtsgefühl, Sinn für Gerechtigkeit: ἐπεὶ οὔτι παρήορος οὐδ᾽ ἀεσίφρων ἦσθα πάρος· νῦν
αὖτε νόον νίκησε νεοίη.

3. Der homerische Mensch hat also, von seinem, nicht
von unserem Standpunkt aus betrachtet, auch sein Wissen
von den Göttern nicht aus seinem Innern, nicht aus der
denkenden oder empfindenden Thätigkeit seines Geistes, sondern aus der Erfahrung geschöpft, was schon Müller Prol.
η, 356 bemerkt; er würde, wenn er befragt werden könnte,
sein Wissen von der Gottheit für ein rein historisches erklären, das ihm geworden sei durch den Verkehr der Götter
mit der Menschenwelt; daher auch oft z. B. Od. π, 356: ἦ
τίς σφιν τόδ᾽ ἔειπε θεῶν [vgl. ι, 339, die θεοπρόπια u. a.].
Was die Götter sind, wie sie es halten und treiben (die δίκη
θεῶν Od. τ, 43), wissen die Helden des Dichters aus dem,
was sie persönlich von ihnen hören und sehn, und in der
Natur der Gottheit liegt, wie wir gesehen haben, weder leiblich noch geistig eine Schranke, welche diese Art von Mittheilung durch persönlichen Verkehr unmöglich machte. [Eine
secundäre Quelle der Gotteserkenntniss ist für den homerischen Menschen auch der Kultus. „Götter schienen ihm ohne
Zweifel alle Wesen, welche göttlich verehrt wurden. Von
der Verehrung schliesst das Alterthum stets auf Realität[1].“
Natürlich bot jedoch der Kult dem Glauben auch weitere
Anhaltspunkte als die für die blosse Existenz. Hierüber vgl.
Nachh. Th. IV, 3 p. 160 f.]

4. Aber wohl zu beachten' ist, dass in diesem Verkehre
Stufen wahrnehmbar sind, dass er in den Zeiten, in welche
die epische Handlung fällt, vom Dichter als abnehmend dar-

---

1) Kultus. Müller p. 357.

gestellt wird. Diess lässt sich schon aus dessen Berichten
von den Vermählungen zwischen Göttern und Menschen
erkennen. Diese sind der unmittelbarste Ausdruck der Aufhebung aller wesentlich und qualitativ scheidenden Differenz
zwischen der Menschen- und Götterwelt, haben aber zur Zeit
der epischen Handlungen bereits aufgehört. Kein Gott ist
mit einer während des troischen Krieges lebenden Sterblichen und nur Odysseus mit Göttinnen, jedoch nicht mit olympischen, vertraut. Denn den greisen Peleus*) hat

---

*) [Zur Ergänzung der Anm. zu II. *π*, 358 ¹) möge Folgendes dienen. Peleus hat überhaupt nur als besonderer Liebling der Götter (II. ω, 60 f.) die Thetis zur Gattin erhalten;- diese ist vor
Achill's Abfahrt von Phthia (α, 396) und bei derselben (σ, 57;
π, 222 ff.; σ, 438 ff.) noch dort. Von da an aber wohnt sie bei
ihrem Vater Nereus: nirgends ist von einer erfolgten Rückkehr zu
Peleus oder einem weiteren Aufenthalt in Phthia die Rede (vgl. II. α,
357 f.; 493; 496: σ, 35 f.; ψ. 14; ω, 83; Od. λ, 546; ω. 85;
9J; 47; 55; 73: 85). In den Versen II. *τ*, 334 ff. denkt Achilleus der Heimath nur mit Erwähnung des Peleus, nicht der Thetis, und diese selbst spricht σ, 432 ff von ihrer Ehe mit Peleus
als einem Leid der Vergangenheit (*καὶ ἔτλην*) im Gegensatz zu
ihrem jetzigen Leid, v. 435: *ἀλλὰ δέ μοι νῦν*. Dagegen σ, 86
besagt nur: „hättest du doch immer gewohnt (*ναίειν* praes.) bei
den Meergöttinnen" d. h. wärest du nie nach Phthia gekommen,
und „hätte Peleus eine Sterbliche geheirathet (*ἀγαγέσθαι* aor.)."
In σ, 57 ff., 330 und 440 geben sich die Sprechenden nur der
Vorstellung hin, dass den Achill, wenn ihm eben die Heimkehr
beschieden wäre, was sie nicht ist, auch die Mutter zu Hause
empfangen würde oder könnte, welche eben seit seiner Ausfahrt
nach Troja (d. h. zu seinem Tode) das Haus verlassen hat. Endlich *τ*, 422 scheint das *τῆλε φίλου πατρὸς καὶ μητέρος* formelhaft
gesagt zu sein — wie sonst *τῆλε φίλων* Od. β, 333 oder *τ. φ.*
καὶ πατρίδος αἴης II. λ, 817; π, 539; Od. *τ*, 301; ω, 290; vgl.
Od. β, 183; ρ, 312; auch II. ξ, 256? — also mit dem Sinn: fern
von der Heimath, und muss nicht im strengsten Wortsinn verstanden werden. — Bemerkenswerth ist auch die Notiz im Schol.
zu Apoll. Rhod. 4, 816: *Σοφοκλῆς δὲ ἐν Ἀχιλλέως ἐρασταῖς φησιν*
ὑπὸ Πηλέως λοιδορηθεῖσαν τὴν Θέτιν καταλιπεῖν αὐτόν, eine
Sage, welche freilich, wie Schol. zu Aristoph. Nub. 1068, die
Trennung der Thetis schon in die Zeit nach Achills Geburt verlegt.]
1) Aber σ, 86? und 332? und *τ*, 422? (Randbem. daselbst).

seine Gemahlin Thetis schon verlassen und pflegt
sein. nicht in Phthia, sondern wohnt in den Gröt-
ten des Nereus. Also fechten wohl der Göttersöhne nicht
wenige vor Ilios (Il. π, 448: πολλοὶ γὰρ περὶ ἄστυ μέγα
Πριάμοιο μάχονται υἱέες ἀθανάτων), z. B. Zeus' Sohn Sarpedon, Achilleus, Aineias, Ares' Sohn Askalaphos (Il. o, 112
ff.), Hermes' Sohn Eudoros (Il. π, 185), des Flussgottes
Spercheios Sohn Menesthion (ib. 175), ferner Zeus' Enkel
der Heraklide Tlepolemos, Poseidon's Enkel Amphimachos
(Il. ν, 206), Zeus' Urenkel Idomeneus (Il. ν, 449 ff.); aber
es werden keine mehr gezeugt, und das Glück,- ein Göttersohn zu sein, tritt um so glänzender hervor (vgl. Il. ζ, 100;
κ, 50; 404; ν, 54; ϱ, 76; ω, 59; 258), wie denn auch Zeus'
Eidam Menelaos nach Od. δ, 569 dieser Verwandtschaft die
Freiheit vom Tode verdankt.

5. Es findet sich aber über Abnahme des Verkehrs
zwischen Menschen und Göttern auch ein bestimmt ausge-
sprochenes Bewusstsein. Während nämlich Minos, vier Generationen früher König von Knosos, Od. τ, 179 Διὸς μεγάλου
ὀαριστής[1]), der Redegeselle des Göttervaters heisst, während
die Götter der Hochzeit des Peleus noch leibhaftig beiwohnen*) (Il. ω, 62) und Aphrodite der Andromache einen
Schleier zur Hochzeit schenkt (χ, 470 f.), ist der persönliche
Verkehr der Götter mit der vom Dichter besungenen Generation schon Ausnahme geworden, und wird nur einzelnen
bevorzugten Günstlingen zu Theil. Od. π, 161 heisst es: οὐ
γάρ πω πάντεσσι θεοὶ φαίνονται ἐναργεῖς, und von Odysseus wird gesagt Od. γ, 221: οὐ γάρ πω ἴδον ὧδε θεοὺς
ἀναφανδὰ φιλεῦντας, ὡς κείνῳ ἀναφανδὰ παρίστατο Παλλὰς
Ἀθήνη, von Telemach ib. 375: ὦ φίλος, οὔ σε ἔολπα κακὸν
καὶ ἄναλκιν ἔσεσθαι, εἰ δή τοι νέῳ ὧδε θεοὶ πομπῆες ἔπον-
ται. Sagt doch Hermes zu Priamos, den er geleitet, sogar
(Il. ω, 463): ἀλλ' ἤτοι μὲν ἐγὼ πάλιν εἴσομαι, οὐδ' Ἀχιλῆος

---

1) Vgl. Plut. Demetr. 42 s. f. [Plat. Minos p. 319 D.].

*) Ξυναὶ γὰρ τότε δαῖτες ἔσαν, ξυνοὶ δὲ θόωκοι ἀθανάτοισι θεοῖσι
καταθνητοῖς τ' ἀνθρώποις· Hesiod. Fragm. 187. p. 294 ed. II
Göttl. Vgl. überhaupt Nitzsch II p. 156.

ὀφθαλμοὺς εἴσειμι· νεμεσσητὸν δέ κεν εἴη, ἀθάνατον
θεὸν ὡδε βροτοὺς ἀγαπαζέμεν ἄντην. So wird denn auch in
den bekannten Scenen Athene's mit Odysseus Od.
ν und π, ferner in der Beschreibung von Achilleus' Leichenbegängniss
welchem die Nereiden und Musen persönlich beiwohnen (freilich in einem unächten Stück Od. ω, 60: Μοῦσαι δ' ἐννέα
πᾶσαι, ἀμειβόμεναι ὀπὶ καλῇ, θρήνεον), durchaus nur Aus-
sergewöhnliches berichtet; und am wenigsten wird der vul-
gären Menschenwelt zu Theil, was die seligen Phäaken, die
den Göttern nahe wohnenden, von sich rühmen Od. η,
201—206:

> αἰεὶ γὰρ τὸ πάρος γε θεοὶ φαίνονται ἐναργεῖς
> ἡμῖν, εὖτ' ἔρδωμεν ἀγακλειτὰς ἑκατόμβας·
> δαίνυνταί τε παρ' ἄμμι καθήμενοι, ἔνθα περ ἡμεῖς.
> εἰ δ' ἄρα τις καὶ μοῦνος ἰὼν ξύμβληται ὁδίτης,
> οὔτι κατακρύπτουσιν· ἐπεί σφισιν ἐγγύθεν εἰμὲν,
> ὥσπερ Κύκλωπές τε καὶ ἄγρια φῦλα Γιγάντων.

6. Hat aber der Verkehr der beiden Welten zur Zeit
der epischen Handlung schon abgenommen, so dürfen wir
sicher des Glaubens sein, dass er zur Zeit des Dichters, welcher notorisch mehrere Generationen später lebt (man denke
nur an das οἷοι νῦν βροτοί εἰσιν, an das ἡμιθέων γένος ἀνδρῶν Il. μ, 23), nach menschlicher Vorstellung ganz erlo-
schen ist. Jetzt ist also von göttlichem Treiben und Walten durch die Götter selbst nichts mehr unmittelbar zu erfahren; was man von ihnen weiss, hat man in den Zeiten er-
kundet, in welchen der Verkehr mit ihnen noch ein leiblicher, persönlicher war. Was sich aber der Mensch als in
jenen Zeiten wirklich erlebt und erfahren vorstellt, das ist
niedergelegt in den Geschichten derselben, die von Mund
zu Mund getragen endlich im Dichter den Genius finden, der
sie mit Hülfe der Muse fixirt (Il. β, 485 f.: ὑμεῖς γὰρ
θεαί ἐστε, πάρεστέ τε, ἴστε τε πάντα· ἡμεῖς δὲ κλέος οἷον
ἀκούομεν, οὐδέ τι ἴδμεν), und somit seinerseits der Träger und das Organ der Gotteskunde wird, welche durch sein
Lied und in demselben für die Menschenwelt eine bleibende
feste Gestalt annimmt. Das scheint uns der Sinn jener berühmten Herodotischen Stelle zu sein, in welcher der Ge-

schichtsschreiber sagt (II, 53): *οὗτοι δὲ* d. i.
Homer und Hesiod*) *εἰσὶ οἱ ποιήσαντες θεογονίην Ἕλλησι καὶ τοῖσι
θεοῖσι τὰς ἐπωνυμίας δόντες καὶ τιμάς τε καὶ τέχνας διε-
λόντες καὶ εἴδεα αὐτῶν σημήναντες. Οἱ δὲ πρότερον ποιη-
ταὶ λεγόμενοι τούτων τῶν ἀνδρῶν γενέσθαι ὕστερον, ἐμοί γε
δοκέειν, ἐγένοντο τούτων.* So wie nun aber in der historischen Zeit die Vorstellung eines unmittelbaren Verkehrs mit
der Gottheit völlig verschwunden war, fiel die Gotteserkenntniss in die Gewalt des denkenden Bewusstseins; neben dem
μῦθος, der historischen Erzählung von Geschehenem, trat
das Theologem und Philosophem ein und schuf eine neue Gestalt des religiösen Glaubens, die nun nicht mehr u n b e -
w u s s t, sondern mit B e w u s s t s e i n aus der Tiefe des denkenden Geistes geschöpft war.

7. Indem wir hiemit aus dem allmähligen Versiegen
der Erfahrungsquelle, aus welcher dem homerischen Menschen seine Wissenschaft von den Göttern fliesst, auf das
Verhältniss des im Dichter selbst lebendigen Gottesbewusstseins zur Gotteskunde seiner Helden geschlossen haben, ist
uns zugleich die Aufgabe geworden, jene Quelle nach allen
Seiten zu betrachten, und die Frage nach dem Bewusstsein
des homerischen Menschen über sein Wissen von den Göttern
hat sich vielmehr in die Frage nach seinen Vorstellungen
über den Verkehr der Götter- und Menschenwelt verwandelt.
Diese theilt sich in die Frage fürs erste nach d e n S u b j e k -
t e n, dann in die nach der A r t und W e i s e des Verkehrs.

---

*) L o b e c k Aglaoph. I p. 347 f. findet das wesentliche Verdienst
beider in der Fixirung der zerstreuten religiösen Traditionen in
ein System, P r e l l e r Demet. p. 20 in der Stiftung einer Naturre-
ligion durch Vereinigung der Localseparatismen, U l r i c i Gesch.
der hell. Dichtk. I, 70 in der Umschaffung der alten überlieferten
Götterlehre in die anthropomorphistische Bildung (vgl. S. 103, wo
in Not. 17 verschiedene Ausleger obiger Stelle zitirt werden);
[W e l c k e r endlich II, 75 darin, dass sie die gegebenen Begriffe
von jedem ihrer Götter fester und schöner bestimmten. Vgl.
ausserdem H e r m a n n Gottesd. Alt. §. 7, 5 und Culturgesch.
I, 81 f. S c h ö m a n n gr. Alt. II, 120 u. s. w.]

Was nun jene, das heisst die Götterindividuen*) betrifft, welche Verkehr mit der Menschenwelt pflegen, so ist
erstlich charakteristisch, dass Zeus niemals (vgl. oben I, 4
med.) in eigener Person mit den Menschen in Berührung
tritt, sondern sich immer entweder Athenes' und Apollon's,
oder des Hermes und der Iris als Vermittler bedient. Darin
liegt, dass die Majestät des Göttervaters für unmittelbaren
Verkehr mit der irdischen Welt zu gross, dass er in der
Fülle seiner Herrlichkeit dem Menschen unnahbar ist. Sagt
er doch Il. *v*, 21 ff. von den Troern und Achäern: μέλουσί
μοι, ὀλλύμενοί περ. Ἀλλ᾽ ἤτοι μὲν ἐγὼ μενέω πτυχὶ
Οὐλύμποιο ἥμενος· ἔνϑ᾽ ὁρόων φρένα τέρψομαι· οἱ δὲ
δὴ ἄλλοι ἔρχεσϑ᾽ etc.. Nun liegt aber nichts näher, als zu
Trägern der Verkündung und Ausrichtung seines Willens an
die Menschen diejenigen Götter zu machen, die, wie wir
oben gesehen, nichts als die Offenbarungen, Hypostasirungen
seines eigenen Wesens sind. Die Handlung und Anlage der
Ilias bringt es mit sich, dass in ihr Apollon, die der Odyssee,
dass Athene den Willen und Rathschluss des Vaters vollzieht.
Der Unterschied aber zwischen Iris und Hermes ergiebt sich
leicht aus der Beobachtung, dass Iris eigentlich das Natur-
phänomen des Regenbogens, also die blos äusserliche Verbindung des Himmels und der Erde, folglich zur blossen
Willensverkündigung bestimmt ist; denn dass sie Il. *o*, 200
dem Poseidon zugleich guten Rath ertheilt, den dieser mit
den Worten annimmt: ἐσϑλὸν καὶ τὸ τέτυκται, ὅτ᾽ ἄγγελος
αἴσιμα εἰδῇ, liegt eigentlich nicht in ihrem Amt, sondern ist
freier Akt ihrer vom Dichter aus der Naturgebundenheit befreiten Persönlichkeit, die daher vom Dichter auch nur skiz-
zenhaft gezeichnet wird, wie Geppert I, 148 ausführt.
Ebenso verhält sichs mit Il. *ϑ*, 423 f. vgl. Fäsi [wofern nämlich diese Verse überhaupt ächt**) sind]. Hermes aber, der

---

*) [Schimmelpfeng, de diis in conspectum hominum venientibus
apud Homerum. Progr. Cassel. 1856. stimmt mit der früheren
Darstellung dieses Capitels in den meisten Fällen überein. Bö-
ckel Theophaniarum Hom. et in sacro cod. antiquiss. comp.
Regiom. 1807 ist uns nicht bekannt].
**) [Die Wahrscheinlichkeit ist allerdings eine sehr geringe trotz

anstellige Gott, der Geber der δρηστοσύνη, κλεπτοσύνη
und dergl. wird, wie schon bemerkt, regelmässig zu solchen
Botschaften gebraucht, bei denen zugleich mit Geschick und
Klugheit etwas auszuführen oder zu bestellen ist. Man denke
z. B. an seine Sendungen zu Priamos, zu Kalypso. Vgl.
oben II §. 24. Dass derselbe nie als Bote in der Ilias auftritt, wie Iris nie in der Odyssee, ist auch von Nitzsch I p. 23
bemerkt worden. Die nach ihren Ansprüchen neben Zeus stehenden Gottheiten, Poseidon und Here, verkehren mit den Menschen
ziemlich selten, so wie auch seine übrigen Kinder, Ares und
Aphrodite nur in einzelnen, meist durch persönliche Verhältnisse bedingten Fällen. Deren Verkehr ist blos in so fern
bemerkenswerth, als auch er beiträgt, den wesentlichen Unterschied einerseits zwischen ihnen und Zeus, andererseits
zwischen ihnen und den mit Zeus engstverwandten Kindern
näher zu charakterisiren. Die nicht-olympischen Gottheiten,
Thetis, Kalypso, Kirke, treten ganz in vulgär-menschliche
Verbindungen ein, und kommen also hier nicht in Betracht.

8. Die Art des Verkehres der Gottheit mit dem Menschen, von welcher nunmehr zu handeln ist, durchläuft alle
Stufen der Annäherung göttlicher Natur an die menschliche.
Die Gottheit behält nämlich in demselben die göttliche Natur und Erscheinungsform entweder bei, und tritt unverwandelt mit den Menschen in Beziehung, oder sie giebt ihre
Form als Gottheit auf und nimmt Menschengestalt an, beides
wieder mit verschiedenen Modifikationen. Unverwandelt
und zugleich unsichtbar ruft Apollon von Troja's Burg
aus den Troern auf dem Schlachtfeld ermuthigende Worte
zu Il. δ, 507 ff., wie Ares Il. v, 51, und wie den Achäern
Athene ib. 48, und ebenfalls unverwandelt und in Nebel gehüllt tritt derselbe dem Patroklos im Kampf entgegen Il. π,
788; und wenn Athene Od. γ, 435 bei Nestors Opfer erscheint, oder den Odysseus Od. ρ, 360 antreibt, unter den
Freiern als Bettler umherzugehn, oder ihm σ, 70 zum Kampfe

---

der Bemühungen der Schol. AB. und Fäsi's, dieselbe zu halten.]

mit Iros die Glieder schmeidigt, so bleibt sie sonder Zweifel
nicht weniger unsichtbar, als Od. τ, 33, wo sie dem Odysseus
und Telemach so leuchtet, dass eines Gottes Anwesenheit
nur vermuthet, nicht gesehn wird. In diesen Fällen bleibt
die Gottheit in der Berührung mit dem Menschen was sie
ist nicht nur dem Wesen nach, sondern auch in der Ge-
wöhnlichkeit ihrer dem Menschenauge nicht erreichbaren
Existenz. Aus dieser tritt sie heraus, indem sie dem Sterblichen s i c h t b a r wird selbst o h n e V e r w a n d l u n g in Menschengestalt. D e m Sterblichen, sagten wir; d e n n d i e u n v e r-
w a n d e l t e G o t t h e i t l e i b h a f t i g z u s c h a u e n, ist nur
E i n z e l n e n, n i e m a l s e i n e r G e s a m m t h e i t v e r g ö n n t*).
Denn in Il. λ, 714, wo Nestor erzählt: ἄμμι δ᾽ Ἀθήνη ἄγγε-
λος ἦλθε θέουσ᾽ ἀπ᾽ Ὀλύμπου θωρήσσεσθαι, ἔννυχος, οὐδ᾽
ἀέκοντα Πύλον κατὰ λαὸν ἄγειρεν, nöthigt Nichts einen l e i b-
h a f t i g e n Verkehr mit dem g a n z e n Volke anzunehmen;
die Göttin kann sich entweder unverwandelt blos Einem,
dem Fürsten, oder Allen verwandelt gezeigt, oder auch nur
eingewirkt haben, wie Apollon in der eben angeführten Stelle
Il. δ, 507. [Ebenso verhält sichs wohl mit dem Erscheinen
der Iris in Il. β, 790, wo eben durch Hinzusetzung von v.
791 — 795 des Guten zu viel gethan ist; denn Iris erscheint
hier unverwandelt nur dem Priamos und Hektor, darum ἀγ-
χοῦ δ᾽ ἱσταμένη προσέφη, gerade wie Athene dem Achill
allein erscheint χ, 216 ἄγχι ἱσταμένη. Doch ist erstere Stelle
überhaupt verdächtig.] Für die Wahrheit aber der eben
aufgestellten Behauptung, welche blos für die Phäaken nicht
gilt: Od. η, 201 ff., vergleiche man [Od. π, 161: οὐ γάρ πω
πάντεσσι θεοὶ φαίνονται ἐναργεῖς, was freilich zunächst
heisst: nicht Jedermann, aber eben darum auch nicht Allen
oder einem ganzen Heere]; Il. α, 197: ξανθῆς δὲ κόμης ἕλε
Πηλείωνα, οἴῳ φαινομένη, τῶν δ᾽ ἄ λ λ ω ν ο ὔ τ ι ς ὁ ρ ᾶ το·

---

*) Dies ist ein Hauptgrund gegen die Aechtheit von Od. λ, 547 und
    derselbe wurde auch von G e p p e r t I, 23 geltend gemacht für
    die Verse Il. β, 791—795. N i t z s c h III p. 402: „nur oder am
    ersten in der Einsamkeit — steht die persönliche Erscheinung
    eines Gottes zu hoffen.‟

ferner II. ω, 170, wo Iris ungesehn zu Priamos tritt, der mitten unter den Seinigen ist, und τυτθὸν φθεγξαμένη die Botschaft ausrichtet. Ingleichen sichtbar, doch unverwandelt, erscheint Iris auch dem Achill Il. σ, 166 ff., um ihn nach
Here's Gebot in den Kampf zu treiben, Athene dem Diomedes Il. ε, 123 ff., um ihm die Versicherung der Erhörung
seines Gebetes, die Kunde von ihrer Hinwegnahme jenes
ἀχλὺς, der den Menschen die Götter verdeckt, und endlich
Anweisung zum Kampf gegen diese zu geben; dieselbe demselben Il. x, 508 ff., um ihn zur Rückkehr aus Rhesos' Lager anzutreiben, Il. ψ, 390, um ihm die durch Apollon's
Tücke verlorene Peitsche wieder zu reichen, dieselbe ferner
Il. β, 172 dem Odysseus, um ihn zu bedeuten, dass er das
thörichte Einschiffen der Truppen verhindere, Od. o, 9 die
nämliche Göttin dem Telemach, um ihn zur Rückkehr in die
Heimath zu veranlassen, endlich Apollon Il. o, 243 dem von
Ajas schwer getroffenen Hektor, um ihm von Neuem Muth
und Kraft einzuflössen, und Il. v, 375 ff., um denselben Helden vom Kampfe mit Achilleus abzuhalten. Auch Od. x, 277
ist hieher zu ziehen, sofern dort (nach Nitzsch) eine Verwandlung des Hermes nicht anzunehmen ist. Man sieht aus
diesen Beispielen, dass die leibliche Nähe der unverwandelten
Gottheit nur dem begünstigten Liebling in entscheidenden
Momenten zu Theil wird, und sich hier stets vorsorglich oder
unmittelbar hülfreich erweist. Hier ist die Gottheit
ohne Weiteres da, und hat sich gleichsam zur Verwandlung keine Zeit genommen, oder will mit ihrer sichtbaren,
leibhaftigen Gegenwart dem Menschen die Gewissheit ihrer
Fürsorge recht eindringlich bekräftigen.

9. *) Am häufigsten aber zeigt sich die Gottheit dem

---

*) [Was den Gegenstand dieses Paragraphen betrifft, so möchte al-
lerdings aus sachlichen und sprachlichen Gründen (zu deren Darlegung hier der Ort nicht ist, vgl. Platz: die Götterverwand-
lungen, im Karlsruher Lycealprogramm 1857) die Annahme von
wirklichen Verwandlungen aufzugeben sein. Selbst der verewigte
Verfasser scheint, wie einige Fragezeichen (im Verlauf des Abschnittes) anzudeuten schienen (vgl. auch §. 10 letzte Note), die
Frage wenigstens einer neuen Untersuchung vorbehalten zu ha-

sterblichen Auge v e r w a n d e l t. Wenn hier auch Verwandlungen in Thiergestalten oder sogar in leblose Dinge vorkommen, dergleichen sich schwerlich aus dem Dichter weg
interpretiren lassen, so sind diese theils m o m e n t a n beim
Kommen oder Verschwinden der Gottheit, wie denn Athene
Il. δ, 75 als ein fallender Stern, Il. τ, 351 als ein Raubvogel
kommt, und nach diesen Analogieen wohl auch Od. α, 320
als ein Vogel durch den Rauchfang entfliegt (denn ὄρνις δ᾽
ὡς ἀν᾽ ὀπαῖα διέπταιο ist die Lesart, welche der Analogie
der übrigen derartigen Erscheinungen am meisten entspricht),
und Od. γ, 372 als ein Adler verschwindet, während Od. ε,
353 Leukothea in Gestalt eines Wasservogels ins Meer
taucht; — oder sie sind d a u e r n d, wenn die Gottheit unsichtbar Zeuge einer Handlung sein will, wie Il. η, 59 Apollon und Athene in Geiergestalt auf einer Buche sitzen, um
Hektor's und Ajas Zweikampf mit anzusehn, und Od. χ, 240
Athene, χελιδόνι εἰκέλη ἄντην (ein Ausdruck, der an leibhaftige Schwalbengestalt zu denken nöthigt) *) dem Freiermorde zusieht, — oder wenn die Gottheit sich verbergen
will, wie Ὕπνος vor Zeus Il. ξ, 290 in dem dichten Gezweig
einer Tanne. Diese Verwandlungen sind als Versuche zu

---

ben. Würde deren Resultat ein negatives gewesen sein, so
müsste dieser Paragraph gestrichen werden und dies könnte
ohne Störung für den Zusammenhang geschehen. Gleichwohl
konnte sich der Herausgeber dazu nicht entschliessen. W. W a-
c k e r n a g e l in Ἔπεα πτερόεντα, der interessanten Jubelschrift
zur vierten Säcularfeier der Universität Basel 1860, p. 34 nimmt
unter Vergleichung ähnlicher Stellen aus anderen Literaturen,
eine wirkliche Verwandlung der Götter, wenigstens in Vögel, an.
Ebenso findet auch K i r c h h o f f im 4. Hom. Excurs, Rhein. Mus.
XV, 3 p. 331 gelegentlich eine wirkliche Verwandlung der Athene
in Od. α, 320. Auch L. v. J a n in der Recension der ersten
Auflage dieses Werkes, Münch. Gel. Anz. 1841 n. 128 p. 1029, ver-
kennt die Schwierigkeiten nicht, meint aber: es sei die Annahme
solcher Verwandlungen nicht wohl auszuweichen.]

*) Selbst Nitzsch, der sonst die Wirklichkeit dieser Verwandlungen
bestreitet, muss zugeben, dass man εἰδόμενος, ἐοικώς, ἐναλίγκιος
öfter von wirklich angenommener Gestalt liest (I p. 213). Und
wenn nun zu diesen Wörtern vollends ἄντην tritt!

betrachten, die dem menschlichen Verstand unbegreifliche Plötz-
lichkeit und Unmittelbarkeit des Da- und Verschwundenseins
oder die nicht minder unbegreifliche unsichtbare Gegenwart
und Augenzeugschaft des Gottes einigermassen erklärlich
und probabel zu machen. Bei dem Verschwinden kommt noch
das hinzu, dass sich der plötzlich in verwandelter Gestalt
enteilende Gott durch diese Form des Enteilens gleichsam
selbst zu verrathen strebt*).

10. Wenn aber die Gottheit mit dem Menschen in Menschengestalt verkehrt, so kann sie entweder diese blos als
Hülle brauchen, sonst aber als Gottheit reden und handeln,
oder sie geht kraft der Verwandlung ins Menschliche völlig
ein und spielt die gewählte Rolle ganz durch oder wenigstens
eine Zeit lang. Ersteres ist der Fall mit Athene'n Il. ε,
793 — 863 während ihrer Kampfgenossenschaft mit Diomedes,
wenn schon hier der Dichter von einer Verwandlung nicht
deutlich und ausdrücklich gesprochen hat, sondern dieselbe
blos aus einigen Zügen vermuthen lässt. Solche Züge sind
v. 815 das γιγνώσκω σε, θεά· denn unverwandelt ist ihm
Athene (vgl. v. 123 ff.) so wohl bekannt, dass ein zur unverwandelten gesagtes γιγνώσκω keinen Sinn hätte; ferner
v. 835 das Σθένελον μὲν ἀφ᾽ ἵππων ὦσε χαμᾶζε χειρὶ πάλιν
ἐρύσασ᾽, was der Dichter schwerlich einen unsichtbaren Arm
vollbringen lassen will; endlich die Unmöglichkeit, den Diomedes mit einem unsichtbaren παραιβάτης (v. 840) in das
Schlachtgewühl fahrend zu denken. Ueber δῦν᾽ Ἄϊδος κυνέην
v. 845 gleich nachher. [Aehnlich ist auch Aphrodite Il. γ,
386 ff. als die alte lakedämonische Wollspinnerin vor Helene
erschienen, redet und handelt aber dann (414 ff.) doch, nachdem sie trotz der Verwandlung erkannt ist, als die Göttin.
Xanthos erscheint dem Achill φ, 213 im Strudel ἀνέρι εἰσά-
μενος, spricht aber ohne Weiteres als Flussgott (207). So
hat auch Apollon φ, 600 ff. in Agenors Gestalt den schnell-
füssigen Achilleus listig getäuscht; redet aber dann als Gott
denselben an χ, 8, ohne dass wir von einer Rückverwand-

---

*) [W. Wackernagel a. O. p. 37 Note 2: „Solch᾽ ein Dahingeben
der eigenen Gestalt ist, anders aufgefasst, ein Unsichtbarwerden.]

Nägelsbach, Hom. Theol. 2. Aufl.   11

lung hören; ja er wirft ihm sogar ironisch vor, dass er ihn
in seiner Verwandlung nicht als Gott erkannt habe; während
dagegen Poseidon, der in Kalchas' Gestalt auftritt ν, 45 und
als Gott wirkt (60), auch als solcher erkannt wird v. 73. —
In letzterer Weise erscheint derselbe auch ξ, 136 als alter
Mann, aber in seiner Eigenschaft als Gott erhebt er ein
Kriegsgeschrei und stärkt die Achäer. So ist auch Hermes
in der Gestalt eines αἰσυμνητὴρ erschienen ω, 347, haucht
aber doch den Pferden Muth ein, schläfert die Wachen ein,
und öffnet das Lagerthor. Athene hat in Phoinix' Gestalt ϱ,
555 den Menelaos ermuntert und stärkt ihn unerkannt wunderbar 569, dieselbe, in Gestalt des Mentes gekommen Od. α, 105,
gibt wunderbar beim Verschwinden dem Telemach Muth und
Kraft 321, als Mentor im Schiff sendet sie doch günstigen
Fahrwind β, 420. Endlich flösst Apollon, in Lykaon's Gestalt,
dem Aineias Muth ein Il. ν, 80, 110]. — Die verwandelte und
ganz als Mensch sich benehmende Gottheit tritt verkün-
dend, warnend, ermahnend, helfend so häufig auf, dass eine
specielle Aufzählung der einzelnen Fälle nicht nöthig scheint;
wir citiren nur Il, β, 786 ff.; γ, 122; δ, 86; ε, 462; 785; ν,
216; π, 715 — 725, wo Apollon in Asios', des Oheims von
Hektor, Gestalt zu diesem von sich als von einem dritten
spricht (αἴ κέν πώς μιν (Πάτροκλον) ἕλῃς, δώῃ δέ τοι εὖχος
Ἀπόλλων); ferner Il. ϱ, 73; 323; 583; φ, 212; 285; χ, 227.
Seltener und dem Organismus der epischen Handlung zufolge
nur auf Athene und Hermes beschränkt sind die Verwandlungen in der Odyssee; vgl. β, 268; 383; δ, 654; ζ, 22; η,
20; ϑ, 9; 193; ν, 222; 288 coll. π, 157; υ, 30; χ, 206 [1]).
    Also nicht verwandelt und unsichtbar, unverwandelt und
sichtbar, verwandelt mit Beibehaltung göttlicher Wesenheit
und endlich verwandelt und im Reden und Handeln der Verwandlung entsprechend tritt die Gottheit mit der Menschenwelt in Berührung und offenbart sich derselben auf diese
Weise persönlich. Die nächste Frage, welche sich darbietet,

---

1) „Nitzsch III p. 129 gegen Annahme einer Verwandlung. Hier
   über das Erkennen." [vgl. §. 11.] „Gegen die Verwandlung
   spricht Od. μ, 418. ξ, 308."

ist die nach dem Verhalten der Menschen in diesem Verkehr, insbesondere nach der Möglichkeit einer Erkennung der Gottheit im concreten Fall.

11. Dies Erkennen findet am häufigsten·sogleich ohne weitere Vermittlung statt oder spricht sich wenigstens als Ahnung aus. Dies setzt eine Art von Vertrautheit des Menschen mit der Gottheit voraus; beide Welten sind so wenig durch eine absolute Scheidewand getrennt, dass die Götterindividuen zu Bekannten der ihnen befreundeten Sterblichen werden, die verwandelt oder unverwandelt nicht schwer erkennbar sind. So heisst es von Achill, zu dem Athene nur von ihm gesehen tritt, Il. α, 199: αὐτίκα δ᾽ ἔγνω Παλλάδ᾽ Ἀθηναίην· wegen ε, 123 ff. vgl. §. 10; von Odysseus in Bezug auf dieselbe Göttin Il. β, 182: ὃ δὲ ξυνέηκε θεᾶς ὄπα φωνησάσης· von Hektor, zu dem Iris verwandelt getreten war, ib. 807: Ἕκτωρ δ᾽ οὔτι θεᾶς ἔπος ἠγνοίησεν· Il. ρ, 334 heisst es: Αἰνείας δ᾽ ἑκατηβόλον Ἀπόλλωνα, ἔγνω ἐσάντα ἰδών· Apollon aber war verwandelt. Wenn dem Diomedes, dass er die Götter in der Schlacht erkenne, die Nebelhülle von den Augen genommen werden muss (Il. ε, 127), so geschieht das nur in Beziehung auf solche, die sich nicht erkennen lassen, vielmehr den Helden zu gefährlichem Kampfe verlocken wollen, vgl. 129 [und so erkennt er denn die Kypris v. 331, den Apollon v. 433, den Ares v. 604, 824 trotz der Verwandlung, selbstverständlich auch Athene v. 815]; denn Il. υ, 130 setzt Here voraus, dass Achilleus in der Schlacht einen Gott sofort erkennen werde: δείσετ᾽ ἔπειθ᾽, ὅτε κέν τις ἐναντίβιον θεὸς ἔλθῃ· χαλεποὶ δὲ θεοὶ φαίνεσθαι ἐναργεῖς. Achilleus redet auch Il. σ, 182 die zu ihm gesendete Iris sofort mit ihrem Namen an [und Hermes setzt ω, 462 f. offenbar voraus, dass ihn Achill sofort erkennen würde]. Medon, der dem Freiermorde zugesehn, sagt den Ithakesiern in Bezug auf Athene's Thätigkeit dabei Od. ω, 445: αὐτὸς ἐγὼν εἶδον θεὸν ἄμβροτον κτλ. — Telemach ahnet die Gottheit, die sein Haus in Mentes' Gestalt betreten hat; Od. α, 323: ὃ δὲ φρεσὶν ᾖσι νοήσας θάμβησεν κατὰ θυμόν· ὀίσατο γὰρ θεὸν εἶναι· vgl. v. 420: φρεσὶ δ᾽ ἀθανάτην θεὸν ἔγνω. und β, 262: κλῦθί μευ, ὃ χθιζὸς θεὸς ἤλυθες ἡμέτερον δῶ. Von Priamos wird gesagt, als Iris Il. ω, 170 leise mit ihm

spricht: τὸν δὲ τρόμος ἔλλαβε γυῖα. [Wegen π, 549 und χ,
299 vgl. §. 30.] Freilich hängt es vom Gott ab, sich nur
denen sichtbar zu machen, von denen er gesehen sein will;
Od. κ, 573: τίς ἄν θεὸν οὐκ ἐθέλοντα ὀφθαλμοῖσιν ἴδοιτ᾽ ἤ
ἔνθ᾽ ἤ ἔνθα κιόντα; wie z. B. Patroklos den Apollon Il. π,
789 f.*) wenigstens nicht zur rechten Zeit erkennt. Od. π,
160 — 163: στῆ δὲ (Athene) κατ᾽ ἀντίθυρον κλισίης Ὀδυσῆϊ
φανεῖσα· οὐδ᾽ ἄρα Τηλέμαχος, ἴδεν ἀντίον, οὐδ᾽ ἐνόησεν· οὐ
γάρ πω πάντεσσι θεοὶ φαίνονται ἐναργεῖς· ἀλλ᾽ Ὀδυσεύς τε
κύνες τε ἴδον, καί ῥ᾽ οὐχ ὑλάοντο. Vor den Hunden brauchte
sich nämlich die Göttin nicht zu verbergen. Vgl. Hymn.
Dem. 111. Können sich doch die Götter vor einander selbst
unsichtbar oder unkenntlich machen, wie vor Ares Athene
Il. ε, 845: αὐτὰρ Ἀθήνη δ ῦ ν᾽ Ἄϊδος κυνέην **), μή μιν
ἴδοι ὄβριμος Ἄρης, welcher Ausdruck nach dem, was wir
oben über die Stelle bemerkt haben, kaum ein totales Unsichtbar machen bezeichnen, und selbst für die Vorstellung
des Dichters nicht ein wirkliches Aufsetzen von des Aïs Helm
bedeuten, sondern nur eine sprüchwörtliche Redensart sein
dürfte, nach Art des ἤ τέ κεν ἤδη λάϊνον ἔσσο χιτῶνα
Il. γ, 57. Hiefür spricht auch, dass es Hes. Scut. 227 von
Perseus ***) heisst: δεινὴ δὲ περὶ κροτάφοισιν ἄνακτος κεῖτ᾽
Ἀΐδος κυνέη νυκτὸς ζόφον αἰνὸν ἔχουσα.

12. [Die Gottheit wird aber, wie es scheint, auch un-
mittelbar an der ihr eigenthümlichen Gestalt erkannt.
Nitzsch1) sagt: „Es haben die Götter im homerischen
Glauben allerdings ihre eigenthümliche Gestalt, in der sie er-

*) Diese Stelle hat Rob. Geier (in Ztschr. f. A. W. 1840 p. 630 ff.
des Hauptblattes) mit Recht gegen die Auffassung Lessings geltend gemacht, als gebrauchten die Götter die Wolke nur um sich
vor einander zu verhüllen, während dagegen der Mensch nur
durch besondre Erleuchtung die Götter zu erkennen vermöge
**) [Ueber das Mythologische dieser „Symbolik" handeln C. F. Her-
mann, die Hadeskappe. Gött. 1853, Preller gr. Myth. I, 494,
Gerhard gr. Myth. §. 436, 2, c; vgl. Welcker Gr. Götterl. I
p. 86.]
***) Vgl. Welcker Trilogie p. 384.
1) Bd. III p. 128.

scheinen, wenn sie erkannt sein, sich nicht verbergen wollen,"
und darauf führt auch schon der constante Gebrauch von
Beiwörtern, welche den Göttern eine bestimmte Gestalt
zuschreiben: dass Athene γλαυκῶπις, Here βοῶπις und λευκώλενος, Poseidon κυανοχαίτης ist, dass Agamemnon ὄμματα
καὶ κεφαλὴν ἴκελος Διὶ τερπικεραύνῳ, Ἄρεϊ δὲ ζώνην, στέρ-
νον δὲ Ποσειδάωνι (Il. β, 479) ist und anderes der Art, das
Alles weiss nicht der Dichter von der Muse, sondern der
homerische Mensch aus dem Verkehr seiner Ahnen mit den
Göttern, also aus Tradition (sonst würde er die häufigen
Vergleichungen mit bestimmten Göttergestalten nicht verstehen); zweitens wird aber auch die gesammte Gestalt der Gottheiten, wo sie unverwandelt erkannt sein wollen, auf ganz
gleiche Weise in verschiedenen Fällen geschildert, worüber
Nitzsch a. O. u. I p. 106 und Voss zum Hymn. in Cer.
275 ff. handelt, (vgl. z. B. Od. κ, 277 mit Il. ω, 348; Od. ν,
288 mit ε, 181, δ, 796) und dieser bestimmte Charakter der
Göttergestalt wurde von der bildenden Kunst im ganzen ge-
treu festgehalten *).] In diesem Sinn sagt Aias Il. ν, 71 vom
Poseidon der in Kalchas' Gestalt erschienen war: ἴχνια γὰρ
μετόπισθε ποδῶν ἠδὲ κνημάων ῥ εἴ ἔγνων ἀπιόντος· ἀρί-
γνωτοι δὲ θεοί περ, [was nur ein scheinbarer Widerspruch
mit Od. κ, 573 f. ist. Hermes wird Od. κ, 277 ohne Weiteres erkannt, und Athene π, 157 ff. offenbar an derselben Gestalt, in die sie auch ν, 288 um erkannt zu'werden zurück-
gekehrt ist (nicht neuerdings sich zwecklos verwandelt hat);
auch muss Achilleus Il. φ, 290 den sprechenden Gott an der
Gestalt als Poseidon erkennen, und dass er in der Wuth der
Verfolgung den Apollon auch trotz seiner Verwandlung φ,
600 nicht erkennt, wird ihm von diesem sogar spöttisch vorgeworfen und darauf erst erkennt er den Gott sogleich als
ἑκάεργος χ, 15, ohne dass sich dieser als solcher nannte.]
Nämlich auch trotz der Verwandlung wird die Gottheit erkannt an gewissen Zeichen und Umständen bei der Erschei-

---

*) [Dieselben allerdings ganz nahe liegenden Argumente finden wir
   nachträglich auch bei Schimmelpfeng p. 80 und in seinem Citat
   aus Grimm's Mythol. p. 299 wieder.]

nung und Entfernung. [Auf das Letztere macht schon Schol.
A zu Il. β, 791 aufmerksam. Hieher gehört denn auch wohl
die wunderbare Schnelligkeit, mit welcher Götter bald kommen, bald verschwinden, wesshalb sie an solchen Stellen passend mit schnellen Vögeln oder meteorischen Erscheinungen
verglichen (s. §. 9 Note) werden – Il. τ, 350; ο, 237; ν, 62;
φ, 493; Od. ε, 337; 383; 54; 119; γ, 372 und α, 320; andererseits: Il. δ, 75; ο, 170; ν, 51; Od. ζ, 20; Hymn. 2, 263 –
an dieser werden denn die Götter, „die sich so gleichsam zu
verrathen streben" auch in der Regel erkannt.] Dass sie
wider ihren Willen nicht erkannt werden, ist Od. κ, 573 f.
ausgesprochen und Beispiele dafür sind häufig genug. [Die
Ausnahme Il. ε, 127 ff. ist schon erwähnt.] Desshalb erwiedert Odysseus auf den Vorwurf der Athene Od. ν, 312: οὐδὲ
σύγ' ἔγνως Παλλάδ' Ἀθηναίην κτλ. mit Recht: ἀργαλέον
σε, θεά, γνῶναι βροτῷ ἀντιάσαντι, καὶ μάλ' ἐπισταμένῳ· σὲ
γὰρ αὐτὴν παντὶ ἐίσκεις· denn hier lag es in der Göttin Absicht, sich nicht alsbald erkennen zu lassen. Sonst aber
leuchtet das göttliche Wesen auch vor dem Verschwinden
durch die menschliche Hülle durch; vgl. z. B. Il. γ, 396; Hymn.
Dem. 189 ff., 276 ff.

13. Endlich giebt sich die Gottheit auch anderwärts,
wie dort Athene, selbst zu erkennen; so Poseidon und Athene
dem Achilleus, Il. φ, 289; Apollon demselben Il. χ, 10 und
dem Hektor ο, 256; Hermes dem Priamos Il. ω, 460; Poseidon der Tyro Od. λ, 252. Wie demnach der Verkehr der
Götter mit dem Menschen durch alle Annäherungsstufen hin-
durchgeht, so sehn wir auch von den Erkennungsarten der
erscheinenden Gottheit so viele wirklich vorkommen als überhaupt möglich sind. Es hat sich demnach das Bewusstsein
über die Form des Verkehrs der Menschen- und Götterwelt
in grosser Vollständigkeit entwickelt; für uns aber ist die
interessanteste Frage noch unerledigt, was denn der homerische Mensch von diesem Verkehre, den wir als eine Haupt-
quelle seiner Gotteserkenntniss betrachten mussten, überhaupt und im Ganzen denke, wie er zu diesem Verhältniss
der Menschen- und Götterwelt sich selbst hinwiederum ver-
halte. Auch dies hat uns der Dichter an einigen Stellen bemerklich gemacht.

14. In Od. τ, 30 ff., wo Odysseus und Telemach die Waffen aus dem Männersaal in das Obergemach schaffen, leuchtet ihnen unsichtbar Athene voran. Telemach, der voll Staunen eine Gottheit ahnet, wird von seinem Vater bedeutet zu schweigen und seine Gedanken für sich zu behalten; denn (v. 43): αὕτη τοι δίκη ἐστὶ θεῶν, οἳ Ὄλυμπον ἔχουσι. Der vielerfahrene Mann kennt die Weise der Götter mit den Menschen umzugehn; er setzt also diesen Verkehr selbst als etwas nicht Ungewöhnliches, vielmehr der Welt- und Naturordnung Gemässes voraus. Und wenn Od. δ, 649 ff. Noëmon den Freiern berichtet, dass er bei Telemachos' Abreise nach Pylos den Mentor mit an Bord gehn und nicht lange nachher doch in Ithaka gesehn habe, so fällt ihm das natürlich auf, aber er denkt auch sogleich an einen Gott und findet in der Sache nicht das mindeste Unnatürliche oder Unmögliche. Nimmt man hinzu die Geneigtheit, in jeder befremdenden oder imponirenden Erscheinung einen Gott zu vermuthen, [wie denn aus dem zufälligen Umstande, dass man an fremder Küste direct und ungefährdet bei trübem Wetter in einen Hafen einläuft, sofort geschlossen wird: καί τις θεὸς ἡγεμόνευεν Od. ι, 142 vgl. κ, 141,] wie ferner Menelaos Od. δ, 376 die Proteustochter Eidothea, Hektor Il. ο, 247 den Apollon gleich als Gottheiten anreden, und nur über deren Person in Zweifel sind, [gerade wie Pandaros Il. ε, 181 ff. nicht recht weiss, ob er einen Gott in Diomedes' Gestalt oder neben diesem einen in Nebel gehüllten d. h. unsichtbaren Gott sich gegenüber gehabt,] wie Odysseus Od. ζ, 149 mit seinem γουνοῦμαί σε, ἄνασσα, θεός νύ τις ἢ βροτός ἐσσι durchaus keine alberne Schmeichelei zu sagen fürchtet, und Telemach Od. π, 183 den verwandelt eintretenden Vater erblickend ohne weiters einen Gott in ihm zu sehen glaubt *),

---

*) Bemerkenswerth ist das Gefühl der Furcht v. 179, welches Telemach äussert: ἴληθι, ᾽φείδεο δ' ἡμῶν v. 184 f. Vgl. Callim. Lavacr. Pall. 101: "Ὅς κέ τιν' ἀθανάτων, ὅκα μὴ θεὸς αὐτὸς ἕληται, ἀθρήσῃ, μισθῷ τοῦτον ἰδεῖν μεγάλῳ. [Nach Il. v, 131: χαλεποὶ δὲ θεοὶ φαίνεσθαι ἐναργεῖς· vgl. Spanheim zu Callim. v. 78 und 101; Schimmelpfeng citirt hiefür (p. 101) auch Od. ω, 533 ff. und Il. ω, 170. Einen Beleg giebt auch Hymn. in Ven. 181 ff.] Ausser obigen Beispielen vgl. noch Il. ζ, 108; 128; ψ, 405; 782.

so liegt am Tage, dass die Möglichkeit eines persönlich leibhaftigen Verkehrs der Götter- und Menschenwelt als ein diesen Sphären vollkommen angemessenes Verhältniss betrachtet, und, wenn auch selten, wenn eine grosse Gunst und Huld
für den Einzelnen geworden, doch niemals in Zweifel oder
Frage gestellt ist. [Od. ϱ, 485: καί τε θεοὶ ξείνοισιν ἐοικότες
ἀλλοδαποῖσιν, παντοῖοι τελέθοντες, ἐπιστρωφῶσι πόληας,
ἀνθρώπων ὕβριν τε καὶ εὐνομίην ἐφορῶντες ist homerischer
Glaube.] Nicht der D i c h t e r nur lässt seine Götter mit den
Helden etwa der epischen Maschinerie zu Liebe verkehren,
sondern die M e n s c h h e i t, die er schildert, wird von ihm
dargestellt als durchdrungen von dem Glauben an die Möglichkeit des gedachten Verhältnisses.

15. So weiss denn also der homerische Mensch von
seiner Gottheit durch deren persönliche, leibhaftige Selbstoffenbarung. Er weiss, dass er von ihr durch keine Kluft
geschieden ist, ja dass sie ihn unsichtbar immer umschwebt
und im Auge behält, um ihm nahe zu treten im Augenblick
der Noth. Sie wird ihm also wohl auch ausser dem persönlichen Verkehre nahe sein mit den Wirkungen und Aeusserungen ihrer Macht. Nun ist es aber der kindlichen Weltanschauung des Dichters wesentlich, als solche unmittelbare
Machtäusserungen der Gottheit zunächst gerade die Erscheinungen zu betrachten, welche die Beziehung zwischen Himmel und Erde gleichsam vermitteln, z. B. Donner und Blitz,
den Regenbogen, den gewaltigen Adlerflug; [dann aber überhaupt jede auffallende mit irgend einem Unternehmen merkwürdig zusammentreffende Erscheinung. Daher ist. der Si-
rius Il. χ, 30, der Vollmond hymn. 32, 13, die Windstille
hymn. 33, 16 ein σῆμα· die Sternschnuppe Il. δ, 76, der Regenbogen λ, 28 ein τέρας im Allgemeinen; vgl. hymn. in
Apoll. 302, wo die Schlange ein τέρας ἄγριον, wie Il. μ, 209·
die herunterfallende Schlange und ε, 742 das Gorgonenhaupt
und desshalb λ, 4 die Aegis ein solches ist. Weitere Beispiele unten.] So werden folglich der Glaube an den unmittelbar göttlichen Ursprung solcher Erscheinungen und die
Ueberzeugung von stätiger Achtsamkeit der Götter auf das
Menschengeschick die beiden Faktoren, aus denen sich die
Vorstellung göttlicher Offenbarung durch das τέρας oder

σῆμα bildet. Das erwähnte Zusammentreffen einer solchen
Erscheinung mit einem irdischen Zustand, in welchem Botschaft aus dem Himmel, ein ἄγγελος Διὸς Il. ω, 296, willkommen ist, macht vermöge des den Göttern geschenkten
Zutrauens, dass sie solche Botschaft senden wollen, die bezeichneten Erscheinungen zu bedeutungskräftigen, die Gedanken der Gottheit offenbarenden τέρασιν, und sobald einmal der Glaube an die Macht und an den Willen der Gottheit, an deren allgegenwärtiges Eingreifen und Einwirken in
menschliche Verhältnisse den Glauben an das τέρας erzeugt
hat, wird das τέρας selbst wieder eine Erkenntnissquelle
göttlicher Willensmeinung und Rathschlüsse, und
der homerische Mensch kann sagen, dass er von der Gottheit auch wisse, weil es τέρατα gebe *).

16. Ist nun aber das τέρας oder σῆμα das Zusammentreffen plötzlich eintretender Himmelsbotschaft mit menschlichen Zuständen, in denen solche Contingenzen der Bedeutsamkeit fähig sind, so ergiebt sich erstlich, dass man als τέρατα **) zunächst nur solche Erscheinungen begriff, deren
Natur nicht blos an eine Vermittlung zwischen Himmel und
Erde denken lässt, sondern auch ein dergleichen unmittelba-

---

*) Ueber diesen Gegenstand hat Voelcker in der allgem. Schul-
zeitung 1831 Abtheil. II Nr. 144 ff. einen Aufsatz: die homerische
Mantik etc. geliefert, den ich vortrefflich finde, wenn ich gleich
die Ansichten dieses Gelehrten nicht alle theilen kann und auch
in der Gesammt-Darstellung der Sache andern Principien folgen
zu müssen glaubte. Beispiele giebt auch Nitzsch III p. 76 ff.
**) [Bezüglich der Etymologie des Wortes vgl. Döderlein Gl. §.1026
(von τερσαίνω); anders — meist für Verwandtschaft mit ἀστήρ —
Curtius Grdz Nr. 205; Bopp Gloss. s. v. trî; vgl. Lobeck Path.
Proll. p. 425, 492 nebst Pott in Kuhns Ztschr. VI, 113 — Σῆμα
leitet man (Lobeck Par. 426) von τίθημι ab = θῆμα. Zu
einer Ableitung aus Dor. σᾶμαι (= θεάομαι Curtius Nr. 308)
könnte man auch wegen Od. λ. 287 Il. ν, 244 versucht sein,
wenn die Vernachlässigung des Digamma in λᾶν (vgl. Bühler in
Kuhns Ztschr. VIII, 368 u. dagegen Döderlein Gl. §. 2270)
eine genügende Analogie böte und die sonstigen Bedeutungen
ohne weitere Statuirung eines Homonymum damit vereinbar
wären.]

res Zusammentreffen möglich macht, als da sind Donner und
Blitz, der Regenbogen, das plötzliche Vorübersausen eines
grossen Raubvogels; daher auch die *φήμη* oder *κληδών* [1]),
das in irgend einer Lage bedeutsam zutreffende, somit nur
scheinbar zufällig ausgesprochene Menschenwort, endlich sogar das Beniesen Od. ϱ, 541. Noch in sehr wenig Fällen
findet sich das *monstrum*, die widernatürliche, prodigiöse
Wundererscheinung, zweimal ein Blutregen (Il. λ, 53; π, 459),
einmal jene Schlange, welche die Sperlinge hascht (Il.
β), endlich jene grausenhaften Erscheinungen in Odysseus' Hause
Od. υ, 345 ff., vgl. Note zu §. 21, und jene Wunder an den
geschlachteten Sonnenrindern Od. μ, 394. Zweitens ergiebt
sich aus der Natur des *τέρας*, dass Urheber desselben gerade
nur derjenige Gott ist, in dessen eigentlichem Herrschgebiet
die meisten *τέρατα* *) vorkommen, d. i. Zeus, *πανομφαῖος* genannt Il. ϑ, 250; neben welchem, was nach Here's, Apollon's
und Athene's oben dargelegtem Verhältniss zu ihm gewiss
nicht zufällig ist, nur noch diese Gottheiten dem Menschen
ein *τέρας* oder *σῆμα* gewähren. Wenn nun aber auch durch
diese Bemerkung das *ἠτέομεν δὲ θεὸν φῆναι τέρας* (Od. γ,
173) seine bestimmte Beziehung erhält, so wäre es doch voreilig, nach derselben das *τέρατα θεῶν* (Il. δ, 398) von jenen genannten Gottheiten speciell zu verstehn. *Θεοὶ* nämlich
ist häufig nur ein allgemeiner Ausdruck für die Gottheit überhaupt **); z. B. Od. μ, 394: *τοῖσιν δ' αὐτίκ' ἔπειτα θεοὶ τέ-
ραα προύφαινον·* π, 402: *ἀλλὰ πρῶτα θεῶν εἰρώμεϑα βου-
λάς·* was sogleich näher bestimmt wird mit *εἰ μέν κ' αἰνήσωσι Διὸς μεγάλοιο θέμιστες*, wogegen v. 405 wiederkehrt:
εἰ δέ κ' ἀποτρωπῶσι θεοί. Ist es ferner unzweifelhaft, dass

---

1) Ueber diese Synonyma vgl. Wyttenbach zu Julian p. 150 Schäf.
   in Bibl. Crit. Vol. III P. 1 p. 57 ff., Ruhnken zu Tim. p. 197
   (164 Lips.). [Ausserdem besonders Ph. Mayer „Zweiter Beitrag" etc. im Progr. d. Landessch. zu Gera 1844, Abschn. I, wo
   auch *ὄσσα* und *ὀμφή* behandelt werden: „*φήμη* das Schicksals-
   wort im Allgemeinen, *κληδών* insofern es Ansprache und Zuruf
   ist." — *φῆμις* entbehrt der religiösen Bedeutung.]
*) [Ueber *τέρας πολέμοιο* vgl. II §. 14.]
**) [Man vergleiche hierüber die Zusammenstellung III § 5 b S.129.]

die Vorstellung von den τέρασιν in dem der Gottheit‚ geschenkten Zutrauen wurzelt, dass sie ihre Gedanken und
Rathschlüsse dem Menschen keineswegs neidisch vorenthalte,
so kann es auch nicht befremden, dass letzterer im Falle des
Bedürfnisses um ein σῆμα geradezu bittet.

17. Wie nun diese τέρατα ins menschliche Leben eingreifen, lässt sich nicht zunächst aus den Stellen des Dichters ersehen, in denen ihre Bestimmung theoretisch ausgesprochen wird.   Der Blitz, den Kronion δεικνὺς σῆμα βροτοῖσιν (Il. ν, 244) vom Olympos schleudert, bedeutet nach Il. κ,
5 ff. ἢ πολὺν ὄμβρον ἀθέσφατον, ἠὲ χάλαζαν, ἢ νιφετόν —
ἠέ ποθι πτολέμοιο μέγα στόμα· der Regenbogen ist nach Il.
ρ, 548 ein τέρας ἢ πολέμοιο ἢ καὶ χειμῶνος δυσθαλπέος.
Denn diese Stellen belehren uns nur über die möglichen Bedeutungen des τέρας im Allgemeinen, zeigen aber nicht, wie
sich der Mensch zum τέρας im vorkommenden Falle verhält.
Um dies zu erkennen, müssen wir die concreten Fälle zu-
sammenstellen, in denen der Dichter von τέρασιν erzählt.
Als die Achäer gen Troja sich einschiffen, als Hektor die
Schiffe bedrängt, da blitzt es zur Rechten und beide Male
weiss man, dass damit der Partei, die sich gerade in der
Energie des Handelns befindet, ein günstiges Zeichen, ἐναί-
σιμον oder ἐνδέξιον σῆμα, gegeben wird (Il. β, 350 coll. ι,
236). Als Agamemnon am Morgen des zweiten Tages der
zweiten Schlacht sich wappnet, da donnert A t h e n e sammt
der ihr verbündeten H e r e, τιμῶσαι βασιλῆα πολυχρύσοιο
Μυκήνης (Il. λ, 45). Ein gleiches Ehren bedeutet Il. π, 459
der blutige Thau, mit welchem Zeus den Fall seines Sohnes
Sarpedon auszeichnet.   Und als Odysseus Od. φ, 413 ff. die
Sehne des Bogens zu jenem verhängnissvollen Schusse prüft,
da, heisst es, Ζεὺς μεγάλ᾽ ἔκτυπε, σήματα φαίνων· γήθησέν
τ᾽ ἄρ᾽ ἔπειτα πολύτλας δῖος Ὀδυσσεὺς, ὅττι ῥά οἱ τέρας ἧκε
Κρόνου παῖς ἀγκυλομήτεω. Vgl. Od. υ, 100, wo Odysseus um
eine φήμη und um ein τέρας bittet, und in Zeus᾽ augenblick-
lichem Donner und in jenem bedeutungsvollen Worte der
betenden Magd unverweilt beides erhält.   Weitere Beispiele
der φήμη und κληηδὼν sind Od. β, 33 ff.; σ, 112 ff.

Abschreckend und entmuthigend aber dröhnt dem Ty-
diden der dreimalige Donner des Zeus, als jener Il. ϑ, 167

den siegreichen Troern von neuem sich stellen will. Hektor
weiss es im Jubel sieghaften Vorkampfes sogleich, dass der
Donner ihm Gelingen verheisst; γιγνώσκω, ruft er v.
175, *ὅτι μοι πρόφρων κατένευσε Κρονίων νίκην καὶ μέγα κῦδος,
ἀτὰρ Δαναοῖσί γε πῆμα.* Noch furchtbarer hat ib.
133 den Achäerhelden der Blitz an die Abgunst der Götter gemahnt,
der hart vor seinen Rossen in die Erde fuhr; demjenigen
vergleichbar, der Od. ω, 539 vor Athene niederfallend die
Göttin bestimmt, der Schlacht zwischen Odysseus und den
Ithakesiern ein Ende zu machen *). Vgl. Il. δ, 381; 398; ϑ,
75; η, 478, zu welchen Stellen noch aus Il. λ, 53 der zweite
Blutregen — vgl. Hes. Scut. 384 — kommen mag, mit denen
Zeus die Ereignisse der zweiten grossen Schlacht schreckens-
voll vorbedeutet. — Eine gefährliche φήμη befürchtet Priamos in Hekabe's von der Fahrt in Achilleus' Lager abmah-
nender Rede Il. ω, 218: *μή μ᾽ ἐθέλοντ᾽ ἰέναι κατερύκανε,
μηδέ μοι αὐτὴ ὄρνις ἐνὶ μεγάροισι κακὸς πέλευ.*

18. An diese σήματα schliessen sich zunächst diejenigen οἰωνοί **), an, welche bedeutsam werden durch ihre blosse
Erscheinung, und welchen nur entweder die Richtung oder
die Zeit, in welcher sie kommen, z. B. unmittelbar nach einem Gebet, oder beides zugleich den vorbedeutenden Charakter giebt. Die Deutung ist in diesen Fällen mit dem
Zeichen selbst gegeben und braucht nicht erst ermittelt zu
werden. Wie Diomedes und Odysseus selbander auf die
nächtliche Kundschaft ausziehn, wird ihnen ein σῆμα zu Theil,
in dessen Schilderung der Dichter alle die Punkte berührt,
die wesentlich ein Zeichen dieser Art constituiren: die Achtsamkeit der Gottheit auf das menschliche Thun, die Contin-
genz des Zeichens und des Bedürfnisses, die blos aus Zeit
und Ort der Erscheinung sich ergebende Bedeutsamkeit der-

---

*) Es ist durchaus nicht zu übersehn, dass in den meisten dieser
Fälle die τέρατα nicht blos das was geschehn wird, sondern vorzugsweise was geschehn soll bedeuten. Die Mantik ist demnach nicht blos praedictio rerum futurarum, sondern weit mehr
interpretatio divinae voluntatis.

**) [Die Etymologie giebt Curtius N 596: anders als Schoemann
gr. Alterth. II, 252]

selben, das unmittelbare Verständniss des gesendeten Zeichens; Il. *x*, 272 ff.:

Τὼ δ᾽ ἐπεὶ οὖν ὕπλοισιν ἔνι δεινοῖσιν ἐδύτην,-
βάν ῥ᾽ ἰέναι, λιπέτην δὲ κατ᾽ αὐτόθι πάντας ἀρίστους.
Τοῖσι δὲ δεξιὸν ἧκεν ἐρωδιὸν ἐγγὺς ὁδοῖο
Παλλὰς Ἀθηναίη· τοὶ δ᾽ οὐκ ἴδον ὀφθαλμοῖσιν
νύκτα δι᾽ ὀρφναίην, ἀλλὰ κλάγξαντος ἄκουσαν.
Χαῖρε δὲ τῷ ὄρνιθ᾽ Ὀδυσεύς, ἠρᾶτο δ᾽ Ἀθήνῃ·
Κλῦθί μευ, αἰγιόχοιο Διὸς τέκος, ἥτε μοι αἰεὶ
ἐν πάντεσσι πόνοισι παρίστασαι, οὐδέ σε λήθω
κινύμενος· κτλ.

Man vergl. Il. *ν*, 821 ff., insbesondere das *ἐπὶ δ᾽ ἴαχε λαὸς Ἀχαιῶν, θάρσυνος οἰωνῷ·* ferner Od. *ω*, 311, endlich Il. *ω*, 292, wo Priamos von Hekabe aufgefordert wird sich von Zeus zu erbitten *οἰωνὸν, ταχὺν ἄγγελον, ὅστε οἱ αὐτῷ φίλτατος οἰωνῶν, καί εὐ κράτος ἐστὶ μέγιστον, δεξιόν·* und seiner Bitte Gewährung erhält, v. 315: *αὐτίκα δ᾽ αἰετὸν ἧκε τελειότατον πετεηνῶν, —· εἴσατο δέ σφιν δεξιὸς ἀΐξας ὑπὲρ ἄστεος.* *Οἱ δὲ ἰδόντες γήθησαν, καὶ πᾶσιν ἐνὶ φρεσὶ θυμὸς ἰάνθη.* Hieher gehört auch noch Od. *ν*, 242.

19. Die bisher durchgenommenen *τέρατα* waren es durch sich selbst, durch ihre blosse Erscheinung. Mit den *οἰωνοῖς* aber ist die Möglichkeit gegeben, dass sich die Erscheinung verbinde mit einer Art von Handlung, dass der *οἰωνὸς*, in einem bestimmten Verhältniss erschienen, auch etwas Bestimmtes und Einzelnes vorbedeute, nicht blos Glück oder Unglück überhaupt. Nunmehr ergiebt sich aber die Deutung des *τέρας* in vielen Fällen nicht mehr von selbst, sondern muss ermittelt werden; es tritt die Kunst der Mantik*) ein, welche das *τέρας* nach Regeln erklärt, und nur im ausserordentlichen Falle von nichtzünftigen Individuen kraft unmittelbarer Eingebung geübt wird **).

***

*) [Für die Étymologie — v. *μαίνεσθαι* — vgl. Curtius Grdzg. 1 n. 429.]

**) Ueber die Arten der *μάντεις* vgl. die Hauptstelle Aesch. Prom. 484 m. Schol.; von Neueren: Lob. Aglaoph. I p. 259 ff.; ausserdem die ausführlichen Darstellungen dieses Instituts im Allgemeinen bei C. F. Hermann u. Schömann; ferner Nachh. Th. IV,

20. Noch unausgebildet ist die Verbindung der Handlung mit dem τέρας dann, wenn diese das Zufällige, gleichsam Nebenhergehende ist, die Bedeutungskraft aber in Nebenumständen liegt, wie z. B. Il. ϑ, 245 — 252 Zeus dem betenden Agamemnon zum Trost einen Adler mit einem Hirschkalb in den Klauen schickt, welches der Vogel bei dem Altare des Zeus πανομφαῖος niederwirft. Nun heisst es sofort: οἱ δ᾽ ὡς οὖν εἶδον ϑ᾽, ὅτ᾽ ἄρ ἐκ Διὸς ἤλυϑεν ὄρνις, μᾶλλον ἐπὶ Τρώεσσι ϑόρον. Hier deutet das Volk noch selbst; denn bedeutsam ist für dasselbe nur der Ort des Niederwerfens, dieses selbst aber und das Hirschkalb als solches keineswegs. Eben so liegt bei dem allbekannten Zeichen von der Schlange, welche die neun Sperlinge frisst (Il. β, 301 — 330), die Bedeutsamkeit lediglich in der Zahl: ὡς οὗτος κατὰ τέκν᾽ ἔφαγε στρουϑοῖο καὶ αὐτὴν, ὀκτὼ, ἀτὰρ μήτηρ ἐνάτη ἦν, ἣ τέκε τέκνα, ὡς ἡμεῖς τοσσαῦτ᾽ ἔτεα πτολεμίξομεν αὖϑι· τῷ δεκάτῳ δὲ πόλιν αἱρήσομεν εὐρυάγυιαν. Man darf weder deuten: wie die Schlange frass, so werden wir kriegen; noch hätte es Sinn, wenn man φαγεῖν mit αἱρεῖν erklärend sagen wollte: wie die Schlange neun Sperlinge frass, so werden wir

---

§. 11; siehe auch meine Note zu Il. α, 62 p. 16 f. (Ed. I). Zu vorläufiger Uebersicht der beim Dichter vorkommenden Organe der Mantik unterscheide man die μάντεις (ϑεοπρόποι) von den ἱερεῦσι, bei welchen letzteren die Gabe der interpretatio divinae voluntatis als Accidens des Priesteramts lediglich auf ihrem persönlichen, vertrauten Verhältniss zur Gottheit beruht, aber keineswegs den Beruf ihres Lebens ausmacht. Unter den so zu sagen zünftigen μάντις sind die fürstlichen Seher, wie Amphiaraos, Helenos unter den Troern, wieder von den δημιουργοῖς zu unterscheiden (Od. ρ, 383; ο, 255; α, 416), von welchen unten. Als Unterart der μάντεις nennt der Dichter die οἰωνοπόλοι oder οἰωνισταί, die augures, (Od α, 202, vgl. Od. β, 158; Il. α, 69; β, 858; ζ, 77; ρ, 218), wenn gleich ein solcher auch ein μάντις sein kann (Kalchas heisst οἰωνοπόλος Il. α, 69, ϑεοπρόπος οἰωνιστής Il. ν, 70, und gleichwohl auch μάντις Il. α, 92; ν, 69). Nicht als species den μάντεσιν unter- sondern als genus beigeordnet werden Il. α, 63 die ὀνειροπόλοι, welche, wie sich (§. 26) zeigen wird, eben so wohl ὀνειροπολούμενοι d. i. ϑεαταὶ ὀνείρων, als ὀνειροκριταὶ sein können.

im zehnten Jahre die Stadt erobern. Aber die wahre Bedeutung des Zeichens kann schon hier nur Kalchas, *θεοπροπίας ἀγορεύων* (v. 322) das ist *μαντευόμενος* (v. 300), angeben. 21. Das *τέρας* vollendet sich in sich selbst, wenn die
Erscheinung sich dergestalt mit einer Handlung vergesell-
schaftet, dass d i e s e vorbildlicher Typus des Zukünftigen wird.
Vergl. Od. *o,* 525 ff. coll. *ρ,* 160, ferner Od. *β,* 146 ff. *).

---

*) Hieher gehören die von Athene gesendeten, den Untergang der
Freier vorbedeutenden Wunderzeichen, aus denen Theoklymenos
das diesen bevorstehende Verderben erkennt Od. *v,* 345 — 370.
Man hat dem einfachen Wortsinn der Erzählung zuwider die ob-
jektive Realität der vom Dichter berichteten Wundererscheinungen
bestreiten wollen und gemeint, dass derselbe nur ausmale, was
im Augenblicke der Erzählung vor seiner eigenen Seele stand.
Das ist nach des Dichters Worten ganz unmöglich; *μνηστῆρσι δὲ
Παλλὰς Ἀθήνη,* sagt dieser, *ἄσβεστον γέλω ὦρσε, παρέπλαγξεν δὲ
νόημα. Οἱ δ᾽ ἤδη γναθμοῖσι γελοίων ἀλλοτρίοισιν αἱμοφόρυκτα
δὲ δὴ κρέα ἤσθιον· ὄσσε δ᾽ ἄρα σφέων δακρυόφιν πίμπλαντο·
γόον δ᾽ ὤίετο θυμός.* Hier findet sich durchaus keine Spur von
einem: e s w a r a l s o b —; die Darstellung hat lediglich den
Charakter eines Berichts von Thatsachen. Dass Theoklymenos
noch m e h r sieht, als der Dichter in eigener Person angiebt, beweist doch wahrlich nicht, dass er das vom Dichter berichtete
nicht a u c h gesehn; in Theoklymenos' Rede wird vielmehr das
von jenem Erzählte vervollständigt und ausgeführt. Dass es von
den Freiern heisst, ihr Gemüth habe den Jammer geahnet, während sie gleich nachher den Theoklymenos verlachen, ist gerade
für ihren Zustand charakteristisch; sie weinen und jammern
(*οἰμωγὴ δὲ δέδηε* 6. 353), und im Augenblick, wo sie darauf
aufmerksam gemacht werden, wissen sie von dem Zauber nichts
mehr, der sie bestrickt hatte. Die Wunderbarkeit der Erscheinungen kann endlich in einer Erzählung nicht befremden, die gerade ein furchtbares Wunder berichten soll Uebrigens haben
wir eine Analogie in den Erscheinungen an den geschlachteten
Sonnenrindern Od. *μ,* 394. Drum erkennen wir in beiden Berichten ein *τέρας,* dessen eigenthümliche Beschaffenheit vorbildlicher Typus des Zukünftigen wird.
[Vielleicht möchte indess für den zweiten Theil der Stelle,
nämlich v. 351—357, Folgendes zu berücksichtigen sein. Wenn
der Inhalt auch von Theoklymenos' Schilderung objektiv wahre

Als Od. *o*, 160 ff. Telemach und Peisistratos wegfahren von
Menelaos' Palast, und Telemach den Wunsch ausspricht, seinem heimgekehrten Vater des Königes Gastlichkeit eben so
gut erzählen zu können, als er von ihr dem Nestor berichten
werde, kommt rechts vor den Pferden vorüber ein Adler mit
einer Gans in den Klauen geflogen, die er aus einem Hofe

---

gegenwärtige Wunder sein sollen, wozu brauchts dann des Sehers, um diese zu verkünden? worin besteht da seine seherische
Kunst und Thätigkeit? und warum finden wir in Bezug auf die
andern Anwesenden (ausser ihm und den Freiern) nicht wenigstens ein *οἱ δ' ἐθάμβεον εἰσορόωντες*? War für den Seher nicht
schon jenes *τέρας*. nämlich die sicherlich objectiven Symptome
(v. 347—349) des *παραπλαγχθὲν νόημα* — vgl. *φοῖτος φρενῶν*
Aesch. Sept. 661 (642) u. Choeph. 31 Hr. — hinreichend, um
darin kraft seiner göttlichen Erleuchtung (vgl. Il. *α*, 70; *σ*, 250
mit Od. *ω*, 451) mindestens ebenso gut als Helene in obiger Stelle
die Zukunft Zug für Zug vorgebildet zu schauen und zu verkünden? Ist er ja doch Urenkel des Melampus, Enkel des Mantios,
und Sohn des Polypheides, welchen *μάντιν Ἀπόλλων ϑῆκε βρο-*
τῶν ὄχ' ἄριστον, ἐπεὶ ϑάνεν Ἀμφιάραος Od *o*, 240 -- 255, und
schon insofern ist zu erwarten, dass der Dichter von ihm in diesem entscheidenden Moment, wenn er ihn einmal auftreten lässt,
etwas mehr wird zu berichten wissen, als dass er Dinge verkündet, die jedem profanen Auge ebenfalls sichtbar gewesen sein
müssten. Ueberdiess greift ja hier auch die Göttin mächtig ein,
gleichsam zum Vorspiel für ihr späteres Auftreten. — Lobeck
Aglaoph I p. 264: Theoclymenus ventura naturaliter prae-
sagit (gegen die Stoiker, welche in ihm finden *ἔνϑεον μάντιν ἐκ*
τινος ἐπιπνοίας σημαίνοντα τὰ μέλλοντα). Gleichwohl vermochte seine Darlegung wie die ähnliche von Voss krit. Bl. I
p. 12, Nitzsch II p. XXII und III p. 76 ff., und Hermann G. A.
§. 37, 6 (wo auch Stark ein Fragezeichen beisetzt) uns in diesem
Punkt nicht zu überzeugen. Wir glauben in v. 347 — 349 objective Thatsachen. in v. 351—357 aber eine dadurch hervorgerufene prophetische Vision des Sehers erkennen zu müssen; ähnlich
wie sie Schiller in Wallensteins Tod 4, 11 a. E. der Thekla in den
Mund legt: „Was ist das für ein Gefühl! Es füllen sich mir
alle Räume dieses Hauses Mit bleichen, hohlen Geisterbildern an
— ich habe keinen Platz mehr — Immer neue! Es drängt mich
das entsetzliche Gewimmel **Aus** diesen **Wänden fort**, die Lebende!"]

geraubt. Alle freuen sich des Zeichens, aber was es bedeute,
ist nicht auf der Stelle klar, nicht einmal, wem es gelte.
Menelaos ist im Begriffe, darüber nachzudenken; da kommt
ihm Helene mit den Worten zuvor (v. 172): *κλῦτέ μευ, αὐτὰρ ἐγὼ μαντεύσομαι, ὡς ἐνὶ ϑυμῷ ἀϑάνατοι βάλλου-
σι, καὶ ὡς τελέεσϑαι ὀΐω.* Die Stelle der kunstgerechten
Mantik vertritt hier also die Inspiration, kraft deren Helene
die Deutung des Zeichens durch dessen einzelne Momente
durchführt: *ὡς ὅδε χῆν' ἥρπαξ', ἀτιταλλομένην ἐνὶ οἴκῳ, ἐλ-
ϑὼν ἐξ ὄρεος, ὅϑι οἱ γενεή τε τόκος τε, ὡς Ὀδυσεὺς κακὰ
πολλὰ παϑὼν καὶ πόλλ' ἐπαληϑεὶς οἴκαδε νοστήσει καὶ τίσε-
ται· ἠὲ καὶ ἤδη οἴκοι, ἀτὰρ μνηστῆρσι κακὸν πάντεσσι φυτεύει.*
Man sieht, wie bei der Auslegung verfahren, wie die Bedeutung der Haupthandlung durch Nebenumstände bestimmt und
modificirt, dagegen von Hauptsachen in derselben auch wohl
utiliter Umgang genommen wird. Dass der Adler, der den
Odysseus vorbildet, eben aus seinem Neste, aus seiner Heimath kommt, dies bleibt unbeachtet; Helene hält sich blos
an die Vorstellung des Kommens; dagegen muss die Gans,
die doch im Hofraum des Besitzers nur an dem Ort ist, wo
sie sein soll, die widerrechtlich in Odysseus' Haus eingedrun-
genen Freier bedeuten, so dass bei der Auslegung nur das
Fortmüssen aus dem Hause, vielleicht auch das *ἀτιταλλομένην*
in Betracht kommt. Indem somit dieses *τέρας* recht gut auch
auf einen Räuber gedeutet werden könnte, der einen friedlichen wohlhäbigen Besitzer aus seinem Eigenthum verdrängt,
zeigt sich für uns gleich dér erste Deutungsversuch, den
wir betrachten, mit einer Willkür behaftet, welche der Anerkennung solcher *τέρατα* selbst von Seiten des homerischen
Menschen Gefahr droht. Wir sehen diese Befürchtung sich
verwirklichen, wenn wir das der Beschreibung und Deutung
nach ausgeführteste Gleichniss betrachten, das im Dichter
vorkommt, Il. · *μ,* 200—243.

22. Hektor steht bereits sieghoffend mit seinen Tapferen
an dem das achäische Schifflager von vorne schirmenden Graben. Da kommt, die Troer linkshin abschneidend vom Feind *),

---

*) Nur so vermag ich das vielbesprochene *ἐπ' ἀριστερὰ λαὸν ἐέργων*

ein Adler, von Osten nach Westen *) mit einer Schlange in
den Krallen, die sich aber selbst in dieser Lage noch wehrt,
und mit dem über die Klaue hinausragenden Kopfe rückwärts gebogen den Adler in die Brust sticht, so dass diesen
der Schmerz nöthigt seine Beute fallen zu lassen. Dies Zeichen deutet Polydamas so, dass der Adler, der seine Beute,
bevor er sie zu Neste tragen kann, aufgeben muss, die Troer
vorstelle, . deren Siegeslauf gehemmt werden und sich in
schmachvollen, verderblichen Rückzug verwandeln werde.
Diese Deutung erklärt er für eine kunstgerechte; denn er
schliesst v. 228: ὡδέ χ᾽ ὑποκρίναιτο θεοπρόπος, ὃς σάφα
θυμῷ εἰδείη τεράων, καί οἱ πειθοίατο λαοί. Was aber thut
Hektor? Er ficht zwar die Deutung nicht an, stellt aber in
den berühmten Versen 230 — 250 den ihm ausdrücklich ver-
kündeten und ῥητῶς geoffenbarten Rathschluss des Zeus (Il.
λ, 186—_09) über das Wunderzeichen, die βουλὴ Διὸς (241)
über das τέρας Διὸς, zumal da diese βουλὴ mit dem sittlichen
Beruf, in welchem er steht, vollkommen zusammentrifft: εἰς
οἰωνὸς ἄριστος ἀμύνεσθαι περὶ πάτρης. Hier tritt also das
τέρας in Widerspruch mit höheren Mächten, denen gegenüber es für Hektor alle Berechtigung verliert.

23. Es scheitert aber zweitens sein Ansehen auch an
dem persönlichen Belieben des Menschen, der sich das für
ihn in demselben enthaltene Missfällige dadurch vom Halse
schafft, dass er gegen die Deutung des kundigen Augurs die
Möglichkeit eines blos zufälligen Vogelfluges geltend macht.
Der alte Held Halitherses, welcher nach Od. β, 158 οἷος
ὁμηλικίην ἐκέκαστο ὄρνιθας γνῶναι καὶ ἐναίσιμα μυθήσασθαι,
hat die beiden Adler, welche ib. 146 ff. von Zeus gesendet
über die Versammlung der Ithakesier unter bedrohlichen Umständen wegfliegen, auf Odysseus' Wiederkehr und das Verderben der Freier gedeutet. Darauf entgegnet Eurymachos

---

zu verstehn. Vgl. Herod. 7, 109 extr.: ταύτας μὲν δὴ τὰς πόλις
— ἐξ εὐωνύμου χειρὸς ἀπέργων παρεξήϊε. Die Troer standen im
Süden der griechischen Lagermauer und von dieser trennt sie
der vom Osten herkommende etwa über den Vorderreihen der
Troer hinfliegende Adler.

*) [Vgl. hierüber Hermann G. A. §. 38, 9. 10.]

v. 180: ταῦτα δ᾽ ἐγὼ σέο πολλὸν ἀμείνων μυϑήσασϑαι. Ὄρ-
νιϑες δέ τε πολλοὶ ὑπ᾽ αὐγὰς Ἠελίοιο φοιτῶσ᾽, οὐδέ τε
πάντες ἐναίσιμοι· αὐτὰρ Ὀδυσσεὺς ὤλετο τῆλ᾽· κτλ. *).

24. Aber nicht nur von höheren sittlichen Instanzen
oder von der niemals ausgeschlossenen Möglichkeit eines im
Vogelfluge waltenden Zufalls wird das τέρας und mit ihm die
Bedeutung der Mantik zu nichte gemacht, sondern es zerfällt
auch in sich selbst, hat das auflösende und zerstörende Element in sich selber erstlich durch Doppeldeutigkeit.
Il. o, 377 hat Nestor in der höchsten Noth der Achäer zu
Zeus um Abwehr des gänzlichen Verderbens gebetet. Zeus
donnert laut, den Achäern zu günstigem Zeichen, ἀράων ἀΐων
[erhörend?] Νηληϊάδαο γέροντος. Aber diesen nämlichen Donner deuten die siegsmuthigen Troer gerade für sich (v. 379:
Τρῶες δ᾽ ὡς ἐπύϑοντο Διὸς κτύπον αἰγιόχοιο, μᾶλλον ἐπ᾽
Ἀργείοισι ϑόρον, μνήσαντο δὲ χάρμης), und somit gehen
diejenigen, welchen das Zeichen zu statten kommen soll, jedes Vortheils durch das Zeichen selbst verlustig**). — Zweitens durch den Widerspruch, dass es zuweilen angesehen
wird als ausgehend von einem Gott, der doch im Augenblick
der Erscheinung des τέρας das Gegentheil will von dem, was
es bedeutet. Dies findet sowohl in der eben besprochenen
Stelle statt Il. μ, 200 ff.; — denn hier sendet Zeus ein den
Achäern günstiges Zeichen in dem Augenblick, wo er den
Troern Sieg verleihen will, wesshalb sich auch Hektor, der
um Zeus' Willen weiss, nichts um das Zeichen kümmert; —
als auch Il. ν, 821 unter gleichen Umständen nach Ajas'
kühner Rede zu Hektor, in welcher er diesem verkündet, dass
er bald seinen Rossen grössere Schnelligkeit, denn die von

---

*) Dazu kommt noch die Unergründlichkeit der Götter. Od. ψ, 81:
μαῖα φίλη, χαλεπόν σε ϑεῶν αἰειγενετάων δήνεα εἴρυσϑαι, μάλα
περ πολύιδριν ἐοῦσαν. [Dies Argument konnte freilich einem
Seher gegenüber nicht geltend gemacht werden.]

**) [Dieser Umstand — vgl. unten das über μ, 200 coll. 251 Gesagte
— erinnert übrigens an den in späterer Zeit ausgebildeten Glauben, dass man ein Vorzeichen, wenn es bedeutungskräftig sein
soll, auch sich aneignen müsse: δέχομαι τὸν οἰωνόν Herod. 9,
91; vgl. Hartung Rel. d. Röm. I, 98.]

12 *

Habichten wünschen worde, um sich fliehend in die Stadt zu
retten, dies aber durch einen δεξιὸς ὄρνις in einer Zeit bekräftigt wird, wo Hektor's Siegeslauf noch lange nicht geschlossen ist. Hier liegt im τέρας selbst ein unaufgelöster
Widerspruch; der Wille des Gottes, von dem es ausgeht, erscheint als ein getheilter, im Moment der Entscheidung um-
schlagender; der nämliche Zeus, der Il. μ, 200 den Troern
mit jenem σῆμα gedroht hat, wirkt günstig für sie gerade nachdem Hektor diese Drohung verachtet hat (v. 251:
ὡς ἄρα φωνήσας ἡγήσατο· τοὶ δ᾽ ἅμ᾽ ἕποντο ἠχῇ θεσπεσίῃ·
ἐπὶ δὲ Ζεὺς τερπικέραυνος ὦρσεν ἀπ᾽ Ἰδαίων ὀρέων ἀνέμοιο
θύελλαν, ἥ ῥ᾽ ἰθὺς νηῶν κονίην φέρεν· αὐτὰρ Ἀχαιῶν θέλγε
νόον, Τρωσὶν δὲ καὶ Ἕκτορι κῦδος ὄπαζεν). Die hohe poetische Schönheit dieser dem Siegesmuth nnd Siegesstolz gesendeten Warnungszeichen, welche lebhaft an jenen schwarzen Ritter in der Jungfrau von Orleans erinnern, vermag
doch keineswegs die Einbusse zu verschleiern oder aufzuheben, welche die Autorität des τέρας dadurch erleidet, dass
der Wille des ταμίας πολέμοιο in diesem Augenblick ihm
entgegengesetzt ist und als entgegenwirkend erachtet wird.
Mit dem τέρας aber steht und fällt auch die deutende, aus-
legende, die niedere Mantik. Denn obschon die Funktion des
zeichendeutenden μάντις oder θεοπρόπος unter Umständen
so bedeutend werden kann, dass er im eigentlichen Wortsinn
Führer des Heereszugs wird, wie es Il. α, 71 von Kalchas
heisst: καὶ νήεσσ᾽ ἡγήσατ᾽ Ἀχαιῶν Ἴλιον εἴσω ἥν διὰ μαντοσύνην, vgl. Od. γ, 173, so haben wir doch an den angeführten Beispielen gesehn, wie prekär das Gewicht desselben sein
kann, und Od. α, 415 scheut sich der oft schon getäuschte
Telemach nicht im Mindesten zu sagen: οὔτ᾽ οὖν ἀγγελίῃ ἔτι
πείθομαι, εἴποθεν ἔλθοι, οὔτε θεοπροπίης ἐμπάζομαι,
ἥντινα μήτηρ, ἐς μέγαρον καλέσασα θεοπρόπον, ἐξερέηται.
Und Il. ω, 220 ff. erklärt Priamos geradezu, dass er in Bezug auf göttliche Erscheinungen weder Zeichendeutern noch
Priestern, sondern nur seinen eigenen Augen traue: εἰ μὲν
γάρ τίς μ᾽ ἄλλος ἐπιχθονίων ἐκέλευεν, ἢ οἳ μάντιές εἰσι
θυοσκόοι ἢ ἱερῆες, ψεῦδός κεν φαῖμεν, καὶ νοσφιζοίμεθα μᾶλ-
λον· νῦν δ᾽ — αὐτὸς γὰρ ἄκουσα θεοῦ καὶ ἐσέδρακον ἄντην
— εἶμι, καὶ οὐχ ἅλιον ἔπος ἔσσεται.

25. So hat denn also der Mensch durch das τέρας von seinen Göttern keine verlässige Kunde; höhere sittliche Instanzen, die Möglichkeit des Zufalls, die Doppeldeutigkeit, ja innerer Widerspruch haben dieses Organ der Offenbarung zerstört und seiner Würde beraubt. Somit sieht sich der Mensch gezwungen, nach andern Offenbarungen zu suchen, ob er vielleicht des Göttlichen unmittelbar, ohne Zuziehung eines vermittelnden Zeichens, das ihm Irrthum gebracht hat, habhaft werden könne. Nun ist aber das Göttliche zunächst da zu finden, wo das Irdische aufhört, wo· sich Erscheinungen zeigen und Zustände, die sich nicht mehr aus irdischen Causalitätsverhältnissen erklären lassen. In der Sphäre der Aeusserlichkeit ist eine solche Erscheinung die ὄσσα *), das Gerücht, das Niemand auf eine menschliche Quelle zurückzuführen weiss, wesshalb es hergeleitet wird von den Göttern und [wohl auch wegen seiner wunderbar schnellen Verbreitung; Buttmann Lexil. I p. 24] Διὸς ἄγγελος heisst. Unter dem Il. β zur ἀγορὰ beschiedenen Volke der Achäer hatte sich das Gerücht verbreitet, dass in der Versammlung die Rede sein solle von Heimkehr; drum heisst es Il. β, 93: μετὰ δὲ σφίσιν Ὄσσα δεδήει, ὀτρύνουσ᾽ ἰέναι, Διὸς ἄγγελος. Vgl. Od. ω, 413: Ὄσσα δ᾽ ἄρ᾽ ἄγγελος ὦκα κατὰ πτόλιν ᾤχετο πάντη, μνηστήρων στυγερὸν θάνατον καὶ Κῆρ᾽ ἐνέπουσα. Wenn aber Od. α, 282 Athene zu Telemach sagt, er solle ausziehn auf Kunde von seinem Vater: ἤν τίς τοι εἴπησι βροτῶν, ἢ ὄσσαν ἀκούσῃς ἐκ Διὸς, ἥτε μάλιστα φέρει κλέος ἀνθρώποισιν,·so scheint hier wegen der im Relativsatze der ὄσσα beigelegten Eigenschaft nicht so wohl speciell ein unbestimmtes Gerücht verstanden zu sein, als vielmehr eine ὀμφή **) oder αὐδὴ θεοῦ, eine durch einen μάντις, ein

---

*) Bei Aeschylus (Ag. 276 ff. Dind.) nicht mehr. [Lehrs Aristarch. p. 96: „ὄσσα non — vocem significat simpliciter ut apud alios poetas sed famam divinitus excitam." Doch stammt es von ἔπος, ὄψ: Döderlein Gl. §. 510; Lobeck Rhem. p. 42. 108. 257; Curtius in Kuhns Ztschr. III, 406 f.]

**) [Dies leitet Döderlein Gl. §. 513 von ἐν-έπω, Lobeck Rhem. p. 42 und M. Müller in Kuhns Ztschr. IV, 271 unmittelbar vom Verb. simplex ab.]

Orakel, oder vielleicht durch einen Gott selbst vermittelte Offenbarung. [Man vergleiche die von Ameis citirte Stelle Soph. OR. 43 Br., wo ϑεῶν φήμην steht, da Sophokles das Wort ὄσσα nicht hat; ähnlich ib. 86, 723, Trach. 1150, vgl. Aj. 998.] Il. v, 129: εἰ δ᾽ Ἀχιλεὺς οὖ ταῦτα ϑεῶν ἐκ πεύσεται ὀμφῆς [vgl. Hymn. Herm. 471. 532]; Od. γ, 215: ἦ σέγε λαοὶ ἐχϑαίρουσ᾽ ἀνὰ δῆμον, ἐπισπόμενοι ϑεοῦ ὀμφῇ· ξ, 89: οἵδε δὲ καί τι ἴσασι, ϑεοῦ δέ τιν᾽ ἔκλυον αὐδήν. Die Stimme des Traums, der Il. β, init. zu Agamemnon gesprochen, heisst ib. 41 ϑείη ὀμφή, Zeus selber als Urheber aller Vorbedeutungen Il. ϑ, 250 πανομφαῖος. Das Orakelwort des pythischen Apoll bedeutet ὀμφή Hymn. Herm. 543. 545. [Das des Hermes ib. 566.]

26. Im Bereiche der Innerlichkeit aber ist nach des Dichters Vorstellung das Traumleben die Sphäre, in welcher mit dem Einschlummern der natürlichen Wissens- und Erkenntnisskraft göttliche Mittheilungen Platz greifen können. Die Traumbilder, die nicht von menschlichem Wissen und Wollen abzuleiten sind, wo sollten sie sonst herstammen, als von den Göttern? Il. α, 63: καὶ γάρ τ᾽ ὄναρ ἐκ Διός ἐστιν· β, 22, 56 und Od. ξ, 495: ϑεῖος ὄνειρος) *). Freilich ist ein Theil von ihnen mit dem τέρας verwandt, diejenigen nämlich, welche der Deutung bedürfen; bei diesen tritt die Kunst des ὀνειροπόλος ein, sofern ein solcher nicht ein ὀνειροπολούμενος (vgl. meine Note zu Il. α, 62 coll. Jesaj. 65, 4) sondern ein ὀνειροκριτὴς**) ist (Il. ε, 149: τοῖς οὐκ ἐρχομένοις ὁ γέρων, der eben erst ὀνειροπόλος genannt war, ἐκρίνατ᾽ ὀνείρους), wie bei den Wunderzeichen die Mantik. Aber häufig enthalten sie auch unmittelbare Offenbarungen, und da das Organ derselben stets eine fertige, ausserhalb des Menschen vorhandene [1]), in einen Scheinkörper gekleidete

---

*) Aber Hermes ist durchaus nicht Traumgott; [vgl. §. 28; einen solchen kennt überhaupt die griechische Mythologie nicht; Nachhom. Theol. S. 173; Anm. zu Il. β, 6.]

**) [Diese Bezeichnung für die Person hat Homer bekanntlich noch nicht — Aeschylus nur ὀνειρόμαντις Choeph. 31 — dagegen für die Sache neben κρίνασϑαι auch ὑποκρίνεσϑαι ὄνειρον.]

1) Nitzsch I p. 316.

Gestalt ist (daher der δῆμος ὀνείρων Od. ω, 12, vgl. Π. x, 496: κακὸν γὰρ ὄναρ κεφαλῆφιν ἐπέστη), so hindert nichts, dass einem solchen wesenlosen Traumbild sich entweder ein abgeschiedener Geist oder eine Gottheit selbst substituire, wenn es diese nicht vorzieht, als Traumerscheinung ein von ihr zu diesem Behuf erschaffenes εἴδωλον zu senden.

27. Um nun das Einzelne zu belegen, so gedenken wir zuerst des einem τέρας verwandten, deutungsbedürftigen Traums der Penelope von dem Gebirgsadler, der ins Haus kommt und den Gänsen die Hälse bricht (Od. τ, 535—550). Dergleichen hätte sich beim Dichter recht füglich als τέρας ereignen können; was aber dem τέρας nicht möglich sein würde, vermag der Traum, nämlich sich selber zu deuten. Der geträumte Adler wird im Traume selbst der von ihm vorbedeutete Odysseus und sagt zu der um den Verlust der Gänse bekümmerten Penelope mit menschlicher Stimme v. 547 ff.: οὐκ ὄναρ, ἀλλ' ὕπαρ ἐσθλὸν, ὅ τοι τετελεσμένον ἔσται· χῆνες μὲν μνηστῆρες· ἐγὼ δέ τοι αἰετὸς ὄρνις ἦα πάρος, νῦν αὖτε τεὸς πόσις εἰλήλουθα, ὃς πᾶσι μνηστῆρσιν ἀεικέα πότμον ἐφήσω. Der wirkliche, Penelope'n unerkannt gegenübersitzende Odysseus kann nun freilich nicht anders als diese Deutung, ja die Identität des Adlers mit Odysseus anerkennen (ἐπειή ῥά τοι αὐτὸς Ὀδυσσεὺς πέφραδ' ὅπως τελέει ib. 556). — Aber auch diejenigen Traumgestalten, welche von einem Gott zu bestimmten einzelnen Zwecken gesendet werden, führen die Rolle, die sie spielen sollen, nicht durch. Das εἴδωλον, welches Od. δ, 796 Athene geschaffen und gesendet hat, um Penelope'n über Telemachs Abreise zu trösten, bleibt nicht deren Schwester Iphthime, in deren Gestalt es erscheint, sondern nachdem es der bangen Mutter versichert hat, ihrem Sohne werde der Göttin Hülfe nicht fehlen, fügt es sogleich bei (v. 829): ἣ νῦν με προέηκε, τεῒν τάδε μυθήσασθαι. Da dergleichen von der wirklichen Schwester nicht gesagt werden könnte, so liegt für Penelope'n in diesen Worten die Selbstoffenbarung der göttlichen Erscheinung; desshalb beginnt sie auch ihre Antwort mit: εἰ μὲν δὴ θεός ἐσσι, θεοῖό τε ἔκλυες αὐδῆς, eine Stelle, welche uns zugleich über das Wesen belehrt, das solchen Traumgestalten zugeschrieben wird. Auch der ὀνει-

ϱος, welcher Il. *β*, init. dem Heeresfürsten Agamemnon in
Nestor's Gestalt von Zeus gesendet wird, verräth sich durch
das dem wirklichen Nestor nicht zukommende *Διὸς δέ τοι
ἄγγελός εἰμι* (v. 26). 28. Dieser *ὄνειρος* ist fälschlich für den Gott der
Träume genommen worden, während doch ein solcher in den
Bereich der homerischen Traumwelt gar nicht passt. Denn
die Traumbilder, deren es bedarf, werden nicht etwa von
einem Gebieter und König derselben requirirt (selbst bei
Ovidius Metam. XI fordert Iris einen Traum nicht von einem
Traumgott, sondern von Somnus), sondern sie stehn in des
einzelnen Gottes Gewalt. Zeus, von dem sie vorzugsweise
kommen, hat eine Traumgestalt ohne Weiteres und unmittelbar bei der Hand*), und giebt ihr nicht anders als Athene
dem *εἴδωλον* der Iphthime ein Scheinleben**) auf kurze Zeit.
Denn das ist die Natur des ächten und eigentlichen Traumbilds; es ist zwar etwas Wirkliches, leiblich ausserhalb des
Menschen Vorhandenes; aber diess ist es nur momentan im
Traume selbst; mit dem Traum ist auch die Existenz des
Traumbilds vorbei. Denn die Vorstellung von einem Aufenthalt der Träume am Wege zum Hades (in der Interpolation Od. *ω*, 12), die bekanntere von dem elfenbeinernen
Thore ***), durch welches die trüglichen Traumgesichte,
von dem hörnenen, durch welches die wahrhaftigen kommen,
ist lediglich ein Ergebniss menschlicher Reflexion über die
Träume, ist gleichsam nur theoretisch vorhanden, kommt
aber in den concreten Fällen nirgends in Anwendung. Niemals wird ein Traumbild aus jenem Ort am Hades geholt, niemals kehrt irgend eines dorthin zurück. Diejenigen Traumgestalten, die wirklich und wesentlich auch
ausser den Träumen existiren, sind abgeschiedene Seelen,

---

*) Vgl. Anm. zu Il. *β*, 7.

**) [Daher *εἴδωλον ἀμαυρόν*, worüber vgl. Ameis zu Od. *δ*, 824 und
Legerlotz in Kuhns Ztschr. VII p. 135; und die *ὄνειροι ἀμενηνοί*
Od. *τ*, 562.]

***) [Od. *τ*, 562 ff. Bekanntlich fanden schon die Alten in *ἐλέφας*
hier ein Wortspiel mit *ἐλεφαίρομαι* v. 565 und Neuere in *κερά-
εσσι* mit *κραίνω* vgl. v. 565 und über das Letztere und v. 567
Maurophrydes in Kuhns Ztschr. VII, 318.]

wie Patroklos Il. ψ, 65 dem Achilleus erscheint, oder wirkliche Götter, wie Athene im Traume Nausikaa's. Diese zeigen sich auch nicht als eitle Traumgestalten, wie denn Patroklos ganz als der spricht, der er ist, und Athene, die sich
in Dymos' Tochter verwandelt hat, diese Maske nicht ablegt.
29. Allein obwohl die Träume, wie die Wunderzeichen
dem homerichen Menschen eine Bethätigung des göttlichen
Waltens folglich eine Quelle seines Wissens von den Göttern
sind, so können sie ihm doch eben so wenig als die $\tau\acute{\varepsilon}\varrho\alpha\tau\alpha$
für ein untrügliches Mittel der Offenbarung gelten. Nachdem
Penelope dem unerkannten Gemahl jenen oben erwähnten
Traum von dem Adler und den Gänsen erzählt und dieser
denselben unmöglich anders deutbar gefunden, als er sich
selbst gedeutet habe, erwiedert sie Od. τ, 560: $\xi\varepsilon\tilde{\iota}\nu'$, $\tilde{\eta}\tau o\iota$
$\mu\grave{\varepsilon}\nu$ $\check{o}\nu\varepsilon\iota\varrho o\iota$ $\mathring{\alpha}\mu\acute{\eta}\chi\alpha\nu o\iota$ $\mathring{\alpha}\varkappa\varrho\iota\tau\acute{o}\mu\nu\vartheta o\iota$ $\gamma\acute{\iota}\gamma\nu o\nu\tau'$, $o\mathring{\upsilon}\delta\acute{\varepsilon}$ $\tau\iota$ $\pi\acute{\alpha}\nu\tau\alpha$
$\tau\varepsilon\lambda\varepsilon\acute{\iota}\varepsilon\tau\alpha\iota$ $\mathring{\alpha}\nu\vartheta\varrho\acute{\omega}\pi o\iota\sigma\iota\nu$, und spricht dann jene Vorstellung
von den doppelten Thoren der Träume aus. Aber das Un-
zuverlässige liegt nicht blos in der Natur der Träume selbst,
sondern es kann ja auch der Gott, der einen Traum sendet, damit
betrügen wollen, wie Zeus den Agamemnon Il. β, init. [oder
wie Penelope meint Od. ν, 87: $\alpha\mathring{\upsilon}\tau\grave{\alpha}\varrho$ $\mathring{\varepsilon}\mu o\grave{\iota}$ $\varkappa\alpha\grave{\iota}$ $\mathring{o}\nu\varepsilon\acute{\iota}\varrho\alpha\tau'$ $\mathring{\varepsilon}\pi\acute{\varepsilon}\sigma$-
$\sigma\varepsilon\nu\varepsilon\nu$ $\varkappa\alpha\varkappa\grave{\alpha}$ $\delta\alpha\acute{\iota}\mu\omega\nu$· vgl. v. 88 f.]. Darum hat sich der
Mensch nach Kriterien umzusehn, die ihm die Zuverlässig-
keit des Gesichtes, die redliche Absicht des Gottes, von dem
es herrührt, verbürgen. Nestor schliesst Il. β, 80 ff. folgendermassen: hätte den Traum (Agamemnon's) ein anderer
Achäer erzählt, $\psi\varepsilon\tilde{\upsilon}\delta\acute{o}\varsigma$ $\varkappa\varepsilon\nu$ $\varphi\alpha\tilde{\iota}\mu\varepsilon\nu$ (vgl. meine Note zu
der Stelle): so würden wir ihn für eitel, für ein $\mathring{\alpha}\lambda\iota o\nu$ $\check{\varepsilon}\pi o\varsigma$,
für einen Trug des Gottes erklären. Nun aber hat ihn Aga-
memnon gesehen, $\mathring{o}\varsigma$ $\mu\acute{\varepsilon}\gamma'$ $\mathring{\alpha}\varrho\iota\sigma\tau o\varsigma$ $\H{}A\chi\alpha\iota\tilde{\omega}\nu$ $\varepsilon\mathring{\upsilon}\chi\varepsilon\tau\alpha\iota$ $\varepsilon\tilde{\iota}\nu\alpha\iota$.
Den wird, das giebt er zu verstehen, Zeus schwerlich betrü-
gen. Man sieht, dass ihm die Person dessen, der die Offenbarung erhält, eine sicherere Garantie zu bieten scheint, als
das von Agamemnon berichtete Wort des Traumes: $\varDelta\iota\grave{o}\varsigma$ $\delta\acute{\varepsilon}$
$\tau o\iota$ $\mathring{\alpha}\gamma\gamma\varepsilon\lambda\acute{o}\varsigma$ $\varepsilon\tilde{\iota}\mu\iota$.
30. Weit verlässiger also denn die Träume sind in
Absicht auf Erkenntniss der Zukunft diejenigen inneren Offenbarungen, welche die Möglichkeit einer Täuschung durch
einen übelwollenden Gott vollständig ausschliessen, wir mei-

nen die Ahnungen*), die theils als Warnungs- theils im
Augenblick des Todes, wo die Schranken irdischer Erkenntniss fallen **), als Weissagestimmen in der Menschenbrust
sich regen. Der Freier Amphinomos hat eine solche nach
Odysseus' sehr ernster Mahnung an die Unbeständigkeit des
frevelhaft missbrauchten Glücks und an die Schrecken der
Heimkehr des Königs, indem es Od. σ, 153 von ihm heisst:
αὐτὰρ ὃ βῆ διὰ δῶμα φίλον τετιημένος ἦτορ, νευστάζων κε-
φαλῇ· δὴ γὰρ κακὸν ὄσσετο θυμός. Ἀλλ᾽ οὐδ᾽ ὣς (trotz dieser zur Trennung von den Freiern mahnenden Warnungs-
stimme) φύγε Κῆρα· πέδησε δὲ καὶ τὸν Ἀθήνη. [Ebenso
verhält sichs mit der Ahnung der Freier in der oben besprochenen Stelle Od. υ, 349 und deren Nichtbeachtung v.
359 ff.] Dem sterbenden Patroklos ist Il. π, 843 ff. Alles klar,
dass ihn Apoll getödtet durch Euphorbos' Hand, dass Hektor, der sich des Sieges rühme, selbst nicht lange mehr leben, sondern fallen werde von des Aeakiden Geschoss. Und
als diese Weissagung wahr geworden ist, da kann Il. χ, 358
der sterbende Hektor dem grossen Feinde, der ihm das Begräbniss verweigert, zurufen: φράζεο νῦν, μὴ τοί τι θεῶν
μήνιμα γένωμαι, ἤματι τῷ, ὅτε κέν σε Πάρις καὶ Φοῖβος
Ἀπόλλων ἐσθλὸν ἐόντ᾽ ὀλέσωσιν ἐνὶ Σκαιῇσι πύλῃσιν.
So klar tritt ihm Achilleus' Ende mit allen Umständen vor
die Seele. — Höchst ergreifend ist Hektor's Ahnung vom
Untergange Troja's, jenes berühmte ἔσσεται ἦμαρ, ὅτ᾽ ἄν
ποτ᾽ ὀλώλῃ Ἴλιος ἱρή κ. τ. ἑ. Il. ζ, 447, das unter andern
Umständen auch Agamemnon ausspricht Il. δ, 163 ff.

---

*) [Hieher rechnet Nitzsch gelegentlich III p. XVIII auch. Od. μ,
295, wo Odysseus nach Erzählung von der Widerspenstigkeit des
Eurylochos fortfährt: καὶ τότε δὴ γίγνωσκον, ὃ δὴ κακὰ μήδετο
δαίμων· gerade wie Nestor γ, 166 aus dem Streit und der Trennung der heimkehrenden Griechen dasselbe erkennt. Denn
ein Erkennen der Umstände. die hier beinahe wie böse omina
aussehen, und durch Combination auch der Folgen, also ein Akt
des berechnenden Verstandes liegt hier vor, nicht eine Ahnung;
vgl. θ, 299 und Il. θ, 170 mit 175; ρ, 623 mit 616, 688 u. s. w.]
**) Vgl. besonders Schol. AV zu Il. π, 854. [Plat. Apol. p. 39 C,
Cic. d. divin. 1, 30.]

31. So finden wir also den Menschen unmittelbar erleuchtet im Tode. Dieser hier nur momentane Zustand wird als continuirlich gedacht bei dem μάντις im engeren Sinne, soferne dieser nämlich nicht blos Ausleger eines τέρας oder des Vogelflugs, ein οἰωνιστής, ist (vgl. Od. α, 202: οὔτε τι μάντις ἐὼν, οὔτ' οἰωνῶν σάφα εἰδώς), sondern sich fortwährender oder wenigstens ohne Vermittlung zu gewinnender Inspiration erfreut. Ein solcher hat, wie z. B. Kalchas, ein Wissen nicht blos von der Zukunft, sondern auch von der Vergangenheit und Gegenwart Il. α, 70: Κάλχας — ὃς ᾔδη τά τ' ἐόντα, τά τ' ἐσσόμενα, πρό τ' ἐόντα), nnd kann z. B. verrathen, wo die Mauer einer Stadt am schwächsten und angreifbarsten ist: Il. ζ, 433 ff. besonders 438: ἦ πού τίς σφιν ἔνισπε θεοπροπίων εὖ εἰδώς*). Dieses Wissen hinwiederum ist, wie das eines jeden θεοπρόπος, die Gabe eines Gottes oder vielmehr die des Zeus und Apollon (vergl. Il. α, 72: ἦν διὰ μαντοσύνην, τήν οἱ πόρε Φοῖβος Ἀπόλλων mit Od. ο, 244: Ἀμφιάραον, ὃν πέρι κῆρι φίλει Ζεύς τ' αἰγίοχος καὶ Ἀπόλλων, ib. 252 f. und oben II §. 22), kann daher auch, wie die Fähigkeit ein τέρας auszulegen, momentan einem nicht zünftigen Individuum ertheilt werden (vgl. Od. α, 200 ff., wo Athene nicht als Göttin, sondern als Mentes spricht, mit Od. ο, 172). In Wirksamkeit tritt diese Gabe für den concreten Fall in Folge des Gebets; Il. α, 86: οὐ μὰ γὰρ Ἀπόλλωνα Διΐ φίλον, ᾧτε σὺ, Κάλχαν, εὐχόμενος Δαναοῖσι θεοπροπίας ἀναφαίνεις (zu enthüllen pflegst), erwacht aber nicht erst an einem von aussenher gegebenen Zeichen, wie denn Kalchas Il. ·α den Grund von Apollon's

*) [Wenn auch gegen die Aechtheit dieser Verse gewichtige Bedenken schon bei den Alten sich erhoben haben, so stimmt doch diese Anschauung von dem Beruf des Sehers mit der übrigen so überein, dass sie für homerisch gelten muss, selbst wenn wir dem Aristarch (vgl. Lehrs p. 358) glauben wollten, dass Il. α, 365—392, somit auch v. 385 unächt sei. Zu letzterer Stelle ist übrigens die Anmerkung über θεοπρόπιον, und für die Etymologie dieses Wortes Döderlein Gloss. §. 375, Lobeck Rhem. p. 340, Elemm. p. 151 zu vergleichen.]

Zürnen ohne Weiteres anzugeben vermag [und Telemos[1])
der Eurymide dem Polyphem sein künftiges Schicksal sogar
bis auf den Namen des Odysseus Od. ι, 507—512 vorauszu-
sagen im Stande ist, ohne dass hier irgend ein τέρας als
Grundlage seiner Deutung erwähnt wird; ebensowenig als
bei der Weissagung des Teiresias in Od. λ, der also auch
als Mensch (nach Analogie der dortigen Vorstellung) ohne
äussere Zeichen muss haben weissagen können; sein νοῦς ist
ja ἔμπεδος geblieben]; Penelope endlich befragt nach Od. α,
415 einen ϑεοπρόπος, den sie zu sich bescheidet, um eine
ϑεοπροπία von wegen ihres Gemahles, auch wenn kein zu
deutendes Zeichen vorhanden ist*).

32.   Bei diesem allgemeinen Hellsehen, das sich für
uns als der Culminationspunkt göttlicher Offenbarung an die
Menschenwelt ergeben hat, ist für die Person des μάντις
kraft der göttlichen Eingebung die Scheidewand zwischen
göttlichem und menschlichem Wissen aufgehoben. Der Rathschluss des Gottes wird ihm nicht wie beim τέρας von aussen her, sondern innerlich in seiner Seele, aber hier nicht,
wie beim Traum, durch ein Mittelglied, sondern unmittelbar,
wie bei der Ahnung, aber wiederum nicht, wie bei dieser,
nur in seltenen Momenten oder im Augenblick des Todes,
sondern stets und in jedem Falle des Bedürfnisses kund.
Der Mensch tritt mit der Gottheit wieder in unmittelbaren
Verkehr, nun aber nicht mehr so, dass dieselbe zu ihm he-
rabstiege, sondern so, dass er zu ihr emporgehoben wird.
Auch ohne dass die Gottheit ihm persönlich naht, selbst ohne
dass sie eine Mittheilung beabsichtigt, versteht der μάντις
ihre Gedanken und Sprache. Als Apollon und Athene einander bei der Buche begegnen, und einen Zweikampf Hektor's berathen, heisst es von Helenos, dem Seher unter den

---

1) Telemos. Tiresias. [Vgl. Nitzsch III p. 78.]

*) Vgl. hierüber Voelcker in der Rec. des Aglaoph. p 43; er be-
hauptet mit grosser Wahrscheinlichkeit auch enthusiastische
Weissagung zu Delphi. [Vgl. Nachhom. Theol. IV §. 16.] Allen
furor divinus spricht der hom. Mantik Lobeck ab im Aglaoph.
p. 264 ff., Hermann G. A. §. 37, 6, Nitzsch III p. 75—79. [Doch
vergleiche man oben den Schluss der Note zu §. 21.]

Troern, Il. η, 44: τῶν δ᾽ Ἕλενος, Πριάμοιο φίλος παῖς, σύνθετο θυμῷ βουλήν, ἥ ῥα θεοῖσιν ἐφήνδανε μητιόωσιν· und
v. 53: ὡς γὰρ ἐγὼν ὄπ᾽ ἄκουσα θεῶν αἰειγενετάων. Derselbe Vorgang, der hier äusserlich dargestellt wird als ein
Hören und Verstehn dessen, was die Götter miteinander
sprechen, muss bei der Inspiration als ein innerlicher Act
angenommen werden im Bewusstsein des μάντις, so oft er
eine unvermittelte Offenbarung erhält. Er vernimmt innerlich, was die Gottheit ihm sagt, und was in Folge solcher
innerlichen Mittheilung der μάντις verkündet*), heisst desswegen gerade so gut θεοπρόπιον und θεοπροπία, wie diejenigen, welche etwa Thetis dem Achilleus aus Zeus' Munde
mittheilen kann. Vgl. die schon angeführten Stellen mit Il.
λ, 794 (π, 36 ff. coll. v. 50): εἰ δέ τινα φρεσὶν ᾗσι θεο-
προπίην ἀλεείνει, καί τινά οἱ πὰρ Ζηνὸς ἐπέφραδε πότνια μήτηρ. — [Uebrigens macht schon Mezger in Pauly's Real-
Encyclop. II p. 1117 darauf aufmerksam, dass in der griechischen
Lehre von der Inspiration jenes Extrem vermieden ist, „eine
die menschliche Freiheit ganz vernichtende Uebermacht des
inspirirenden Geistes" zu statuiren, und dass so „bei all der
vielfachen Gebundenheit an die Natur doch die menschliche
Individualität bis auf einen gewissen Grad gewahrt erscheint."
Eine Ausnahme, aber natürlich kein Gegenbeweis, sei die
leise Andeutung von inspirirten Thieren.]

33. Wie zum μάντις vermag nämlich die Gottheit auch
zu reden zum unvernünftigen Thier und solches mit der Gabe
der Weissagung zu beschenken**). Als Achilleus zur Schlacht
fährt, redet durch Here's Fügung Xanthos, sein Ross, Il. τ,
408 [an welcher Stelle ein homerischer Zuhörer gewiss keinen Anstoss nahm] καὶ λίην σ᾽ ἔτι νῦν γε σαώσομεν, ὄβριμ᾽
Ἀχιλλεῦ· ἀλλά τοι ἐγγύθεν ἦμαρ ὀλέθριον· οὐδέ τοι ἡμεῖς

---

*) [Darum heisst dies Verkünden Il. α, 87 auch ἀναφαίνειν, ent-
decken, offenbaren: δ, 254; Il. λ, 62.]

**) Vgl. die schlimmen Ahnungen der troischen Pferde Il. σ, 224.
  -    [Mezger a. O. vergleicht mit dieser und der obigen Stelle den
      ähnlichen Fall mit Bileams Eselin; ähnlich ist auch Od. π, 162,
      insofern nicht Telemach die Nähe der Gottheit ahnet, wohl aber
      die Hunde.]

αἴτιοι, ἀλλὰ θεός τε μέγας καὶ Μοῖρα κραταιή κ. τ. λ. und
v. 416: ἀλλὰ σοὶ αὐτῷ μόρσιμόν ἐστι θεῷ τε καὶ ἀνέρι ἶφι
δαμῆναι. Hiedurch erscheint die μαντοσύνη als ein dermassen absolutes, so sehr nicht vom Individuum*), sondern blos
vom Willen der Gottheit abhängiges, folglich ausser aller
menschlicher Willkür und Rechnung liegendes Gnadengeschenk, dass zwischen der Natur desselben und dem von ihm
gemachten Gebrauche ein greller Contrast entsteht, wenn
auf dieses χάρισμα ein förmliches Gewerbe gegründet,
wenn der μάντις als δημιοεργὸς dem Arzte, dem Schiffszim-
mermann (Od. ρ, 383), dem Herolde (ib. τ, 135) gleichgestellt wird. Die Gabe der Weissagekunst in die gemeine
Wirklichkeit des Lebens herabgezogen drängt dem Menschen
die Frage auf, ob denn wirklich jedesmal Offenbarung der
Gottheit sei, was der μάντις dafür ausgiebt, und schafft dem
Unglauben Bahn und Berechtigung, den in den bereits an-
gezogenen Stellen (Il. ω, 220; Od. α, 415) Priamos und Telemach unverholen aussprechen. Wie sich demnach die
früheren Gestaltungen der Offenbarung aufgelöst haben durch
die Natur des vermittelnden Zeichens, so geht die gegenwärtig besprochene zu Grunde durch die des vermittelnden
menschlichen Organs, welches dem Glauben an Inspiration
nicht sattsame Garantie bietet. [Für beides vgl. Nachhom.
Theol. IV §. 13]. Ein hesiodisches Fragment (aus Clem.
Alex. Strom. V p. 727, Nr. 177 (196) bei Göttling) sagt:
μάντις δ᾽ οὐδείς ἐστιν ἐπιχθονίων ἀνθρώπων, ὅστις ἂν εἰδείη
Ζηνὸς νόον αἰγιόχοιο. [Vgl. Hes. ε, 483 f.]

34. Liegt nun aber die Mangelhaftigkeit dieser Offen-
barungsform an dem menschlichen Träger und Gefässe derselben, so muss sich natürlich der Mensch ein besseres suchen,

---

*) [Die Mitwirkung und gleichsam harmonische Stimmung desselben
ist damit keineswegs ausgeschlossen; oder wie Plutarch in der
von Mezger a. O. beigebrachten Stelle de Pyth. orac. 21 f. ausführt: bei der Begeisterung findet eine zweifache Bewegung
statt, die eine wird von aussen in die Seele gewirkt, die andere liegt schon vorher in der Seele; es ist dabei immer eine
Accommodation der Gottheit an das inspirirte Individuum.]

ein Zutrauen verdienendes, das sich seinem Glauben schon
legitimirt hat und eine nicht anzufechtende Autorität besitzt.
Ein solches Organ könnten die Orakel sein, als Stätten der
Weissagung, die sich immerfort von Neuem beglaubigen.
Aber obwohl erwähnt, das dodonäische Od. ξ, 327 rep.[*]
τ, 296: τὸν δ᾽ ἐς Δωδώνην φάτο βήμεναι, ὄφρα θεοῖο ἐκ
δρυὸς ὑψικόμοιο Διὸς βουλὴν ἐπακοῦσαι, ὅππως νοστήσει
Ἰθάκης ἐς πίονα δῆμον, das pythische[*]) Il. ι, 405; Od.
θ, 79: ὡς γάρ οἱ χρείων[**]) μυθήσατο Φοῖβος Ἀπόλλων Πυθοῖ ἐν ἠγαθέη, ὅθ᾽ ὑπέρβη λάϊνον οὐδὸν χρησόμενος[**]),
[Welcker II, 1 p. 12 findet einen Sitz der Wahrsagung, den
delphischen, auch angedeutet in Il. α, 72; Od. ο, 244] wie
denn vielleicht auch Od. π, 402 auf ein Orakel zu beziehn
ist: ἀλλὰ πρῶτα θεῶν εἰρώμεθα βουλάς· εἰ μέν κ᾽ αἰνήσωσι
Διὸς μεγάλοιο θέμιστες κ. τ. λ., so treten diese gleichwohl
für das Bewusstsein des Dichters verhältnissmässig noch
sehr zurück. Aus Homer lässt sich zwar abnehmen, dass in
Dodona ein geordnetes Orakelinstitut war (vgl. Creuzer
Briefe p. 132), in welchem die ascetischen Σελλοί[***]) ἀνι-
πτόποδες, χαμαιεῦναι (Il. π, 235) als ὑποφῆται (ibid.) das
Rauschen der heiligen Eichen deuten (Odysseus will ἐκ δρυὸς
ὑψικόμοιο Διὸς βουλὴν ἐπακοῦσαι), ferner dass die heilige
Pytho schon sehr reich ist (Il. ι, 404); aber das einzige sichere
Beispiel eines politischen Einflusses der Orakel giebt uns
Agamemnon's Reise nach Pytho vor dem Zuge nach Troja
(Od. θ, 80); doch durfte man aus dieser Stelle nicht schlies-

---

[*] [Ueber diese beiden, jenes ein Zeichen- dies ein Spruchorakel, sowie für die einschlägige Literatur vgl. Hermann und Schömann;
zur Sache noch Nachhom. Theol. IV §. 15 ff.]

[**] [Ueber diese Wortfamilie vgl. Döderlein Gl. §. 775 ff. bes.
784; im Etymon trifft mit ihm zusammen Benfey in Kuhns
Ztschr. VIII, 93. — Vgl. noch Od. λ, 164; χρηστήριον erscheint
erst im Hymn. in Apoll., χρησμός und seine Ableitungen noch
später.]

[***] [Vgl. Hermann G. A. §. 39, 19; Schömann Gr. Alt. I p. 66, II
p. 291; Preller Gr. Myth. I p. 30, II p. 276; Welcker Gr. Götterl.
I p. 204; Gerhard §. 190, 6; Lauer p. 177; Schweizer in Kuhns
Ztschr. II p. 72; G. Hermann Op. VII p. 273 ff.]

sen, dass vom Orakelausspruch der ganze Zug nach Ilios
abgehangen sei und eben so wenig aus Nestors Frage an
Telemach: ἤ σέγε λαοὶ ἐχθαίρουσ᾽ ἀνὰ δῆμον, ἐπισπόμενοι
θεοῦ ὀμφῇ; Od. γ, 215; π, 96) eine grosse politische
Macht der Orakel ableiten wollen; denn θεοῦ ὀμφὴ
muss nicht eben ein Orakel sein. Als beweisend für den
Einfluss der Orakel bleibt also höchstens Od. π, 402 noch
übrig; sonst greifen sie nicht nur in die epische Handlung
nicht ein, sondern werden auch gar nicht weiter erwähnt,
während doch z. B. eine Sendung nach Pytho bei der langen
Dauer des Krieges, eine Anfrage, wie derselbe zu beendigen
sei, etwas gar nicht undenkbares wäre. Dass sie folglich
noch die politische Rolle nicht spielen, die sie später durch
das Hervortreten der Dorier übernehmen, scheint mir unzweifelhaft zu sein.

35. Wo bietet sich denn also dem homerischen Menschen eine untrügliche Erkenntnissquelle der Gottheit? Wo
mag er, unbetrogen von Zeichen und Propheten, den Gedanken und Willen der Gottheit verstehn? Antwort: da,
wo dieselbe sich finden und erfahren lässt ohne die Mittel-
glieder, welche das Wissen von ihr nur unzuverlässig gemacht haben, das heisst: in ihren Werken, in den Geschicken
und Fügungen, in dem Gang der Ereignisse.

Indem nämlich der homerische Mensch aus dem Ge-
schehenden die Stimmung der Gottheit gegen ihn abnehmen
zu können glaubt, werden ihm die Ereignisse selbst wieder
zu Bethätigungen und einzelnen Manifestationen der Gottheit.
Es ist als ob er den Sinn und Gedanken derselben im concreten Falle mit Händen griffe. Drum sagt Hektor Il. o,
488 ff.: δὴ γὰρ ἴδον ὀφθαλμοῖσιν ἀνδρὸς ἀριστῆος Διόθεν
βλαφθέντα βέλεμνα. Ῥεῖα δ᾽ ἀρίγνωτος Διὸς ἀνδράσι
γίγνεται ἀλκὴ, ἠμὲν ὀτέοισιν κῦδος ὑπέρτερον ἐγγυαλίξῃ,
ἠδ᾽ ὅτινας μινύθῃ τε καὶ οὐκ ἐθέλῃσιν ἀμύνειν· ὡς νῦν Ἀργείων μινύθει μένος, ἄμμι δ᾽ ἀρήγει. Il. π, 119: γνῶ δ᾽
Αἴας κατὰ θυμὸν ἀμύμονα, ῥίγησέν τε, ἔργα θεῶν, ὅ ῥα
πάγχυ μάχης ἐπὶ μήδεα κεῖρεν Ζεὺς ὑψιβρεμέτης, Τρώεσσι
δέ βούλετο νίκην. Das Unglück der Danaer, denen der Graben nichts geholfen, bringt den Agamemnon Il. ξ, 69 ff. zu
folgender Aeusserung: οὕτω που Διῒ μέλλει ὑπερμενέϊ φίλον

εἶναι, νωνύμνους ἀπολέσϑαι ἀπ᾽ Ἄργεος ἐνϑάδ᾽ Ἀχαιούς.
Ἤιδεα μὲν γὰρ ὅτε πρόφρων Δαναοῖσιν ἄμυνεν· οἶδα δὲ νῦν
ὅτι τοὺς μὲν ὁμῶς μακάρεσσι ϑεοῖσι κυδάνει, ἡμέτερον δὲ
μένος καὶ χεῖρας ἔδησεν. Wenn Hektor Il. o, 719 ff. ruft:
νῦν ἡμῖν πάντων Ζεὺς ἄξιον ἦμαρ ἔδωκεν, νῆας ἑλεῖν, αἳ
δεῦρο ϑεῶν ἀέκητι μολοῦσαι ἡμῖν πήματα πολλὰ ϑέσαν,
so schliesst er auf das ϑεῶν ἀέκητι aus dem Unglück der
Griechen. Man vergl. überhaupt noch Il. π, 45; o, 467 coll.
473; π, 658; ρ, 101; 626; 687; v, 120; 347; Od. γ, 166;
μ, 295 [1]); ω, 182; 373. [Auch erinnern wir noch an den
schon Nachhom. Theol. IV §. 4. besprochenen Beweis für
das Dasein der Gottheit, den das homerische Zeitalter mit
allen gemein hat, nämlich aus der strafenden (und belohnenden)
Gerechtigkeit, die sich im Menschenleben offenbart. Od. ω,
351 ff. Darum ist umgekehrt Penelope ψ, 63 ohne Weiteres geneigt, die Tödtung der Freier ausschliesslich einem
Gott zuzuschreiben, der über die Frevel der Freier erzürnt
war; vgl. ρ, 484 ff.; ξ, 82—84. Daher der Unglückliche als
gottverhasst oder als Sünder betrachtet wird, z. B. κ, 72 ff.;
τ, 363 ff.; φ, 83 u. s. w., wie man den Liebling und noch
mehr den Sprössling eines Gottes (Il. ζ, 191) an seinem
Glücke erkennt.] Merkwürdig ist, dass der Mensch selbst in
ganz speciellen Fällen, wo ihn kein allgemein angenommener
Glaube auf die bestimmte Gottheit leiten kann, wie z. B. der
Gang der Kriegsereignisse auf Ζεὺς als den ταμίας πολέμοιο
führt, gleichwohl die handelnde Gottheit erräth; z. B. Hektor
Il. χ, 297: ὦ πόποι, ἦ μάλα δή με ϑεοὶ ϑάνατόνδε κάλεσ-
σαν· Δηΐφοβον γὰρ ἔγωγ᾽ ἐφάμην ἥρωα παρεῖναι· ἀλλ᾽ ὁ μὲν
ἐν τείχει, ἐμὲ δ᾽ ἐξαπάτησεν Ἀϑήνη. Antilochos Il. ψ, 405:
ἤτοι μὲν κείνοισιν ἐριζέμεν οὔτι κελεύω, Τυδείδεω ἵπποισι
δαΐφρονος, οἷσιν Ἀϑήνη νῦν ὤρεξε τάχος, καὶ ἐπ᾽ αὐτῷ
κῦδος ἔϑηκεν. Von den augenblicklichen Gebetserhörungen,
durch welche die Götter ihr Dasein bekunden, wird unten
die Rede sein; hier stehe als vorläufiges Beispiel, was von
Glaukos gesagt wird Il. π, 527 ff.: ὡς ἔφατ᾽ εὐχόμενος, τοῦ
δ᾽ ἔκλυε Φοῖβος Ἀπόλλων. Αὐτίκα παῦσ᾽ ὀδύνας — μένος

---

1) Zu den Ahnungen? cf. Nitzsch III p. XVIII. [S. §. 30, Note.]

δέ οἱ ἔμβαλε θυμῷ. Γλαῦκος δ᾽ ἔγνω ᾗσιν ἐνὶ φρεσὶ, γήθησέν τε, ὅττι οἱ ὠκ᾽ ἤκουσε μέγας θεὸς εὐξαμένοιο.

36. So hätten wir denn die für den homerischen Menschen unter allen verlässigste Art der Gotteserkenntniss gefunden. Denn war ihm auch der unmittelbare persönliche Verkehr eine sichere Quelle seines Wissens von der Gottheit, so ist derselbe doch bei der vom Dichter besungenen Generation schon im Abnehmen. Die τέρατα, worin sich die Gottheit bethätigen soll, haben sich als betrüglich erwiesen, so wie das von unmittelbarer Inspiration herrührende θεοπρόπιον. Untrüglich erkennbar ist Sinn und Wille der Gottheit nur aus der sich ohne Vermittlung selbst deutenden Wirklichkeit, in deren Gestaltung die Gottheit sich manifestirt. Demnach stehn die Stufen heidnischer Offenbarung in Absicht auf Werth und Geltung zur christlichen in gerade umgekehrtem Verhältniss. Während bei dieser die Offenbarung Gottes in den Werken als ihr niedrigster, auch den Heiden zugänglicher Grad erscheint, höher die Prophetie steht, aber die Fülle der Gottheit sich der Menschheit offenbart in der persönlichen Erscheinung des Sohns, so muss umgekehrt bei den Heiden die scheinbar realste Mittheilung der Gottheit durch persönlichen Verkehr in der That gerade die unwahrste Form der Offenbarung sein, während einige Spur von Wahrheit schon hin und wieder in der Prophetie, z. B. in den Ahnungen, enthalten, vollkommen wahr aber die Vorstellung von Erkennbarkeit des göttlichen Wesens aus den Werken ist. Also beginnt die christliche Wahrheit mit ihrer untersten Stufe gerade da, wo das Heidenthum die ihm mögliche höchste erstiegen hat, während die im Wesen des Christengottes begründeten übernatürlichen Offenbarungsarten bei den Heiden zwar auch schon vorkommen, aber als Mittheilungsformen ohne wahren Inhalt, der erst im Christenthum diesen Formen real entsprechend und ein substantieller wird.

Fünfter Abschnitt.

Die praktische Gotteserkenntniss.

1. Wir haben im Vorhergehenden die bei dem Dichter vorkommenden Offenbarungsformen der Gottheit vollständig zu gliedern versucht. Aber, müssen wir nunmehr fragen, was offenbaren diese Offenbarungen, welcher Art ist ihr Inhalt und Gehalt? Die Gottheit erscheint in denselben als hereintretend und hereinreichend ins Menschliche, stets gegenwärtig, bald hülfreich, bald mahnend, bald schreckend und strafend. Aber was in ihnen von Mahnung, von Verkündigung sich findet, bezieht sich auf Einzelnes, berührt nur Ereignisse specieller Art, enthält aber durchaus kein Element von Lehre, von allgemein gültiger Vorschrift; nie spricht sich in ihnen der Wille der Gottheit in Form eines Gesetzes aus. In Absicht auf das praktische Verhalten des Sterblichen zu den Göttern und zu Seinesgleichen ist norm- und maasgebend allein das natürliche Bewusstsein des Menschen vom Göttlichen, oder das Gewissen, dessen Zustand und Bildung wir untersuchen müssen, wenn wir die Gesetze kennen zu lernen gedenken, nach welchen sich bei dem Dichter das ethische Leben gestaltet.

Was sich dem Menschen als heiliges Recht, als göttliche Satzung darstellt, ist das Erzeugniss seines natürlichen Gewissens, welches jedoch von den gleichfalls in ihm wurzelnden, durch den Gemeinglauben aber fest und objektiv gewordenen Vorstellungen von der Gottheit eine bestimmte

13 *

Richtung und Bildung empfängt. Die Frage folglich, die wir
beantworten müssen, mit welcher wir an die im ersten Abschnitt gewonnenen Resultate wieder anknüpfen, ist folgende:
was scheint dem Wesen der Gottheit nach als geboten
und verboten, somit im Unterlassungs- oder Begehungsfall
als ἀνομία, d. i. Sünde?

2. Wir haben die Gottheit anerkannt gefunden als
Schöpferin, Erhalterin, Beherrscherin des menschlichen Daseins. Der Mensch, der sein Leben von der Geburt bis zum
Tode von der Gottheit regiert und bedingt weiss, ist an sie
gekettet durch unlösbare Bande des Bedürfnisses. Das
Gefühl dieser Abhängigkeit, eine unumgänglich nothwendige,
aber die niedrigste Stufe des Menschen zur Gottheit spricht
sich nicht allein in jenem berühmten Worte des Nestoriden
Peisistratos aus Od. γ, 46 ff.: δὸς καὶ τούτῳ (dem Telemach)
ἔπειτα δέπας μελιηδέος οἴνου σπεῖσαι· ἐπεὶ καὶ τοῦτον ὀίο-
μαι ἀθανάτοισιν εὔχεσθαι· πάντες δὲ θεῶν χατέουσ᾽
ἄνθρωποι· (welche aber nach der Bemerkung von Nitzsch
nicht von einem Gefühle der Hülfsbedürftigkeit des inneren
Menschen verstanden werden dürfen) sondern es wird vom
erzählenden Odysseus sogar den Kyklopen, die sich ihrer Behauptung nach nichts um die Götter kümmern (Od. ι, 275 f.
ἐπεὶ ἦ πολὺ φέρτεροί εἰμεν), ein faktisches Sichverlassen,
aber keineswegs ethisch zu fassendes Vertrauen auf die Gottheit, ein Bewusstsein ihrer Abhängigkeit von derselben zugeschrieben; Od. ι, 107: Κυκλώπων δ᾽ ἐς γαῖαν-ἱκόμεθ᾽, οἵ
ῥα θεοῖσι πεποιθότες ἀθανάτοισιν οὔτε φυτεύουσιν
χερσὶν φυτὸν, οὔτ᾽ ἀρόωσιν κτλ.· ibid. 410: εἰ μὲν δὴ μήτις
σε βιάζεται, οἶον ἐόντα, νοῦσόν γ᾽ οὔπως ἔστι Διὸς μεγάλου ἀλέασθαι.

3. In diesem Bewusstsein der eigenen Bedürftigkeit
und Ohnmacht wurzeln nun alle Verpflichtungen, welche sich
der Mensch im normalen Gemüthszustande der Gottheit gegenüber auferlegt weiss. Zunächst geht aus demselben in
den Augen der Götter und Menschen die Verpflichtung hervor, dieses Bedürfniss der Gnade, dieses niemals erlöschende
Abhängigkeitsverhältniss auch immerfort anzuerkennen und
dessen Anerkennung zu bethätigen. Dies geschieht im
Opfer, nicht zwar, in sofern es sühnende Kraft hat, wovon

wir hier noch absehn, sondern sofern es als schuldige Ehren-ᴗ
gabe (τὸ γὰρ λάχομεν γέρας ἡμεῖς, sagt Zeus Il. ϑ, 49) der
specifische Ausdruck, folglich auch das Kriterium
einer gottesfürchtigen Gesinnung ist, somit auch durch Unterlassung desselben die Gottheit am sichersten beleidigt wird.
Eurykleia sagt Od. τ, 363 ff. von Odysseus: ἡ σε περὶ Ζεὺς
ἀνϑρώπων ἤχϑηρε ϑεουδέα ϑυμὸν ἔχοντα· οὐ γάρ πώ
τις τόσσα βροτῶν Διὶ τερπικεραύνῳ πίονα μηρί᾽ ἔκη᾽, οὐδ᾽
ἐξαίτους ἑκατόμβας, ὅσσα σὺ τῷ ἐδίδως κτλ. Vgl. Od. α,
65, wo Zeus sagt: πῶς ἂν ἔπειτ᾽ Ὀδυσῆος ἐγὼ ϑείοιο λα-
ϑοίμην, ὃς περὶ μὲν νόον ἐστὶ βροτῶν, πέρι δ᾽ ἱρὰ ϑεοῖσιν ἀϑανάτοισιν ἔδωκε. Darum heisst es auch von
Eumaios, einem vorzüglich frommen Manne, sehr charakteristisch, als er sich anschickt das Mahl zu bereiten, Od. ξ, 420:
οὐδὲ συβώτης λήϑετ᾽ ἄρ᾽ ἀϑανάτων· φρεσὶ γὰρ κέχρητ᾽
ἀγαϑῆσιν· ἀλλ᾽ ὅγ᾽ ἀπαρχόμενος κεφαλῆς τρίχας ἐν πυρὶ
βάλλεν κτλ., womit zu vergleichen sind Priamos' Worte Il.
ω, 425: ἡ ῥ᾽ ἀγαϑὸν καὶ ἐναίσιμα δῶρα διδοῦναι ἀϑανάτοις·
ἐπεὶ οὔποτ᾽ ἐμὸς παῖς, εἴποτ᾽ ἔην γε, λήϑετ᾽ ἐνὶ μεγάροισι
ϑεῶν, οἳ Ὄλυμπον ἔχουσι· τῷ οἱ ἀπεμνήσαντο καὶ ἐν ϑανάτοιό περ αἴσῃ, wie sich überhaupt Zeus' Liebe zu den Troern
auf die reichlichen, stets ihm dargebrachten Opfer gründet;
vgl. ϑ, 44 ff.; αἲ γὰρ ὑπ᾽ ἠελίῳ — ναιετάουσι πόληες —,
τάων μοι πέρι κῆρι τιέσκετο Ἴλιος ἱρή, καὶ Πρίαμος καὶ λαὸς
ἐϋμμελίω Πριάμοιο. Οὐ γάρ μοί ποτε βωμὸς ἐδεύετο δαιτὸς
ἐΐσης *), λοιβῆς τε κνίσσης τε· τὸ γὰρ λάχομεν γέρας ἡμεῖς·
ferner Il. υ, 298; 405; χ, 170; ω, 34; 69. Wenn daher, wie
sich (§. 12) zeigen wird, die Menschen sogar den Anspruch
auf Erhörung durch die Hinweisung auf fleissige Opfer begründen, so sind andrerseits die Götter ebenso eifrig im Be-
strafen der Unterlassung dieser Ehrenbezeigung **); Beispiele

---

*) Das Opfer wird zugleich als Mahl gedacht, bei dem die Götter zu
Gaste geladen sind. Darum heisst es auch ϑεῶν δαίς Od. γ, 336.
[Vgl. Il. ι, 535 (ἄλλοι δὲ) ϑεοὶ δαίνυνϑ᾽ ἑκατόμβας. Ob wohl die
von Hermann G. A. §. 28, 21 ausgesprochene entgegengesetzte
Ansicht wirklich homerisch ist? vgl. auch S. 208 u. Stellen, wie
Od. α, 25 f.]

**) [So schief daher auch die Fassung des interpolirten Verses Od.
δ, 333: οἳ δ᾽ αἰεὶ βούλοντο ϑεοὶ μεμνῆσϑαι ἱφετμέων ist, so ist

hiefür sind unter anderen folgende: Il. α, 65; ε, 177; ι, 537
[zu welcher Stelle die Scholien zu vergleichen sind nebst
Düntzer Zenodot. p. 141]; μ, 6; ψ, 863; Od. δ, 352; 472
etc. [360; 380; 423; 580.]

4. Der Opferdienst, dessen rein antiquarische Seite wir
übergehen dürfen, und wegen des wenigen Symbolischen,
was sich an ihm findet, auf Nitzsch I p. 207 f. verweisen,
macht, vom Gebete begleitet, das Hauptstück des **Kultus**
aus. Der Dichter giebt uns Thatsachen an die Hand, um je
nach den Personen, von denen der Gottesdienst verwaltet
wird, zwischen **priesterlichem**, **politischem** (Aristot.
Polit. III, 9 bei Lob.: $\varkappa\acute{v}\varrho\iota\iota\iota$ $\mathring{\eta}\sigma\alpha\nu$ $\text{o}i$ $\beta\alpha\sigma\iota\lambda\varepsilon\tilde{\iota}\varsigma$ $\varkappa\alpha\grave{\iota}$ $\tau\tilde{\omega}\nu$ $\vartheta\nu$-
$\sigma\iota\tilde{\omega}\nu$, $\H{o}\sigma\alpha\iota$ $\mu\grave{\eta}$ $\iota\varepsilon\varrho\alpha\tau\iota\varkappa\alpha\acute{\iota})$ und **häuslichem** zu unter-
scheiden *).

1) Der priesterliche Gottesdienst ist zuvörderst an heilige Stätten geknüpft, die regelmässig dem Kultus einer einzelnen Gottheit geweiht sind. Dergleichen Stätten sind erst-
lich die **Tempel**, [$\nu\eta\text{o}\grave{\iota}$ d. i. Wohnhäuser der Götter]
deren nicht nur einzelne namhaft gemacht werden (der
Athenetempel in Athen Il. β, 549, in Ilios Il. ζ, 88; der
Apollon's in Pytho Il. ι, 405; Od. ϑ, 80; der desselben Gottes in Ilios Il. ε, 446; η, 83, und in Chryse Il. α, 39, der
Poseidon's in Helike Il. ϑ, 203), sondern nach Od. ζ, 10 ($\varkappa\alpha\grave{\iota}$
$\nu\eta\text{o}\grave{v}\varsigma$ $\pi\text{o}\acute{\iota}\eta\sigma\varepsilon$ $\vartheta\varepsilon\tilde{\omega}\nu$, Nausithoos nämlich in der neugegrün-
deten Phäakenstadt) in **jeder** Stadt, einer oder mehrere,
vorausgesetzt werden müssen [denn mit den Stadtmauern
und den Häusern werden auch sie gebaut; vgl. auch **Over-**
b.eck Gesch. d. gr. Plastik I p. 90]. Vgl. Od. μ, 346, wo die

---

doch der Gedanke richtig, wenn man wirklich mit den Scholl.
unter $\lambda\eta\varepsilon\tau\mu\acute{\iota}\omega\nu$ Opfer verstehen darf.]
*) Höchst reichhaltige Vorarbeiten geben **Nitzsch** Od. I p. 219 —
   222; **Lobeck** Aglaoph. I p. 256 — 259 und **Voelcker** Rec.
   des Aglaoph. in den NJbb. Bd. V, 1, p. 37—42 [jetzt auch Hermann und Schömann]. Wir suchen die Resultate, die wir aus
   vorurtheilsloser Vergleichung der Ansichten dieser Gelehrten gewonnen zu haben glauben, nach unserem Zwecke selbständig zu
   verarbeiten, ohne dass wir den Wahn hegen, etwas wesentlich
   Neues geben zu können.

Gefährten des Odysseus dem Helios zur Sühnung ihres Frevels an den Rindern einen Tempel in Ithaka geloben. [Diese Tempel haben zum Theil ein ἄδυτον — ein grosses der dem Apollon, der Artemis und der Leto in Pergamos gemeinsame [1]) und der Apollon's in Krise: hymn. in Apoll. 443 — aus den drei Stellen scheint auch hervorzugehen, dass es für die Gottheit selbst bestimmt war, wann diese nämlich wie man glaubte die Tempel besuchte.] Die Tempel sind auch nach Od. μ, 347 etc. mit Weihgeschenken geschmückt; von Bildsäulen der Götter aber findet sich nur eine *), jedoch nach unserem Bedünken unzweifelhafte Andeutung in Il. ζ, 92; 303, wo der von den Troerinnen dargebrachte πέπλος gelegt wird Ἀθηναίης ἐπὶ γούνασιν ἠϋκόμοιο, was gewiss nicht blos bildliche Rede ist. [Vielmehr befindet sich das Bild der sitzenden Göttin eben in der Cella des Tempels, der selbst vielleicht nur von der Priesterin betreten werden durfte, keinesfalls aber so viele Besucherinnen aufnehmen konnte; wesshalb auch Theano das Gewand darbringt. Vgl. Schömann Altth. II, 183. — Uebrigens denkt Nitzsch [2]) auch bei Od. γ, 274 an ὑφάσματα für ein Götterbild. Es fragt sich, in wie weit dabei lokale Unterschiede des Brauchs mit im Spiele sind. Im Allgemeinen vergleiche man Welcker gr. Götterl. I, 219, II, 101.] Zuverlässig aber wird die Bildsäule nicht als die leibhaftig gegenwärtige Gottheit, der Tempel nicht als eigentliche Wohnung oder bleibender Aufenthaltsort gedacht, was allen sonstigen Vorstellungen vom Leben und Wohnen der Götter widerspräche; er ist blos Opferstätte **), und wird von der Gottheit nur zuweilen besucht (Od. ϑ, 362 ff.; η, 81; vgl. die schon minder homerische Vorstellung

---

1) Il. ε, 448; 512.

*) [Ein Götterbild des Apollo Smintheus findet Overbeck a. O. I p. 45 auch in der (Haupt-) Binde desselben Il. α, 14 angedeutet und ist geneigt ein ξόανον des Hermes (Pausan. 2, 19, 6) in diese Zeit zu setzen. Jedenfalls, bemerkt er, spreche schon die Menge der Tempel für eine Menge von Götterbildern. Ueber die Entstehung der Götterstatuen vgl. ebendas. p. 36 oben.]

2) Anm. III p. 403.

**) Vgl. 2 Chron. 7, 12.

Hymn. Dem. 28 [und 302 mit Hymn. in Apoll. (Pyth. 169)
347]). — Zweitens gehört zu den heiligen Stätten sowohl das
τέμενος, das Grundstück, als das ἄλσος, der Hain eines
Gottes, die beide nicht ohne Altar sind (τέμενος βωμός τε
θυήεις Il. θ, 48; ψ, 148; Od. θ, 363; ἄλσος und βωμὸς Od.
ϱ, 209. 210; υ, 279, hiernach auch Od. ι, 200). Uebrigens
heisst Il. β, 506 die Stadt Onchestos ein ἄλσος Poseidon's,
wie Pyrasos Il. β, 696 ein τέμενος der Demeter. Vgl. Völcker l. c. p. 37. — Drittens sind zu nennen die nicht in einem Tempel oder τέμενος befindlichen Altäre, hier vorzugsweise nicht die Hausaltäre, dem Ζεὺς ἑρκεῖος geweiht, welche
von keinem Priester bedient wurden, sondern einmal die Altäre der ἀγορὰ einer Stadt (vgl. Od. ζ, 266 mit ν, 187, Völcker), dergleichen auch die ἀγορὰ des achäischen Lagers hat
(Il. θ, 249; λ, 808), ferner viele einzeln stehende arae sub-
diales, deren es nach Il. β, 305; Od. ζ, 162 etc. allerorten
gegeben haben muss.

5. Jeder dieser heiligen Tempel, Aecker und Haine
(für letztere vgl. Il. θ, 48 mit π, 604; Od. ι, 197 ff.) hat
einen Priester, da kein geweihter Ort dieser Art ohne Gottesdienst, kein stabiler Dienst ohne Diener, und offenbar dies
Alles, Tempel, Kultus und Priesterstand, gleichzeitig entstanden ist. An den heiligen Oertern, deren Obhut dem Priester
vertraut ist, so dass er z. B. in dem ἄλσος seines Gottes
wohnt (Od. ι, 200), fungirt er als ἱερεύς, als Opferer, und
ἀρητήρ, als Beter (Il. α, 11; ε, 78), wahrscheinlich, wie
Theano Il. ζ, 305 cf. α, 450, mit priesterlicher Fürbitte für
Einzelne oder das gemeine Wesen. Sein ununterbrochener
Verkehr mit dem Gott kann ihn zu dessen Liebling (Il. α,
381), ja gleichsam Vertrauten machen; daher die priesterliche Mantik (siehe oben Abschn. IV, §. 19 not.), daher auch
die Ehrfurcht, die man ihnen zollt (Odysseus verschont, als
er Ismaros zerstört, den Priester Maron, Od. ι, 199), oder
wenigstens schuldet (Il. α, 21 ff.), daher endlich der Schutz,
der im Krieg ihren Söhnen von ihrem Gotte zu Theil wird
(Il. ε, 23; ο, 521). Mit diesem Verhältniss zum Gotte ver-
trägt sich in der Regel nur hoher Rang im Volke und ist
wahrscheinlich auch Mitgenuss der Tempeleinkünfte verknüpft.
(Bemerkenswerth ist die Wohlhabenheit Maron's Od. ι, 197 ff.

und des Hephaistospriesters Dares Il. ε, 9 [vgl. hymn. in
Apoll. 532 — 59]). Nichtsdestoweniger bilden sie durchaus
keine Kaste, und an „eine gewisse Hierarchie der homerischen Priester" ist nicht zu denken. Denn sie werden erstlich vom Volke gewählt oder bestellt (Il. ζ, 300 von Theano:
τὴν γὰρ Τρῶες ἔθηκαν Ἀθηναίης ἱέρειαν); bilden nirgends
eine geschlossene Corporation; denn Il. ι, 575 senden die
Geronten der Aetoler zu Meleagros θεῶν ἱερῆας ἀρίστους,
das ist nicht das gesammte Priestercollegium, sondern von
den Priestern die angesehensten, so dass auch das θεὸς ὣς
τίετο δήμῳ, was Il. ε, 78 und π, 604 von den Priestern Dolopion und Onetor ausgesagt wird, um so mehr [wie auch
anderwärts] nur auf persönlichen Vorzug zu gehn scheint,
als ihr Stand sie, wie Chryses' Beispiel beweist, durchaus
nicht immer vor Unbilden schützt. Dass sie ferner im politischen Volksleben wenigstens nicht bedeutend hervortreten,
geht schon daraus hervor, dass der Dichter ihrer verhältnissmässig selten und immer nur im Vorbeigehn gedenkt. [Ob
der in Il. γ, 146 erwähnte Panthoos identisch mit dem Apollo-
priester ρ, 9 ist, steht dahin.] Im griechischen Lager sind
keine Priester; denn sind sie an den Tempeldienst, wie
man doch annehmen muss, gebunden, so konnten sie nach
Troja nicht mitziehen, um so weniger, da, wie wir unten
sehn werden, der Kultus im Lager keine priesterliche Person
voraussetzt. Die ἱερεῖς Il. α, 62 müssen keineswegs gerade
griechische Priester sein. In Ithaka wird, den θυοσκόος
ausgenommen, durchaus kein Priester erwähnt, wenn gleich
vom Dasein des Apollinischen ἄλσος Od. υ, 278 auf Priester
geschlossen werden kann. Auf Seite der Troer wird noch genannt: des Hephaistos Priester Dares Il. ε, 10; des Skamandros: Dolopion Il. ε, 77. [Des Apollon: Chryses in Chryse,
Maron in Ismaros; des Idäischen Zeus: Onetor; ferner die
Athenepriesterin Theano.] Auch der Einfluss, den sie politisch durch ihre Mantik ausüben, ist, wie wir oben Abschn.
IV §. 24. 34 gesehn, nicht hoch anzuschlagen. Und was die
Hauptsache ist: es fehlt die Hauptbedingung, auf der hierarchische Macht von jeher beruht hat; sie sind nimmermehr die einzigen, die unentbehrlichen Vermittler zwischen dem Menschen und der Gottheit.

Denn Opferdienst und Fürbitte kann jeder verrichten. Giebt es doch ausser dem priesterlichen auch noch 2) den politischen Kultus. 6. Doch bevor wir diesen erörtern, müssen wir eine Behauptung untersuchen, welche sich ganz allein auf das Vorhandensein eines hieratischen Elements im homerischen Volksleben stützt. Die Göttersprache nämlich, welche nach dem Dichter für manche Dinge ganz andere Benennungen kennt, als die menschliche *), hat man früher öfters hieratisch genannt. Dagegen hat sich Lobeck im Aglaoph. II p. 858 ff. ausgesprochen und die angeblich göttlichen Benennungen von Dingen, die den Zeitgenossen unbekannt sein mussten, wie das μῶλυ, die Πλαγκταί, für eigene Erfindungen des Dichters erklärt; seien diese dann einmal „eleganti et prope necessario mendacio" von den Göttern hergeleitet gewesen, so habe man in der Folge willkürlich von den cursirenden mehrfachen Benennungen einer Sache gleichfalls eine der Göttersprache beigelegt (p. 858), und zwar die prächtigere, significantere (p. 863). Nitzsch III p. 133 tritt ihm bei; ebenso Nauck bei Jahn NJbb. Suppl. VIII p. 548 — 52, hauptsächlich gestützt auf Aristot. h. a. 3, 2 [vgl. zu Il. α, 403; auf die Aristotelische Stelle möchte aber um so weniger Gewicht zu legen sein, als Aristoteles in der Parenthese, die doch etwa so viel besagt als: desshalb heisst bei Homer der Skamandros auch Xanthos, sich eben nicht genau ausdrückt.]

------

*) Für Αἰγαίων sagen die Götter Βριάρεως Il. α, 403, für Βατίεια, jenen Hügel auf der troischen Ebene, σῆμα πολυσκάρθμοιο Μυρίνης Il. β, 813, für κύμινδις, den Vogel, χαλκίς Il. ξ, 291, für Σκάμανδρος, den Fluss, Ξάνϑος Il. υ, 74. Als Wörter der Göttersprache ohne Beifügung der menschlichen nennt der Dichter das Kraut μῶλυ Od. κ, 305 und die Irrfelsen Πλαγκταί Od. μ, 61. Menschliche Doppelnamen: Σκαμάνδριος und 'Αστυάναξ, [Πάρις und 'Αλέξανδρος; über die drei letzten Namen vgl. G. Curtius in Kuhns Zeitschr. I, 35 mit der Ergänzung von Spiegel ib. V, 394 über Πάρις, welchen Namen Schol. D zu Il. ο, 341 — coll. AD zu γ, 325 — auf πῆρα zurückführen möchte!] μόρφνος und πέρκνος Il. ω, 316. — Einiges von der älteren Literatur hierüber bei Lobeck p. 863 n. o.

Aber warum sollte Homer gerade für diese Gegenstände besondere Namen erfunden haben? Göttling (zur Theog. 831) sagt mit Billigung C. F. Hermann's (Kulturgesch. p. 39) geradezu: *hic deorum sermo est antiquissima Graecorum lingua, Pelasgica (nam Pelasgi dicuntur ϑ̓ιοι), pertinens illa ad res sacras* (nun folgen Beweisstellen aus Steph. Byzant.). Gegen beide Auffassungsweisen erklärt sich Bernhardy griech. Literaturgeschichte I p. 182 f., gegen Lobeck insbesondere, weil Homer's Wahrhaftigkeit an willkürliche Erfindungen und Verzierungen in rhetorischer Absicht zu denken nicht erlaube *) [wozu noch kommt, dass wir, wie schon die Alten, von der eigentlichen Bedeutung jener Wörter nur sehr unvollständige Kenntniss haben]; und in Erwägung, „dass die sparsamen Ueberbleibsel dieser Göttersprache auf alte Nomenklatur zurückgehen, und dass in frühester Zeit eine Menge von Doppelnamen umlief, die entweder aus Geläufigkeit der Mundart hervorgingen oder nach Weise des höheren Alterthums Appellative mit den Zeichen individueller Bestimmtheit verknüpften etc." **), entsagt er dem Glauben an eine Tradition von Sprachalterthümern nicht. Ohne ein Urtheil über den pelasgischen Ursprung dieser Alterthümer zu wagen, jedoch mit bestimmtester Verwerfung eines

---

*) Wohl gedenken wir der vom Dichter gewiss erfundenen Phäaken- und Nereiden-Namen Od. ϑ, 111 ff., Il. σ, 39 ff.; aber diese sind nichts ausserhalb des Dichters Vorhandenes, während derselbe, wenn er von der Göttersprache redet, bei seinen Zuhörern ein Wissen von dieser vorauszusetzen scheint.

**) [Wenn derselbe nach Grimm auch die Analogie des Nordens für diese Ansicht geltend macht, so ist dies freilich nur ein untergeordnetes Moment. Simrock Anm. zum Alvíssmál der ä. Edda p. 375 bemerkt, dass in der deutschen Göttersprache (und der der sieben andern Wesen) nur Synonyma und dichterische Benennungen der in der Menschensprache gebräuchlichen Wörter vorliegen. „Ueberraschend bleibt immer, dass griechischer und deutscher Glaube darin übereinstimmen, einen Unterschied göttlicher und menschlicher Sprache anzunehmen, wovon bei keinem anderen Volke ein Beispiel nachzuweisen ist." Vgl. noch dess. Hdb. d. dtsch. Myth. p. 283.]

hieratischen Charakters derselben, für welchen sich bei dem Dichter der Boden nicht findet, bekennen auch wir uns zu dem Glauben Bernhardy's, hauptsächlich gestützt auf das von Lobeck p. 861 etwas zu schnell beseitigte Hesiodische Fragment aus Steph. Byz. (bei Göttling III p. 252): τὴν πρὶν Ἀβαντίδα κίκλησκον θεοὶ αἰὲν ἐόντες, τὴν τότ᾽ ἐπώνυμον Εὔβοιαν βοὸς ὠνόμασεν Ζεύς, welches doch jedenfalls, da das Verhältniss der Abanten als der ältesten Eingesessenen zu dem jüngeren Namen bekannt ist, den Werth eines Zeugnisses für eine schon in sehr alter Zeit geltende Vorstellung von den Doppelnamen hat und wenigstens der Analogie nach [vollkommen aber nach Göttling's Conjectur: ἀλλὰ τότ᾽ Εὔβοιαν βροτοὶ ἄνερες ἐξονύμασσαν] übereinstimmt mit Schol. AD zu Il. v, 74: τῶν διωνύμων τὸ μὲν προγενέστερον ὄνομα εἰς θεοὺς ἀναφέρει ὁ ποιητής, τὸ δὲ μεταγενέστερον εἰς ἀνθρώπους. — Die einzige weitere Spur einer besonderen Göttersprache bei Homer findet sich in dem den Göttinnen Kirke und Kalypso ausnahmsweise gegebenen Beiwort αὐδήεσσα, wenn dieses nämlich bedeutet: mit menschlicher Sprache begabt, und nicht etwa blos, was nicht unwahrscheinlich ist, vocalis, stimmreich, tonreich (Hor. Od. 1, 12, 7: vocalis Orpheus) *). (Eine platonische Ansicht über den διάλεκτος θεῶν und sogar διάλεκτοι ἀλόγων ζώων führt Schömann Opp. II p. 350 n. 3 aus Clem. Alex. Strom. I, 21 §. 143 an. [Bemerkenswerth ist auch Cratyl. p. 400 D: περὶ θεῶν οὐδὲν ἴσμεν οὔτε περὶ αὐτῶν οὔτε περὶ τῶν ὀνομάτων, ἅττα ποτὲ αὐτοὶ ἑαυτοὺς καλοῦσι.]) Eine Art von Analogie für die Göttersprache bieten die θύραι θεώτεραι der Nymphengrotte Od. v, 111: οὐδέ τι κείνῃ ἄνδρες ἐσέρχονται, ἀλλ᾽ ἀθανάτων ὁδός ἐστιν.

7. Unser Hauptargument also gegen die hieratische Natur dieser angeblichen Göttersprache ist der Mangel eines

---

*) Nitzsch III p. 110 glaubt, dass uns die wahre Lesart verloren gegangen ist und vermuthet αὐδήεσσα mit Verwerfung des aristotelischen αὐδήεσσα. [Dies hat indess neuerdings an Düntzer in seiner Gratulationsschrift „die homerischen Beiwörter des Götter- und Menschengeschlechts" c. III einen Vertheidiger gefunden. Vgl. Dindorf zu Scholl. ad Od. I p. 278, 9 u. Merkel Prolegg. ad Apollon. Argon. p. C f]

hieratischen Elements im homerischen Leben überhaupt, aus
dessen Abwesenheit allein der politische Kultus zu erklären
ist, von welchem jetzt geredet werden muss. Wir geben ihm
diesen Namen, weil im Interesse des Gemeinwesens der Fürst
die sacra nicht blos anordnen (Od. ν, 171 ff.), sondern ohne
Zuziehung von Priestern ausserhalb der Tempel und Haine
(Völcker) auch selbst sie verwalten kann, wie Agamemnon das Opfer vor Beginn der Schlacht Il. β, 411 ff., das
zur Sanktion des Vertrags mit den Troern Il. γ, 271 ff.,
Nestor und sein Volk das Poseidon's Od. γ, 5 ff., Oineus das
Festopfer, bei dem Artemis vergessen wurde Il. ι, 535, und
andere mehr, die wir unten §. 8 als Gelegenheitsopfer in Gesellschaft von sacris privatis anführen. Diese Feiern unterscheiden sich nach Opferhandlung und Gebet in nichts von
den priesterlichen sacris, sondern nur nach den mitwirkenden
Personen, so dass eben darin der Beweis liegt, wie wenig in
dem Verhältniss des Menschen zur Gottheit eine priesterliche
Intercession für nöthig erachtet wird, wie viel mehr der
Tempel oder der Hain eines Priesters bedarf, als der Fürst
oder das Volk.

7 b. [Bevor wir zu einem weiteren Argument für diese
Ansicht übergehen, müssen wir noch einer Klasse von Kul-
tus-Personen gedenken, welche früher (in der ersten Auflage
IV, 19 not.) den μάντεις beigezählt wurden. Die ϑυοσκόοι *) nämlich haben ihren Namen ursprünglich jedenfalls
vom Räucherwerk (τὰ ϑύεα), welches sie schauen (von
σκοεῖν digammirt, goth. skavjan, vergl. Curtius Grundzüge
n. 64, entsprechend dem späten ϑυοσκόπος· davon stammt
wohl auch πυρκόοι **); vom Schauen sind viele Arten
der τερατοσκοπία, wie diese selbst, benannt). Damit
wäre also eine Art λιβανομαντεία oder vielmehr ***) ἐμ-

*) Die alte Erklärung durch ἱεροσκόπος und haruspex ist aus dem
Grund unstatthaft, weil Haruspicin sich bei Homer bekanntlich
nicht findet. — Eine andere alte Ableitung vertheidigt Döderlein
Gl. §. 2475.

**) Diese sind nicht zu verwechseln mit den πυρικάοι; vgl. Stark
zu Hermann G. A. §. 39, 14 sammt Zusatz p. 505 und Pott in
Kuhns Zeitschr. VIII, 429.

***) Schömann Gr. Alt. II, 259 n. 4. Müller Etrusker II, 186.

πυρομαντεία angedeutet und die ϑυοσκόοι den μάντεσι beizuzählen. Einmal weissagt nun zwar der ϑυοσκόος Leiodes [1]),
zunächst wohl nur aus dem auffallenden Umstand, dass er
den Bogen nicht zu spannen vermag. Aber zu dieser Art
von Mantik (ἄτεχνος) bedurfte es so wenig eines μάντις als
z. B. Od. ο, 172. Auch der vielbesprochene Vers Il. ω, 221:
ἢ οἳ μάντιές εἰσι ϑυοσκόοι ἢ ἱερῆες dürfte schwerlich entscheiden ob die ϑυοσκόοι zu den μάντιες oder den ἱερῆες gehören, obwohl der Sprachgebrauch die erstere Auffassung
mehr zu begünstigen scheint. Die Stellung des Leiodes zu
den Freiern dagegen und was Odysseus daraus schliesst Od.
χ, 322: εἰ μὲν δὴ μετὰ τοῖσι ϑυοσκόος εὔχεαι εἶναι, πολλάκι
που μέλλεις ἀρήμεναι ἐν μεγάροισιν τηλοῦ ἐμοὶ νόστοιο
τέλος γλυκεροῖο γενέσθαι κτλ. beweist trotz der ursprünglichen Bedeutung des Namens, dass wir es hier nicht mit
einem blosen μάντις, sondern mit einem Priester zu thun
haben.] Demnach möchte es gerathen sein, die ϑυοσκόοι
den Priestern beizuzählen; nur unterscheiden sie sich von
den unter 1) erwähnten dadurch, dass sie nicht im Dienst
eines Heiligthums stehen, sondern wie schon N i t z s c h I p.
219 bemerkt, Gebete mit Opfer für eine Gemeinheit von
Menschen, hier die Freier, verrichtet haben mögen. Ein
Analogon späterer Zeit, wenn auch nicht damit identisch,
möchte vielleicht das Institut der ὀργεῶνες sein, von welchen
S c h ö m a n n zu Isaeus 9, 80 p. 423 handelt; [und Gr. Altth.
II, 484 I, 367; Hermann G. A. §. 7, 6 vgl. Hymn. in Apoll.
(Pyth. 211) 389.] Diese ϑυοσκόοι also vertreten wohl bei
den Freiern die Funktionen des Hausvaters.

8. Es giebt nämlich — und das ist eben der weitere
Beweis gegen die absolute Nothwendigkeit priesterlicher Vermittlung im Kultus — noch 3) einen h ä u s l i c h e n und sonstigen P r i v a t - K u l t u s, dem jeder einzelne Hausvater und
wer etwa letzteren üben will mit priesterlicher Berechtigung
vorsteht. Hierher gehören die zahlreichen Opfer am Haus-
altar des Ζεὺς ἑρκεῖος, ἔνθ᾽ ἄρα πολλὰ Λαέρτης Ὀδυσεύς τε
βοῶν ἐπὶ μηρί᾽ ἔκαιον Od. χ, 335, auf welchem auch Il. λ,

1) Od. φ, 153.

772 der alte Peleus *πίονα μηρί ἔκαιε βοὸς Διι τερπικεραύνῳ αὐλῆς ἐν χόρτῳ·* hieher das Privatopfer, mit welchem Nestor Athene'n Od. *γ*, 418 ff. für ihr persönliches Erscheinen bei dem Feste Poseidon's dankt, hieher Odysseus' den Nymphen gewidmeter Kultus Od. *ν*, 348 ff. 358, und sonst noch eine Menge von Gelegenheitsopfern. Denn die *stata* und *anniversaria sacrificia* sind gewiss die seltneren; Homer gedenkt nur der allgemeinen Apollofeier in Ithaka Od. *υ*, 156; 276 ff.; *φ*, 258, der jährlichen Opfer des atheniensischen Erechtheus Il. *β*, 550, wo das *ἐνθάδε μιν ἱλάονται* nicht auf Athene zu beziehen ist, vgl. Welcker Trilog. p. 285, ferner der *θαλύσια*, des Aerntefestes der Aetoler Il. *ι*, 534 ff., vielleicht auch nach Müller Proleg. p. 260 der Panionien auf Helike Il. *υ*, 404, endlich der gewiss auch stationär gedachten Aethiopenopfer; vielmehr geht, da man der Götter in allen Ereignissen des Lebens, bei jedem Werk' und Vorhaben zu bedürfen überzeugt ist, der Opferkultus, das Brandopfer oder das compendiösere Trankopfer, durch das ganze Leben hindurch, und ist gleichsam ein in eine Handlung eingekleidetes Gebet. Wir finden daher nicht nur Dankopfer für eine glücklich bestandene Gefahr (Il. *κ*, 571, wo *ἱρὸν* ein Weihgeschenk bedeutet) und für errungenen Sieg (Il. *ζ*, 526; *λ*, 707), sondern auch Opfer vor der Abfahrt (Il. *ι*, 357; Od. *γ*, 159. 160; *ι*, 553), vor der Schlacht (Il. *β*, 400; *λ*, 727), vor Priamos' Gang ins griechische Lager (Il. *ω*, 305), vor Telemach's Abreise von Ithaka (Od. *β*, 431 coll. *ν*, 50; *ο*, 147 ff.; 222), vor der Berathung über Odysseus' Absendung von den Phäaken (Od. *η*, 190) und die Spende derselben verbunden mit dem Gebet an Zeus unmittelbar vor seiner Abfahrt (*ν*, 50 vgl. 39), bei dem entscheidenden Bogenschuss (Od. *φ*, 264; 267). — Eine *σπονδή* dient zur Bekräftigung eines Schwurs Od. *ξ*, 331; *τ*, 288. Odysseus' oftmalige *σπονδή* im Saale des Alkinoos beim Gesange des Demodokos (Od. *θ*, 89) ist ein verstärktes Gebet um künftige Gnade, so wie Penelope nach Telemach's Aufforderung Od. *ρ*, 50 durch ein Gelübde von Hekatomben Zeus' Rache über die Freier herabrufen soll, und wie Odysseus in Bettlergestalt Erfüllung der von ihm über die Freier weissagend gesprochenen Worte mittelst einer Spende, bevor er selber trinkt, wie mit einem

kurzen Stossgebet heischt: ὡς φάτο· καὶ σπείσας ἔπιεν μελιηδέα οἶνον (Od. σ, 151). Die σπονδὴ vor dem Niederlegen
erinnert an das Abendgebet (Od. γ, 333; σ, 419*)); so wie
ans Tischgebet die θυηλαὶ **), welche Patroklos auf Achilleus'
Gebot vor dem Essen ins Feuer werfen muss (Il. ι, 219:
θεοῖσι δὲ θῦσαι ἀνώγει Πάτροκλον, ὃν ἑταῖρον· ὃ δ᾽ ἐν πυρὶ
βάλλε θυηλάς). Es ist als ob von den göttlichen Gaben, die
man geniesst, zur Anerkennung, dass es solche seien, zuvor
ein Tribut an die Götter, diesen zur Speise entrichtet werden müsse; vgl. Od. ι, 231, wo Odysseus von sich und seinen Gefährten erzählt: ἔνθα δὲ (in der Höhle des Kyklopen)
πῦρ κήαντες ἐθύσαμεν, ἠδὲ καὶ αὐτοὶ τυρῶν αἰνύμενοι
φάγομεν. Sogar des Odysseus' Gefährten essen von den frevelhaft geschlachteten Sonnenrindern nicht eher, als bis sie,
die mangelnde Opfergerste mit Baumblättern, den Wein mit
Wasser ersetzend, den Göttern davon ein förmliches Opfer
gebracht haben, Od. μ, 356 ff. Hauptsächlich in den Opfern,
wird den Göttern diejenige Ehre zu Theil (θεῶν γέρας)
welche vom Dichter so häufig zur Bezeichnung der höchsten
denkbaren Ehre gebraucht wird. Man erinnere sich an das
θεὸν ὡς τιμᾶν, ἶσα θεοῖσι τίειν, an das θεὸς δ᾽ ὡς τίετο
δήμῳ, dergleichen Stellen auszuschreiben nicht nöthig ist.

9. Weil aber das Opfer, wie wir gesehn haben, noch
als höchste und ausreichende Bewährung der Frömmigkeit
gilt, wird ersichtlich, wie wenig ein Bewusstsein von der
Wahrheit vorhanden ist, dass das reinste Opfer, das des eigenen Willens, dass Gehorsam besser denn Opfer sei. Als
Kennzeichen der Gottesfurcht wird eine dem göttlichen Willen gegenüber zu vollbringende Verläugnung des eigenen
nirgends angeführt, und Beispiele solches Gehorsams liefert
nur ein paar Mal Achilleus, in der bekannten Stelle aus dem
Zwiste der Fürsten Il. α, 216, wo er Athene'n, die ihn mahnt,

---

*) [Bei Hesiod E. 330 ist sie vorgeschrieben ἠμὲν ὅτ᾽ εὐνάζῃ καὶ ὅτ᾽
ἂν φάος ἱερὸν ἔλθῃ.]

**) [Die Scholien erklären das Wort durch ἀπαρχαί, speciellcr Phi-
lochorus (Cram. Ann. Oxonn. II p. 448): γῆς παῖδας εἶναι θυη-
λὰς ἃς πρῶτον θύουσιν· eher möchten wir Döderlein beistimmen
Gloss. §. 2474.]

sein Schwert in der Scheide zu lassen, entgegnet: χρὴ μὲν
σφωϊτερόν γε, θεά, ἔπος εἰρύσσασθαι, καὶ μάλα περ θυμῷ κεχολωμένον· ὡς γὰρ ἄμεινον. Ὅς κε θεοῖς ἐπιπείθηται, μάλα τ᾽ ἔκλυον αὐτοῦ, — ferner indem er sich auf
Zeus' Gebot gegen Thetis bereit erklärt, Hektor's Leiche
zurückzugeben Il. ω, 139: τῇδ᾽ εἴη, ὃς ἄποινα φέροι, καὶ
νεκρὸν ἄγοιτο, εἰ δὴ πρόφρονι θυμῷ Ὀλύμπιος αὐτὸς ἀνώγει. Aber aus den Schlussworten der ersten Stelle
geht hervor, dass diese Selbstverläugnung noch einen starken
Beisatz von Rücksicht auf eigenes Interesse hat. Tritt doch
am Brandopfer selbst die Ironie merkwürdig hervor, dass
der Opfernde die Götter hauptsächlich mit den Theilen des
Opferthieres abfindet, die für ihn selbst zu keinem Gebrauche
sind, mit den μηρίοις. Vgl. Hes. Theog. 535 ff. und Ran-
ke's schöne Erläuterung in den Hesiodeischen Studien
p. 17 *).

10. Ist nun gleich das religiöse Bewusstsein noch nicht
zur Tiefe der den Willen bemeisternden Selbstverläugnung
ausgebildet, so bringt es doch wenigstens nicht umgekehrt
die Ehre der Gottheit der Verherrlichung menschlicher Kraft
und virtus zum Opfer. Die homerischen Helden ehren die
Gottheit durch Zuversicht und Vertrauen und froh der
eigenen Mannhaftigkeit bauen sie doch den Erfolg ihres
Thuns mit Frömmigkeit auf den Beistand der Himmlischen.
Wir heben von dieser die Bedürftigkeit menschlichen Wesens und die Machtfülle der Gottheit anerkennenden Gesinnung nur einige der frappantesten Beispiele hervor. Während Hektor, den überhaupt ein festes Gottvertrauen beson-

---

*) Vgl dagegen G. Hermann zu Aesch. Prom. 498 [μηρία die Hüft-
knochen mit dem daran hängenden Fleisch; πίονα, weil von fet-
ten Thieren]; Nitzsch I p. 209 bes. p. 224. [Anm. zu Il. α, 40
p. 16. Ausgesprochen findet sich ein Bewusstsein von jener Ironie freilich nicht bei Homer; die Hesiodeische Stelle, über deren
Erklärung und theilweise sogar über die Aechtheit die Urtheile
competenter Richter weit auseinandergehen, scheint denn doch
eine von der homerischen verschiedene Auffassung zu verrathen.
Man vergleiche dazu auch N. Th. V, 4 f. Marx ossa tempor.
Hom. esse diis oblata. Coesf. 1851.]

ders auf Zeus charakterisirt, seine Siegeshoffnungen Il. ϑ, 526 ff. in die Worte kleidet: εὔχομαι ἐλπόμενος Διΐ τ᾽ ἄλλοισίν τε ϑεοῖσιν, ἐξελάαν ἐνϑένδε κύνας Κηρεσσιφορήτους, beschliesst Il. ι, 49 der selbst in grosser Bedrängniss muthige Diomedes seine zum Kämpfen und Bleiben anfeuernde Rede mit der Aeusserung: Fliehe, wer da will; νῶϊ δ᾽, ἐγὼ Σϑένελός τε, μαχησόμεϑ᾽, εἰσόκε τέκμωρ Ἰλίου εὕρωμεν· σὺν γὰρ ϑεῷ εἰλήλουϑμεν. Knüpft doch selbst der gewaltige Achilleus im ersten Kampfe mit Hektor seine Zuversicht den ihm jetzt von Apollon entrissenen Helden doch noch zu erlegen an die Bedingung, dass auch ihm ein Gott beistehe; ἦ ϑήν σ᾽ ἐξανύω γε, καὶ ὕστερον ἀντιβολήσας, εἴ πού τις καὶ ἔμοιγε ϑεῶν ἐπιτάῤῥοϑός ἐστιν. Vgl. Il. λ, 366; ν, 154. Bekannt ist die Stelle Od. π, 260, in welcher Odysseus dem nach Helfern zu dem gefährlichen Werke fragenden Telemach keinen Sterblichen, dafür aber Zeus und Athene nennt; bezeichnend ferner Telemach's eigenes Wort zu dem Vorsicht anrathenden Eumaios: αὐτὰρ ἐμοὶ τάδε πάντα καὶ ἀϑανάτοισι μελήσει (Od. ρ, 601). Den Glauben, dass mit Hülfe der Götter selbst das Schwerste gelinge, sprechen Stellen aus wie Il. ρ, 561; υ, 100. Ja sogar die gottlosen Freier können sich so wenig als die Kyklopen (vgl. oben §. 2) vom Glauben an die Nothwendigkeit göttlichen Beistands als der Bedingung alles Gelingens losmachen, da sie dem Schweinhirten nur Strafe zu drohn wagen, „εἴ κεν Ἀπόλλων ἡμῖν ἱλήκῃσι καὶ ἀϑάνατοι ϑεοὶ ἄλλοι‟ (Od. φ, 364), womit zu vergleichen Od. χ, 252: ἀλλ᾽ ἄγεϑ᾽, οἱ ἓξ πρῶτον ἀκοντίσατ᾽, αἴ κέ ποϑι Ζεὺς δώῃ Ὀδυσσῆα βλῆσϑαι, καὶ κῦδος ἀρέσϑαι. — Dass aber diese Anerkennung der Abhängigkeit von den Göttern Pflicht ist, geht daraus hervor, dass Misstraun in den Erfolg bei zugesagter göttlicher Hülfe eben so gerügt wird, als die Vermessenheit, ohne den Willen der Götter etwas vollbringen zu wollen, gestraft. Für ersteres vergl. Od. υ, 38 — 51; gar zu gross erscheint dem Odysseus im Gespräche mit Athene das Wagniss des Freiermords, und, wenn er gelänge, gar zu unsicher die Möglichkeit, der von ihren Familien her drohenden Rache zu entgehn. Da spricht Athene, man traue doch schon einem Freunde, ὅσπερ ϑνητός τ᾽ ἐστὶ καὶ οὐ τόσα μήδεα οἶδεν·

αὐτὰρ ἐγὼ ϑεός εἰμι, διαμπερὲς ἥ σε φυλάσσω ἐν πάντεσσι
πόνοις· ἐρέω δέ τοι ἐξαναφανδόν· εἴπερ πεντήκοντα λόχοι
μερόπων ἀνϑρώπων νῶϊ περισταῖεν, κτεῖναι μεμαῶτες Ἀρηΐ,
καί κεν τῶν ἐλάσαιο βόας καὶ ἴφια μῆλα. — Ein Beispiel
der Vermessenheit aber giebt Ajas des Oileus Sohn, von dem
es heisst Od. δ, 502: καί νύ κεν ἔκφυγε Κῆρα, καὶ ἐχϑόμενός
περ Ἀϑήνη, εἰ μὴ ὑπερφίαλον ἔπος ἔκβαλε καὶ μέγ᾽ ἀάσϑη·
φῆ ῥ᾽ ἀέκητι ϑεῶν φυγέειν μέγα λαῖτμα ϑαλάσσης. Diese seine frevelhafte Rede zog ihm den todbringen-
den Zorn Poseidons zu.

11. Diese Ueberzeugung von der Abhängigkeit menschlicher Dinge von der Gottheit sowie das Vertrauen auf deren
Macht und Helfewilligkeit erzeugt das Gebet*), einen Akt
der Anerkennung eigener ·Bedürftigkeit, eine Mittheilung
gleichsam des eigenen Rathschlusses an die Götter, um deren Genehmigung zu erholen, welche die Gottheit verlangt,
deren Unterlassung sie straft. Charakteristisch spricht dies
der den Achäern zürnende Poseidon II. η, 446 f. aus, die
ohne Gebet und Opfer ihr Lager mit Mauer und Graben
geschirmt: Ζεῦ πάτερ, ἦ ῥά τίς ἐστι βροτῶν ἐπ᾽ ἀπείρονα
γαῖαν, ὅστις ἔτ᾽ ἀϑανάτοισι νόον καὶ μῆτιν ἐνίψει;
Drum sagt auch Antilochos II. ψ, 546: ἀλλ᾽ ὤφελεν ἀϑανάτοισιν εὔχεσϑαι (Εὔμηλος)· τό κεν οὔτι πανύστατος ἦλϑε
διώκων. Teukros schiesst mit Macht (ἐπικρατέως) nach dem
am Seile flatternden Vogel, aber er versäumt es, betend dem
Apoll eine Hekatombe zu geloben; da gelingt ihm sein
Schuss nicht ganz; μέγηρε γάρ οἱ τόγ᾽ Ἀπόλλων (II. ψ, 863);
vgl. II. λ, 364; Od. ω, 516 ff.; ν, 51. Ajas heisst vor seinem
Zweikampfe mit Hektor die Achäer beten; zuerst meint er,
sie sollten es leise thun, damit ihnen die Troer in einem
Wettgebete nichts abgewännen; gleich aber corrigirt er sich
in seiner heldenmüthigen Zuversicht mit jenem ἠὲ καὶ ἀμφαδίην, ἐπεὶ οὔτινα δείδιμεν ἔμπης· beten aber sollen sie jedenfalls. Priamos, dem Hekabe, bevor er sich zu Achilleus
wage, Gebet um ein τέρας angerathen, geht sogleich auf den

---

*) [Vgl. Siebelis de hominum heroicae atque homericae aetatis pre-
cibus ad deos missis, Budissae 1806 und Hermann G.A. §. 21, 1.]

Vorschlag der Gattin ein: ἐσϑλὸν γὰρ Διὶ χεῖρας ἀνα
σχέμεν, αἴ κ' ἐλεήσῃ (Il. ω, 301). Die Gattinnen und Töchter, welche den Il. ζ, 237 aus der Schlacht in die Stadt zur
Veranstaltung jenes πέπλος-opfers zurückkehrenden Hektor
nach Gatten und Brüdern fragen, verweist der Held zum
Gebete (ὃ δ' ἔπειτα ϑεοῖς εὔχεσϑαι ἀνώγει). Und so giebt
es noch ferner der Beispiele viel bei dem Dichter, dass zunächst die Noth, das Bedürfniss es ist, was den Menschen
beten lehrt (Il. ζ, 115; ο, 367; ρ, 46; 498; Od. δ, 433; ι,
294; 412), wie denn das Gebet in einzelnen Fällen seine
letzte und einzige Zuflucht ist (Telemach's κείρετ'· ἐγὼ δὲ
ϑεοὺς ἐπιβώσομαι αἰὲν ἐόντας Od. α, 378; β, 143 coll. 219 f.;
Il. α, 35). Vergl. die schon oben angeführte Stelle Od. γ,
48: πάντες δὲ ϑεῶν χατέουσ' ἄνϑρωποι. — Darum ist
aber auch der eigentliche Kern des Gebetes allemal eine
Bitte. [Bemerkenswerth scheint auch, dass Homer kein
eigenes Substantiv zu 'εὔχομαι*) als Gebet im weiteren
Sinne hat; denn selbst εὐχαὶ in Od. x, 526 ist ein Gelübde,
vgl. v. 521 ff., wie sonst εὐχωλή, welches selbst auch nicht
Gebet heisst; ὕμνος, nur ϑ, 429 erwähnt, hat noch keine
religiöse Bedeutung. Ἀιταί dagegen ist speziell das Bittgebet, vgl. auch Od. λ, 34; das häufige λίσσομαι aber wird für
das Anflehen der Gottheit nur in der Allegorie Il. ι, 501
(vgl. 511) und λιτανεύω in diesem Sinn nur ψ, 196 gebraucht.] Von einem Lob- und Dankgebet**) finden sich
nur schwache Spuren, von ersterem in Il. α, 472, wo nach
dargebrachtem Versöhnopfer Apoll in einem Hymnus gefeiert
wird (οἳ δὲ πανημέριοι μολπῇ ϑεὸν ἱλάσκοντο, καλὸν ἀεί
δοντες παιήονα, κοῦροι Ἀχαιῶν, μέλποντες Ἑκάεργον); von
letzterem in Il. η, 298, wo Hektor den Zweikampf mit Ajas
abgebrochen wünscht, damit für jetzt dieser die Achäer, er
selbst aber die Troer und Troerinnen erfreue, αἴτε μοι, sagt

---

*) [Ueber dessen Ableitung vgl. Döderlein Gl. §. 2489 und Benfey WL. II, 219. Als Grundbedeutung nimmt Schömann das
zuversichtliche Aussprechen, Lasaulx lautes feierliches Sprechen an.]

**) [Anders in der späteren Zeit. Nachh. Th. V, 14 a. E.]

er, εὐχόμεναι θεῖον δύσονται ἀγῶνα· ferner [in dem Pä-
eon Il. χ, 391 und] in Odysseus', des heimgekehrten, Gebet
zu den Nymphen Od. ν, 356 ff., wo er diese mit Gelübden
begrüsst und mit Gaben zu erfreuen verspricht. Einigermassen ähnlich Il. κ, 462 ff. — Gegenstand aber der
Bitte wird aus gleichem Grunde meistens ein bestimmtes
Einzelnes, eine Gnade, ein Beistand im concreten Falle, selten ein allgemeines Gut, ein sittliches χάρισμα sein*). Denn
nur Hektor erbittet Il, ζ, 476 ff. für seinen unmündigen Sohn
Heldenkraft und Heldenherrlichkeit im Allgemeinen. Diese
Erscheinung ist um so auffallender, als ja, wie wir gesehen
haben, alle Fähigkeit, Kraft und Tüchtigkeit eine Gabe der
Götter ist, folglich erbeten werden zu können scheint. Es
ist als ob der Geist des Gebets wie nur angeregt durch das
Bedürfniss des Augenblicks so auch mit der Gunst und
Gnade des Augenblicks schon zufrieden wäre, und so zu sagen seine Kraft gerade in einer Beziehung ignorirte, in welcher sie von der grössten Wichtigkeit werden könnte. So
wird denn nur gebetet um Rache Il. α, 39; Od. υ, 112.—119;
um Hülfe zum Streit Il. β, 412, um Garantie der ὅρκια γ,
276, um gerechte Vergeltung γ, 298; 351; um Sieg ε, 115
vgl. η, 202, um Erfolg der Gesandtschaft Il. ι, 171; 183, um
Rettung und Sieg κ, 278; π, 233, um Rettung ο, 372, um
schnelle Heilung π, 514, um Geleit und ein τέρας ω, 308,
um Hülfe gegen die Ränke der Feinde Od. β, 262, um Rettung des Sohnes δ, 762, um Rettung aus dem Meer ε, 445,
um Empfehlung des ἱκέτης bei dem fremden Volk ζ, 324,
um Hülfe zur Vollendung des Versprochenen η, 331, um
Tod υ, 61 etc. Einige Male tritt das Gebet auf als priesterliche Fürbitte, am eigentlichsten in Il. ζ, 305, wo die Priesterin Theano im Namen der versammelten Troerinnen um
den Schirm Athene's gegen Diomedes fleht, dann auch in
dem Gebet des wiederversöhnten Chryses für die von Apoll
gestraften Achäer Il. α, 451. Die Opfernden beten jedoch mit
(Il. α, 458) oder wenigstens vor der eigentlichen Fürbitte
auch; Il. ζ, 301 : αἱ δ᾿ ὀλολυγῇ**) πᾶσαι Ἀθήνῃ χεῖρας ἀνέσχον.

---

*) [Vgl. dagegen für die spätere Zeit N. Th. V §. 14. S. 213.]
**) Vgl. über diesen Brauch Blomfield zu Aesch. Sept. 254 [und

12. Wenn nun gleich das Gebet im Allgemeinen ein Erzeugniss des Vertrauens auf die Macht und Gnade der Gottheit ist, so liegt doch dem natürlichen Menschen nichts näher als im einzelnen Falle vor der Gottheit mit einem bestimmten Anspruch auf die Gnade zu erscheinen und ihr gegenüber ein jus quaesitum auf Erhörung geltend zu machen. Daher die nicht seltene Erscheinung, dass der homerische Mensch auf irgend eine Weise der Gottheit die Erhörung seiner Bitte als eine Art von Pflicht nahe zu legen sucht *). Natürlich wird am öftesten dasjenige geltend gemacht, worin der Mensch auch seine Frömmigkeit am meisten zu bethätigen glaubt, das Verdienst der Opfer, das von Agamemnon dem Zeus recht eigentlich vorgerückt wird Il. ϑ, 236: Ζεῦ πάτερ, ἥ ῥά τιν' ἤδη ὑπερμενέων βασιλήων τῇδ' ἄτῃ ἄασας, καί μιν μέγα κῦδος ἀπηύρας; Οὐ μὲν δή ποτέ φημι τεὸν περικαλλέα βωμὸν νηὶ πολυκλήϊδι παρελθέμεν, ἐνθάδε ἔῤῥων, ἀλλ' ἐπὶ πᾶσι βοῶν δημὸν καὶ μηρί' ἔκηα κ. τ. ἑ., worauf dann erst die Bitte folgt. Vgl. Il. α, 37 ff.; ο, 372; Od. δ, 762; ϱ, 240. Nur das umgekehrte Verhältniss ist es, wenn das Gebet zugleich ein Gelöbniss von Opfern enthält; wie Il. ζ, 305; χ, 292. Anspruch auf Erhörung gewährt aber auch das specielle, ganz menschlich gedachte Verhältniss der ἱκετεία, in welches Odysseus zu dem Gott jenes Flusses in Scheria tritt Od. ε, 450, dem Kyklopen im Gebete zu Poseidon seine Sohnschaft Od. ι, 528; ferner, indem die Gottheit gleichsam an Consequenz gemahnt wird, früherer Beistand, Od. ν, 98 ff.; Il. χ, 278 dem Bittenden selbst, Il. ε, 115; χ, 285 dem Vater desselben geleistet, end-

---

Schömann Gr. Alt. II, 232; Hermann G. A. §. 28, 17. Bei Homer kommt dieses ὀλολύζειν nur von weiblichen Stimmen und bei gottesdienstlichen Veranlassungen vor (Passow); dasselbe bezeichnet aber kein Jammergeschrei, sondern εὐχὴν μετ' εὐφημίας.]

*) So berufen sich Euripid. Or. 1231 ff. (Dind.) Orestes und Elektra, indem sie die Manen des Vaters um Hülfe flehn, auf ihr Verdienst um die Rache desselben; da sagt Pylades V. 1238: οὐκοῦν ὀνείδη τάδε κλύων ῥύσαι τέκνα· vgl. Aesch. Choeph. 495 (489) ἆρ' ἰξεγείρει τοῖσδ' ὀνείδεσιν, πάτερ; [und 505—511.]

lich frühere Erhörung sowohl als Nicht-erhörung; vgl. II. α,
453, π, 236 mit Od. ζ, 324. Es versteht sich, dass von diesen Rechtsansprüchen die Bedingungen eines der Gottheit
wohlgefälligen, erhörlichen Gebetes zu unterscheiden sind,
als dergleichen der Dichter II. α, 218 willigen Gehorsam (ὅς
κε θεοῖς ἐπιπείθηται, μάλα τ᾽ ἔκλυον αὐτοῦ), Od. ξ, 406 reine,
nicht mit Verbrechen befleckte Hände namhaft macht. Nachdem Odysseus dem Eumaios freigestellt hat ihn den ξεῖνος
zu tödten, wenn er ihm die Heimkehr seines Herrn nur lüge,
weist letzterer dieses Ansinnen mit Abscheu von sich: „das
würde mir wohl guten Namen unter den Menschen bringen,
und — πρόφρων (getrosten Muthes) κεν δὴ ἔπειτα Δία Κρονίωνα λιτοίμην.“

13. Diesen Bestandtheilen des Gebetes gemäss hat
sich so zu sagen ein liturgisch feststehender Typus desselben
gebildet, der bei der feierlichen wie minder feierlichen Anrufung, ja selbst noch in der kürzesten Bitte des Augenblicks
erkennbar ist. Der Anrede an die Gottheit, welche bei feierlichen Gelegenheiten, wie z. B. II. π, 233, eine ausgeführtere
Form bekommt*), folgt die Begründung des Rechtsanspruchs,
gewöhnlich eingeführt mit εἰ δή, so wahr als, — εἴ ποτε, so
gewiss einmal, — sodann die eigentliche Bitte; oder, wo
jene nicht vorhanden ist, sogleich diese letztere. Als For-
mular des vollständigeren Gebetes diene II. ε, 116 — 120:

κλῦθί μοι, αἰγιόχοιο Διὸς τέκος, Ἀτρυτώνη,
εἴποτέ μοι καὶ πατρὶ φίλα φρονέουσα παρέστης
δηΐῳ ἐν πολέμῳ, νῦν αὖτ᾽ ἐμὲ φίλαι, Ἀθήνη·
δὸς δέ τέ μ᾽ ἄνδρα ἐλεῖν καὶ ἐς ὁρμὴν ἔγχεος ἐλθεῖν,
ὅς μ᾽ ἔβαλε φθάμενος, καὶ ἐπεύχεται, οὐδέ μέ φησιν
δηρὸν ἔτ᾽ ὄψεσθαι λαμπρὸν φάος ἠελίοιο,

Vgl. II. α, 39; 451; κ, 278; 284; ο, 372; π, 233; Od. δ,

---

*) [Dabei kommt es dann speciell wieder auf die Anrufung der
Gottheit mit den ihr gebührenden oder lieben Namen an; vgl.
II. α, 39; β, 412; γ, 276; π, 233; Od. δ, 445; selbst Polyphem
in seinem Gebet an seinen Vater ruft ihn, wie die anderen Men-
schen, an: γαιήοχε κυανοχαίτα ι, 528. Diese Rücksichten beim
Gebet werden später noch ängstlicher beobachtet; vgl. Schömann
G. A. II, 229, 4. Hermann G. A. §. 21, 7—9.]

762; ε, 445; ζ, 324; ι, 528. — Die Gebete, in denen der
Erhörungsansprüche nicht Erwähnung geschieht, dergleichen
wir lesen Il. β, 412; γ, 276; 298; ζ, 476; η, 200; ψ, 770;
ω, 308; Od. ρ, 354, bleiben folgendem Typus ähnlich (Il. ψ,
770): Κλῦθι, θεά, ἀγαθή μοι ἐπίῤῥοθος ἐλθὲ ποδοῖϊν· Alle
Abweichungen von diesen Formularen beschränken sich darauf, dass die Absicht der Bitte oder die Folgen der Erhörung, z. B. die Darbringung von Dankopfern, beigefügt wird,
z. B. Il. γ, 351; ζ, 305; κ, 292; Od. η, 331; ρ, 240. Auch
kommt es vor, dass eine Rede in ein Gebet übergeht, z. B.
Il. ρ, 645; θ, 228 ff., auch dass ein Wunsch nach göttlichem Beistande, gegen einen Menschen ausgesprochen, von
der Alles hörenden Gottheit als ein Gebet betrachtet wird
und Erhörung findet, Il. ρ, 560 ff. Einmal geht das Gebet
in die Weise des Hymnus über, indem Od. υ, 61 Penelope
die von ihr anfangs nur vergleichungsweise berührte Geschichte der Töchter des Pandareos vollständig einflicht.

[Was endlich die Wahl der Gottheit betrifft, an die
sich der Mensch im einzelnen Falle betend wendet, so hängt
diese natürlich meist von der Natur des letzteren ab. — Zufällige Nähe am Heiligthum (Od. ζ, 324; ν, 356) oder Element (Il. ι, 183; Od. ε, 450) eines Gottes weist selbst auf
diesen hin, wie zufällige Beute auf Ἀθηνᾶ ληῖτις (Il. κ, 445).
— Wo das Erbetene der Sphäre eines bestimmten Gottes
angehört, erfleht man es natürlich von diesem. Zu Zeus (πανομφαῖος) betet man um eine φήμη Od. υ, 100, oder nach
einem Blitz (ib. 112) oder um Licht (zum Aethergott Il. ρ,
645), an ihn (den ἱκέσιος) wendet sich Odysseus in der Ky-
klopenhöhle (Od. ι, 294), an ihn (den ξείνιος) Menelaos und
Alkinoos (Il. γ, 351; Od. ν, 51 f.); ihn (den ταμίας πολέμοιο)
fleht man um Sieg (Il. β, 412; η, 194; 200 ff.) und (als ὅρκιος)
um Wahrung des Vertrags (Il. γ, 298; vgl. Zeus, Helios
und Gaia γ, 275 ff.) an ihn (als πατήρ — als Götterkönig) um
Gelingen eines Vorhabens Il. ι, 172; Od. η, 331; ρ, 355. —
Von (der Todesgöttin) Artemis erfleht sich Penelope den Tod
(Od. υ, 61), von Apollon (κλυτότοξος) Meriones den Sieg im
Bogenschuss (Il. ψ, 872). — In der Fremde wendet man
sich wohl auch an den Gott der Heimath (Il. π, 233; doch
vgl. 237 — 514) oder zur Sühnung an den feindlichen (Il. ζ,

269). — In den verschiedensten Lagen aber, wie natürlich, an den Familien- oder persönlichen Schutzgott (Od. *δ*, 762; *ω*, 518; Il. *ε*, 115; *x*, 278 f. 284; *ψ*, 770) und so der Priester (Il. *α*, 39; 451; *ζ*, 305) an seine Gottheit, wie der Hirte an die Nymphen (Od. *ϱ*, 240; vgl. oben II §. 11 a. E.). Um so mehr der Sohn an seine göttlichen Eltern (Il. *α*, 351 u. o., Od. *ι*, 412; 529). — Um Errettung aus Noth und Lebensgefahr betet ,man zu Zeus (Il. *o*, 375; *ϑ*, 243) oder — vgl. III §. 5 b — zu den *ϑεοῖς* (*ζ*, 115; 240; *o*, 368; Od. *δ*, 433; *μ*, 333); zu beiden Hektor für seinen Sohn Il. *ζ*, 476. Ueber die Formel *αἴ γὰϱ, Ζεῦ τε πάτεϱ καὶ Ἀϑηναίη καὶ Ἄπολλον* vgl. oben II §. 23. — Doch würde es zu weit führen, wollten wir alle Stellen hersetzen oder bei jeder die Motive der Wahl erschliessen (z. B. warum Menelaos gerade von Athene sich Stärke erfleht Il. *ϱ*, 561); obige Beispiele mögen im Allgemeinen zur Erkennung der leitenden Gesichtspunkte genügen.]

14. Wie die feste Form des Gebetes den mehr oder minder nothwendigen Stücken desselben, so entspricht das äusserlich Rituelle vornehmlich jener inneren Bedingung des erhörlichen Gebets, die wir in sittlicher Reinheit gefunden haben*). Vgl. das *ἔϱδειν ἱεϱὰ ἁγνῶς* (pura mente) *καὶ καϑαϱῶς* (puro corpore) bei Hes. *Ἔϱγ.* 337. Reine Hände muss bei dem feierlichen Gebete der Betende haben; daher die Waschungen vor jedem Gebet**); vgl. Il. *ζ*, 266, wo Hektor sagt: *χεϱσὶ δ' ἀνίπτοισιν Διΐ λείβειν αἴϑοπα οἶνον ἅζομαι· οὐδέ πη ἔστι κελαινεφέϊ Κϱονίωνι αἵματι καὶ λύϑϱῳ πεπαλαγμένον εὐχετάασϑαι.* Vgl. Il. *ω*, 302 ff.; *ι*, 171; *π*, 230; Od. *β*, 261; *μ*, 336; und *ϱ*, 48 Telemachs Worte zu seiner Mutter: *ἀλλ' ὑδϱηναμένη, καϑαϱὰ χϱοΐ εἵμαϑ' ἑλοῦσα, εὔχεο πᾶσι ϑεοῖσι τελησσας ἑκατόμβας.* Bekränzung des Opfernden oder Betenden aber wird bei Homer nicht erwähnt [wie schon die Alten bemerkten. Vgl. Sengebusch diss. I p. 152]. Zu dem Waschen kommt noch das *εὐφημεῖν* Il. *ι*,

---

*) Nitzsch 1 p. 310 läugnet dies, wie mich dünkt, mit Unrecht.
**) [Vgl. Hes. *E.* 724 f.: *μηδέ ποτ' ἐξ ἠοῦς Διΐ λείβειν αἴϑοπα οἶνον χεϱσὶν ἀνίπτοισιν μηδ' ἄλλοις ἀϑανάτοισιν.*]

171. Das gewöhnliche Emporheben der Hände*), welches
vorkommt selbst wenn zu Poseidon und zu den Nymphen
gebetet wird (Od. ι, 526 f.; ν, 355), steigert sich im Augenblick der höchsten Noth bis zum Emporziehn und Ausraufen
der Haare; Il. χ, 15: πολλὰς ἐκ κεφαλῆς προθελύμνους ἕλκετο
χαίτας ὑψόθ᾽ ἐόντι Διΐ, mit welcher (wie das Διΐ beweist)
zum Gebete zu rechnenden Geberde zusammenzuhalten ist,
was Il. χ, 77 der seinen Sohn anflehende Priamos thut: ἦ
ῥ᾽ ὁ γέρων, πολιὰς δ᾽ ἄρ᾽ ἀνὰ τρίχας ἕλκετο χερσὶν, τίλλων
ἐκ κεφαλῆς· οὐδ᾽ Ἕκτορι θυμὸν ἔπειθεν, wobei man gleichfalls nicht blos an das Haarzerraufen des Schmerzes denken darf. Achilleus freilich streckt, indem er zu seiner im
Meere wohnenden Mutter betet, die Hände gegen das Meer aus
(Il. α, 351), und Althaia, die zu den unterirdischen Gottheiten ruft, schlägt mit den Händen auf die Erde, vgl. oben II
5 [Hermann G. A. §. 21, 12]. — Von einem Knieen vor
der nicht persönlich gegenwärtigen Gottheit findet
sich keine Spur. Im Gegentheil beten die Phaiaken zu Poseidon ἑσταότες περὶ βωμόν Od. ν, 187. Etwas Anderes ist,
dass das bei gegenwärtigen Personen eigentlich gemeinte
γουνοῦσθαι, γούνων λαβεῖν (vgl. Il. α, 500) uneigentlich für
jedes Anrufen der Götter stehn kann; vgl. Od. δ, 433; κ,
521; λ, 29; ε, 449 (Siebelis l. c. p. 19). — „Es herrschte
unstreitig der Glaube, dass eben nur oder am ersten in der
Einsamkeit der beste Fall der Erhörung, die persönliche Erscheinung eines Gottes, zu hoffen stehe,“ bemerkt Nitzsch
zu Od. μ, 333, mit Berufung auf δ, 367; κ, 277 nebst Il. ω,
463 f.

    15. Hat nun aber der Mensch auch seinerseits die Be-
dingungen eines gottgefälligen Gebetes erfüllt, so hat er
gleichwohl für die Erhörung desselben nicht die mindeste
Garantie. Es hat sich die Gottheit nicht an allgemeine, jedem Menschen erreichbare Bedingnisse gebunden, sondern
Alles ihrer subjektiven, ganz menschlich gedachten Neigung

---

*) Vgl. Welcker zu Philostrat. Imagg. p. 403 [Friederichs
über den betenden Knaben in Berlin. Anm. 2 in s. Rede bei
Eröffn. d. archäol. Mus. z. Erlangen 1857, und Hermann G. A.
§. 21, 10—12.]

oder Abneigung vorbehalten; denn nach dem allgemeinen
Glauben wird jedes Gebet von der Gottheit beachtet und hat
zu Segen oder zu Schaden eine Folge, welche dann in der
Regel vom Dichter bemerkt wird (Nitzsch III p. 405). Daher kommen neben vielen vollständigen und augenblicklichen
Gebetserhörungen, wie wir dergleichen lesen Il. π, 527; ϱ,
567; 648; ω, 314; Od. β, 267; δ, 767; ε, 451; v, 103, auch
solche Fälle vor, in welchen das Gebet nur theilweise, wie
Il. π, 250 (τῷ δ' ἕτερον μὲν ἔδωκε πατήρ, ἕτερον δ' ἀνέ-
νευσεν κ. τ. λ.), oder vorläufig nur durch ein glückverkün-
dendes σῆμα, wie Il. ϑ, 245; o, 377, oder erst in späterer
Zeit (Il. β, 419; γ, 302: οὐδ' ἄρα πώ σφιν ἐπεκραίαινε
Κρονίων), oder auch gar nicht erhört wird. So heisst es Il.
ζ, 311 nach Theano's priesterlichem Gebete: ἀνένευε δὲ Παλλὰς Ἀθήνη, die beharrliche Feindin der Troer; vgl. Il. μ,
173; und Od. μ, 334 ff., wo Odysseus die Götter um endliche
Möglichkeit der Abfahrt von der Sonneninsel fleht, giessen
sie Schlaf auf seine Augenlieder, so dass die Gefährten indessen ihr unseliges Werk vollbringen können.

16. Diese Vorstellung von einer subjektiv willkürlichen Stellung der Götter zur Menschheit lässt Gebet und
Zuversicht auch nicht zu ihrer Blüthe kommen in der Ergebung. Das Zutrauen zur Helfewilligkeit der Götter erhebt
und verklärt sich nicht zur Vorstellung göttlicher Liebe;
denn die Gottheit liebt bei dem Dichter den Menschen
nicht, sondern hat unter ihnen nur einzelne, ganz willkürlich ohne Rücksicht auf den sittlichen Habitus gewählte *)
Lieblinge; denn auch die Phaiaken (μάλα γὰρ φίλοι ἀθανάτοισιν Od. ζ, 203) sind nichts Anderes. Nirgends findet sich
bei Homer eine Spur von Juvenal's carior est illis homo
quam sibi. Nun ist freilich, wo Vertrauen, wo Gebet ist,
auch Anlage und Hinneigung zur Ergebung in den göttlichen
Willen vorhanden. Diese giebt sich kund in dem mehrmaligen ἀλλ' ἤτοι μὲν ταῦτα θεῶν ἐν γούνασι κεῖται, in dem
gleichfalls nicht sehr seltenen ἐπίτρεψον γὲ θεοῖσι (stelle die
Sache den Göttern anheim), ferner in Aeusserungen, wie Od.

---

*) Helene ist für die Iris νύμφα φίλη Il. γ, 180.

ϑ, 570 die des Alkinoos ist: *τὰ δέ κεν θεὸς ἢ τελέσειεν, ἢ*
x' ἀτέλεστ' εἴη, ὥς οἱ φίλον ἔπλετο θυμῷ, [oder σ, 141: *τῷ*
μήτις ποτὲ πάμπαν ἀνὴρ ἀθεμίστιος εἴη, ἀλλ' ὅγε σιγῇ
δῶρα θεῶν ἔχοι ὅττι διδοῖεν· vgl. N. Th. p. 225 extr.] vielleicht am schönsten in Od. ζ, 190, wo Nausikaa zu dem
wunderbaren Schiffbrüchigen sagt: *Ζεὺς δ' αὐτὸς νέμει ὄλβον*
Ὀλύμπιος ἀνθρώποισιν, ἐσθλοῖς ἠδὲ κακοῖσιν, ὅπως ἐθέλησιν
ἑκάστῳ· καί που σοὶ τάγ' ἔδωκε, σὲ δὲ χρὴ τετλάμεν ἔμπης
— denn Nausikaa, räth hier tröstend Ergebung an. Aber
im Grunde hat was sich von Ergebung findet seine Wurzel
nur in der Vorstellung von der Macht der Götter; vgl. Od.
χ, 287: *ὦ Πολυθερσείδη φιλοκέρτομε, μήποτε πάμπαν εἴκων*
ἀφραδίης μέγα εἰπεῖν, ἀλλὰ θεοῖσιν μῦθον ἐπιτρέψαι, ἐπεὶ ἢ
πολὺ φέρτεροί εἰσιν· d. h. lasse dich ja nicht bethören,
vermessene Reden zu führen, sondern stelle den Inhalt dei-
ner Rede den Göttern anheim, ergieb dich in deren Fügungen; denn sie sind die Gewaltigen. Unterwürfigkeit aber
unter die zwingende Macht schliesst das innere, wenn gleich
ohnmächtige Widerstreben nicht aus, so dass der Mensch
Ergebung nur übt *ἑκὼν ἀέκοντί γε θυμῷ,* was sich theoretisch ausgesprochen findet Od. σ, 134: *ἀλλ' ὅτε δὴ καὶ λυγρὰ*
θεοὶ μάκαρες τελέσωσιν, καὶ τὰ φέρει ἀεκαζόμενος τετλη-
ότι θυμῷ. Vgl. Hymn. Dem. 147: *Μαῖα, θεῶν μὲν δῶρα*
(die Fügungen) *καὶ ἀχνύμενοι περ ἀνάγκῃ τετλάμεν ἄνθρω-*
ποι· δὴ γὰρ πολὺ φέρτεροί εἰσιν ja statt der letzteren Worte·
v. 217 sogar: *ἐπὶ γὰρ ζυγὸς αὐχένι κεῖται.* [Vgl. Pind. Pyth.
2, 95].

17. Diese willig unwillige Ergebung ist aber kein in
sich abgeschlossener, tendenzloser Standpunkt. Denn Ergebung an die Macht, gegen welche nichts auszurichten ist,
ohne das Wissen, dass diese Macht zugleich Liebe sei, wird
zur Resignation, und den Charakter dieser wesentlich
passiven Ergebung tragen Aeusserungen wie *οὕτω που*
Διΐ μέλλει ὑπερμενέϊ φίλον εἶναι (Il. β, 116; ι, 23; ξ, 69; ν,
225), *ὡς γάρ που Ζεὺς ἤθελε καὶ θεοὶ ἄλλοι* (Il. ξ, 120 coll.
σ, 115), *ἤθελε γάρ που* sc. *Ζεὺς* (Od. ρ, 424), ferner Il. x,
70: *ἀλλά καὶ αὐτοί περ πονεώμεθα· ὧδέ που ἄμμιν Ζεὺς*
ἐπὶ γεινομένοισιν ἵει κακότητα βαρεῖαν. und vorzüglich Il. τ,
274, wo die Versöhnung Achilleus' mit Agamemnon endlich

auch der Cerimonie nach beendet ist, und alles Unheil, was
aus der Entzweiung hervorgegangen, als etwas Vergangenes
und Abgeschlossenes dahinten liegt. Da kommt dem Achilleus, indem er noch einen letzten Blick auf die Vergangenheit wirft, all' das Elend und Leid nur als Folge einer Bethörung vor, die Zeus über ihn und Agamemnon verhängt;
sonst würde ihn Agamemnon weder so sehr erbittert, noch
ihm die Briseis entrissen haben; aber, sagt er, und das ist
das Letzte, wobei er in seiner Reflexion ankommt, Zeus
wollte eben, dass viele Achäer sterben sollten
(ἀλλά ποϑι Ζεὺς ἤϑελ' Ἀχαιοῖσιν ϑάνατον πολέεσσι γενέσϑαι). Charakteristisch ist allen diesen Stellen die Partikel
πού oder ποϑί, mit welcher, als dem Ausdruck der an Gewissheit gränzenden Vermuthung, der Mensch sich aller weiteren Gedanken und Erwägungen überhebt.

18. Gewinnt aber der liebelosen Macht gegenüber im
gezwungen resignirenden Menschen der Unwille die Oberhand, so äussert sich das innere Widerstreben im Schelten
der Gottheit, und, was bedeutsam ist, immer des Zeus;
denn Helene's Zornrede gegen Aphrodite Il. γ, 399 ff., die
der betrogenen gegenüber steht, gehört so wenig als Il. χ,
15 ff. hieher, sondern hat ganz das Gepräge eines menschlichen Zanks. Zu dem Kroniden spricht Agamemnon, als es
den Anschein bekommt, die ihm gewordene Siegesverheissung
sei trügerisch gewesen, Il. ι, 17 im Ernste, β, 112 um das
Volk zu versuchen, folgendermassen: Ζεύς με μέγα Κρονίδης
ἄτῃ ἐνέδησε βαρείῃ σχέτλιος, ὃς πρὶν μέν μοι ὑπέσχετο καὶ
κατένευσεν, Ἴλιον ἐκπέρσαντ' εὐτείχεον ἀπονέεσϑαι· νῦν δὲ
κακὴν ἀπάτην βουλεύσατο, καί με κελεύει δυσκλέα Ἄργος
ἱκέσϑαι, ἐπεὶ πολὺν ὤλεσα λαόν, woran sich dann unmittelbar jene oben berührte Aeusserung der Resignation schliesst.
Als die Achäer bei dem Lagersturme nicht sogleich weichen,
ruft Asios Il. μ, 164: Ζεῦ πάτερ, ἦ ῥά νυ καὶ σὺ φιλοψευ-
δὴς ἐτέτυξο πάγχυ μάλ'. Menelaos' Zorn, dem im Zweikampfe mit Paris das Schwert zerbricht, hat sogleich die
Worte bereit: Ζεῦ πάτερ, οὔτις σεῖο ϑεῶν ὀλοώτερος ἄλλος
(Il. γ, 365); ja dieser Ausdruck des Zorns über momentanes
Unglück kommt sogar innerhalb einer Reflexion über das
Geschick der Menschen überhaupt vor, nämlich Od. ν, 201,

wo Philoitios sagt: *Ζεῦ πάτερ, οὔτις σεῖο θεῶν ὀλοώτερος ἄλλος! Οὐκ ἐλεαίρεις ἄνδρας, ἐπὴν δὴ γείνεαι αὐτός, μισγέμεναι κακότητι καὶ ἄλγεσι λευγαλέοισιν.* Selbst gegen den Verstand und die Weisheit der Götter wird Misstrauen ausgesprochen Il. *ν*, 631: *Ζεῦ πάτερ, ἢ τέ σέ φασι περὶ φρένας ἔμμεναι ἄλλων, ἀνδρῶν ἠδὲ θεῶν· σέο δ᾽ ἐκ τάδε πάντα πέλονται· Οἷον δὴ ἄνδρεσσι χαρίζεαι ὑβρισταῖσιν, Τρωσὶν κ.τ.λ.* Und das *σχέτλιος*, wie Zeus häufig, Od. *γ*, 161 sogar in ruhiger Erzählung genannt wird, erregt, obwohl ein mehrdeutiges Wort*), dennoch stets die Vorstellung eines Tadels und Vorwurfs. Dergleichen Aeusserungen aber werden nirgends vom Dichter als sündlich bezeichnet.

19. Nun ist es aber, wie wir gesehen haben, nicht Zeus allein, der das Schicksal der Menschen bestimmt; in ihm oder über ihm waltet die blinde Macht der *Μοῖρα*. Dieses unpersönliche, bewusstlose Schicksalsprincip schliesst das Verhältniss der Ergebung wie des Murrens und Scheltens gleich sehr aus. Ihm gegenüber ist von Seiten des Menschen nichts anders mehr denkbar als starre, dumpfe Resignation. So sagt denn Hekabe, um den greisen Gemahl vom Gang ins Lager abzuhalten, Il. *ω*, 208 ff.: setze nicht auch dein Leben jenem furchtbaren Mann gegenüber aufs Spiel; wir wollen den Sohn lieber im Gemach beweinen; *τῷ δ᾽ ὥς ποθι Μοῖρα κραταιὴ γεινομένῳ ἐπένησε λίνῳ ὅτε μιν τέκον αὐτή, ἀργίποδας κύνας ἆσαι ἑῶν ἀπάνευθε τοκήων ἀνδρὶ παρὰ κρατερῷ,* Worte, aus welchen man ein „Hin ist hin, verloren ist verloren" herausfühlt. Mit schwächerem Ausdruck sagt Priamos in der Antwort v. 224: *εἰ δέ μοι αἶσα τεθνάμεναι παρὰ νηυσὶν Ἀχαιῶν χαλκοχιτώνων, βούλομαι·* denn ihm ist diese Resignation nicht das Letzte, bei dem er stehn bleibt, sondern lediglich Mittel zu dem Zweck, wenigstens seines Sohnes Leiche noch einmal zu sehn. Aber für uns besonders ergreifend tritt die menschliche Trostlosigkeit der *Μοῖρα* gegenüber in Hektor's Abschied von Andromache hervor (Il. *ζ*). Der Aeltern, der Brüder verlustig findet sie diese wieder im Gemahl; aber ist dieser ihr geraubt, dann

---

*) [Vgl. Döderlein Gloss. §. 2472.]

hat sie keinen Trost auf Erden mehr. Von Trost ist aber
auch in Hektor's Erwiederung keine Rede; im Gegentheil er
spricht unverholen die düstersten Ahnungen aus. Erst im
Fortgehn, nachdem er zuvor nicht etwa um erbarmungsvolle
Abwehr des Verderbens, sondern nur, der bösen Ahnungen
momentan vergessend, für seinen Sohn um einstige Heldenherrlichkeit gebetet hat, verweist er die weinende Gattin auf
die *Moῖρα,* wider welche Niemand ihn in den Hades senden,
der er aber so wenig als irgend ein Sterblicher entgehn
werde.

Mit dieser Vorstellung, welche bereits alles religiösen
Gehaltes entbehrt, weil sie keine Beziehung des Menschen
zur Gottheit mehr übrig lässt, hat sich alle Frömmigkeit, in
soweit sie sich in subjektiver, innerhalb des Individuums
beschlossener Gesinnung gegen die Gottheit erweist, vollkommen aufgelöst. Nicht als ob die Forderungen, von dem
νόμος γραπτὸς ἐν τῇ καρδίᾳ an den Menschen gestellt, einzeln genommen nicht in wirklicher Pietät ihre Quelle hätten;
aber alle diese einzelnen Gestaltungen der Pietät vermögen
sich nicht zur Gediegenheit eines festen, kindlichen Glaubens zu vereinigen, welcher die Gottheit am meisten ehrt.
Dies rührt, wie wir schon angedeutet haben, daher, dass
das menschliche Bewusstsein in der Entwicklung
seines Pflichtverhältnisses zur Gottheit lediglich
beherrscht wird durch die Vorstellung von der
Macht derselben, ja selbst diese Macht am Ende von
der unpersönlichen, blinden Macht der *Moῖρα* paralysirt sieht.
Die Gottheit ist allgemeiner Liebe zur Menschheit nicht
fähig; der Mensch also, der sich die Gottheit ohne Liebe
denkt, bringt es auch seinerseits zu den Gesinnungen nicht,
welche die Liebe zur Voraussetzung haben. Selbst dem
Ausdrucke nach ist stets nur von Furcht und Scheu vor den
Göttern, nie von einer Liebe zu ihnen die Rede, man müsste
denn auf des alten Laertes Wort [in einem ohnehin unächten
Stück] Od. ω, 514 Gewicht legen wollen: *τίς νύ μοι ἡμέρη*
ἥδε, ϑεοὶ φίλοι;

20. Es wird aber die subjektive Pietät des Menschen
auch noch auf anderem Wege zu nichte. Denn es steht ja
der homerische Mensch nicht blos in Verhältniss mit einer

einzigen Gottheit, sondern mit einer Vielheit von Götterindividuen, deren einem er sich dergestalt hinzugeben vermag, dass er im Vertrauen auf dasselbe der übrigen, gleichberechtigten nicht achtet. In diesem Falle wird das richtige Verhältniss frommer Zuversicht zur Sünde gegen andere Götter; es geschieht, was Il. ι, 237 ff. Odysseus von Hektor sagt: μαίνεται ἐκπάγλως, πίσυνος Διΐ, οὐδέ τι τίει ἀνέρας οὐδὲ θεούς. Umgekehrt wird nun auch der von der Gottheit persönlich geliebte Mensch gleichsam gefeit, so dass jedes an ihm begangene Unrecht sofort zur Sünde gegen die Gottheit wird und deren Rache herausfordert. Der Priester Chryses macht Il. α, 17—25 sein Begehren zur Sache seines Gottes (ἁζόμενοι Διὸς υἱὸν ἐκηβόλον Ἀπόλλωνα) was auch anerkannt wird vom Volke (αἰδεῖσθαί θ᾽ ἱερῆα κ. τ. λ.). Nestor sagt Il. ι, 110 in Bezug auf Achilleus zu Agamemnon: σὺ δὲ σῷ μεγαλήτορι θυμῷ εἶξας ἄνδρα φέριστον, ὃν ἀθάνατοί περ ἔτισαν, ἠτίμησας· worauf v. 116 der König erwiedert: ἀασάμην, οὐδ᾽ αὐτὸς ἀναίνομαι. Ἀντί νυ πολλῶν λαῶν ἐστιν ἀνήρ, ὅντε Ζεὺς κῆρι φιλήσῃ· ὡς νῦν τοῦτον ἔτισε, δάμασσε δὲ λαὸν Ἀχαιῶν. Vergl. ferner Il. ρ, 98 ff.: ὁππότ᾽ ἀνὴρ ἐθέλῃ πρὸς δαίμονα φωτὶ μάχεσθαι, ὅν κε θεὸς τιμᾷ, τάχα οἱ μέγα πῆμα κυλίσθη.

21. Endlich bekommt das Verhältniss der Menschen zu den Göttern noch dadurch einen besonderen Charakter, dass die letzteren nicht überweltliche, unsichtbare Wesen, sondern als menschlich begrenzte, der Leiblichkeit theilhaftige Individuen fähig sind, dem Menschen persönlich gegenüber zu treten. Hiedurch entsteht die Möglichkeit, dass menschlicher Uebermuth sich persönlich an der Gottheit vergreife, dass der Mensch seinen Arm erhebe zum Kampfe gegen sie. Diomedes zwar wird Il. ε, 130 ff. zur Verwundung Aphrodite's, sowie ib. 835 zum Kampfe mit Ares von Athene gegen seinen Willen v. 819 recht eigentlich verführt; denn ib. 432, wo er sich von eigener Siegestrunkenheit hinreissen lässt, in der Begierde, gegen Aineias anzukämpfen, den diesen schirmenden Apollon nicht zu scheuen (ἀλλ᾽ ὅγ᾽ ἄρ᾽ οὐδὲ θεὸν μέγαν ἄζετο), geht der Angriff wenigstens nicht directe gegen den Gott (ἵετο δ᾽ αἰεὶ Αἰνείαν κτεῖναι καὶ ἀπὸ κλυτὰ τεύχεα δῦσαι), wie denn auch Patroklos in

der ganz entsprechenden Parallelstelle Il. π, 698 ff. nicht gegen Apollon zunächst, sondern gegen die troische Mauer stürmt. Und Il. ζ, 128 ff. sagt der nämliche Diomedes [nachdem er die ausserordentliche Hilfe der Göttin nach deren Rückkehr in den Olymp v. 907 nicht mehr gegenwärtig sieht und sich daher nur als Mensch einer etwaigen Gottheit gegenüber fühlt] zu dem ihm unbekannten Glaukos: εἰ δέ τις ἀϑανάτων γε κατ᾽ οὐρανοῦ εἰλήλουϑας, οὐκ ἄν ἔγωγε ϑεοῖσιν ἐπουρανίοισι μαχοίμην, und erklärt sich durch das Schicksal des Thrakers Lykurgos gewarnt. Aber eben dieser Lykurgos, der die Ammen des begeisterten Dionysos auf dem Nysaberg auseinander scheucht, ja den Gott selber ins Meer jagt, giebt ein Beispiel, wie weit sich menschlicher Uebermuth auch ohne göttlichen Antrieb vergehn kann; ferner Eurytos von Oichalia, der Apollon zum Bogenkampf herausfordert (Od. ϑ, 225), und Idas, der stärkste des damaligen Männergeschlechts, der gleichfalls gegen Apollon einer Jungfrau wegen den Bogen ergreift (Il. ι, 558). Auch an Odysseus kann man denken, der sich Od. μ, 228 [trotz Kirke's Warnung v. 117: οὐδὲ ϑεοῖσιν ὑπείξεαι ἀϑανάτοισιν;] gegen Skylla rüstet, das ἀϑάνατον κακόν. Nun ist es höchst merkwürdig, dass solcher Uebermuth von den Göttern nicht immer augenblicklich bestraft wird. Zeus schilt, als ihm Ares Il. ε, 872 die von Diomedes erlittene Verwundung klagt, nicht den zu thörichtem Uebermuth verführten Menschen (μαργαίνοντα ib. 882), sondern seinen Sohn, den Gott. Apollon warnt ib. 440 den Helden nur sich den Göttern nicht gleich zu stellen, weil sich der Menschen Geschlecht mit den Göttern nicht messen könne. Es hat vielmehr der frevelhafte menschliche Uebermuth mehrentheils blos die so zu sagen natürliche Folge, dass der Frevler bald sterben muss. In Uebereinstimmung mit Il. ζ, 139 ff., Od. ϑ, 225 spricht dies am weitläufigsten Aphrodite's Mutter Dione aus Il. ε, 406 ff.:

νήπιος, οὐδὲ τὸ οἶδε κατὰ φρένα Τυδέος υἱός,
ὅττι μάλ᾽ οὐ δηναιὸς, ὃς ἀϑανάτοισι μάχηται,
οὐδέ τί μιν παῖδες ποτὶ γούνασι παππάζουσιν,
ἐλϑόντ᾽ ἐκ πολέμοιο καὶ αἰνῆς δηιοτῆτος.

Nur Lykurgos wird zu besonderer Strafe vor seinem frühzeitigen Tod von Zeus auch noch mit Blindheit geschlagen,

Nägelsbach, Hom. Theol. 2. Aufl.   15

wie Thamyris, der thrakische Sänger, der sich im Gesange
den Musen obsiegen zu wollen vermass (II. β, 595). Getödtet aber, und zwar von Apollon, wird nur das himmelstür-
mende Brüderpaar, Otos uud Ephialtes Od. λ, 318 *), und
jener Eurytos Od. ϑ, 224 ff.

Nun ist aber an diesen beiden Möglichkeiten, dass der
Mensch neben einem besonders erwählten Gott die andern
verachten und dass er im Gefühl eigener Kraft der göttlichen
Uebermacht vergessen kann, dasjenige Bewusstsein, in welchem wir oben die Seele der Gottesfurcht gefunden haben,
vollends zu Grunde gegangen, das Bewusstsein nämlich von
der göttlichen, alles Menschliche weit überragenden Macht
und Herrlichkeit. Darum kann es dahin kommen, dass Diomedes gewarnt werden muss: φράζεο Τυδείδη καὶ χάζεο, μηδὲ θεοῖσιν ἴσ᾽ ἔθελε φρονέειν II. ε, 440 f. **); darum ge-
traute sich Menelaos im Bunde mit Ajas zu kämpfen καὶ
πρὸς δαίμονά περ ϱ, 104 [Achill im Ingrimm über die ihm
bereitete Täuschung wagt es dem Apollon wenigstens in naiver Weise geradezu ins Gesicht zu sagen ἦ σ᾽ ἂν τισαίμην,
εἴ μοι δύναμίς γε παρείη χ, 20]. Aber die Feindschaft gegen
die Gottheit muss nicht blos ohnmächtiges Murren bleiben;
sie kann zur That werden; der stolze Mensch wird des Gottes persönlicher Feind und Widerpart.

22. So steht es im religiösen Bewusstsein des homerischen Menschen mit dem Analogon dessen, was das Christenthum Liebe zu Gott nennt. Nun stand aber in den bisher
erörterten Verhältnissen der Mensch in unmittelbarer
Beziehung zur Gottheit; in mittelbare geräth er mit ihr
durch sein Verhältniss zu den andern Menschen, da dasselbe
just in seinen bedeutendsten Gestaltungen gleichfalls auf re-

---

*) Von dem Mythus handeln unter andern Schwenck in den ety-
mol.-mythol. Andeutungen p. 223 und Welcker im Anhang p.
313 ff.; eine andere Deutung giebt Heffter in Jahn's NJbb. Bd.
XVI, p. 60 ff. [Vgl. jetzt Schwenck Mythologic I S. 297;
Lauer, Preller, Gerhard; Pott in Kuhns Ztschr. IX. p.
205—211.]
**) [Vgl. Pind. Isthm. 5 (4), 14 μὴ μάτευε Ζεὺς γενέσθαι u. a. Nachh.
Thl. V, 23 m.]

ligiöser Grundlage ruht. In dieser Sphäre betrachten wir
den Menschen sowohl in den allgemein socialen Verhältnissen, in denen Individuum lediglich dem Individuum gegenüber steht, als auch in den speciellen, in welchen das Individuum, der blossen Einzelnheit entkleidet, aufgenommen und
emporgehoben ist in den Bereich der sittlichen Institute,
welche dem Leben des Menschen, wie Boden und Bedeutung
so Schranken und Zucht, mit diesen aber auch Schirm und
Garantie schaffen *).

23. Die Macht, von welcher die sittliche Gesinnung
des homerischen Menschen im Ganzen bestimmt wird, ist mit
einem Worte das Gewissen, welches sich nach Od. β, 64 ff.
erstlich in dem eigenen sittlichen Gefühl äussert, das
sich über das Unrecht empört und entrüstet, zweitens in der
Scheu vor den anderen Menschen, vor dem objectiven
sittlichen Gesammtbewusstsein, drittens in der Furcht vor
dem göttlichen Zorn. Zu den versammelten Ithakesiern
sagt dort Telemach: νεμεσσήϑητε καὶ αὐτοὶ, ἄλλους τ' αἰδέσϑητε περικτίονας ἀνϑρώπους, οἳ περιναιετάουσι· ϑεῶν δ' ὑποδείσατε μῆνιν, μήτι μεταστρέψωσιν, ἀγασσάμενοι κακὰ ἔργα.
Vergl. hiemit vor der Hand Od. ι, 269: ἀλλ' αἰδεῖο, φέριστε,
ϑεούς· ἱκέται δέ τοί εἰμεν coll. v. 274, wo der Kyklope erwiedert: νήπιος εἰς, ὦ ξεῖν', ἢ τηλόϑεν εἰλήλουϑας, ὅς με ϑεοὺς
κέλεαι ἢ δειδίμεν ἢ ἀλέασϑαι· ferner Od. α, 263: ἀλλ' ὁ μὲν οὔ
οἱ δῶκεν (das Gift zu den Pfeilen), ἐπεί ῥα ϑεοὺς νεμεσίζετο
αἰὲν ἐόντας. Denn die Götter werden, wie wir oben p. 31
gesehn, als die Beschirmer und Garanten des Rechts anerkannt (Od. ξ, 84: δίκην τίουσι καὶ αἴσιμα ἔργ' ἀνϑρώπων),
so dass die vom natürlichen Gewissen erzeugte Gottesfurcht
(ib. 88: καὶ μὲν τοῖς (den Seeräubern) ὄπιδος κρατερὸν δέος
ἐν φρεσὶ πίπτει) stets von der Ehrfurcht begleitet ist, welche
menschlichen Rechten und Satzungen gebührt. Der Fromme
ist zugleich der Gerechte **), der jedem das Seine giebt, der

---

*) [Bruce, the state of society in the age of Homer. Belf. 1827.]
**) [Hierüber vgl. oben IV, 2 und VI, 2; dazu Platner, notiones
  juris et justi ex Hom. et Hes. carmm. expl. Marburg 1819 und
  Allihn, de idea justi qualis fuerit ap. Hom. et Hes. Hal. 1847,
  wo man das oben Angedeutete weiter ausgeführt findet.]

den Rechtszustand faktisch anerkennt, den die politisch-bür-
gerliche Kultur der homerischen Menschheit geschaffen, welcher Zustand durchaus nicht von menschlicher Reflexion oder
Uebereinkunft, sondern von göttlicher Stiftung hergeleitet
wird. Mit andern Worten: es ist der charakteristi-
sche Standpunkt der homerischen Ethik, dass die
Sphären des Rechts, der Sittlichkeit und Religiosität bei dem Dichter durchaus noch nicht auseinander fallen, so dass der Mensch z. B. δίκαιος sein
könnte ohne ϑεουδής zu sein, sondern in unentwickelter Einheit beisammen sind. Od. ζ, 199 ff.: ὦ μοι ἐγώ, τέων αὖτε
βροτῶν ἐς γαῖαν ἱκάνω; ἦ ῥ᾽ οἵγ᾽ ὑβρισταί τε καὶ ἄγριοι,
οὐδὲ δίκαιοι, ἠὲ φιλόξεινοι καί σφιν νόος ἐστὶ ϑεουδής *);

24a. Hieraus folgt, was sich im Verlauf unserer Darstellung zeigen wird, dass die schönsten ethischen Erscheinungen bei dem Dichter in den Verhältnissen vorkommen,
welche als die göttlich gestifteten substantiellen Grundlagen
des Lebens eine heiligende, sittigende Kraft in sich tragen,
so wie denn umgekehrt als der höchste Frevel gilt, was diese
Grundbedingungen menschlicher Existenz zu zerstören droht,
— dass aber hinwiederum überall, wo der Mensch nicht vom
Geist eines sittlichen Instituts, einer als göttlich anerkannten
Satzung beseelt und gehalten wird, die natürliche Selbstsucht
schrankenlos wirkt, weil sie nicht gezügelt ist durch Erkenntniss göttlicher Heiligkeit. So wie es in dem unmittelbaren
Verhältniss des Menschen zur Gottheit nicht zur Liebe kommen konnte, weil der Mensch auch in den Göttern keine
Liebe voraussetzt, so kommt es auch in Absicht auf die ethische Gesinnung zu keiner durchgreifenden Heiligung der
Sinne und Gedanken, weil in dieser Hinsicht die Götter selbst
nicht heilig sind. Weil nun aber demzufolge die Kultur des
Gewissens der Natürlichkeit des Menschen da, wo er keine
der bezeichneten sittlichen Schranken fühlt, auch keinen

---

*) Ueber das der Odyssee eigenthümliche ϑεουδής vgl. Nitzsch II p.
105 [und über die Etymologie Döderlein Gl. §. 176; über δίκαιος §. 2037 und Curtius Grdzge. n. 14.]

Zwang aufnöthigt, sondern ihn frei gewähren lässt, so findet
auch kein heuchlerisches Verdecken und Bemänteln unsitt-
licher Leidenschaften oder Zustände statt, sondern es herrscht
in dieser Hinsicht eine ausserordentliche Ehrlichkeit.
Höchst bedeutsam ist es, dass gerade derjenige Held, der am
wenigsten geneigt ist seine Natur zu bezwingen, Il. ι, 312
das grosse Wort ausspricht: ἐχϑϱὸς γάϱ μοι κεῖνος ὁμῶς Ἀΐδαο
πύλῃσιν, ὅς χ᾽ ἕτεϱον μὲν κεύϑῃ ἐνὶ φϱεσὶν, ἄλλο δὲ εἴπῃ.
Mehr oder weniger ist diese Wahrhaftigkeit ein Charakterzug
aller homerischen Helden; vgl. Od. ϱ, 15, wo Telemach als
Grundsatz ausspricht: ἦ γὰϱ ἐμοὶ φίλ᾽ ἀληϑέα μυϑήσασϑαι,
Od. γ, 328: ψεῦδος δ᾽ οὐκ ἐϱέει· μάλα γὰϱ πεπνυμένος ἐστίν
(Menelaos)̤, sodann Od. ξ, 156, wo Odysseus sagt: ἐχϑϱὸς
γάϱ μοι κεῖνος ὁμῶς Ἀΐδαο πύλῃσιν γίγνεται, ὃς πενίῃ εἴκων
ἀπατήλια βάζει· wogegen es Od. ϱ, 66 von den frevelnden Freiern heisst: ἀμφὶ δέ μιν (Τηλέμαχον) μνηστῆϱες
ἀγήνοϱες ἠγεϱέϑοντο, ἔσϑλ᾽ ἀγοϱεύοντες, κακὰ δὲ φϱεσὶ βυσ-
σοδόμευον· ingleichen σ, 168 von denselben: οἴτ᾽ εὖ μὲν
βάζουσι, κακῶς δ᾽ ὄπιϑεν φϱονέουσιν. Dieser Wahrhaftigkeit
geschieht dadurch kein Eintrag, dass sie die Nothlüge, die
dem Andern nicht schadet (Odysseus z. B. in Od. ι, 281; ν,
254 coll. λ, 455; τ, 203) und die zur Prüfung und Versu-
chung Anderer verstellte Rede kennen (Agamemnon Il. β,
73: πϱῶτα δ᾽ ἐγὼν ἔπεσιν πειϱήσομαι, nämlich die λαοὶ
Ἀχαιῶν, in Absicht auf ihre Geneigtheit den Krieg gar durch-
zufechten; er setzt aber sogleich hinzu: ἦ ϑέμις ἐστίν, wodurch er sich gleichsam gegen den Schein der Unredlichkeit
verwahrt). Die Stelle von Autolykos, des Odysseus Grossvater, ὃς ἀνϑϱώπους ἐκέκαστο κλεπτοσύνῃ ϑ᾽ ὅϱκῳ τε Od. τ,
395, widerspricht dem Gesagten nur scheinbar. [Πατὴϱ ἐσϑλὸς heisst er doch wohl nach der stehenden Formel α, 115;
β, 46; π, 214, vgl. πατὴϱ φίλος, also ohne Bezug auf den
Relativsatz.] Denn dessen Verschmitztheit wird in den Worten: ϑεὸς δέ οἱ αὐτὸς ἔδωκεν, Ἑϱμείας *), als ein ungewöhn-

---

*) [Der unverschämte kleine Dieb und Lügner in hymn. in Mercur.
274 bietet dem Gott der Weissagung auf der Stelle einen (falschen) Eid an: πατϱὸς κεφαλὴν μέγαν ὅϱκον ὁμοῦμαι, den er
vor Zeus v. 379—385 zu grossem Ergötzen des Göttervaters wirk-

liches, ihm besonders verliehenes Talent dargestellt, und beweist die Regel als Ausnahme. Auch wird sie nur von Seiten des in ihr sich zeigenden Witzes und Verstandes gerühmt. Denn sonst herrscht neben der Wahrheitsliebe, deren Name auf Handlungen übertragen auch die Rechtschaffenheit einschliesst (Π. μ, 433 γυνὴ χερνῆτις ἀληϑής), auch grosse Treuherzigkeit bei den homerischen Menschen, wie z. B. Agamemnon seinem Bruder, der in Entrüstung und mit Heldenmuth aber unbesonnen den Hektor zu bestehen gedenkt, ganz offen [mit brüderlicher Liebe und Besorgniss vgl. δ, 156] dies Beginnen als eine Thorheit *) darstellt: μηδ᾽ ἔϑελ᾽ ἐξ ἔριδος σεῦ ἀμείνονι φωτὶ μάχεσϑαι und ihn dann beruhigt, er solle sich nur wieder in sein Zelt setzen: τούτῳ δὲ πρόμον ἄλλον ἀναστήσουσιν Ἀχαιοί, Il. η, 109 ff. Und der troische Herold Idaios ist (ib. 390. 393) so weit von diplomatischer Schlauheit entfernt, dass er [nicht nur statt an die beiden Atriden (373) vielmehr an die zufällig versammelten Fürsten vor allem Volk sich mit seinem Auftrag wendet, sondern auch] unverholen seine Gesinnung und die der Troer gegen Alexandros ausspricht. [Auch mag man sich erinnern, wie Helene ihr Vergehen keineswegs beschönigt, sondern offen und in Ausdrücken sich anklagt, dass es fast an Uebertreibung gemahnt, die es übrigens nicht ist; z. B. Il. ζ, 344 ff. Mit dieser Einfalt hängt es ferner zusammen, dass der homerische Mensch selbst am Feind oder Gegner auch in Augenblicken der Aufwallung doch etwaige Vorzüge ganz offen ohne Ironie und Heuchelei anerkennt; daher Zusammenstellungen wie κύδιστε φιλοκτεανώτατε πάντων jener Zeit ebenso natürlich sind als uns auffallend erscheinen; s. z. Il. α, 122.]

24 b. Der Wille wahrhaftig zu sein, nimmt einen reli-

---

lich leistet, und qualificiert sich daher schon in den Windeln als Patron der Meineidigen. — Diese Auffassung passt nun freilich in die ächt homerische Anschauung gar nicht, und wie zweifelhaft selbst die oben erwähnte Ausnahme von der Regel ist, hat Döderlein Gl. §. 2118 gezeigt]

*) [Jansen, über die beiden hom. Cardinaltugenden p. 16 scheint uns hier nicht ganz mit Recht die ethische Seite dieser ἀφροσύνη (vgl. unten VI, 2) zu betonen.]

giösen Charakter an im S c h w u r *). [Dieser heisst bei dem
Dichter ὅρκος als nicht zu überschreitende Schranke; vgl. D ö-
d e r l e i n Gl. §. 2294, Buttmann Lexil. II S. 52 — 60.
Sein Z w e c k ist natürlich auch in Homer immer Betheuerung einer Aussage und zwar entweder einer bestehenden Thatsache,
wie Il. α, 240; ο, 41; τ, 258 ff.; ψ, 42; Od. ρ, 155 oder des
noch zu erwartenden gewissen Eintretens einer solchen, wie
Od. ξ, 151; 331, am häufigsten der gewissen Erfüllung eines
Versprechens (z. B. Il. κ, 332; ξ, 280; τ, 127; υ, 313; φ,
373; χ, 119; Od. β, 373; δ, 253; ε, 184; κ, 345; μ, 304; ο,
437; σ, 58; υ, 229; vgl. hymn. 2, 83; 3, 521; 533) und zwar
wird dieser Eidschwur in den allermeisten Fällen abgefordert
(ἑλέσθαι τινὸς ὅρκον Il. χ, 119; Od. δ, 746; vgl. Il. α, 76;
ι, 132; κ, 321; ξ, 280; τ, 108 u. 113; ψ, 441; Od. β, 377;
ε, 178; κ, 345; μ, 298; ο, 435; σ, 55; hymn. 3, 79; 515;
wahrscheinlich auch 3, 533 und Od. δ, 253); freiwillig ist derselbe nur in Fällen, wo nicht die Wahrheit eines Versprechens, sondern einer Thatsache bekräftigt werden soll, und
beim Gelübde hymn. in Vener. 26. — Was nun weiter die
angerufenen Z e u g e n betrifft, so versteht sich von selbst,
dass dieselben mit Strafgewalt ausgerüstet gedacht und dem
Schwörenden heilig sein müssen. Gegen das Erstere scheint
zwar der ˌUmstand zu sprechen, dass selbst bei leblosen Dingen geschworen wird; aber abgesehen von Il. α, 234 ff., wo
Niemand die Worte missverstehen wird, erhellt aus Od. υ,
339, wo Telemach neben Zeus auch „ἄλγεα πατρὸς ἐμοῖο‟
anruft, ferner aus υ, 229 und ρ, 155 vgl. ξ, 158; τ, 304, wo
neben Zeus der gastliche Tisch und Heerd des Odysseus, wie
von Here Il. ο, 38 neben Erde, Himmel und Styx ihr Ehebett im Schwure genannt wird, dass eben desshalb noch eine
Gottheit zur etwaigen Strafe daneben angerufen wird. Ne-
bensache ist es, dass an diesen fünf Stellen (etwas anders

---

*) Vgl. Caroli P u t s c h e commentt. Hom. Spec. I. De vi et natura
juramenti Stygii et de illustrando inde vocabulo ἄατος p. 5 ff.;
[jetzt auch L a s a u l x vor dem Würzburger Sommerkataloge 1844,
Studien des klass. Alterth. p. 177—204 und im Allgemeinen H e r-
m a n n G. A. §. 22. — Dieses Capitel §. 24 b, c, d, ist übrigens
jetzt selbständig grössten Theils umgearbeitet worden.]

Od. ξ, 158; τ, 303) nur eine bestehende Thatsache, nicht ein Versprechen bekräftigt werden soll *). Wenn aber strafende Gewalten angerufen werden, so ist zwischen dem Schwur der Menschen und dem der Götter zu unterscheiden. Erstere rufen zunächst den Zeus an, entweder schlechthin (Od. ν, 339 vgl. Il. χ, 329) oder mit ausdrücklicher Hervorhebung seiner Stellung im Olymp (Od. ν, 229; τ, 303; Il. ψ, 42) und er ist auch unter δαίμων Il. τ, 187 zu verstehen; oder sie rufen neben ihm noch andere Mächte an, wie Agamemnon Il. τ, 258 Gaia, Helios und die Erinyen, oder sie leisten endlich geradezu denselben Eid wie die Götter θεῶν oder μακάρων ὅρκον Od. β, 377; δ, 253; μ, 298; σ, 55. (Welchen Eid Odysseus Od. ξ, 151 leistet, ist nicht angedeutet).]

[Die Götter nämlich, deren Schwur bei dem Dichter nur ein Reflex des menschlichen ist, könnten natürlich gar nicht schwören, wenn nicht auch sie eine heilige, strafende Macht über sich anerkenneten. Bemerkenswerth scheint, dass Zeus nur durch Neigung seines Hauptes und die damit verbundene Aeusserung seiner Machtfülle (niederen Gottheiten gegenüber) seine Zusage bekräftigt, und somit gleichsam bei sich selber schwört, sonst aber nur in Il. τ, 108, 113 den ihm von Hera abverlangten καρτερὸν oder μέγαν ὅρκον leistet. Den Wortlaut desselben erfahren wir nicht; allein schon diese Bezeichnung (vgl. Od. κ, 381, 343 u. hymn. 1, 83) abgesehen von der Analogie macht es wahrscheinlich, dass er wie Leto in hymn. 1, 83, Here Il. ο, 38, Kalypso Od. ξ, 184 (wahrscheinlich auch Hermes hymn. 3, 519 und Kirke Od. κ, 381) geschworen habe bei den drei Reichen der Welt: Himmel, Erde und Unterwelt (vgl. oben II, 4); denn das grosse Weltganze wird als etwas über den einzelnen Gott Erhabenes von den Göttern anerkannt.] In dem feierlichsten Götterschwur, der bei dem Dichter vorkommt, Il. ο, 36 ff. schwört Here bei

---

*) [Auf keinen Fall aber darf diese Nennung von Gegenständen im Schwur verwechselt werden mit der später aus ganz anderen Motiven üblichen Art z. B. beim Kohl, bei der Gans, beim Hund zu schwören, wovon N. Thl. p. 142, Hermann G. A. §. 22, 8 handelt.]

der Erde, dem Himmel und dem Wasser der Styx, bei Zeus'
Haupt und dem gemeinschaftlichen Ehebett. Zuerst nennt
sie die drei Theile des Weltganzen, deren letztem angehören
zu müssen der Gott so sehr fürchtet, dass der Schwur bei
der Styx ὅρκος μέγιστος καὶ δεινότατος (v. 38) genannt wird
(vgl. oben S. 40 f.), hierauf die Person des Gemahls und ihr
Verhältniss zu ihm, und vereinigt somit das Ehrwürdigste,
Furchtbarste und Heiligste, was sie kennt, in einer Schwurformel. [Danach scheint hymn. 4, 26 gebildet zu sein, wo
Aphrodite doch jedenfalls auch bei Zeus' Haupte schwört.
Der Schwur bei der Styx, über dessen Bedeutung oben I, 19
gesprochen wurde, ist eigentlich allein schon ausreichend,
einen Gott zu binden. Eine Form des Schwurs ist noch zu
erwähnen: Il. ξ, 271, wo Here beim Styx schwören und die
unterirdischen Götter zu Zeugen anrufen soll; vgl. II, 5.
Bei der Leistung des Schwurs heisst es daher von ihr v. 278:
ϑεούς τ᾽ ὀνόμηνεν ἅπαντας τοὺς ὑποταρταρίους*), οἳ Τιτῆνες
καλέονται.]

24 c. Es erübrigt uns noch von den üblichen Formeln,
dann von dem Ritual des Schwurs und den Strafen des Meineids zu sprechen. Die Formeln nun, in welche ein Schwur
gefasst wird, lassen sich auf folgende drei reduciren: a) so
wahr dies, oder jenes ist, b) so wahr mir dies oder jenes
heilig ist, c) so wahr ich als Meineidiger der Strafe der
Götter verfallen sein will. Das einzige von der ersten Formel beim Dichter vorkommende Beispiel ist Il. α, 234 ff.
Hier wird weder ein Faktum noch eine Zusage beschworen,

---

*) [Döderlein Gl. §. 658 schreibt τοὺς ὕπο (sc. γῆς ὄντας), ταρ-
ταρίους. Wir bedauern, damit nicht übereinstimmen zu können,
indem wir uns keines Beispiels aus Homer erinnern, wo eine
Präposition (Adv.) zumal mit dem masc. des Artikels substantivirt würde; Homer nennt die Unterirdischen οἱ ἔνερθε, οἱ ἔνεροι,
οἱ ἐνέρτεροι. Wir tragen daher kein Bedenken, das freilich ge-
waltsamere Mittel der Athetese anzuwenden, indem wir v. 279
einem Interpolator zuschreiben, der die ϑεοί trotz v. 274 glaubte
näher bezeichnen zu müssen und dazu Hes. theog. 851 verwen-
dete; dass eine Interpolation hier stattgefunden hat, schliessen
wir auch aus Eustath. z. d. St.]

sondern eine Prophezeiung, für deren Erfüllung einzustehn
durch Herabrufung göttlicher Strafe auf sein Haupt, im Falle
sie nicht eintreffen werde, Achilleus kein Interesse hat. Die
dritte Formel findet sich in verschiedenen Gestalten, sowohl
affirmativ als negativ. Ersteres z. B. Il. *x*, 329: ἴστω νῦν
Ζεὺς αὐτός, ἐρίγδουπος πόσις Ἥρης, μὴ μὲν τοῖς ἵπποισιν
ἀνὴρ ἐποχήσεται ἄλλος Τρώων· η, 411: ὅρκια δὲ Ζεὺς ἴστω,
ἐρίγδουπος πόσις Ἥρης. Vgl. den schon oben II, 4 aus Il.
τ, 258 angeführten Schwur Agamemnon's, besonders aber
desselben Eid Il. *γ*, 276, wo die angerufenen Zeugen aufgefordert werden: ἡμεῖς μάρτυροι ἔστε, φυλάσσετε δ᾽ ὅρκια πιστά (280). In der negativen Formel, wie wir sie lesen
Il. *ψ*, 43: Οὐ μὰ Ζῆν᾽, ὅστις τε θεῶν ὕπατος καὶ ἄριστος,
οὐ θέμις ἐστὶ λοετρὰ καρήατος ἄσσον ἱκέσθαι (vgl. *α*, 86),
scheint οὐ die folgende Negation zu anticipiren [auch Od. *v*,
339; ebenso in hymn. 3, 384 die Negation wieder aufzunehmen]
μὰ dagegen nach Putsche's Vermuthung ursprünglich μὴ *)
gewesen und μὴ Ζῆνα elliptisch gesagt zu sein etwa für μὴ
Ζῆν᾽ ἵλαον ἔχοιμι. Ναὶ μὰ wäre dann nicht sowohl in ναὶ
μὰ Δία als in Formeln wie ναὶ μὰ τόδε σκῆπτρον aus einer
Verdunklung des ursprünglichen Gebrauchs zu erklären. [Diese
Formel ναὶ μὰ kommt nur an zwei Stellen vor: Il. *α*, 234, wo
Achill bei seinem Scepter und hymn. 3, 457, wo Apollon bei
seinem Speere schwört. Da übrigens beidemale die Affirma-
tion ναὶ durch ein nachfolgendes ἦ wieder aufgenommen wird,
gerade wie oben die Negation, so möchte sich wohl hier ein
εἴη in derselben Weise wie oben ἵλαον ἔχοιμι ergänzen lassen: „traun, das soll kein Scepter sein, wenn ich lüge" —
denn der Bedingungssatz ist hier wie oben hinzuzudenken.
Nach Homer entschwand dann allerdings auch bei dieser wie
bei so manchen Formeln dem Griechen das Bewusstsein der
ursprünglichen Bedeutung und μὰ wurde dann ungefähr so
zu dem Accusativ im Schwur gesetzt, wie ὠ zum Vocativ im
Anruf.]

Die mit der dritten verbundene und durch eine gewisse
Breviloquenz in eine Construction zusammengefasste zweite

---

*) [Man vergleiche μὰν neben μήν.]

Formel findet sich z. B. ϱ, 155: ἴστω νῦν Ζεὺς πρῶτα θεῶν ξενίη τε τράπεζα ἱστίη τ᾽ Ὀδυσῆος ἀμύμονος, ἥν ἀφικάνω, ὡς ἤτοι Ὀδυσεὺς ἤδη ἐν πατρίδι γαίη (vgl. Od. ξ, 158; τ, 303; υ, 230); wir lösen diese Worte folgendermassen auf: so wahr mich Zeus strafe, wenn ich lüge, und so heilig mir Odysseus' gastlicher Tisch und Heerd ist. Hieher rechnen wir auch Od. υ, 339: οὐ μὰ Ζῆν᾽, Ἀγέλαε, καὶ ἄλγεα πατρὸς ἐμοῖο, ὅς που τῆλ᾽ Ἰθάκης ἤ ἔφθιται ἤ ἀλάληται, οὔτι διατρίβω μητρὸς γάμον, in welcher Stelle der affirmative und negative Ausdruck des Schwures vereinigt ist: möge Zeus mir falls ich lüge nicht gnädig sein und so heilig mir das Leiden meines Vaters, d. i. mein Vater in seinem Leiden ist, ich hindere die Heurath meiner Mutter nicht.

24 d. Was ferner das Ritual beim Schwur betrifft, so versteht sich von selbst, dass ein solches nur bei hochfeierlichem Schwur in Betracht kommt; denn da Betheuerungen durch einen Eid, auch mitten im gewöhnlichen Gespräch, wie wir gesehen haben, nicht eben selten sind, so musste ja in der Regel auf ersteres verzichtet werden. Dagegen wo ein förmlicher religiöser Akt mit dem Eid verbunden ist, ist auch die Symbolik, welche auf die Strafe hindeutet, welcher der Schwörende im Falle des Meineids sich weiht, zu beachten. Dass stehend (Il. τ, 175), mit gen Himmel gewendeten Augen (ib. 257) und emporgehobenem Scepter (Il. x, 321; η, 412) geschworen wurde, liegt in der Natur der Sache, da der Schwur als Anrede der Götter dem Gebete verwandt ist; schon bedeutsamer ist es, wenn der Schwörende durch Berührung eines den unsichtbaren Gott, bei dem er schwört, gleichsam sichtbar vertretenden Gegenstandes sich der Macht des Gottes völlig anheim giebt, wie denn Antilochos, um bei Ποσειδῶν ἵππιος zu schwören, die Hand auf seine Rosse legen soll; Il. ψ, 584; vgl. oben II, 5. [Im hymn. 4, 26 gelobt Aphrodite ewige Jungfräulichkeit ἀψαμένη κεφαλῆς πατρὸς Διὸς αἰγιόχοιο.] Am bedeutsamsten aber ist, dass die Schwurhandlung gipfelt im Opfer und in der Libation. Letztere erklärt der Dichter selbst für symbolisch Il. γ, 299 ff.: ὁππότεροι πρότεροι ὑπὲρ ὅρκια πημήνειαν, ὧδέ σφ᾽ ἐγκέφαλος χαμάδις ῥέοι, ὡς ὅδε οἶνος, αὐτῶν καὶ τεκέων, ἄλοχοι δ᾽ ἄλλοισι δαμεῖεν, und so finden wir denn die Libation mit dem

Schwur verbunden Od. ξ, 331. [Sie ist auch erforderlich, wenn zur Bekräftigung eines Eides ein feierliches Opfer dargebracht wird, besonders beim Vertrage; vgl. Il. β, 339 und zu v. 341; δ, 158 f. Dass hiebei die abgeschnittenen Haare des Opferthieres an die Betheiligten vertheilt wurden, um symbolisch diese Betheiligung anzudeuten (vgl. Anm. zu Il. γ, 245 *), wobei man sich an das Werfen derselben ins Feuer Od. γ, 446; ξ, 422 vgl. Il. τ, 254 erinnern mag), wozu später die Sitte des Besprengens mit Weihwasser beim Betopfer ein Analogon bietet, vgl. auch Hermann G. A. §. 22, 11—13, — dies scheint genugsam die Symbolik auch des Opfers beim Schwur zu bestätigen, so wie der Umstand, dass das geschlachtete Opferthier in diesem Fall dem Gebrauch des Menschen entzogen wird (s. Anm. zu Il. γ, 310). Eine Analogie aus den Gebräuchen der Römer hat Putsche aus Liv. 1, 24 angeführt, wozu noch 21, 45 extr. kommt; vgl. die Ausll. — Endlich ist noch die Frage zu erledigen, ob Meineid bei Homer vorkommt und welche Strafen derselbe zur Folge hat. Vom Meineid — ἐπίορκος, vgl. Döderlein Gl. §. 2294; μὰψ ὀμόσαι Il. ο, 40 — findet sich unsers Wissens nur ein ¹) nicht

---

*) Eustath.: σύμβολον δ' ἦν τοῦτο τοῦ εἰς κεφαλὴν τραπήσεσθαι τὰ κακὰ τοῖς ἐπιορκήσουσιν.

1) Geppert über den Ursprung der h. Ged. 1 p. 95. [(vgl. Schol. A zu ο, 41) weist nach, dass Here in dem Schwur Il. ο, 36 ff. genau genommen einen Meineid schwört; wenn er aber schliesst: „diese Worte (v. 53) sind ein deutlicher Beweis davon, dass Homer den Doppelsinn in dem Schwur der Here beabsichtigte, wenn schon er sich über die Zulässigkeit desselben oder über seine Verwerflichkeit nicht näher ausspricht,“ so müssen wir im Interesse Homers aufs Entschiedenste gegen eine solche (überdiess durch v. 53 keineswegs begründete) Deutung protestiren. Wir halten es geradezu für eine moralische Unmöglichkeit, dass Homer in dem feierlichsten Schwur, den er überhaupt anführt, eine wegen v. 40 besonders auffallende reservatio mentalis anbringen sollte und sind überzeugt, dass solcher Frevel von ihm ganz ausdrücklich würde gebrandmarkt worden sein, viel stärker jedenfalls als durch ein δολοφρονέουσα, das etwa, wie Geppert meint, in v. 35 hätte angebracht werden können. Vielmehr ist dem Dichter über der Ausführung dieser grossartigen Scene entgangen,

einmal sichres Beispiel, das des Autolykos in Od. τ, 395, wovon §. 24 a extr. die Rede war. Wenn es von Hektor's Versprechen an Dolon Il. κ, 332 heisst: ὡς φάτο καί ῥ᾽ ἐπίορκον ἐπώμοσε, so ist damit nur gemeint, dass er invitus ac nescius etwas beschwor, dessen Erfüllung nicht in seiner Macht liegen sollte. Bekannt aber ist der durch Pandaros in Il. δ begangene Eidbruch (die Ausdrücke dafür γ, 299; δ, 67; 236; 271; 157; η, 351). Sehr bemerkenswerth ist, dass der feierliche Schwur des unscheinbaren Bettlers (Odysseus) trotz der Versicherung seiner Wahrheitsliebe den Eumaios nicht zu überzeugen vermag, Od. ξ, 171: ἀλλ᾽ ἤτοι ὅρκον μὲν ἐάσομεν, woraus doch die Geneigtheit blickt, dem Bettler, wie solches Volk bei Homer überhaupt voll Lügen steckt, auch einen Meineid zuzutrauen. Und wenn wir auch, wie gesagt, kein entschiedenes Beispiel solchen Frevels antreffen, so ist doch auch die Naivität nicht mehr so gross, dass man aufs blosse Wort baut; das beweist die Häufigkeit des Eides, und wenn diese auch theilweise auf Rechnung der Lebhaftigkeit des Südländers zu setzen sein mag, so bleibt doch auffallend, dass so oft der Eid abverlangt wird; diese auffallende Thatsache muss von uns wenigstens constatirt werden. — Von den späteren Beispielen ist hymn. 3, 274 und 379—385 schon in der Note zu §. 23 a besprochen, und dass Aphrodite, ihr Gelübde bricht, davon wird ausdrücklich dem Zeus die Schuld beigemessen hymn. 4, 45, 53; in beiden eine durchaus unhomerische Auffassung der Götter. — Dass nun der Meineid schwere S t r a f e n zur Folge hat, ist ein Glaube, der schon in der Symbolik des feierlichen Schwurs genugsam angedeutet ist, auch wenn wir nicht Agamemnon's Zeugniss dafür hätten, welcher Il. τ, 259 neben Zeus, Gaia, Helios auch die Erinyen anruft: αἴθ᾽ ὑπὸ γαῖαν ἀνθρώπους τίννυνται, ὅτις κ᾽ ἐπίορκον ὀμόσσῃ und dann fortfährt: εἰ δέ τι τῶνδ᾽ ἐπίορκον, ἐμοὶ θεοὶ ἄλγεα δοῖεν πολλὰ μάλ᾽, ὅσσα διδοῦσιν ὅτις σφ᾽

dass man nach Jahrhunderten beim Studium seiner indess geschriebenen Gedichte (vgl. Schol. A ad 41, Eustath. ad v. 43) Momente finden werde, die er freilich hätte berücksichtigen sollen, die aber seine Zuhörer mit ihm recht gut überschen konnten.]

ἀλίτηται ὀμόσσας. Und zwar kommt die Strafe für solchen Frevel natürlich denjenigen Göttern zu, welche im Eid selbst angerufen sind, besonders den chthonischen, s. z. Il. γ, 278 u. oben II, 5, vor allen aber dem Zeus als Hort des Eides — obwohl er den Beinamen ὅρκιος noch nicht führt —; auch darum heisst es Il. η, 411 : ὅρκια δὲ Ζεὺς ἴστω, vgl. ψ, 42; Od. τ, 303 und der Vertrag heisst Διὸς ὅρκια Il. γ, 107, vgl. δ, 160; η, 69. — Welcher Art aber die Strafen sind, geht hervor aus der schon angeführten Stelle Il. γ, 278 ff. vgl. mit δ, 161 f.: σύν τε μεγάλῳ ἀπέτισαν, σὺν σφῇσιν κεφαλῇσι γυναιξί τε καὶ τεκέεσσιν, wozu für die spätere Zeit zu vergleichen N. Th. p. 243, Hermann G. A. §. 22, 14 und 15. Blieb nun ein offenkundiger Meineid zunächst ungestraft, so konnte der Mensch sich trösten wie in der zuletzt angeführten Stelle Agamemnon; blieb er es aber fürs ganze irdische Leben, so konnte — wie die Anm. zu Il. γ, 278 ausführt — die menschliche Meinung von göttlicher Strafgerechtigkeit nur damit sich befriedigen, dass sie die Strafe für aufgeschoben, nicht aufgehoben erachtete, somit ins Leben nach dem Tode verlegte. — Wie aber werden Götter für etwaigen Meineid gestraft? Diese Frage lag dem homerischen Glauben so ferne, dass sie erst von späterer Reflexion aufgeworfen und beantwortet werden konnte (Hes. Θ. 795 ff.); dass aber blosse Einkerkerung in den Tartaros diese Strafe nicht sein konnte, ist schon I, 19 dargethan.]

25. Der Sinn für Wahrhaftigkeit steht in unmittelbarer Verbindung mit jenem nackten Hervortreten der Leidenschaften *), welche ihre eigentliche Sphäre haben in den profanen Verhältnissen des Menschen zum Menschen, in welchen die Natur den meisten Raum hat sich hervorzuthun. Die Frage, die wir analog der bereits erörterten von der Liebe des Menschen zur Gottheit aufwerfen müssen, ist demzufolge die nach der Liebe der Menschen untereinander, wie sie sich ausspricht in rein persönlichen Verhältnissen. Im Allgemeinen finden wir zunächst den Satz ausgesprochen — wenn auch

---

*) Zelter sagt einmal in einem Brief an Göthe: Napoleon, den ich für wahr halte, da er sich keine Gewalt anzuthun brauchte.

auf ein specielles Verhältniss angewendet — οὐδ᾽ ὁσίη κακὰ
ῥάπτειν ἀλλήλοισιν Od. π, 423 *). Indess wollen wir nach
dem Stoffe, den uns der Dichter an die Hand gibt im Einzelnen reden von Zorn und Versöhnung, von Unbarmherzigkeit und Schonung, von Rachsucht und
Vergebung.

Δύσζηλοι γάρ τ᾽ εἰμὲν ἐπὶ χθονὶ φῦλ᾽ ἀνθρώπων sagt
Odysseus Od. η, 307, was Alkinoos nicht als Sentenz bestreitet, sondern nur auf sich nicht angewendet wissen will (309).
Vgl. Il. σ, 108: χόλος, ὅστ᾽ ἐφέηκε πολύφρονά περ χαλεπῆναι·
ὅστε πολὺ γλυκίων μέλιτος καταλειβομένοιο ἀνδρῶν ἐν στήθεσσιν ἀέξεται, ἠΰτε καπνός· ferner Il. ι, 553: χόλος, ὅστε
καὶ ἄλλων οἰδάνει ἐν στήθεσσι νόον πύκα περ φρονεόντων.
So finden wir denn die homerischen Helden sehr zum Zorne
geneigt. Jedermann weiss, wie Kalchas der Pest Ursache
nicht eher angeben will, als bis ihm Achilleus Schutz gelobt
gegen Agamemnon's ungerechtes Zürnen, das er ohne
Weiteres voraussetzt, ja, wenn der König auch den
Ausbruch der Leidenschaft momentan bezwingen sollte, gleichwohl als Groll für die Zukunft fürchtet. Jedermann kennt
ferner die Verwirklichung dieser Besorgniss (Il. α, 103 ff.),
den Hader der Fürsten, und wie sich aus diesem Achilleus'
μῆνις entwickelt, die er nicht eher aufgiebt, als bis sein Ich
von Hektor viel tiefer verwundet wird, als es von Agamemnon verletzt worden war. Achilleus fährt auf, als der edel
aufgenommene Priamos hinsichtlich der Auslieferung der Leiche dringlich wird; Il. ω, 559; 568: τῷ νῦν μή μοι μᾶλλον ἐν
ἄλγεσι θυμὸν ὀρίνῃς· μή σε, γέρον, οὐδ᾽ αὐτὸν ἐνὶ κλισίῃσιν
ἐάσω καὶ ἱκέτην περ ἐόντα, Διὸς δ᾽ ἀλίτωμαι ἐφετμάς. Hinwiederum müssen die Diener Hektor's hinauszutragende Leiche
vor Priamos verbergen, ὡς μὴ Πρίαμος ἴδοι υἱόν· μὴ ὃ μὲν

---

*) [Weder der Text noch die Scholien oder Eustathius geben ge-
nügenden Anlass, diesen und den vorhergehenden Vers auszu-
werfen, wie Bekker stillschweigend (vielleicht dem Zenodot zu
Gefallen? vgl. Düntzer p. 52) thut. Denn an ἱκέτης nehmen wir
keinen Anstoss, mag es nun für ἱκετεία gebraucht sein, welches
Abstractum Homer noch nicht hat, oder mit Ameis als allgemeine Hindeutung auf des Antinoos Vater gefasst werden.]

ἀχνυμένη κραδίη χόλον οὐκ ἐρύσαιτο, παῖδα ἰδών, Ἀχιλῆϊ δ᾽ ὀριν-
θείη φίλον ἦτορ, καί ἑ καταχτείνειε. Vgl. auch in Bezug auf
Achilleus Il. λ, 653. Ingleichen heisst es aus politischen Rücksichten von Aineias Il. ν, 460: αἰεὶ γὰρ Πριάμῳ ἐπεμήνιε
δίῳ. Antilochos selbst, der φίλος ἑταῖρος des Achilleus,
bricht gegen diesen bis zur Drohung, einen Kampf mit J e d-
w e d e m bestehen zu wollen, heraus, als sein Meister Miene
macht, ihm widerrechtlich einen Kampfpreis zu entziehn; Il.
ψ, 543: ὦ Ἀχιλεῦ, μάλα τοι κεχολώσομαι, αἴ κε τελέσσῃς τοῦτο
ἔπος κτλ. v. 553 τὴν δ᾽ ἐγὼ οὐ δώσω· περὶ δ᾽ αὐτῆς πειρη-
θήτω, ἀνδρῶν ὅς κ᾽ ἐθέλησιν ἐμοὶ χείρεσσι μάχεσθαι. Selbst
Odysseus, der vielerfahrene, dem sein Grossvater Autolykos
zum Denkmal eigener Gemüthsart den Namen des Zornigen *)
gab (Od. τ, 407: πολλοῖσιν γὰρ ἔγωγε ὀδυσσάμενος τόδ᾽ ἱκάνω, ἀνδράσιν ἠδὲ γυναιξὶν ἀνὰ χθόνα πουλυβότειραν), kann
den Zorn weder gegen den Gefährten Eurylochos, der sich
seinem Willen in Kirke's Behausung zu gehen widersetzt
(Od. κ, 438 ff.), noch gegen den Phaiaken Euryalos bezwingen, als dieser Od. θ, 158 gegen des Fremdlings Kampffer-
tigkeit Zweifel erhebt; vgl. 178: ὤρινάς μοι θυμὸν ἐνὶ στήθεσσι φίλοισιν, εἰπὼν οὐ κατὰ κόσμον κτλ. Der alte Priamos ist ein zorniger König gegen die Troer Il. ω, 239 ff. und
ein zorniger Vater ib. 253, so mild und gütig er auch gegen die
unheilvolle Schwiegertochter ist (ω, 770). Ja selbst der sanfte
Nestor kann heftig zürnen, wenn es seinen Willen durchzu-
setzen gilt; Od. ο, 212: οἷος ἐκείνου θυμὸς ὑπέρβιος, οὔ σε
μεθήσει ff.

26. Dieser Zornmüthigkeit und Unversöhnlichkeit gegenüber erkennt das Gewissen des homerischen Menschen
den Edelmuth einer versöhnlichen Gesinnung an. Mit einer
Art von sittlichem Grauen wendet sich Patroklos von Achilleus' Groll gegen die Danaer weg (Il. π, 30: σὺ δ᾽ ἀμήχανος
ἔπλευ, Ἀχιλλεῦ· μὴ ἐμὲ γοῦν οὗτός γε λάβοι χόλος, ὃν σὺ

---

*) [P o t t widerlegt in Kuhns Ztschr. IX p. 212 f. mehrere Etymolo-
gieen des Namens und schliesst: „Was man aber eigentlich mit der
Wahl dieses tiefbedeutsamen Namens gewollt habe, bleibt, glaube
ich, erst noch zu ermitteln" — für den Sprachforscher nämlich.]

φυλάσσεις). Das schlechte Fechten der Achaierhelden von
einem Zorne gegen den Atriden herleitend ruft Il. ν, 115 in
Kalchas' Gestalt Poseidon: ἀλλ᾽·ἀκεώμεϑα ϑᾶσσον· ἀκεσταί τοι
φρένες ἐσϑλῶν· cf. ο, 203: στρεπταὶ μέν τε φρένες ἐσϑλῶν.
Sühne des Beleidigten ist Pflicht eines Jeden (Od. ϑ, 396),
sogar des Königs; Il. τ, 179: αὐτὰρ ἔπειτά σε (den Achilleus)
δαιτὶ ἐνὶ κλισίης ἀρεσάσϑω πιείρῃ, ἵνα μήτι δίκης ἐπιδευὲς
ἔχησϑα· — οὐ μὲν γάρ τι νεμεσσητὸν, βασιλῆα ἄνδρ᾽ ἀπαρέσσασϑαι, ὅτε τις πρότερος χαλεπήνῃ *). Demgemäss sagt
Agamemnon zu dem ungerecht beleidigten Odysseus· Il. δ,
362: ἀλλ᾽ ἴϑι, ταῦτα δ᾽ ὄπισϑεν ἀρεσσόμεϑ᾽, εἴ τι κακὸν
νῦν εἴρηται· τὰ δὲ πάντα ϑεοὶ μεταμώνια ϑεῖεν. Vgl. Il. ζ,
526. Darum sühnt auch Antilochos den zürnenden Menelaos
durch freiwillige Herausgabe des diesem nicht redlich abge-
wonnenen Preises und 'zwar mit den schönen Worten (Il. ψ,
594): ich will dir lieber noch etwas Anderes dazu geben, ἢ
σοίγε, Διοτρεφὲς, ἤματα πάντα ἐκ ϑυμοῦ πεσέειν καὶ δαίμοσιν εἶναι ἀλιτρός. Doch bedürfen wir solcher einzelnen Belege kaum, da ja die Lehre von der Versöhnlichkeit vom
Dichter selbst so zu sagen theoretisch behandelt wird in Phoinix' Rede an Achilleus Il. ι, 496 ff. In diesen unvergleich-
lichen Versen wird als Motiv zu versöhnlicher Gesinnung
fürs erste die Versöhnbarkeit der Götter angegeben, deren
Persönlichkeit doch unendlich mehr berechtigt sei, eine Be-

---

*) [Diese Stelle hat verschiedene Auffassung erfahren; vgl. D ö d e r-
l e i n Gl. §. 550 und neuerdings F r i e d l ä n d e r Analecta Homerica p. 27. Aber sollte sich Döderlein's Bedenken nicht heben
lassen durch die Uebersetzung: „denn es ist fürwahr einem König keineswegs zu verargen (d. h. keine Schande), wenn er einen Mann wieder aussöhnt, wann man (selbst) zuerst gezürnt hat‟?
Wir glauben in ἀπαρέσσασϑαι der Präposition dieselbe verstär-
kende Bedeutung beilegen zu dürfen, die sie auch hat in Zusam-
mensetzung mit ἄγχω, ἀναίνομαι, ἀνύω, ἀτιμάω, γυμνόω, ἐχϑαί-
ρω, ϑαυμάζω, ϑνήσκω, καίνυμαι, κτείνω, μηνίω, ὄλλυμι, ὄμνυμι,
πνίγω, ῥιγέω, σκυδμαίνω, φημί, in ἀπάλϑομαι, ἀπατάω, ἀπεχϑά-
νομαι u. a. Der in v. 181 liegende Gedanke scheint uns nur
Parenthese, mit dem letzten Hauptsatz daher vielmehr v. 179 begründet zu sein.]

leidigung hoch anzuschlagen (woraus, wie wir aufs neue bemerken, aufs deutlichste hervorgeht, wie sehr die sittlichen
Forderungen, die man an die Menschen stellt, von der den
Göttern zugeschriebenen Gesinnung bedingt sind). Deren
Beispiel aber muss um so mehr wirken, als sie ihre Gesinnung auch darin bethätigen, dass Zeus die reuigen Abbitten,
welche das von der Bethörung gestiftete Böse hinterher wieder gut zu machen suchen, unter seinen eigenen Schutz und
Schirm genommen hat, und den Unversöhnlichen, der sie
verachtet, straft. Dies wird ausgedrückt in der Allegorie von
den λιταῖς, den Töchtern des Zeus, welche in unschöner
Gestalt [„χωλαὶ ungern und zögernd, ῥυσαὶ mit finstrer
Stirn, aus Reue oder Verdruss, παραβλῶπες aus Scham vor
dem Beleidigten *)“] der rasch vorangeeilten Ate nachhin-
ken, und über den Frevler, der sie verachtet, die Strafe von
Zeus erflehen, dass die Ate, welche früher den Beleidiger
bethört hat, nunmehr zu ihm, dem unversöhnlichen Beleidigten, übergehe. Dies scheint mir der Sinn zu sein von dem
durch seine Stellung als gegensätzlich bezeichneten τ ῷ Ἄτην
ἅμ' ἕπεσθαι, ut hunc vicissim sequatur Ate [ἵνα βλαφθεὶς
ἀποτίσῃ, damit er durch Bethörung (zur Sünde und somit
durch die Strafe derselben durch Unglück) es büsse]. Ja,
fährt der Dichter fort, der Beleidiger erwirbt sich durch ge-
leistete Genugthuung sogar ein Recht auf Verzeihung, insbesondere wenn er bedeutende Männer als Vermittler schickt.
Diese Pflicht der Versöhnlichkeit wird aber von der gesammten alten Heroenwelt anerkannt (v. 524: οὕτω καὶ τῶν
πρόσθεν ἐπευθόμεθα κλέα ἀνδρῶν ἡρώων, ὅτε κέν τιν᾽
ἐπιζάφελος χόλος ἵκοι· δωρητοί τε πέλοντο, παράῤῥητοί τ᾽
ἐπέεσσι), was der Dichter mit Meleagros' Beispiel ausführlich
belegt.

27. Allein nach demjenigen, was oben I, 14 über die
rachsüchtige, unversöhnliche Gemüthsart der Götter zu berichten war, kann es nicht Wunder nehmen, dass furchtbare
Aeusserungen von Rachedurst, ja Hass bis nach dem Tode
noch bei den Menschen ebenfalls vorkommen. Zeus' Wort

---

*) [Döderlein Gl. §. 248 und ähnlich schon Schol. AD z. v. 502.]

von Here's Zorn gegen Priamos und die Troer, dass sie diese
vor Hass wohl roh verschlingen könnte (Il. δ, 34 ff.), findet
eine merkwürdige Analogie in der Aeusserung Hekabe's Il.
ω, 212: τοῦ (des Achilleus) ἐγὼ μέσον ἧπαρ ἔχοιμι ἐσθέμε-
ναι προσφῦσα· τότ᾽ ἄντιτα ἔργα γένοιτο παιδὸς ἐμοῦ, mit
welcher bestialischen Rachewuth gleichfalls sehr merkwürdig
das gleich folgende Motiv derselben contrastirt, welches darin besteht, dass Hektor als Held im Kampfe für das Vaterland gefallen sei. Ergreifend ist ferner das Schweigen des
Ajas in der Unterwelt, der von dem mit edelster Anerken-
neng des Beleidigten um Versöhnung bittenden Odysseus un-
versöhnlich sich abkehrt Od. λ, 541—564.

28. Diese Unversöhnlichkeit zeigt sich im Kriege, da
wo Schonung irgend einer Art strategisch möglich ist, aber
versagt wird, als Unbarmherzigkeit. Hier wie dort wird
der Grund des feindseligen Gegensatzes als ein absoluter,
jeder Vermittlung und Sühnung unfähiger gefasst, und zwar
nach willkürlicher Schätzung des verletzten Individuums. Das
Kriegsrecht erlaubt, den Feind, der sich gefangen giebt, zu
schonen und für Lösegeld frei zu lassen. Aber wir finden
nicht nur, dass Aias den Kleobulos ζωὸν ἕλε, βλαφθέντα, κατὰ κλόνον· ἀλλά οἱ αὖθι λῦσε μένος πλήξας ξίφει αὐχένα
κωπήεντι, Il. π, 331 f., [wo vielleicht das Kampfgewühl es
unmöglich machte, einen Gefangenen am Leben zu lassen],
sondern noch auffallender ist die Stelle Il. ζ, 51. Als hier
Menelaos den Troer Adrestos am Leben lassen will, kommt
Agamemnon, und stellt ihm, was ein Troer an ihm gefrevelt,
als eine jede Sühnung verschmähende, nur durch Untergang
des ganzen Volkes zu büssende That vor (v. 58: μηδ᾽ ὄντινα
γαστέρι μήτηρ κοῦρον ἐόντα φέροι, μηδ᾽ ὃς φύγοι· ἀλλ᾽ ἅμα
πάντες Ἰλίου ἐξαπολοίατ᾽ ἀκήδεστοι καὶ ἄφαντοι). Und der
Dichter fügt ein Urtheil bei: ὣς εἰπὼν ἔτρεψεν ἀδελφειοῦ
φρένας ἥρως αἴσιμα παρειπών. Was den Atriden des
Paris That, ist dem Achilleus Patroklos' Tödtung. Zu Priamos' Sohn Lykaon, der gegen ihn sogar ein Recht als ἱκέτης
geltend machen will (Il. φ, 74 ff.) und um Schonung fleht,
sagt er v. 90: νήπιε, μή μοι ἄποινα πιφαύσκεο μηδ᾽ ἀγόρευε.
Πρὶν μὲν γὰρ Πάτροκλον ἐπισπεῖν αἴσιμον ἧμαρ, τόφρα τί
μοι περιδέσθαι ἐνὶ φρεσὶ φίλτερον ἦεν Τρώων, καὶ πολλοὺς

16 *

ζωοὺς ἔλον ἠδ᾽ ἐπέρασσα. νῦν δ᾽ οὐκ ἔσθ᾽, ὅστις θάνατον
φύγῃ — καὶ πάντων Τρώων, πέρι δ᾽ αὖ Πριάμοιό γε παίδων
[und so tödtet er ihn, nachdem er ihm mit einer Regung von
Mitleid zugerufen: ἀλλὰ, φίλος, θάνε καὶ σὺ — worüber
Döderlein Reden I p. 253 zu vergleichen — und ihn mit
des Patroklos und seinem eigenen Loos gleichsam getröstet
hat]. Als Hektor, dessen Feindschaft dem Krieger, nicht der
Person gilt, von gütlichem Vertrage vor dem Entscheidungs-
kampfe spricht, dass nämlich der Sieger den gefallenen Feind
zur Bestattung herausgeben solle, vergleicht er daher seine
Feindschaft gegen Hektor der ewigen Naturfeindschaft zwischen Löwen und Menschen, zwischen Wölfen und Lämmern,
und stösst des erlegenen, mit dem Tode ringenden Troerhelden Flehn um Bestattung mit den Worten zurück (Il. χ, 345):
μή με, κύον, γούνων γουνάζεο, μηδὲ τοκήων. Αἲ γάρ πως
αὐτόν με μένος καὶ θυμὸς ἀνείη, ὤμ᾽ ἀποταμνόμενον
κρέα ἔδμεναι, οἷά μ᾽ ἔοργας· ὡς οὐκ ἔσθ᾽, ὃς σῆς γε κύνας κεφαλῆς ἀπαλάλκοι, eine Drohung, die er, so gut er die
zwölf Troerjünglinge dem Patroklos zur Sühne schlachtet (Il.
ψ, 20; 175), verwirklichen würde, wenn nicht unter der Götter Vermittlung, welche sein schnöder Grimm gegen den edlen Helden zum Theil aufs äusserste empört (Il. ω, 40; 112 ff.),
Priamos' persönliche Erscheinung sein Herz erweichte.

29. Was dem Feinde gegenüber Unbarmherzigkeit ist,
erscheint gegen den Verbrecher als scharfes Recht, da, wo
das Verbrechen den Personen nach weit ausgedehnt wird,
beinahe als Grausamkeit. Des Odysseus ungetreue Mägde,
der Ziegenhirte Melanthios, der gemartert wird, bevor er
stirbt, erleiden, was ihre Thaten werth sind (Od. χ, 462 ff.).
Härter ist, dass der θυοσκόος der Freier, Leiodes, des Ver-
dachtes wegen sterben muss, als hab' er im Dienste der Freier
oft um des Odysseus Ausbleiben gebetet (ib. 320 ff.), so wie
auch Il. λ, 130 ff., unter gleichen Umständen, wie in Il. ζ,
45 ff., des Troers Antimachos Schuld, der an Menelaos und
Odysseus als Gesandten in Ilios das Völkerrecht zu brechen
gerathen, an seinen Söhnen Peisandros und Hippolochos
durch Verweigerung des Pardons gestraft wird. Mit diesen
Bestrafungen vergleiche man die Verschonung des Sängers
Phemios und des Heroldes Medon, die beide gleich Leiodes

den Freiern gedient, jener gezwungen, dieser mit einiger
Treue gegen das Königshaus, während Leiodes, dem Frevel
gram und selbst rein, von Amtswegen am Hausherrn gesündigt hat (Od. χ, 310 — 360).

30. Oben haben wir die Versöhnlichkeit auf religiöser
Grundlage ruhen sehn; derselbe Fall ists mit der Barmherzigkeit und Schonung. Zu den oben §. 26 angeführten Stellen fügen wir noch das schöne Wort des Eumaios (Od. ξ,
388) zu dem nicht erkannten Odysseus, der ihm, wie er
glaubt, mit Lügen gastliche Sorgfalt abschmeicheln wolle: οὐ
γὰρ τοῦνεκ᾽ ἐγώ σ᾽ αἰδέσσομαι οὐδὲ φιλήσω, ἀλλὰ Δία ξένιον δείσας αὐτόν τ᾽ ἐλεαίρων, wo das religiöse Motiv der
Schonung vom natürlich-menschlichen begleitet ist, wie in
den Worten des Priamos zu Achilleus Il. ω, 503: ἀλλ᾽ αἰδεῖο
θεούς, Ἀχιλεῦ, αὐτόν τ᾽ ἐλέησον μνησάμενος σοῦ πατρὸς
κ.τ.ἑ. Das σεβάσσατο γὰρ τόγε θυμῷ, womit der Dichter
den Grund angiebt, aus welchem Il. ζ, 167 Proitos den Bellerophon geschont, ib. 417 Achilleus den erschlagenen König
Eetion nicht auch der Rüstung beraubt, heisst gleichfalls
nichts Anderes, als: das verbot ihm sein Gewissen.

31. Nicht mehr dem Einzelnen blos als Einzelnem
steht der Mensch dem Menschen dann gegenüber, wenn
Stand und Verhältniss Anspruch auf Pietät begründet. Dies
ist schon der Fall bei der Freundschaft. [Abgesehen
von dem Verhältniss zwischen Hektor und Polydamas, zwischen Glaukos und Sarpedon, zwischen Diomedes und Odysseus, leuchtet besonders Achilleus und Patroklos als Muster
von Freundschaft hervor, wie später Orestes und Pylades.]
Die Freundschaft nun, wenn auch auf natürliche Neigung
basirt, erweist sich doch darin als geheiligtes, blosser Will-
kürlichkeit entnommenes Verhältniss, dass es dem älterlichen und geschwisterlichen gleichgestellt wird. Achilleus sagt Il. τ, 321, dass selbst seines Vaters Peleus Tod
ihm kein grösseres Unglück gewesen wäre, als der des Patroklos, und will sogar im Hades des Freundes nicht vergessen Il. χ, 389; vom eben gefallenen Lykophron sagt Ajas
Il. ο, 439: ὃν νῶϊ — ἴσα φίλοισι τοκεῦσιν ἐτίομεν ἐν μεγάροισιν, und Od. θ, 585 heisst es theoretisch vom Freunde:
οὐ μέν τι κασιγνήτοιο χερείων γίγνεται, ὅς κεν ἑταῖρος ἐὼν

πεπνυμένα εἰδῇ. Doch erscheint die dem Freunde geschuldete Pietät noch innerhalb der Sphäre der Natürlichkeit; schon im Sänger aber wird, obgleich er weder priesterlichen Charakter hat, noch geradezu „in heiliger Hut steht" (vgl. Nitzsch I p. 191), der Gott geehrt, der ihm die Gabe des Liedes verliehn; wesshalb auch Phemios im Freiermorde dem Odysseus gegenüber zuerst seinen Stand als gottgelehrter Sänger, und dann erst seine Unschuld geltend macht (Od. χ, 345 ff.). [Darum heisst er auch Od. ϱ, 385 θέσπις und sehr oft θεῖος ἀοιδός. Homer lässt den Odysseus sagen Od. θ, 479 ff.: πᾶσι γὰρ ἀνθρώποισιν ἐπιχθονίοισιν ἀοιδοὶ τιμῆς ἔμμοροί εἰσι καὶ αἰδοῦς, οὔνεκ᾽ ἄρα σφέας οἴμας Μοῦσ᾽ ἐδίδαξε, φίλησε δὲ φῦλον ἀοιδῶν.] Das Alter hat gleichfalls seine Ehre von den Göttern, wie denn Il. ψ, 787 Antilochos sagt: εἰδόσιν ὔμμ᾽ ἐρέω πᾶσιν, φίλοι, ὡς ἔτι καὶ νῦν ἀθάνατοι τιμῶσι παλαιοτέρους ἀνθρώπους, und dies · nach den Alterstufen durchführt. Darum dankt Il. ψ, 647 ff. Nestor dem Achill für die geschenkte Schale mit den Worten: χαίρει τέ μοι ἦτορ, ὡς μεν ἀεὶ μέμνησαι ἐνηέος οὐδέ σε λήθω τιμῆς, ἥ στέ μ᾽ ἔοικε τετιμῆσθαι μετ᾽ Ἀχαιοῖς, betrachtet also diese Ehre als ihm durchaus gebührend. Penelope schliesst ihren Verweis an Eurykleia mit den Worten: wenn mich eine andre Dienerin mit solcher (Lügen-) Botschaft geweckt hätte, würde ich sie übel heimgeschickt haben, σὲ δὲ τοῦτό γε γῆρας ὀνήσει Od. ψ, 24. [Auch hofft Priamos sogar auf den gegen Hektors Leichnam wüthenden „frevelnden, gewaltthätigen" Achilleus durch seine Erscheinung Eindruck zu machen Il. χ, 419: λίσσομαι — ἤν πως ἡλικίην αἰδέσσεται ἠδ᾽ ἐλεήσῃ γῆρας.] Desshalb macht Agamemnon als Grund der von Achilleus gegen ihn zu fordernden Versöhnlichkeit nicht blos seine königliche Herrlichkeit, sonders auch die Jahre geltend, die er vor ihm voraus hat; Il. ι, 161: καί μοι ὑποστήτω, ὅσσον βασιλεύτερός εἰμι, ἠδ᾽ ὅσσον γενεῇ προγενέστερος εὔχομαι εἶναι. Vgl. Il. α, 259; auch lässt sich, wenn schon mehr als an etwas Analoges, erinnern an Il. o, 204: οἶσθ᾽ ὡς πρεσβυτέροισιν Ἐρινύες αἰὲν ἕπονται· denn hier ist zunächst von Geschwistern die Rede. Edle Bescheidenheit wird von den Jünglingen gefordert, und, wenn nicht zuweilen die Thorheit der Jugend den

Verstand überwältigt (Od. η, 294; ψ, 604 etc.), auch bethätigt (Diomedes Il. ξ, 112; Antilochos Il. ψ, 587 ff.; Telemachos Od. γ, 24; Peisistratos ib. 43 ff.). Bedrängniss des hülflosen Alters ist Gegenstand des höchsten Mitleids (Il. ω, 488 coll. 516 [und Od. δ, 754: μηδὲ γέροντα (den Laërtes) κάκου κεκακωμένον]) und Schändung des heiligen Leichnams eines greisen Mannes von allen Kriegsereignissen das entsetzlichste (Il. χ, 71 ff.). Endlich dem Todten wird das Begräbniss durch den sonst verwirkten göttlichen Zorn garantirt (μή τοί τι θεῶν μήνιμα γένωμαι Od. λ, 73 coll. Il. χ, 358*), selbst der todte Verbrecher, wenn es sonst die Verhältnisse gebieten, durch einen Leichenschmaus geehrt (Od. γ, 309: ἤτοι ὃ (Orestes) τὸν κτείνας δαίνυ τάφον Ἀργείοισιν μητρός τε στυγερῆς καὶ ἀνάλκιδος Αἰγίσθοιο· vgl. Nitzsch I. p. 204 **), sogar von den Göttern die Kinder der Niobe am zehnten Tage bestattet, nach Il. ω, 612), ja selbst mit tiefem sittli-

---

*) Hier hatte Achill drohend und entschieden zu Hektor gesagt: nein, Hunde und Raubvögel sollen dich gänzlich zerfleischen. Dieser erwiedert sterbend: Wohl seh' ich Alles kommen; denn ich kenne dich (du wirst dich meiner nicht erbarmen) und ich sollte dich also nicht begütigen. Denn fürwahr dir lebt ein eisernes Herz im Busen. Doch büte dich, dass ich dir nicht eine Quelle des Zornes der Götter werde an jenem Tag, wo dich Paris und Phoibos Apollon, so tapfer du bist, umbringen werden am Skäischen Thor [Offenbar also schwebt dem Sterbenden — vgl. IV §. 30 — hier der Tod seines Feindes vor als herbeigeführt von den Göttern lediglich wegen der Drohung ihm das Begräbniss zu verweigern (v. 354). Dies sind ja die letzten Worte, die er im Leben von Achill hört. Wenn aber faktisch vielmehr nur die spätere Misshandlung des Todten den Zorn der Götter heibeigeführt hätte — §. 28 a. E. — und nicht zugleich die dadurch neu bekräftigte Absicht jene Drohung wahr zu machen, so musste sich darüber eine Andeutung im Dichter finden. Der Mangel derselben und die Parallele Od. λ, 73 scheint uns gegen Jansen (a. O. p. 23 Note) zu sprechen.] Vgl. Hegel, Aesth. III p. 391.

**) Wegen des Antiquarischen vgl. Helbig p. 135 ff.; [jetzt auch theilweise Hermann Priv. Alt. §. 39 f.] Eine Hauptstelle, wenn auch zum Theil für unächt erklärt, ist Il. η, 330 — 337. Nach dieser und ψ, 45 bemerken wir hier nur in der Kürze, dass bei

chen Sinne das Frohlocken über den Tod der Verbrecher
verpönt Od. χ, 411 ff. [Andrer Ansicht ist Döderlein Gl.
§. 2163, ohne dass wir indess nach derselben die Stelle hier

Homer die Todtenbestattung in drei Hauptstücken besteht,
erstlich in der Verbrennung des Leichnams unter Weinspenden, χοαί, zu denen die abgeschiedene Seele gleichsam geladen
zu werden scheint (Il. ψ, 220. 221; ein anderes Rufen ist das
Od. ι, 65, wo damit, wie mit einem Lebewohl, den Gefallenen
die letzte Ehre auf die unter den vorhandenen Umständen einzig
mögliche Weise erzeigt wird [Nitzschens Einwendungen dagegen
III p. 17 scheinen uns nicht auszureichen]), zweitens in der
Errichtung des Grabhügels sammt der στήλη Il. π, 457 coll. Od.
λ, 77, worauf das Gedächtniss des Gestorbenen bei der Nachwelt
beruht, ib. 76 coll. Il. η, 87 — 91; in diesem Hügel werden auch
die Gebeine des verbrannten Leichnams beigesetzt [nachdem sie
zuvor in eine goldene Schale zwischen eine Fettlage eingelegt
und mit kostbaren Tüchern (ἑανῷ λιτί, πορφυρέοις πέπλοισι)
überdeckt worden sind]; vgl. Il. ψ, 91. 252 mit [ω, 795 ff.] Od.
ω, 72—84. In Il. η, 335 [wird auch schon die Sitte — vgl. Hermann §. 40, 3 — erwähnt, diese Schalen für die Kinder der
Verstorbenen in die Heimath mitzunehmen. Der Einsprache der
Scholien ist hiebei wohl kein besonderes Gewicht beizulegen;
eher mag es auffallen, dass wir ähnliches nicht von den Gebei-
nen des Patroklos u. a. lesen; wir erfahren wenigstens nicht,
dass man jene Schalen wieder aus dem Grab genommen und
heimgebracht hätte]; drittens im Abschneiden des Haupthaars,
welches Achilleus namentlich dem todten Patroklos in die Hand
legt Il. ψ, 140- 152; cf. 135. Die Todtenklage, das κλαίειν, begleitet entweder alle diese Handlungen als natürliche Aeusserung des Schmerzes Il. ψ, 153; 224; 252 vgl. Od. δ, 195 ff.:
γ, 260; μ, 309; oder ist ein förmlicher und feierlicher
Akt, welcher der Bestattung vorausgeht, Il. χ, 386; ψ, 9 — 16;
ω, 664; 720. In beiden Fällen wird sie vorzugsweise das γέρας
θανόντων genannt. Auf die Bestattung folgt der Leichenschmaus,
Il. ψ, 29; ω, 665; 802; denn mit Fasten wird der Todte nicht
betrauert, Il. ι, 225; ω, 601 ff. Eine ehrenvolle Bestattung des
Anverwandten hat für die Hinterbliebenen etwas Tröstliches Od.
α, 236 ff. — Als eine besondere Verpflichtung der Gattin
wird das Zudrücken der Augen des Verstorbenen erwähnt Od.
λ, 425; ω, 296. — Leichenspiele und Ehrungen des Todten, wie
sie Achilleus dem Patroklos durch Abschlachtung der zwölf

nicht mehr anführen dürften.] Freilich contrastirt hiemit das
Höhnen der Gefallenen im Uebermuthe der Siegesfreude;
vgl. Il. λ, 450; ν, 374; π, 745 und andere Stellen bei Helbig p. 128.

32. Die Pietät, welche in den angegebenen Sphären
dem Individuum um der Gattung willen erwiesen wird, kommt
demselben im Verhältniss der Ehe und Familie um des
sittlichen Institutes willen zu, dessen Träger es ist; die indi-
viduelle und gesetzliche Berechtigung der Person durchdringen sich hier gegenseitig und sind zumal vorhanden. Weil
aber die Ehe wesentlich auf dem Verhältniss und Verkehr
der Geschlechter beruht, so sind vorab über dessen Auffassung und Behandlung bei dem Dichter einige Worte nothwendig.

33. Das Sinnliche behandelt der Dichter edel, d. h.
ohne Lüsternheit wie ohne Prüderie. Wo die Motive der
epischen Handlung dergleichen Erwähnungen veranlassen,
scheut er den Bericht so wenig, als er ihn lockend und ver-
führerisch macht *). In der ausgeführtesten Beschreibung
dieser Art, in der Scene zwischen Zeus und Here Il. ξ, ist
durchaus kein Wort enthalten, das über die künstlerische
Nothwendigkeit der Darstellung hinausgienge. Paris' Begier
nach seiner Zurückkunft von dem Zweikampf Il. γ, 441 ff.
ist nichts als markirte Zeichnung dieses zwischen sinnlicher
und heroischer Erregbarkeit hin und her getriebenen Charakters [wobei überdiess der Einfluss nicht zu übersehen ist,
welchen vielleicht die Göttin Aphrodite hiebei äussert; nach
homerischer Ansicht entschuldigt diese den Paris unbedingt,
wenn er überhaupt der Entschuldigung bedürfen sollte]. Und
selbst die willkürlich gewählte Episode von Ares und Aphrodite Od. ϑ, über deren Aechtheit nicht unbegründete Zwei-

---

Troerjünglinge u. dgl. erweist, können wir als etwas Ausserge-
wöhnliches übergehn. Doch erinnern wir noch an die Kenota-
phien Od. α, 291; δ, 584 .

*) Der Vorwurf des Gegentheils, der ihm gemacht worden ist,
muss höchst ungerecht genannt werden; der ächte Homer ist
einer der unschuldigsten Dichter aller Zeiten.

fel' obwalten, hat durchaus kein verfängliches Detail. Wie
wenig der Dichter auf sinnliche Erregung ausgeht, beweisen
die Ausdrücke, womit er dergleichen Erzählungen abschliesst;
Il. ξ, 346: ἦ ῥα, καὶ ἀγκὰς ἔμαρπτε Κρόνου παῖς ἦν παρά-
κοιτιν· τοῖσι δ᾽ ὑπὸ χθὼν δῖα φύεν νεοθηλέα ποίην — τῷ
ἔνι λεξάσθην· Il. γ, 447: ἦ ῥα, καὶ ἄρχε λέχοσδε κιών· ἅμα
δ᾽ εἵπετ᾽ ἄκοιτις· τὼ μὲν ἄρ᾽ ἐν τρητοῖσι κατεύνασθεν λεχέ-
εσσιν· Od. θ, 296: τὼ δ᾽ ἐς δέμνια βάντε κατέδραθον. Man
erinnere sich endlich des zarten, keuschen Ausdrucks, mit
welchem die Erneuerung der Ehe Penelope's berichtet wird,
Od. ψ, 296: οἱ μὲν ἔπειτα ἀσπάσιοι λέκτροιο παλαιοῦ θε-
σμὸν ἵκοντο [vgl. Döderlein Gl. §. 2498].

Züchtigkeit im Wandel und ehrbare Gesinnung bei aller
Aufrichtigkeit des Gefühls bethätigt sich bei des Dichters
Jungfrauen und reifenden Jünglingen durchaus*). Hier ist
Homer beredt, wo er schweigt; drum nennen wir billig Te-
lemach als einen Jüngling, dem der Dichter bei männlicher
Energie des Charakters, die sich vor unsern Augen entwickelt, jungfräuliche Reinheit der Gesinnung gegeben, im
Gegensatz zu den wollüstigen Freiern. Nausikaa's Scheu,
das Wort Hochzeit vor dem Vater auszusprechen, die von
ihr anders als nach dem Traumgesicht motivirte Bitte um
Wagen und Maulthiere, der von ihr geäusserte Tadel der
Jungfrau, die vor öffentlicher Hochzeit in männlicher Umge-
bung erscheint (Od. ζ, 286: καὶ δ᾽ ἄλλη νεμεσῶ, ἥτις τοιαῦτά
γε ῥέζοι, ἥτ᾽ ἀέκητι φίλων πατρὸς καὶ μητρὸς ἐόντων (d. i.
die sie hat; cf. Od. δ, 94) ἀνδράσι μίσγηται, πρίν γ᾽ ἀμφά-
διον γάμον ἐλθεῖν), dies Alles passt sittlich wie künstlerisch
aufs schönste zur Aeusserung, welche ib. 244 den Mägden
ihr Gefühl verräth: αἲ γὰρ ἐμοὶ τοιόσδε (d. i. der Fremde,
τοιόσδε ὤν) πόσις κεκλημένος εἴη, ἐνθάδε ναιετάων, καί οἱ
ᾅδοι αὐτόθι μίμνειν. Im Contrast mit solcher sittlichen Zartheit und Scheu steht das Verlangen jener einsam im Meere
wohnenden Göttinnen, Kalypso's und besonders Kirke's,
welche mit höchster Natürlichkeit des Helden ungescheut

---

*) Wo Verführungen vorkommen, sind in der Regel Götter oder
Göttinnen betheiligt; z. B. Il. π, 180; ζ, 21 ff.; Od. λ, 235 ff.

begehren, und zwar so, dass Kirke die Vermählung als Unterpfand des Friedens und gegenseitigen Vertrauens betrachtet (Od. *x*, 296 coll. 333).

34. [Räthselhaft erschien schon den Alten das Baden der männlichen Gäste durch Jungfrauen (und einmal Helene)¹). Zuvörderst ist nun zu bemerken; dass es **in der Regel** von Sclavinnen geschieht, die dies Geschäft auch für die Familie verrichten, was aus Od. *ψ*, 154 (abgesehen von der Nachahmung *ω*, 365) hervorgeht. Wo es nicht durch Bademägde besorgt wird, hat dies wohl seine besondere Veranlassung. Dass Kalypso Od. *ε*, 263 dem scheidenden Odysseus selbst das Bad bereitet, erklärt sich durch den Mangel jeglicher Dienerschaft (z. B. *ε*, 92 f.) und kann nach dem fast achtjährigen vertrauten Umgang beider wenig befremden; wenn Helene in Troja Od. *δ*, 250 den Bettler (Odysseus) selbst bedient, wird diess von ihr als Ausnahme bemerklich gemacht (*ἐγὼ* v. 252) und motivirt (v. 256, 260), indem sie nur so den Umständen nach ihn ungestört ausfragen konnte. Hebe bereitet dem vom Kampf kommenden Ares Il. *ε*, 905 ein Bad als dienende Gottheit (s. oben II, 25), gerade wie die Chariten der Aphrodite, Od. *ϑ*, 364 ff. hymn. 4, 61. Dass Kirke endlich trotz des Wortlautes Od. *x*, 450 schwerlich selbst das Bad besorgt, werden wir unten zu zeigen versuchen und darnach wäre dann auch Od. *γ*, 464 ff. zu beurtheilen, wo es von Nestors **jüngster** Tochter heisst: *τόφρα δὲ Τηλέμαχον λοῦσεν καλὴ Πολυκάστη*. Also der Regel nach besorgen Bademägde diess Geschäft (auch bei Leichnamen Il. *ω*, 587; eine Ausnahme macht auf Zeus' Befehl Apollon *π*, 679 mit Sarpedons und die Genossen des Patroklos bei dessen Leichnam); nur in Il. *ψ*, 41 treffen Herolde eine Vorbereitung dazu. An Bademägde hat man daher wohl auch zu denken, wo ihrer keine Erwähnung geschieht, wenn z. B. Od. *ψ*, 134, 142 Telemach mit Eumaios und Philoitios in seiner Wohnung, Diomedes und Odysseus Il. *x*,

1) [Randbemerkungen zu p. 218 (Ed. 1) Z. 28: Geppert p. 3; zu p. 219 Z. 14: Aber Od. *δ*, 50; zu Z. 20: Od. *ε*, 264: zu Z. 29: Od. *ζ*, 24. Zu p. 220 Z. 23: cf. Od. *ρ*, 572.]

576 f. in ihrem Zelt sich baden, Mentes Od. α, 310 im Hause des Gastfreunds, der Pelide Il. ψ, 41 im Zelt des Oberfeldherrn ein Bad nehmen soll.

Dagegen wird ausdrücklich der Bademägde gedacht in Od. ψ, 154 und ω, 365; ferner befiehlt Penelope τ, 320 ihren Dienerinnen, den Fremdling (Odysseus) ἠῶϑεν δὲ μάλ᾽ ἦρι λοέσσαι τε χρῖσαί τε und da sie keine derselben namentlich für dies Geschäft bestimmt, so ist auch hieraus wahrscheinlich dass eine oder mehrere Mägde für gewöhnlich schon diess Geschäft zu besorgen hatten. Auffallend ist nun, dass Odysseus nur von einer Dienerin (Od. χ, 360), dagegen seine entzauberten Gefährten von Kirke selbst (450 λοῦσε, ἔχρισε, ἀμφὶ — βάλε) beim Bade bedient werden. Wenn wir auch kein Gewicht darauf legen, dass deren zweiundzwanzig waren, die ohnehin schwerlich von einer Person bedient werden konnten, warum sollte hier die Herrin dies Geschäft übernehmen, da sie ja wenigstens vier Dienerinnen hat und das Bad nicht mehr zur Entzauberung (v. 395) gehört? Es ist in jeder Beziehung unwahrscheinlich, dass obige Ausdrücke (v. 450) wörtlich zu nehmen wären; dagegen darf man annehmen, dass der Dichter mit einer allgemein gebräuchlichen Kürze von der Gebieterin aussagt, was sie doch durch Untergebene verrichten lässt, ohngefähr so wie Odysseus η, 296 von Nausikaa sagt καὶ λοῦσ᾽ ἐν ποταμῷ, während er in der That sich selbst gebadet hat. Ob man sich die Sache auch in Od. γ, 464 so vorstellen will, hängt von der Auffassung der genannten Stellen ab; ein zwingender Grund dazu ist allerdings nicht vorhanden. Schwieriger noch sind Stellen wie folgende Od. δ, 48 ff. Telemachos und Peisistratos ἐς ῥ᾽ ἀσαμίνϑους βάντες ἐϋξέστας λοῦσαν το. τοὺς δ᾽ ἐπεὶ οὖν δμωαὶ λοῦσαν καὶ χρῖσαν ἐλαίῳ, ἀμφὶ δ᾽ ἄρα χλαίνας οὔλας βάλον ἠδὲ χιτῶνας, ἐς ῥα ϑρόνους ἕζοντο (Variation: ρ, 89: ἔκ ῥ᾽ ἀσαμίνϑου βάντες ἐπὶ κλισμοῖσι καϑῖζον). Wie kann man sagen „λούσαντο“ und dann, als wäre dies ganz das nämliche, fortfahren: „als aber die Dienerinnen sie gebadet und gesalbt und bekleidet hatten“? Doch nur so, wenn man das λούεσϑαι im causativen Sinn übersetzt: sich baden lassen d. h. wenn man ein Bad (im Hause) sich gar nicht anders denken kann als mit

Handreichung einer Dienerin *). Derselbe scheinbare Widerspruch findet sich in Od. ϑ, 427, 449 vgl. 454 ff. und theilweise in hymn. 4, 61 (λοῦσαν, χρῖσαν) cf. 64 (ἐσσαμένη, anders Od. ϑ, 366).

Und vergleichen wir Od. κ, 358—366[1]) (wir lassen ab-
sichtlich ζ, 210—227 noch bei Seite), so bekommen wir folgende Vorstellung von dem Hergang. Wenn das Wasser im
grossen Kessel anfängt zu sieden, wird der Badende aufgefordert (v. 361 vgl. ϑ, 449) λούσασϑαι, das Bad zu nehmen
oder sich in die Wanne zu setzen, die theilweise (aber
schwerlich mit kaltem Wasser) gefüllt sein mochte; während
er so (in gebückter Stellung, ohne Gewand) decent in derselben sitzt, übergiesst ihm die (hinter ihm stehende) Magd
den (über die Wanne herausragenden) Kopf und die Schultern mit dem indess (durch etwaigen Zuguss kalten Wassers
in den Kessel) angenehm temperirten Wasser, wobei sie sich
jedenfalls einer Art Giesskanne bediente, um das Wasser
aus dem Kessel zu schöpfen. und überzugiessen. — An
einen Bademantel ist so wenig zu denken als an einen Deckel
der Badewanne; hier hilft das σχῆμα κατὰ τὸ σιωπώμενον
nicht aus. So viel über das λούειν. Beim Salben ist eine
Beihülfe viel entbehrlicher und daher wohl nur theilweise
anzunehmen; es wird also im Hause fast ebenso gehalten
worden sein, wie in einem singulären Fall Od. ζ, 214 f. ausser demselben geschah. — Was endlich das Bekleiden betrifft, so könnte man zwar nach Od. γ, 466 — 468 vgl. ϑ,
454 ff.; ϱ, 87; ψ, 154 coll. 163; ω, 367 ff., wenn man den
Wortlaut betonte, glauben, der Gebadete wäre von der Die-

---

*) [Anders L. v. Jan. in den Münchner Gel. Anz. 1841 N. 128 p. 1031
und davon etwas verschieden Helbig in ZfAW. 1843 p. 661 f.
Gladstone's „Untersuchungen über die Bedeutung der Activa
und Media zum Zweck einer Feststellung darüber, ob die Hero-
innen Homers wirklich ihre Helden im Bade bedient haben oder
sie nur durch andere Leute bedienen liessen" kennen wir leider
nicht. Ob sie ein Lächeln bei dem Leser erwecken, wie sein Re-
censent in der Edinburg Review 1858 p. 531 meint, müssen wir
daher ebenfalls andern Lesern überlassen.]

1) cf. Spitzner de ἀνά etc. p. 23.

norin mit Leibrock und Mantel bekleidet aus der Wanne ge-
stiegen; allein das ist nicht möglich, sondern man wird in
der Formel, die eben gewöhnlich die Verrichtungen der Dienerin in zwei Versen gleich zusammenfasst, mit Eustathius
ὑστερολογίας τρόπον erkennen [1]), und annehmen, dass die
Magd die neue Wäsche und Kleidung nur herrichte [2]) und
dass nach deren Entfernung der Badende sich selbst anklei-
dete. (Die Vergleichung von Od. ν, 430 coll. 434, 436; ο,
368 ff.; ξ, 342; 320; κ, 542; σ, 361 ferner ο, 338; 368; π,
79; η, 265 neben ζ, 214 lehrt, dass der Ausdruck des Be-
kleidens hier ebensowenig streng wörtlich zu nehmen ist, als
in dem bekannten „kleidet die Nackenden"). Die Magd ging
also in der Regel nach dem χρῖσαι hinaus, einmal (Od. κ,
366) führt sie auch den angekleideten Gast in den Männersaal und lässt ihn auf einem Sessel Platz nehmen. — Noch
ist der Ausnahmsfall (denn ein solcher ist es natürlich) Od.
ζ, 210 ff. übrig. Odysseus hat um einen Lappen zur Bekleidung gebeten und Nausikaa ruft den Dienerinnen zu, sie
sollten ihm Speise und Trank geben und an einer Einbiegung
des Flussufers (da natürlich keine Badewanne und kein war-
mes Wasser zur Hand war) ihn baden. Sie hiessen ihn dort
sich setzen (εἷσαν vgl. κ, 361 mit 366), wie sonst bei der
Badewanne geschieht, πὰρ δ᾽ ἄρα οἱ φᾶρός τε χιτῶνά τε
εἵματ᾽ ἔθηκαν, δῶκαν δὲ χρυσέῃ ἐν ληκύθῳ ὑγρὸν ἔλαιον,
ἤνωγον δ᾽ ἄρα μιν λοῦσθαι ποταμοῖο ῥοῇσιν. Nun hätten
sie allenfalls, wenn die nöthigen Geräthe bei der Hand waren (v. 96?), ihm auch Wasser über Kopf und Schultern
giessen können wie sonst geschah, aber Odysseus lehnt beides hier ab: ὄφρ᾽ ἐγὼ αὐτὸς ἅλμην ὤμοιιν ἀπολούσομαι,
ἀμφὶ δ᾽ ἐλαίῳ χρίσομαι· ἄντην δ᾽ οὐκ ἂν ἔγωγε λοέσσομαι·
αἰδέομαι γὰρ γυμνοῦσθαι κούρῃσιν ἐϋπλοκάμοισι μετελθών.
Er lehnt hier nicht auch das Bekleiden ab, weil diess etwa
vorzunehmen überhaupt keiner Dienerin eingefallen sein
würde, wohl aber scheut er sich ἄντην λοῦσθαι, was nicht
der Fall gewesen sein würde, wenn er in einer immerhin

1) cf. Argum. Med. Eurip. extr.
2) Consentit Nitzsch III p. 176.

mehr als der Fluss verhüllenden Badewanne hätte sitzen
können.]

35. Doch wir kehren von dieser Zwischenbemerkung
zur Sache selbst zurück. Indem wir oben die Ehe als ein
geheiligtes Verhältniss bezeichneten, meinten wir nicht etwa,
dass sie schon durch die Art der Schliessung als ein solches
charakterisirt werde. Zwar wird, wie wir oben I §.
35 ge-
sehen, das eheliche und Familienglück vornehmlich von göttlicher Fügung abhängig gemacht; aber es zeigt sich gleichwohl schon durch die Form des Kaufes der Braut von den
Schwiegerältern um die Brautgeschenke die Schliessung *)
als ein rein bürgerlicher**) Akt (Od. ζ, 158: κεῖνος δ᾽ αὖ
πέρι κῆρι μακάρτατος ἔξοχον ἄλλων, ὅς κέ σ᾽ ἐέδνοισι
βρίσας οἶκόνδ᾽ ἀγάγηται, u. ö., z. B. Od. ο, 367; Il. λ, 244.)
[Vgl. Il. π, 178; 190; χ, 471; Od. λ, 117; τ, 530. Die ἔεδνα
— benannt vom Stamm ἔαδα, ἡδύς· Lob. Elem. p. 59; Curtius Grdz. n. 252 — sind oft sehr hoch und bestehen hauptsächlich in Vieh (Il. λ, 245 f.), das die Freier von zu Hause
(Od. ξ, 91; π, 391) fortführen, den Verwandten des Mäd-
chens zum Schmause Od. σ, 278; daher die Töchter παρθέ-
νοι ἀλφεσίβοιαι, Rinder einbringend, genannt werden; dazu
kommen noch δῶρα für die Braut (Od. ο, 18; 127; σ, 277 f.;
π, 392) und „wer am meisten (ἔδνα und δῶρα) giebt, führt
die Braut heim." Auf diese Geschenke bezieht sich denn
auch das Beiwort πολύδωρος, welches von Andromache Il. ζ,
394; χ, 88 und von Penelope Od. ω, 294 gebraucht wird
und die mit vielen Geschenken (ausser den ἔεδνα) erkaufte
oder die theuere rechtmässige Gemahlin bezeichnet im Gegensatz zur δουρικτητή und in ähnlichem Sinn wie μνηστή
Il. λ, 242 ff. und πολυμνήστη***), vgl. Od. π, 391 f. mit ο,

---

*) [Für das Folgende wurde theilweise Nitzsch I p. 50 und 74 be-
   nützt. Im Allgemeinen vgl. Schömann I p. 50 ff.; Hermann
   Priv. A. § 30.]
**) Der Ausdruck Sakrament, den Hase Alterthumskunde p. 43
   von der homerischen Ehe braucht, giebt eine ganz falsche Vorstellung von der Sache.
***) [Die in Od. ξ, 64 ausgesprochne Erwartung mochte wohl nur
   von einem Herrn wie Odysseus (ξ, 138 ff.) einem Diener wie

17 f.] — Ausnahmsweise werden zuweilen die ἔεδνα erlassen [und die Braut ist dann ἀνάεδνος, nicht erkauft, muss aber entweder abverdient werden̄, wie Il. ν, 367 vgl. Od. φ, 214, oder die Erlassung der ἔεδνα hat ihren besonderen Grund, wie Il. ζ, 191; ι, 146 und Od. η, 314; vgl. λ, 289; ξ, 21 f. — Die Höhe der ἔεδνα wird sonst in förmlichem Vertrag bestimmt; vgl. Il. ν, 381: ἀλλ᾽ ἔπευ, ὄφρ᾽ ἐπὶ νηυσὶ συνώμεθα ποντοπόροισιν ἀμφὶ γάμῳ, ἐπεὶ οὔτοι ἐεδνωταὶ κακοί εἶμεν, d. h wohl: wir werden nicht ἀπερείσι᾽ ἔεδνα fordern, sondern mässige; ob aber ἐεδνωταὶ etwaige Unterhändler bezeichnet, oder Verwandte oder die Brautväter, lässt sich aus dieser Stelle nicht entscheiden; für das letzte spricht übrigens das in Bezug auf den Brautvater gebrauchte ἐεδνώσασθαι, welches aber nicht nothwendig auf eine Mitgift bezogen werden muss.] Eine Mitgift kommt allerdings auch ausnahmsweise vor Il. ι, 147 = 289 [ἐγὼ δ᾽ ἐπὶ μείλια —, d. h. als Sühnegeschenk, Apoll. Argon. 4, 1549 — δώσω, πολλὰ μάλ᾽, ὅσσ᾽ οὔπω τις ἐῇ ἐπέδωκε θυγατρί, ein Beisatz, der. zeigt, dass diese Ausnahme nicht selten war; vgl. Il. χ, 51: πολλὰ γὰρ ὤπασε παιδὶ γέρων ὀνομάκλυτος Ἄλτης. Diese Aussteuer besteht in der ersteren Stelle in Gold und Erz (in ζ, 193 wird das halbe Königreich, in Od. η, 314 ein οἶκος und κτήματα dem Bräutigam bestimmt); sonst mag sie allerdings in einem Theil der ἔεδνα bestanden haben; nur lässt sich dies nicht aus den ἐεδνωταὶ κακοὶ (s. o.) schliessen, noch weniger aus dem Beiwort ἀνάεδνος, indem dies gerade in zwei Fällen erscheint, wo ἔεδνα gar nicht gegeben worden waren, also auch nicht theilweise zurückfolgen konnten und die nähere Angabe der Aussteuer Il. ι, 149 — 156; χ, 50 f. beweist direct das Gegentheil. Eine schwache Stütze — doch bedarf es dessen nicht nothwendig — erhält diese Vermuthung durch die schwierige und etwas dunkle Stelle Od. β, 196 = α, 277, wenn nämlich hier ἔεδνα die Mitgift bezeichnet. Dies ist nach den neuesten scharfsinnigen Untersuchungen von Friedländer in den Analecta

Eumaios erfüllt werden und wäre demnach mehr als Ausnahme anzusehen. Vgl. φ, 214.]

Hom. p. 23 f. und besonders Kirchhoff im Rhein. Mus. N. F. XV, 3 p. 329 ff. geradezu nothwendig; will man uns jedoch erlauben, den ohnehin an einer sprachlichen Härte leidenden „Gemeinplatz" β, 197 $=$ α, 278 zu streichen, so glauben wir auch an dieser Stelle ἕεδνα in demselben Sinn wie an allen andern fassen und durch eine Combination von ψ, 149 ff., β, 132; v, 307; o, 18, die wir hier aber nicht weiter ausführen wollen, den Bezug des οἱ δὲ auf die Freier retten zu können. — Die mit ἑέδνοις eigentlich gekaufte Gattin ist aber zu unterscheiden von der ὠνητή· denn mit diesem ἅπ. εἰρ. wird (Od. ξ, 202) vielmehr die gekaufte παλλακίς bezeichnet im Gegensatz zu der μνηστὴ (oder πολύδωρος) ἄλοχος.] Ueberhaupt macht dieser Kauf die Frau nicht zur Waare, nicht zur willenlosen Sclavin des Mannes, sondern sie steht innerhalb der Familie, die nothwendigen und durch das Geschlecht gesetzten Beschränkungen ausgenommen *), dem Manne durchaus gleich. Dies geht schon aus den beiden Bedingungen des ehelichen Glücks hervor, die vom Dichter erwähnt werden. Indem die herzliche Zuneigung, die vor der Ehe oder ohne dieselbe im Bereiche der Natürlichkeit bleibt, im ehelichen Leben selbst als Pflicht des edlen, verständigen d. i. sittlichen Mannes betrachtet wird (Il. ι, 341: ὅστις ἀνὴρ ἀγαθὸς καὶ ἐχέφρων, τὴν αὑτοῦ φιλέει καὶ κήδεται· ὡς καὶ ἐγὼ τὴν — die Briseis — ἐκ θυμοῦ φίλεον, δουρικτητήν περ ἐοῦσαν), erscheint die Gattin dem Gatten als ebenbürtig, ihre Rechte vor und neben ihm gewahrt, und indem Achilleus sagt, er habe die Briseis, obwohl eine speererbeutete Sclavin, wie eine Gattin geliebt, erhebt er das eheliche Verhältniss eben damit weit über die Sphäre der Sinnlichkeit, und bringt die Würde der Ehefrau dem Gatten um so näher, je weniger er in ihr nur

---

*) Od. η, 68: ὅσσαι νῦν γε γυναῖκες ὑπ᾿ ἀνδράσιν οἶκον ἔχουσιν. vgl. Od. λ, 441. [Dass dies Verhältniss sich in späterer Zeit ungünstiger für die Frauen gestaltete, ist N. Th. V, 44 hervorgehoben. Dabei mochte freilich auch die schon von Schömann I S. 50 berührte Sitte, dass der Vater dem Sohne die Braut auswählte (Il. ι, 394; Od. δ, 10) oder die spätere Sitte bei (Hermann Priv. A. §. 30, 5) nicht ohne Einfluss sein.]

das Weib sieht. — Ferner könnte von ehelicher Ein-
tracht, in welcher Odysseus die Blüthe des ehelichen Glückes
findet, nimmermehr die Rede sein, wenn die Gattin dem Gatten in der Familie nicht gleich stünde; denn ein lediglich
unterthäniges Verhältniss schliesst die Vorstellung der Ein-
tracht aus (Od. ξ, 180 ff.: οὐ μὲν γὰρ τοῦγε κρεῖσσον καὶ
ἄρειον, ἢ ὅϑ᾽ ὁμοφρονέοντε νοήμασιν οἶκον ἔχητον ἀνὴρ ἠδὲ
γυνή.). Diese Ebenbürtigkeit der Gattin erweist sich aber
auch thatsächlich, nicht blos in der Schilderung der nicht
etwa herrschsüchtigen sondern fürstlichen Arete, Gemahlin
des Alkinoos, welcher sie ehrt (Od. η, 67), ὡς οὔτις ἐπὶ χϑονὶ
τίεται ἄλλη, ὅσσαι νῦν γε γυναῖκες ὑπ᾽ ἀνδράσιν οἶκον ἔχουσιν, ὡς κείνη πέρι κῆρι τετίμηταί τε καὶ ἐστὶν ἔκ τε φίλων
παίδων, ἔκ τ᾽ αὐτοῦ Ἀλκινόοιο, καὶ λαῶν, οἵ μίν ῥα ϑεὸν
ὣς εἰσορόωντες δειδέχαται μύϑοισιν, ὅτε στείχησ᾽ ἀνὰ ἄστυ·
nicht blos in Hekabe's Stellung zu Priamos, der als König
zu den Troern, als Vater mit den Söhnen ganz anders spricht,
denn als Gatte mit der Gattin, nicht blos in Laertes' Schmerz
um den Verlust Antikleia's, ἥ ἑ μάλιστα ἤκαχ᾽ ἀποφϑιμένη
καὶ ἐν ὠμῷ γήραϊ ϑῆκεν Od. ο, 356, sondern schöner noch
und bedeutender in Hektor's Verhältniss zu Andromache, in
dem des Odysseus zu Penelope. Beiden Helden sind ihre.
Ehefrauen, die Mütter ihrer einzigen Kinder, wie sie selbst
ausdrücklich sagen, das höchste Gut auf der Welt. Obgleich
Hektor's Ehrgefühl und innerster Charakter (Il. ζ, 442: αἰδέομαι Τρῶας — 444: οὐδέ με ϑυμὸς ἄνωγεν —) ihm
nicht gestattet, seine Heldenpflicht der Gattenliebe zu opfern,
so ist ihm doch der geahnete grausenvolle Tag, wo die heilige Ilios untergeht, nicht um der königlichen Aeltern, der
Brüder, des Volkes willen so fürchterlich, als Andromache's
wegen; Odysseus aber zieht sein Eheweib sogar der göttlichen Gemahlin, der ewigen Jugend und Unsterblichkeit vor.
Und gleichermassen sind die Frauen gegen ihre Männer gesinnt. Während Penelope die Liebe zu dem lang entfern-
ten, aber nie todt geglaubten Gemahl unter dem gefährlich-
sten Andringen der Freier, [von ihren Aeltern τ, 158 zur Heirath angespornt und auch von den Brüdern aufgemuntert ο, 16]
selbst vom Sohn am Ende des Vermögens wegen nicht gehalten, bald mit Duldung und Harren, bald mit kluger ener-

gischer That bewährt, während sie sich in starker Bemeisterung des Gefühls, in besonnener Prüfung des Wiedergekehrten dem klügsten und fürsichtigsten aller Helden vollkommen ebenbürtig erweist (vgl. Od. τ, 210 ff. mit Od. ψ, 166—217), steht Andromache rein auf dem Boden weiblichster Empfindung, und nie hat ein Dichter, der die Liebe nur als Leidenschaft besungen, mehr Herz und Seele in die Schilderung glühender Gefühle gelegt, als Homer dem Ausdruck ehelicher Liebe in den Worten giebt: Ἕκτορ, ἀτὰρ σύ μοί ἐσσι πατὴρ καὶ πότνια μήτηρ ἠδὲ κασίγνητος, σὺ δέ μοι θαλερὸς παρακοίτης.*).

36. Diese vom Dichter ausgesprochenen Bedingungen des Eheglücks und seine Darstellungen ehelicher Liebe setzen ohne Frage Monogamie voraus. Und diese findet sich denn auch bei den griechischen und troischen Helden durchaus; nur Priamos scheint neben der königlichen Gemahlin nicht blos Nebenfrauen, sondern auch eine Gattin niederen Rangs gehabt zu haben. Denn Laothoe, κρείουσα γυναικῶν genannt, ist nach Il. χ, 48 ff. nicht eine gekaufte oder erbeutete Sclavin, sondern die wohlausgestattete Tochter des Lelegerkönigs Altes (Il. φ, 85 ff.). Das πολλὰ γὰρ ὤπασε παιδὶ γέρων ὀνομακλυτὸς Ἄλτης scheint sich schwerlich auf eine blosse παλλακίς beziehen zu lassen. Auch wird ihr Sohn Lykaon niemals νόθος genannt. [Bemerkenswerth ist übrigens noch, dass die Ehe den Charakter eines rechtlich-politischen Institutes wie in späterer Zeit — vgl. N. Th. V, 42 — bei Homer noch nicht hat.]

37. Dagegen gereicht dem Ehemann so wenig als dem ledigen Manne das Verhältniss mit einem Kebsweibe zum Vorwurf (Il. ι, 134; ω, 130 und öfter), wofern nur der erstere nicht wie Amyntor Il. ι, 450 ἀτιμάζεσκεν ἄκοιτιν; sonst kommt es vor, dass nicht nur der Vater (ϑ, 284), sondern

---

*) Ueber die hom. Frauen vgl. besonders Jacobs verm. Schr. Bd. 4. p. 234. Noch andere hieher gehörige Schriften citirt Bode Gesch. der epischen Dichtk. b. d. Hell. p. 194. [W. Teuffel im Morgenblatt 1855 n. 49 p. 1158 citirt noch die betr. Schriften von Lasaulx, Mähly, Wiese; vgl. Grandsard de mulieribus Homericis. Strassb. 1859; Hermann Priv. A. §. 30, 7.]

selbst die rechtmässige Gemahlin aus Liebe zu ihrem Gatten
(ε, 70 f.) den Sohn der Sclavin behandelt wie die ächten
Kinder. Freilich bewahrt auch der Mann, der sein Weib
wahrhaft liebt, wie Hektor, oder achtet, wie Laertes (Od. ἀ,
433), streng die eheliche Treue. Denn was Euripides An-
drom. 222 ff. von Hektor sagt, ist im Dichter durchaus nicht
begründet. Eine solche παλλακὶς (ὠνητή, δουρικτητή [beides
ἅπ. εἰρ.]), kann bei dem Besitzer in hohen Ehren stehn (Il.
α, 114 sagt Agamemnon von der Chryseis: καὶ γάρ ῥα Κλυ-
ταιμνήστρης προβέβουλα, κουριδίης ἀλόχου, ἐπεὶ οὔ ἑθέν ἐστι
χερείων), und hat, wenn derselbe noch unvermählt ist, unter Umständen Aussicht, seine eheliche Gemahlin zu werden;
Il. τ, 297 ff. Zuweilen erscheint die Verbindung mit dem
Kebsweibe durch Kinderlosigkeit der Ehefrau veranlasst, wie
bei Menelaos Od. δ, 10 ff. Auf Seiten der Ehefrau aber gilt
jede Verletzung der ehelichen Treue als schwere Schuld, wie
Helene's allbekannte Klage und Reue beweist. Der Ehebre-
cher schuldet dem beleidigten Gatten die μοιχάγρια (Od. ϑ,
332 coll. 348, wo Poseidon sagt: ἐγὼ δέ τοι αὐτὸν (Ἄρηα)
ὑπίσχομαι — τίσειν αἴσιμα πάντα μετ᾽ ἀθανάτοισι θεοῖσιν), und letzterer kann auch vom Vater den für die Gattin
gezahlten Kaufpreis zurückfordern (Od. ϑ, 318 ff.). Scheidung erfolgt aber nicht; wenigstens findet sich bei dem
Dichter in diesem Fall nicht die leiseste Spur davon. [Ueber-
haupt giebt es nur eine Stelle, welche etwas der Scheidung
oder vielmehr Verstossung Analoges bietet Od. β, 130 οὔπως
ἔστι δόμων ἀέκουσαν ἀπῶσαι ἥ μ᾽ ἔτεχ᾽, ἥ μ᾽ ἔθρεψε —
Telemachos spricht hier nämlich von einer Befugniss, die er
gegenüber der Penelope hätte, aber als deren Sohn und wegen
der damit verbundenen Busse (vgl. Hermann Priv. Alt. §. 30,
11, 17) nicht anwenden will.] Dagegen sucht der auf lange Zeit
verreisende Ehemann die Gattin vor Fehltritten durch verordnete
Aufsicht eines treuen Familienfreundes zu bewahren (Od. γ, 267:
πὰρ δ᾽ ἄρ᾽ ἔην καὶ ἀοιδὸς ἀνήρ, ᾧ πόλλ᾽ ἐπέτελλεν Ἀτρείδης, Τροίηνδε κιὼν, εἰρύσθαι ἄκοιτιν vgl. [Ameis z. d. St. u.]
Od. β, 225, wo Mentor, jedoch in etwas anderem Tone für
den bestellten Aufseher in Odysseus' Haus erklärt wird).
Geschieden wird also die Ehe eigentlich nur durch den Tod;
von einer zweiten Ehe des Mannes findet sich kein Beispiel;

höchst wahrscheinlich war sie sehr selten, um den schon
vorhandenen Kindern das Familiengut nicht zu schmälern
(einen andern Gesichtspunkt hebt ein Gesetz des Charondas
bei Becker Charikl. II, 449 hervor: αἴτιος ὢν οἰκείας δια-
στάσεως). Von Stiefmüttern ist zwar die Rede, aber, in Bezug auf die νόϑοι, Il. o, 336; ε, 69 ff. Nur Aloeus Il. ε,
389 hätte zwei Gemahlinnen gehabt, wenn nicht bei der anerkannten, Unächtheit des Heroinenkatalogs auch Od. λ, 305
interpolirt wäre. Die zweite Ehe der Frau ist nicht verboten; ja Odysseus räth dieselbe, wenn der Sohn mannbar und
selbständiger Verwaltung des Haushalts fähig geworden,
seiner Gemahlin an (Od. σ, 269 ff.). Aber die Gesinnung
der zum zweiten Male sich vermählenden Frau giebt sogar
unedlem Verdachte Raum, als sei sie fähig, zur Mehrung
des neuen Haushalts dem erstehelichen Sohn ein Kleinod zu
entwenden, weil eine solche wetterwendischen Sinnes des
ersten Gemahls und seiner Kinder vergesse (Od. o, 19 ff.).
Die Gründe, welche Penelope selbst gegen eine zweite Vermählung hat (Od. τ, 527: εὐνήν τ᾽ αἰδομένη πόσιος δήμοιό
τε φῆμιν), gehen nicht sowohl gegen eine zweite Ehe überhaupt, als gegen eine die geschlossen wird vor völliger Gewissheit von des ersten Mannes Tod; denn Od. ψ, 149 ff.
sagt einer vom Ithakesischen Volke, der im Hause des Königs ein Hochzeitgetümmel zu hören glaubt: ἢ μάλα δή τις
ἔγημε πολυμνήστην βασίλειαν· σχετλίη, οὐδ᾽ ἔτλη πόσιος οὗ
κουριδίοιο εἴρυσϑαι μέγα δῶμα διαμπερὲς, ἕως ἵκοιτο*).
Uebrigens konnte wohl „eine zweite Heirath anständiger und
vortheilhafter Weise nur nach Rückkehr in das Vaterhaus
und mit Beirath der Angehörigen geschehen; vgl. β, 114;
o, 16; τ, 158; wenigstens kann diese Rückkehr auch da ver-

---

*) Geschwisterehen kommen nur unter den Göttern und bei den
Kindern des einsam wohnenden Aiolos vor Od. κ, 1 ff.; die Heirath der Bruderstochter (Arete) bei Alkinoos η, 54 — 66 (vgl.
Ameis zu v. 54); widernatürliche Greuel gar nicht. [Ueber die
falsche Auffassung des Verhältnisses zwischen Achilleus und Patroklos bei Späteren vgl. Lehrs Aristarch p. 187; Sengebusch diss. I p. 106 f. 126 und insbes. Nitzsch Sagenpoes.
p. 506 f.]

standen sein, wo Penelope den wählen soll, der am meisten
giebt: τ, 529; υ, 335; 343; φ, 161." (Nitzsch.)

38. War das Verhältniss der Ehegatten, als auf Wahl
und Uebereinkunft beruhend und wenigstens der Möglichkeit
nach trennbar, nur ein bürgerlich und durch die Sitte geheiligtes, so ist dagegen das zwischen Aeltern und Kindern ein menschlicher Willkür entnommenes, unlösbares,
folglich unmittelbar und durch sich selbst heiliges. Dies
spricht sich bei dem Dichter darin aus, dass der Aeltern
Recht garantirt ist durch das Numen der Erinyen, deren
eigentliches Wesen am sichersten in diesem Zusammenhang
erkannt wird*). Sie sind executive Gewalten im Dienste
der unterirdischen Gottheiten, des Ζεὺς καταχθόνιος d. i.
Ἀΐδης und der Περσεφόνεια (Il. ι, 454: στυγερὰς δ᾽ ἐπεκέ-
κλετ᾽ Ἐρινῦς· — θεοὶ δ᾽ ἐτέλειον ἐπαρὰς Ζεύς τε καταχθόνιος καὶ ἐπαινὴ Περσεφόνεια· coll. ib. 569: κικλήσκουσ᾽ Ἀΐδην
καὶ ἐπ. Περσ. — v. 571: τῆς δ᾽ ἠεροφοῖτις Ἐρινὺς ἔκλυεν ἐξ
Ἐρέβευσφιν); [später erscheinen sie als Kinder des Hades
und der Persephoneia; vgl. Lobeck Aglaoph. I p. 547. Die
eben angeführten, von Friedländer und Moritz freilich für
unächt erklärten, Stellen zeigen zugleich, wie schon Aristarch
andeutet, dass die strafende Thätigkeit der Erinyen von der
des Hades und der Persephoneia noch nicht bestimmt geschieden ist — ein Verhältniss, das an Zeus und Moira

---

*) [Geppert I p. 372 findet es merkwürdig, dass „Orestes trotz-
dem dass er seine Mutter tödtete, nur mit grösstem Lobe erwähnt wird." Dies wäre freilich im höchsten Grad auffallend;
aber als Grund seines Lobes wird ja ausdrücklich immer angegeben, dass er ἐτίσατο, ἔκτανε πατροφονῆα und dadurch soll
Telemach zum Einschreiten gegen die Freier seiner Mutter angespornt werden. Zweitens aber ist Orestes bei Homer nicht nothwendig Muttermörder; denn die einzige Stelle, die den Tod oder vielmehr das Leichenbegängniss der Klytaimnestra erwähnt, Od. γ,
309, lässt unentschieden, ob sie durch Orestes Hand gefallen
ist, was schon Aristarch bemerkt. Von dem Conflikt der Pflichten, wie er seit Aeschylus in der Tragödie erscheint, „wusste
die epische Zeit, auch die der Nosten noch nichts." Nitzsch
Sagenpoes. p. 465. 522.]

(Abschn. III) erinnert: vgl. II. τ, 87 mit Aesch. Prom. 516
(518); ebenso wie an die letztere das Schwanken zwischen einer
Erinys und mehreren. Der Name scheint doch ursprünglich
die zürnende (strafende) Macht*) zu bezeichnen, wenigstens
fasste man sie im Alterthum so; vgl. bei Aeschylus die ἔγκο-
τοι κύνες oder κακῶν μνήμονες· denn ἡ νέμεσις παρὰ πόδα
βαίνει sagt das Sprichwort. Daher ist die Erinys ἠεροφοῖτις,
im Dunkeln schreitend d. h. entweder die unversehens
nahende oder wohl eher die κατ᾽ ἠερόεντα κέλευϑα (Od. v,
64), in der Unterwelt wandelnde. Letztere ist ihr Aufenthaltsort — vgl. die obigen Stellen mit II. τ, 260 Aeschyl.
Eum. 396 — und wir erfahren nirgends bestimmt, dass sie
denselben verlassen, vgl. oben ι, 571. Jedenfalls aber ist
die Erinys ἀμείλιχον ἦτορ ἔχουσα wie die ganze Unterwelt
den Sterblichen ein Graus (στυγεραί) vgl. Aeschylus Eumen.
71—73.] Die Erinyen sind nun bestellt zur Strafe des Meineids II. τ, 260, zur Vollziehung des älterlichen Fluchs (vgl.

---

*) [Lobeck Path. S. 225 vermuthet als Etymon ὀρίνω. Wir folgen
der auch von Döderlein §. 563 begründeten Etymologie der
Alten. Anders Curtius N. 495 und Kuhn, der (Ztschr. I p. 439
bis 470) in seiner Abhandlung Saranyû 'Ερινύς den Zusammenhang der indischen mit der griechischen Mythe behandelt hat;
er identificirt 'Ερινύς ('Ερεινύς) mit dem skr. adj. saranyû
„eilend" (subst. saranyu: Wind, Wolke, Wasser, nach Wilson).
Mag er historisch und sprachlich Recht haben, was zu entscheiden uns nicht zusteht, jedenfalls findet sich bei Homer nach beiden Beziehungen hin kein Bewusstsein von einem derartigen Zusammenhang; Anderes hält ihm auch Aschenbach entgegen.
Indess hat uns jene Erklärung zu der Frage Anlass gegeben, ob
nicht vielleicht das räthselhafte δασπλῆτις von einer Wurzel
σπλα = skr. plî (vgl. über das gleichbedeutende Derivatum plih
Ztschr. IV p. 13, V p. 369) stammt und also δα-σπλῆ-τι-ς „die
sehr eilende" bezeichnet ('Ερινῦς τανύποδες bei Soph. Aj. 837
vgl. Aesch. Eum. 369)? Die Antwort müssen wir Kundigeren
überlassen; einstweilen beruhigen wir uns bei Döderleins
Erklärung (§. 341): Die Fackel nahe bringend, obgleich wir wissen, dass nach O. Müller (Eumen. p. 185 n. 31 vgl. p. 72)
selbst die aeschyleischen Erinyen auf der Bühne noch keine
Fackeln trugen. (Später aber sicher: Aeschin. 1, 190 u. a.)].

die angeführten Stellen und Od. β, 135; λ, 280; so dass
ἐρινύες geradezu für Fluch steht Il. φ, 412: οὕτω κεν τῆς
μητρὸς ἐρινύας ἐξαποτίνοις, ἥ τοι χωομένη κακὰ μήδεται.
[Ἀραὶ δ᾽ ἐν οἴκοις γῆς ὑπαὶ κεκλήμεϑα Aesch. Eum.
417]) und zur Aufrechthaltung des Familienrechts, des respectus
parentelae überhaupt (Il. ο, 204: οἶσϑ᾽ ὡς πρεσβυτέροισιν
Ἐρινύες αἰὲν ἕπονται), endlich zum Schutze derjenigen, die
geheiligt sind durch ihre Hülflosigkeit, die somit unter unmittelbare Obhut der Götter gestellt sein müssen (Od. ρ, 475:
εἴ που πτωχῶν γε ϑεοὶ καὶ Ἐρινύες εἰσίν.) [Vgl. Aesch.
Eum. 546.] In allen diesen Verhältnissen sind sie
Rächerinnen des Unnatürlichen, eines Frevels,
der die natürliche Weltordnung zu zerstören
droht*). [Hieher dürfte wohl auch die Sage Od. ο, 234,
ein alter Beleg zu dem delphischen ἐγγύα παρὰ δ᾽ ἄτα, gehören. Der Vergleich derselben mit λ, 291 f. lehrt, dass
der Seher Melampus durch sein Glück (ο, 226 f.) übermüthig
gemacht, sich vermass, jene Rinder zu rauben und die Pero
zu gewinnen — was offenbar gegen Schicksalswillen verstiess
λ, 292, also — ὑπὲρ μόρον· darum ὕβρις ἐξανϑοῦσ᾽ ἐκάρπω-
σεν στάχυν ἄτης (Aesch. Pers. 821), τήν οἱ ἐπὶ φρεσὶ ϑῆκε
ϑεὰ δασπλῆτις Ἐρινύς (Hom.) Ebenso musste Aigisthos für
sein Ueberschreiten der ihm noch dazu geoffenbarten Μοῖρα
büssen; nur wird hier nicht gesagt, dass die Erinyen im
Spiele waren, was aber doch wohl der sonstigen Anschauung
gemäss wäre. Von einem Einschreiten derselben gegen das
andere ὑπέρμορον (III §. 11: Il. π, 698 ff.) konnte aus poetischen Rücksichten nicht die Rede sein.] Als Hüterinnen
derselben sind sie es auch, welche dem achilleischen Rosse
Xanthos die ihm von Here widernatürlich verliehene Sprache
wieder nehmen, Il. τ, 418; ἐπίσκοποι γάρ εἰσι τῶν παρὰ
φύσιν sagt der Scholiast mit Recht. (Man vergleiche den
merkwürdigen Ausspruch des Heraklit bei [Plut. de exil. 11,
de Iside 48] Märker Princip des Bösen p. 101. Ritter II
p. 259.) Unnatürlich erscheint aber dem homerischen Menschen (vgl. oben I §. 13) auch fortdauerndes, wenn gleich

---

*) So schon Preller Demeter p. 163 [vgl. Prusinowski.]

schuldloses Glück. Darum treten auch hier die Erinyen
mit Gewalt und Befugniss der Nemesis ein, [welche bekanntlich bei Homer noch gar nicht vorkommt. Denn entweder
strafen die Götter selbst menschlichen Uebermuth, insbesondere wo er sich gegen sie selbst kehrt, z. B. Il. β, 594; ω,
605; Od. δ, 504; ϑ, 227 — oder die Strafe wird durch die
Erinyen vollzogen. Selbst bei Aeschylus findet sich von der
Nemesis noch keine Spur (auch nicht fr. ap. Stob. 125, 7
N. 281 Hr. 254 W.); die Erinyen vertreten hierin ihre Stelle
Eumen. v. 373 (365) ff.]. Nur so erklärt sichs, warum Od.
υ, 78 die von den Göttinnen gepflegten, immer glücklichen
Töchter des Pandareos von den Harpyien den Erinyen überliefert werden. (So auch Nitzsch III p. 184 *). Somit
scheint auch Il. τ, 87 die Bethörung durch die Erinys ein
Akt der neidischen Nemesis zu sein **). [Man braucht diese
Bethörung nicht mit O. Müller Eumen. p. 167 als Folge
des Bewusstseins der Verletzung heiligster Pflichten zu fassen — vgl. N. Thl. p. 349; Preller I p. 521 — welche
sollte denn Agamemnon verletzt haben? die $\ddot{v}\beta\varrho\iota\varsigma$ gegen
Achilleus leitet er ja eben erst aus der Bethörung ab; son-
dern er wurde durch die Erinys, die wohl hier auch als executive Gewalt (des oberen Zeus) zu denken ist, bethört, blos
weil $Z\varepsilon\dot{v}\varsigma\cdot\varkappa\alpha\dot{\iota}$ $Mo\widetilde{\iota}\varrho\alpha$ es wollte — $\varDelta\iota\grave{o}\varsigma$ δ' $\dot{\varepsilon}\tau\varepsilon\lambda\varepsilon\dot{\iota}\varepsilon\tau o$ $\beta ov\lambda\acute{\eta}$!

---

*) [Ebenso Preller Myth. I p. 250. — Dürften wir annehmen, dass
die von den Scholien (z. d. St. u. z. Pind. Ol. I, 90 vgl. Paus.
10, 30, 2) erzählte Sage schon dem Homer bekannt gewesen
sei, so hätten wir auch darin ein homerisches Prototyp der
äschyleischen Eumeniden (z. B. v. 934), dass beide die Sünden
der Väter an den Kindern heimsuchten (wie es auch sonst
geschieht; aber durch Götter vollzogen s. oben S. 36); vgl. Il.
δ, 162. Doch kommt im ächten Homer die Tantalossage überhaupt nicht vor.]

**) Ausser Kampe Erinyes Berol. 1831 behandeln den Gegenstand
auch Nitzsch III p. 183 f. Geppert I p. 371 ff. Prusinowski de Erinyum religione ap. Graecos. Berol. 1844. [Und
ausser den bekannten mythol. Werken neuerdings Aschenbach
üb. d. Er. b. Hom. Hildesh. 1859, dessen Darstellung übrigens
von der obigen, wie es scheint ihm auch in der früheren Gestalt nicht bekannt gewordenen, mehrfach abweicht.]

Für die Entwicklung der späteren Anschauungen ist übrigens
die Zusammenstellung der Μοῖρα und Ἐρινὺς bemerkenswerth
— vgl. Preller Myth. I p. 330 f. — und das Verhältniss in
welchem letztere zur Ἄτη erscheint: vgl. Aesch. Ag. 1432
und Karsten zu v. 1323; dazu die schon von Anderen angeführten Stellen Soph. Ant. 603; Pausan. 8, 34, 1.]
39. Gilt aber Impietät gegen die Aeltern als widerna-
türlicher Frevel, so beruht auch die Verpflichtung der Pietät
zunächst auf dem natürlichen Grunde des Blutsverban-
des, dem sich aber ein sittlicher, Dankbarkeit für die Erziehung, alsbald coordinirt. Ueber diese doppelte Basis der
Pietät hat der Dichter das bestimmteste Bewusstsein. Telemach begegnet Od. β, 130 der Zumuthung, seine Mutter
wider ihren Willen aus dem Hause zu weisen, mit der Antwort: Ἀντίνο᾽, οὔπως ἔστι δόμων ἀέκουσαν ἀπῶσαι, ἥ μ᾽
ἔτεχ᾽, ἥ μ᾽ ἔθρεψε (vgl. Eur. Electr. 969), und der Inbegriff dessen, was das Kind den Aeltern schuldig ist, wird
Erziehlohn, θρέπτρα, nicht Geburtslohn genannt, [daher auch
der Amme gegeben Hymn. in Cer. 168, 223], während umgekehrt wieder Hekabe ˜den Hektor, sich dem Achilleus nicht
preiszugeben, Il. χ, 80 ff. nicht bei seiner Erziehung, sondern
bei den Brüsten, die er gesogen, beschwört. Das ἀποδοῦναι
θρέπτρα (Il. δ, 478) beginnt, wo mit erreichter Selbständigkeit die Erziehung aufhört, deren Tendenz bei den He-
roengeschlechtern die Worte des Phoinix umfassen Il. ι,
440 ff.: σοὶ δέ μ᾽ ἔπεμπε γέρων ἱππηλάτα Πηλεὺς — νή-
πιον, οὔπω εἰδόθ᾽ ὁμοίου πολέμοιο, οὐδ᾽ ἀγορέων, ἵνα τ᾽
ἄνδρες ἀριπρεπέες τελέθουσιν. Τοὔνεκά με προέηκε διδα-
σκέμεναι τάδε πάντα, μύθων τε ῥητῆρ᾽ ἔμεναι, πρηκτῆρά
τε ἔργων· (die sittlich-religiöse Bildung ist natürlich nicht
Produkt irgend eines Unterrichts, sondern durch Volks- und
Familiensitte gegeben ohne dazu tretende Reflexion). Einen
festen Termin der Mündigkeit giebt es aber nicht; es scheint
vielmehr die Uebernahme des Haus- oder Volksregiments
durch die Rüstigkeit oder Hinfälligkeit des Hausvaters bedingt. Der alte Nestor ist durchaus noch im vollkommenen
Besitz der königlichen und häuslichen Gewalt, während Laertes die Verwaltung des Reichs und Familiengutes schon vor
dem troischen Zuge an Odysseus abgetreten zu haben scheint,

und längst schon nicht mehr in die Stadt kommt, sondern
auf dem Lande ein nicht zum Complex des Familiengutes
gehöriges, von ihm selbst erworbenes und angebautes Land-
gut bewirthschaftet (Od. ω, 206) und eben dadurch vor Telemach's erst während der epischen Handlung sich entwickeln-
der Selbständigkeit die Familie hülf- und wehrlos macht.
Im äussersten Falle sind Bitten und Thränen seine Waffe
Od. δ, 740. Auch Priamos ist noch König und Hausherr
mit voller Gewalt (Il. ω, 237 ff.; 265 ff.), und nur die her-
vorragendsten seiner Söhne, Hektor und Paris, haben eigenen Haushalt. Peleus ist der alte, schwache König, der in
Ermanglung eines Sprösslings, dem er das Reich übergeben
könnte, die Regierung fortführt, aber mit Gefahr (Il. ω, 486 ff.)
Drum schuldet der mündige Sohn dem greisen Vater Schutz,
— Achilleus hat selbst im Hades keine grössere Sorge, als
dass sein Vater im Myrmidonen-Lande verunehrt und seiner
Rechte beraubt werden möge (Od. λ, 494 ff. coll. Il. ω, 486 ff.;
vgl. auch Il. ι, 495) — und, wenn derselbe verletzt worden
ist, Rache, wie denn Orestes, als Rächer des Vaters, sich
hohen Ruhm erworben hat (Od. γ, 196: ὡς ἀγαθὸν, καὶ
παῖδα καταφθιμένοιο λιπέσθαι ἀνδρός! cf. 203. 204) *). Kindliche Liebe und Fürsorge für das Aelternpaar an seiner Statt
befiehlt Odysseus beim Abschied der Gattin an Od. σ, 267:
μεμνῆσθαι πατρὸς καὶ μητέρος ἐν μεγάροισιν ὡς νῦν, ἢ ἔτι
μᾶλλον, ἐμεῦ ἀπονόσφιν ἐόντος, wie denn auch Telemach
stets die zärtlichste Liebe für seine Mutter zeigt, wenn er
sich gleich seines hausväterlichen Rechtes ihr gegenüber bewusst ist; Od. φ, 344: μῆτερ ἐμή, τόξον μὲν Ἀχαιῶν οὔτις
ἐμεῖο κρείσσων ᾧ κ' ἐθέλω δόμεναί τε καὶ ἀρνήσασθαι κ.τ.λ.
ἀλλ' εἰς οἶκον ἰοῦσα τὰ σ' αὐτῆς ἔργα κόμιζε· — τόξον δ'
ἄνδρεσσι μελήσει πᾶσι, μάλιστα δ' ἐμοί· τοῦ γὰρ κράτος
ἔστ' ἐνὶ οἴκῳ. Aeusserungen, wie von Achilleus (Il. τ, 321),

---

*) Vgl. Nitzsch I p. 204, III p. 223. — Aus Od. γ, 309 f. scheint
denn doch hervorzugehn, dass der Dichter vom Muttermorde
weiss. [Vgl. jedoch S. 262 Note. Dass beide Verse in alten
Ausgaben fehlten, scheint die entgegengesetzte Ansicht damali-
ger Kritiker zu verrathen; obwohl eine Athetese desshalb nicht
nöthig erscheint und von Aristarch auch unterlassen worden ist.]

dass selbst die Nachricht von seines Vaters Tod ihn nicht so schmerzlich getroffen hätte, als Patroklos' Verlust, oder von Telemach (Od. β, 48 ff.), dass ihm nach des Vaters Untergang noch ein viel grösseres Unglück, die Tyrannei der Freier, zu Theil geworden sei, widerstreiten der Pietät nicht, weil der Tod des Peleus ein viel natürlicheres Ereigniss wäre, als der des blühenden Freundes, und das Betragen der Freier die Existenz der Familie und des Geschlechts in Gefahr setzt, welche durch des Vaters Tod allein noch nicht bedroht ist. In dieser nämlichen Rücksicht kann auch Telemach seiner Mutter anliegen, sich wieder zu vermählen; Od. τ, 533: καὶ δή μ' ἀρᾶται πάλιν ἐλθέμεν ἐκ μεγάροιο, κτήσιος ἀσχαλόων, τήν οἱ κατέδουσιν Ἀχαιοί, wiewohl er Od. υ, 343 sagt: αἰδέομαι δ' ἀέκουσαν ἀπὸ μεγάροιο δίεσθαι μύθῳ ἀναγκαίῳ, was er weiter ausführt Od. β, 130.

40. Aus dieser Heiligachtung der natürlichen Pietätsverhältnisse entwickelt sich bei dem Dichter das Glück des Familienlebens, welches nur bestehn kann, wenn Jedes im Hause gilt, was es zu gelten hat, wenn dem Säugling, dem mündigen Sohn, der jungfräulichen Tochter, den greisen Aeltern, jedem das gebührende Recht wird. [Man beachte dabei auch die theilweise stehend gewordenen Epitheta der Familienglieder; φίλοι παῖδες oder τοκῆες, κεδνοὶ τοκῆες, υἱὸς ἀγαπητός, Ἑκτορίδης ἀγαπητός, πότνια μήτηρ, φίλε κασίγνητε u. dgl.] Auf diesem Boden erwachsen der homerischen Poesie die zartesten und ergreifendsten Schilderungen. Wir erinnern was die Sceneric des Familienlebens betrifft, auch an anmuthige kleinere Bilder*), z. B. an Il. ε, 408: οὐδέ τί μιν παῖδες ποτὶ γούνασι παππάζουσι ἐλθόντ' ἐκ πολέμοιο καὶ αἰνῆς δηϊοτῆτος, an Od. τ, 401, wo Eurykleia geschildert ist, wie sie den neugeborenen Odysseus dem Grossvater auf den Schoss legt (vgl. Il. ι, 455), an Od. ε, 394 ff., wo von der Freude der Kinder über die Wiedergenesung des fast aufgegebenen Vaters ein unübertreffliches Gleichniss hergenommen ist, [an die zärtlichachtsame Mutterliebe und die aufopfernde

---

*) [Piscalar Erinnerungen an hom. Familienbilder. Ellwangen 1853 ist uns leider nicht zugänglich.]

Muttersorge in den Gleichnissen Il. δ, 130; μ, 435,] an die
Od. ζ, 154 geschilderte Lust der Aeltern und Brüder an der
Tochter *). Denn weltbekannt und weltberühmt, von keinem späteren Dichter in kräftiger Frische geheiligter, nicht
raffinirt-feiner Empfindung übertroffen sind die Scenen zwischen Hektor, Andromache und Astyanax, die Trauer der
verwittweten Mutter Andromache Il. χ, 484 ff. (wofern nicht
487—499 auszuscheiden ist), die Bitte der verschämten Nausikaa an den Alles durchschauenden Vater, endlich das Wiedersehn des Odysseus und seiner Mutter in der Unterwelt
[und die Erkennungsscene zwischen ihm und Telemach, dann
Penelope **)]. — Solche Familienpietät spricht sich aber
auch weiter aus im Verhältniss der Brüder, z. B. des Agamemnon und Menelaos Il. δ, 148 ff., wo die Trauer des Königs um die meuchlerische Verwundung des Bruders den
schönsten Ausdruck gefunden (cf. $\varkappa$, 240, besonders auch η,
94—120), ferner des Ajas und Teukros, wenn der schwächere
Bruder unter dem Riesenschilde des stärkeren ficht (vergl.
ausserdem noch Il. ν, 533; ξ, 484; Od. π, 97; [ϑ, 546]), in
der Liebe und Treue der Schwäger, Il. ν, 464, überhaupt
der durch Affinität Verwandten, οἴτε μάλιστα κήδιστοι τελέ-
θουσι μεθ' αἷμά τε καὶ γένος αὐτῶν· Od. ϑ, 582, $\varkappa$, 441, endlich der Geschwisterkindsvettern Il. o, 554. Auch innerhalb
der Götterfamilie wird der respectus parentelae anerkannt,
z. B. von Apollon und Athene gegen Poseidon: Il. φ, 469;
Od. ζ, 329; ν, 341. — Gegen diese Aeusserungen der Pietät
lässt der Dichter als traurige Gegenbilder contrastiren den
Zorn Amyntor's gegen seinen Sohn Phoinix Il. ι, 448 ff., den
Zorn Althaia's gegen Meleagros ib. 555, wo das merkwürdige
Verhältniss eintritt, dass der Bruder einer Mutter theuerer
als der Sohn ist. (Vgl. Antigone's Bruderliebe.) Auf ein Aus-
setzen gebrechlicher Kinder schliesst Zeyss in der Com-

---

*) Vgl. auch Od. λ, 450; 492; π, 17.
**) [Vgl. Altenburg, wie wird d. Penelope in der hom. Odyssee dar-
gestellt? Arch. f. Phil. u. Päd. Bd. V und derselbe: Ulixes qualis ab Homero in Odyssea descr. sit. Schleus. 1837; Houben:
qualem Hom. in Od. finxerit Ulixem. Trier 1856 u. a.]

ment. quid. Hom. etc. p. 9 aus Il. σ, 394 (μήτηρ Ἥφαιστον
— ἐθέλησε κρύψαι χωλὸν ἐόντα) mit Unrecht.

41. Dass die Bastardkinder, meistens von Sclavinnen
geboren, minderer Ehre denn die ehelichen geniessen, versteht sich von selbst und darin liegt wohl der Grund, wenn
Isos und Kebriones als Wagenlenker ihrer Halbbrüder Anti-
phos und Hektor erscheinen, Il. λ, 102; π, 738 *).

[Dass die
νόθοι und γνήσιοι mit einander erzogen wurden, ist 'natürlich; einmal kommt der Fall vor, dass die κούρη νοθὴ des
Priamos, Medesikaste, wegen der Kriegsgefahr zu ihrem Vater nach Troja zieht und dort mit ihrem Gatten wohnt; doch
braucht dies nicht als Ausnahme betrachtet zu werden, zumal wenn man erwägt, was sogar treue Sclaven von ihrem
Herrn zu hoffen haben (Od. φ, 214); sonst aber wird es]
als Auszeichnung erwähnt, wenn unächte Kinder den ehelichen gleich gehalten werden, z. B. Od. ξ, 202: ἐμὲ δ᾽ ὠνητὴ
τέκε μήτηρ παλλακίς· ἀλλά με ἴσον ἰθαιγενέεσσιν ἐτίμα Κά-
στωρ Ὑλακίδης κτλ., und Il. ϑ, 284, wo Agamemnon zu Teukros über Telamon sagt: καί σε νόθον περ ἐόντα κομίσ-
σατο ᾧ ἐνὶ οἴκῳ. Noch mehr hervorgehoben wird die Selbstverläugnung der ehelichen Gattin, wenn sie wie Theano den
Bastard des Gemahls gleich den eigenen Kindern erzieht (Il.
ε, 69 ff.), [wiewohl von stiefmütterlichem Hass bei Homer
überhaupt noch kein Beispiel vorkommt; Schömann I
p. 55] und auch des Grossvaters wird gedacht, der den un-
ehelichen Sohn der Tochter, freilich einen Göttersohn, pflegt,
wie sein eigenes Kind, nachdem die Mutter sich einem andern vermählt (Il. π, 179 ff.). Aber das Pietätsverhältniss
gegen den Vater vornehmlich scheint dasselbe gewesen zu
sein, wie denn in der oben aus Il. ϑ angeführten Stelle Agamemnon gegen Teukros die Pietätspflicht als Motiv zur Tapferkeit braucht. Dagegen haben die Bastarde rechtlich
keine Erbschaftsansprüche. Als Kastor's Söhne des Vaters
Erbe theilen und über die Theile das Loos werfen, finden sie
den unächten Stiefbruder mit Wenigem ab; doch geben sie
ihm eine Wohnung, Od. ξ, 210.

---

*) Nitzsch I p. 232.

42. Gegenüber diesen bürgerlich und religiös geheiligten Verhältnissen hat die Familie noch ein drittes in sich aufgenommen, das der Rechtlosigkeit (δμῶες ἀναγκαῖοι *)
Od. ω, 210) oder der Sclaverei. Das Antiquarische desselben, z. B. Erwerb der Sclaven theils durch Geburt von
andern Sclaven (Od. σ, 322), theils durch Krieg, Raub und
Kauf (vgl. besonders Od. ο, 384 ff. unten §. 60 b), ihr Werth
für den Hausherrn, ihre Beschäftigungen u. d. gl. kann uns
hier nicht interessiren **); die Entstehung desselben aber oder
die Grundlage, auf welcher die Möglichkeit der Sclaverei bei
dem Dichter überhaupt beruht, wird in der Lehre vom Völkerrecht Erklärung finden. Hier ist unsere Aufgabe, die ver-
sittlichende Kraft nachzuweisen, welche der sittliche Geist der
Familie über dies an sich unsittliche Institut ausübt, und wodurch er es so viel als die Natur desselben erlaubt ·in mancher Hinsicht veredelt.

Der Dichter erkennt die sittliche Schlechtigkeit dieses
Verhältnisses wenigstens in dessen Wirkungen. Od. ϱ, 320 —
323 sagt Eumaios: δμῶες δ᾽, εὖτ᾽ ἂν μηκέτ᾽ ἐπικρατέωσιν
ἄνακτες, οὐκέτ᾽ ἐθέλουσιν ἐναίσιμα ἐργάζεσθαι· "Ἥμισυ γάρ
τ᾽ ἀρετῆς ἀποαίνυται εὐρύοπα Ζεὺς ἀνέρος, εὖτ᾽ ἄν μιν κατὰ
δούλιον ἦμαρ ἕλησιν. Diesen Worten gemäss erkennt der
Sclave, der kein Recht hat, auch keine Pflicht an, und ar-
beitet nur aus Zwang, den zu ertragen er gelehrt werden
muss (Od. χ, 423), ist aber eben damit edler Gesinnung
verlustig gegangen, was sich selbst in seinem Aeusseren
ausprägt; Od. ω, 252: οὐδέ τί τοι δούλειον ἐπιπρέπει
εἰσοράασθαι εἶδος καὶ μέγεθος. Diese kann nur dadurch
in ihm erhalten oder ausgebildet werden, dass durch gute

---

*) [Durch dieses Epitheton sollen wohl die nicht im Hause gebor-
nen oder gekauften, sondern durch Kriegsrecht gewonnenen Sclaven bezeichnet werden: κρατερὴ δ᾽ ἐπικείσετ᾽ ἀνάγκη, wenn nämlich ἐλεύθερον ἦμαρ aufhört und ἦμαρ ἀναγκαῖον beginnt (Il. ζ,
458; 455; π, 836). — Die ἀναγκαῖοι πολεμισταί Od. ω, 499 sind
nach Il. δ, 300 und ϑ, 56 f. zu erklären.]

**) [Hierüber vgl. Hermann Priv. Alt. §. 12 u. Schömann I p. 41.
Richard de servis ap. Hom. Berol. 1851 ist uns nicht näher
bekannt geworden.]

Behandlung, ja Liebe die Gesinnung der Treue und Anhänglichkeit in ihm erwächst, welche ihn zum Gliede der Familie
macht [daher, wie Schömann bemerkt, die gleichsam eu-
phemistische Bezeichnung οἰκῆες] und seine ganze Existenz
mit dem Schicksale derselben nicht blos äusserlich, sondern
auch innerlich verwebt. Also veredelt finden wir das Sclavenverhältniss in den trefflichen Gliedern des odysseeischen Haus-
standes, in Eumaios und Eurykleia. Diese, von Laertes in ihrer Jugend gekauft, und, ohne dass sie παλλακὶς wurde, von
ihm gleich der eigenen Gemahlin geehrt (Od. α, 432), ist
nicht nur die emsige, den Vorrath des Hauses mehrende, die
Mägde beaufsichtigende Schaffnerin, sondern die treue, müt-
terliche Freundin des Hausherrn, der Hausfrau und insbesondere Telemach's, der sie zur einzigen Vertrauten seiner
Reise macht. Eumaios aber, ὄρχαμος ἀνδρῶν Od. ξ, 21 u. ö.,
als Kind durch die Treulosigkeit einer Magd seinen königlichen Aeltern von phönikischen Kauffahrern entrissen, wird
von Odysseus' Mutter, wie ein vernula, mit der Tochter des
Hauses erzogen (Od. o, 365), und ist als Mann etwa von
Odysseus' Alter ein Muster von Treue und Anhänglichkeit
an die ganze Familie (vgl. Od. ξ, 137 ff.), an deren Genius,
wenn man so sagen darf, der seinige gebunden ist, was er
selbst dem Antinoos gegenüber aufs edelste geltend zu machen sich nicht scheut; Od. ρ, 388: ἀλλ' αἰεὶ .χαλεπὸς περὶ
πάντων εἰς μνηστήρων δμωσὶν Ὀδυσσῆος, πέρι δ' αὐτ' ἐμοί·
αὐτὰρ ἔγωγε οὐκ ἀλέγω, εἴως μοι ἐχέφρων Πηνελόπεια
ζώει ἐνὶ μεγάροις καὶ Τηλέμαχος θεοειδής. Seine Stellung in
der Familie hat seine natürlich edle Gesinnung zur vollsten
Entwicklung kommen lassen, so dass er unter allen Figuren
des Dichters das meiste und tiefste religiöse Gefühl verräth;
vgl. Od. ξ, 83; 406; 420 ff.; 525. Durch ihn wird klar, dass
der Sclave wahrscheinlich durch die Geschenke seines Herrn
(Od. o, 376: μέγα δὲ δμῶες χατέουσιν — jetzt nämlich, vor
Odysseus' Abwesenheit aber nicht -- ἀντία δεσποίνης φάσθαι
— καὶ φαγέμεν πιέμεν τε, ἔπειτα δὲ καί τι φέρεσθαι
ἀγρόνδ', οἷά τε θυμὸν ἀεὶ δμώεσσιν ἰαίνει) eigenes Vermögen besitzen, ja sich selbst wieder Sclaven anschaffen kann
(Od. ξ, 449 ff.). Er lebt, wie der lakedämonische Helote, vom
Ertrage des Gutes, das er bewirthschaftet, Od. o, 373. Diese

Selbständigkeit des Sclaven geht noch weiter, wenn er (Od.
ξ, 62 coll. φ, 214 ff.) gesegneter Dienste wegen vom Herrn
mit einem Weibe vermählt, mit Haus und Feld belehnt, ja
wie ein Freund und Bruder des Sohnes angesehn wird (Od.
φ, l. c.: *καί μοι ἔπειτα Τηλεμάχου ἑτάρω τε κασιγνήτω τε
ἔσεσθον*). Hier äussert das Sclavenverhältniss die Tendenz
sich zur Hörigkeit oder Clientel zu veredeln; der sittliche
Geist der Familie ist seiner mächtig geworden und hat es
durch die Kraft der Liebe und Treue von den unsittlichen
Elementen geläutert; die Freilassung, als rechtliches Institut
zwar unbekannt, ist faktisch vollzogen.

43. Aber leider bricht sich die Wirksamkeit des Fami-
liengeistes theils an der Menge der Sclaven, die er nicht alle
zu durchdringen vermag, wovon Odysseus' Hausstand gleichfalls jene bekannten Beispiele liefert (vgl. auch Od. ο, 417 ff.) *),
theils an jenem rechtlich nicht aufgehobenem Besitzverhältniss,
durch welches der Sclave ein für allemal zur Sache geworden
ist. Trotz der innigen, ja zärtlichen Vertraulichkeit (vgl. Od.
ϱ, 35; χ, 498), welche zwischen den guten Sclaven und
Odysseus' Familie herrscht, steht gleichwohl selbst Eurykleia
der Gebieterin als völlig rechtlos gegenüber. Jene sagt in
Bezug auf ihre Verschweigung der Abreise Telemach's Od. δ,
743: *νύμφα φίλη, σὺ μὲν ἄρ με κατάκτανε νηλέϊ χαλκῷ,
ἢ ἔα ἐν μεγάρῳ κτλ.* vgl. Od. ψ, 20, und was Odysseus zu
ihr sagt τ, 488 ff. Eumaios verräth in einigen Ausserungen,
dass er sich dem Telemach gegenüber seiner Stellung als
Sclave vollkommen bewusst ist; Od. ϱ, 188: *ἀλλὰ τὸν αἰδέομαι καὶ δείδια, μή μοι ὀπίσσω νεικείῃ· χαλεπαὶ δέ τ᾽ ἀνά-
κτων εἰσὶν ὁμοκλαί***). Die Liebe hat die Furcht nicht völlig
ausgetrieben; vgl. Od. ξ, 60. Die Bestrafung der untreuen
Sclaven endlich ist nicht blos gerecht, sondern auch grausam,
Od. χ, 462 ff.; σ, 339; φ, 363.

44. In dieser bisher dargestellten Heerdgemeinschaft
ungleich-berechtigter unter einem natürlichen Oberhaupt, dessen Wille nirgends durch strenges Recht, sondern nur durch

---

*) Die verzogne Sclavin Melantho Od. σ, 322 ff.
**) Beispiel einer solchen *ὁμοκλή*: Od. φ, 369 ff.; vgl. σ, 374.

den Familiengeist selber in Schranken gehalten ist, **finden**
wir auch die erste, unmittelbare und blos natürliche Staats-
form gegeben, die **patriarchalische** *).　Ihr Merkmal ist
die **völlig gesonderte, gegenseitig beziehungs-
lose Existenz der Familien**; der Dichter hat von derselben das klarste Bewusstsein, ja spricht sogar ihr unter-
scheidendes Kennzeichen mit der grössten Bestimmtheit aus,
indem er Od. ι, 106—115 von den Kyklopen **) sagt:

Κυκλώπων δ' ἐς γαῖαν ὑπερφιάλων, ἀθεμίστων,
ἱκόμεθ', οἵ ῥα θεοῖσι πεποιθότες ἀθανάτοισιν
οὔτε φυτεύουσιν χερσὶν φυτὸν, οὔτ' ἀρόωσιν·
ἀλλὰ τάγ' ἄσπαρτα καὶ ἀνήροτα πάντα φέρουσιν
πυροὶ καὶ κριθαὶ ἠδ' ἄμπελοι, αἵτε φέρουσιν
οἶνον ἐρισταφυλον, καί σφιν Διὸς ὄμβρος ἀέξει.
Τοῖσιν δ' οὔτ' ἀγοραὶ βουληφόροι, οὔτε θέμιστες·
ἀλλ' οἵγ' ὑψηλῶν ὀρέων ναίουσι κάρηνα
ἐν σπέσσι γλαφυροῖσι θεμιστεύει δὲ ἕκαστος
παίδων ἠδ' ἀλόχων, οὐδ' ἀλλήλων ἀλέγουσιν.

In dieser Beschreibung sind alle wesentlichen Zustände
eines ohne Ackerbau, ohne künstliche Wohnungen, ohne gemeinsames Oberhaupt, ohne Versammlungen und Gericht,
sporadisch und patriarchalisch lebenden Volkes vollständig
enthalten.　Aehnliches wird aber sonst von keinem Volke gesagt, nur dass die Il. ν, 5 neben den Thrakern und Mysern
erwähnten ἀγαυοὶ Ἱππημολγοὶ γλακτοφάγοι, von denen die
Ἄβιοι, δικαιότατοι ἄνθρωποι, schwerlich zu trennen sind,
an die nomadisirenden Skythen erinnern ***).　Denn selbst das

---

*) Ueber den Staat des Heroenalters vgl. Wachsmuth hell. Al-
terthumskunde Bd. 1. p. 76 ff, und C. Fr. Hermann Staats-
Altth. §. 5 u. 55 [Culturgesch. I p. 81].

**) [Von diesen handeln ausser Diez, der neuentdeckte oghuzische
Cyclop, vgl. m. d. homer.; Halle u. Berl. 1815; Hüllmann de
Cercopibus atque Cyclopibus Col. 1826; neuerdings Bigge d.
Cyclopib. Hom. Cobl. 1856, im Auszug in Mützells Ztschr. XIV
p. 627 f.; vgl. W. Grimm die Sage von Polyphem in d. Abhdl.
d. Berl. Ak. 1857; Schömann im Greifswalder Ind. Scholl.
Sommer 1856, p. 12: „illos κύκλων conditores initio Κύκλωπας
dictos esse sumimus" etc.]

***) Unverkennbare Beziehung hierauf bei Choirilos (Düntz. Fragm.

grausame Riesenvolk der Laistrygonen hat es Od. *x*, 114 bis zu einem König und einer *ἀγορὰ* gebracht, ja sogar den Kimmeriern wird Od. *λ*, 14 ein *δῆμος* und eine *πόλις* zugeschrieben.

45. Das logisch denkbare, wenn gleich bei dem Dichter nicht als Entwicklungsstufe historisch nachweisbare Mittelglied zwischen Familie und Staat bilden die *φρῆτραι* *), d. i. die Vereinigungen der Geschlechter oder *πάτραι* nach Buttm. Mythol. II p. 310, die propinquitates (Tac. Germ. 7), und zweitens die *φῦλα*, die nationes oder Stämme einer und derselben gens (Il. *β*, 362; ib. 668: *τριχϑὰ δὲ ᾤκηϑεν κατα- φυλαδόν*, die dorischen Rhodier; vgl. Od. *τ*, 177: *Δωριέες τριχάϊκες·* so besteht auch die troische Macht aus drei Massen, den Troern, Dardanern und *ἐπικούροις* nach Il. *ϑ*, 154 coll. 497; *γ*, 456; die Troer aber sind wieder dreifach getheilt Il. *μ*, 88—97, die *τέταρτοι* v. 98 sind die Dardaner nach Il. *β*, 819). Mit entwickelter Gliederung der *φρῆτραι* wird erst die Rechtsgemeinschaft unterschiedlicher Familien möglich, wesswegen der Dichter Il. *ι*, 63 in bedeutsamer Stellung sagt: *ἀφρήτωρ, ἀϑέμιστος, ἀνέστιός ἐστιν ἐκεῖνος, ὅς κτλ.*, das heisst: aus der Geschlechtsgenossenschaft und dem hiedurch bedingten Rechtsverbande, ja sogar aus der Heerd- d. h. Familien-Gemeinschaft ist auszuschliessen, wer —. Aber das in Familien oder Geschlechter, Geschlechtsgenossenschaften und Stämme gegliederte Volk hat von den Zeiten der patriarchalischen Lebensform her seine Einheit in dem König (Il. *β*. 203: *οὐ μέν πως πάντες βασιλεύσομεν ἐνϑάδ᾽ Ἀχαιοί. Οὐκ ἀγαϑὸν πολυκοιρανίη· εἷς κοίρανος ἔστω, εἷς βασιλεὺς, ᾧ ἔδωκε Κρόνου παῖς ἀγκυλομήτεω*). Dessen Macht stammt so wenig vom Volke, als die des Hausherrn von den Kindern; er hat sie desshalb nicht durch Vertrag oder Wahl, sondern lediglich von Zeus. Diese Vorstellung verräth sich nicht

---

p. 97): *μηλονόμοι τε Σάκαι γενεῇ Σκύϑαι, αὐτὰρ ἔναιον Ἀσίδα πυροφόρον· νομάδων γε μὲν ἦσαν ἄποικοι ἀνϑρώπων νο- μίμων.*

*) Wachsmuth hell. Alterthumskunde Bd. 1. Beil. 7. p. 312 ff. [Hermann St. A. §. 5, 7; vgl. Culturgesch. I p. 94; Schömann I p. 89.]

blos gelegentlich bei dem Dichter, wie etwa in den allbekannten Beiwörtern διογενής, διοτρεφής, Διΐ φίλος, oder in
den die Fürstengeschlechter durch Blutsverwandtschaft an die
Götter knüpfenden Genealogieen (vgl. Od. δ, 27), sondern er
hat über dieselbe ein mehrfach theoretisch sich ausspre-
chendes Bewusstsein; vgl. Il. α, 279: ἐπεὶ οὔποϑ᾽ ὁμοίης (sc.
ἀλλὰ μείζονος) ἔμμορε τιμῆς σκηπτοῦχος βασιλεύς, ᾧτε Ζεὺς
κῦδος ἔδωκεν· Il. ρ, 248 — 251: ὦ φίλοι, Ἀργείων ἡγήτορες
ἠδὲ μέδοντες, οἵτε παρ᾽ Ἀτρείδης — δήμια πίνουσιν, καὶ ση-
μαίνουσιν ἕκαστος λαοῖς· ἐκ δὲ Διὸς τιμὴ καὶ κῦδος ὀπηδεῖ.
Il. ζ, 159: ἐπεὶ πολὺ φέρτερος ἦεν Ἀργείων (sc. Προῖτος)·
Ζεὺς γάρ οἱ ὑπὸ σκήπτρῳ ἐδάμασσεν, womit zu vergleichen
Od. α, 390: καί κεν τοῦτ᾽ (τὸ βασιλεῖον γέρας) ἐθέλοιμι,
Διός γε διδόντος, ἀρέσθαι. Vgl. ausserdem Il. β, 197, ι, 38
und Il. β, 101 ff., wo das Scepter, welches Agamemnon führt,
für uns das Symbol der Herrschgewalt über den Peloponnes,
auf Zeus' unmittelbare Schenkung zurückgeführt wird. Desswegen ist das Königthum, τιμή (Od. α, 117) oder γέρας vorzugsweise genannt (Il. υ, 182; Od. λ, 175), auch erblich in
der Familie nach Od. α, 386. 387: μὴ σέγ᾽ ἐν ἀμφιάλῳ Ἰθά-
κη βασιλῆα Κρονίων ποιήσειεν· ὅ τοι γενεῇ πατρώϊόν ἐστιν·
Il. υ, 182 f.: οὔ τοι τοὔνεκά γε Πρίαμος γέρας (sc. βασιλήϊον)
ἐν χερὶ ϑήσει· εἰσὶν γάρ οἱ παῖδες· denn sie hat die königlichen Rechte von Zeus einmal überkommen [wesshalb diese
auch an den Gemahl einer Erbtochter übergehen können,
wie bei Helena an Menelaos; Schömann I p. 32] und es
können ihr dieselben nur durch Usurpation entrissen werden *). [Wo ein Prätendent göttliche Zeichen und die Anhänglichkeit des Volkes für sich hat, ist das Erbfolgerecht in
Frage gestellt und muss mit dem Schwert behauptet werden,
Od. π, 95 f.; 105 f.; denn das Scepter kann sogar einem re-
gierenden König, wenn er alt und schwach ist, mit Gewalt
genommen werden[1]), Od. λ, 175 f.; 495 ff. und wie Aigisthos

---

*) Etwas anderes ist es, wenn der regierende König den Eidam zum
Mitregenten annimmt und ihn succediren lässt, Il. ζ, 192. Die
Möglichkeit eines Ausschlusses von der Thronfolge ergiebt sich
aus Il. υ, 182 ff.

1) Nitzsch I p. 14. 62.

im Einverständniss mit Klytaimnestra ohne Widerspruch des
Volks sich dasselbe aneignet, so könnte auch ein zweiter im
Volk angesehener Gemahl der Penelope es gewinnen (o,
520 ff.). Gegen Aristoteles, welcher (Polit. 3, 14, 2. p. 214
Cas.) das heroische Königthum geradezu als auf dem Volks-
willen begründet darstellt, ist jedoch zu bemerken, dass die
wenigen obigen Stellen (vgl. π, 375), welche dafür zu sprechen scheinen, das Volk doch nur als einen unter mehreren
Faktoren erscheinen lassen, welche das Königthum bedingen,
die alleinige Entscheidung ihm aber keineswegs zusprechen.
Dann aber gehören alle diese Fälle auch abnormen Zuständen an, insofern ein lange erledigter oder von einem sehr
alten Könige — Peleus — noch immer behaupteter (nicht
wie von Laertes aufgegebener) Thron Gegenstand des Strei-
tes werden und dann freilich nur mit Gewalt d. h. durch Anhang im Volk — denn an eigentliche Wahl ist auch hier
nicht zu denken — entschieden werden kann. — Später er-
litt das Erbfolgerecht freilich bald Aenderungen, worüber man
Wachsmuth Hell. Alt. I §. 43 p. 376 f. Ed. 2. vergleichen
mag.] Vgl. Od. o, 533, wo Theoklymenos zu Telemach sagt:
ὑμετέρου δ᾽ οὐκ ἔστι γένος βασιλεύτερον ἄλλο ἐν δήμῳ Ἰθάκης, ἀλλ᾽ ὑμεῖς καρτεροὶ αἰεί, so dass Telemach Od. α, 394,
wo er die Königswürde abzulehnen scheint, der Faktion
der Freier gegenüber (cf. Od. π, 361; 375, und 114) nur
den Umständen nachgiebt, von den Geronten Ithaka's aber
anerkannt wird (Od. β, 14: ἕζετο δ᾽ ἐν πατρὸς θώκῳ, εἶξαν
δὲ γέροντες). Darum ist sein Geschlecht auch heilig; Od. π,
401: δεινὸν δὲ γένος βασιλήϊόν ἐστι κτείνειν. Am göttlichen
Rechte des Königthums participiren auch die unmittelbaren
Diener desselben, die Herolde *), Διὸς ἄγγελοι ἠδὲ καὶ ἀνδρῶν, Διὶ φίλοι genannt (Il. α, 334; θ, 517).

46. Gross ist daher die Ehre der Könige **) daheim
sowohl als im Felde. [Od. α, 392: οὐ μὲν γάρ τι κακὸν βα-
σιλευέμεν· αἶψά τέ οἱ δῶ ἀφνειὸν πέλεται καὶ τιμήστερος
αὐτός.] Daheim geniessen sie den Ertrag des ihnen vom

---

*) [Vgl. Kostka üb. d. κήρυκες b. Hom. Lyck. 1844.]
**) [Vgl. Lessmann de dignitate regia etc. Paderborn 1828.]

Volke gegebenen Landguts, des τέμενος (die Stellen bei Nitzsch I p. 28), so wie der Ehrengaben beim Mahle; Il. μ, 310: Γλαῦκε, τίη δὴ νῶϊ τετιμήμεσθα μάλιστά ἕδρη τε κρέασίν τ' ἠδὲ πλείοις δεπάεσσιν, ἐν Λυκίη, πάντες δὲ θεοὺς ὡς εἰσορόωσιν, καὶ τέμενος νεμόμεσθα μέγα Ξάνθοιο παρ' ὄχθας καλὸν φυταλιῆς καὶ ἀρούρης πυροφόροιο; Od. λ, 185: ἀλλὰ ἕκηλος Τηλέμαχος τεμένη νέμεται (Antikleia weiss nichts von den Freiern), καὶ δαῖτας εἴσας δαίνυται, ᾶς ἐπέοικε δικασπόλον ἄνδρ' ἀλεγύνειν· πάντες γὰρ καλέουσι. [Wir halten die Stelle nicht mit Nitzsch III p. 217 ff. für verderbt, ohne dass uns jedoch Amcis in Bezug auf ἐπέοικε ganz befriedigt. Wir übersetzen: Telemach waltet des Kronguts und schmauset bei gebührenden Gastmählern, wie sie ein Gericht haltender Mann beschaffen muss; denn alle (δικασπόλοι) laden ihn ein *).] Hiezu kommen noch besondere Geschenke; Il. ι,

---

*) [Man vergegenwärtige sich die Lage. Antikleia ist vor dem Auftreten der Freier gestorben, d. h., wenn man überhaupt rechnen darf, dreizehn Jahre nach Odysseus' Ausfahrt. Von den königlichen Funktionen kann nun die richterliche in Friedenszeiten am wenigsten cessiren und überhaupt ist doch bei längerer Abwesenheit eine Vertretung nöthig. Wer ist hier Vertreter? Telemach nicht (s. Nitzsch a. O.), Laertes noch weniger (λ, 187 ff.), also naturgemäss die Geronten, und zwar nicht einer als Vicekönig, sondern alle abwechselnd. Wenn nun Alkinoos von den andern βασιλῆες oder Φαίηκες ἀγηνοί d. i. Geronten zur Berathung somit zum Mahle geladen wird (ζ, 54 f.), ist es dann so abnorm, dass auch der künftige König Telemach ebenso von demjenigen Geronten geladen wird, der gerade den Vorsitz hat, somit auch das Mahl gibt? Dass wir sonst nichts darüber hören, ist kein Gegenbeweis; abgesehen davon, dass die weiteren Berichte über Ithaka fast alle das zwanzigste Jahr nach Odysseus' Ausfahrt schildern. Inzwischen hatte das Unwesen der Freier begonnen; bis dahin seit dem Zug nach Troja οὔτε ποθ' ἡμετίρη ἀγορὴ γίνετ' οὔτε θόωκος sagt Aigyptios (β, 26) und wenn hier Telemach seinen Zweck trotz obigen Berichtes nicht erreicht, so lässt sich auch annehmen, dass in diesen sieben Jahren, bei seiner Machtlosigkeit und anscheinenden Schlaffheit, die Stimmung im Volk und Rath theilweise umschlug (um so mehr als des Odysseus Rückkehr immer unwahrscheinlicher wurde) zu Gunsten eines andern künftigen Herrn, eines Antinoos oder Eurymachos, τὸν νῦν ἶσα θεῷ Ἰθακήσιοι εἰσορόωσιν, ο, 520.]

154: ἐν δ᾽ ἄνδρες ναίουσι πολύῤῥηνες, πολυβοῦται, οἵ κέ ἑ
δωτίνῃσι θεὸν ὡς τιμήσουσιν, καί οἱ ὑπὸ σκήπτρῳ λιπα-
ρὰς τελέουσι θέμιστας· *) vgl. Od. α, 393. Diese sowohl
als die Mahle stellen sich als die für Uebung der Rechtspflege
zu leistende Gebühr dar. [Doch ist dies [1]) nicht so zu verstehen, als ob die jedesmaligen Parteien diese Beisteuern geleistet hätten; denn dann wäre allerdings die Möglichkeit der
Bestechung eine sehr bedenkliche; sondern jedenfalls waren
im allgemeinen auf diese Weise die festgesetzten oder zu gewissen Zeiten üblichen Abgaben motivirt, welche Jeder nach
Vermögen leistete.] Im Felde bekommt der Fürst ausser
dem Beuteantheil auch noch das γέρας (Od. λ, 534: μοῖραν
καὶ γέρας ἐσθλὸν ἑλών· vgl. Il. α, 118 ff.; ι, 367) und scheint
überhaupt über die Beute ziemlich willkürlich verfügt zu haben; vgl. Il. ι, 135 ff.; α, 165; besonders ι, 330—333 [wo
freilich Achilleus, wie er v. 646 selbst eingesteht, in Leidenschaft spricht, daher möglicher Weise etwas übertreibt]; λ,
687. 696. 704. [vgl. Od. ι, 42; Il. ι, 229 ff.]. Jene Ehre wird
um so grösser, je mächtiger der König ist, so dass sich vor
der Herrlichkeit der von Zeus geschenkten Machtfülle die
grössere persönliche Thätigkeit selbst eines anderen Königs
beugen muss. Was Agamemnon Il. ι, 160 in Bezug auf
Achilleus sagt: καί μοι ὑποστήτω, ὅσσον βασιλεύτερός
εἰμι, ist ganz dasselbe, was Il. α, 280 Nestor anerkennt: εἰ
δὲ σὺ κάρτερός ἐσσι, θεά τέ σε γείνατο μήτηρ, ἀλλ᾽ ὅγε φέρτερός ἐστιν, ἐπεὶ πλεόνεσσιν ἀνάσσει· vgl. ι, 96 ff., wo derselbe sagt: Ἀτρείδη κύδιστε, ἄναξ ἀνδρῶν Ἀγάμεμνον, ἐν
σοὶ μὲν λήξω, σέο δ᾽ ἄρξομαι· οὕνεκα πολλῶν λαῶν ἐσσὶ
ἄναξ καί τοι Ζεὺς ἐγγυάλιξεν σκῆπτρόν τ᾽ ἠδὲ θέμιστας, ἵνα
σφίσι βουλεύῃσθα. [Bei dieser Gelegenheit mag auch der
Titel ἄναξ ἀνδρῶν erwähnt werden, welchem Gladstone Studies etc. Vol. I, 2 ein eigenes Capitel (9) gewidmet hat (nach
der Inhaltsangabe in Mützells Ztschr. XIV p. 514). Wir bemerken, dass derselbe dem Agamemnon 45mal in der Ilias,

---

*) [Schömann erklärt (I p. 94) die θέμιστες als festgesetzte Ga-
ben oder Gebühren, im Gegensatz zu den freiwilligen δωτῖναι.]
1) Dissert. N. III p. 217.

zweimal in der Odyssee gegeben ist, darunter neunmal in
der Il. und Od. λ, 397 in der vollen gleichsam officiellen
Anrede: Ἀτρείδη κύδιστε, ἄναξ ἀνδρῶν Ἀγάμεμνον. Da dieser Titel wie wir sogleich zeigen werden nur noch vier anderen Fürsten je einmal ertheilt wird, so liegt die Vermuthung nahe, dass derselbe sich speciell auf die Stellung des
Agamemnon beziehen müsse, und der ἄναξ ἀνδρῶν dadurch
von den ἀγοὶ ἀνδρῶν und ὄρχαμοι λαῶν, wie Agamemnon
nur Il. ξ, 102 sonst meist Menelaos angeredet wird, sich unterscheiden. (Ὄρχαμος ἀνδρῶν scheint ein noch allgemeinerer
Titel zu sein, den unter anderen der geborne Königssohn
Eumaios, aber auch der Hirte Philoitios erhält.) In der That
erscheint jenes Prädicat Agamemnons auch immer da, wo
irgend ein Bezug auf seine Stellung als Oberkönig durchblickt, sei es im Rath, wo er solchen giebt oder gutheisst,
oder in der Volksversammlung, oder bei Vertheilung von Gaben, oder als Oberpriester beim Opfer, oder als Heerführer
im Kampf. Ausser ihm haben diesen Titel nur Anchises Il.
ε, 268 und Aineias ib. 311, (ob mit Rücksicht auf das Il. v,
178 ff. 300 angedeutete Verhältniss? Doch wohl eher) als
Gebieter des alten Dardanerstammes und vielleicht Führer
einer Symmachie oder eines Systema vgl. im Schiffscatalog
v. 819 ff. Schwer ist der Grund zu diesem auszeichnenden
Titel bei Eumelos ψ, 228 vgl. β, 714 und kaum bei Euphe-
tes o, 532 einzusehen, wenn man nicht annehmen will, dass
hier schwache Spuren eines den Zuhörern Homers noch bekannten Bundesverhältnisses vorliegen. Freilich sollte man
dann diesen Titel nach π, 173—197 noch eher für Achilleus,
nach δ, 295 f. für Nestor erwarten. Orsilochos ist πολέεσσ᾽
ἄνδρεσσιν ἄναξ ε, 546.] In dieser hohen Ehre des Königthums findet auch das Verhältniss des θεράπων seine Begründung, kraft dessen sich oft ein fürstlich geborener Held
zu dem königlichen Freunde in brüderlicher, jedoch entschiedener Unterwürfigkeit gesellt, und ihm in Krieg und Haus
zu jeglichen Diensten hold und gewärtig ist. Man gedenke
der Verhältnisse nicht nur des Meriones zu Idomeneus, des
Sthenelos zu Diomedes, des Patroklos zu Achilleus in Schlacht
und Krieg, sondern auch wie sich Patroklos und Antilochos
um Achilleus Il, ι, 190 ff.; τ, 315 ff., ferner Eteoneus um

Menelaos Od. *δ,. 22 ; o, 95 ff.* im häuslichen Dienste bemühn; während Menelaos selbst vor Troja in einer Art von Theraponten-Verhältniss zu seinem Bruder steht (Il. *β, 408 f.*, wo er kommt, um zur Bereitung des Mahles zu helfen, d. i. zu thun, was sonst der *θεράπων* thut). Wie Od. *δ,* 22 *κρείων* Ἐτεωνεὺς der ὀτρηρὸς *θεράπων* Μενελάου genannt wird, so ist Od. *σ,* 423 der *ἥρως* Μούλιος, κῆρυξ Δουλιχιεύς, der *θεράπων* des Amphinomos. Man vergleiche noch Il. *δ,* 227 ; *ζ,* 18, besonders *η,* 149 ff. und über das Theraponten-Verhältniss überhaupt Nitzsch I p. 233.

47. Aber die höchste Ehre der Könige liegt wesentlich in ihrem Berufe [*ποιμένες λαῶν* zu sein], der Il. *π,* 542 in den Worten Σαρπήδων Λυκίην εἴρυτο δίκῃσί τε καὶ σθένεῖ ᾧ *) als Landeswahrung (Il. *ι,* 396) durch Richteramt und persönliche Tapferkeit bestimmt ist (genau so. wird 1. Samuel. 8, 20 das Königthum bezeichnet). Persönliche Tapferkeit, sagen wir. Denn in den Kriegen der Heroenzeit, wo sich von Taktik kaum noch und nur bei Nestor (Il. *β,* 362; *δ,* 297; vgl. Bothe zu *ρ,* 382) und etwa bei Ajas (*ρ,* 354—359) eine Spur findet**), geben die Fürsten persönlich als *πρόμαχοι* den Schlachten ihre Wendung, indem sie die persönlichen Mittelpunkte des Vordringens oder Weichens sind. So wird Il. *ε,* 643 zu Sarpedon gesagt: σοὶ δὲ κακὸς μὲν θυμὸς, ἀποφθινύθουσι δὲ λαοί. Vgl. Il. *α,* 344. Das Richteramt aber, um dessen willen der König auch *θεμιστοπόλος* heisst***) (Hymn. Dem. 103; 473), und zu dessen Verwaltung er die von Zeus überkommenen rechtlichen Satzungen zu wahren hat (Il. *α,* 238: δικασπόλοι, οἵτε θέμιστας πρὸς Διὸς †) εἰρύαται), übt er theils allein, wie sich vielleicht aus Od. *μ,* 440 erschliessen lässt, viel häufiger aber

---

*) Aehnlich Soph. OC. 68; vgl. d. Ausll.

**) Siehe Heyne Exc. I ad Il. *δ.*

***) [An sich kommt dies Beiwort aber jedem Richter zu, wie auch δικασπόλος. (Il. *α,* 238 ; Od. *λ,* 186, von welch letzterer Stelle in der Note zum vor. §. die Rede war).]

†) [Diese auch in der Anm. z. d. St. gegebene Erklärung des πρὸς Διὸς wird gerechtfertigt durch *ι,* 98 f.; durch Il. *π,* 386 ff. und Od. *π,* 403 keineswegs widerlegt.]

mit Beisitzern vor versammeltem, die Parteien unterstützendem, zum Mitstimmen aber nicht berechtigtem Volke; vgl. Il. σ, 497 ff.; π, 381. Eine dritte Funktion hat er in der jedoch ihm nicht ausschliesslich zukommenden Berufung und Leitung der βουλὴ und ἀγορά, wovon weiter unten. — Derjenige König nun, der seinem fürstlichen Berufe treulich nachkommt, und in seinem Volke Gerechtigkeit aufrecht erhält, bringt dadurch den Segen göttlicher Gnade über sein Land, und dass er dies kann, darin eben liegt die höchste denkbare Ehre des Berufs; Od. τ, 108 — 114: ἦ γάρ σευ κλέος οὐρανὸν εὐρὺν ἱκάνει, ὥστε τευ ἦ βασιλῆος ἀμύμονος, ὅστε θεουδὴς ἀνδράσιν ἐν πολλοῖσι καὶ ἰφθίμοισιν ἀνάσσων εὐδικίας ἀνέχῃσι· φέρῃσι δὲ γαῖα μέλαινα πυροὺς καὶ κριθάς, βρίθῃσι δὲ δένδρεα καρπῷ, τίκτει δ᾽ ἔμπεδα μῆλα, θάλασσα δὲ παρέχῃ ἰχθῦς, ἐξ εὐηγεσίης· ἀρετῶσι δὲ λαοὶ ὑπ᾽ αὐτοῦ. Ein Beispiel vom Gegentheil giebt Il. π, 386 ff.

48. Es hat sich aber in der Vorstellung des Dichters gleichwohl das patriarchalische Heroenkönigthum in Folge des qualitativen, von andern Menschen sie wesentlich unterscheidenden Vorzugs (cf. Od. υ, 195) nicht gereinigt von dem despotischen Elemente unbeschränkter Willkür, so dass das ihnen zugeschriebene göttliche Recht, analog der den Göttern selbst zugetrauten Unsittlichkeit, blos einräumende und gewährende, nicht zugleich auch zu göttlicher Lauterkeit verpflichtende Kraft hat. Penelope fragt Od. δ, 687 ff. die Freier, ob sie nicht von ihren Aeltern gehört, welch ein König Odysseus gewesen, οὔτε τινα ῥέξας ἐξαίσιον, οὔτε τι εἰπὼν ἐν δήμῳ, ἥ τ᾽ ἐστὶ δίκη θείων βασιλήων· ἄλλον κ᾽ ἐχθαίρῃσι βροτῶν, ἄλλον κε φιλοίη. Denn wenn hier auch δίκη nicht geradezu mit „Recht" übersetzt werden darf, so bezeichnet es doch eine durch das Herkommen sanctionirte Art und Weise, eine fast zum Rechte gewordene Gewohnheit *). Vgl. auch β, 230 ff.; ξ, 62. 138 f. (Nitzsch I p. 73). Die Gewalt über die Unterthanen geht so weit, dass ganze Städte nicht nur verschenkt (Il. ι, 149), sondern sogar ausgeleert

---

*) [Vgl. hierüber τ, 43; λ, 218; ξ, 69.]

werden können, um andere fremde Bewohner einzunehmen; siehe die bekannte Stelle Od. *δ*, 174: *καί κέ οἱ* (dem Odysseus) *'Αργεϊ νάσσα πόλιν καὶ δώματ' ἔτευξα, ἐξ 'Ιθάκης ἀγαγὼν σὺν κτήμασι καὶ τέκεϊ ᾧ καὶ πᾶσιν λαοῖσι, μίαν πόλιν ἐξαλαπάξας, αἲ περιναιετάουσιν, ἀνάσσονται δ' ἐμοὶ αὐτῷ.* Weder diese Stelle selbst *), noch sonst eine Andeutung im Dichter giebt Veranlassung, die Vertriebenen und Neuaufgenommenen blos von Grundholden der königlichen Familien zu verstehn. Aehnliches verheisst Il. *ι*, 149 Agamemnon dem Achilleus und Hektor besinnt sich *χ*, 117 ff., ob er nicht den ganzen Raub des Alexandros und dazu alle bewegliche Habe der Trojaner den Feinden überantworten soll. Redefreiheit und Widerspruch, obwohl ein dem Edeln zustehendes Recht (Il. *ι*, 33 coll. 100 ff.: *'Ατρείδη, σοὶ πρῶτα μαχήσομαι ἀφραδέοντι, ἢ θέμις ἐστὶν, ἄναξ, ἀγορῇ*), ist selbst dem Hektor nicht angenehm; Il. *μ*, 211: *῞Εκτορ, ἀεὶ μέν πώς μοι ἐπιπλήσσεις ἀγορῇσιν, ἐσθλὰ φραζομένῳ· ἐπεὶ οὐδὲ μὲν οὐδὲ ἔοικεν δῆμον ἐόντα παρὲξ ἀγορευέμεν, οὔτ' ἐνὶ βουλῇ, οὔτε ποτ' ἐν πολέμῳ, σὸν δὲ κράτος αἰὲν ἀέξειν.* Tyrannischer Art ist Agamemnon's Benehmen gegen Achilleus, gegen den Priester Chryses, Il. *α*; des Heerführers ungerechter Tadel Il. *δ*, 401 wird auch von Diomedes schweigend hingenommen (*τὸν δ' οὔτι προσέφη κρατερὸς Διομήδης, αἰδεσθεὶς βασιλῆος ἐνιπὴν αἰδοίοιο*). Odysseus kann Il. *β*, 192 f. zu den Fürsten sagen: *οὐ γάρ πω σάφα οἶσθ', οἶος νόος 'Ατρείδαο· νῦν μὲν πειρᾶται, τάχα δ' ἴψεται υἷας 'Αχαιῶν.* Um so weniger fällt es auf, wenn der Fürst mit einem Manne vom Volke sehr wenig Umstände macht; Il. *β*, 198: *ὃν δ' αὖ δήμου ἄνδρα ἴδοι βοόωντά τ' ἐφεύροι, τὸν σκήπτρῳ ἐλάσασκεν ὁμοκλήσασκέ τε μυθῷ κτλ.*; vgl. Il. *ω*, 247: *ἦ, καὶ σκηπανίῳ δίεπ' ἀνέρας* (Priamos). Weltberühmt ist Odysseus' Verfahren gegen den ungezogenen Schreier Thersites. [Sehr merkwürdig tritt aber die Abhängigkeit des

---

*) Ueber die Bedenken, welche sie veranlasst, vgl. Nitzsch. Mag immerhin in Menelaos' Aeusserungen viel freundschaftliche Phantasie sein und die Ausführung derselben kaum denkbar; für die Macht, die er sich zutraut, bleiben diese Verse immer beweisend.

Volks von dem Willen des Königs, selbst wenn er ungerecht und verderblich wäre, in einem Verhältniss hervor, auf welchem die Handlung der Ilias zum guten Theil beruht. Paris, welcher der Helene selbst und noch mehr den Troern, diesen sogar wie die Ker verhasst ist[1], verweigert dennoch hartnäckig die vollkommene Erfüllung der von ihm selbst angebotenen und feierlich stipulirten Vertragsbedingungen am Tage seiner Besiegung durch Menelaos vor der ganzen troischen Volksversammlung: ἀντικρὺ δ᾽ ἀπόφημι, γυναῖκα μὲν οὐκ ἀποδώσω (η, 362); nur die geraubten κτήματα will er mit eigenen vermehrt herausgeben. Priamos, μήστωρ θεόφιν ἀτάλαντος, unterstützt ihn und auf seinen Vorschlag, dem das Volk gerne zustimmt (v. 379), geht der Herold ins Feindeslager, um im Namen des Königs und Volks einen Antrag zu überbringen, der voraussichtlich den traurigen Krieg nicht enden wird. Dies Verhältniss erschien schon dem Herodot[2] so merkwürdig und unglaublich, dass er darauf sein bekanntes Raisonnement über den Aufenthalt der Helene in Aegypten gründet.] Dazu vergleiche man, was Hektor dem Paris vorwirft Il. ζ, 326 ff. und den ähnlichen Fall ν, 107 ff.

49. Trotz solcher Machtfülle des Königthums, die sich auch über zwei politisch gesonderte Stadtgemeinden erstrekken kann (Od. ο, 412), und die besonders hervortritt bei Gründung neuer Staaten durch Uebersiedlung (Od. ζ, 8 ff., wo der Häuser- und Tempelbau, die Befestigung der Stadt, die Ackervertheilung — vgl. Isocr. 3, 28 — durch den König geleitet wird), finden sich gleichwohl sehr wenig Beispiele von schnödem Missbrauche derselben oder von Revolutionen, wie sie der Druck hervorruft *). Als grausamer

---

1) Handlung der Il., das Volk vermag nichts gegen Paris, dem Priamos nachgiebt. Il. η, 348—397. cf. ad γ, 454.

2) 2, 120. (Randbem. zu Ann. ad γ, 454.)

*) Wenn Aineias αἰεὶ Πριάμῳ ἐπεμήνιε δίῳ οὕνεκ᾽ ἄρ᾽ ἐσθλὸν ἐόντα μετ᾽ ἀνδράσιν οὔτι τίεσκεν, ν, 460, so zeugt dies freilich von einer Unbilligkeit des Königs, nach dem oben erwähnten Grundsatz (Od. δ, 691 f.), aber der Beleidigte rächt sich hier nur durch

Wüthrich wird in einigen Stellen der Odyssee ein König des Festlandes Echetos genannt, und Empörung und Königsmord hatten nur die Thesproten gegen Antinoos' Vater im Sinn, der das Volk durch seine Verbindung mit den räuberischen Taphiern drückte, wurden aber von Odysseus in Schranken gehalten (Od. π, 424 ff.). In Ithaka selbst stützen sich die Freier bei ihren usurpatorischen Bestrebungen auf einen bedeutenden Anhang im Volke (Od. β, 51; 70. 74, vgl. Nitzsch I p. 79), dem sie aber nach ihrem Anschlag auf Telemach's Leben (Nitzsch I p. 299) nicht mehr vollkommen trauen (π, 375), und dem wenigstens ein Theil des Volkes das Gegengewicht hält (οὔτε τί μοι πᾶς δῆμος ἀπεχθόμενος χαλεπαίνει, π, 114). Die Möglichkeit einer revolutionären Stimmung im ganzen Volke setzen die oben berührten Stellen Od. γ, 215; π, 95 voraus. Die schnell beendigte Revolution in Ithaka nach dem Freiermorde (Od. ω, 420 ff.) wird durch das Verlangen nach Blutrache veranlasst (ib. 434); Aigisthos dagegen ist sieben Jahre lang im Besitz der angemassten Herrschaft (Od. γ, 304. 305).

50. Nun war aber das politische Leben Griechenlands bestimmt, das Individuum im Staate zu seinem Rechte kommen zu lassen, so wie dem Staate selbst durch organische Gliederung eigentliches Leben zu verleihen. Es tritt daher bei dem Dichter schon sehr bedeutsam ein aristokratisches, und in schwachen Anfängen ein demokratisches Element im Staatsleben hervor. Neben dem Könige steht ein Adel, [vgl. κούρητας ἀριστῆας Παναχαιῶν Il. τ, 193, 248] aus dem sich bei den Phaiaken zwölf βασιλῆες als βουλὴ des Oberkönigs, gerade wie sich eine solche im Lager vor Ilios findet, ausgesondert haben *), zu welchen derselbe, wie Helbig p. 63 richtig bemerkt, im Verhältnisse des primus inter pares steht; Od. ϑ, 390: δώδεκα γὰρ κατὰ δῆμον ἀριπρεπέες βασιλῆες ἀρχοὶ κραίνουσι, τρισκαιδέκατος δ' ἐγὼ αὐτός. Eine solche βουλὴ findet sich auch in Eumaios' Vaterlande, der Insel

Fernbleiben vom Kampf. [Vgl. v, 178—182 und 306 f., wo ein anderer Grund zu jener μῆνις angedeutet sein könnte.]
*) Vgl. Nitzsch I p. 68 ff.

Συρίη Od. ο, 467. In Troja stehn dem Könige gleichfalls βασιλῆες (Il. υ, 84) oder δημογέροντες zur Seite, Il. γ, 146, wie in Ithaka und bei den Aitolern γέροντες, Od. φ, 21; Il. ι, 574; bei den Pyliern ἄνδρες ἡγήτορες Il. λ, 687. In Ithaka und in den umliegenden Inseln ist, wie die Menge der Freier [π, 247 ff.] beweist, der Adel sehr zahlreich, vgl. Od. α, 245 ff., und mächtig; sonst wäre die frevelhafte Occupation des königlichen Hauses und Haushalts so wie das Streben so Vieler nach der Königswürde nicht erklärlich (Od. ο, 520 ff.). Die politische Berechtigung des Adels besteht in der wohl nirgends fehlenden Theilnahme desselben an der βουλή (daher ἀνὴρ βουληφόρος [γέροντες βουλευταί]) und an der Rechtspflege [daher auch ἄνδρες δικασπόλοι s. §. 46]; vgl. Hymn. Dem. 150: ἀνέρες, οἷσιν ἔπεστι μέγα κράτος ἐνθάδε τιμῆς, δήμου τε προὔχουσιν ἰδὲ κρήδεμνα πόληος εἰρύαται βουλῇσι καὶ ἰθείῃσι δίκῃσιν· ferner in der Befugniss theils stellvertretend, wie einige Male in der Odyssee, theils selbständig (Il. α, 54; β, 207 ff.; τ, 40 ff.) eine Volksversamm. lung zu berufen, endlich in der Anführung besonderer Heeresabtheilungen im Kriege (Il. β, 563 ff.; vgl. Od. ν, 265, wo sich angeblich ein Edler des Landes im Feldzuge dem Theraponten-Verhältniss zum Fürsten entzieht und als selbständiger ἀρχὸς auftritt). Ueberhaupt stehen sie dem König in allen öffentlichen Geschäften zur Seite; vgl. Od. φ, 21; Il. ι, 422; χ, 119 (der ὅρκος γερούσιος); λ, 687, und Einzelne können wie dieser ein τέμενος haben (Nitzsch I p. 69); vgl. Od. η, 150.

51.[1]) Der Anfang einer politischen Berechtigung der πληθὺς oder des δῆμος, wie die Volksgemeinde stets genannt wird, liegt in seiner selbst in Ilios (Il. β, 788; γ, 209) anerkannten Befugniss eine ἀγορὰ zu bilden. Diese hat aber durchaus nur den Charakter einer römischen concio, ohne die Rechte der comitia auch nur annäherungsweise zu besitzen (vgl. Rubino Untersuchungen über röm. Verf. I p. 254). Sie stimmt einem Vorschlage in der Regel durch Acclamation bei, wie Il. ι, 50: οἳ δ' ἄρα πάντες ἐπίαχον υἷες Ἀχαιῶν· [oder

---

1) Vgl. Nitzsch I p. 68. II p. 168 ff. [Schömann I p. 25 f.]

ἐπὶ κελάδησαν oder ἐπήνεσαν· auch durch Schweigen kann
im besonderen Fall die Zustimmung ausgedrückt werden (α,
22 vgl. Döderlein Gl. III p. 173); im allgemeinen aber
hat das Volk zu gehorchen und thut es auch gerne, wie öfters
bemerkt ist (Il. ι, 79; η, 378), also ist dies wohl nicht die Regel?
Etwaige Missbilligung oder gar Annullirung eines Vorschlags
durch dasselbe kommt nicht vor. Doch nahm man Rücksicht auf
die öffentliche Meinung, besonders wenn sie genehm war
(Il. η, 406)· und suchte sie für sich zu gewinnen [1]). Aber
es findet sich auch von positiver Entscheidung durch das
Volk keine Spur; ja nicht einmal eine Stimme aus seiner
Mitte — abgesehen von Thersites, der eben eine Ausnahme
bildet — wo wir eine solche erwarten könnten *) (Od. β, 81).

---

1) Charakteristisch σ, 296. 310 ff. [Hektor appellirt nämlich hier
dem Pulydamas gegenüber an die Troer. Dieser Anerkennung
des Volkswillens folgt aber sogleich die Aeusserung, er werde
es nicht dulden, dass sie jenem zustimmen — und dies spricht
er vor ihren Ohren aus. Und sie folgen wirklich dem Hektor,
freilich verblendet von Athene. Dieser Zusatz lässt nicht schliessen, dass im entgegengesetzten Fall Hektors Vorschlag rechtlich
aufgehoben gewesen wäre, sondern beweist nur das blinde Vertrauen des Volks auf seinen Führer (ζ, 403). — Darum hat
auch die ἀγορή so gut wie die μάχη (die beiden Hauptgebiete
männlicher Tüchtigkeit, vgl. β, 370; δ, 400; ι, 440; ο, 283; σ,
106; 252; Od. δ, 818) das Epithon κυδιάνειρα Il. α, 490. — Die
Stelle Od. ξ, 239 beweist höchstens, dass der angebliche Kretenser gegen die allgemein hochgestellte öffentliche Meinung nicht
handeln wollte, um seinen Einfluss (v. 234) und guten Namen
nicht aufs Spiel zu setzen, nicht aber, dass er von Rechtes wegen gerade so handeln musste.]

*) [In Od. ω, 463 ist offenbar ein Zustand der Anarchie geschil-
dert; die grössere Hälfte, die ja auch gar keine Verpflichtung
zur Blutrache hatte, will sich nicht an der Empörung gegen den
rechtmässigen Herrscher betheiligen und verlässt mit lautem Ge-
schrei die ἀγορά — es ist der erste Schritt zu einem Bürger-
kriege gethan; jedenfalls liegt hier ein ganz singulärer Fall vor,
nicht aber ein Beweis für den Modus einer Abstimmung. Ueber-
dies gehört die ganze Stelle nicht dem ächten Homer an und
ist kritisch um so verdächtiger, als nach W. C. Kayser (d.
verss. aliq. Od. disp. II. Sagan 1857) die Verse 413 — 419 dem
Eugammon noch unbekannt waren.]

Ueberhaupt wird mehrmals (z. B. Il. α, 54—304; β, 808; Od. β, 257) gar nichts über die Aufnahme eines Vorschlags berichtet, was doch hätte geschehen müssen, wenn diese entscheidend gewesen wäre; wir sehen sogar mehrfach, dass die Versammlung entlassen wurde, ehe sie nur sich geäussert hatte (Il. β, 381, 394; ϑ, 530, 542; η, 371, 378; σ, 298, 310).] Die Macht des Volkes kann sich also nur geltend machen durch die Energie der öffentlichen Meinung, welche die Fürsten respectiren; denn sogar gewaltsame Ausbrüche derselben werden wenigstens als möglich gedacht: Il. γ, 56: ἀλλὰ μάλα Τρῶες δειδήμονες· ἦ τέ κεν ἤδη λάϊνον ἔσσο χιτῶνα, κακῶν ἔνεχ᾽, ὅσσα ἔοργας.

Besondere Verpflichtungen des Volkes sind.der Kriegsdienst, zu dem der König nach Analogie von Od. ξ, 248 entweder Freiwillige sammelte, oder, wie es scheint, so viel Mannen aufbieten konnte, als ihm gut dünkte, nicht nur aus den waffenfähigen Söhnen der Familien, welche nach Il. ω, 400, wenn ihrer mehrere waren, unter sich loosen mochten, sondern auch aus den Hausvätern; denn der reiche Echepolos aus Sikyon kauft sich bei Agamemnon vom Zuge nach Ilios mit einem Rosse los, Il. ψ, 296. Ferner die Beisteuer zu ausserordentlichen Ausgaben der Könige, zu welcher auch der ἔρανος zu zählen ist, soferne er nach Welcker[1]) eigentlich eine freundwillige Gabe bezeichnet, die der König von seinen Getreuen zu einem auswärtigen Unternehmen u. dgl. einsammelt, dann aber auch das zu diesem Behufe gehaltene Königsmahl. Athene erkennt — nach Welcker — an der Abwesenheit des Herrn (Od. α, 226), dass sie keinen ἔρανος vor sich sehe. Der Adel von Scheria soll nach Alkinoos' Wunsche dem scheidenden Odysseus viritim einen Dreifuss und Kessel geben; ἡμεῖς δ᾽ αὖτε, fährt der König fort, ἀγειρόμενοι κατὰ δῆμον τισόμεθ᾽· ἀργαλέον γὰρ ἕνα προικὸς χαρίσασθαι, Od. ν, 14 f. und so entschädigen sich die Fürsten öfter δημόθεν z. B. τ, 197: χ, 55 [ψ, 387 f. Ameis vergleicht auch β, 66 ff.]. Was endlich die Gliederung des δήμος in Stände betrifft, so lassen sich einigermassen unter-

---

1) Cf. Tril. p. 381, wo auch über den ἔρανος. Od. χ, 55. τ, 197.

scheiden 1) die kleinen Grundbesitzer, aus denen der
grösste Theil des Volkes besteht, 2) die δημιοεργοί oder
δήμιοι, d. i. nach Od. ρ, 384 die Wahrsager, Aerzte, Zim-
merleute, Sänger, die Herolde (Od. τ, 135) und dienenden
Ordner der Plätze zu Tanz und Kampfspielen (Od. ϑ, 258 f.),
die Lederarbeiter (Il. η, 220. 221) und Goldschmiede (Od. γ,
425), denen jedoch allen Grundbesitz abzusprechen um so
weniger Anlass vorhanden ist, als Od. χ, 351 der Sänger
Phemios ausdrücklich sagt, nicht der Mangel habe ihn dem
Willen der Freier dienstbar gemacht; endlich 3) die besitz-
losen, jedoch freien und Od. δ, 644 von den Sclaven bestimmt unterschiedenen Tagelöhner, welche sich um Lohn
und Unterhalt (Od. σ, 356 ff.) an Andere, selbst an unbe-
güterte Hausväter (Od. λ, 490) zur Arbeit verdingen, die
ϑῆτες *) oder (Il. σ, 550) ἔριϑοι[1]). Dergleichen mögen
auch die ξεῖνοι gewesen sein, welche nebst den eigenen Hirten des Odysseus die Heerden desselben auf dem Festlande
hüten (fremde, nicht ithakesische ϑῆτες) Od. ξ, 102; vgl.
Soph. OR. 1000 (1029). Als nicht geachteter, der Gewaltthätigkeit preisgegebener, daher wohl nicht eingebürgerter
(ἔμφυλος Od. ο, 273) Volksgenossen gedenkt der Dichter
auch noch der Ausgewanderten, μετανάσται **), Il. ι, 648;
π, 59. — Uebrigens ist an eine strenge Sonderung der
Handwerksgeschicklichkeit nicht zu denken; Fürsten haben
z. B. die Gabe der Weissagung, der Heilkunde; namentlich
ist Odysseus ein Meister fast in jeglicher Kunst. [Vom Han-

---

*) [So schon Valken. zu Ammon. p. 98 f. (ed. Lips. p. 76 f.) Für
die Etymologie des Worts vgl. Buttmann Lex. II, 111 (ϑά-σσω)
Döderlein Gl. §. 2481 (δουλεύων ἐπὶ συνϑεσίᾳ); Curtius
Grdzge. I n. 309, Pott in Kuhns Ztschr. VIII p. 176 n., Bohlen bei Lob. Parall. p. 127 n., vgl. ib. p. 164 n.]

1) Vgl. Nitzsch I p. 295. [Döderlein a. O. führt es auf ἔριον,
Schömann Gr. Alt. I p. 42 n. lieber auf ἔρις zurück; beides
hat seine Schwierigkeit. Lobeck Proll. p. 365 vermengt ver-
schiedenartiges, obwohl als Uebersetzung sich allerdings (vgl.
Od. ζ, 32) „Arbeiter“ am meisten empfehlen möchte.]

**) Vgl. Valcken. zu Ammon. p. 110, 5. [ed. Lips. p. 85 f. Döder-
lein Gl. §. 2233.]

del wird unten (§. 60 b) die Rede sein. Einstweilen bemerken wir:] Die Phaiaken sind kein Handelsvolk, sondern nur
Seefahrer zur πομπὴ der Fremden Od. ϑ, 31 und öfter, mit
welchem Geschäfte die Seltenheit der Fremden bei ihnen
freilich contrastirt.

52. So weit ist im Heroenzeitalter die Entwicklung,
wenn man so sagen darf, des Staatsrechts gediehen. Aber
Od. ι, 112 (siehe §. 44) werden als Kennzeichen eines geordneten politischen Lebens auch die ϑέμιστες, die rechtlichen
Satzungen, geltend gemacht, und Od. ι, 215 wird der Kyklope, der seiner Stärke vertrauend weder Götter noch
Menschen scheut, als ein ἄγριος geschildert, οὔτε δίκας εὖ
εἰδὼς οὔτε ϑέμιστας, ein entschiedener Beweis, wie sehr bei
dem Dichter die Sphären des Rechts, der Sittlichkeit und
Religiosität zusammenfallen. Von selbst versteht sichs, dass
diese ϑέμιστες herkömmliche, aus dem Geiste des Volkes
herausgebildete Gewohnheiten sind; die Bewahrer derselben,
die ἄνδρες δικασπόλοι, d. i. die Fürsten und Edlen, haben
sie nach Il. α, 238 von Zeus überkommen, und er ist auch
der Garant und Schirmer derselben, indem er die Ungerechtigkeit der Richter, οἳ βίῃ εἰν ἀγορῇ σκολιὰς κρίνωσι ϑέμιστας, ἐκ δὲ δίκην ἐλάσωσι, ϑεῶν ὄπιν οὐκ ἀλέγοντες mit
einer Art von Sündfluth heimsucht (Il. π, 385 ff.).

Von der Beschaffenheit dieses Privatrechtes nun finden
sich bei dem Dichter folgende Andeutungen. Es besteht ein
Erbrecht, da sich die Söhne (Od. ξ, 208; η, 149) oder Seiten-
verwandte, χηρωσταὶ (Il. ε, 158), in die Habe des Erblassers
theilen. Von willkürlich einzugehenden Rechtsgeschäften
findet sich Il. ψ, 485 die der Entscheidung eines Schiedman-
nes (ἴστωρ) anheimgegebene Wette, ferner unter Zeugschaft und Garantie der Götter die ῥήτρη, der Vertrag,
kraft dessen Od. ξ, 393 Odysseus in Bettlergestalt, im Fall
er dem Eumaios die Heimkunft des Königes lüge, sein Leben verwirkt haben, im Fall der Bestätigung seiner Aussage
sich Bekleidung und Entsendung ausbedingen will. — Schuld-
forderungen kommen vor, jedoch wahrscheinlich nur als Er-
satzforderungen für geraubtes Gut entweder zwischen zwei
verschiedenen Staaten (Od. φ, 17: ἤτοι Ὀδυσσεὺς ἦλϑε μετὰ
χρεῖος, τό ῥά οἱ πᾶς δῆμος (Μεσσηνίων) ὄφελλεν· μῆλα γὰρ

ἐξ Ἰθάκης Μεσσήνιοι ἄνδρες ἄειραν νηυσὶ πολυκλήϊσι κ.τ.λ.·
πρὸ γὰρ ἦκε πατὴρ ἄλλοι τε γέροντες) oder zwischen Individuen aus dergleichen, Od. γ, 366. Dieses Verhältniss gehört
aber begreiflicher Weise mehr in die Sphäre des Völker-
rechts. Dagegen finden wir im Bereiche des Privatrechts
Il. ψ, 573 ff. von Menelaos gegen Antilochos eine Klage gestellt wegen dolus malus, und zur Entscheidung derselben
dem Beklagten vom Kläger selbst den Eid deferirt. Am
ausführlichsten wird uns Il. σ, 497 ff. der Process um eine
Busse, ποινή, geschildert, welche der schuldige Todtschläger
bezahlt, der Widerpart nicht empfangen zu haben behauptet*). Hier tritt als Rechtsmittel der Entscheidung ein
Zeuge auf (so deuten die Scholien mit Wahrscheinlichkeit
das Il. ψ, 486 für arbiter gebrauchte ἵστωρ). Die Richter,
γέροντες, sitzen mit den Stäben in der Hand ἐπὶ ξεστοῖσι
λίθοις, ἱερῷ ἐνὶ κύκλῳ, und votiren nacheinander (ἀμοιβηδὶς**) δὲ δίκαζον). Das Volk, das sich in zwei Parteien getheilt hat und auf diese Weise durch lauten Zuruf in die
Verhandlungen sich mischen will (λαοὶ δ᾽ ἀμφοτέροισιν ἐπή-
πυον, ἀμφὶς ἀρωγοί), wird von den Herolden in Schranken
gehalten, wiewohl der Vortrag des Beklagten (oder vielmehr
Appellanten?) an dasselbe gerichtet ist (ὁ μὲν εὔχετο πάντ᾽
ἀποδοῦναι δήμῳ πιφαύσκων). Merkwürdig ist, dass schon
hier die Deponirung einer zu gleichen Theilen zusammenge-
schossenen Geldsumme, wie wir sagen würden, vorkommt,
welche der gewinnenden Partei zufällt (κεῖτο δ᾽ ἄρ᾽ ἐν μέσ-
σοισι δύω χρυσοῖο τάλαντα, τῷ δόμεν, ὃς μετὰ τοῖσι δίκην
ἰθύντατα εἴποι), dem römischen Sacramentum [oder der attischen παρακαταβολή, nach Schömann] vergleichbar. [Hymn.
in Merc. 324 heisst es von Hermes und Apollon, welche zur
Schlichtung ihres Streits in den Olymp zu Vater Zeus gehen:
κεῖθε γὰρ ἀμφοτέροισι δίκης κατέκειτο τάλαντα. Baumeister
bezieht dies auf eine libram justitiae fictam nach Analogie

---

*) [Eine andere Ansicht über diese Stelle findet man ausgeführt in
Döderleins Gloss. §. 415 und 629; mit der im Text gegebe-
nen stimmt in allem Wesentlichen Schömann Gr. Alt. I p. 28 f.]
**) Wegen dieser Bedeutung von ἀμοιβηδὶς vgl. Od. σ, 310; Hymn.
Dem. 327.

der Schicksalswage des Zeus; dabei scheint aber der Dativ
einige Schwierigkeit zu machen. Sollte der Vers vielleicht
nach der eben aus der Ilias angeführten Stelle gedichtet
sein?]

53. Dies ist also ein aus einem Todtschlag erwachse-
ner Civilprocess. Aber höchst merkwürdig ist es, dass
es Criminalprocesse noch gar nicht giebt *). Denn das
Familienprincip, die Geltung des Blutes und Geschlechtes,
waltet im Staate noch so bedeutend vor, dass der Verbrecher, namentlich der Mörder, nicht den Staat, sondern die
Verwandten beleidigt (vgl. Il. β, 665 ff.; Od. o, 272 ff.), folglich nicht rechtlicher Strafe, sondern der Blutrache verfallen
ist. Dies ist im Staatsleben das Element unüberwundener
Natürlichkeit; der Staat hat noch die Pflicht nicht übernom-
men, das Leben der Staatsangehörigen zu garantiren dadurch
dass er den Mörder verfolgt, und muss ihn folglich der Willkür der Privatrache preisgeben.

Geübt wird die Blutrache für unvorsätzlichen wie für
vorsätzlichen Mord (vgl. Il. ψ, 85 mit Od. ν, 259) und selbst
im ersteren Falle sehr streng; Od. χ, 30 sagen die Freier
zu Odysseus, den sie noch für den unfreiwilligen Mörder des
Antinoos halten: τῷ σ᾽ ἐνθάδε γῦπες ἔδονται. Als Bluträcher
wird Orestes betrachtet (Od. α, 299: ἐπεὶ ἔκτανε πατροφονῆα). Blutrache ferner ist es, was Odysseus von den
Familien der erschlagenen Freier erwartet; Od. ψ, 118: καὶ
γάρ τίς θ᾽ ἕνα φῶτα κατακτείνας ἐνὶ δήμῳ, ᾧ μὴ πολλοὶ
ἔωσιν ἀοσσητῆρες ὀπίσσω *), φεύγει πηούς τε προλιπὼν καὶ
πατρίδα γαῖαν· ἡμεῖς δ᾽ ἕρμα πόληος ἀπέκταμεν, οἳ μέγ᾽
ἄριστοι κούρων εἰν Ἰθάκῃ. Die Rache fürchtend, vor welcher ihn seine eigene Familie nicht schützt (vgl. Nitzsch l. c.),
geht der Mörder gewöhnlich in die Verbannung (Il. β, 662;
o, 335; π, 573; ν, 696). Nur das Sühngeld, die ποινή, wenn
es die Familie des Getödteten annimmt, sichert ihm den
Aufenthalt im Vaterland; vgl. Il. σ, 496 ff. und besonders

---

*) Ebenso Rubino in der Ztschr. f. AW. 1844 p. 340.
**) Nitzsch in der Comment. de sacris lustralibus et piacularibus.
Progr. Kilon. 1835 p. VI. hat gezeigt, dass dieser Vers nicht
auf den Mörder, sondern den Erschlagenen geht

ι, 632 ff.: καὶ μέν τίς τε κασιγνήτοιο φονῆος ποινὴν ἢ οὗ παιδὸς ἐδέξατο τεθνηῶτος· καί ῥ᾽ ὁ μὲν ἐν δήμῳ μένει αὐτοῦ, πόλλ᾽ ἀποτίσας· τοῦ δέ τ᾽ ἐρητύεται κραδίη καὶ θυμὸς ἀγήνωρ ποινὴν δεξαμένου. Sonst aber bedarf derselbe keiner weiteren, etwa religiösen Sühne mehr, von welcher κάθαρσις sich die älteste Spur erst in Hesiods κατάλογος (Schol. zu Il. β, 336) findet*); [vgl. N. Thl. VI, 20; Hermann G. A. §. 23, 26.] Da nun aber anderwärts im Dichter religiöse Reinigungen vorkommen (Il. α, 313; vgl. Od. χ, 494), so deutet Entbehrlichkeit gerade der Mordsühne darauf, dass der Mord nur für ein Verbrechen gegen Menschen, nicht für Verletzung eines göttlichen Gesetzes erachtet wurde. Hiemit stimmt vollkommen die Harmlosigkeit, mit welcher der Mörder seine That erzählt, Odysseus Od. ν, 259 ff. sogar einen (fingirten) Meuchelmord aus Rache, ohne zu befürchten, dass sich der Angeredete mit Entsetzen von ihm

_____

*) Müller Eumen. p. 184 [n. 10 hält es, gestützt auf die Scholien, für sehr klar, dass in Jl. ω, 482 ursprüngliche Lesart sei: ἀνδρὸς ἲς ἁγνίτεω und kommt dadurch zu einem dem obigen entgegengesetzten Resultat. Abgesehen von der Zulässigkeit eines solchen Schlusses wäre doch auffallend, dass eine so wichtige Ceremonie, wie religiöse Entsühnung des Mörders, vom Dichter sonst gar nicht trotz mehrfacher Gelegenheit erwähnt worden sein, und dann, dass ein so bezeichnendes Wort wie ἁγνίτης bis auf Lycophron (Cass. v. 135) ganz verschwunden sein sollte. Anderes hiegegen und die betreffende Literatur führt Hermann an Gottesd. Alt. §. 5, 2 und 23, 20; vgl. Schömann I p. 47 f. — E. Curtius gr. Gesch. I p. 126 setzt es auf Rechnung der Frivolität des jonischen Sängers, wenn man „z. B. die Vorstellung von der Befleckung, welche vergossenes Bürgerblut herbeiführt, und von der Sühne, welche es verlangt" nicht erwähnt findet; die Thatsache selbst desshalb zu läugnen, heisse der von Homer besungenen Zeit sehr Unrecht thun. Demnach hätte man eine bewusste Verschweigung durch den Dichter anzunehmen. Gegen eine solche Annahme ist nun im Allgemeinen schon oben in der Einleitung das Nöthige bemerkt; was aber den Dichter, und wäre er frivol, zur Läugnung der Sitte gerade der Mordsühne bewegen konnte, davon vermögen wir wenigstens weder einen Grund zu errathen, noch können wir eine derartige Frivolität mit dem sonstigen Charakter der Dichtung in Einklang bringen.]

wende. Ja der Seher Theoklymenos, der einen Mitbürger erschlagen hat, kommt Od. o, 256 zu Telemach sogar während eines Opfers, und bittet um Aufnahme, die er ohne Umstände nebst der gastlichsten Fürsorge findet; siehe Nitzsch l. c. p. VII; Anm. I p. 204.

Wird das Lösegeld nicht angenommen (eine Analogie hiefür bietet Odysseus, der Od. χ, 61 ff. von den Freiern keine Busse nimmt) oder kann es nicht aufgebracht werden, so geht, wie gesagt, der Mörder in die Verbannung*). Sogar der Knabe Patroklos, der in Opus unvorsätzlich einen Gespielen getödtet, wird von seinem Vater nach Phthia zu Peleus geführt, Il. ψ, 85. Im fremden Lande sucht er als ίκέτης im Haus eines reichen Mannes Schutz und Aufnahme; vgl. die malerische Schilderung Il. ω, 480: ὡς δ᾽ ὅτ᾽ ἂν ἄνδρ᾽ ἄτη πυκινὴ λάβῃ, ὅστ᾽ ἐνὶ πάτρῃ φῶτα κατακτείνας ἄλλων ἐξίκετο δῆμον, ἀνδρὸς ἐς ἀφνειοῦ, θάμβος δ᾽ ἔχει εἰσορόωντας. Beispiele verweigerter Aufnahme finden sich nicht; zuweilen wird der Schützling sogar θεράπων des Schutzherrn, wie Lykophron aus Kythera des Telamoniers Ajas Il. ο, 431; Patroklos wird von Peleus sorgfältig auferzogen und zu des Sohnes θεράπων ernannt (καὶ σὸν θεράποντ᾽ ὀνόμηνεν Il. ψ, 90). Vgl. noch Il. ν, 696; π, 573; Od. ξ, 380; ο, 223 ff.

54. Aber mit der Aufnahme des ίκέτης im fremden Land sind wir auf den Boden völkerrechtlicher Verhältnisse geführt, aus deren Erörterung allein die Stellung der ξεῖνοι — dies ist der Gattungsbegriff, unter welchem auch der ίκέτης subsumirt wird — zur rechten Anschaulichkeit kommen kann.

Jedes fremde Volk, mit welchem nicht Verträge bestehn, wie den Ithakesiern mit den Thesproten (οἱ δ᾽ ἡμῖν ἄρθμιοι ἦσαν Od. π, 427), ist ein feindliches, und kann ohne Frevel, selbst wenn es keine Veranlassung gegeben hat, feindlich behandelt werden; [Schömann gr. Alterth. I p. 45

---

*) Zwischen Odysseus und den Familien der erschlagenen Freier wollen Zeus und Athene eine ἔκλησις vermitteln, d. i eine Art von Amnestie, Od. ω, 485.

stellt dies zwar in Abrede, allein seine Gegengründe*) scheinen nicht auszureichen.] So zerstört der von Ilion heimkehrende Odysseus die Stadt der Kikonen**), Ismaros, tödtet die männlichen Einwohner und führt deren Frauen und Habe als Beute fort, Od. ι, 40 ff. Darum sind auch die räuberischen Einfälle in fremdes Land, dergleichen Odysseus vor den Troerzeiten viele macht (Od. φ, 39 coll. ξ, 230; 262), und auf welchen Sclaven, Sclavinnen und Heerden erbeutet (Od. α, 398; ψ, 357; Il. σ, 28), auch wohl die Felder ver-

---

*) [Aus Od. ξ, 262 lässt sich nicht folgern, dass der Kreter die Freibeuterei für eine ὕβρις ansah, weil letztere dort vielmehr im Ungehorsam gegen den Führer bestand, dessen Vorsichtsmassregeln seine Leute nicht ausführen, sondern voreilig (αἶψα μάλα v. 263) zu plündern beginnen, und wozu hätte er denn neue Schiffe mit viel Volks nach Aegypten geführt (248)? Eine Kauffahrteiflotte ist es gewiss nicht; wir erfahren weder von Fracht (φόρτος) noch von beabsichtigter Rückfracht (ὁδαῖα). Auch die andre Stelle ξ, 88 beweist wenigstens nicht sicher, weil dort ὄπις sich als Nemesis (von Seiten der Geplünderten) auffassen lässt; vgl. ι, 43. — Wenn endlich der Unverletzlichkeit des Fremdlings eine Ansicht zu widersprechen scheint, welche den Seeraub erlaubt findet, so ist darauf zu erwiedern, dass der Ausländer in der Fremde eben nur seiner Hülflosigkeit wegen ein Gegenstand der αἰδώς ist; in der Heimath, wo er seine Landsleute zur Seite hat, fällt diese weg. Uebrigens ist ja auch das Gastrecht nicht vor aller Verletzung gesichert (§. 54 a. E.) und jener Widerspruch wäre also nicht faktisch vorhanden. — Oft mochte die Noth zu solchem Raub zwingen, wie z. B. Odysseus' Gefährten vor Thrinakia keine Lebensmittel mehr haben: dass aber auch ohne Noth blose Abenteuerlust den Anlass geben kann, zeigt eben das Beispiel jenes Kreters, der neue Beutezüge gemacht hat (ξ, 231), dann nur ungern in den Krieg (238) aber sehr gerne wieder auf Beute (245) auszieht (vgl. Ameis zu ν, 157); dann die Taphier, welche λῃστορες heissen (ο, 427; π, 427) und Menschen rauben (ib.; ξ, 452), und die Thesproter (ξ, 340). Von den Phoinikern als Nichtgriechen wollen wir absehen (ο, 450; 469). Im Allgemeinen vergleiche man auch E. Curtius gr. Gesch. I p. 32, 38, 57.]

**) Sehr schwerlich werden diese wie Il. β, 846 als Bundesgenossen der Troer gedacht. [Andrer Ansicht ist Schömann I p. 45.]

wüstet werden (Il. *α*, 155), durchaus nichts ungewöhnliches
[vgl. *ψ*, 357], Thukydides meint sogar, 1, 5: οὐκ ἔχοντός πω
αἰσχύνην τούτου τοῦ ἔργου, φέροντος δέ τι καὶ δόξης μᾶλλον; natürlich braucht das also gemisshandelte Volk Repres-
salien, wie denn Nestor im Rachekriege der von den Eleern
beraubten Pylier ἐλαύνεται ῥύσια, aus welchen dann der
Verlust eines jeden Betheiligten ersetzt wird (Il. *λ*, 671 ff.
[und die plündernden Kreter ihren Einfall nach Aegypten
theils mit dem Leben, theils mit der Freiheit büssen Od. *ξ*,
271; vgl. *ι*, 47.] Doch liess man gütliche Mittel nicht un-
versucht, wie denn Odysseus von seinem Vater und den Geronten zu den Messeniern gesendet wird Od. *φ*, 17 ff. [wozu
Ameis die Stelle *γ*, 367 und Hermann St. A. 9, 11 citirt.]
Sogar die ex professo getriebenen Seeräubereien sind zwar
verhasst und gefürchtet (Od. *π*, 426), aber nicht als schimpf-
liches Gewerbe verachtet; denn *γ*, 72 fragt Nestor seine
Gäste ganz unbefangen, ob sie ein bestimmtes Geschäft hätten oder eine Art von Freibeutern wären, die ohne bestimmtes Ziel, wo sich Gelegenheit findet, auf Raub ausgehen. Nur
einmal findet sich ein Beispiel von völkerrechtlicher Scheu,
Od. *α*, 260, wo sich der Ephyreer Ilos ein Gewissen daraus
macht, dem Odysseus Gift zur Bestreichung seiner Pfeile zu
geben.

Der Fremdling ist also, wo er hinkommt, rechtlich
schutzlos, und erwartet auch leicht einen schlechten Empfang
(Od. *ν*, 229: ὦ φίλ᾽, ἐπεί σε πρῶτα κιχάνω τῷδ᾽ ἐνὶ χώρῳ,
χαῖρέ τε, καὶ μή μοί τι κακῷ νόῳ ἀντιβολήσαις.) Weil aber
solche Schutzlosigkeit allen menschlichen Verkehr aufheben
würde, so tritt als Schirmvogt der Fremdlinge Z e u s ein, der
höchste Ordner und ταμίας der politischen, somit auch der
völkerrechtlichen Verhältnisse. D a s m a n g e l n d e m e n s c h-
l i c h e R e c h t w i r d *jure divino* s u p p l i r t. Cf. Od. *η*,
165: Ζεύς, — ὅσθ᾽ ἱκέτῃσιν ἅμ᾽ αἰδοίοισιν ὀπηδεῖ· *ι*, 270:
Ζεὺς δ᾽ ἐπιτιμήτωρ ἱκετάων τε ξείνων τε, ξείνιος, ὃς ξείνοισιν ἅμ᾽ αἰδοίοισιν ὀπηδεῖ. vgl. Nitzsch z. d. St.; *ζ*, 207: πρὸς
γὰρ Διός εἰσιν ἅπαντες ξεῖνοί τε πτωχοί τε· vgl. ferner Od.
ν, 213; *ξ*, 283 *). Darum fragt der Fremdling, der in ein

---

*) Zeus' Obhut erstreckt sich natürlich auch auf die Rechte der

unbekanntes Land gekommen ist, vor Allem nach der Gottesfurcht der Einwohner, und bringt dieselbe mit ihrer
Gastlichkeit in unmittelbarste Verbindung (Od. ζ, 120: ἦ ῥ'
οἵγ' ὑβρισταί τε ' καὶ ἄγριοι οὐδὲ δίκαιοι, ἠὲ φιλόξεινοι καί
σφιν νόος ἐστὶ θεουδής; und so öfter). Das Mitleid
mit der Person des Kommenden selbst kann natürlich als
ein weiteres Motiv der Gastlichkeit zu jenem ersten hinzu-
treten; Od. ξ, 388: οὐ γὰρ τοὔνεκ' ἐγώ σ' αἰδέσσομαι, οὐδὲ
φιλήσω, ἀλλὰ Δία ξένιον δείσας, αὐτόν τ' ἐλεαίρων. [Das
heilige Gefühl frommer Scheu vereint mit menschlichem Erbarmen, auf welches der ξεῖνος Anspruch hat, (vgl. Od. ϑ,
546) wird αἰδὼς genannt; vgl. O. Müller Eumen. p. 134; N.
Thl. I, 43, V, 36.] Die ξεῖνοι heissen daher auch geradezu
αἰδοῖοι schlechthin Od. ο, 373. [Doch gehörte eine Verletzung dieses heiligen Rechts nicht in' den Bereich des Un-
möglichen: ein anderer als Telemachos hätte vielleicht auf
den gottlosen Rath der Freier einen Bettler und einen ἱκέτης
an die Sikeler verkauft (v, 383); wenigstens finden wir den
Fremdling, so wie er seinen königlichen Gastfreund verlassen hat, dieser Gefahr ausgesetzt (ξ, 340; 297.)]

55. Der Gattungsbegriff ξεῖνος zerfällt aber in die drei
Unterarten des ἱκέτης, des ξεῖνος im engeren Sinne, und des
πτωχός. Und zwar ist der ἱκέτης (welcher ξεῖνος heisst
Od. η, 160 coll. 165; cf. ξ, 278 coll. 284) von doppelter Art,
entweder ein Vertriebener, der um Aufnahme und eine
neue Heimath, ein Unglücklicher, der, nachdem er wie Odysseus im Schiffbruch Alles verloren, um Nahrung und Kleidung und Entsendung fleht, oder ein Flehender überhaupt,
der irgend einer Gnadenwohlthat begehrt, wie Priamos bei
Achilleus (Il. ω, 158: ἀλλὰ μάλ' ἐνδυκέως ἱκέτεω πεφιδήσε-
ται ἀνδρός, Achilleus nämlich), wie Phemios von Odysseus
(Od. χ, 344 coll. 379), wie Chryses von Agamemnon, wie
Odysseus vom Flussgott in Scheria Od. ε, 445. Aus Il. φ,

ξεινοδόκοι Od. π, 422: οὐδ' ἱκέτας (an dieser Stelle s. v. a. ξει-
νοδόκους) ἐμπάζεαι, οἷσιν ἄρα Ζεὺς μάρτυρος. [Sollte
nicht hier das Concretum für das Abstractum stehen? Denn
ἱκετεία kommt noch ziemlich lange nach Homer nicht vor.]

76 wird ersichtlich, dass der eigentliche ἱκέτης in den Genuss seiner Rechte mit dem Genusse der ersten ihm verabreichten Nahrung tritt: ἀντί τοι εἰμ᾽ ἱκέταο· [in der That nämlich war Lykaon damals Achilleus' Kriegsgefangener] πὰρ γὰρ σοὶ πρώτῳ πασάμην Δημήτερος ἀκτήν. Vgl. Od. φ, 35, wo das Geschenk eines Schwertes und Speeres blos ἀρχὴ ξεινοσύνης προσκηδέος heisst, und ausdrücklich beigefügt wird: οὐδὲ τραπέζῃ γνώτην ἀλλήλων. [So erscheint überhaupt bei Homer der gastliche Tisch — vgl. Od. φ, 28 — neben dem Heerde als Symbol der Gastfreundschaft: ἴστω νῦν Ζεὺς πρῶτα θεῶν ξενίη τε τράπεζα ἱστίη τ᾽ Ὀδυσῆος ἀμύμονος ἣν ἀφικάνω schwört der Fremdling (Odyss.) dem Eumaios, und Theoklymenos der Penelope, derselben auch der Bettler (Od.) und der nämliche dem Rinderhirten; demnach darf man wohl kaum mit Nitzsch[1]) und Ameis zu η, 153 dem Heerd bei Homer die Heiligkeit absprechen.] Was der Unglückliche, der temporäre Hülfe sucht, zu begehren das Recht hat, wird gewöhnlich in folgenden Versen zusammengefasst: οὔτ᾽ οὖν ἐσθῆτος δευήσεαι, οὔτε τευ ἄλλου, ὧν ἐπέοιχ᾽ ἱκέτην ταλαπείριον ἀντιάσαντα sc. μὴ δεῖσθαι d. i. τυγχάνειν, als Nahrung, Bad (Od. ζ, 209 f.); ferner: αὐτός τοι χλαῖνάν τε χιτῶνά τε εἵματα δώσει· πέμψει δ᾽, ὅππη σε κραδίη θυμός τε. κελεύει (z. B. Od. ξ, 515 ff.). [Odysseus sagt zu Polyphemos: ἡμεῖς δ᾽ αὖτε κιχανόμενοι τὰ σὰ γοῦνα ἱκόμεθ᾽, εἴ τι πόροις ξεινήϊον ἠὲ καὶ ἄλλως δοίης δωτίνην, ἥτε ξείνων θέμις ἐστίν. Od. ι, 267 ff.] Es versteht sich, dass der Wirth den Gast vor jeder Art von Unbilden zu schirmen hat; vgl. Od. σ, 61; 221; ξ, 38; π, 85. [Bemerkenswerth ist auch, dass selbst der Anführer von kretischen Freibeutern, die im Kampf um ihren Raub unterliegen, doch vom König als ἱκέτης angenommen und in sieben Jahren sogar, wie sichs gebührte, mit reichen Gastgeschenken auch vom Volk entlassen wird: ξ, 278—286.]

56. Der ξεῖνος*) im engeren Sinne ist der Rei-

---

1) III p. 98. [Putsche de vi et not. juram. Styg. p. 9 f. ist dort citirt, uns aber leider nicht zugänglich.]

*) [Die Etymologie giebt Benfey in Kuhns Ztschr. VIII p. 88 von

sende, der auf kürzere oder längere Zeit Nahrung und
Herberge begehrt, und ein Gastgeschenk erwartet. Zur Aufnahme und Bewirthung solcher Gäste ist jeder Hausvater
verpflichtet*), theils um des Ζεὺς ξείνιος willen (Od.
ξ, 56: ξεῖν᾽, οὔ μοι θέμις ἔστ᾽, οὐδ᾽ εἰ κακίων σέθεν ἔλθοι, ξεῖνον
ἀτιμῆσαι· πρὸς γὰρ Διός εἰσιν ἅπαντες ξεῖνοί τε πτωχοί
τε), theils, weil er das Gute, was ihm geschehen ist oder einst
einmal geschehen kann (Nitzsch I. p. 235), an Andern ver-
gelten muss; [wesshalb denn auch der Gast ohne Bedenken
seinem Wirth ein entsprechendes Gegengeschenk verspricht
Od. α, 318.] Menelaos sagt zu dem bei Telemach's Em-
pfange säumigen θεράπων Eteoneus Od. δ, 33: ἦ μὲν δὴ
νῶϊ ξεινήϊα πολλὰ φαγόντε ἄλλων ἀνθρώπων δεῦρ᾽ ἱκόμεθ᾽·
cf. Od. ω, 284 ff.; α, 318. Nur besonderer Verhältnisse wegen kann der Gast an einen andern Wirth gewiesen werden,
Od. ο, 509 ff. Dem Empfangenden geziemt eine gewisse
Officiositas (Od. α, 120; 125); insbesondere darf die Frage
nach Stand, Namen und Geschäft des Gastes erst dann geschehen, wenn alle Gebühr an ihm erfüllt worden (Il. ζ, 174
ff.); in Od. θ, 550 ff. coll. ι, 19 ff. hat der Dichter dieses
Hauptgesetz edler Gastlichkeit, wodurch sie den Charakter
rücksichtloser Pflichtübung bekommt, zu dem unvergleich-
lichsten Motive der wunderbarsten Ueberraschung benützt.
Während des Aufenthalts hat sich der Gast vom Wirthe alles
Guten zu versehn, insbesondere vergnüglicher Unterhaltung
jedoch mit zarter Rücksicht auf das, was ihm etwa missfällig
werden könnte (Od. θ, 537: Δημόδοκος δ᾽ ἤδη σχεθέτω φόρ-
μιγγα λίγειαν· — ἵν᾽ ὁμῶς τερπώμεθα πάντες ξεινοδόκοι καὶ

---

sskr. cam, welches sowohl essen als trinken oder überhaupt
etwas zu sich nehmen bedeutet.]

*) Die von Athene'n Od. η, 30 ff. ausgesagte Ungastlichkeit der
Phaiaken erklärt sich mir ganz einfach aus ihrer Abgeschlossen-
heit vom Weltverkehr. Sieht man doch heute noch, wie die Ab-
geschlossenheit mancher Städte der edeln Tugend der Gastlichkeit im Allgemeinen eben keinen Vorschub gethan hat. Dass
Athene's Aeusserung sich später nicht bestätigt, macht das Ausserordentliche des hülfsbedürftigen Helden begreiflich. Anders
Nitzsch II p. 137.

ξεῖνος· ἐπεὶ πολὺ κάλλιον οὕτω). Denn Zudringlichkeit ist
edlen Wirthen fremd; drum entlässt Menelaos den Telemach,
sobald er es begehrt, eben so gut, als Nestor (Od. γ, 346 ff.)
der Ehre seines Hauses wegen um keinen Preis zugeben
würde, dass eben derselbe auf dem Schiffe, und nicht in seinem Haus' übernachte. Regel ist, was bei jener Gelegenheit
Od. o, 68 ff. Menelaos sagt: νεμεσσῶμαι δὲ καὶ ἄλλῳ ἀνδρὶ
ξεινοδόκῳ, ὅς κ᾽ ἔξοχα μὲν φιλέῃσιν, ἔξοχα δ᾽ ἐχθαίρῃσιν·
ἀμείνω δ᾽ αἴσιμα πάντα. Ἴσόν τοι κακόν ἐσθ᾽, ὅστ᾽ οὐκ ἐθέλοντα νέεσθαι ξεῖνον ἐποτρύνει, καὶ ὃς ἐσσύμενον κατερύκει.
Ueberhaupt ist die Fähigkeit, ein guter Wirth zu sein, eine
Kunst, deren vor Allen Odysseus mächtig war; Od. τ, 314 ff.:
ἐπεὶ οὐ τοῖοι σημάντορες εἰσ᾽ ἐνὶ οἴκῳ, οἷος Ὀδυσσεὺς ἔσκε
μετ᾽ ἀνδράσιν, εἴποτ᾽ ἔην γε, ξείνους αἰδοίους ἀποπεμ-
πέμεν ἠδὲ δέχεσθαι. Vgl. Il. ζ, 14 f.
Der Gast schuldet dem Wirthe Bescheidenheit; Odysseus wagt sich als Gast des Eumaios nicht geradezu mit der
Bitte um einen Mantel für die Regennacht heraus, sondern
kleidet dieselbe in die Erzählung einer ähnlichen ihm vor
Troja zugestossenen, listig von ihm beseitigten Verlegenheit
ein, und motivirt selbst diese Erzählung durch die vorgeb-
liche Macht, welche der Wein über ihn übe (Od. ξ, 462 ff.).
Auch darf der Gast seine Ueberlegenheit in irgend einer
Kunst dem Wirthe gegenüber nicht geltend machen; wie
denn Od. ϑ, 205 ff. Odysseus mit allen Phaiaken im Kampfe
sich messen will, nur mit Laodamas, dem Sohne des Alkinoos, nicht; ξεῖνος γάρ μοι ὅδ᾽ ἐστί· τίς ἂν φιλέοντι μάχοιτο;
ἄφρων δὴ κεῖνός γε καὶ οὐτιδανὸς πέλει ἀνήρ, ὅστις ξεινοδόκῳ ἔριδα προφέρηται ἀέθλων, δήμῳ ἐν ἀλλοδαπῷ· ἔο δ᾽
αὐτοῦ πάντα κολούει. Selbst mit Arbeit dem Wirth an Handen zu gehn ist der Gast unter Umständen gehalten, Od. τ,
27: οὐ γὰρ ἀεργὸν ἀνέξομαι ὅς κεν ἐμῆς γε χοίνικος ἅπτη-
ται, καὶ τηλόθεν εἰληλουθώς. Dankbare Erinnerung an den
Wirth bewahrt der Gast durch sein ganzes Leben; Od. o,
54: τοῦ γάρ τε ξεῖνος μιμνήσκεται ἤματα πάντα ἀνδρὸς ξει-
νοδόκου, ὅς κεν φιλότητα παράσχῃ. Das Vehikel der Erinnerung bilden die Gastgeschenke *) οἷα φίλοι ξεῖνοι ξεί-

---

*) Vgl. Nitzsch I p. 200.

νοισι διδοῦσιν (Od. α, 313), welche, vom Gast erwartet [auch
erbeten Od. ι, 267 f. und erwiedert Il. ζ, 218] sogar als Gewinn des Reisens erwähnt (Od. λ, 358ff.; ο, 83; τ, 284), mit
Feierlichkeit (ο, 100 ff.) oft in grosser Menge (ib. ν, 135 ff.
10; ω, 273) überreicht, zuweilen, wie wir oben §. 51 schon
gesehen, vom Fürsten nur ausgelegt, vom Volke vergütet
(Od. ν, 14 coll. τ, 197), und nicht nur von dem Empfänger
selbst gemerkt, sondern als ehrenbringende Gaben (Od. λ,
360) sogar auch in der Familien-Tradition treulich bewahrt
werden (Il. ζ, 215 ff.). Darum erbt auch die Gastfreundschaft in den Familien fort (ξεῖνοι πατρώϊοι Od. α, 175 u. ö.),
ja wird von Agamemnon gegen den Freier Amphimedon sogar noch in der Unterwelt geltend gemacht (Od. ω, 144:
ξεῖνος δέ τοι εὔχομαι — Präsens — εἶναι), und begründet
eine so enge Verbindung, dass die Helden in den troischen
Schlachten den gefallenen Gastfreund mit gewaltigem Zorne
rächen (Il. ν, 661), gehören sie dagegen den entgegengesetzten Parteien an, persönlich Friede mit einander schliessen
(Glaukos, Diomedes Il. ζ), ja dass Alkinoos Od. ϑ, 546 ausruft: ἀντὶ κασιγνήτου ξεῖνός θ᾽ ἱκέτης τε τέτυκται ἀνέρι,
ὅστ᾽ ὀλίγον περ ἐπιψαύῃ πραπίδεσσιν.

57. Was endlich den πτωχός betrifft, [der von seinem scheuen Wesen, daneben aber auch δέκτης genannt ist]
so ist der πτωχὸς πανδήμιος (Od. σ, 1 ff.), der Bettler von
Profession, der [arbeitsscheu sich aufs Betteln verlegt Od. ρ,
226 f. oder] wie Iros in der Stadt Ithaka, in einem gewissen Bezirke das Privilegium des Bettelns geniesst, in welches
er keine Eingriffe duldet (Od. σ, 8 ff.), der sich auch wohl
zu Botendiensten gebrauchen lässt (ib. 7), verschieden von
dem Bettler, der auch ξεῖνος heisst (Od. ρ, 10; 371). Als
ein solcher tritt Odysseus zuerst unter den Freiern auf; Od.
ρ, 10: τὸν ξεῖνον δύστηνον ἄγ᾽ ἐς πόλιν, ὄφρ᾽ ἂν ἐκεῖθι
δαῖτα πτωχεύῃ· vgl. Od. ο, 309. Dieses Betteln setzt eine
gewisse Handwerksfertigkeit voraus (ρ, 365: βῆ δ᾽ ἴμεν αἰ-
τήσων ἐνδέξια φῶτα ἕκαστον, πάντοσε χεῖρ᾽ ὀρέγων, ὡς εἰ
πτωχὸς πάλαι εἴη), besonders aber eine gehörige Dreistigkeit (κακὸς δ᾽ αἰδοῖος ἀλήτης, ib. 578). Einen solchen Bettler ruft nicht leicht Jemand ins Haus; er wird als eine Last

betrachtet*) (Od. ϱ, 12; 387), und man kann ihm wohl auch
zumuthen, dass er Nachtherberge in einer Schmiede oder im
Gemeindehaus, in der λέσχη suche (Od. σ, 328 ff.). Aber
obwohl nicht von ihm gilt, was Arete vom ξεῖνος sagt: ἕκαστος δ᾽ ἔμμορε τιμῆς (Od. λ, 338), so ist er doch αἰδοῖος so
gut wie der ξεῖνος überhaupt ο, 373 und es ist schwere
Sünde ihn zu beleidigen, weil ihn ja nur der Hunger zu seinem Gewerbe treibt; Od. ϱ, 473—476: αὐτὰρ ἔμ᾽ Ἀντίνοος
βάλε γαστέρος εἵνεκα λυγρῆς, οὐλομένης, ἣ πολλὰ κάκ᾽ ἀν-
θρώποισι δίδωσιν. Ἀλλ᾽ εἴ που πτωχῶν γε θεοὶ καὶ Ἐρινύες εἰσὶν, Ἀντίνοον πρὸ γάμοιο τέλος θανάτοιο κιχείη. Mit
dieser ihm gewährten Garantirung seiner persönlichen Sicherheit tritt der Bettler, der sich sonst vom ξεῖνος abgesehen
vom Ehrenrecht am wesentlichsten dadurch unterscheidet,
dass die πτωχεία kein dauerndes gastfreundschaftliches Verhältniss begründet, hinwiederum mit demselben auf gleiche
Stufe. Gefrevelt kann an ihm nicht weniger werden, als
am ξεῖνος und ξεινοδόκος. Der Fluch aber der solchen Frevel trifft, ist vom Dichter an mehreren Stellen in den stärksten Ausdrücken ausgesprochen. Il. γ, 351 ff.: Ζεῦ ἄνα, δὸς
τίσασθαι, ὅ με πρότερος κάκ᾽ ἔοργεν, δῖον Ἀλέξανδρον, καὶ
ἐμῆς ὑπὸ χερσὶ δάμασσον· ὄφρα τις ἐρρίγῃσι καὶ ὀψιγόνων
ἀνθρώπων ξεινοδόκον κακὰ ῥέξαι, ὅ κεν φιλότητα παράσχῃ.
Eben so ruft Menelaos den Troern Il. ν, 623 zu: οὐδέ τι
θυμῷ Ζηνὸς ἐριβρεμέτεω χαλεπὴν ἐδδείσατε μῆνιν ξεινίου·
ὅστε ποτ᾽ ὔμμι διαφθέρσει πόλιν αἰπήν. Οἳ μευ κουριδίην
ἄλοχον καὶ κτήματα πολλὰ μὰψ οἴχεσθ᾽ ἀνάγοντες, ἐπεὶ
φιλέεσθε παρ᾽ αὐτῇ. Mit Entsetzen spricht der Dichter von
Herakles' Frevel, der den eigenen Gastfreund Iphitos erschlagen: σχέτλιος, οὐδὲ θεῶν ὄπιν ἠδέσατ᾽, οὐδὲ τράπεζαν, τὴν
δή οἱ παρέθηκεν· ἔπειτα δὲ πέφνε καὶ αὐτόν (Od. φ, 28 f.)
Und Eumaios erklärt ξ, 401 ff., dass er, wenn er den Fremdling selbst vertragsgemäss als überführten Lügner tödten
würde, ewige Schmach bei den Menschen ernten und nie
mehr mit gutem Gewissen zu Zeus würde beten können.

---

*) Vgl. auch Tyrtaei Eleg. v. 7 bei Lycurg. adv. Leocr. §. 107
(Bergk. v. 7 p. 308) mit Od. ο, 343.

58. So weit haben sich die völkerrechtlichen Verhältnisse ausgebildet in der Sphäre des Privatverkehrs. Für den Verkehr der Völker als solcher ist bei gänzlicher Unentwickeltheit des höheren politischen Bewusstseins fast kein anderer Boden gegeben als der Krieg und die denselben bedingenden und begleitenden Zustände. Die Kriege entstehen aber eben desswegen nicht aus Verwicklungen und Constellationen politischer Art, also nicht aus Eroberungssucht, aus dem Streben nach dem Principat über andere Staaten, sondern sind, offensiv oder defensiv (Od. ω, 112), wie wir schon oben gesehen, lediglich Raub- und Rachekriege. Wie weit der Zweck eines Krieges gehen kann, wird ersichtlich aus Il. σ, 510. 511, wo von den zwei sich auf Achilleus' Schilde behämpfenden Völkern das eine die feindliche Stadt zu zerstören gesonnen ist, wenn dieselbe nicht die Hälfte des (beweglichen) Besitzthums mit ihm theilt. Es werden also doch immer Bedingungen, wenn auch harte, gestellt, und insoferne die Feindschaft nicht gleich anfangs als etwas Absolutes, als Letztes im Kriege, als τέλος πολέμοιο nicht des Feindes völliger Untergang betrachtet. Die Griechen z. B. sind bereit von Ilios abzuziehen, wenn sie Helene'n sammt den geraubten Schätzen zurück und ausserdem eine ποινή oder τιμή d. h. eine Entschädigung bekommen (Il. γ, 284 — 291). Diese letztere schlägt Agamemnon l. c. so hoch an, dass er um sie allein noch kämpfen zu wollen erklärt, wenn sie verweigert werden sollte; und Hektor bestimmt sie in seinen letzten Träumen von der Möglichkeit einer Rettung gleichfalls auf die Hälfte der Habe von ganz Ilios (Il. χ, 116 ff.). Kraft dieser versöhnlichen Gesinnung kommen im Kampfe selbst Gefangennehmungen der Feinde, die sich dann loskaufen können, vor z. B. Il. ζ, 46 [über ζωγρεῖν vgl. Döderlein Gl. §. 58. Das Lösegeld, ἄποινα, ist verschieden von den ζωάγρια, mit welchem allgemeinen Wort jenes wohl auch ursprünglich bezeichnet worden war]; es fehlt nicht an Friedensversuchen und Gesandtschaften, welche gastfreundlicher Rechte geniessen (Il. γ, 205 sagt der Troer Antenor: ἤδη γὰρ καὶ δεῦρό ποτ᾽ ἤλυθε δῖος Ὀδυσσεὺς σεῦ ἕνεκ᾽ ἀγγελίης σὺν Ἀρηϊφίλῳ Μενελάῳ· τοὺς δ᾽ ἐγὼ ἐξείνισσα καὶ ἐν μεγάροισι φίλησα, ἀμφοτέρων δὲ φυὴν

ἐδάην καὶ μήδεα πυκνά); endlich hören wir auch von Zwei-
kämpfen mitten in der Schlacht, einmal (Il. η, 47 ff.)
) von
einem blos heroischen, durch das Ehrgefühl vermittelten, der
nur die Tapferkeit der kämpfenden Helden verherrlicht, ein
andermal von dem zwischen Paris und Menelaos, der auf
einmal dem Krieg ein Ende machen soll (Il. γ). Beide geben der sittlichen Gesinnung des Heroenalters ein schönes
Zeugniss. Im ersten ‥verschmäht Hektor heimtückischen
Wurf auf den grossen Gegner (Il. η, 242: ἀλλ᾽ οὐ γάρ σ᾽
ἐθέλω βαλέειν τοιοῦτον ἐόντα λάθρη ὑπιπτεύσας, ἀλλ᾽ ἀμ-
φαδὸν, αἴ κε τύχωμι); nach mehreren Gängen fügen sich
die kampferhitzten Helden der Friedensmahnung der geheiligten Herolde, welche als Organe der Vermittlung des Rechtes der Gesandten theilhaftig sind, und unter denen der
Troer Idaios mit edler unparteiischer Milde spricht: μηκέτι,
παῖδε φίλω, πολεμίζετε μηδὲ μάχεσθον· ἀμφοτέρω γὰρ σφῶϊ
φιλεῖ νεφεληγερέτα Ζεὺς, ἄμφω δ᾽ αἰχμητά κ.τ.λ. (Il. η,
279 ff.). In dieser Anrede nach solchem Kampfe liegt eben
so viel sittliche Zartheit, als in Hektor's Aufforderung an
Ajas, sich gegenseitig durch Geschenke zu ehren, ὄφρα τις
ὧδ᾽ εἴπησιν Ἀχαιῶν τε Τρώων τε· ἤ μὲν ἐμαρνάσθεν ἔριδος
πέρι θυμοβόροιο, ἠδ᾽ αὖτ᾽ ἐν φιλότητι διέτμαγεν ἀρθμήσαντε.
Der andere Zweikampf legt uns, abgesehen von der edeln
Gesinnung Agamemnon's, der den beim Beginn seiner Anrede von den Geschossen der Achäer bedrohten Hektor von
der Gefahr befreit (Il. γ, 82: ἴσχεσθ᾽, Ἀργεῖοι, μὴ βάλλετε,
κοῦροι Ἀχαιῶν. — man verkenne das Dringend-Aengstliche
dieser Anrede nicht —) dieser also legt uns die völkerrecht-
liche Gesittung des Zeitalters in dem ausführlich geschilderten Vertragsabschlusse dar. Der Vertrag, nach Menelaos'
ausdrücklichem Wunsche von Priamos selbst vollzogen, indem die Besonnenheit des Alters der leichtsinnig schwanken-
den Jugend gegenüber die Festigkeit des Pactums verbürgen
soll, ferner unter Ceremonieen geschlossen, deren symbolische Bedeutung den Uebertreter dem Tode weiht (Il. γ,
299 ff.), steht unter der Garantie von Allem, was im Himmel
auf Erden und unter der Erde göttlich ist (ὑμεῖς μάρτυροι
ἔστε, φυλάσσετε δ᾽ ὅρκια πιστά ib. 280; θεῶν ὅρκια ib. 245
coll. Il. χ, 254), insbesondere des Zeus (daher Διὸς ὅρκια

γ, 107 coll. η, 76; 411 κ, 329), als des obersten Schirmvogts
aller θέμιστες, und an die göttliche Bestrafung des Treu-
bruchs wird fest geglaubt; Il. δ, 158: οὐ μέν πως ἅλιον πέλει ὅρκιον, αἷμά τε ἀρνῶν, σπονδαί τ᾽ ἄκρητοι καὶ δεξιαὶ, ἧς
ἐπέπιθμεν. Dieser Vertrag wird zwar gebrochen, aber durch
Here's und Athene's Schuld, deren blosses Werkzeug der
zwar tapfere, aber, wie ihn der Dichter hier und Il. ε, 179—
216 mit unvergleichlicher Kunst gezeichnet hat, etwas bor-
nirte Pandaros ist. — Zu den Verträgen gehört übrigens auch
der Waffenstillstand Il. ω, 670 ff.; besonders η, 375 ff.

59. Aber neben so milder und menschlicher Gesinnung
der Völker im Krieg hat sich eine Rohheit und Unmensch-
lichkeit noch nicht verloren, welche den Menschen im Feinde
nicht mehr achtet. Man vergleiche Agamemnon's drohenden
Wunsch über Troja (Il. ζ, 58—60: μηδ᾽ ὅντινα γαστέρι μήτηρ κοῦρον ἐόντα φέροι, μηδ᾽ ὃς φύγοι, ἀλλ᾽ ἅμα πάντες
Ἰλίου ἐξαπολοίατ᾽ ἀκήδεστοι καὶ ἄφαντοι), welchen der Dichter (v. 62) gar nicht ungebührlich findet. Die eroberte Stadt
wird mit Feuer verheert, die Männer getödtet, Frauen und
Kinder fortgeschleppt, um Sclavendienste bei dem Sieger zu
thun, oder verkauft, verschenkt, vertauscht zu werden (die
Stellen hat Nitzsch I p. 154, wozu vgl. Il. ι, 593 [Od. ι, 40 ff.]).
Nicht jeder scheut sich, wie der Ephyreer Ilos, Gewissens
halber, unehrliche Waffen zu brauchen Od. α, 260 *); Grimm
und Rachedurst hält mitunter (vgl. §. 28) auch ohne strate-
gische Nothwendigkeit jede Schonung fern; besonders aber
ist gegen den todten Feind das Aeusserste gestattet, seinen
Leichnam den Hunden und Raubvögeln preiszugeben, auch

---

*) Nitzsch I p. 47. [„Der Bogen dient mehr dem Kampfe der List
und Nachstellung, der Jagd und Küstenräuberei. Dass bei der
letzteren vergiftete Pfeile gebraucht wurden, darf man wohl von
den Taphiern her vermuthen." — Dagegen ist in der Feldschlacht
der Bogen nicht nur selten, wenigstens bei den Helden, sondern
seine Führung sogar verachtet, τοξότης zu sein ein Vorwurf, wie
ἰόμωροι, wenn es mit Recht von ἰός abgeleitet wird z. B. von
B e n a r y in Kuhns Ztschr. IV p. 53 f. C u r t i u s N. 466 u. 616.
— Danach ist Schneidewins Bem. zu Soph. Aj. 1120 zu modificiren.]

ihn vorher noch zu verstümmeln (Il. λ, 146; ν, 202; ρ, 39).
Achilleus, der noch in Eetion, dem Vater Andromache's, den
König geehrt und den Erschlagenen nicht entwaffnet sondern
bestattet hatte (Il. ζ, 416 f.), giebt nach Patroklos' Tode keinen Pardon mehr (Il. φ, 99 ff.; ν, 463 ff.); οὐ γάρ τι γλυκύ-
θυμος ἀνὴρ ἦν οὐδ᾽ ἀγανόφρων, ἀλλὰ μάλ᾽ ἐμμεμαώς (ib.);
die schmähliche Behandlung Hektor's setzt er so lange fort,
bis es die Götter selbst erbarmt und empört (κωφὴν γὰρ δὴ
γαῖαν ἀεικίζει μενεαίνων, Il. ω, 54). Daher die heilige
Pflicht der Kriegsgefährten, den Leichnam nicht in des Feindes Hände kommen zu lassen, durch deren Erfüllung sehr
oft der Gang der Schlacht bestimmt wird. — Wie sehr diese
Versündigung an den Leichnamen mit der Gesinnung der
späteren Griechen contrastirt, geht aus Herodot's Aeusserung
über die ähnliche Behandlung von Leonidas' Leiche durch
Xerxes hervor (7, 238).

60. Einen Anfang ausgedehnterer politischer Beziehungen erkennen wir in dem Verhältnisse der B u n d e s g e n o s -
s e n. Namentlich erscheint Troja gewissermassen als der
Mittelpunkt einer in Kleinasien und bis nach Thrakien hin-
über verbreiteten Bundesgenossenschaft *). Denn die ἐπίκουροι, nach den Troern und Dardanern die dritte Hauptmasse
des Heeres (Il. θ, 173; 497), obwohl nicht stammverwandt
noch e i n e Sprache redend (Il. β, 804; δ, 437) heissen nichts
desto weniger περικτίονες (Il. ρ, 220 coll. σ, 212), und Um-
wohnende dieser Art bilden nach Il. τ, 104 unter einem Oberhaupt eine politische Gesammtheit. Aber die Stellung der
Hülfsvölker, auf welchen die Vertheidigung der Stadt beruht
(Il. β, 130: ἀλλ᾽ ἐπίκουροι πολλέων ἐκ πολίων ἐγχέσπαλοι
ἄνδρες ἔασιν, οἵ με μέγα πλάζουσι καὶ οὐκ εἰῶσ᾽ ἐθέλοντα
Ἰλίου ἐκπέρσαι εὐναιόμενον πτολίεθρον), ist eine ziemlich
freie, und das Interesse kein gemeinsames (Il. ε, 483), so
dass Glaukos der Lykier dem Hektor, der Sarpedon's Leichnam nicht geschirmt hat, zu drohen im Stande ist, dass kein
Lykier mehr für Ilios kämpfen werde, und von Hektor nicht
herrisch zurecht gewiesen, sondern begütigt wird (Il. ρ, 142 ff.

---

*) Man erinnere sich auch an Priamos' Hülfezug nach Phrygien Il.
γ, 184.

coll. 169 ff.; ferner ε, 491 ff.; ϱ, 225). Bezeichnend für das Verhältniss ist auch der Bericht des Dolon Il. x, 420: ἀτὰρ αὖτε πολύκλητοι ἐπίκουροι εὔδουσι. Τρωσὶν γὰρ ἐπιτραπέουσι φυλάσσειν· οὐ γάρ σφιν παῖδες σχεδὸν εἴαται οὐδὲ γυναῖκες. — Die Griechen aber bilden nicht in dem Sinne eine Bundesgenossenschaft, dass sie als ἐπίκουροι Agamemnon's bezeichnet würden, sondern, einmal zum Zuge vereinigt, wie der Dichter Il. α, 158 sagt, den Atriden zu Gefallen (wie Thuc. 1, 9 vermuthet, οὐ χάριτι τὸ πλεῖον ἢ φόβῳ zusammengeführt, wofür die ϑωὴ spricht, welche nach Il. ν, 669 wer dem Zuge sich nicht anschloss zu gewärtigen hatte) bilden sie ein enggeschlossenes, durch Schwur und Vertrag *) verpflichtetes Ganzes (Il. β, 286; 339—341; δ, 266, 267), dessen Interesse durchaus als ein gemeinsames betrachtet wird, und das dem obersten Heerführer Gehorsam schuldet. Dass Achilleus sich auf die bekannte Weise zu Agamemnon stellt, ist aus der Persönlichkeit des Helden erklärbar, der ὕβρει εἴξας jura negat sibi nata. Agamemnon selbst ist sich seiner Oberherrlichkeit sehr gut bewusst (Il. α, 185 ff. coll. 281). —

Ein friedlicher Handels- d. i. Tauschverkehr findet zwischen den Achaiern und Lemnos statt (Il. η, 467). Weil aber diese Insel den Griechen keine Mannschaft stellt, so lässt sich eine Art von Neutralitätsverhältniss erkennen. Anders ist es mit Lesbos, das von Agamemnon erobert wird, Il. ι, 129.

[60b. Dies führt uns auf den gegenseitigen friedlichen Verkehr der Völker auf dem Wege des Handels. Da über diesen Punkt mehrfach von gelehrten Forschern **) ge-

---

*) Soph. fr. Ἀχαιῶν σύλλογος bei Schöll p. 255 [vgl. Wagner poet. trag. fr. I p. 231 f. no. 147 nach Bergks Emendation]: σὺ δ' ἐν ϑρόνοισι γραμμάτων πτυχὰς ἔχων νέμ', εἴ τις οὐ πάρεστιν, ὃς ξυνώμοσεν. vgl. Aj. 1086 W. [= 1113; vgl. 1050 ff. 1067. 1096 — 1106 Schndw.]

**) [Ausführlicher z. B. von Hüllmann Handelsgeschichte der Griechen, Wachsmuth H. A. II p. 27 ff., gelegentlich auch von Nitzsch zu Od. α, 184 und ϑ, 159. Vgl. E. Curtius Gr. Geschichte I besonders p. 32, 38, 57, 78, 98, 117; neuestens hat die

handelt worden ist, begnügen wir uns, einen kurzen Ueberblick zu geben. Der Handel, seinem Wesen nach noch Tauschhandel, ist als alleiniger Lebensberuf dem des Fürsten und Helden gegenüber geringgeschätzt, hauptsächlich wegen der damit verknüpften Gewinnsucht (Od. 9, 161 ff.). Am öftesten findet sich der Handelsverkehr zur See bei Homer erwähnt; die Phoiniker fahren nach Aegypten, Libyen, Kreta, Pylos, Elis, Ithaka, Syria und tauschen gegen Lebensmittel ihre Kunstprodukte um (ἀθύρματα, Schmucksachen, Elektron u. dgl.), indem sie entweder in den Häfen Bazars errichten oder mit ihren Artikeln in die Fürstenwohnungen kommen; sie verkaufen, gelegentlich aber rauben sie auch Menschen. Näheres findet man in den interessanten Forschungen von Movers, die Phönizier Bd. II Abth. 2 Cap. 3—6. Ebenso die Taphier, die nach Ithaka und Temese kommen, gelegentlich auch ihre Nachbarn (die Thesproter) ausplündern und gegen ihr Eisen Erz eintauschen; die Kreter treiben ausgebreitete Schifffahrt, verbunden mit Raubzügen in grösserem Massstab; die verschiedenen Notizen über sie hat E. Curtius (Gr. Gesch. I, 60) combinirt. Die Lemnier liefern, wie schon bemerkt, den Griechen nach Troas Wein gegen Erz, Eisen, Stierhäute, Rinder· und Sclaven; die Thesproter scheinen von Dulichion sich Weizen zu holen und auch gelegentlich mit Sclaven zu handeln. Sclavenhandel besteht auch zwischen Ithaka und den Sikelern. Odysseus reist zu Schiff nach Ephyre, um dort Gift zu seinen Pfeilen zu holen. — Dürfte man auf die Angaben des (späteren) Schiffscatalogs bauen, so wäre aus der Anzahl der Schiffe auch ein Schluss auf den Seeverkehr und Handel der einzelnen Staaten wohl erlaubt und für uns von Interesse, dass Agamemnon — abgesehen von den 60 Schiffen, die er den Arkadern stellt — mit 100, die Pylier mit 90, die Achaier und Kreter je mit 80, Achilleus, die Athener und Boioter je mit 50 Schiffen, die übrigen mit geringerer Zahl nach Troja zogen. Auch können die Rhodier ihren Reichthum (Il. β, 670) am wahrscheinlichsten

---

Schifffahrt und den Handel in den homerischen Gedichten W. Pierson im Rhein. Mus. N. F. Jahrg. XVI Heft I dargestellt.]

ihrem Handel verdanken, wie Delos, cf. Hymn. in Apoll. 155,
durch seine Erzgruben (nach Plin. h. n. 34, 2; Baumeister).
Jedenfalls aber geht, wie auch Nitzsch bemerkt, aus den
Spuren von Handelsverkehr, welche der Dichter vermöge
seines Stoffes nur gelegentlich hat, zur Genüge hervor, dass
wir berechtigt sind, denselben uns lebhafter zu denken, als
er im Dichter erscheint. In noch höherem Grade ist dies
der Fall mit dem Binnenverkehr zu Lande. Homer hat eine
bestimmtere Andeutung desselben nur Il. ι, 381, wo von den
Schätzen die Rede ist, ὅσ᾽ ἐς Ὀρχομενὸν ποτινίσσεται und
σ, 290 f., wo wir erfahren, dass das ehemals reiche Troja
seine schönen Kleinodien in grosser Zahl nach Phrygien und
Maionien verkauft d. h. gegen Lebensmittel vertauscht hat
(vgl. auch die von Bothe z. d. St. citirten Belege für den
Kleinodienhandel). Aber Niemandem wird es einfallen, den
Binnenhandel desshalb jener Zeit absprechen zu wollen. In-
wiefern die in den Binnenstädten besonders bei Fürsten herrschende Pracht, nicht einheimisches Baumaterial und auslän-
dische Metalle denselben sogar bezeugen, hat E. Curtius
mehrfach und unsers Bedünkens überzeugend dargethan (vgl.
Overbeck Gesch. d. gr. Plastik I p. 44), wornach Schömann's
Aeusserung über das „poetische Gold" (Alt. I p. 72 f.) wenigstens zu modificiren wäre. Wir dürfen also wohl sagen,
dass die griechischen Staaten untereinander und mit dem
Ausland in lebendigem Handelsverkehr standen; dem Kauf-
fahrer standen wie es scheint alle Hafenplätze offen, und ungefährdet mochte er seine Geschäfte betreiben — denn von
den unwirthlichen Küsten sagenhafter Völker wie Laistrygonen
u. s. w. ist natürlich abzusehen — wofern er nur selbst der
Gewaltthätigkeit sich enthielt. Freilich mussten wir auch
sehen, wie in Folge der Gewinnsucht Menschenraub und
Seelenverkauf auch ausserhalb des Kriegs sowohl bei Griechen als bei Barbaren eine nicht eben seltene Erscheinung
sind, was schon Matthiae zu Hymn. in Merc. 516 bemerkt
hat; vgl. Hymn. in Cer. 123 ff.].

61. In dieser Darstellung der häuslichen und politischen
Verhältnisse der homerischen Menschheit haben wir den Boden umzeichnet, auf welchem sich der sittliche Beruf
des Mannes bewegt. Zunächst verlangt von ihm Aufsicht

und Wahrung sein Haus und Familiengut. Telemach sagt
Od. α, 397 zu dem Freier Antinoos: αὐτὰρ ἐγὼν οἴκοιο ἄναξ
ἔσομ᾽ ἡμετέροιο καὶ δμώων, οὕς μοι ληΐσσατο δῖος Ὀδυσσεύς·
und kurz vorher v. 358 zu seiner Mutter: μῦθος δ᾽ ἄνδρεσσι
μελήσει πᾶσι, μάλιστα δ᾽ ἐμοί· τοῦ γὰρ κράτος ἔστ᾽ ἐνὶ οἴκῳ·
vgl. φ, 344—353. Die erwachsenen Söhne gehn dem Familienvater natürlich an Handen; siehe Od. β, 22; 127; ferner
Od. γ, 421 ff., wo sich Nestor's, η, 4 f., wo sich Alkinoos',
Il. ω, 265 ff., wo sich Priamos' Söhne im häuslichen Dienste
bemühn, dessen rein antiquarische Seite zu beschreiben unserer Aufgabe fern liegt. — Die politische Thätigkeit des
Mannes im Frieden, je nachdem er Fürst, Edler oder ein
Gemeinfreier ist, war von der obigen Darstellung der staats-
rechtlichen Verhältnisse nicht zu trennen. Nur betagte, le-
bensmüde Greise, wie Laertes, entziehen sich dem politischen
Leben ganz. Der Krieg aber und alle Fertigkeit und Uebung, welche zu kriegerischer Tüchtigkeit führt, Kampfspiel,
Jagd und Raubzug ist des Heroenlebens eigentliche Blüthe.
In diesem Sinne wird Od. ϑ, 147 gesagt: οὐ μὲν γὰρ μεῖζον
κλέος ἀνέρος, ὄφρα κεν ᾖσιν, ἢ ὅ, τι ποσσίν τε ῥέξει καὶ
χερσὶν ἐῇσιν. Kriegsnoth zu dulden ist der Beruf, den
Zeus selbst den Helden auferlegt hat, οἷσιν ἄρα Ζεὺς ἐκ νεότητος ἔδωκε καὶ ἐς γῆρας τολυπεύειν ἀργαλέους πολέμους,
ὄφρα φθιόμεσθα ἕκαστος Il. ξ, 85 f.; und am schönsten erfüllen sie diesen ἀμυνόμενοι περὶ πάτρης (Il. μ, 243) und
μαρνάμενοι δάρων ἕνεκα σφετεράων (ι, 327), πρό τε παίδων
καὶ πρὸ γυναικῶν (ϑ, 57) und für Hab und Gut. Hektor
ruft Il. ο, 494—499:

> ἀλλὰ μάχεσθ᾽ ἐπὶ νηυσὶν ἀολλέες. Ὅς δέ κεν ὑμέων
> βλήμενος ἠὲ τυπεὶς θάνατον καὶ πότμον ἐπίσπῃ,
> τεθνάτω. Οὔ οἱ ἀεικὲς ἀμυνομένῳ περὶ πάτρης
> τεθνάμεν᾽ ἀλλ᾽ ἄλοχός τε σόη καὶ παῖδες ὀπίσσω,
> καὶ οἶκος καὶ κλῆρος ἀκήρατος, εἴ κεν Ἀχαιοὶ
> οἴχωνται σὺν νηυσὶ φίλην ἐς πατρίδα γαῖαν.

Die Ehre, die den Fürsten im gewöhnlichen Leben zu Theil
wird, glauben sie durch muthigen Vorkampf verdienen zu
müssen; siehe die Rede Sarpedon's Il. μ, 310 — 322 coll. ϱ,
250. Darum sind auch beide Gedichte voll von Beweisen der
heldenmüthigsten Tapferkeit, wenn gleich diese die Grenzen

des Naturgemässen nicht überschreitet, niemals, wie in so manchen mittelalterlichen Sagen, gigantisch wird. Allbekannt ist, dass die Helden mitunter fliehen, dass ihnen bange wird, z. B. Hektor'n vor dem Zweikampfe mit Ajas Il. η, 216: *Ἕκτορί τ' αὐτῷ θυμὸς ἐνὶ στήθεσσι πάτασσεν· ἀλλ' οὔπως ἔτι εἶχεν ὑποτρέσαι οὐδ' ἀναδῦναι ἄψ λαῶν ἐς ὅμιλον, ἐπεὶ προκαλέσσατο χάρμῃ.* Ajas erhebt im Kampfe um Patroklos' Leichnam laute Klage Il. ϱ, 238 ff. besonders v. 240: *οὔτι τόσον νέκυος περιδείδια Πατρόκλοιο, ὅς κε τάχα Τρώων κορέει κύνας ἠδ' οἰωνούς, ὅσσον ἐμῇ κεφαλῇ περιδείδια μήτι πάθῃσιν κτλ.;* vgl. ib. 629 — 648. Unübertrefflich hat der Dichter Hektor's Bangigkeit vor Achilleus, als der Entscheidungskampf naht, seinen nicht unmittelbaren, sondern überlegten Entschluss, dem furchtbaren Feinde zu stehn, und endlich den allen Vorsatz überwältigenden, unwiderstehlich zur Flucht nöthigenden Eindruck des nahenden Rächers geschildert (Il. χ, 90 — 137). Es ist unnöthig, alle Beispiele dieser Art zu sammeln; wir machen lieber mit Wenigem auf die wunderbare Kunst des Dichters aufmerksam, mit welcher er der Tapferkeit seiner Haupthelden einen scharf unterschiedenen Charakter giebt *).

62. Während Agamemnon und Menelaos sich mehr bei einzelnen Veranlassungen, im Drange besonderer Noth und erregt von persönlicher Leidenschaft als Helden bewähren, jener z. B. in der Il. λ geschilderten Schlacht, dieser im Zweikampfe mit Paris (Il. γ, 21), in der Rettung von Patroklos' Leichnam (Il. ϱ, 560 ff.), ist bei Achilleus' Abwesenheit in der Schlacht wie im Rathe Repräsentant der immer sich gleichen vorwärts strebenden und angreifenden Tapferkeit der herrliche Tydeussohn. Wer weiss nicht, wie er Il. ε vorstürmt sogar gegen Unsterbliche, wie er Il. ϑ, 90 — 138, als schon alle Helden fliehn, der verlorenen Schlacht durch einen kühnen Angriff auf Hektor sofort eine den Troern verderbliche Wendung giebt und nur durch einen von Zeus vor seinen Rossen niedergeschleuderten Blitzstrahl zum Weichen

---

*) [Man vergleiche auch die Charakterschilderungen einzelner Helden bei Geppert, Urspr. d. hom. Ges. Thl. I Abschn. 2.]

vermocht wird, wie er Il. ι, 32 ff., als Agamemnon von Flucht redet, zum Ausharren und Bleiben ermahnt, ja selbst den Entschluss ausspricht, wenn Alles fliehen würde, den Kampf allein fortzuführen, wie er ibid. 697 ff. Achilleus' trotzige Weigerung der Rückkehr allein verachtet, wie er es ist, der Il. κ zur nächtlichen Kundschaft zuerst sich erbietet, wie er Il. λ, 310 ff. nach Agamemnon's Verwundung sogleich den Vorkampf übernimmt, bis ihn endlich eine Wunde kampfunfähig macht.

Dagegen zeigt sich der starke Telamonier, der kernhafte Held von gemessenen, nachdrücklichen Worten (Il. ι, 624 ff.), der nur den Achilleus nicht überragt (Il. ρ, 279; vgl. Soph. Ai. 1313 W. [= 1340, cf. Il. ν, 321—325]), recht eigentlich als der Schild, oder, wie ihn der Dichter nennt, als das Bollwerk der Achaier (πύργος Ἀχαιῶν, Od. λ, 556; ἕρκος Ἀχ. Il. γ, 229). Als der Griechen Schiffe brannten, war, wie der vaterländische Dichter singt, in seinem Arm das Heil; Il. ρ, 356 ff. ist er die Seele der Vertheidigung von Patroklos' Leichnam; er ist's der ib. 715 ff. mit dem befreundeten Oileussohne dem Menelaos und Meriones, welche den Getödteten forttragen, gegen die ganze troische Macht den Rücken deckt, wie er schon früher Il. λ, 545 ff., obwohl selbst zu weichen genöthigt, allein den Rückzug der Achaier geschirmt hat, als er, dem Esel gleich, der sich nicht durch Keulenschläge der Knaben von der Lust des Saatfeldes wegtreiben lässt, noch allen Troern wehrte, zu den Schiffen der Achaier vorzudringen; Il. λ, 569—574:

> πάντας δὲ προέεργε θοὰς ἐπὶ νῆας ὁδεύειν.
> αὐτὸς δὲ Τρώων καὶ Ἀχαιῶν θῦνε μεσηγὺ
> ἱστάμενος· τὰ δὲ δοῦρα θρασειάων ἀπὸ χειρῶν
> ἄλλα μὲν ἐν σάκεϊ μεγάλῳ πάγεν, ὄρμενα πρόσσω,
> πολλὰ δὲ καὶ μεσσηγύ, πάρος χρόα λευκὸν ἐπαυρεῖν,
> ἐν γαίῃ ἵσταντο, λιλαιόμενα χροὸς ἆσαι.

Nach solchen Helden kann die Tapferkeit des endlich auftretenden, von Rachbegier erhitzten Sohnes der Göttin, wenn sie der Absicht des Dichters nach alle sonstige Heldenkraft überstrahlen soll, nur den Charakter der Unwiderstehlichkeit haben. Nie zweifelt er einem Sterblichen ge-

genüber am Sieg, nie wagt sich ein Kämpfer an ihn, ohne
sich vorher Muth durch Erwägungen und Vorsätze zu sammeln, ohne, wenn ihn die Gottheit nicht rettet, zu erliegen.
Massenweise stürzt er die Troer zu Boden; einer Heerde ge-
scheuchter Rehe gleich drängt sich, was zu fliehen vermag,
in das skaiische Thor. Und aus den tausendfach hin und her-
wogenden Kämpfen, in denen sich bisher des Dichters Lied
bewegt hat, resultirt am Ende der eine letzte Kampf, in
welchem die sittlichste Tapferkeit, welche der Sänger feiert,
dem Unüberwindlichen erliegen muss *).

Die sittlichste Tapferkeit, sagen wir, und brauchen,
um Hektor's Heldenthum (vgl. Il. o, 494 ff.; π, 830—836; ω,

---

*) [Bei dieser Darstellung könnte es allerdings scheinen, als ob
Achilleus etwas zu kurz käme; für ihn ist daher Hartung (in
der Recens. der ersten Aufl. dieses Werks Berl. Jbb. f. wiss.
Krit. 1841 N. 35) in die Schranken getreten. Gleichwohl dürfen
wir nicht vergessen, dass die μῆνις Πηληϊάδεω, obwohl von vorne
herein berechtigt, doch mehr und mehr den Charakter des rück-
sichtslosesten Egoismus annimmt, dem seit der Versöhnungsge-
sandtschaft sogar jeder rechtliche Vorwand fehlt, und der daher
schliesslich ihm selber, wie früher den Achaiern allen seine μῆνις,
die bittersten Früchte trägt. Und wenn Alexander der Grosse und
die Griechen trotzdem ein Ideal gerade in diesem Charakter erblickten, so thaten sie es, weil sie dem griechischen Sieger vor dem
besiegten Troerhelden die Palme zuerkennen mussten und weil sie
in ihm die persönliche Tapferkeit gleichsam personificirt sahen;
gegen den sittlichen Mangel desselben brauchten sie desshalb
weder blind zu sein, noch waren sie es. — Nach Gladstone Studies III p. 369 ff. (im Auszug von Schuster in Mützells Ztschr.
XIV p 530 f.) wäre freilich Achilleus ganz im Recht, wenn er
die Beleidigung, deren Grösse allerdings ungeheuer ist, nicht so
einfach durch jene Gesandtschaft und den Ersatz abmachen lässt;
denn: „als eine matter of fact war der Vorgang im 9. Buch
durchaus unvollständig, da er die Sache so zu sagen rein wie
ein Geschäft behandelte, das man abmacht wie die Bilanz einer Rechnung." — Dies ist aber eben Achills Fehler, dass sein
Selbstgefühl sich zur Selbstsucht steigert, in welcher er die Bil-
ligkeit seinerseits verläugnet; vgl. VI §. 10. Dass aber ἀρέσαι
Il. τ, 138 „Abbitte leisten" bedeute, lässt sich durch Od. ϑ, 396
mit nichten erweisen: vgl. 397, und somit fällt auch die hierauf
gebaute Argumentation Gladstone's.]

215; 500) zu charakterisiren, nur an Schiller's Worte zu
erinnern, in denen er den edlen Hort des Vaterlandes selbst
aufs edelste gepriesen hat:

> Weil des Liedes Stimmen schweigen
> Von dem überwundnen Mann,
> So will ich für Hektor'n zeugen,
> Hub der Sohn des Tydeus an,
> Der für seine Hausaltäre
> Kämpfend ein Beschirmer fiel;
> Lohnt den Sieger grössre Ehre,
> Ehret ihn das schön're Ziel.

Sechster Abschnitt.

Die Sünde und die Sühnung.

1. Was dem bisher entwickelten sittlichen Bewusstsein des homerischen Menschen widerstrebt, gilt ihm als Sünde; wir haben in den betreffenden Paragraphen schon Einzelnes namhaft gemacht. Weil es uns aber, bevor wir an die Untersuchung über die Genesis und das Wesen der Sünde gehn, um eine Gesammtveranschaulichung der Sache zu thun ist, so wollen wir zur Erhärtung der Wahrheit, dass dem homerischen Menschen das Sündliche nicht sowohl in seinem Verhältnisse zur Gottheit, als vielmehr im Bereiche der sittlichen Institutionen zum Bewusstsein kommt *), theils erinnernd theils ausführend einiges Hauptsächliche von dem Faktischen voranschicken.

Der Uebermuth eines die Gottheit beleidigenden, mit ihr persönlich in die Schranken tretenden Menschen war nicht die höchste dem Dichter denkbare Frevelthat; sie wird in der Regel durch Verkürzung der Lebensdauer gestraft (V. §. 21), erregt aber keineswegs den Zorn des beleidigten Gottes immer in dem Grade, dass er die Kraft seiner Gottheit sammelte und den Frevler vernichtete. Der Zorn der Gott-

---

*) Streng genommen, d. h. nach christlichem Maassstabe, passt desswegen der Ausdruck S ü n d e auf die ἁμαρτήματα des homerischen Menschen nicht genau. Richtig verstanden jedoch verwirrt er auch nichts.

heit entbrennt stärker über die Verletzung dessen, was reeller ist, was ein wirklicheres Dasein hat, als sie, dergleichen die sittlichen Ordnungen sind, ohne welche das gesammte Weltwesen keinen Bestand hätte. Daher ist, wie wir gesehen haben, jegliche Impietät, wie sie Achilleus gegen den grossen Todten, wie sie das pflichtvergessene Kind gegen die Aeltern übt, es ist die Beugung des Rechts durch ungerechte Richter, die Verletzung des Gastrechts, der ehelichen Treue sehr schwere, den Zorn der Gottheit provocirende Sünde. Der Frevel gegen die sittliche Weltordnung tritt besonders empörend in Klytaimnestra und in Penelope's Freiern hervor. Jene ist nach Agamemnon's ergreifender Darstellung Od. λ, 405—434 nicht nur Ehebrecherin, sondern auch Mörderin des Ehegemahls; ja sie mordet ihn am festlich bereiteten Tisch, ὥς τίς τε κατέκτανε βοῦν ἐπὶ φάτνῃ. Die Freier aber kennen keine Scheu vor Göttern und Menschen, kein Erbarmen mehr (Od. ξ, 82: οὐκ ὄπιδα φρονέοντες ἐνὶ φρεσὶν οὐδ᾽ ἐλεητύν· v, 214: οὐδέ τι παιδὸς ἐνὶ μεγάροις ἀλέγουσιν, οὐδ᾽ ὄπιδα τρομέουσι θεῶν· χ, 414: οὕτινα γὰρ τίεσκον ἐπιχθονίων ἀνθρώπων, οὐ κακὸν οὐδὲ μὲν ἐσθλόν). Ihr Gewissen ist also (vgl. V §. 23) gänzlich verstockt. Als positive Seite ihres Wesens tritt dagegen ὕβρις und βίη wie wir sagen würden himmelschreiend hervor (Od. o, 329: τῶν ὕβρις τε βίη τε σιδήρεον οὐρανὸν ἵκει), und stellt sich im frevelhaften Umsturz aller bestehenden Rechtsverhältnisse dar. Zur Sicherung ihrer Usurpation beabsichtigen sie den Mord des zu männlicher Selbständigkeit heranreifenden Erben; sie zerrütten des Königes Haushalt, zwingen die dienenden Frauen, an welche sie kein Recht haben, mit Gewalt zu ihrer Lust und freien um des Lebendigen Weib. Od. χ, 35 — 41 sagt der rächende König:

ὦ κύνες, οὔ μ᾽ ἔτ᾽ ἐφάσκετ᾽ ὑπότροπον οἴκαδ᾽ ἱκέσθαι
δήμου ἄπο Τρώων, ὅτι μοι κατεκείρετε οἶκον,
δμωῇσιν δὲ γυναιξὶ παρευνάζεσθε βιαίως,
αὐτοῦ τε ζώοντος ὑπεμνάασθε γυναῖκα,
οὔτε θεοὺς δείσαντες, οἳ οὐρανὸν εὐρὺν ἔχουσιν,
οὔτε τιν᾽ ἀνθρώπων νέμεσιν κατόπισθεν ἔσεσθαι·
νῦν ὑμῖν καὶ πᾶσιν ὀλέθρου πείρατ᾽ ἐφῆπται.

Dieses Frevels aber macht sich, wie Mentor Od. β, 235 ff.

sagt, das Volk von Ithaka mitschuldig, indem es dem Treiben der Freier nicht Einhalt thut; noch mehr die treulosen
Knechte und Mägde, die sich mit den Feinden des Hauses
zum Untergange desselben verschwören. Mit solchem Thun
werden alle die sittlichen Institute, auf welche nach homerischer Vorstellung die Götter das Weltwesen basirt haben,
die ϑέμιστες, welche durchaus die Bedeutung göttlich geoffen-
barter Satzungen haben (vgl. V §. 24 a), freventlich umge-
stossen; somit ist die Form, in welcher die Sünde
erscheint, im Grunde nichts anders als faktische
Zerstörung der sittlichen Weltordnung.

2. Nun aber fragen wir: was ist die Sünde bezüglich
des Menschen für sich? Wie kommt sie in denselben, wie
wird der Mensch ein Sünder? Ist die Sünde von Natur in
ihm, oder wird sie von aussen an ihn gebracht? Der Dichter antwortet uns: die Sünde entspringt aus der ἄτη,
der Bethörung des an sich normalen Verstandes. Sie selbst
ist also Thorheit, ruht, so wie die Gerechtigkeit (IV §. 2),
im Verstande, nicht im Willen *). Der Mensch als bethörter
verhält sich bei ihr passiv, erleidet etwas von aussen her,
und, was ihn verführt und bethört, ist die Gottheit selbst, in
welche somit ein satanisches Moment gesetzt wird.

3. ¹) [Was nun zunächst die sprachliche Erklärung des
Wortes ἄτη betrifft, so steht die Ableitung von ἄασα (ich
habe beschädigt) fest. Wie aber das synonyme βλάβειν mit

---

*) Od. β, 281: τῷ νῦν μνηστήρων μὲν ἔα βουλήν τε νόον τε ἀφρα-
δέων, ἐπεὶ οὔτι νοήμονες οὐδὲ δίκαιοι· χ, 287: ὦ Πολυϑερσείδη φιλοκέρτομε, μήποτε πάμπαν εἴκων ἀφραδίης μέγα εἰπεῖν, ἀλλὰ ϑεοῖσιν μῦϑον ἐπιτρέψαι· ω, 457: οὐ γὰρ ἐμοὶ πείϑεσϑ',
οὐ Μέντορι ποιμένι λαῶν, ὑμετέρους παῖδας καταπαυέμεν ἀφρο-
συνάων· vgl. π, 278; γ, 328; ψεῦδος δ' οὐκ ἐρέει· μάλα γὰρ
πεπνυμένος ἐστίν· Il. ε, 761: ἄφρονα ·τοῦτον ἀνέντες, ὃς
οὔτινα οἶδε ϑέμιστα· Od. σ, 228: αὐτὰρ ἐγὼ ϑυμῷ νοέω
καὶ οἶδα ἕκαστα, ἐσϑλά τε καὶ τὰ χέρεια· πάρος δ' ἔτι νήπιος ἦα· ἀλλά τοι οὐ δύναμαι πεπνυμένα πάντα νοῆσαι· ἐκ
γάρ με πλήσσουσιν κτλ.

1) Vgl. Lehrs im Rhein. Mus. N. F. 1842. I. [Wiederholt in Popul.
Aufsätze etc. S. 221—230.]

φϱένας verbunden (Il. *o*, 724; Od. ξ, 178) die Bethörung des
gesunden Sinnes bezeichnet, so auch ἄασε (Od. φ, 297; 301).
So heisst auch ἀασάμην ich habe mich bethört. oder betrogen, wofür auch gesagt wird ἀάσϑην ich bin bethört worden (durch eine Gottheit z. B. Il. *τ*, 136); als Präsens mit
activer Bedeutung tritt dafür ἀᾶται (Il. *τ*, 91; 129) ein *).—
Was nun das Substantiv betrifft, so ist die Grundbedeutung
allerdings S c h a d e n , zunächst ganz allgemein **) als Unglück, U n h e i l, wie Od. φ, 302: „er aber im Geiste bethört,
ging, sein Unheil tragend im unbedachten Gemüthe" [1]). In
Il. *π*, 805 τὸν δ' ἄτη φϱένας εἷλε ist offenbar die V e r w i r-
r u n g des Bewusstseins, Störung des Normalzustandes der
natürlichen Besinnung, also in physisch-sinnlicher Bedeutung
mit ἄτη bezeichnet, wie mit dem Verbum in Od. φ, 297; 301.
Daraus entwickelt sich die Bedeutung von Verwirrung des
intellectuellen Vermögens, zunächst activ als B e t h ö r u n g
oder Berückung; am deutlichsten in Il. β, 111, wo Agamemnon sagt: Ζεύς με μέγα Κϱονίδης ἄτη συνέδησε βαϱείῃ [2]),
vgl. 114: νῦν δὲ κακὴν ἀπάτην ἐβουλεύσατο. In κ, 391, wo
Dolon sagt: πολλῇσίν μ' ἄτῃσιν παϱὲκ νόον ἤγαγεν Ἕκτωϱ
sind bethörende Reden gemeint. Die Erklärung von Lehrs
a. O. S. 229, der Ἄτῃσι persönlich fasst: „mehr als eine Ate
musste gleichsam dem Hektor helfen," — scheint uns sprach-

---

*) Gegen A h r e n s, welcher in Gr. Formenl. §. 93 ἀνατᾷ (digammirt)
fordert, vgl. E b e l in Kuhns Ztschr. III p. 140. N i t z s c h Sagenpoesie
S. 290 erklärt die ganze Stelle *τ*, 91—136 für Interpolation. Für
das mediale ἀᾶται bietet übrigens das ἅπ. εἰϱ. ἀπάφοιτο Od. ψ,
216 ein Analogon, wofern hier nicht etwa nach Wegfall des ursprünglich folgenden Digamma zur Vermeidung des an dieser
Stelle unerlaubten Hiatus die Medialform selbst erst aus der ac-
tiven nachträglich gebildet worden ist. Doch vgl. ἐξαπάφοιτο in
ξ, 160 gegen *ι*, 376.

**) Vgl. des Vf. Progr. De religionibus Orestiam Aeschyli continen-
tibus, Erl. 1843 p. 11 und D ö d e r l e i n Gl. §. 248. — Die Bedeutung Schaden oder Unglück ist wohl auch in den Hesiodeischen Stellen *E*. 230, 250 (wozu der Vf. Soph. Ant. 313 Herm.
vergleicht) und 413 anzunehmen.

1) So übersetzt d. Vf. in der Bem. z. d. St.

2) Eine authentische Interpretation giebt Soph. OC. 525.

lich unhaltbar, wir würden dann wenigstens σὺν Ἄτησιν oder
etwas der Art erwarten. — Hieher scheint auch Il. ϑ, 236
zu gehören: Ζεῦ πάτερ ἢ ῥά τιν᾽ ἤδη ὑπερμενέων βασιλήων
τῇδ᾽ ἄτῃ ἄασας καί μιν μέγα κῦδος ἀπηύρας; ferner Od. μ,
372 : ἦ με μάλ᾽ εἰς ἄτην κοιμήσατε νηλέϊ ὕπνῳ „traun recht
zum Betruge habt ihr mich in tiefen Schlummer versenkt,"
d. h. damit ich ein recht Betrogener werde. Aber die Störung des intellectuellen Vermögens findet sich auch mit ἄτη
bezeichnet in dem Sinn von Unverstand oder Thorheit, mit
welchem für uns euphemistisch klingenden Ausdruck dann
auch die ethische Verirrung, die Schuld und Sünde bezeichnet wird *). So in Il. α, 412 und π, 274 γνῷ δὲ καὶ —
Ἀγαμέμνων ἣν ἄτην, ὅτ᾽ ἄριστον Ἀχαιῶν οὐδὲν ἔτισεν, seine
Verschuldung an Achilleus; ζ, 356: Ἀλεξάνδρου ἕνεκ᾽ ἄτης
sein Verbrechen an Menelaos (welches auch in ω, 28 ursprünglich bezeichnet gewesen sein muss, ehe die entschieden falsche Erklärung v. 29 f. hinzugefügt wurde; doch
scheint auch v. 25—28 unächt). Ebenso heisst dasselbe Verbrechen der Helena ἄτη in Od. δ, 261; ψ, 223. Das thörichte d. h. ungerechte Benehmen ist gemeint Il. ι, 115: οὔτι
ψεῦδος ἐμὰς ἄτας κατέλεξας. Bei der Stelle τ, 270, wo
Achilleus ausruft: Ζεῦ πάτερ, ἦ μεγάλας ἄτας ἄνδρεσσι δι-
δοῖσϑα, überwältigt von dem Gedanken an all᾽ das Unheil,
welches aus dem thörichten Benehmen Agamemnon's und
andrerseits seiner μῆνις alle Griechen und auch ihn betroffen
hat, scheint der Zusammenhang statt der bequemeren Uebersetzung „Verluste" die tiefere Auffassung zu fordern, welche
eben diese erst aus der Schuld ableitet, die selbst eine Folge
der gottgewirkten Verblendungen oder Bethörungen ist.
    In Il. ω, 480: ὡς δ᾽ ὅτ᾽ ἂν ἄνδρ᾽ ἄτη πυκινὴ λάβῃ, ὅστ᾽
ἐνὶ δήμῳ φῶτα κατακτείνας ἄλλων ἐξίκετο δῆμον scheint uns
fast die „besinnungraubende, herzbethörende" Wirkung des᾽

---

*) Vgl. das hebräische nebalah; z. B. er hat eine Thorheit in Israel
gethan, d. i. eine Schuld begangen; und das deutsche „Irrthum"
für: Vergehen, Verbrechen, Schuld, z. B. in Jh. Letzner vita Caroli M. c. 17 (cit. v. W. Menzel, Gesch. d. Deutschen 5. Ausg.
in 5 Bdn. II S. 83 Note). Eine Analogie bietet auch ἀλιτεῖν, worüber Döderlein Gl. §. 876 zu vergleichen.

bösen Gewissens angedeutet zu sein *), wenn es nicht vor-
zuziehen ist, hier wie in ι, 512 die Sündenschuld sammt ih-
ren Folgen zu verstehen. — Endlich wurde die ἄτη auch personificirt, wie schon früher bemerkt wurde. Zunächst in der berühmten Allegorie ι,
502 ff., worüber vgl. V §. 26. Weiter ausgebildet zu einer
concreten Personification findet sich diese Anschauung in τ,
91 ff. besonders 126 ff. (nach Nitzsch der Anfang einer
Heraklee). Die älteste Tochter des Zeus, die alle schädigt,
die verderbliche, sie die mit weichem (Döderlein: kräftigem,
schnellen) Fusse nicht auf dem Boden heranstürmt, sondern
über der Menschen Häupter schreitet — diese hat selbst einmal den Zeus berückt (καὶ γάρ τε θεοὺς ἐπινίσσεται ἄτη
nach Apollon. Rhod. 4, 817); er aber fasst sie in seinem
Grimm bei den glänzenden Locken und schwört einen gewaltigen Eid, nie solle sie wieder in den Olymp und zum
sternreichen Himmel kommen; damit schleudert er sie mit
gewaltiger Hand vom Himmel auf die Fluren der Menschen.]

4. Bethörung setzt aber ein Bethörendes voraus **),
und dies eben ist, wie schon bemerkt, bei Homer die Gottheit selbst. [Wenn der Mensch sagt: „ich habe mich betrogen oder bethört (zur Sünde)" so ist dies an sich noch
gar kein Bekenntniss persönlicher Schuld; wenigstens wälzt
er „die grössere Hälfte seiner Schuld den unglückseligen Ge-
stirnen zu," wie Agamemnon τ, 137 in éinem Athem sagt:
ἀλλ' ἐπεὶ ἀασάμην καί μευ φρένας ἐξέλετο Ζεύς· ebenso
verhält sichs mit den vorhin angeführten Stellen τ, 270; θ,
236; ι, 512 (wo ja auch Zeus die Ἄτη dem Unbarmherzigen
zur Begleiterin gibt); β, 111.] Der Mensch hat für sich keine
Schuld; ἐγὼ δ' οὐκ αἴτιός εἰμι, sagt Agamemnon Il. τ, 86 ff.,
ἀλλὰ Ζεὺς καὶ Μοῖρα καὶ ἠεροφῖτις Ἐρινύς, οἵτε μοι

---

*) Den Anfang des pseudohomerischen achten Epigramms: ναῦται
ποντοπόροι, στυγερῇ ἐναλίγκιοι ἄτῃ, vermögen wir nur so zu verstehen, dass die rastlos umhertreibenden Schiffer mit dem rastlos
umhertreibenden bösen Gewissen verglichen werden.
**) Vgl. Wunder zu Soph. Ant. 616 ff.

εἰν ἀγορῇ φρεσὶν ἔμβαλον ἄγριον ἄτην ἤματι τῷ, ὅτ᾽ Ἀχιλλῆος γέρας αὐτὸς ἀπηύρων· [Dies klingt als wollte er sagen:
Himmel und Hölle müssen sich damals zu meiner Bethörung
verschworen haben; vgl. Od. o, 233: ἄτης βαρείης, τήν οἱ (dem
Melampus) ἐπὶ φρεσὶ ϑῆκε ϑεὰ δασπλῆτις Ἐρινύς und über
beide Stellen auch oben V §. 38 g. E.] Od. δ, 261: ἄτην δὲ
μετέστενον, ἣν Ἀφροδίτη δῶχ᾽, coll. ψ, 222: τὴν δ᾽ (Ἑλέ-
νην) ἤτοι ῥέξαι ϑεὸς ὤρορεν ἔργον ἀεικές· man vergleiche
hiezu die andern hieher gehörigen, in anderer Beziehung
schon oben I §. 45 angeführten Stellen. Dass nun dieses
Bethören der Gottheit nicht blos eine bildliche Redeweise für
Selbstbethörung oder Verführung durch Andere, sondern ganz
eigentlich gemeint ist, geht hervor aus Od. ξ, 178: τοῦ δέ
τις ἀϑανάτων βλάψε φρένας ἔνδον ἐΐσας ἠέ τις ἀνϑρώπων, [was wir nicht mit Ameis für einen „Gegensatz homerischer Naivetät ohne Reflexion" erklären können. Darum
ist in Il. τ, 95 von Aristarch ganz mit Recht die Lesart Ζεὺς
ἄσατο *) festgehalten worden; denn wenn, oben τ, 137 Agamemnon mit seinem ἀασάμην nichts anderes sagen will als:
καί μευ φρένας ἐξέλετο Ζεύς, wenn also ἀασάμην dem Sinn
nach gleich ἀάσϑην gebraucht wurde, mit anderen Worten:
wenn des Menschen Verirrung (ἄτη) als Wirkung einer ausser ihm vorhandenen Macht betrachtet wird, so ist hier derselbe Sprachgebrauch eben auf Zeus angewandt; er wurde
betrogen von Here v. 97, 113 und der Ate 129]. Dass jedoch diese Bethörung in der Göttin Ἄτη, welche Zeus' Tochter genannt wird, nicht dergestalt personificirt ist, dass sie
neben und ausser den Göttern eine selbständige Existenz
hätte, und etwa der Teufel der homerischen Weltanschauung genannt werden könnte, davon ist gleichfalls schon oben
I §. 46 f. die Rede gewesen.

5. Allein die der bisher entwickelten Vorstellung zu
Grunde liegende Selbstrechtfertigung des Menschen erkennt
das ehrliche Gewissen nicht an, — wie z. B. Agamemnon

---

*) [Wäre die andere Lesart Ζῆν᾽ ἄσατο nicht blosse Conjectur, so
könnte man vielleicht auf ἀᾶται sich berufen; s. d. zweite Note
zum vor. §.]

vor Achilleus nicht unschuldig ist, obwohl letzterer sagt Il. ι,
377: ἐκ γὰρ εὖ φρένας εἵλετο μητίετα Ζεύς — sondern verräth sich und sucht, zwar ohne Polemik gegen die Meinung
von der ἄτη, die Quelle der Sünde in dem Menschen selbst.
Nicht unbedingt zwar; denn der sittliche Charakter und geistige habitus des Menschen im Allgemeinen wird als bestimmt
betrachtet durch Herkunft und Schicksal. Durch Herkunft; Athene sagt in Mentor's Gestalt zu Telemach Od. β,
270 ff.: Τηλέμαχ᾽, οὐδ᾽ ὄπιθεν κακὸς ἔσσεαι, οὐδ᾽ ἀνοήμων.
Εἰ δή τοι σοῦ πατρὸς ἐνέστακται μένος ἠΰ —, οὐ τοι ἔπειθ᾽
ἀλίη ὁδὸς ἔσσεται οὐδ᾽ ἀτέλεστος· εἰ δ᾽ οὐ κείνου γ᾽ ἐσσὶ
γόνος καὶ Πηνελοπείης, οὐ σέγ᾽ ἔπειτα ἔολπα τελευτή-
σειν, ἃ μενοινᾷς, wobei freilich der Dichter zu bemerken
nicht unterlässt, dass nur wenige Söhne den Vätern gleichen, wenige diesen es zuvorthun (ein solches Beispiel siehe
Il. ο, 641), die meisten schlechter gerathen. Vgl. Od. σ, 125:
Ἀμφίνομ᾽, ἦ μάλα μοι δοκέεις πεπνυμένος εἶναι· τοῖον γὰρ
καὶ πατρός κτλ. Vgl. Od. δ, 63; 206; 611; Il. ξ, 113 ff.
Zweitens durch Schicksal; Od. σ, 136: τοῖος γὰρ νόος
ἐστὶν ἐπιχθονίων ἀνθρώπων, οἷον ἐπ᾽ ἦμαρ ἄγῃσι πατὴρ ἀνδρῶν τε θεῶν τε *). Vergl. Od. ρ, 322: ἥμισυ γάρ τ᾽ ἀρετῆς
ἀποαίνυται εὐρύοπα Ζεὺς ἀνέρος, εὖτ᾽ ἄν μιν κατὰ δούλιον
ἦμαρ ἕλῃσιν.

6. Weil aber Schicksal und Herkunft die sittliche Natur des Menschen doch nur im Allgemeinen bestimmen und
gleichsam blos den Boden bereiten, aus welchem Tugenden
oder Sünden hervorkeimen, so haben wir hiedurch über diejenige Macht, welche die mögliche Sünde zur wirklichen werden lässt, noch keinen Aufschluss. Diese Macht ruht im
Ich des Menschen selbst, oder es ist vielmehr
das Ich, so fern es sich in sich selbst zurückzieht
und zum Gesetze seines Thuns macht, die Negation und Aufhebung der göttlichen Ordnungen**).
Wir werden somit den Weg zu verfolgen haben, auf welchem

---

*) Vgl. Archiloch, fr. 62 [= (65) 72 Bergk, abgedruckt in N. Th.
VI, 6 u. b. Ameis z. d. St.]

**) Vgl. Aesch. Prom. 188 (186): παρ᾽ ἑαυτῷ τὸ δίκαιον ἔχων Ζεύς,
ib. 403 (401) Ζεὺς ἰδίοις νόμοις κρατύνων.

das Ich dazu gelangt, sich selbst eine den göttlichen ϑέμιστες feindselige Centralität beizulegen.

7. Das Ich erkennt sich sittlich im Ehrgefühl, d. h. es wird sich seines sittlichen Werthes bewusst in dem Bestreben, die Vernichtung dieses Werthes, die Schande, von sich abzuwehren. Dieses Ehrgefühl ist im homerischen Menschen fein und zart ausgebildet (s. d. Anm. z. Il. γ, 242); die Helden sind eifrig bestrebt, ihre Ehre von jedem Makel rein zu erhalten. Hektor hat das volle Bewusstsein, dass aller Kampf und alle Tapferkeit für Ilios vergeblich sein werde; auch weiss er, was der Gattin, dem Sohne mit seinem Verluste droht; dennoch sagt er Il. ζ, 441: ἀλλὰ μάλ᾽ αἰνῶς αἰδέομαι Τρῶας καὶ Τρωάδας ἑλκεσιπέπλους, αἴ κε κακὸς ὣς νόσφιν ἀλυσκάζω πολέμοιο· οὐδέ με ϑυμὸς ἄνωγεν, ἐπεὶ μάϑον ἔμμεναι ἐσϑλὸς αἰεὶ καὶ πρώτοισι μετὰ Τρώεσσι μάχεσϑαι, ἀρνύμενος πατρός τε μέγα κλέος ἠδ᾽ ἐμὸν αὐτοῦ. Und in der letzten Noth, als er die Räthlichkeit der Flucht vor Achilleus erwägt, fürchtet er den kränkenden Vorwurf des Polydamas, den er hart angelassen, als dieser ihm die Troer zur Stadt zu führen gerathen hatte; jetzt, sagt er Il. χ, 104 ff., ἐπεὶ ὤλεσα λαὸν ἀτασϑαλίῃσιν ἐμῇσιν, αἰδέομαι Τρῶας καὶ Τρωάδας ἑλκεσιπέπλους, μήποτε τις εἴπῃσι κακώτερος ἄλλος ἐμεῖο· Ἕκτωρ· ἧφι βίηφι πιϑήσας ὤλεσε λαόν. Ὡς ἐρέουσιν· ἐμοὶ δὲ τότ᾽ ἂν πολὺ κέρδιον εἴη ἄντην ἢ Ἀχιλῆα κατακτείναντα νέεσϑαι, ἠέ κεν αὐτὸν ὀλέσϑαι εὐκλειῶς πρὸ πόληος. Zu Achilleus selbst sagt er ib. 283: οὐ μέν μοι φεύγοντι μεταφρένῳ ἐν δόρυ πήξεις, ἀλλ᾽ ἰϑὺς μεμαῶτι διὰ στήϑεσφιν ἔλασσον —; und in der völligen Gewissheit, von Athene betrogen, der Moira verfallen zu sein (304): μὴ μὰν ἀσπουδί γε καὶ ἀκλειῶς ἀπολοίμην, ἀλλὰ μέγα ῥέξας τι καὶ ἐσσομένοισι πυϑέσϑαι. — Ajas, der ihm in jenem Zweikampfe stand, will den Herolden, welche Beendigung des Kampfes rathen, nicht zuerst Folge leisten, weil er der Herausgeforderte sei (Il. η, 284 ff.). Die Möglichkeit dieses sonst unwahrscheinlichen Zweikampfes selbst ist durch das Ehrgefühl vermittelt; denn Apollon will Hektor'n antreiben zu einer Herausforderung an die Griechen: οἱ δέ κ᾽ ἀγασσάμενοι χαλκοκνήμιδες Ἀχαιοὶ οἷον ἐπύρσειαν πολεμίζειν Ἕκτορι δίῳ, v. 41. — Der Zweck dieses Zweikampfes ist nur eine temporäre Er-

21 *

holung für die Heere (29 ff.), nicht eine rechtliche Entscheidung für den Krieg (77 ff.) und konnte ohne den Vorwurf der Feigheit nicht abgelehnt werden (Bäumlein ZfAW. 1857 p. 142). Darum sagt Nestor bei anfänglicher Zögerung der griechischen Helden (ib. 93: αἴδεσϑεν μὲν ἀνήνασϑαι, δεῖσαν δ᾽ ὑποδέχϑαι), der alte Peleus würde, wenn er von der Furcht der Achaier vor Hektor wüsste, die Götter um seinen Tod anflehen, um den griechischen Namen nicht so entehrt sehn zu müssen (Il. η, 125 ff.); man vergleiche Menelaos' Schelten ib. 96 ff. Als derselbe Nestor in der unglücklichen Schlacht Il. ϑ dem Diomedes zur Flucht räth, erhält er zur Antwort (145 ff.): ναὶ δὴ ταῦτά γε πάντα, γέρον, κατὰ μοῖραν ἔειπες· ἀλλὰ τόδ᾽ αἰνὸν ἄχος κραδίην καὶ ϑυμὸν ἱκάνει· Ἕκτωρ γάρ ποτε φήσει, ἐνὶ Τρώεσσ᾽ ἀγορεύων· Τυδείδης ὑπ᾽ ἐμεῖο φοβεύμενος ἵκετο νῆας. Ὥς ποτ᾽ ἀπειλήσει· τότε μοι χάνοι εὐρεῖα χϑών. Dasselbe kriegerische Ehrgefühl lebt in Odysseus, als Agamemnon in seinen Muth und Kampfeseifer Misstrauen setzt, Il. δ, 350 ff., ferner als er Il. λ, 314 nach Agamemnon's Entfernung sammt Diomedes den Vorkampf übernimmt; derselbe weist ib. 407 die Gedanken der Furcht, als er sich den Troern gegenüber allein sieht, mit den mannhaften Worten zurück: ἀλλὰ τίη μοι ταῦτα φίλος διελέξατο ϑυμός; Οἶδα γὰρ, ὅττι κακοὶ μὲν ἀποίχονται πολέμοιο· ὃς δέ κ᾽ ἀριστεύῃσι μάχῃ ἔνι, τὸν δὲ μάλα χρεὼ ἑστάμεναι κρατερῶς, ἤτ᾽ ἔβλητ᾽, ἤτ᾽ ἔβαλ᾽ ἄλλον. In ähnlichem Geiste widerspricht er dem Agamemnon, als dieser den Krieg aufzugeben und zu fliehen gedenkt Il. ξ, 84. Agamemnon selbst kommt nach Menelaos' Verwundung durch Pandaros von seiner Klage um den Bruder sogleich auf die Vorstellung der Schmach zurück, mit welcher bedeckt er werde heimkehren müssen, da nunmehr die Achaier auf den Abzug dringen würden, und wünscht sich den Tod, um nichts von den übermüthigen Reden der frohlockenden Troer zu vernehmen. Das Wesen dieses Ehrgefühls, welches nichts gemein hat mit Ehrgeiz und Ruhmsucht, bezeichnet der Dichter mit αἰδώς· vgl. ο, 561, wo Ajas den Argivern zuruft: ὦ φίλοι, ἀνέρες ἔστε καὶ αἰδῶ ϑέσϑ᾽ ἐνὶ ϑυμῷ, ἀλλήλους τ᾽ αἰδεῖσϑε κατὰ κρατερὰς ὑσμίνας κτλ., ferner ib. 661: ὦ φίλοι, ἀνέρες ἔστε καὶ αἰδῶ ϑέσϑ᾽ ἐνὶ ϑυμῷ ἄλλων ἀνϑρώπων. Und die Argiver fliehen auch nicht, ib. 657 : ἴσχε γὰρ αἰδώς καὶ δέος, und geben Il. ϱ, 415 ff. in gleichem Geiste den Leichnam des Patroklos nicht preis. Vgl. noch ib. 95; 556. Das Ehrgefühl aber, welches nicht in sittlicher Gesinnung wurzelt, sondern üble Nachrede mehr als schlechte That fürchtet, erkennt der Dichter nicht an. Als Eurymachos von der Schande der Freier geredet, wenn statt ihrer der hergelaufene Bettler den Bogen spannen würde, erwiedert Penelope Od. φ, 331, wie denn die vor solchem Schimpfe sich fürchten könnten, die längst ihren Ruf im Volke durch schlimmere Thaten verwirkt hätten.

8. Während sich in solchen Stellen, die leicht noch vermehrt werden können, das sittliche Selbstbewusstsein des Menschen negativ ausspricht in Flucht und Scheu vor der Schande, bekundet sich dasselbe als Selbstgefühl in der positiven Anerkennung des eigenen Werthes, die es sich selbst giebt oder von Andern verlangt. Dieses Selbstgefühl ist erkennbar in der Freude, die der homerische Mensch an gerechtem Lob empfindet. Bei den Wettkämpfen in Il. ψ hat Antilochos seinen Meister Achilleus als den einzigen gelobt, der sich mit Odysseus in Schnelligkeit messen könne — κύδηνεν δὲ ποδώκεα Πηλείωνα (793). Achilleus erwiedert: Ἀντίλοχ᾽ οὐ μέν τοι μέλεος εἰρήσεται αἶνος, ἀλλά τοι ἡμιτάλαντον ἐγὼ χρυσοῦ ἐπιϑήσω. Nicht minder erfreut ist Alkinoos über die Anerkennung, welche Odysseus der von ihrem König ihm gerühmten Tanzkunst der Phaiaken zollt (Od. ϑ, 385). Nestor, der Il. ψ, 618 von Achilleus auch ohne zu kämpfen einen Kampfpreis erhalten hat, erwiedert v. 647 : τοῦτο δ᾽ ἐγὼ πρόφρων δέχομαι, χαίρει δέ μοι ἦτορ, ὥς μευ ἀεὶ μέμνησαι ἐνηέος, οὐδέ σε λήϑω, τιμῆς ἦστέ μ᾽ ἔοικε τετιμῆσϑαι μετ᾽ Ἀχαιοῖς (τιμῆς ist Apposition zu μεῦ und hinter λήϑω muss nach einem bekannten homerischen Sprachgebrauch ein Komma stehn *)). Charakteristisch hiefür ist ferner die Formel, welche von solchen, die Vorwürfe befürchten, einige Male gebraucht wird: καί νύ τις ὧδ᾽ εἴπη

---

*) Schol: A.: ἡ διὰ μέσου ἐστὶ τὸ οὐδέ σε λήϑω.

σι *κακώτερος* ἀντιβολήσας oder *κακώτερος ἄλλος ἐμεῖο* (Od.
ζ, 275; φ, 324; Il. χ, 106); sie drückt sehr bezeichnend den
Unmuth aus, von einem sittlich Nicht-ebenbürtigen den eigenen sittlichen, gefühlten Werth gekränkt zu sehn. Das Bewusstsein ein Kampfheld zu sein spricht der homerische
Mensch nicht minder unverholen aus (Il. α, 244; 260 ff.; η,
235 ff.; ψ, 669 f.; ebenso in γ, 65, wenn dort ἀπόβλητος im
Sinne von „verächtlich" genommen wird [vgl. dagegen Döderlein's Glossar. §. 309]), als es ihn beleidigt, für kampfunkun-
dig zu gelten; Odysseus zürnt auf Euryalos, der ihn bei den
Phaiaken mit solcher Verkennung aufgeregt hat, Od. ϑ, 158 ff.,
bes. v. 178: ὠρινάς μοι ϑυμὸν ἐνὶ στήϑεσσι φίλοισιν, εἰπὼν
οὐ κατὰ κόσμον· ἐγὼ δ᾽ οὐ νῆΐς ἀέϑλων, ὡς σύγε μυϑεῖαι,
ἀλλ᾽ ἐν πρώτοισιν ὀΐω ἔμμεναι, ὄφρ᾽ ἥβη τε πεβρίϑεα χερσί
τ᾽ ἐμῇσιν· Sthenelos gestattet Il. δ, 404 ff. dem Agamemnon
nicht, den Ruhm der Epigonen, die Theben erobert haben,
zu Gunsten ihrer Väter zu schmälern: Ἀτρείδη, μὴ ψεύδε᾽,
ἐπιστάμενος σάφα εἰπεῖν. Ἡμεῖς τοι πατέρων μέγ᾽ ἀμείνο-
νες εὐχόμεϑ᾽ εἶναι· ἡμεῖς καὶ Θήβης ἕδος εἵλομεν ἑπταπύλοιο·
— τῷ μή μοι πατέρας ποϑ᾽ ὁμοίῃ ἔνϑεο τιμῇ. Odysseus verlässt der furchtbaren Gefahr zum Trotze die Kyklopeninsel
nicht eher (Od. ι, 500 ff.), als bis er dem bestraften Men-
schenfresser zugerufen, wer denn eigentlich die Gefährten so
muthig und schlau gerächt habe. Edel und gross ist das
Selbstgefühl Hektor's, der bei aller Anerkennung der Ueberlegenheit seines Gegners dennoch weiss, dass auch er ein
Held ist; Il. υ, 430:

Τὸν δ᾽ οὐ ταρβήσας προσέφη κορυϑαίολος Ἕκτωρ·
Πηλείδη, μὴ δή μ᾽ ἐπέεσσί γε νηπύτιον ὣς
ἔλπεο δειδίξεσϑαι· ἐπεὶ σάφα οἶδα καὶ αὐτὸς
ἠμὲν κερτομίας ἠδ᾽ αἴσυλα μυϑήσασϑαι.
Οἶδα δ᾽, ὅτι σὺ μὲν ἐσϑλὸς, ἐγὼ δὲ σέϑεν πολὺ χείρων.
Ἀλλ᾽ ἤτοι μὲν ταῦτα ϑεῶν ἐν γούνασι κεῖται,
αἴ κέ σε χειρότερός περ ἐὼν ἀπὸ ϑυμὸν ἔλωμαι,
δουρὶ βαλών· ἐπεὶ ἦ καὶ ἐμὸν βέλος ὀξὺ πάροιϑεν.

Aber den erhabensten Ausdruck hat jenes Selbstgefühl in
Odysseus' Mund gefunden, als er sich dem Alkinoos, der
längst schon den wunderbaren Fremdling mit Staunen betrachtet, endlich zu erkennen giebt; Od. ι, 19. 20: εἴμ᾽ Ὀδυ-

σεὺς Ἀαερτιάδης, ὃς πᾶσι δόλοισιν ἀνϑρώποισι μέλω, καί
μεν κλέος οὐρανὸν ἵκει.

9. Dieses Ehrgefühl sowohl als Selbstgefühl tritt weder
mit den göttlichen Ordnungen in Opposition; vielmehr vollbringt der Held seine Thaten ϑεῶν τεράεσσι πιϑήσας Il. ζ,
183; δ, 398 [und 408, worüber vgl. Döderlein Gl. §. 872],
noch ist in demselben ein übermüthiges Selbstvertrauen enthalten, welches, um zu grossen Dingen zu kommen, den Beistand der Gottheit verschmähte. Im Gegentheil es erkennen
in diesem Beistande die nämlichen Helden, die sich ihres
Werthes bewusst sind, ihre allerhöchste Ehre, und wenn auch
das, was der Held selber thut, von dem was der Gott für
ihn thut ausdrücklich unterschieden wird, z. B. I[l]. v, 97 ff.:
τῷ οὐκ ἔστ᾽ Ἀχιλῆος ἐναντίον ἄνδρα μάχεσϑαι· αἰεὶ γὰρ πάρα εἰς γε ϑεῶν, ὃς λοιγὸν ἀμύνει. Καὶ δ᾽ ἄλλως (und auch
sonst, auch ohnediess) τοῦγ᾽ ἰϑὺ βέλος πέτετ᾽, οὐδ᾽ ἀπολήγει
etc., so wird gleichwohl die Mithülfe des Gottes vom Ruhme
des Helden nicht abgezogen [vgl. d. Anm. zu γ, 439]. Denn
mit ächt sittlichem Geiste wird vom Menschen zur Vollbrin-
gung des Tüchtigen Alles gefordert, von der Gottheit der
Segen erwartet, das faule Gottvertrauen aber nachdrücklich
gerügt. Agamemnon sagt zu den Säumigen im Heer Il. δ,
243: τίφϑ᾽ οὕτως ἔστητε τεϑηπότες, ἠΰτε νεβροί; — ἦ μένετε
Τρῶας σχεδὸν ἐλϑέμεν, ἔνϑα τε νῆες εἰρύατ᾽ εὐπρυμνοι, πο-
λιῆς ἐπὶ ϑινὶ ϑαλάσσης, ὄφρα ἴδητ᾽ αἴ κ᾽ ὕμμιν ὑπέρ-
σχῃ χεῖρα Κρονίων; Hingegen Il. μ, 269 ff. rufen die
beiden Ajas den Achaiern zu, sich aufs äusserste anzustren-
gen: πρόσσω ἵεσϑε·καὶ ἀλλήλοισι κέλεσϑε, αἴ κε Ζεὺς δ᾽ ώη-
σιν Ὀλύμπιος ἀστεροπητὴς νεῖκος ἀπωσαμένους δηΐους προτὶ
ἄστυ δίεσϑαι. Ganz in diesem Sinne ruft Hektor im Augenblick des glänzendsten Sieges aus: οἴσετε πῦρ, ἅμα δ᾽
αὐτοὶ ἀολλέες ὄρνυτ᾽ ἀϋτήν! Νῦν ἡμῖν πάντων Ζεὺς ἄξιον
ἧμαρ ἔδωκεν, νῆας ἑλεῖν etc. (Il. ο, 718 ff.). Schon vorher
hiess es ib. 637: ὡς τότ᾽ Ἀχαιοὶ ϑεσπεσίως ἐφόβηϑεν ὑφ᾽
Ἕκτορι καὶ Διὶ πατρὶ πάντες· und längst schon hat Diomedes Hektor'n des Beistands wegen bewundert, dessen sich
dieser von den Göttern erfreut; Il. ε, 601: ὦ φίλοι, οἷον δὴ
ϑαυμάζομεν Ἕκτορα δῖον αἰχμητήν τ᾽ ἔμεναι καὶ ϑαρσαλέον
πολεμιστήν. Τῷ δ᾽ αἰεὶ πάρα εἰς γε ϑεῶν, ὃς λοιγὸν ἀμύ-

νει etc. [Menelaos, der sich im Kampf um Patroklos Leichnam allein dem Hektor gegenüber sieht, will vom Kampfe abstehen [1]); denn *ὁππότ' ἀνὴρ ἐθέλῃ πρὸς δαίμονα φωτὶ μάχεσθαι, ὅν κε θεὸς τιμᾷ, τάχα οἱ μέγα πῆμα κυλίσθη.* Hektor nämlich *ἐκ θεόφιν πολεμίζει·* fände er aber nur den Telamonier, dann wollten sie beide kämpfen *καὶ πρὸς δαίμονά περ*, was denn hernach auch geschieht, und Menelaos ists, der mit Meriones, geschützt durch die beiden Aias, den Leichnam wirklich fortträgt.] Achilleus, der tapferste der Helden, wird immer zugleich als der Götter erster Liebling dargestellt; er scheut sich Il. *v,* 192 nicht, die Götter zu nennen, die ihm bei seinen Thaten beigestanden; ib. 452 sagt er zu Hektor: *ἦ θήν σ' ἐξανύω γε, καὶ ὕστερον ἀντιβολήσας, εἴ πού τις καὶ ἔμοιγε θεῶν ἐπιτάρροθός ἐστιν,* und *χ,* 270: *οὔ τοι ἔτ' ἔσθ' ὑπάλυξις· ἄφαρ δέ σε Παλλὰς Ἀθήνη ἔγχει ἐμῷ δαμάᾳ·* der Vorstellung von seinem Heldenmuth thut die andere, dass er durch Hephaistos' Geschenk (*θεοῦ δῶρα* z. B. Il. *φ,* 594), durch die Waffenrüstung aus Götterhänden geschirmt ist, nicht den mindesten Eintrag; Poseidon selbst sagt von ihm zu Aincias Il. *v,* 332: *Αἰνεία, τίς σ' ὧδε θεῶν ἀτέοντα κελεύει ἀντία Πηλείωνος ὑπερθύμοιο μάχεσθαι, ὃς σεῦ ἅμα κρείσσων καὶ φίλτερος ἀθανάτοισιν;* In diesem Sinne ruft gleich nachher Achilleus aus v. 347: *ἦ ῥα καὶ Αἰνείας φίλος ἀθανάτοισι θεοῖσιν ἦεν·* vgl. noch *φ,* 215. In der Odyssee sagt Odysseus zu Demodokos: *αὐτίκ' ἐγὼ πᾶσιν μυθήσομαι ἀνθρώποισιν, ὡς ἄρα τοι πρόφρων θεὸς ὤπασε θέσπιν ἀοιδήν* (Od. *θ,* 498). Dergleichen wird nun auch theoretisch ausgesprochen; Il. *v,* 242: *Ζεὺς ἀρετὴν ἄνδρεσσιν ὀφέλλει τε μινύθει τε·* vgl. Od. *θ,* 167 ff.; *ν,* 45; *γ,* 375. Und dass überhaupt das ganze geistige Leben des Menschen, seine Fertigkeiten und Eigenschaften, von den Göttern bedingt ist, davon war schon oben I §. 33 die Rede.

10. In dem bisher dargelegten Verhalten bleibt das Ich des Menschen im richtigen Verhältniss zu göttlichen und menschlichen Ordnungen. Aber mit einem Schritte weiter hat sich dasselbe jene alles Andere ausser sich negirende

---

1) Il. *ρ,* 98—101.

Centralität beigelegt, in welcher alle Sünde beschlossen ruht.
Des Menschen Selbstgefühl kann übergehen in Selbstsucht,
so dass er keine Berechtigung Anderer ihm gegenüber anerkennt und den Vorwurf verwirkt: ἀλλ᾽ ὅδ᾽ ἀνὴρ ἐθέλει περὶ
πάντων ἔμμεναι ἄλλων· πάντων μὲν κρατέειν ἐθέλει, πάντεσσι δ᾽ ἀνάσσειν, πᾶσι δὲ σημαίνειν, ἅ τιν᾽ οὐ πείσεσθαι
ὀΐω (Il. α, 287—289). Diese Selbstsucht bethätigt sich aber
in der ὕβρις, welche nun handelnd die θέμιστες jeder Art
mit Füssen tritt. So will sie denn auch in manchen Individuen nichts mehr vom Beistand der Gottheit wissen, sondern
genügt sich allein, μέμονεν δ᾽ ὅγε ἶσα θεοῖσιν (Il. φ, 315).

Den Uebergang des Selbstgefühls aber stellt uns der
Dichter negativ dar in der Form der Unfähigkeit den hoch-
herzigen Sinn zu bezwingen und in Schranken zu halten.
Nach Il. ι, 254 ff. hat der alte Peleus beim Abschied zu Achilleus
gesagt: τέκνον ἐμόν, κάρτος μὲν Ἀθηναίη τε καὶ Ἥρη δώ-
σουσ᾽, αἴ κ᾽ ἐθέλωσι· σὺ δὲ μεγαλήτορα θυμὸν ἴσχειν
ἐν στήθεσσι· φιλοφροσύνη γὰρ ἀμείνων· ληγέμεναι δ᾽ ἔριδος κακομηχάνου. Geschieht dasjenige nicht, wozu Peleus
ermahnt, lässt das Ich sich schrankenlos gewähren, so erkennt
es neben und ausser sich nichts weiter an, verfolgt durchaus
nur sein persönliches Interesse, und es entsteht ein achil-
leischer Charakter, den wir nunmehr in den hieher gehörigen Beziehungen zu betrachten haben. — Nicht nur gilt
ihm die zugefügte Kränkung, die sich in ihr verrathende Un-
dankbarkeit des Heerführers als etwas gänzlich Unverzeih-
liches (Il. ι, 315—345), nicht nur findet er in dem von Zeus
über die Achaier verhängten Unglück eine viel erquick-
lichere Befriedigung seines Ich's, als in der ihm von Agamemnon gebotenen Genugthuung (ib. 607: Φοῖνιξ — οὔτι με
ταύτης χρεὼ τιμῆς· φρονέω δὲ τετιμῆσθαι Διὸς αἴσῃ, ἥ μ᾽
ἕξει παρὰ νηυσὶ κηρωνίσιν, εἰσόκ᾽ ἀϋτμὴ ἐν στήθεσσι μένῃ
etc.), sondern er dringt auch seinen Hass wie seine
Liebe dem Phoinix auf (ib. 613: οὐδέ τί σε χρὴ τὸν φι-
λέειν, ἵνα μή μοι ἀπέχθηαι φιλέοντι· καλόν τοι σὺν ἐμοὶ τὸν
κήδειν, ὅς κ᾽ ἐμὲ κήδῃ), und setzt der Rede des Ajas, der
ihm mit der Bündigkeit einer starken, mit der Indignation
einer edlen Seele vorhält, was er anerkennen muss: die Pflicht
der Versöhnlichkeit, Agamemnon's Busse, die den Personen

der Abgesandten schuldige Rücksicht, nichts als den Zorn
entgegen, von dem sein Herz schwelle, so oft er der ihm
widerfahrenen Beleidigung gedenke (ib. 645: πάντα τί μοι
κατὰ θυμὸν ἐείσω μυθήσασθαι· ἀλλά μοι οἰδάνεται
κραδίη χόλῳ, ὁππότ᾽ ἐκείνων μνήσομαι, ὥς μ᾽ ἀσύφηλον
ἐν Ἀργείοισιν ἔρεξεν Ἀτρείδης etc.). Als ihn endlich die
Achaier und Patroklos' Flehn wenigstens so weit erweicht
hat, dass er den Freund in seiner Rüstung gegen die Troer
schickt, macht er in der äusserst charakteristischen Rede,
mit welcher er den Getreuen entsendet, die diesem er-
theilte Erlaubniss selbst hinwiederum zur Folie
seines Ruhms. Kein Orakel, kein Gebot des höchsten
Gottes verhindert ihn zu helfen, sondern die Unendlichkeit
der ihm widerfahrenen Beleidigung (Il. π, 49—59). Doch will
er jetzt das Vergangene ruhen lassen (ewigen Zorn habe er
nicht im Sinne gehabt, wiewohl er nur dann wieder aufzu-
stehn verheissen, wenn der Feind auch zu seinen Schiffen
vordringe); vielmehr solle Patroklos in die Schlacht gehn
(60—65), sintemal die Achaier jetzt wirklich hart bedrängt
seien und das Troerheer getrost anrücke, (weil man ja
seinen Helm nicht leuchten sehe und keiner der
Achaierhelden ihn ersetze) (65—80) *). Dennoch solle Patro-

---

*) Versus 69—79 delet Nitsch. Sagenpoes. p. 181, scribitque v. 80:
ἀλλ᾽ ἄγε δή. Nam etiam vers. 74—76 culpari possunt. Nam in-
commode Achilles videtur μειλιχίης πολέμοιο [eine Verwendung
von o, 741, nicht Verwechslung damit] arguere eos, quos scit
saucios ex acie discessisse. Sed cur ἀλλὰ καὶ ὥς mutari debeat,
non video. — Sed sublatis versibus illis ne hos quidem feremus
84 — 86; habent enim causam ac rationem cur pugnare debeat
Patroclus, quae nulla est; nam quod is efficere pugnando ju-
betur, id ultro obtulit Agamemno. Rumpunt etiam contex-
tum orationis; nam post πίθεο, h. e. post mandati, quod se da-
turum ait, denunciationem continuo subsequi debent verba
mandati. [Notiz z. d. St. Nach dem ersten Satz findet sich in
Klammern: Ego satis habeo expunxisse vss. 70 — 73; dies war
nämlich des Verfassers frühere Ansicht, während er noch früher
auch diese Verse in Schutz genommen hatte. Indess ist hiebei
die seit Wolf und G. Hermann — vgl. Epistola ad Ilgen. vor

klos mit Macht auf sie losgehn und die Schiffe vor den Feuer-
bränden der Feinde bewahren; es könnte sonst um die Heimkehr geschehen sein; wenn aber das gelungen, keineswegs
sein Glück verfolgen, da dies nur auf Kosten seiner,
des Achilleus, Herrlichkeit geschehn würde (80
— 90). Auch sei das Einschreiten eines den Troern günstigen Gottes zu fürchten. Darum solle Patroklos nach erreich-
tem Hauptzweck wiederkehren und die Völker auf dem Wahl-
platz allein lassen. Denn möchten doch Achaier und
Troer insgesammt untergehn, und wir beide nur
allein dem Verderben entfliehn, um allein auch
Troja's heilige Zinnen zerstören zu können (90 —
100) *). Als ihm nun Il. σ, init. bei der Flucht der Achaier
eine Ahnung vom Geschehenen aufsteigt, geht die Besorgniss, die er für des Freundes Rettung hegt, unmittelbar in
die Stimmung des Zornes über, dass derselbe seinen Weisungen nicht gehorcht (ib. 12: ἦ μάλα δὴ τέθνηκε Μενοιτίου
ἄλκιμος υἱός· σχέτλιος· ἦ τ᾽ ἐκέλευον, ἀπωσάμενον δήϊον πῦρ,
ἄψ ἐπὶ νῆας ἴμεν, μηδ᾽ Ἕκτορι ἶφι μάχεσθαι). Im Rache-
kampf selber ist nach des Dichters ausdrücklicher Darstellung
Rache nicht das einzige Motiv, das ihn beseelt; er will auch
seinem Ich den Genuss der Siegesherrlichkeit bereiten; für
beides ist in seiner Seele zumal Raum; Il. φ, 542: λύσσα
δέ οἱ κῆρ αἰὲν ἔχε κρατερή, μενέαινε δὲ κῦδος ἀρέσθαι.
Vgl. die Il. χ, 393 nach Hektor's Fall gesprochenen Worte: ἠρά-
μεθα μέγα κῦδος· ἐπέφνομεν Ἕκτορα δῖον, ᾧ Τρῶες κατὰ ἄστυ θεῷ ὡς εὐχετόωντο. Von diesem κῦδος ἀρέσθαι ist
während des Kampfes immerfort die Rede; Il. σ, 121: νῦν
δὲ κλέος ἐσθλὸν ἀροίμην· υ, 502: ὃ δὲ ἵετο κῦδος ἀρέσθαι
Πηλείδης. Wie hoch er sich anschlägt, ist ferner aus dem
Trost erkennbar, mit welchem er Lykaon tröstet, als dieser
unter seinen Händen den Tod erleiden soll; Il. φ, 106: ἀλλά,

---

den Hom. Hymnen p. IX — verbreitete Ansicht von einer zwei-
fachen Patrokleia nicht im Spiele.]

*) Diese vier letzten Verse, gerade die am meisten charakteristischen,
in denen sich dies Selbstsucht des Helden auf die Spitze treibt, hat
man schon im Alterthum zwar, aber mit höchstem Unrecht für
untergeschoben erklärt.

φίλος, θάνε καὶ σύ· ist ja doch auch Patroklos gestorben,
ja bin sogar ich dem Tode verfallen. — Als er endlich den Hektor getödtet hat, auf welchen er keinen andern
Achaier hat schiessen lassen (Il. χ, 207: μή τις κῦδος ἄροιτο
βαλὼν, ὃ δὲ δεύτερος ἔλθοι), macht er zwar Miene, sofort
das allgemeine Interesse zu verfolgen, d. h. den Sturm auf
Ilios zu versuchen, unterbricht aber diese Gedanken wiederum gewaltsam, und wendet sich sogleich zurück zu Patroklos, d. i. zu sich und zu seinem Interesse; Il. χ, 379: ἐπειδὴ
τόνδ᾽ ἄνδρα θεοὶ δαμάσασθαι ἔδωκαν — εἰ δ᾽, ἄγετ᾽, ἀμφὶ
πόλιν σὺν τεύχεσι πειρηθῶμεν etc.; v. 385: ἀλλὰ τίη μοι
ταῦτα φίλος διελέξατο θυμός; κεῖται πὰρ νήεσσι νέ-
κυς ἄκλαυτος, ἄθαπτος, Πάτροκλος etc.

11. In allen diesen Zügen, in denen jedoch des Helden Sinn und Art nur von einer Seite gezeichnet ist, tritt
uns ein Charakter entgegen, dem sein Ich das höchste Gesetz, der Maassstab alles Thuns ist. Auf diese Selbstsucht
(ἀγηνορίη, ἀγήνωρ θυμός) lässt sich nun Alles zurückführen,
worin der Dichter die Quelle des Bösen erkennt. Dies zeigt
sich vor Allem an Achilleus selbst. In der Behandlung des
todten Hektor ist er dem Löwen gleich, der, μεγάλη τε βίη
καὶ ἀγήνορι θυμῷ εἴξας, grausam herfällt über eine Heerde.
Derselbe θυμὸς ἀγήνωρ hat in Achilleus alle Rücksicht, alle
Scheu so sehr erstickt, dass er in und mit der grimmig an
Hektor vollzogenen Rache sogar den stummen Erdboden
misshandelt; Il. ω, 44: ὡς Ἀχιλεὺς ἔλεον μὲν ἀπώλεσεν,
οὐδέ οἱ αἰδὼς γίγνεται, ἥτ᾽ ἄνδρας μέγα σίνεται ἠδ᾽ ὀνίνη-
σιν· 54: κωφὴν γὰρ δὴ γαῖαν ἀεικίζει μενεαίνων [hierüber
vgl. Döderlein Gl. §. 2228]. Diese Selbstsucht steigert sich,
das Böse wird noch böser, wenn sie sich mit sich selbst genährt,
wenn ihr durch Nachgeben und Schmeicheln Vorschub gethan wird; Il. ι, 697 ff.: Ἀτρείδη κύδιστε — μὴ ὄφελες λίσσε-
σθαι ἀμύμονα Πηλείωνα, μυρία δῶρα διδούς· ὃ δ᾽ ἀγήνωρ
ἐστὶ καὶ ἄλλως· νῦν αὖ μιν πολὺ μᾶλλον ἀγηνορίῃσιν
ἐνῆκας. Sie ist auch die Quelle der bösartigen Reizbar-
keit, die sich an Allem was ihr entgegen ist ohne Scheu vor
heiligen Gesetzen und menschlichen Rechten vergreift. Von
dieser wurde schon oben Abschn. V §. 25 in anderer Beziehung geredet; hier erinnern wir an Agamemnon's Beneh-

men in Il. α sowohl gegen Chryses (ἀλλ᾽ ἴϑι, μή μ᾽ ἐρέϑιζε, σαώτερος ὥς κε νέηαι), als gegen Achilleus, und in letzterer Beziehung an die kunstreiche Zeichnung der incrementa des Zorns. V. 118 heisst es nur αὐτὰρ ἐμοὶ γέρας αὐτίχ᾽ ἑτοιμάσατ᾽· dem ruhigen, die Unmöglichkeit der Gewähr dieser Forderung darstellenden Widerspruch Achill's entgegnet die gereiztere Selbstsucht schon mit: εἰ δέ κε μὴ δώωσιν, ἐγὼ δέ κεν αὐτὸς ἕλωμαι ἢ τεὸν ἢ Αἴαντος ἰὼν γέρας, ἢ Ὀδυσῆος ἄξω ἑλών· ὃ δέ κεν κεχολώσεται, ὅν κεν ἵκωμαι. Wie sich nun auch in Achilleus das Zürnen erhebt und er mit dem Abzuge droht, da treibt es auch Agamemnon auf die Spitze und sagt gerade zu: ἐγὼ δέ κ᾽ ἄγω Βρισηίδα καλλιπάρηον αὐτὸς ἰὼν κλισίηνδε τὸ σὸν γέρας. — Dieser selbstische Wille, dem des Menschen besseres Ich sich unterwirft, wird als eine herrschende, die Oberhand gewinnende Macht bezeichnet in dem Ausdrucke βίη καὶ κάρτεϊ εἴκειν· Od. ν, 143: ἀνδρῶν δ᾽ εἴπερ τίς σε (den Poseidon) βίη καὶ κάρτεϊ εἴκων οὔτι τίει, σοὶ δ᾽ ἐστί καὶ ἐξοπίσω τίσις αἰεί· σ, 139: πολλὰ δ᾽ ἀτάσθαλ᾽ ἔρεξα, βίη καὶ κάρτεϊ εἴκων. Dieses negative εἴκειν wird aber epexegetisch mit dem affirmativen ἐπισπέσθαι μένεϊ erklärt; Od. ρ, 428 — 433: ἔνθ᾽ ἤτοι μὲν ἐγὼ κελόμην ἐρίηρας ἑταίρους αὐτοῦ πὰρ νήεσσι μένειν καὶ νῆας ἔρυσθαι· — οἱ δ᾽ ὕβρει εἴξαντες, ἐπισπόμενοι μένεϊ σφῷ, αἶψα μάλ᾽ Αἰγυπτίων ἀνδρῶν περικαλλέας ἀγροὺς πόρθεον, so dass man deutlich erkennt, wie diese βίη καὶ κάρτος, diese ὕβρις nichts anderes ist, als der selbstische, nur sich gehorchende Sinn, den der Frevler gewähren lässt. Als Ehrgeiz erscheint dieser Sinn in Antinoos, auf welchen Od. χ, 48 ff. alle Schuld der Freier gewälzt und von dem gesagt wird: οὗτος γὰρ ἐπίηλεν τάδε ἔργα, οὔτι γάμου τόσσον κεχρημένος οὔτε χατίζων, ἀλλ᾽ ἄλλα φρονέων, τά οἱ οὐκ ἐτέλεσσε Κρονίων· ὄφρ᾽ Ἰθάκης κατὰ δῆμον ἐϋκτιμένης βασιλεύοι αὐτός, ἀτὰρ σὸν παῖδα κατακτείνειε λοχήσας. Selbst die kampflustigen Troer, die ihrer Streitbegier keine Grenze setzen, sondern sich in solcher Lust gewähren lassen, werden deswegen ἄνδρες ὑβρισταὶ genannt Il. ν, 633, eine Stelle, welche charakteristisch nachweist, worin eigentlich die ὕβρις gesucht wird. Ihren höchsten Grad aber erreicht sie, wenn sie den Menschen zu dem Uebermuthe ver-

führt, sich lediglich auf sich selbst zu stellen, und seine
Ehre, statt im Beistande der Gottheit, vielmehr darin zu suchen, dass er derselben nicht bedürfe. Ein solcher ὑβριστὴς
ist der von Poseidon bestrafte Ajas, der gerettet hätte werden können, εἰ μὴ ὑπερφίαλον ἔπος ἔκβαλε καὶ μέγ' ἀάσθη·
φῆ ῥ' ἀέκητι θεῶν φυγέειν μέγα λαῖτμα θαλάσσης
(Od. δ, 504).

Indem wir auf die dargestellte Weise den Weg verfolgt
haben, auf welchem das Ich des Menschen zu dem Uebermuthe der Selbstsucht gelangt, hat sich uns in Absicht auf
das Wesen der Sünde ein dem obigen (§. 2) ganz entgegengesetztes Resultat ergeben: die Sünde ist nicht eine Bethörung von aussen her, nicht ein Erleidniss, bei dem sich der
Mensch lediglich passiv verhielte; sie ist vielmehr des Menschen eigenste That, ist dessen bis zur ὕβρις gesteigerte Selbstsucht, welche, damit ihr selber genug geschehe, weder Satzungen der Götter noch
Rechte der Menschen scheut. [Ein Beleg dafür ist
z. B. Aigisthos Od. α, 35 ff. und insbesondere die μνηστῆρες
ὑπέρβιον ὕβριν ἔχοντες, wofür an anderen Stellen ὑπερβασίη
gebraucht wird.] Vgl. Il. π, 17 ὡς ὀλέκονται (Ἀργεῖοι) —
ὑπερβασίης ἕνεκα σφῆς. Eine solche kann auch übermässi-
ges Rühmen sein: ρ, 19: οὐ μὲν καλὸν ὑπέρβιον εὐχετάα-
σθαι. Dass der Mensch sogar die Gottheit schilt, wie Achilleus den Apollon χ, 15: ὀλοώτατε πάντων [und nicht blos
gegen die Moira sondern auch gegen Götter, gegen diese sogar
persönlich, kämpfen und an ihnen sich vergreifen kann, wie
insbesondere Diomedes in Il. ε, Achilleus in φ, Patroklos
in π, u. s. w.] ist in früheren Abschnitten und im Eingang
des gegenwärtigen schon erwähnt.

12. Aber gegenüber dieser vom Ich usurpirten Centralität hält der Dichter die Erkenntniss der göttlichen Weltordnung fest, welcher die Sünde trotz aller
Bemühung sich selbst auf den Thron zu setzen dennoch erliegen muss. Die Selbstsucht findet am Ende bei der Sünde
ihre Rechnung nicht (οὐκ ἀρετᾷ κακὰ ἔργα, Od. θ, 329; vgl.
Hesiod ἔ. 217: δίκη δ' ὑπὲρ ὕβριος ἴσχει ἐς τέλος ἐξελθοῦσα
[und dazu N. Thl. VI §. 2]); trügerisch war die Lockung,
durch welche sie zur ὕβρις fortgerissen worden ist; des Men-

schen wahres Interesse fordert, dass er die göttlichen und
menschlichen Satzungen respectire. Daher ist das allgemeine
Motiv, die Sünde zu meiden und Gutes zu thun, für den
Dichter kein Anderes als die Collision, in welcher der Sünder mit der göttlichen Weltordnung, mit den Garanten derselben, den Göttern, und mit dem allgemein-menschlichen
Bewusstsein über dieselbe tritt. Des Dichters kategorischer
Imperativus lautet: Sündige nicht, sondern thue Gutes; wi-
drigenfalls hast du Götter und Menschen gegen
dich.

13. Wenn wir absehen von dem ganz ausdrücklichen
Verbot der Götter an den Menschen im einzelnen Fall, wie
z. B. Od. α, 37 ff. an Aigisthos [oder möglicher Weise durch
ein Orakel an die Freier π, 405 und so durch widrige An-
zeichen überhaupt] — so ist erstlich ein Motiv, die Sünde
z. B. der Unversöhnlichkeit zu meiden, das Beispiel, folglich die Natur der Götter, ein Anklang an das: Ihr sollt
heilig sein; denn ich bin heilig; Il. ι, 496: οὐδέ τί σε χρὴ
νηλεὲς ἦτορ ἔχειν· στρεπτοὶ δέ τε καὶ θεοὶ αὐτοί. Ein weiteres ist der Zorn der Götter; Il. ν, 624 ruft Menelaos den
Troern zu: οὐδέ τι θυμῷ Ζηνὸς ἐριβρεμέτεω χαλεπήν ἐδδείσατε μῆνιν ξεινίου· ὅστε ποτ᾽ ὕμμι διαφθέρσει πόλιν αἰπήν·
aus dem, was ihnen als Unterlassung vorgeworfen wird, erkennt man, was ihnen Motiv hätte sein sollen. Die ungerechten Richter beugen das Recht θεῶν ὄπιν *) οὐκ ἀλέγοντες Il. π, 388; cf. Od. ξ, 81 — 88: ἀτὰρ σιάλους γε σύας
μνηστῆρες ἔδουσιν, οὐκ ὄπιδα φρονέοντες ἐνὶ φρεσὶν οὐδ᾽
ἐλεητύν· ferner: καὶ μέν δυσμενέες καὶ ἀνάρσιοι, οἵτ᾽ ἐπὶ
γαίης ἀλλοτρίης βῶσιν, καί σφι Ζεὺς ληΐδα δώη — καὶ μὲν
τοῖς ὄπιδος κρατερὸν δέος ἐν φρεσὶ πίπτει. Od. ν, 215 heisst
es ebenfalls von den Freiern: οὐδ᾽ ὄπιδα τρομέουσι θεῶν·
dagegen ξ, 283 von dem ägyptischen König, der den ἱκέτης
vor den Geschossen seiner Mannen schirmt: Διὸς δ᾽ ὠπίζετο
μῆνιν ξεινίου, ὅστε μάλιστα νεμεσσᾶται κακὰ ἔργα. Hektor
warnt den Achilleus, der ihm Bestattung im Fall er unter-

---

*) Ueber die Bedeutung von ὄπις („die Strafaufsicht, die zu scheu-
ende Hut der Götter") siehe Nitzsch II p. 27. [Döderlein §. 850.]

liege verweigert hat: φράζεο νῦν, μή τοί τι θεῶν μήνιμα
γένωμαι Il. χ, 358 coll. Od. λ, 73. — Il. ψ, 595 will sich
Antilochos lieber zu jeder Genugthuung gegen Menelaos verstehn, als diesem gehässig und ein Frevler gegen die Götter
werden, καὶ δαίμοσιν εἶναι ἀλιτρός. [Od. χ, 39 wird von
Odysseus, der den Freiern ihren Frevel vorhält, als erstes Motiv das sie hätte abhalten sollen die Gottesfurcht d. h. die
Furcht vor der göttlichen Strafaufsicht hervorgehoben: οὔτε
θεοὺς δείσαντες, οἳ οὐρανὸν εὐρὺν ἔχουσιν, s. §. 14.] Dem
δεῖσαι θεοὺς ist als Motiv die Sünde zu vermeiden gleichbedeutend das αἰδεῖσθαι θεούς· vgl. Od. ξ, 388: οὐ γὰρ τοῦ-
νεκ᾽ ἐγώ σ᾽ αἰδέσσομαι οὐδὲ φιλήσω, ἀλλὰ Δία ξένιον δείσας αὐτόν τ᾽ ἐλεαίρων mit Il. ω, 503, wo Priamos fleht:
ἀλλ᾽ αἰδεῖο, φέριστε, θεούς. Das nämliche ist Od. α, 263
so gesagt: ἐπεί ῥα θεοὺς νεμεσίζετο αἰὲν ἐόντας. Erschien in den bisherigen Stellen die sündliche That der
Furcht wegen zu fliehn, so geht der Dichter Od. σ, 130—142
in Odysseus' hochwichtiger Rede darauf aus, die Quelle
der Sünde, den selbstsüchtigen Uebermuth zu vernichten,
indem er mit der von den Göttern verhängten Wan-
delbarkeit der menschlichen Dinge die Pflicht der
Demuth motivirt. Menschliches Wesen, sagt er, ist hinfällig
und wandelbar, der Mensch aber immer so gesinnt, wie sein
Geschick beschaffen; er erträgt, wenn auch murrend, das
Unglück und ist hoffärtig im Glück. Weil aber dieses der
Beständigkeit ermangelt (v. 141), τῷ μήτις ποτὲ πάμπαν
ἀνὴρ ἀθεμίστιος εἴη, ἀλλ᾽ ὅγε σιγῇ*) δῶρα θεῶν ἔχοι, ὅ,ττι
διδοῖεν. Σιγῇ bedeutet in Demuth, ohne sich laut oder
breit zu machen; es ist bemerkenswerth, dass diese Stelle

---

*) Aehnlich erscheint σιγῇ in Demosth. adv. Timocr. §. 52 p. 717:
ποιεῖν τὰ δίκαια σιγῇ. [Dass bei demselben ἀνθρωπίνως diesen
Sinn hat, wie humane, ist schon Lat. Stilistik §. 43 bemerkt;
ähnlich scheint auch das Platonische πρᾴως φέρειν ξυμφοράν
Crit. p. 43 B gemeint zu sein; vgl. das dort als Gegensatz folgende ἀγανακτεῖν τῇ παρούσῃ τύχῃ. Uebrigens erinnert der Re-
censent der ersten Auflage in Tholucks Lit. Anz. (1842 N. 7
S. 54 Note) auch an ταπεινός bei Plut. d. profect. in virt. c. 10
und Plato d. legg. IV p. 716 A.]

die Meinung widerlegt, als habe die klassische Gräcität für
Demuth keinen Ausdruck; schon Nitzsch hat damit ἀκέων
Od. κ, 52 verglichen: ἢ ἀκέων τλαίην „stille dulden" [vgl.
Hymn. in Apoll. (Pyth. 94) 272: ἀλλ᾽ ἀκέων προσάγοιεν
Ἰηπαιήονι δῶρα ἀνϑρώπων κλυτὰ φῦλα· — in dem Sinn,
wie in unseren Kirchenliedern und sonst z. B. „Meine Seel'
ist stille zu Gott" u. s. w.]. Den Gegensatz giebt das ὑπέρβιον εὐχετάασϑαι Il. ρ, 19 [und ὑπερφίαλον ἔπος ἐκλαλεῖν
Od. δ, 503; wir erinnern auch nochmals daran, dass der
Mensch sogar in seinem Unmuth geradezu den Zeus schilt
V §. 18.] Eine Parallele bietet Od. χ, 287: ὦ Πολυϑερσείδη
φιλοκέρτομε, μήποτε πάμπαν εἴκων ἀφραδίης μέγα εἰπεῖν, ἀλλὰ ϑεοῖσιν μῦϑον ἐπιτρέψαι, ἐπεὶ ἦ πολὺ φέρτεροί
εἰσιν. Vgl. Theognis 159 bei Schneidew. delect. eleg. p. 63:
μή ποτε Κύρν᾽ ἀγορᾶσϑαι ἔπος μέγα· οἶδε γὰρ οὐδεὶς
ἀνϑρώπων ὅ τι νὺξ χἠμέρη ἀνδρὶ τελεῖ und Aeschylus Eum.
936 Df.

14. Den selbstsüchtigen Bestrebungen des Ichs tritt
aber zweitens auch das menschliche Gesammt-Ge-
wissen, das Bewusstsein des Rechten, das im Volke lebt,
als Motiv, die Sünde zu scheuen, gegenüber. [Vgl. die V
§. 23 erläuterte Stelle Od. β, 64 ff.]. Achilleus' unversöhnlichen Sinn zu beugen wird nicht nur an das Beispiel der
Götter, sondern auch der früheren Helden gemahnt; Il. ι,
524: οὕτω καὶ τῶν πρόσϑεν ἐπευϑόμεϑα κλέα ἀνδρῶν ἡρώων,
ὅτε κέν τιν᾽ ἐπιζάφελος χόλος ἵκοι· δωρητοί τε πέλοντο, πα-
ράρρητοί τ᾽ ἐπέεσσιν· cf. ib. 632. Phoinix hegt in seinen
Jünglingsjahren vatermörderische Gedanken; ἀλλά τις ἀϑανάτων παῦσεν χόλον, ὅς ῥ᾽ ἐνὶ ϑυμῷ δῆμου ϑῆκε φάτιν καὶ ὀνείδεα πόλλ᾽ ἀνϑρώπων, ὡς μὴ πατροφόνος
μετ᾽ Ἀχαιοῖσιν καλεοίμην. In der vorhin angeführten Stelle
Od. χ, 40 ist dieses Motiv unmittelbar an das erste, die
Furcht vor den Göttern, angereiht: οὔτε ϑεοὺς δείσαντες —
οὔτε τιν᾽ ἀνϑρώπων νέμεσιν κατόπισϑεν ἔσεσϑαι. Und
ebenso fürchtet Telemach für schnöde Verstossung der Mutter nicht nur die vom Fluche derselben hervorgerufene Strafe
der Götter, sondern auch die νέμεσις ἐξ ἀνϑρώπων Od. β,
136; und wenn diese hinwiederum bei ihrem Sohne ausharrt
und keinem der Freier ihre Hand giebt, so thut sie es εὐνήν

τ' αἰδομένη πόσιος δήμοιό τε φῆμιν (π, 75). Dieses Motiv
der Rücksicht auf die öffentliche Meinung drückt der Dichter
Il. ι, 257 so aus: ληγέμεναι δ᾽ ἔριδος κακομηχάνου; ὄφρα σε
μᾶλλον τίωσ᾽ Ἀργείων ἠμὲν νέοι ἠδὲ γέροντες. — Es fordert aber das zu respectirende Volksgewissen vom Individuum auch Achtung vor sittlichen Instituten, vor geheiligten
Personen, Zuständen und Rechten, wo solche verletzt zu
werden in Gefahr sind. Ajas sagt zum unversöhnlichen Achilleus Il. ι, 640: αἴδεσσαι δὲ μέλαθρον· ὑπωρόφιοι δέ τοί εἰμεν πληθύος ἐκ Δαναῶν, verlangt also von ihm, dass er um
des Gastrechts willen den harten Sinn erweiche. Demselben gegenüber führt ib. 515 — 523 Phoinix weitläufig aus,
dass der, welcher vollständige Genugthuung giebt, ein
Recht auf Verzeihung habe; werde sie nicht gewährt, so
folge von Zeus gesendet dem Unversöhnlichen die strafende
Ἄτη (ib. 510—514). [Wenn aber Odysseus das Erbieten der
Freier, ihm allen Verlust an Vermögen reichlich zu ersetzen
dennoch entschieden abweist, so giebt er als Grund dafür an:
οὐδέ κεν ὡς ἔτι χεῖρας ἐμὰς λήξαιμι φόνοιο, πρὶν πᾶσαν
μνηστῆρας ὑπερβασίην ἀποτῖσαι Od. χ, 64; denn dazu fühlt
er sich, unterstützt von der Göttin Athene, berufen.] Ingleichen wird Il. ω, 503 ff. die Heiligkeit des Unglücks, Od.
π, 400 die des Königthums als Motiv zur Vermeidung der
Sünde gebraucht. — Wer nun ein Gefühl hat für die Last
der öffentlichen Schande, welche jeden drückt, der dem
Volksgewissen Aergerniss giebt, der ist (Il. ζ, 351) ein εἰδὼς
νέμεσίν τε καὶ αἴσχεα πόλλ᾽ ἀνθρώπων. Woraus deutlich
wird, was Il. ν, 121 steht: ἀλλ᾽ ἐν φρεσὶ θέσθε ἕκαστος αἰδῶ
καὶ νέμεσιν [nämlich αἰδεῖσθαι θεοὺς καὶ νεμεσίζεσθαι ἀνθρώπους, also Gottesfurcht und Ehrgefühl, oder genauer:
Furcht vor göttlicher Strafgerechtigkeit und Scheu vor dem
menschlichen Rechtsbewusstsein. Doch heisst es o, 661 auch:
καὶ αἰδῶ θέσθ᾽ ἐνὶ θυμῷ ἄλλων ἀνθρώπων.]

15. Mit diesem Allen wird der Frevler gemahnt, abzu-
lassen von der Sünde aus Scheu vor dem sittlichen Bewusstsein Anderer. Es wird aber auch an das eigene sittliche
Gefühl des Menschen appellirt, an das, was abgesehn von den
Göttern, vom Volksbewusstsein, von Scheu vor heiligen Instituten, in ihm selber menschlich sich regt. Vor allem an

das Mitleid. Apollon klagt Il. ω, 44 über Achilleus: ὡς
Ἀχιλεὺς ἔλεον μὲν ἀπώλεσεν, οὐδέ οἱ αἰδὼς γίγνεται, ἥτ᾽
ἄνδρας μέγα σίνεται ἠδ᾽ ὀνίνησιν· schon in Il. φ hatte Lykaon auf seine Bitte an ihn σὺ δέ μ᾽ αἴδεο καί μ᾽ ἐλέησον
(73) die Antwort erhalten: ἀλλὰ, φίλος, θάνε καὶ σύ· τί ἦ δ᾽
ὀλοφύρεαι οὕτως (106) und war erbarmungslos niedergestos-
sen worden (116 f.). Die Freier οὐκ ὄπιδα φρονέουσιν ἐνὶ φρεσὶν οὐδ᾽ ἐλεητύν Od. ξ, 82; dieselben διδοῦσιν μαψιδίως·
ἐπεὶ οὔτις ἐπίσχεσις οὐδ᾽ ἐλεητὺς ἀλλοτρίων χαρίσασθαι·
auch trat oben in mehreren Stellen neben αἰδεῖο θεοὺς das
αὐτόν τ᾽ ἐλέησον. Weiter macht sich das Gewissen des
Individuums geltend; selbst der Bettler Iros sagt Od. σ, 12:
die Freier winken mir zwar schon lange zu, dich unnützen
Fremdling hinauszuschleppen; ἐγὼ δ᾽ αἰσχύνομαι ἔμπης.
Wir erinnern ferner an das σεβάσσατο γὰρ τόγε θυμῷ Il.
ζ, 167; 417; ingleichen an Ἀργεῖοι ἰόμωροι, ἐλεγχέες, οὔ νυ
σέβεσθε; Il. δ, 242; ferner an Od. β, 138: ὑμέτερος δ᾽ εἰ
μὲν θυμὸς νεμεσίζεται αὐτῶν, ἔξιτέ μοι μεγάρων· vgl.
Il. π, 544: νεμεσσήθητε δὲ θυμῷ, schämet euch vor
euch selbst; ρ, 254: ἀλλά τις αὐτὸς ἴτω, νεμεσιζέσθω δ᾽
ἐνὶ θυμῷ Πάτροκλον Τρωῆσι κυσὶν μέλπηθρα γενέσθαι.
Wenn wir nach diesen Erörterungen zu der schon oben V
§. 23 besprochenen Stelle der Odyssee (β, 64 — 67) zurück-
kehren, so können wir den Inhalt derselben nunmehr als
den Inbegriff der sittlichen Motive bezeichnen, deren sich
das Gewissen des homerischen Menschen bewusst ist: νεμεσσήθητε καὶ αὐτοὶ, ἄλλους τ᾽ αἰδέσθητε περικτίονας ἀνθρώπους, οἳ περιναιετάουσι· θεῶν δ᾽ ὑποδείσατε μῆνιν, μήτι
μεταστρέψωσιν, ἀγασσάμενοι κακὰ ἔργα.

16. Natürlich sind nun auch affirmative keine anderen
Beweggründe zum Guten denkbar; alle sittlichen Motive sind
in dem dargestellten Bereiche zu suchen. Furcht vor dem
göttlichen Zorne hält vom Bösen ab; dagegen wird des Gottes Antrieb oder Entscheidung Motiv zum Handeln.
Il. ο, 724: ἀλλ᾽ εἰ δή ῥα τότε βλάπτε φρένας εὐρύοπα Ζεὺς
ἡμετέρας, νῦν αὐτὸς ἐποτρύνει καὶ ἀνώγει. Vgl. Od. π, 403,
wo der Freier Antinomos in Bezug auf Telemach's beabsichtigte Ermordung sagt: εἰ μέν κ᾽ αἰνήσωσι Διὸς μεγάλοιο θέμιστες, αὐτός τε κτενέω, τούς τ᾽ ἄλλους πάντας ἀνώξω· εἰ δὲ

κ' ἀποτρωπῶσι θεοί, παύσασθαι ἄνωγα. Auf die Götter
geht auch der sittliche Beruf*), die Bestimmung des
Menschen, die Weltordnung überhaupt zurück, der gemäss
er sich zum Handeln bewogen sieht. Ausharren und Dulden
ist der Helden Pflicht, οἷσιν ἄρα Ζεὺς ἐκ νεότητος ἔδωκε
καὶ ἐς γῆρας τολυπεύειν ἀργαλέους πολέμους, ὄφρα φθιόμεσθα ἕκαστος (Il. ξ, 85 ff.). Erkenntniss dieses Berufes
und der Gedanke an das allgemeine Loos der Sterblichen
ist es, was den Lykierfürsten Sarpedon in den Kampf treibt
Il. μ, 310—328. Warum geniessen wir, sagt er, königlicher
Ehre bei allem Volk, wenn wir jetzt die fürstliche Pflicht
des Vorkampfes nicht erfüllen, zumal da dem Menschen doch
nicht Unsterblichkeit beschieden ist, sondern der Tod in tau-
send Gestalten droht? Vgl. δ, 341 ff. Demgemäss legen
dem Menschen vorzüglich die geheiligten Verbindungen, in
denen er als Bürger, Gatte, Sohn u. dgl. steht, sittliche
Nöthigungen auf. Μένος, heisst es Il. ρ, 157, ἄνδρας ἐσέρ-
χεται, οἳ περὶ πάτρης ἀνδράσι δυσμενέεσσι πόνον καὶ δῆριν
ἔθεντο. In Troja, sagt Agenor Il. φ, 586 ff., sind unserer
viele starke Männer, οἳ καὶ πρόσθε φίλων τοκέων, ἀλόχων τε καὶ
υἱῶν, Ἴλιον εἰρυόμεσθα. Darum lesen wir Il. θ, 55: Τρῶες
δ' αὖθ' ἑτέρωθεν ἀνὰ πτόλιν ὡπλίζοντο, παυρότεροι. μέμα-
σαν δὲ καὶ ὣς ὑσμῖνι μάχεσθαι χρειοῖ ἀναγκαίῃ, πρό τε
παίδων καὶ πρὸ γυναικῶν. Eine ähnliche Verbindung findet
auch zwischen den Bundesgenossen statt. Hektor wendet
auf die der Troer viel Gaben und Nahrung (δώροισι κατα-
τρύχω καὶ ἐδωδῇ λαοὺς, ὑμέτερον δὲ ἑκάστου θυμὸν ἀέξω);
dafür sollen sie mit Eifer die Weiber und Kinder der Troer
gegen den Feind vertheidigen (Il. ρ, 220—226). Umgekehrt
ist er zum Lohn ihrer Dienste hoch verpflichtet, für den
Leichnam des gefallenen Sarpedon zu fechten (Il. π, 538 ff.).
Die Gefährten, die mit Odysseus Noth und Gefahr theilen,
haben ein heiliges Recht auf seine Hülfe, so dass er, um
einige von ihnen aus Kirke's Bann zu lösen, nicht säumen
darf, sich selbst deren Zauberkünsten auszusetzen; Od. κ,

---

*) Oben Abschnitt V §. 61 war von diesem in einem andern Zu-
sammenhang die Rede.

273: αὐτὰρ ἐγὼν εἴμι· κρατερὴ δέ μοι ἔπλετ᾽ ἀνάγκη. Umgekehrt wird den Myrmidonen ihres Fürsten Ehre Motiv zu tapferem Angriff und Kampf: Il. π, 270 ff. Die Stärke derartiger Motive geht besonders aus den Ausdrücken hervor, die der Dichter in den Formeln der Beschwörungen und Bitten braucht. Il. o, 661 war es Nestor, welcher die von den Troern zurückweichenden Griechen λίσσεϑ᾽ ὑπὲρ τοκέων γουνούμενος ἄνδρα ἕκαστον· Ὦ φίλοι, ἀνέρες ἔστε, καὶ αἰδῶ θέσϑ᾽ ἐνὶ θυμῷ ἄλλων ἀνθρώπων, ἐπὶ δὲ μνήσασϑε ἕκαστος παίδων ἠδ᾽ ἀλόχων καὶ κτήσιος ἠδὲ τοκήων, ἠμὲν ὅτεῳ ζώουσι· καὶ ᾧ κατατεϑνήκασιν· τῶν ὑπερ ἐνϑάδ᾽ ἐγὼ γουνάζομαι οὐ παρεόντων ἑστάμεναι κρατερῶς· χ, 338: λίσσομ᾽ ὑπὲρ ψυχῆς καὶ γούνων., σῶν τε τοκήων· Od. λ, 66: νῦν δέ σε τῶν ὄπιϑεν γουνάζομαι, οὐ παρεόντων, πρός τ᾽ ἀλόχου καὶ πατρὸς, ὅ σ᾽ ἔτρεφε τυτϑὸν ἐόντα, Τηλεμάχου ϑ᾽, ὃν μοῦνον ἐνὶ μεγάροισιν ἔλειπες· Odysseus sagt selbst zu Athene Od. ν, 324: νῦν δέ σε πρὸς πατρὸς γουνάζομαι. Wir erinnern ferner an Priamos und Hekabe, wie diese Hektor'n beschwören, nicht vor der Mauer dem Achilleus zu stehn; Il. χ, 59: πρὸς δ᾽ ἐμὲ τὸν δύστηνον ἔτι φρονέοντ᾽ ἐλέησον etc.; ferner ib. 79: μήτηρ δ᾽ αὖϑ᾽ ἑτέρωϑεν ὀδύρετο δακρυχέουσα, κόλπον ἀνιεμένη, ἑτέρηφι δὲ μαζὸν ἀνέσχεν, καί μιν δακρυχέουσ᾽ ἔπεα πτερόεντα προσηύδα· Ἕκτορ, τέκνον ἐμὸν, τάδε τ᾽ αἴδεο, καί μ᾽ ἐλέησον αὐτὴν etc. Weiter vgl. Od. o, 261: λίσσομ᾽ ὑπὲρ θυέων καὶ δαίμονος, αὐτὰρ ἔπειτα σῆς τ᾽ αὐτοῦ κεφαλῆς καὶ ἑταίρων, οἵ τοι ἕπονται. Endlich ist noch der Heiligkeit des Alters als eines sittlichen Motives, das in diese Sphäre gehört, zu gedenken. Priamos sagt Il. χ, 418: λίσσωμ᾽ ἀνέρα τοῦτον ἀτάσθαλον, ὀβριμοεργὸν, ἤν πως ἡλικίην αἰδέσσεται ἠδ᾽ ἐλεήσῃ γῆρας, womit zu vergleichen, was ω, 515 von Achilleus gesagt wird: αὐτίκ᾽ ἀπὸ θρόνου ὦρτο, γέροντα δὲ χειρὸς ἀνίστη, οἰκτείρων πολιόν τε κάρη πολιόν τε γένειον.

17. Zweitens tritt als positiver Antrieb zum Guten wiederum die öffentliche Meinung, die νέμεσις oder αἰδὼς ἀνθρώπων hervor *). Il. ρ, 91 ff. geht Menelaos mit

---

*) Vgl. Nitzsch II p. 125.

sich zu Rathe, ob er fliehen oder für des Patroklos Leiche
dem anstürmenden Hektor stehn soll: ὤ μοι ἐγών, εἰ μέν κε
λίπω κάτα τεύχεα καλά, Πάτροκλόν ϑ᾽, ὃς κεῖται ἐμῆς ἔνεκ᾽
ἐνϑάδε τιμῆς, μήτις μοι Δαναῶν νεμεσήσεται, ὅς κεν ἴδηται.
Εἰ δέ κεν Ἕκτορι μοῦνος ἐὼν καὶ Τρωσὶ μάχωμαι αἰδε-
σϑείς, μήπως με περιστήωσ᾽ ἕνα πολλοί. Ueberhaupt wird
die Pflicht der Kampfgenossen, den Leichnam des Gefallenen zu vertheidigen, häufig durch die κατηφείη καὶ ὄνειδος
motivirt, die sie treffen würde, wenn sie dieser Pflicht sich
entzögen; vgl. Il. π, 498; ϱ, 142 ff.; σ, 178 f. coll. ϱ, 254;
415—422. [Eumaios sagt erschrocken zu dem von den Hunden angefallenen vermeintlichen Bettler: ὦ γέρον, ἦ ὀλίγου
σε κύνες διεδηλήσαντο ἐξαπίνης, καί κέν μοι ἐλεγχείην κατέ-
χευας Od. ξ, 37 f. und Penelope hat ähnliche Befürchtung
aus Anlass der Misshandlung des Iros für Odysseus σ, 225:
σοί κ᾽ αἶσχος λώβη τε μετ᾽ ἀνϑρώποισι πέλοιτο sagt sie zu
Telemach (wenn letzterem daraus ein Unheil erwüchse). So
sind auch die Freier αἰσχυνόμενοι φάτιν ἀνδρῶν ἠδὲ γυναικῶν φ, 323, weil sie den Bogen nicht spannen konnten.]
Penelope fürchtet, wie sie vorgiebt, üble Nachrede von den
Achaierinnen, wenn für Laertes falls er stürbe kein Leichen-
gewand bereitet sei, Od. β, 101. Ebenso scheut sie die
zweite Vermählung εὐνήν τ᾽ αἰδομένη πόσιος δήμοιό τε
φῆμιν Od. π, 75; τ, 527; vgl. ψ, 150. Theoretisch spricht
sie die Sorge für guten Namen und Nachruf als sittliches
Motiv aus in Od. τ, 329 — 334: ὃς μὲν ἀπηνὴς αὐτὸς ἔη καὶ
ἀπηνέα εἰδῇ, τῷ δὲ καταρῶνται πάντες βροτοὶ ἄλγε᾽ ὀπίσσω
ζωῷ᾽ ἀτὰρ τεϑνεωτί γ᾽ ἐφεψιόωνται ἅπαντες· ὃς δ᾽ ἂν ἀμύμων αὐτὸς ἔη, καὶ ἀμύμονα εἰδῇ, τοῦ μέν τε κλέος εὐρὺ διὰ
ξεῖνοι φορέουσιν πάντας ἐπ᾽ ἀνϑρώπους· πολλοί τέ μιν ἐσϑλὸν ἔειπον.

18. In dieser Scheu vor Verletzung der öffentlichen
Meinung, in der Sorge für guten Namen und Nachruf liegt
eine Anerkennung der allgemein gültigen, die sittliche Weltordnung bedingenden Gesetze, welche dem Individuum sittlichen Adel verleiht. Niedriger stehn die Motive, welche
sich, ohne verwerflich zu sein, im Bereiche der blossen Nütz-
lichkeit bewegen, z. B. Il. ν, 669, wo es von Euchenor heisst,
er sei nur desswegen dem Zuge nach Troja gefolgt, um die

Strafe der Achaier und den Tod auf dem Krankenbette zu
vermeiden. Höchst auffallend aber ist es, dass Achilleus, indem er die grosse That der Selbstverleugnung vollbringt und
Hektor's Leichnam herausgiebt, theils neben der Unterwerfung unter Zeus' Gebot, theils sogar allein das von Priamos
bezahlte Lösegeld als Motiv nennt; Il. ω, 139: τῆδ᾽ εἴη ὅ ς
ἄποινα φέροι, καὶ νεκρὸν ἄγοιτο, εἰ δὴ πρόφρονι θυμῷ
Ὀλύμπιος αὐτὸς ἀνώγει· ib. 592 — 595: μή μοι, Πάτροκλε,
σκυδμαινέμεν, αἴ κε πύθηαι εἰν ᾿Αϊδός περ ἐὼν, ὅτι Ἕκτορα
δῖον ἔλυσα πατρὶ φίλῳ· ἐπεὶ οὔ μοι ἀεικέα δῶκεν
ἄποινα· σοὶ δ᾽ αὖ ἐγὼ καὶ τῶνδ᾽ ἀποδάσσομαι, ὅσσ᾽ ἐπέ-
οικεν. Es ist, als ob der Held in dem Augenblick, wo er
die höchste Stufe sittlicher Grösse erreicht, zugleich auch
mit Naivetät der gemeinen Natürlichkeit verfiele. Ein Analogon haben wir in dem berühmten Ausruf des Dichters
nach Glaukos' und Diomedes' Waffentausch Il. ζ, 234: ἔνθ᾽
αὖτε Γλαύκῳ Κρονίδης φρένας ἐξέλετο Ζεὺς, ὃς πρὸς Τυδείδην Διομήδεα τεύχε᾽ ἄμειβεν χρύσεα χαλκείων, ἑκατόμβοι᾽ ἐν-
νεαβοίων.

19. Wenn aber der Mensch die Realität der sittlichen
Weltordnung und die Macht jener Motive faktisch zu vernichten und das Gesetz seines Ichs an ihre Stelle zu setzen
versucht hat, so bethätigen sich jene in seinem Gewissen,
indem sie ihn seiner Ohnmacht überführen und den Triumph
seines Ichs durch das Schuldbewusstsein zu nichte machen.
Weil aber der in der homerischen Weltanschauung das Wesen
der Sünde ein gedoppeltes ist, so dass sie nicht minder als
Bethörung, als ein Erleidniss des wehrlos-passiven Menschen
denn als Erzeugniss von dessen eigener Selbstsucht begriffen
wird, so stellt sich auch in Absicht auf deren Zurechnung
eine doppelte Vorstellung heraus. Denn einmal wird
die Sünde des Menschen von ihm selbst oder von
Andern ohne Weiteres auf die Götter geschoben.
Charakteristisch ist Hektor's Antwort auf Glaukos' Schelt-
rede, in der ihn dieser der Flucht vor Ajas bezichtigt hat,
Il. ρ, 170—178:
Γλαῦκε, τί ἦ δὲ σὺ τοῖος ἐὼν ὑπέροπλον ἔειπες;
ὦ πόποι, ἦ τ᾽ ἐφάμην σε περὶ φρένας ἔμμεναι ἄλλων,
τῶν ὅσσοι Λυκίην ἐριβώλακα ναιετάουσιν·

νῦν δέ σευ ὠνοσάμην πάγχυ φρένας, οἷον ἔειπες,
ὥστε με φῇς Αἴαντα πελώριον οὐχ ὑπομεῖναι.

Οὗτοι ἐγὼν ἔρριγα μάχην, οὐδὲ κτύπον ἵππων·
ἀλλ' αἰεί τε Διὸς κρείσσων νόος αἰγιόχοιο,
ὅς τε καὶ ἄλκιμον ἄνδρα φοβεῖ, καὶ ἀφείλετο νίκην
ῥηϊδίως, ὁτὲ δ' αὐτὸς ἐποτρύνει μαχέσασθαι.

Die Troer haben in Pandaros' Person ˙jenen Vertrag
mit den Achaiern gebrochen; gleichwohl kann Hektor Il. η,
69 mit naiver Dreistigkeit sagen: ὅρκια μὲν Κρονίδης ὑψίζυγος οὐκ ἐτέλεσσεν. An Ajas' des Telamoniers unseligem
Ausgang ist nach Odysseus' Worten Od. λ, 559 kein Mensch
schuldig, ἀλλὰ Ζεὺς Δαναῶν στρατὸν αἰχμητάων ἐκπάγλως
ἤχθηρε· τεῒν δ' ἐπὶ μοῖραν ἔθηκεν. Was das eigene Herz
gewollt hat, wird, wenn Unheil daraus erfolgt, den Göttern
zugeschrieben. Indem Il. β, 375 ff. Agamemnon über den
unseligen Hader und Zwist klagt, der Troja's Eroberung ver-
zögere, verläugnet er zwar seine eigene Schuld nicht (ἐγὼ
δ' ἦρχον χαλεπαίνων), schiebt aber doch eigentlich das Unglück auf Zeus: ἀλλά μοι αἰγίοχος Κρονίδης Ζεὺς ἄλγε' ἔδωκεν, ὅς με μετ' ἀπρήκτους ἔριδας καὶ νείκεα βάλλει. Helene
gesteht nicht minder ihre und des˙Paris ἄτη, sieht aber dieselbe für ein von Zeus verhängtes Unglück an; Il. ζ, 357:
εἵνεκ' ἐμεῖο κυνὸς καὶ Ἀλεξάνδρου ἕνεκ' ἄτης· οἷσιν ἐπὶ Ζεὺς
θῆκε κακὸν μόρον. Od. ξ, 243 sagt Odysseus in jener er-
dichteten Erzählung: αὐτὰρ ἐμοὶ δειλῷ κακὰ μήδετο μητίετα
Ζεύς, und meint seine Fahrt nach Aegypten, gesteht aber
unmittelbar nachher (v. 246): Αἰγυπτόνδε με θυμὸς ἀνώγει
ναυτίλλεσθαι, so dass er eigentlich sagen will: Zeus gab
mir den thörichten Gedanken einer neuen Seefahrt ein. Vgl.
Il. ι, 375 ff., wo Achilleus vom Agamemnon spricht: ἐκ γὰρ
δή μ' ἀπάτησε καὶ ἤλιτεν. οὐδ' ἂν ἔτ' αὖθις ἐξαπάφοιτ'
ἐπέεσσιν· ἅλις δέ οἱ· ἀλλὰ ἔκηλος ἐρρέτω, ἐκ γὰρ εὖ φρένας εἵλετο μητίετα Ζεύς. Gerade so schreiben die Freier
das von ihnen als Verschuldung betrachtete Benehmen Penelope's ohne Weiteres den Göttern zu Od. β, 124 f.: ὄφρα
κε κείνη τοῦτον ἔχῃ νόον, ὅντινά οἱ νῦν ἐν στήθεσσι τιθεῖσι
θεοί. Unendlich mild und zart ist, was Il. γ, 164 der alte
Priamos zur schuldbewussten Helene sagt: οὔτι μοι αἰτίη
ἐσσὶ, θεοί νύ μοι αἴτιοί εἰσιν. Auch Paris findet zwar (Il.

γ, 59) den Vorwurf wegen des Zweikampfs mit Menelaos gerecht, entgegnet aber doch weiterhin (v. 64): μή μοι δῶρ' ἐρατὰ πρόφερε χρυσέης Ἀφροδίτης· οὔτοι ἀπόβλητ' ἐστὶ θεῶν ἐρικυδέα δῶρα, ὅσσα κεν αὐτοὶ δῶσιν, ἑκὼν δ' οὐκ ἄν τις ἕλοιτο, giebt also auch den Göttern die Schuld.

20. Weil aber das menschliche Gewissen auf diese Weise mit der Sünde keineswegs fertig wird, so kann der Mensch selber der Zurechnung dennoch nicht 'entgehn. In der grossen Sünderin des homerischen Sagenkreises, in Helene'n lebt ein tiefes Gefühl der Schuld und Reue. Sie nennt sich Il. γ, 404 eine Hassenswerthe, Abscheuliche (στυγερήν), ib. 180, Od. δ, 145 eine schamlose Hündin (κυνώπιδα), und bricht Il. γ, 173 vor Priamos in den Ruf aus: ὡς ὄφελεν θάνατός μοι ἁδεῖν κακὸς, ὁππότε δεῦρο υἱέι σῷ ἑπόμην, und wünscht Il. ζ, 345, dass sie gleich nach ihrer Geburt von einer Windsbraut auf ein Gebirge oder in die Fluthen des Meeres entführt worden wäre. Vgl. Od. δ, 260. In Antenor spricht sich Il. η, 351 das böse Gewissen der eidvergessenen Troer aus: νῦν δ' ὅρκια πιστὰ ψευσάμενοι μαχόμεσθα· τῷ οὔ νύ τι κέρδιον ἧμιν, wie in Eurymachos Od. χ, 45 ff. das der Freier, wenn dieser gleich alle Schuld auf den schon getödteten Antinoos zu schieben sucht. Agamemnon sagt Il. ι, 115 zu Nestor: ὦ γέρον, οὔτι ψεῦδος ἐμὰς ἄτας κατέλεξας. Ἀασάμην· οὐδ' αὐτὸς ἀναίνομαι. Menelaos endlich ist Od. δ, 377 gegen Eidothea, die ihn um den Grund seines Verweilens auf der Insel Pharos befragt, gleich zu dem Bekenntniss bereit: ἀλλά νυ μέλλω ἀθανάτους ἀλιτέσθαι, ich muss mich eben an den Göttern versündigt haben.

21. Der Stachel des Schuldbewusstseins ist die vom Gewissen bezeugte göttliche Strafgerechtigkeit, von deren Wesen der Dichter eine sehr ausgebildete Vorstellung hat. Schon oben ist der Stellen gedacht worden, in welchen er die Götter als Schirmvögte und Garanten des Rechtszustandes ausdrücklich bezeichnet: Od. ξ, 83: οὐ μὲν σχέτλια ἔργα θεοὶ μάκαρες φιλέουσιν, ἀλλὰ δίκην τίουσι καὶ αἴσιμα ἔργ' ἀνθρώπων· ρ, 485 — 487: καί τε θεοὶ ξείνοισιν ἐοικότες ἀλλοδαποῖσιν, παντοῖοι τελέθοντες, ἐπιστρωφῶσι πόληας, ἀνθρώπων ὕβριν τε καὶ εὐνομίην ἐφορῶντες. Dass sich aber die Götter auch in der That als Rächer des Bösen erweisen,

davon kommen theils einzelne Beispiele vor, theils setzt im
Grossen der Gang der Handlung in beiden Gedichten die
göttliche Gerechtigkeit ins hellste Licht. Wir geben zuerst
Einzelnes. Die von den Achaiern ohne Opfertribut erbaute
Mauer (Il. η, 450) soll von Poseidon zur Strafe vernichtet
werden ib. 461, gleichwie Il. ο, 720 Hektor sich vorstellt,
dass die wider Willen der Götter (θεῶν ἀέκητι) nach Troja
gesegelten Schiffe nunmehr auf Zeus' Veranstaltung von ihm
erobert werden würden. Die Gefährten des Odysseus erliegen für ihren Frevel an den Sonnenrindern der Strafe des
Zeus Od. α, 7 coll. μ, 419, eben so viele von den nach Troja's Zerstörung heimkehrenden Achaiern, ἐπεὶ οὔτι νοήμονες
οὐδὲ δίκαιοι πάντες ἔσαν· τῷ σφεων πολέες κακὸν οἶτον
ἐπέσπον μήνιος ἐξ ὀλοῆς Γλαυκώπιδος ὀβριμοπάτρης etc. Od.
γ, 130—135. Odysseus stellt die Rache, die er an dem Kyklopen genommen, als Strafe der Götter dar; Od. ι, 477:
καὶ λίην σέγ᾽ ἔμελλε κιχήσεσθαι κακὰ ἔργα, σχέτλι᾽· ἐπεὶ
ξείνους οὐχ ἅζεο σῷ ἐνὶ οἴκῳ ἐσθέμεναι· τῷ σε Ζεὺς τίσατο
καὶ θεοὶ ἄλλοι. Den Phaiaken, von denen er sich betrogen
glaubt, wünscht er die Strafe des Ζεὺς ἱκετήσιος, ὅστις καὶ
ἄλλους ἀνθρώπους ἐφορᾷ καὶ τίνυται ὅστις ἁμάρτῃ, Od. ν,
213. Durch die sicheren, nie verunglückenden Fahrten, mit
welchen dieselben Phaiaken ihre Gäste gefahrlos über das
Meer bringen, haben sie die den Menschen gesetzten Schranken überschritten und die Majestät des Meerbeherrschers be-
einträchtigt; Od. ν, 173: ἔφασκε (Alkinoos' Vater) Ποσει-
δάων᾽ ἀγάσασθαι ἡμῖν, οὕνεκα πομποὶ ἀπήμονές εἰμεν ἁπάντων. Dafür straft sie Poseidon durch die warnende Verwandlung des von Odysseus' Geleitung heimkehrenden
Schiffes in einen Fels (ib. 163), und nöthigt sie, zur Abwendung der schweren Hälfte der ihnen längst gedrohten Strafe,
seine Gnade mit Opfern zu suchen (ib. 181 ff.).

22. Was nun den Gang der Handlung in den beiden
Gedichten betrifft *), so ist allgemein bekannt, wie Agamem-

---

*) Vgl. Nitzsch I p. 162. J. Piechowski de ironia Iliadis. Mosqu.
1856. [Der Inhalt dieser Abhandlung ist uns nur aus der Recension Bäumleins in Z. f. A. W. 1857 p. 141 ff. bekannt; doch

non's herrisches Vergehn gegen Achilleus von Zeus mit
Schlachtenunglück und furchtbarer Gefahr des Schiffslagers,
Achilleus' Unversöhnlichkeit am Ende mit dem Verluste des
Patroklos bestraft wird. Der Held, der die Beleidigung seiner Person so hoch angeschlagen, dass er keine geringere
Vergeltung als den nur nicht völligen Untergang des Grie-
chenheeres will, sieht in Folge seiner Hartherzigkeit sein
Ich durch den Tod des liebsten Freundes noch weit tiefer
verwundet, als es durch die Kränkung gewesen war. Aber
auch die Troer haben Il. δ den beschworenen Vertrag gebrochen. Dem Meineid aber ist göttliche Strafe gewiss; Il.
τ, 264: εἰ δέ τι τῶνδ᾽ ἐπίορκον, ἐμοὶ θεοὶ ἄλγεα δοῖεν
πολλὰ μάλ᾽, ὅσσα διδοῦσιν, ὅτις σφ᾽ ἀλίτηται ὁμόσ-
σας. Darum ruft auch Agamemnon gleich nach Pandaros'
verhängnissvollem Schusse: οὐ μέν πως ἅλιον πέλει ὅρκιον
αἷμά τε ἀρνῶν, σπονδαί τ᾽ ἄκρητοι καὶ δεξιαί, ᾗς ἐπέπιθμεν.
Εἴπερ γάρ τε καὶ αὐτίκ᾽ Ὀλύμπιος οὐκ ἐτέλεσσεν (die Strafe),
ἔκ τε καὶ ὀψὲ τελεῖ· σύν τε μεγάλῳ ἀπέτισαν, σὺν σφῇσιν
κεφαλῇσι, γυναιξί τε καὶ τεκέεσσιν (Il. δ, 158 ff.). Vgl. ib.
235: οὐ γὰρ ἐπὶ ψευδέσσι πατὴρ Ζεὺς ἔσσετ᾽ ἀρωγός· ἀλλ᾽
οἵπερ πρότεροι ὑπὲρ ὅρκια δηλήσαντο, τῶν ἤτοι αὐτῶν τέρενα
χρόα γῦπες ἔδονται· ἡμεῖς αὐτ᾽ ἀλόχους τε φίλας καὶ νήπια
τέκνα ἄξομεν ἐν νήεσσιν, ἐπὴν πτολίεθρον ἕλωμεν· ferner ib.
270: Τρωσὶν δ᾽ αὖ θάνατος καὶ κήδε᾽ ὀπίσσω ἔσσετ᾽, ἐπεὶ
πρότεροι ὑπὲρ ὅρκια δηλήσαντο.

Besonders anschaulich erweist sich die Gerechtigkeit
der Götter an den Freiern in Ithaka. Im Anfang der Odyssee verüben sie den Frevel noch ganz sorgenlos, und Telemach hat keine Hülfe noch Aussicht denn das Vertrauen
auf die vergeltende Hand der Gottheit; Od. α, 378: κείρετ᾽·
ἐγὼ δὲ θεοὺς ἐπιβώσομαι αἰὲν ἐόντας, αἴ κέ ποθι Ζεὺς
δῷσι παλίντιτα ἔργα γενέσθαι· νήποινοί κεν ἔπειτα δόμων

zeigt das dort Angeführte die Uebereinstimmung des Verf. im
Ganzen mit der oben ausgeführten Ansicht. — Bekanntlich hat
Nitzsch den Plan und Gang der Odyssee insbesondere vor
dem zweiten Band seiner Anmerkungen dargestellt, den der Ilias
in seiner Sagenpoesie. Vgl. auch Bäumleins praefatio zur
Tauchnitzer Homer-Ausgabe.]

ἔντοσθεν ὄλοισθε. Aber es prophezeit auch Athene mit Bestimmtheit ihren Untergang Od. β, 283: οὐδέ τι ἴσασιν θάνατον καὶ Κῆρα μέλαιναν, ὃς δή σφι σχεδόν ἐστιν, ἐπ' ἤματι
πάντας ὀλέσθαι. Wie nun Odysseus in Bettlergestalt sein
Haus betreten hat, ist ihr Maass bereits voll, dass alle Mahnung vergeblich, ja, wie man sagen könnte, das Gericht der
Verstockung bereits eingetreten ist. Odysseus sagt Od. π,
278 ff. zu Telemach: ἀλλ' ἤτοι παύεσθαι ἀνώγεμεν ἀφροσυ-
νάων, μειλιχίοις ἐπέεσσι παραυδῶν· οἳ δέ τοι οὔτι πεί-
σονται· δὴ γάρ σφι παρίσταται αἴσιμον ἦμαρ. In
einem der besseren von ihnen, in Amphinomos, der sich
nach dem Kampfe mit Iros gegen Odysseus freundlich erweist, steigt nach des letzten warnender Rede die erste böse
Ahnung auf; Od. σ, 153: αὐτὰρ ὃ βῆ διὰ δῶμα φίλον τετιημένος ἦτορ, νευστάζων κεφαλῇ· δὴ γὰρ κακὸν ὄσσετο θυμός.
Doch ist dies nur das Vorgefühl, dient nicht zur Abwendung
des bevorstehenden Gerichts. Denn zur Strafe des Frevels
steigert Athene den Frevel jetzt selbst; Od. σ, 346: μνηστῆρας δ' οὐ πάμπαν ἀγήνορας εἴα Ἀθήνη λώβης ἴσχεσθαι θυ-
μαλγέος, ὄφρ' ἔτι μᾶλλον δύη ἄχος κραδίην Λαερτιάδεω
Ὀδυσῆος, so dass Odysseus Od. υ, 169 dem Eumaios auf
dessen Frage, ob ihn jetzt die Freier edler behandelten, mit
dem Wunsch' antwortet: αἲ γὰρ δή, Εὔμαιε, θεοὶ τισαίατο
λώβην, ἣν οἵδ' ὑβρίζοντες ἀτάσθαλα μηχανόωνται οἴκῳ ἐν
ἀλλοτρίῳ, οὐδ' αἰδοῦς μοῖραν ἔχουσιν. Od. υ, 284 ff. steigert die Göttin den Frevel aufs neue; Ktesippos schleudert
den Fuss eines Stieres nach dem König. Im Verlaufe der
hiedurch veranlassten Reden spricht der Freier Agelaos, indem er dem Telemach die Mutter zur Heirath zu bereden
räth, noch zu guter Letzte das volle Gefühl der Sicherheit
aus, in welchem er und seine Genossen freveln; Od. υ, 333:
νῦν δ' ἤδη τόδε δῆλον, ὅτ' οὐκέτι νόστιμός ἐστιν. Und gleich
hierauf folgt die Bethörung der Freier zu wahnsinnigem
Thun, worin der Seher Theoklymenos die Vorboten des
furchtbar drohenden Strafgerichts erblickt; ib. 367: τοῖς
ἔξειμι θύραζε, ἐπεὶ νοέω κακὸν ὔμμιν ἐρχόμενον, τό κεν
οὔτις ὑπεκφύγοι οἰδ' ἀλέαιτο μνηστήρων, οἳ δῶμα κατ' ἀν-
τιθέου Ὀδυσῆος ἀνέρας ὑβρίζοντες ἀτάσθαλα μηχανάασθε.
Er verlässt das Haus; die Freier spotten sein und bereiten,

während Telemach harrend auf seinen Vater blickt, mit Scherz und Gelächter das Mahl; ib. 392: δόρπου δ᾽ οὐκ ἄν πως ἀχαρίστερον ἄλλο γένοιτο, οἷον δή τάχ᾽ ἔμελλε θεὰ καὶ καρτερὸς ἀνὴρ θησέμεναι· πρότεροι γὰρ ἀεικέα μηχανόωντο. Nunmehr entwickelt sich die Rache; die Häupter der frevelnden Genossenschaft, Antinoos und Eurymachos, fallen zuerst; nachdem Allen geschehn ist, was ihre Thaten werth waren, verbietet zwar Odysseus übermüthigen Siegesjubel, sagt aber Od. γ, 413—416: τούσδε δὲ μοῖρ᾽ ἐδάμασσε θεῶν καὶ σχέτλια ἔργα· οὕτινα γὰρ τίεσκον ἐπιχθονίων ἀνθρώπων, οὐ κακὸν οὐδὲ μὲν ἐσθλόν, ὅτις σφέας εἰσαφίκοιτο· τῷ καὶ ἀτασθαλίῃσιν ἀεικέα πότμον ἐπέσπον. Penelope meint, als sie die Botschaft von Odysseus' Anwesenheit und Vollzug des Strafgerichts erhält, ein Gott habe die Freier getödtet, ὕβριν ἀγασσάμενος θυμαλγέα καὶ κακὰ ἔργα, Od. ψ, 62—67.

23. Hier hat offenbar die Strafe den Zweck und die Bestimmung vergeltender Gerechtigkeit. Dies erweist schon der Ausdruck παλίντιτα oder ἄντιτα ἔργα, mit welchem dieselbe Od. α, 379; β, 143; ρ, 51 bezeichnet wird. Erfüllung der Gerechtigkeit ist das Amt der strafenden Götter, so dass von dem Vollzug derselben auf das Dasein und Wirken der Gottheit sich schliessen lässt; Od. ω, 351: Ζεῦ πάτερ, ἦ ῥα ἔτ᾽ ἔστε θεοὶ κατὰ μακρὸν Ὄλυμπον, εἰ ἐτεὸν μνηστῆρες ἀτάσθαλον ὕβριν ἔτισαν. Womit Aeusserungen zu vergleichen, wie vor Menelaos' Zweikampf mit Paris Il. γ, 320: Ζεῦ πάτερ, Ἴδηθεν μεδέων, κύδιστε, μέγιστε· ὁππότερος τάδε ἔργα μετ᾽ ἀμφοτέροισιν ἔθηκεν, τὸν δὸς ἀποφθίμενον δῦναι δόμον Ἄιδος εἴσω. Es schliesst sich aber an die Vorstellung von dieser Bestimmung der Strafe sogleich die von ihrer teleologischen Natur an, dass sie nämlich zur Abschreckung Anderer vorhanden sei, was conform ist mit der einzig richtigen Ansicht vom Wesen der Strafe, die sich in jener alten Gerichtsformel ausspricht: ihm selbst zur wohlverdienten Strafe, Andern zum abschreckenden Beispiel *). Vgl. Il. γ, 351—354: Ζεῦ ἄνα, δὸς τίσασθαι, ὅ με πρότερος

---

*) Vgl. Deuteron. 19, 20; 21, 21.

κάκ᾽ ἔοργεν, δῖον Ἀλέξανδρον, καὶ ἐμῆς ὑπὸ χερσὶ δάμασσον·
ὄφρα τις ἐῤῥίγῃσι καὶ ὀψιγόνων ἀνθρώπων ξεινοδόκον κακὰ ῥέξαι, ὅ κεν φιλότητα παράσχῃ· welcher Aeusserung e contrario vollkommen entspricht was Odysseus Od.
χ, 372 ff. zu dem begnadigten Herolde Medon sagt: θάρσει,
ἐπειδή σ᾽ οὗτος ἐρύσσατο καὶ ἐσάωσεν, ὄφρα γνῷς κατὰ
θυμὸν, ἀτὰρ εἴπῃσθα καὶ ἄλλῳ, ὡς κακοεργίης
εὐεργεσίη μέγ᾽ ἀμείνων. Dagegen will Odysseus, wenn
er dem Schweinhirten von des Herren Rückkehr lüge, vom
Felsen herabgestürzt werden, ὄφρα καὶ ἄλλος πτωχὸς ἀλεύεται ἠπεροπεύειν (Od. ξ, 400).

24. Indem nun aber die Strafe dem Menschen die göttliche Gerechtigkeit zum Bewusstsein bringt, so dass sich der
Sünder ihr verfallen weiss, wird in ihm das Verlangen nach
Sühnung rege. [Die vox solemnis für sühnen ist erstens
ἱλάσκομαι, eigentlich Jemanden sich gnädig oder geneigt machen, von ἵλαος *), zweitens ἀρέσκω und ἀρέσκομαι,**) gut
machen d. h. 1) einen Fehler, oder vergüten, einen Schaden,
2) begütigen, Jemanden.] Alkinoos weiss, wie wir oben gesehn haben, den Poseidon erzürnt auf die Phaiaken der von
ihnen gleichsam usurpirten Meeresherrschaft wegen. Die
Hälfte der längst geweissagten Strafe ist an ihnen erfüllt;
diess wirkt so viel, dass Alkinoos nicht nur das bisher den
Gott erzürnende Geleitgeben einzustellen, sondern auch mit
Opfern die andere Hälfte der Strafe abzuwenden, den Gott
zu versöhnen gebeut; Od. ν, 180: πομπῆς μὲν παύσασθε
βροτῶν, ὅτε κέν τις ἵκηται ἡμέτερον προτὶ ἄστυ. Ποσειδάωνι
δὲ ταύρους δώδεκα κεκριμένους ἱερεύσομεν, αἴ κ᾽ ἐλεήσῃ, μηδ᾽
ἡμῖν περιμηκὲς ὄρος πόλει ἀμφικαλύψῃ. Man sieht, die Sühne
des Vergehn's begreift in sich mehrere Stücke: a) Unterlassung und, wo möglich, Gutmachen des Vergehn's, b) das
Opfer und, da dies niemals ohne mündliche Darlegung der
Gesinnungen und Absichten des Opfernden dargebracht wird,
c) das Gebet.

---

*) [Ueber dessen Ableitung vgl. Döderlein Gl. §. 2493; Schweizer in
   Kuhns Ztschr. I, 562 Benfey; u. Westergaard s. v. râdh.]
**) [Von ἀρτίων, vgl. Döderlein Gl. §. 549; Curtius Grdzge I, n. 488.]

25. Was das erste betrifft, so haben wir Beispiele an Menelaos, der um die versäumten Opfer zu bringen von Pharos nach Aegypten zurück muss (Od. *δ*, 581: *ἄψ δ᾽ εἰς Αἰγύπτοιο, Διϊπετέος ποταμοῖο, στῆσα νέας, καὶ ἔρεξα τεληέσσας ἑκατόμβας. Αὐτὰρ ἐπεὶ κατέπαυσα θεῶν χόλον αἰὲν ἐόντων, χεῦ᾽ Ἀγαμέμνονι τύμβον*), an Agamemnon, dem Apollon die Beleidigung seines Priesters nur unter der Bedingung verzeiht, dass er die Chryseis zurückgiebt (Il. *α*, 97: *οὐδ᾽ ὅγε πρὶν λοιμοῖο βαρείας Κῆρας ἀφέξει, πρίν γ᾽ ἀπὸ πατρὶ φίλῳ δόμεναι ἑλικώπιδα κούρην, ἀπριάτην, ἀνάποινον, ἄγειν θ᾽ ἱερὴν ἑκατόμβην ἐς Χρύσην· τότε κέν μιν ἱλασσάμενοι πεπίθοιμεν*). Derselbe will, weil er sich an Achilleus versündigt, demselben überreichen Ersatz bieten Il. *ι*, 119 ff. und gibt ihm das Versprochene als Sühngeschenk *τ*, 243 ff. Besonders merkwürdig ist es, wie Odysseus den Meergott des Kyklopen wegen versöhnen muss. Der Feind und Beleidiger des Meergebieters muss, um dessen Zorn zu besänftigen, zu Menschen wandern, die vom Meere wie vom Dienste des Meergottes nichts wissen, und diesem in jenem Land' ein Opfer bringen, somit des Gottes Ehre in Gegenden tragen, wo sie noch nicht wohnt. Nach Hause gekehrt hat er allen übrigen Göttern der Reihe nach Hekatomben zu schlachten; dann wird·er ausserhalb des Meeres (*ἐξ ἁλός*, vgl. *ἐξ ὕδατος* Od. *τ*, 537; Spitzner zu Il. *π*, 668; Herod. 4, 418; Schweigh. zu 3, 83) in gutem Alter eines sanften Todes sterben und sein Volk gesegnet sehn (Od. *λ*, 121 ff. coll. *ψ*, 265 ff.) *).

26. Am Opfer selbst interessirt uns hier das eigentlich Antiquarische nicht. Auch der Beispiele von Sühnopfern sind im Vorhergehenden viele gegeben worden. Vielmehr fragen wir, worin dessen sühnende Kraft besteht. Von einer symbolischen Bedeutung desselben, als ob etwa die Strafe des Vergehns auf das Thier gelegt werde, findet sich bei dem Dichter keine Spur. Denn die symbolische Bedeutung,

---

*) Ueber die ganze Stelle vgl. Welcker Tril. p. 464 ff. Curtius Joner p. 32. Nitzsch III p. 209 [und Sagenpoesie p. 513; auch Nauck Fragm. tragg. Aesch. n. 269. Nicand. Ther. 835 f.]

welche Il. γ, 299 f. bei Schliessung des Vertrages zwischen
Troern und Achaiern der Weinspende gegeben wird (ὁππότεροι ὑπὲρ ὅρκια πημήνειαν, ὧδέ σφ᾽ ἐγκέφαλος χαμάδις ῥέοι,
ὡς ὅδε οἶνος, αὐτῶν καὶ τεκέων, ἄλοχοι δ᾽ ἄλλοισι δαμεῖεν), welche ferner Il. τ, 268 das Ins-Meer-werfen des beim
Schwur geschlachteten Ebers zu haben scheint (vgl. V. §. 24d),
kann nur in diesen ganz besonderen Verhältnissen statt finden. Das Opfer, insbesondere das Brandopfer, erscheint vielmehr als ein sinnlicher Genuss für den Gott. Denn was in
der für unächt gehaltenen Stelle Il. ϑ, 549—552 ausgeführt
ist: κνίσσην δ᾽ ἐκ πεδίου ἄνεμοι φέρον οὐρανὸν εἴσω ἡδεῖαν·
τῆς δ᾽ οὔτι θεοὶ μάκαρες δατέοντο, οὐδ᾽ ἔθελον, ist
in andern nicht angezweifelten wenigstens implicite enthalten;
Il. α, 317: κνίσση δ᾽ οὐρανὸν ἷκεν ἑλισσομένη περὶ καπνῷ
(wozu hinsichtlich des περὶ meine Bemerkung zu vergleichen)
coll. ib. 66: ἀρνῶν κνίσσης αἰγῶν τε τελείων ἀντιάσας,
ferner Od. α, 26, wo es von Poseidon in Bezug auf das
Opfer der Aithiopen heisst: ἔνθ᾽ ὅγε τέρπετο δαιτὶ παρήμε-
νος. Mit dem Dufte der verbrannten, in die Netzhaut ge-
wickelten, mit Fettstücken belegten Schenkelknochen [V §. 9
extr.] wird den Göttern recht eigentlich, wie wir zu sagen
pflegen, eine (physische) Ehre angethan. Die Bereitwilligkeit
des Menschen, den Gott mit solchem Genusse zu ehren, diese
macht letzterem das Opfer angenehm, und es ist in dieser
Hinsicht zwischen dem Sühn- und einem andern Opfer kein
Unterschied. Dass es überhaupt bei der Sühnung nur darauf
ankomme, dass der Gottheit Ehre erwiesen, dass ihre Macht
anerkannt und das Abhängigkeitsgefühl des Menschen durch
eine Handlung ausgesprochen werde, geht schon daraus hervor, dass die Gottheit zu sühnen auch andere Leistungen
hinreichen. Es treten oft die Gelübde an die Stelle der
Opfer; Il. ζ, 115 coll. 86 ff. will Hektor in die Stadt gehen,
um die Rathsherrn und Frauen zur Sühnung Athene's (380)
zu Gebeten und zu Gelübden von Hekatomben aufzufordern.
In Folge dessen bringen die Troischen Matronen der Athene
Il. ζ, 286 ff. nicht nur das prächtige Gewand und legen es
ihr durch die Priesterin auf die Kniee, sondern geloben auch
in Theano's Fürbitte ein Opfer von zwölf Rindern (308). Die
Gefährten des Odysseus geloben zur Sühne des Helios Od.

μ, 346 den Bau eines mit ἀγάλμασι zu zierenden Tempels
(vgl. Il. α, 39). Diese ἀγάλματα sind wohl nichts Anderes
als Od. π, 185 die χρύσεα δῶρα, τετυγμένα, d. i. künstliche
Arbeiten aus Gold (Weihegeschenke). Vgl. Od. γ, 274. [So
erklärt auch Overbeck Gesch. d. gr. Plast. I p. 46 die ἀγάλματα für „Kostbarkeiten", gegen O. Müller Hdb. §. 66, 3.]

27. Mit jeder feierlichen Opferhandlung ist aber drittens ein Gebet verbunden; dies ergiebt sich unter anderem
auch aus einer Vergleichung von Od. ν, 185 mit den dort
nächstvorhergehenden Versen. Darum rechnet Phoinix zu
den übrigen sühnkräftigen Leistungen des Menschen auch
das Gebet; Il. ι, 499: θυέεσσι καὶ εὐχωλῆς ἀγανῇσιν (cf.
Od. ν, 357) λοιβῇ τε κνίσσῃ τε παρατρωπῶσ' ἄνθρωποι (sc.
τοὺς θεούς), ὅτε κέν τις ὑπερβήῃ καὶ ἁμάρτῃ. Zu dem Gebete gesellt sich auch zuweilen der Päan, das feierliche Lob-
lied, in welchem die Anerkennung der Macht und Ehre des
Gottes fortgesetzt wird, folglich ebenfalls eine sühnende Kraft
liegt. Vgl. Il. α, 472: οἳ δὲ πανημέριοι μολπῇ θεὸν ἱλάσκοντο, καλὸν ἀείδοντες παιήονα, κοῦροι Ἀχαιῶν, μέλποντες Ἑκάεργον· ὃ δὲ φρένα τέρπετ' ἀκούων. Diese Er-
götzung des Gottes ist der am Opferduft analog.

28. Anhangsweise gedenken wir noch einiger symbolischer Gebräuche, die mit Sühnung der Verschuldungen in
Bezug stehn. Erstlich des ἀπολυμαίνεσθαι, Il. α, 313—315.
Nachdem die Sühnung Apollon's für Agamemnon's Vergehn
an dem Priester ins Werk gesetzt ist, gebietet der Heeres-
fürst den Mannen, sich durch Bäder zu reinigen; sie thun es
und tragen das Spülwasser ins Meer. Die Allgemeinheit dieses Gebotes verbietet uns hiebei blos an ein Waschen vor
den bald nachher dargebrachten Opfern zu denken; denn
schwerlich würde sich um dieser willen jeder Einzelne
im Heer jener Reinigung haben unterziehen müssen. Auch
deutet das εἰς ἅλα λύματ' ἔβαλλον auf ein Mehreres. Das
Baden scheint nämlich ein Abthun der durch Agamemnon
auch über das Heer gebrachten, mit der Seuche bestraften
Schuld zu bedeuten, die in und mit dem Badewasser ins
Meer geschüttet wird, damit die Unreinigkeit der Sünde
zugleich mit den λύματα im Meere untergehe und an keinen
Menschen mehr kommen könne; vgl. auch Hermann gottesd.

Alt. §. 23, 25. — Zweitens erwähnen wir des Schwefels, den
Od. χ, 481 der Dichter κακῶν ἄκος nennt. Er wird nicht nur
zur Reinigung des Prachtpokales gebraucht, aus welchem
Achilleus vor Patroklos' Auszug libirt (Il. π, 228), sondern
auch des Odysseus' mit Mord und Blut beflecktes Haus wird
nach Vollzug der Rache und nachdem es von Leichen und
Blut gereinigt ist wohl durchräuchert; Od. χ, 494: αὐτὰρ
Ὀδυσσεὺς εὖ διεθείωσεν μέγαρον καὶ δῶμα καὶ αὐλήν. Vgl.
Hermann a. O. §. 28, 11.

29. Doch die Symbolik dieser Reinigungen ist unabhängig vom Opferbegriff. Sie bezeichnet wohl ein Abthun,
ein Zerstören des Unheiligen von Seite des Menschen, verräth aber keineswegs das Bewusstsein eines Abgethan- eines
Vergeben-seins der Schuld auf Seite der Götter. Aber indem
wir am Opfer selbst, das für die Sünde gebracht wird, noch
weniger specifisch auf Tilgung derselben Berechnetes ent-
decken konnten, tritt das Sündopfer, wie gesagt, ganz und
gar in die Kategorie der Opfer im Allgemeinen; es ist, wie
jedes andere, nur ein Mittel, die Gottheit durch Anerkennung
ihrer Macht und Ehre zur Gnade zu bewegen (πείθειν, Il.
α, 100). Das ἴληθι, das φείδεο ist ein Gebet, das zu jedem
Opfer passt, das auch ohne Bewusstsein einer besonderen
Verschuldung zur Gottheit immer gesprochen werden kann.
Vgl. Od. π, 184, wo Telemach zu seinem Vater, den er für
einen Gott hält, Folgendes sagt: ἀλλ' ἵληθ', ἵνα τοι κεχα-
ρισμένα δώομεν ἱρὰ, ἠδὲ χρύσεα δῶρα, τετυγμένα, φείδεο
δ' ἡμέων· Od. γ, 419: ὄφρ' ἤτοι πρώτιστα θεῶν ἱλάσσομ'
Ἀθήνην, ἥ μοι ἐναργὴς ἦλθε θεοῦ ἐς δαῖτα θάλειαν, wo
Nestor somit an Sündentilgung nicht denkt, sondern an ein
Dankopfer. Ist aber das Sündopfer nur ein Opfer, wie ein
anderes, so bietet es für das Versöhnt-sein der Gottheit, für
die besondere Gnade der Sündenvergebung so wenig eine
sichere Gewähr, als alles andere Beten und Opfern, wie wir
oben sahen, für die Gnade der Götter überhaupt. Die Gottheit, welche die Grenzen ihres Zorns nach reiner Willkür
bestimmt (I §. 14), kann das Sündopfer so gut wie jedes andere verwerfen, und nur etwa bei so bestimmten Weisungen,
als Odysseus von Teiresias erhält, kann der Sünder sich der
Vergebung seiner Schuld mit einiger Zuversicht getrösten.

Sonst ist (wie schon Nitzsch I p. 164 bemerkt) stets nur
die Möglichkeit, nicht die Gewissheit der Vergebung vorhanden, und es fehlt nicht an Beispielen, dass
alle vom Menschen versuchte Sühnung nicht das Mindeste
fruchtet. Dies gilt nicht nur von den Opfern eines Frevlers,
wie Aigisthos, der die Früchte des Frevels ungestraft zu geniessen wünscht, wiewohl dessen Opfer, die er nach Od. γ, 275
bringt ἐκτελέσας μέγα ἔργον ὃ οὔποτε ἔλπετο θυμῷ, mehr
einem Dankopfer gleichen, sondern auch Athene verwirft Il.
ζ das Peplos-opfer ausdrücklich. Sie bleibt nebst Poseidon
und Here der Troer hartnäckige Feindin (Il. ω, 25 ff.); sie
hat nach Il. v, 313 ff. sammt Here'n viele Eide vor allen
Unsterblichen geschworen, μήποτ᾽ ἐπὶ Τρώεσσιν ἀλεξήσειν
κακὸν ἦμαρ, μηδ᾽ ὁπότ᾽ ἂν Τροίη μαλερῷ πυρὶ πᾶσα δάηται
δαιομένη, δαίωσι δ᾽ Ἀρήϊοι υἷες Ἀχαιῶν. Zeus achtet des
Opfers nicht, das ihm der dem Kyklopen entronnene, vor
Poseidon's Zorn bangende Odysseus darbringt; οὐκ ἐμπάζετο
ἱρῶν, heisst es Od. ι, 553, ἀλλ᾽ ἄρα μερμήριζεν, ὅπως ἀπο-
λοίατο πᾶσαι νῆες ἐϋσσελμοι καὶ ἐμοὶ ἐρίηρες ἑταῖροι. (Wenn
die Kyklopen den Göttern den guten Willen zu helfen nicht
zutrauen (Nitzsch III p. 67) und Polyphem nur von seinem
Vater Poseidon Heilung hofft, so ist dies freilich hauptsächlich in dem Verhältniss derselben zu den Göttern begründet.)
Kurz Alles was wir oben I §. 14 von der Unversöhnlichkeit
der Götter zu sagen hatten, findet hier seine vollkommene
Anwendung. Die Sünde des Menschen, die Strafe der Götter dafür ist gewiss; ungewiss, von Laune, von Willkür der
Götter abhängig ist die Vergebung. Das menschliche Leben
ist ein Leben ohne Gewissheit der Gnade.

Siebenter Abschnitt.

Das Leben und der Tod.

1. Der homerische Held lebt ausserhalb der Nöthen und Gefahren des Krieges ein heiteres Leben voll Lust und Genuss. Er freut sich des Mahles und Gelages, welche sich veredeln durch des gottbegabten Sängers Kunst (*μολπὴ γλυκερή, ἀμύμων ὀρχηθμός* Il. *ν*, 637). Er geniesst dieser Freuden mit frischer, ungeschwächter Empfindung und in der Kraft gesündester Leiblichkeit. Auch wird der Genuss nicht roh durch Völlerei; *οἰνοβαρὲς* ist ein Schmähwort, das Achilleus im höchsten Zorn ungerecht gegen Agamemnon ausstösst Il. *α*, 225. Zwar kann sich auch der besonnene Mann bisweilen unbedachtsam mit Wein erhitzen (Od. *ξ*, 464 ff.), und das Griechenheer, das unmittelbar vom Siegesmahl weg zur Unzeit in die Versammlung gerufen im Wein sich gütlich gethan, taugt zu ruhiger Berathung nicht (Od. *γ*, 139) und der besonders als *νεώτατος οὔτε φρεσὶν ᾗσιν ἀρηρὼς* geschilderte Elpenor muss es schwer genug büssen, dass er am Abschiedsabend etwas mehr Wein getrunken hat; denn mehr schlaf- als weintrunken *) verfehlt er die Stiege auf dem fremden Dache, Od. *κ*, 552 ff.; gemeiner Trunkenheit

*) Er ist Abends zuvor *οἰνοβαρείων·* so oder *οἰνοβαρὴς* d. i. *βεβαρηὼς φρένας οἴνῳ* wird aber schon derjenige genannt, der durch Uebermass des Weines aus der ruhigen Verfassung des Gemüthes gekommen ist. (Nitzsch I p. 163.)

aber geben sich nur Barbaren, wie der Kentaure Eurytion
Od. φ, 295 ff. und der verstandlose Kyklope Polyphemos oder
Leute von notorischer Gemeinheit wie Iros hin; dieser μετὰ
δ᾽ ἔπρεπε γαστέρι μάργῃ ἀζηχὲς φαγέμεν καὶ πιέμεν Od. σ,
2 f. Sonst fürchtet der Hellene selbst den Schein der Be-
trunkenheit (Od. τ, 122); insbesondere weiss er, dass es un-
ziemlich ist, das Gelage beim Opfermahl in die Länge zu
ziehn (Od. γ, 335), ja selbst die gottlosen Freier werden nicht
als Trunkenbolde dargestellt; Antinoos sagt Od. φ, 294 vom
Weine, dass er βλάπτει, ὃς ἄν μιν χανδὸν ἕλῃ, μηδ᾽ αἴσιμα
πίνῃ. [Wenn [1]) die Freier in den Versen Od. υ, 345 ff. be-
zecht sein sollen, so ist das nach unserer Meinung eine durchaus fernzuhaltende rationalistische Auslegung der grossartigen
Stelle, in welcher den Frevlern (wie durch jenes mene mene
tekel upharsin dem Belsazar) das nahe Strafgericht angekün-
digt wird. Denn wenn Athene ihnen ἄσβεστον γέλον ὦρσε,
παρέπλαγξε δὲ νόημα, so ist dies viel mehr als die blos natürliche oder auch nur gesteigerte Wirkung des Weins; es
ist ein dirum portentum. Dagegen kann aus τ, 10 f. wohl
geschlossen werden, dass die Freier manchmal vom Weine
erhitzt Streit unter einander anfingen, der wohl auch in
Thätlichkeiten ausartete; gemeine Trunkenbolde sind sie desshalb nicht nothwendig; auch nicht nach β, 396 f., wo erst
auf besondre Einwirkung der Athene der genossene Wein
sie schläfrig macht.]

In der Regel hat die Heiterkeit des Lebens eine feste
Grundlage an dem Familienglück, dessen sich die fürstlichen
Häuser erfreuen, und in dem Lande, das ein milder und ge-
rechter König regiert, an dem Segen, den um dessen willen
die Gottheit dem Volke schenkt. Sprechend in dieser Beziehung sind folgende Stellen: Od. ι, 5 ff.:

οὐ γὰρ ἔγωγέ τί φημι τέλος χαριέστερον εἶναι,
ἢ ὅτ᾽ ἂν εὐφροσύνη μὲν ἔχῃ κάτα δῆμον ἅπαντα,
δαιτυμόνες δ᾽ ἀνὰ δώματ᾽ ἀκουάζωνται ἀοιδοῦ,
ἥμενοι ἑξείης, παρὰ δὲ πλήθωσι τράπεζαι

---

1) Nach Athenäus bei Welcker Nachtr. p. 162 sind die Freier be-
zecht?? Nach Od. τ, 10 (π, 291). Vgl. Fäsi zu Od. υ, 346.

σίτου καὶ κρειῶν, μέϑυ δ᾽ ἐκ κρητῆρος ἀφύσσων
οἰνοχόος φορέῃσι καὶ ἐγχείῃ δεπάεσσιν·
τοῦτό τί μοι κάλλιστον ἐνὶ φρεσὶν εἴδεται εἶναι.
Die Phaiaken, vom Dichter μάκαρες genannt, führen
ein Leben, welches ihr König Od. ϑ, 248 in den Worten
schildert: αἰεὶ δ᾽ ἡμῖν δαίς τε φίλη, κίϑαρίς τε χοροί τε, ohne
dass sie desswegen weibische Sybariten sind; siehe die treffliche Darstellung von Nitzsch II p. 200 ff., der v. 249 aufs
entschiedenste für interpolirt erklärt. [Vgl. Ameis z. d. St.]
Hiemit vergleiche man das häusliche Leben des Aiolos Od. κ,
8 ff.: οἳ δ᾽ (die Kinder desselben) αἰεὶ παρὰ πατρὶ φίλῳ καὶ
μητέρι κεδνῇ δαίνυνται· παρὰ δέ σφιν ὀνείατα μυρία κεῖται·
κνισσῆεν δέ τε δῶμα περιστεναχίζεται αὐλῇ ἤματα· νύκτας δ᾽
αὖτε παρ᾽ αἰδοίῃς ἀλόχοισιν εὕδουσ᾽ ἔν τε τάπῃσι καὶ ἐν
τρητοῖς λεχέεσσιν. Eine höchst würdige Vorstellung erhalten
wir vom Hause des alten Nestor in Pylos Od. γ, der mit
hohem, rüstigem Alter und sonst mit reichem Göttersegen
beglückt dem Telemach wie ein Unsterblicher vorkommt, Od.
γ, 246. Auch Priamos' Hofburg ist auf ein Zusammenleben
der meisten Glieder der königlichen Familie berechnet. Das
Glück, welches Alkinoos und die Seinigen durch Nausikaa
geniessen, hat die anmuthigste Schilderung in Odysseus' Worten gefunden Od. ζ, 154 ff.: τρισμάκαρες μὲν σοίγε πατὴρ
καὶ πότνια μήτηρ, τρισμάκαρες δὲ κασίγνητοι· μάλα πού σφι-
σι ϑυμὸς αἰὲν ἐϋφροσύνῃσιν ἰαίνεται εἴνεκα σεῖο, λευσσόντων
τοιόνδε ϑάλος χορὸν εἰσοιχνεῦσαν. Derselbe spricht auch,
wo er ihr künftiges häusliches Glück anwünscht, die schönen
Worte aus (v. 182 ff.):

οὐ μὲν γὰρ τοῦγε κρεῖσσον καὶ ἄρειον
ἢ ὅϑ᾽ ὁμοφρονέοντε νοήμασιν οἶκον ἔχητον
ἀνὴρ ἠδὲ γυνή· πόλλ᾽ ἄλγεα δυσμενέεσσιν,
χάρματα δ᾽ εὐμενέτῃσι· μάλιστα δέ τ᾽ ἔκλυον αὐτοί.

Vom Segen endlich, den ein guter König über Land und
Volk bringt, war in der oben V §. 47 extr. angeführten Stelle
aus Od. τ die Rede.

Es ist nun höchst interessant zu betrachten, ob dieser
heitere Glanz des Lebens die homerische Lebensansicht überhaupt durchdringt, ob der Dichter es für ein Glück achtet
ein Sterblicher zu sein. Man rühmt die Heiterkeit, die Lust

des hellenischen Lebens so sehr, und wer könnte sie läugnen? Aber ein Grieche war es *), der das traurige Wort gesprochen: *Πάντων μὲν μὴ φῦναι ἐπιχθονίοισιν ἄριστον μηδ᾽ ἐσιδεῖν αὐγὰς ὀξέος ἠελίου, φύντα δ᾽ ὅπως ὤκιστα πύλας Ἀΐδαο περῆσαι καὶ κεῖσθαι πολλὴν γῆν ἐπαμησάμενον*, ein Wort, das uns den Wurm ahnen lässt, der im Innern auch des griechischen Lebens nagt. Wir haben nachzusehn, ob auch bei dem Dichter im Jugendalter des hellenischen Volks, in einer Zeit, wo menschliche Glückseligkeit höchst einfache Bedingungen hat, ein Anklang an jenes trübe Wort zu finden ist.

2. Die Beschränktheit, welche der Dichter mit dem Begriffe der Sterblichkeit gegeben weiss, gerade wie ihm mit der Unsterblichkeit alle Macht und alles Vermögen verbunden erscheint (I §. 23), gilt ihm natürlicher Weise noch für kein Unglück, wiewohl er ihrer im Gegensatze zur Kraft der Unsterblichen nicht selten gedenkt. Zwar weicht, wie Idomeneus Il. *ν*, 317 ff. sagt, der grosse Ajas im Kampf um die Schiffe vor keinem Manne, der sterblich geboren, der verwundbar ist und die Gabe der Ceres geniesst, *ὅτε μὴ αὐτός γε Κρονίων ἐμβάλοι αἰθόμενον δαλὸν νήεσσι θοῇσιν*, ist aber *ο*, 418 auch nicht im Stande, Hektor'n zurückzudrängen, *ἐπεὶ ῥ᾽ ἐπέλασσέ γε δαίμων*. Ein Sterblicher ist Aineias; darum muss er wohl davon abstehn, so stark er auch ist, den Kriegsmuth aller Menschen zu bändigen, wie Meriones sagt Il. *π*, 620 ff. Von den Rossen Achilleus' heisst es Il. *ρ*, 76: *οἳ δ᾽ ἀλεγεινοὶ ἀνδράσι γε θνητοῖσι δαμήμεναι ἠδ᾽ ὀχέεσθαι, ἄλλῳ γ᾽ ἢ Ἀχιλῆϊ, τὸν ἀθανάτη τέκε μήτηρ.* Und von seinen Waffen sagt er selbst Il. *τ*, 21: *τὰ μὲν ὅπλα θεὸς πόρεν, οἳ ἐπιεικὲς ἔργ᾽ ἔμεν ἀθανάτων, μηδὲ βροτὸν ἄνδρα τελέσσαι.* — Diese Beschränktheit der Sterblichen zeigt sich vornehmlich in dem Maasse der Gaben, die sie von den Göttern erhalten. Od. *ϑ*, 167: *οὕτως οὐ πάντεσσι θεοὶ*

---

*) Theognis 425; vgl. die von Schneidewin Delect. eleg. p. 77 hiezu citirten Schriftsteller; ausserdem Paldamus de satira p. 5, Ritter Gesch. d. Philos. I p. 264, Geppert Urspr. d. hom. Ges. I p. 448 [und besonders N. Theol. V §. 22 p. 227 f.]

χαρίεντα διδοῦσιν ἀνδράσιν, οὔτε φυὴν, οὔτ᾽ ἄρ φρένας, οὔτ᾽
ἀγορητύν. Ἄλλος μὲν γάρ τ᾽ εἶδος ἀκιδνότερος πέλει ἀνὴρ,
ἀλλὰ θεὸς μορφὴν ἔπεσι στέφει etc.; ἄλλος δ᾽ αὖτ᾽ εἶδος μὲν
ἀλίγκιος ἀθανάτοισιν, ἀλλ᾽ οὖ οἱ χάρις ἀμφιπεριστέφεται
ἐπέεσσιν. Aehnlich sagt Diomedes zu Agamemnon (Il. ι,
37 ff.): σοὶ δὲ διάνδιχα δῶκε Κρόνου παῖς ἀγκυλομήτεω·
σκήπτρῳ μέν τοι δῶκε τετιμῆσθαι περὶ πάντων, ἀλκὴν δ᾽ οὖ
τοι ἔδωκεν, ὅ τε κράτος ἐστὶ μέγιστον. Hiemit stimmt vollkommen, was Polydamas zu Hektor sagt (Il. ν, 726 ff.):
Ἕκτορ, ἀμήχανός ἐσσι παραρρητοῖσι πιθέσθαι· οὔνεκά τοι
περὶ δῶκε θεὸς πολεμήϊα ἔργα, τοὔνεκα καὶ βουλῇ ἐθέλεις
περιίδμεναι ἄλλων. Ἀλλ᾽ οὔπως ἅμα πάντα δυνήσεαι αὐτὸς
ἑλέσθαι. Ἄλλῳ μὲν γὰρ ἔδωκε θεὸς πολεμήϊα ἔργα· [ἄλλῳ
δ᾽ ὀρχηστὺν, ἑτέρῳ κίθαριν καὶ ἀοιδήν·] ἄλλῳ δ᾽ ἐν στήθεσσι τιθεῖ νόον εὐρύοπα Ζεύς. Ferner Il. δ, 320: ἀλλ᾽ οὔπως
ἅμα πάντα θεοὶ δόσαν ἀνθρώποισιν· εἰ τότε·κοῦρος ἔα, νῦν
αὖτέ με γῆρας ἱκάνει· Vgl. was Achilleus Il. σ, 106 von sich
selbst gesteht: τοῖος ἐὼν οἷος οὔτις Ἀχαιῶν χαλκοχιτώνων ἐν
πολέμῳ· ἀγορῇ δέ τ᾽ ἀμείνονές εἰσι καὶ ἄλλοι· und was er
Il. α, 280 von Nestor hört: εἰ δὲ σὺ κάρτερός ἐσσι, θεὰ δέ
σε γείνατο μήτηρ, ἀλλ᾽ ὅγε (Agamemnon) φέρτερός ἐστιν,
ἐπεὶ πλεύνεσσιν ἀνάσσει· und seine Klage α, 352 ff.: μῆτερ,
ἐπεί μ᾽ ἔτεκές γε μινυνθάδιόν περ ἐόντα, τιμήν πέρ μοι
ὄφελλεν Ὀλύμπιος ἐγγυαλίξαι, Ζεὺς ὑψιβρεμέτης· νῦν δ᾽ οὐδέ με τυτθὸν ἔτισεν. Ueberhaupt hat der Dichter gerade
die hochgestellten Menschen, die Lieblinge der Götter, in
Lagen und Verhältnisse geführt, in denen all᾽ ihre menschliche Herrlichkeit mit Ohnmacht und Hülflosigkeit ringt. So
hat Nestor Il. ε, 104 ff. ein Recht, von Hektor zu sagen: οὐ
θην Ἕκτορι πάντα νοήματα μητίετα Ζεὺς ἐκτελέει, ὅσα πού
νυν ἐέλπεται· ἀλλά μιν οἴω κήδεσι μοχθήσειν καὶ πλείοσιν,
εἴ κεν Ἀχιλλεὺς ἐκ χόλου ἀργαλέοιο μεταστρέψῃ φίλον ἦτορ.
Er weicht auch wirklich im Kampfe um Patroklos' Leichnam
schon vor Ajas Il. ρ, 129, wird von Glaukos φύξηλις ge-
scholten ib. 143 und entschuldigt sich mit den Worten, dass
Zeus eben auch den starken Mann scheuche und des Sieges
beraube (ib. 176 ff.). Ingleichen gönnt ihm Zeus den schönsten Preis des Sieges, Achill's unsterbliche Rosse, nicht; ib.
448: ἀλλ᾽ οὐ μὰν ὑμῖν γε καὶ ἅρμασι δαιδαλέοισιν Ἕκτωρ

Πριαμίδης ἐποχήσεται· οὐ γὰρ ἐάσω. Ἦ οὐχ ἅλις, ὡς καὶ
τεύχε᾽ ἔχει, καὶ ἐπεύχεται αὔτως; Und am Ende seiner Lauf-
bahn steht der fromme Held, als Zeus die Todesloose ge-
wogen, vor dem furchtbaren, von Athene geschirmten Feinde
in grauenvoller Gottverlassenheit allein; Il. χ, 212: *ἕλκε δὲ
μέσσα λαβών· ῥέπε δ᾽ Ἕκτορος αἴσιμον ἦμαρ, ᾤχετο δ᾽ εἰς
Ἀΐδαο· λίπεν δέ ἑ Φοῖβος Ἀπόλλων.* — Selbst Achilleus bedarf dem von Apollon unterstützten Aineias gegenüber des
göttlichen Beistands, wenn er seinen vollen Muth haben und
nicht in Furcht gerathen soll; Il. υ, 120: *ἤ τις ἔπειτα καὶ
ἡμείων Ἀχιλῆϊ παρσταίη, δοίη δὲ κράτος μέγα, μηδέ τι θυμῷ
δευέσθω·* 130: *εἰ δ᾽ Ἀχιλεὺς οὐ ταῦτα θεῶν ἐκ πεύσεται
ὀμφῆς, δείσετ᾽ ἔπειθ᾽, ὅτε κέν τις ἐναντίβιον θεὸς ἔλθῃ ἐν
πολέμῳ.* Aber nicht blos ein Gott, schon des Aineias menschlicher Lanzenwurf consternirt ihn; υ, 261: *Πηλείδης δὲ σά-
κος μὲν ἀπὸ ἕο χειρὶ παχείῃ ἔσχετο ταρβήσας.* Weltbekannt ist seine Noth und Klage im Kampfe mit den Wellen des
Skamandros Il. φ, 263 ff.; bes. v. 273: *Ζεῦ πάτερ, ὡς οὔτις με
θεῶν ἐλεεινὸν ὑπέστη ἐκ ποταμοῖο σαῶσαι!* Und v. 316, wo
der Flussgott sagt: *φημὶ γὰρ οὔτι βίην χραισμησέμεν, οὔτε τι
εἶδος, οὔτε τὰ τεύχεα καλά* —. Doch man lese die ganze
Schilderung nach; sie ist das sprechendste Gemälde von der
Hinfälligkeit und Ohnmacht selbst der grössten Heldenherrlichkeit, die sich vergebens bestrebt die Schranken menschlicher Natur zu erweitern, und ohne göttliche Dazwischenkunft
elendiglich erliegen würde. Diese menschliche Natur des
Helden ist es denn auch, welche selbst viel geringeren Käm-
pfern den Muth giebt ihm zu stehn. *Καὶ γὰρ θην τούτῳ
τρωτὸς χρὼς ὀξέϊ χαλκῷ,* ruft der Troer Agenor aus (φ, 568),
ἐν δὲ ἴα ψυχή, θνητὸν δέ ἑ φασ᾽ ἄνθρωποι.

3. Während nun solche Beschränktheit des Sterblichen
natürliches Loos ist, findet er sich innerhalb derselben dem
Geschicke verfallen, dem er nach unseren obigen Erörterungen
(V §. 17) nicht mit Ergebung, sondern murrend oder
mit Resignation gegenüber steht. Denn eine Vorsehung,
welche die Schicksale des Menschen endlich zu seinem Besten ordnete und ihn mit weiser Hand durchs Leben ge-
leitete, findet sich, wie wir I §. 28 gesehen haben, in der
homerischen Weltanschauung nicht; vgl. auch Nitzsch II

p. 113. Wohl verhängt die Gottheit der Menschen Geschicke, aber ohne providentielles Walten. Darum ist aber das Unglück, welches den Menschen trifft, ein reines Unglück, daher auch das menschliche Leben ein leerer, haltloser Wechsel von Freud und Leid, in welchem, und das ist noch das glücklichste Loos, das eine durch das andere neutralisirt wird. Dies besagt die Vorstellung von den beiden Fässern der Glücks- und Unglücksgaben, die im Saale des Zeus stehn Il. ω, 527—533. Ὧι μέν κ᾿ ἀμμίξας δώῃ Ζεὺς τερπικέραυνος, heisst es, ἄλλοτε μέν τε κακῷ ὅγε κύρεται, ἄλλοτε δ᾿ ἐσθλῷ etc. Vgl. Od. ο, 488: ἀλλ᾿ ἤτοι σοὶ μὲν κακῷ ἐσθλὸν ἔθηκεν Ζεύς· ib. ϑ, 63: τὸν (Δημόδοκον) πέρι Μοῦσ᾿ ἐφίλησε, δίδου δ᾿ ἀγαθόν τε κακόν τε· ὀφθαλμῶν μὲν ἄμερσε, δίδου δ᾿ ἡδεῖαν ἀοιδήν. Vgl. die unten anzuführende Stelle aus Il. ϱ, 206 ff. Daher Achilleus' Klage über Zeus' Ungerechtigkeit Il. α, 352: Μῆτερ, ἐπεί μ᾿ ἔτεκές γε μινυνθάδιόν περ ἐόντα, τιμήν πέρ μοι ὄφελλεν Ὀλύμπιος ἐγγυαλίξαι· Nun ist es freilich wahr, dass ein grosser Theil der menschlichen Leiden selbstverschuldet und von der göttlichen Strafgerechtigkeit unmittelbar oder mittelbar verhängt ist, so dass der Mensch in dieser Beziehung zur Klage über die Götter nicht berechtigt ist. Od. α, 32: ὢ πόποι, οἷον δή νυ θεοὺς βροτοὶ αἰτιόωνται· ἐξ ἡμέων γάρ φασι κάκ᾿ ἔμμεναι· οἳ δὲ καὶ αὐτοὶ σφῇσιν ἀτασθαλίῃσιν ὑπέρμορον ἄλγε᾿ ἔχουσιν, was alsbald dargethan wird durch Aigisthos' Beispiel. Vergleiche Od. α, 6: ἀλλ᾿ οὐδ᾿ ὣς ἑτάρους ἐρρύσατο, ἱέμενός περ· αὐτῶν γὰρ σφετέρῃσιν ἀτασθαλίῃσιν ὄλοντο mit λ, 110: τὰς (die Heerden des Helios) εἰ μέν κ᾿ ἀσινέας ἐάᾳς, νόστου τε μέδηαι, καί κεν ἔτ᾿ εἰς Ἰθάκην, κακά περ πάσχοντες, ἵκοισθε· εἰ δέ κε σίνηαι, τότε τοι τεκμαίρομ᾿ ὄλεθρον νηΐ τε καὶ ἑτάροις· etc. Dagegen wird Telemachos' Rückkehr von seiner Reise zuversichtlich vorausgesagt, weil er sich nicht an den Göttern versündigt habe; Od. δ, 806: ἐπεί ῥ᾿ ἔτι νόστιμός ἐστιν σὸς παῖς· οὐ μὲν γάρ τι θεοῖς ἀλιτήμενός ἐστιν. — Auch ist dem Menschen in einzelnen Fällen die Wahl eines Schicksals gestattet. So dem Achilleus; Il. ι, 410: μήτηρ γάρ τέ μέ φησι θεά, Θέτις ἀργυρόπεζα, διχθαδίας Κῆρας φερέμεν θανάτοιο τέλοσδε. Εἰ μέν κ᾿ αὖθι μένων Τρώων πόλιν ἀμφιμάχωμαι, ὤλετο μέν μοι νόστος, ἀτὰρ κλέος ἄφθιτον

ἔσται· εἰ δέ κεν οἴκαδ᾽ ἵκωμι φίλην ἐς πατρίδα γαῖαν, ὤλετό
μοι κλέος ἐσθλὸν, ἐπὶ δηρὸν δέ μοι αἰὼν ἔσσεται, οὐδέ κέ μ᾽
ὦκα τέλος θανάτοιο κιχείη. Ferner dem Sohne des Sehers
Polyidos, dem Euchenor; Il. ν, 665: ὅς ῥ᾽ εὖ εἰδὼς Κῆρ᾽
ὀλοὴν ἐπὶ νηὸς ἔβαινεν· Πολλάκι γάρ οἱ ἔειπε γέρων ἀγαθὸς
Πολύϊδος, νούσῳ ὑπ᾽ ἀργαλέῃ φθίσθαι οἷς ἐν μεγάροισιν,
ἢ μετ᾽ Ἀχαιῶν νηυσὶν ὑπὸ Τρώεσσι δαμῆναι.

4. Allein so sehr hiemit dem Menschen, gegenüber dem
Geschick, seine Freiheit gewahrt scheint, so sehr erscheint
er hinwiederum just in den Augenblicken der sein Selbst am
meisten befriedigenden Thätigkeit, im gesteigertsten Genusse
des eigenen Willens als ein Spiel des Geschicks und der Ironie
desselben verfallen, ohne dass er sich der Liebe und Gerechtigkeit eines hohen und weisen Willens getrösten könnte, der
dem Menschen statt des Begehrten das ihm Gemässe giebt.
Diese Ironie des Geschicks zieht sich durch die ganze Handlung der Ilias durch *). Immer wenn einer der Hauptträger
derselben Etwas sein Ich Befriedigendes errungen hat, findet
er gerade darin ein tieferes, ja vernichtendes Leid, bis endlich der Hauptheld den eigenen Willen sich brechen lässt,
und Hektor's Leichnam herausgiebt, so dass die Handlung
ein abschliessendes Ziel-findet. (Vgl. Nitzsch Bd. III p. VIII
u. XXI und desselben Verfassers Sagenpoesie.) Diese Ironie
der Gottheit, welche die Helden mit dem, was sie ihnen gewährt, gerade straft und verdirbt (vgl. Schol. zu Il. π, 647),
diese ist das innerlichste Band der Einheit des untheilbaren,
unauflöslichen Gedichtes. Deren ist sich der Dichter auch
vollkommen bewusst, wie man aus gelegentlichen Aeusserungen desselben z. B. Il. β, 38 und aus Zeus' schicksalverkün-
dender Rede sieht, mit welcher er Il. ο, 49 — 77 Here'n bedeutet. Indem Agamemnon seinem Herrschertrotze gegen
Achilleus Genüge gethan, zieht er sich damit in Folge von

---

*) Geppert I p. 184: - Es ist aber der tiefe tragische Sinn der
Iliade, dass alles, was in Kraft und Freude erblüht ist, durch
den Kampf der unsterblichen Götter dem Untergang geweiht ist
u. s. w. [Vgl. auch Piechowski de ironia Iliadis. Mosqu. 1856
angez. v. Bäumlein in ZfAW. 1857 p. 141.]

des letzteren μῆνις *) jenes grosse, durch alle Listen Athene's und Here's nicht abzuwendende Unheil zu; ib. 72: τόπριν δ' οὔτ᾽ ἄρ᾽ ἐγὼ παύω χόλον, οὔτε τιν᾽ ἄλλον ἀθανάτων Δαναοῖ-σιν ἀμυνέμεν ἐνθάδ᾽ ἐάσω, πρίν γε τὸ Πηλείδαο τελευτηθῆ-ναι ἐέλδωρ, ὡς οἱ ὑπέστην πρῶτον, ἐμῷ δ᾽ ἐπένευσα κάρητι. Dies Verlangen des Peliden ist aber wesentlich in dem Augenblick erfüllt, in welchem die Schiffe das feindliche Feuer ergreift: τὸ γὰρ μένε μητίετα Ζεὺς νηὸς καιομένης σέλας ὀ-φθαλμοῖσιν ἰδέσθαι. Ἐκ γὰρ δὴ τοῦ ἔμελλε παλίωξιν παρὰ νηῶν θησέμεναι Τρώων, Δαναοῖσι δὲ κῦδος ὀρέξαι (Il. o, 599 ff.). Aber gerade die volle Befriedigung dieses Verlangens ist es, in Folge deren Achilleus den liebsten Freund in den Tod sendet. Noch vor dem entscheidenden Augenblick erfleht sich dieser die Absendung selbst; Il. π, 46: ὡς φάτο λισσόμενος, μέγα νήπιος· ἦ γὰρ ἔμελλεν οἷ αὐτῷ θάνατόν τε κακὸν καὶ Κῆρα λιτέσθαι. Als derselbe gekommen ist, da treibt ihn Achilleus selber fort in die Schlacht; ib. 124: ὡς τὴν μὲν πρύμνην πῦρ ἄμφεπεν· αὐτὰρ Ἀχιλλεὺς μηρὼ πληξάμενος Πατροκλῆα προσέειπεν· Ὄρσεο, Διογενὲς Πατρό-κλεις, ἱπποκέλευθε. Λεύσσω δὴ παρὰ νηυσὶ πυρὸς δηΐοιο ἰωήν· μὴ δὴ νῆας ἕλωσι καὶ οὐκέτι φυκτὰ πέλωνται. In der Trunkenheit des Sieges vergisst Patroklos, dass ihm Achilleus nur den Feind von den Schiffen zu treiben, den Sieg aber nicht zu verfolgen geboten hat; ib. 684: Πάτροκλος δ᾽ ἵπ-ποισι καὶ Αὐτομέδοντι κελεύσας Τρῶας καὶ Λυκίους μετεκίαθε, καὶ μέγ᾽ ἀάσθη νήπιος· εἰ δὲ ἔπος Πηληϊάδαο φύλαξεν, ἦ τ᾽ ἂν ὑπέκφυγε Κῆρα κακὴν μέλανος θανάτοιο· ἀλλ᾽ αἰεί τε Διὸς κρείσσων νόος ἤπερ ἀνδρῶν, ὅς οἱ καὶ τότε θυμὸν ἐνὶ στήθεσσιν ἀνῆκεν. Indem er seines Heldenmuthes geniesst, da fällt ihn Hektor und prangt alsbald selbst in der Waffenrüstung Achill's. Dies ist der Gipfelpunkt von seiner Herrlichkeit; gerade sie fordert aber den Rächer heraus. Darum heisst es Il. ρ, 198 ff.:

Τὸν δ᾽ ὡς οὖν ἀπάνευθεν ἴδεν νεφεληγερέτα Ζεὺς
τεύχεσι Πηλείδαο κορυσσόμενον θείοιο,
κινήσας ῥα κάρη, προτὶ ὃν μυθήσατο θυμόν·

---

*) Vgl. Il. α, 212 ff.; 240 ff.

Ἀ δεῖλ᾽, οὐδέ τί τοι θάνατος καταθύμιός ἐστιν,
ὃς δή τοι σχεδόν ἐστι· σὺ δ᾽ ἄμβροτα τεύχεα δύνεις
ἀνδρὸς ἀριστῆος, τόντε τρομέουσι καὶ ἄλλοι.
Τοῦ δὴ ἑταῖρον ἔπεφνες ἐνηέα τε κρατερόν τε·
τεύχεα δ᾽ οὐ κατὰ κόσμον ἀπὸ κρατός τε καὶ ὤμων
εἵλευ· ἀτάρ τοι νῦν γε μέγα κράτος ἐγγυαλίξω,
τῶν ποινήν, ὅ τοι οὔτι μάχης ἐκ νοστήσαντι
δέξεται Ἀνδρομάχη κλυτὰ τεύχεα Πηλείωνος.
Was Zeus hier ausspricht, geschieht. Vergebens mahnt Polydamas, der Wuth des grimmigsten Feindes nicht zu stehn.
Οὔ μιν ἔγωγε φεύξομαι ἐκ πολέμοιο δυσηχέος, ruft Il. σ,
306 der Troerheld, ἀλλὰ μάλ᾽ ἄντην στήσομαι, ἤ κε φέρῃσι
μέγα κράτος, ἤ κε φεροίμην. Ξυνὸς Ἐννάλιος καί τε κτανέ-
οντα κατέκτα. So ruft er und jubelnd stimmen die Troer
bei. Da fährt der Dichter abermal fort mit νήπιοι· ἐκ γάρ
σφεων φρένας εἵλετο Παλλὰς Ἀθήνη. Ἕκτορι μὲν
γὰρ ἐπήνησαν, κακὰ μητιόωντι· Πουλυδάμαντι δ᾽ ἄρ᾽ οὔτις,
ὃς ἐσθλὴν φράζετο βουλήν. So folgt denn der höchsten Siegesfreude, hervorgerufen durch sie, der Tod des Helden unter des
rächenden Peliden Hand. Der Schluss der epischen Handlung erfolgt, als der Pelide durch Gehorsam gegen den göttlichen Willen die Rache zu provociren aufhört. Was also der
Dichter zu den höchsten künstlerischen Motiven benützt, das
ist des Menschen Unfreiheit und Gebundenheit in den Augenblicken, in welchen er den Triumph der eigenen Kraft,
des eigenen Willens zu feiern wähnt. Denn bei Patroklos,
bei Hektor bemerkt der Dichter ausdrücklich, dass nicht
eigentlich sie selber einen freien, dem eigenen Willen ent-
stammenden Vorsatz gefasst, sondern dass den Patroklos
Zeus, Hektor'n und die Troer Athene zum Verderben bethört. Hieher gehören noch folgende Stellen, welche jedoch
in den Gang der epischen Handlung nicht eingreifen: Il. ε,
62: Μηριόνης· δὲ Φέρεκλον ἐνήρατο — ὃς καὶ Ἀλεξάνδρῳ
τεκτήνατο νῆας ἐΐσας ἀρχεκάκους, αἳ πᾶσι κακὸν Τρώεσσι
γένοντο οἵ τ᾽ αὐτῷ, ἐπεὶ οὔτι θεῶν ἐκ θέσφατα ᾔδη. Ferner
Il. ρ, 495 — 497, wo Hektor und Aineias dem Automedon
entgegen gehn: μάλα δέ σφισιν ἔλπετο θυμὸς αὐτώ τε (den
Automedon und Alkimedon) κτενέειν ἐλάαν τ᾽ ἐριαύχενας
ἵππους· νήπιοι, οὐδ᾽ ἄρ᾽ ἔμελλον ἀναιμωτί γε νέεσθαι αὐ-

τις ἀπ᾽ Αὐτομέδοντος, Ibid. 234: οἳ δ᾽ ἰθὺς Δαναῶν βρί-
σαντες ἔβησαν (die Troer) δούρατ᾽ ἀνασχόμενοι· μάλα δέ
σφισιν ἔλπετο θυμὸς νεκρὸν (Patroklos) ὑπ᾽ Αἴαντος ἐρύειν
Τελαμωνιάδαο· νήπιοι· ἥ τε πολέσσιν ἐπ᾽ αὐτῷ θυμὸν
ἀπηύρα.

5. So erweist sich denn das menschliche Leben schon
in seiner Beschränktheit und Gebundenheit als ein
unglückliches. Denn der homerischen Weltanschauung fehlt
gerade das, was diesen negativen Potenzen ihre Glück und
Frieden störende Macht nimmt: die vertrauensvolle Hinge-
bung des eigenen Willens an den göttlichen, die Zuversicht
auf den heiligen und allweisen Gott. Denn wir haben oben
gesehn, wie die Versuche des Menschen, sich seinem Bedürfniss gemäss zu solchem Glauben zu erheben, gerade an der
Natur der Gottheit scheitern, an welcher er sich halten will.
Um so weniger ist der Mensch gewaffnet gegen alles positive Leid, um so verwundender trifft ihn der Schmerz.
Dies um so mehr, als der homerische Schmerz die der Of-
fenheit und Natürlichkeit seines Wesens entsprechende Kraft
der Empfindung niemals an den künstlichen Schmerz der
Empfindelei vergeudet. Wie wenig er eine krankhafte Ge-
reiztheit des Gefühles kennt, geht schon aus Aeusserungen
hervor, wie die von Eurykleia, welche zu Penelope ·vom
Freiermord in den Worten spricht (Od. ψ, 45): εὗρον ἔπειτ᾽
Ὀδυσῆα μετὰ κταμένοισι νέκυσσιν ἑσταόθ᾽· οἳ δέ μιν ἀμφὶ
κραταίπεδον οὐδας ἔχοντες κεῖατ᾽ ἐπ᾽ ἀλλήλοισιν· ἰδοῦσά κε
θυμὸν ἰάνθης. Denn hiemit wird Penelope'n zugetraut, dass
der Schauder des Anblicks in ihr das natürliche Gefühl der Ra-
chefreude nicht überwältigen würde. Helene folgt Il. γ, 140 ff.
ohne Zögern der Aufforderung der vermeintlichen Schwäge-
rin auf die Mauer zu kommen und ist nicht zu gefühls-
schwach von hier aus den Zweikampf ihres früheren mit
ihrem jetzigen Gatten anzusehen; s. d. Anm. zu γ, 163. Insbesondere wird es bei den Abschieden klar, bei welchen
sich der Dichter niemals zur Analyse der Gefühle verführen
lässt, so gut er auch die μῦθοι ἀγανοὶ kennt, mit denen
der Wirth den Gast entlassen soll (Od. o, 53). Der Briseis
Scheiden von Achilleus schildert er Il. α, 348 blos mit den

Worten: ἢ δ᾽ ἀέκουσ᾽ ἅμα τοῖσι γυνὴ κίεν*). Niemals hat ein
Dichter ein zarteres Verhältniss ersonnen, als das des Itha-
kerhelden zu Nausikaa. Beim Abschiede sagt sie nichts weiter, als: χαῖρε ξεῖν᾽· ἵνα καί ποτ᾽ ἐὼν ἐν πατρίδι γαίῃ
μνήσῃ ἐμεῖ᾽, ὅτι μοι πρώτῃ ζωάγρι᾽ ὀφέλλεις. Er wünscht in
der Antwort nur glücklich heimzukommen, um ihr in Ithaka
stets einer Göttin Ehre zu weihn; denn sie habe sein Leben
gerettet. Dann heisst es sogleich: ἡ ῥα καὶ ἐς θρόνον ἷζε
παρ᾽ Ἀλκίνοον βασιλῆα. Οἳ δ᾽ ἤδη μοίρας τ᾽ ἔνεμον κερό-
ωντό τε οἶνον (Od. ϑ, 460 — 470). Man sieht, die homerischen Menschen verstehn sich auf das moderne Zur-Schau-
tragen der Gefühle nicht. Vgl. Odysseus' Abschied von Kalypso Od. ε, 263, von Kirke μ, 143, von Arete ν, 59 ff.;
Telemach's von Helene Od. ο, 182.

6. Ferner erhellt die Freiheit des homerischen Menschen von Empfindelei aus der Naivetät, mit der er seine
Unlust an lange währendem Jammer bekennt. Menelaos,
dem die Sehnsucht nach dem abwesenden Odysseus Schlaf
und Speise vergällt, sagt Od. δ, 102: ἄλλοτε μέν τε γόῳ φρένα
τέρπομαι, ἄλλοτε δ᾽ αὖτε παύομαι· αἰψηρὸς δὲ κόρος κρυεροῖο
γόοιο **) und Nestor's Sohn Peisistratos, dem der Uebrigen
Thränen um Odysseus das Andenken an den vor Troja gefallenen Bruder Antilochos erneuen, unterbricht die Rührung,
so sehr er deren Berechtigung, wie die von den Göttern geschenkte schmerzstillende Kraft der Thränen erkennt, mit
den charakteristischen Worten, der Atride möge, verständig
wie er sei, dem Weinen ein Ziel setzen; οὐ γὰρ ἔγωγε τέρ-
πομ᾽ ὀδυρόμενος μεταδόρπιος· ἀλλὰ καὶ Ἠὼς ἔσσεται ἠριγέ-
νεια (ib. 190 ff.). Vgl. Od. δ, 548; σ, 174; τ, 120. [Etwas
anderes ist gemeint, wenn es[1] heisst: νῶϊ δ᾽ ἐνὶ κλισίῃ πί-
νοντέ τε δαινυμένω τε κήδεσιν ἀλλήλων τερπώμεϑα

---

*) Wie lässt Ovidius die Briseis sich geberden! Heroid. III, 15:
at lacrimas sine fine dedi rupique capillos; infelix iterum sum
mihi visa capi.
**) [Bekker hat diese Verse ausgestossen ohne genauere Motivi-
rung; hauptsächlich wohl wegen ihres sententiösen Charakters
und der Unterbrechung der Construktion.]
1) Od. ο, 400 NB.

λευγαλέοισιν μνωομένω· μετὰ γάρ τε καὶ ἄλγεσι τέρπεται ἀνήρ, ὅς τις δὴ μάλα πολλὰ πάθη καὶ πόλλ᾽ ἐπαληθῇ·
Eumaios meint die Freude, bestandene Abenteuer hinterher
im Zustand der Sicherheit erzählen zu können; dafür spricht
der Fortgang der Erzählung.] Hieher gehört auch, dass der
homerische Mensch trotz seiner Schmerzgefühle der Speise
gedenkt und der Natürlichkeit ihr volles Recht werden lässt.
Il. ω, 599: υἱὸς μὲν δή τοι λέλυται, γέρον, ὡς ἐκέλευες, κεῖται δ᾽ ἐν λεχέεσσ᾽· ἅμα δ᾽ ἠοῖ φαινομένηφιν ὄψεαι αὐτὸς
ἄγων· νῦν δὲ μνησώμεθα δόρπου. Καὶ γάρ τ᾽ ἠΰκομος Νιόβη
ἐμνήσατο σίτου, τῇ περ δώδεκα παῖδες ἐνὶ μεγάροισιν
ὄλοντο· v. 613: ἣ δ᾽ ἄρα σίτου μνήσατ᾽, ἐπεὶ κάμε δακρυχέουσα.

7. Je freier also der Mensch von einem schwächlichen
unwahren Gefühlsleben ist, um so stärker macht sich der
ungekünstelte, so zu sagen der gesunde Schmerz geltend.
Dies ist der ἵμερος γόοιο. Denn der Unglückliche sehnt sich
seinen Schmerz auszuweinen („die Wonne der Wehmuth bei
Ossian" — Pape); die Wehklage ist daher wie Euphorbos
und Andromache sagt: ἄρητος [d. h. nicht: herbeigewünscht,
auch nicht: verwünscht, sondern: ein Herzensbedürfniss]; vgl.
auch Schneidewin zu Soph. El. 86. Seine Aeusserungen sind
heftig. Menelaos berichtet von sich, nachdem er von Proteus Agamemnon's Geschick erfahren, Od. δ, 538: ὡς ἔφατ᾽·
αὐτὰρ ἔμοιγε κατεκλάσθη φίλον ἦτορ· κλαῖον δ᾽ ἐν ψαμά-
θοισι καθήμενος· οὐδέ νύ μοι κῆρ ἤθελ᾽ ἔτι ζώειν καὶ
ὁρᾶν φάος ἠελίοιο. Αὐτὰρ ἐπεὶ κλαίων τε κυλινδόμενός
τ᾽ ἐκορέσθην, δὴ τότε etc. Ganz ähnlich äussert sich der
Schmerz des Odysseus Od. κ, 496 ff., als er von Kirke die
Botschaft von einer zu bestehenden Fahrt in den Hades erhält. So heisst es Il. ω, 163 ff. von Priamos: ἀμφὶ δὲ πολλὴ
κόπρος ἔην κεφαλῇ τε καὶ αὐχένι τοῖο γέροντος, τήν ῥα κυλινδόμενος καταμήσατο χερσὶν ἐῇσιν· und χ, 414: πάντας
δ᾽ ἐλλιτάνευσε κυλινδόμενος κατὰ κόπρον. Diesem Benehmen
entspricht mit feiner Nüancirung, was Od. δ, 716 ff.
Penelope thut, als sie durch Medon des Sohnes Abreise und
die verruchten Mordanschläge der Freier erfährt: τὴν δ᾽
ἄχος ἀμφεχύθη θυμοφθόρον, οὐδ᾽ ἄρ᾽ ἔτ᾽ ἔτλη δίφρῳ ἐφέ-
ζεσθαι, πολλῶν κατὰ οἶκον ἐόντων· ἀλλ᾽ ἄρ᾽ ἐπ᾽ οὐδοῦ

ἷζε πολυχμήτου θαλάμοιο, οἴχτρ᾽ ὀλοφυρομένη᾽ etc.
Vergl., was Il. σ, 26 ff., von Achilleus steht: αὐτὸς δ᾽ ἐν
χονίῃσι μέγας μεγαλωστὶ τανυσθεὶς χεῖτο, φίλῃσι δὲ χερσὶ
χόμην ᾔσχυνε δαΐζων, [und charakteristisch ist es für seine
leidenschaftliche Natur, wenn er trotz alles Zuredens der anderen Fürsten in seinem Schmerze von Speise und Trank
nichts mehr wissen will, ehe er den Tod des Freundes gerächt, so dass selbst Zeus es gerathen findet, ihn durch
Athene mit Ambrosia und Nektar wunderbar stärken zu lassen. Il. τ, 305 ff., 348.] Aber so heftig als nach aussen,
so tief geht die Empfindung nach innen. Und zwar weiss
der Dichter von dem schneidendsten Weh, das eine Menschenbrust zu durchbohren vermag; die heitere Aussenseite des
Lebens hat ihm mit nichten die Abgründe des Elends verborgen, in welche der Mensch versenkt werden kann. Aus
der Ilias erinnern wir nur an Andromache's Klage, an ihre
herzzerreissenden Ahnungen von des verwaisten Knaben
künftigem Loos (Il. χ, 477 — 514; die Stelle leidet keinen
Auszug); ferner an Priamos' Schmerz Il. ω, 505: ἔτλην δ᾽,
οἷ᾽ οὔπω τις ἐπιχθόνιος βροτὸς ἄλλος, ἀνδρὸς παιδοφόνοιο
ποτὶ στόμα χεῖρ᾽ ὀρέγεσθαι᾽ so dass ib. 518 Achilleus selbst
sagt: ἆ δεῖλ᾽, ἦ δὴ πολλὰ κάκ᾽ ἄνσχεο σὸν κατὰ θυμόν.
Πῶς ἔτλης ἐπὶ νῆας Ἀχαιῶν ἐλθέμεν οἷος ἀνδρὸς ἐς ὀφθαλμοὺς, ὅς τοι πολέας τε καὶ ἐσθλοὺς υἱέας ἐξενάριξα; σιδή-
ρειον νύ τοι ἦτορ. Die Odyssee bietet uns eine ganze Reihe
von Gemälden nicht nur entsetzlicher Noth und Gefahr, sondern auch des herbsten, qualvollsten Leids. Man gedenke
des Helden, wie er die Gefährten von der Skylla verschlingen
sieht; Od. μ, 248: ἤδη τῶν ἐνόησα πόδας καὶ χεῖρας ὑπερ-
θεν ὑψόσ᾽ ἀειρομένων᾽ ἐμὲ δὲ φθέγγοντο καλεῦντες ἐξονο-
μακλήδην, τότε γ᾽ ὕστατον, ἀχνύμενοι κῆρ᾽ wie der Fisch
zappelt an der Angelruthe, ὡς οἵγ᾽ ἀσπαίροντες ἀείροντο
προτὶ πέτρας᾽ αὐτοῦ δ᾽ εἰνὶ θύρῃσι κατήσθιε κεκληγόντας,
χεῖρας ἐμοὶ ὀρέγοντας ἐν αἰνῇ δηϊοτῆτι. Οἴκτιστον δὴ κεῖνο
ἐμοῖς ἴδον ὀφθαλμοῖσιν πάντων, ὅσσ᾽ ἐμόγησα, πόρους ἁλὸς
ἐξερεείνων᾽ wie er fern im Meere, von der Göttin zurückgehalten, auf der Insel Ogygia weilt; Od. ε, 151: τὸν δ᾽ ἄρ᾽
ἐπ᾽ ἀκτῆς εὗρε καθήμενον᾽ οὐδέ ποτ᾽ ὄσσε δακρυόφιν τέρ-
σοντο᾽ κατείβετο δὲ γλυκὺς αἰὼν νόστον ὀδυρομένῳ, ἐπεὶ οὐκ-

ἔτι ἥνδανε Νύμφῃ· wie er in den Contrast seines Ruhmes
und seiner Lage durch das Lied des Sängers eingeführt wird
in Alkinoos' Saal (Od. *ϑ*, 499 ff.), wo sein Schmerz mit dem
eines Weibes verglichen wird, welche den für Vaterland und
Kinder zu Tode getroffenen Gemahl in ihren Armen hält
und alsbald selber vom Feind' unter rohen Misshandlungen
in die Gefangenschaft fortgeschleppt wird: τῆς δ᾽ ἐλεεινοτά-
τῳ ἄχεϊ φθινύθουσι παρειαί· wie er sich Od. ϱ, 304 heimlich die Thräne aus den Augen wischt, als er sich erkannt
sieht vom treuen Hunde, der, in Elend und Alter verkom-
men, nur mit Schweifwedeln grüsst, hinzukriechen zu dem
Herrn aber nicht mehr vermag. In demselben Buche schildert er v. 470 ff. das Elend des Bettlers, der sich muss misshandeln lassen um den Hunger zu stillen: οὐ μὰν οὔτ᾽ ἄχος
ἐστὶ μετὰ φρεσὶν οὔτε τι πένθος, ὁππότ᾽ ἀνὴρ περὶ οἷσι μα-
χειόμενος κτεάτεσσιν βλήεται, ἢ περὶ βουσὶν ἢ ἀργεννῆς ὀΐ-
εσσιν· αὐτὰρ ἐμ᾽ Ἀντίνοος βάλε γαστέρος εἵνεκα λυγρῆς, οὐλομένης, ἢ πολλὰ κάκ᾽ ἀνθρώποισι δίδωσιν. Wir gedenken
noch des Kummers der Penelope, der den einfachsten, aber
sprechendsten Ausdruck gefunden hat in Od. τ, 136: ἀλλ᾽
Ὀδυσῆ ποθέουσα φίλον κατατήκομαι ἦτορ, endlich Antikleia's,
der Mutter des Helden, die dem Sohn' in Worten, die an
seelenvoller Innigkeit ihres Gleichen nicht haben, im Hause
des Hades sagt, dass sie sich um ihn zu Tode gegrämt; Od.
λ, 202: ἀλλά με σός τε πόθος, σά τε μήδεα, φαίδιμ᾽ Ὀδυσ-
σεῦ, σή τ᾽ ἀγανοφροσύνη μελιηδέα θυμὸν ἀπηύρα. Man vergleiche auch was Eumaios sagt ο, 353 ff.: Λαέρτης μὲν ἔτι ζώει,
Διὶ δ᾽ εὔχεται αἰεὶ, θυμὸν ἀπὸ μελέων φθίσθαι οἷς ἐν με-
γάροισιν· ἐκπάγλως γὰρ παιδὸς ὀδύρεται οἰχομένοιο κουριδίης
τ᾽ ἀλόχοιο δαΐφρονος, ἥ ἑ μάλιστα ἤκαχ᾽ ἀποφθιμένη καὶ ἐν
ὠμῷ γήραϊ θῆκεν· ἡ δ᾽ ἄχεϊ οὗ παιδὸς ἀπέφθιτο κυδαλίμοιο
λευγαλέῳ θανάτῳ· ὡς μὴ θάνοι, ὅστις ἔμοιγε ἐνθάδε ναιετάων φίλος εἴη καὶ φίλα ἔρδοι.

8. Wie stark diese Aeusserungen zu nehmen sind,
wird durch die Erwägung deutlich, dass der Dichter dem
Menschen ein im Dulden starkes Gemüth zuschreibt, sowohl
im Allgemeinen, als einzelnen vielgeprüften Duldern im Besonderen. Vgl. Il. ω, 49: τλητὸν γὰρ Μοῖραι θυμὸν θέσαν
ἀνθρώποισιν. Od. σ, 134: ἀλλ᾽ ὅτε δὴ καὶ λυγρὰ θεοὶ μάκα-

ρες τελέσωσιν, καὶ τὰ φέρει ἀεκαζόμενος τετληότι θυμῷ (ἄνθρωπος)· ρ, 284: τολμήεις μοι θυμὸς, ἐπεὶ κακὰ πολλὰ πέ-
πονθα· ε, 222: τλήσομαι, ἐν στήθεσσιν ἔχων ταλαπενθέα
θυμόν· ν, 18: τέτλαθι δή, κραδίη· καὶ κύντερον ἄλλο ποτ᾽
ἔτλης. Und dass der homerische Mensch eine unendliche
Kraft grossartiger Selbstverleugnung besitzt, dafür giebt
uns der Dichter eine Reihe der schlagendsten Belege.
Wir gedenken an Priamos' Gang zu dem Feinde, der ihm
den Sohn erschlagen, besonders der oben angeführten Stelle
Il. ω, 505 ff., 518 ff.; ferner des Königs, der mit Stab' und
Ranzen im Bettlergewand in seine Stadt (Od. ρ, 201) und
in sein Haus tritt (ib. 336), der den Fusstritt des schnöden
Geishirten Melanthios duldet (ib. 233), der sich in seinem
Hause vom fremden Eindringling misshandeln lässt (ib. 462
coll. π, 274 ff.), den der elende Bettler Iros aus seinem Palaste wegzujagen droht (Od. σ, 8), der Beschimpfungen von
seinen nichtswürdigen Mägden erträgt (σ, 321; τ, 66; vergl.
ν, 9 ff.). Obgleich ihm vor Ingrimm über die bösen Thaten das Herz im Busen bellt, schilt er es doch zur Ruhe
(ib. 16 ff.), so dass der Dichter von ihm sagen kann v. 23:
τῷ δὲ μάλ᾽ ἐν πείσῃ κραδίη μένε τετληυῖα νωλεμέως.

9. Es ist also nicht Schwäche wenn tiefe Klage laut
wird über das Elend des Einzelnen wie des Geschlechtes*). Desshalb ergreift uns das menschliche Leid um so

---

*) [Wie sehr dieses Bewusstsein seines Elends den homerischen Men-
schen durchdringt (vgl. §. 13 f.) und wie weit er von dem Gefühl der
vollen Befriedigung entfernt ist, welches ihm W. Teuffel in seiner Homer. Eschatologie p. 24 ff. zuschreibt, wird, hoffen wir,
aus gegenwärtigem Abschnitt zur Genüge erhellen. Teuffel betont viel zu sehr Stellen, wie die oben §. 1 genannten und
kommt daher nothwendig auch zu einem ganz anderen Resultat
z. B. über die Annahme eines individuellen Lebens nach dem
Tode, zu welcher (nach p. 26) „kein ethisches Postulat führte.“ ·
Aber diese Voraussetzungen müssen sich doch wieder sehr verändert
haben, wenn (p. 29) an „diesen Strohhalm (dass die ψυχή, der
Lebenshauch, noch nach dem Tode existirt) sich das Bewusstsein
hängt, um sich vor dem gefürchteten Gedanken der völligen
Vernichtung zu retten“ oder wenn „der Hang so mächtig ist,
von der Persönlichkeit mehr zu retten als ein blosses Schatten-

24 *

mehr, wenn wir gerade die glanz- und ehrenreichste Heldengestalt der Trauer am meisten verfallen sehn; vgl. §. 4 Note. Die göttliche Mutter spricht Il. α, 417 zum Sohne: *νῦν δ' ἅμα τ' ὠκύμορος καὶ ὀϊζυρὸς περὶ πάντων ἔπλεο· τῷ σε κακῇ αἴσῃ τέκον ἐν μεγάροισι.* Auch Il. σ, 59 f. beklagt sie, die *δυσαριστοτόκεια,* des Helden frühzeitiges Geschick; aber auch so lang er lebt — *ὄφρα δέ μοι ζώει καὶ ὁρᾷ φάος Ἠελίοιο, ἄχνυται, οὐδέ τί οἱ δύναμαι χραισμῆσαι ἰοῦσα.* Vgl. ib. 442. Menelaos lebt in Glanz und Herrlichkeit; aber während er auf seinen Fahrten reiches Gut einsammelte, hat ihm ein Anderer den Bruder erschlagen, so dass er ohne Freude über seinen Reichthum gebietet (*ὣς οὔτι χαίρων τοῖσδε κτεάτεσσιν ἀνάσσω,* Od. δ, 93). Ist ja doch der Helden Beruf überhaupt ein mühseliger voll Arbeit und Noth, der Helden, *οἷσιν ἄρα Ζεὺς ἐκ νεότητος ἔδωκε καὶ ἐς γῆρας τολυπεύειν ἀργαλέους πολέμους, ὄφρα φθιόμεσθα ἕκαστος.* Wie das Herakles erfahren, spricht er Od. λ, 617 ff. gegen Odysseus aus. — Das Geschlecht aber ist ein Raub der Hinfälligkeit und Vergänglichkeit: *ἄνθρωποι μινυνθάδιοι τελέθουσι* Od. τ, 328*). Kaum verlohnt sich's der Mühe, den Einzelnen nach Namen und Herkunft zu fragen. Den Blättern der Bäume sind sie gleich, welche der Frühling erzeugt, der Herbstwind aber auf den Boden streut (Il. ζ, 145 ff.). Daher sie es gar nicht werth sind, dass sich Götter ihretwegen befehden. Hephaistos ruft beim Hader seiner Eltern in Il. α, 573: *ἦ δὴ λοίγια ἔργα τάδ' ἔσσεται οὐδ' ἔτ' ἀνεκτά, εἰ δὴ σφὼ ἕνεκα θνητῶν ἐριδαίνετον ὧδε, ἐν δὲ θεοῖσι κολωὸν ἐλαύνετον·* Apollon φ, 462: *Ἐννοσίγαι', οὐκ ἄν με σαόφρονα μυθήσαιο ἔμμεναι, εἰ δή σοίγε βροτῶν ἕνεκα πτολεμίζω, δειλῶν, οἳ φύλλοισιν ἐοικότες ἄλλοτε μέν τε ζαφλεγέες τελέθουσιν, ἀρούρης καρπὸν ἔδοντες, ἄλλοτε δὲ φθινύθουσιν ἀκήριοι* (vgl. ib. 380). Here sagt Il. θ, 427: *ὦ πόποι, αἰγιόχοιο Διὸς τέκος, οὐκέτ' ἔγωγε νῶϊ ἐῶ Διὸς ἄντα βροτῶν*

---

bild (p. 30)." Woher dieses Bedürfniss, wenn doch die heitere Lebensanschauung an einen Zustand nach dem Tod gar nicht zu denken brauchte und nicht dachte (p. 27.)? Doch hievon unten.]

*) Vgl. §. 1 Note und Aristoph. Vögel 685; Aesch. Prom. 547.

ἕνεκα πτολεμίζειν. Τῶν ἄλλος μὲν ἀποφθίσθω, ἄλλος δὲ βιώτω, ὅς κε τύχῃ. Zeus bedauert sogar Achilleus' unsterbliche Rosse, dass sie Theil nehmen müssen am Elend der unglückseligen Sterblichen; οὐ μὲν γάρ τί πού ἐστιν ὀϊζυρώτερον ἀνδρὸς πάντων, ὅσσα τε γαῖαν ἔπι πνείει τε καὶ ἕρπει (Il. ρ, 445. 446); vgl. die eindringliche Mahnung des Odysseus an Amphinomos (Od. σ, 130): οὐδὲν ἀκιδνότερον γαῖα τρέφει ἀνθρώποιο, πάντων κτλ. Und solches Elend haben die Götter selbst über sie verhängt: ὡς γὰρ ἐπεκλώσαντο θεοὶ δειλοῖσι βροτοῖσιν ζώειν ἀχνυμένοις· αὐτοὶ δέ τ᾽ ἀκηδέες εἰσίν (Il. ω, 525. 526). Es giebt ihrer, welche das Leid sogar in den Träumen verfolgt: αὐτὰρ ἐμοὶ καὶ ὀνείρατ᾽ ἐπέσσευεν κακὰ δαίμων (Od. υ, 97), wenn es ihnen nicht die Gabe des süssen Schlafes ganz und gar raubt (Od. τ, 515 ff.) [oder zum Unheil gewährt, wie κ, 31; μ, 338 coll. 372]; die Herrlichkeit und Grösse der zeitlichen Stellung überhebt sie desselben ohnehin nicht: ἀλλὰ θεοὶ δυόωσι πολυπλάγκτους ἀνθρώπους, ὁππότε καὶ βασιλεῦσιν ἐπικλώσονται ὀϊζύν (ν, 195. 196). Darum glaubt sich auch der treue Philoitios, der diese Worte spricht, als er selbst in seinem zum Bettler verunstalteten Herrn königliches Wesen erkennt, er glaubt sich berechtigt zu hadern mit Zeus, indem er ausruft: Ζεῦ πάτερ, οὔτις σεῖο θεῶν ὀλοώτερος ἄλλος. Οὐκ ἐλεαίρεις ἄνδρας, ἐπὴν δὴ γείνεαι αὐτός, μισγέμεναι κακότητι καὶ ἄλγεσι λευγαλέοισιν.

10. Es hat aber das Elend des Menschen auch noch einen Stachel; denn es ist Folge des göttlichen Zorns; der Unglückliche ist den Göttern verhasst, mit ihrem Fluche beladen, somit unheilig und unrein und Jedermann flieht die Gemeinschaft mit ihm. Man beachte die Argumentation des Lykaon, der Il. φ, 82 zu Achilleus sagt: νῦν αὖ με τεῆς ἐν χερσὶν ἔθηκεν Μοῖρ᾽ ὀλοή· μέλλω πού ἀπεχθέσθαι Διὶ πατρί, ὅς μέ σοι αὖτις ἔδωκε κτλ. Vom unglücklichen Bellerophon heisst es Il. ζ, 200: ἀλλ᾽ ὅτε δὴ καὶ κεῖνος ἀπήχθετο πᾶσι θεοῖσιν, ἤτοι ὅ κὰπ πεδίον τὸ Ἀλήϊον οἶος ἀλᾶτο, ὃν θυμὸν κατέδων, πάτον ἀνθρώπων ἀλεείνων. Odysseus' Unglück ist nach Eumaios' Vorstellung das Zeichen, dass er allen Göttern verhasst ist; Od. ξ, 365: ἐγὼ

δ᾽ εὖ οἶδα καὶ αὐτὸς νόστον ἐμοῖο ἄνακτος, ὅτ᾽ ἤχθετο
πᾶσι θεοῖσιν πάγχυ μάλ᾽, ὅττι μιν οὔτι μετὰ Τρώεσσι
δάμασσαν ἠὲ φίλων ἐν χερσὶν, ἐπεὶ πόλεμον τολύπευσεν —
τῶν δέ μιν ἀκλειῶς Ἅρπυιαι ἀνηρείψαντο. Dasselbe vernehmen wir in Bezug auf das Geschlecht des Priamos und der
Atriden; Il. ν, 306: ἤδη γὰρ Πρίαμον γενεὴν ἤχθηρε Κρο-
νίων· Od. λ, 436: ὢ πόποι, ἦ μάλα δὴ γόνον Ἀτρέος εὐρύοπα
Ζεὺς ἐκπάγλως ἤχθηρε γυναικείας διὰ βουλὰς ἐξ ἀρχῆς. Wie
sieht Aiolos das Unglück des nach Aiolia zurückverschlage-
nen Odysseus an? Das Leid des Helden bewegt ihn nicht;
ἔρρ᾽ ἐκ νήσου θᾶσσον, ruft er Od. κ, 72: ἐλέγχιστε ζωόντων
Οὐ γάρ μοι θέμις ἐστὶ κομιζέμεν οὐδ᾽ ἀποπέμπειν ἄνδρα
τὸν, ὅς κε θεοῖσιν ἀπέχθηται μακάρεσσιν. Ἔρρ᾽,
ἐπεὶ ἀθανάτοισιν ἀπεχθόμενος τόδ᾽ ἱκάνεις. Principiell findet sich derselbe Gedanke ausgesprochen Il. ω, 531: ᾧ δέ
κε (Ζεὺς) τῶν λυγρῶν δοίη, λωβητὸν ἔθηκεν· καί ἑ κακὴ
βούβρωστις ἐπὶ χθόνα δῖαν ἐλαύνει, φοιτᾷ δ᾽ οὔτε θεοῖσι τετιμένος οὔτε βροτοῖσιν. Hier greift nun das
Endresultat des vorigen Abschnitts, dass das Leben des
Menschen ein Leben ohne Gewissheit der Versöhnung sei,
in seiner ganzen Trostlosigkeit ein. Der Unglückliche hat
die Götter zu Feinden, und was er auch thun mag, sie zu
versöhnen, er weiss nicht, ob es angenommen wird; es giebt
keine Zuversicht auf endliche Gnade für ihn.

11. Noch mehr. Das Lied, das Goethe dem Harfner
in den Mund legt: „Ihr lasst den Armen schuldig werden;
dann überlasst ihr ihn der Pein; denn alle Schuld rächt sich
auf Erden" ist der klarste und tiefste Ausdruck der schliess-
lichen Verzweiflung, zu welcher der homerische Mensch ge-
langen muss, wenn er das verführende, satanische Element
in der Gottheit (VI §. 2 ff.) mit jener wenigstens möglichen
Erbarmungslosigkeit derselben combinirt. Hier fühlt er in
seinem Unglück nicht blos den Zorn der Gottheit, er muss
sich auch gestehen, dass er ihn verdient hat, verdient aber
eben durch Mitwirkung derjenigen, die, früher die Verführer,
nunmehr erbarmungslose Urheber und Zuschauer seines
Elends sind. Wenigstens angedeutet findet sich ein solcher
Zustand in der Angabe vom Geschicke des Oidipus Od. λ,
271 ff. Die Götter lassen die Frevel kraft ihrer Rathschlüsse

geschehen (*θεῶν ὀλοὰς διὰ βουλάς* v. 276 ist, wie schon die Scholien thun, mit *ἄλγεα πάσχων*, nicht mit *ἤνασσε* zu verbinden), machen dieselben den Menschen bekannt, Jokaste erhängt sich, und Oidipus bleibt unter der Last des Mutterfluches allein zurück; *τῷ δ᾽ ἄλγεα κάλλιπ᾽ ὀπίσσω πολλὰ μάλ᾽, ὅσσα τε μητρὸς Ἐρινύες ἐκτελέουσιν.*

12. Diese Ansichten vom Leben liegen dem mitSignificauz, wie alle homerischen Epitheta, und a potiori gewählten Beiworte *δειλοί* zu Grunde, mit welchem der Dichter●die Menschen im Contraste mit den *μάκαρες θεοί*, denen sich die *μάκαρες Φαίακες* anschliessen, zu benennen pflegt. Den *δειλοῖς βροτοῖς* entsprechen genau die *βροτοὶ καμόντες* oder: substantivirt wie Il. ψ, 72, die *καμόντες*, welches ganz einfach zu nehmen ist für die, welche gelitten' haben, für die functi (nicht defuncti) laboribus des Horatius. Die welche des Lebens Mühsal getragen haben, ohne dass damit gesagt wäre, dass sie jetzt selig sind, dies sind die Todten, und sie werden mit diesem Worte bezeichnet nach dem Zustand, aus welchem (nicht in welchen) sie durch den Tod gekommen sind. Der Gebrauch des Participiums des Aorists kann kein anderer sein, als z. B. in *θάνατος γὰρ γίγνεται διάλυσις καμόντος σώματος* (Hermos ap. Stob. 120 p. 603 Gesn.); vgl. auch unsere Anm. zu Il. γ, 278*).

---

*) [Gegen diese Auffassung sind neuerdings sprachliche Bedenken erhoben worden, insbesondere von Classen im Progr. 1855 S. 14 f.; vgl. dazu Bäumlein in ZfAW. 1857 p. 67. Wie man auch über den Gebrauch des Aorists bei Homer denken mag, jedenfalls ist *καμόντες* ein Euphemismus für *θανόντες* (wofür auch *τεθνηκότες* ohne sachlichen Unterschied bei Homer erscheint, dagegen *κεκμηκότες* erst nach ihm für *καμόντες*). Ausserdem lehrt eine Vergleichung aller übrigen Stellen, in denen bei Homer das Verbum erscheint, dass *κάμνω* sonst nur bedeutet: 1) ermüden, müde sein 2) mit Mühe oder Sorgfalt fertigen. Demnach wären freilich *οἱ καμόντες* eigentlich die der Ermattung (im Tode) Erlegenen. Welcker folgt GL. I p. 806 stillschweigend der Passow'schen Ansicht: „die ausgerungen, überstanden hatten."]

13. Vergebens fragen wir bei solchen Lebensansichten nach einem wirklichen und wesentlichen Trost. Der Haupttrost, der auf der Ergebung in den Willen eines gnädigen und weisen Gottes beruhen müsste, ist von vorne herein abgeschnitten. Also bleibt nur Resignation übrig, welche, wie wir gesehen haben, auf dem Glauben an die *Moῖϱα* beruht. Vgl. Il. ζ, 486 ff.; Od. κ, 174 ff. Was sonst von Tröstungen erwähnt wird, ist den Palliativmitteln vergleichbar, welche momentane Beruhigung schaffen, ohne den Kern und Grund des Leidens umzugestalten. Erwähnt kann werden, dass Erlegung des Feindes Aeltern über den Tod des von jenem erschlagenen Sohnes (Il. ϱ, 38), dass die Gattin der letzte Händedruck, das letzte Wort des sterbenden Gatten (Il. ω, 743), dass in neuen Gefahren die Erinnerung an überstandene frühere (Od. μ, 208 ff.), oder endlich dass die Gemeinschaftlichkeit und Allgemeinheit des Unglücks trösten soll (Od. α, 354 coll. Il. σ, 117).

So hätte sich's denn unwidersprechlich herausgestellt, dass der Glanz und die Lust des äusseren Lebens das Innere der homerischen Lebensansicht keineswegs durchdrungen hat. Der alte Fluch ruht auch auf der herrlichen Jugendlichkeit der Heroenwelt, und weiss sich in den Tiefen der Menschenbrust geltend zu machen*). Wir haben weiter gesehn, wie geringfügig der Trost ist, der dem Menschen hienieden zu Theil werden kann. Aber ohne Aussicht auf Ruhe kann sich das Menschenherz nicht begütigen; eine völlige, unbedingte Resignation giebt es nicht, und Trostlosigkeit ist kein Standpunkt, auf welchem der Mensch zu verharren vermöchte. Er hofft also wenigstens auf Ruhe nach dem Tode; mit dem Aufhören des Lebens glaubt er auch seinem Leiden ein Ziel gesetzt. In der Hoffnung auf den Tod tröstet er sich der Gewissheit einer alles Leid wenigstens negativ überwindenden

---

*) Vgl. de Lasaulx de mortis dominatu in veteres commentatio theologico - philosophica. Monaci apud Cottam. 1835. Jedoch übersieht diese Schrift die substantiellen, auf wirklicher Ahnung des Göttlichen beruhenden Seiten des antiken Lebens ganz; vgl. oben Abschnitt V.

Macht*), und so kommt es denn, dass sich Unglückliche
bei dem Dichter nicht selten den Tod wünschen, dass sich
in Manchen sogar der Gedanke des Selbstmordes regt.
14. Denn freilich das absolut höchste der Güter ist
das Leben nicht. Der Mensch hat wesenhafte Interessen,
wirkliche oder vermeintliche, denen er es willig opfert. Solche
beherrschen ihn beim Tod für das Vaterland, für Weib und
Kinder; Il. o, 494—499: ὃς δέ κεν ὑμέων βλήμενος ἠὲ τυπεὶς
θάνατον καὶ πότμον ἐπίσπῃ, τεθνάτω· οὔ οἱ ἀεικὲς ἀμυνο-
μένῳ περὶ πάτρης τεθνάμεν· ἀλλ' ἄλοχός τε σόη καὶ παῖδες
ὀπίσσω, καὶ οἶκος καὶ κλῆρος ἀκήρατος, εἴ κεν Ἀχαιοὶ οἴχων-
ται σὺν νηυσὶ φίλην ἐς πατρίδα γαῖαν· ν, 426: ἵετο δ' αἰεὶ
(Ἰδομενεύς) ἠέ τινα Τρώων ἐρεβεινῇ νυκτὶ καλύψαι, ἢ αὐτὸς
δουπῆσαι ἀμύνων λοιγὸν Ἀχαιοῖς. Für Priamos ist ein solches Interesse das Wiedersehn der Leiche des Sohns Il. ω,
226, für Achilleus die Befriedigung der Rache Il. σ, 115.
Ehe Hektor einen Schlechteren sagen hört, dass er im eitlen
Vertrauen auf seine Kraft das Volk zu Grunde gerichtet
habe, will er lieber, wenn er dem Achilleus nicht obsiegen
kann, selber rühmlich vor dem Thore fallen; Il. χ, 108: ἐμοὶ
δὲ τότ' ἂν πολὺ κέρδιον εἴη ἄντην ἢ Ἀχιλῆα κατακτείναντα
νέεσθαι, ἠέ κεν αὐτὸν ὀλέσθαι ἐυκλειῶς πρὸ πόληος. Eben
so wollen die Achaier lieber sterben als Patroklos' Leiche
den Feinden preisgeben Il. ρ, 415 — 422. Aber in diesen
Fällen wird mit dem Tode nicht die Ruhe des Jenseits, sondern ein anderes substantielles Gut gesucht. Jene wird
dann begehrt, wenn das Leben diesseits durch Schande oder
durch Unglück allen Gehalt für den Menschen verloren hat.
So für Achilleus bei vereitelter, verfehlter Bestimmung; Il. σ,
98: αὐτίκα τεθναίην, ἐπεὶ οὐκ ἄρ' ἔμελλον ἑταίρῳ κτεινο-
μένῳ ἐπαμῦναι· aus gleichem Grunde für die Freier, wenn
sie nicht im Stande sind, Penelope durch den Bogenschuss
zu gewinnen; Od. φ, 154: ἐπεὶ ἦ πολὺ φέρτερόν ἐστιν τε-

---

*) Derselbe Gedanke findet sich auch bei Aeschylus z. B. Prom.
754: αὕτη γὰρ ἦν ἂν πημάτων ἀπαλλαγή und aus Prom. sol.
bei Cic. Tusc. 2, 10, 25: amore mortis terminum anquirens mali.
[Andre Stellen s. in N. Th. VII §. 11.]

θνάμεν, ἢ ζώοντας ἁμαρτεῖν, οἵθ᾽ ἕνεκ᾽ αἰεὶ ἐνθάδ᾽ ὁμιλέο-
μεν, ποτιδέγμενοι ἤματα πάντα. Ferner für Peleus, nachdem Griechenland seine Ehre verloren; Il. *η*, 129: *τοὺς νῦν*
(die sonst ihm gerühmten Achaierhelden) *εἰ πτώσσοντας ὑφ᾽*
Ἕκτορι πάντας ἀκούσαι, πολλά κεν ἀθανάτοισι φίλας ἀνὰ
χεῖρας ἀείραι, θυμὸν ἀπὸ μελέων δῦναι δόμον Ἄιδος εἴσω·
für Eupeithes, wenn der Freiermord nicht gerächt wird; Od.
ω, 434: *εἰ δὴ μὴ παίδων τε κασιγνήτων τε φονῆας τισόμεθ᾽,*
οὐκ ἂν ἔμοιγε μετὰ φρεσὶν ἡδὺ γένοιτο ζωέμεν, ἀλλὰ τά-
χιστα θανὼν φθιμένοισι μετείην. Aussicht auf endloses Unglück macht dem Odysseus den Tod begehrenswerth, sowohl
als er von Kirke das ihn zur Fahrt in, den Hades bestim-
mende Verhängniss vernimmt (Od. *κ*, 497: *οὐδέ τι ·θυμὸς*
ἤθελ᾽ ἔτι ζώειν καὶ ὁρᾶν φάος ἠελίοιο), als auf der Insel
Kalypso's (*θανέειν ἱμείρεται* Od. *α*, 59). Odysseus in Bettlergestalt erklärt, er würde, wenn an den Freiern die Rache
nicht gelinge, lieber unter ihren Händen fallen, als ihr so
gar schnödes Treiben immer mit ansehn (Od. *π*, 105 ff.).
Für Penelope hat das Leben Gehalt und Bedeutung verloren
mit dem Verlust des Gatten; Od. *σ*, 202: *αἴθε μοι ὡς μα-*
λακὸν θάνατον πόροι Ἄρτεμις ἁγνὴ αὐτίκα νῦν, ἵνα μηκέτ᾽
ὀδυρομένη κατὰ θυμὸν αἰῶνα φθινύθω, πόσιος ποθέουσα
φίλοιο παντοίην ἀρετήν· sie will um ihn zu sehn und keines
anderen Mannes zu werden hinab in den Hades gehn, Od.
υ, 61 ff.; für Laertes mit dem Verluste des Sohns und der
Gattin, so dass er wie Penelope betet um den Tod, Od. *ο*,
353 ff. Antilochos fürchtet, Achilleus könne im wüthenden
Schmerz um Patroklos selber Hand an sich legen (Il. *σ*, 33:
χεῖρας ἔχων Ἀχιλῆος· — δείδιε γὰρ μὴ λαιμὸν ἀποτμήξειε
σιδήρῳ); Odysseus endlich, als ihn Aiolos' Winde vom schon
erblickten Vaterlande wiederum hinweg wehn, erwägt in seinem Herzen, ob er ausharren, ob er sich ins Meer stürzen
solle (Od. *κ*, 50). Die unglückliche Epikaste (Jokaste) macht
ihren Leiden wirklich mit dem Strick ein Ende, Od. *λ*,
277. 278.

15. In allen diesen Seelenzuständen erscheint der Tod
als Eingang zur Ruhe; wenigstens soll er der Unruhe und
Kümmerniss dieses Lebens entschieden ein Ende machen.
Aber es fragt sich eben, was nach homerischer Vorstellung

der Mensch im Tode gewinnt, ob sich in ihm wirklich das
Sehnen des menschlichen Herzens stillt. Dies ist nicht der
Fall. Gerade das ist des Menschen Unseligkeit, dass er ein
δειλὸς βροτὸς ist, dass er gelitten hat im Leben, um
noch unglücklicher zu werden im Tode.
Denn also wird der homerische Mensch in seinen Ansichten von Leben und Tod umhergetrieben. Derselbe Mensch
kann das Leben verwünschen und den Tod hassen. Penelope
sagt Od. v, 80: ἢ ἔμ᾽ ἐυπλόκαμος βάλοι Ἄρτεμις, ὄφρ᾽ Ὀδυσῆα ὀσσομένη καὶ γαῖαν ὕπο στυγερὴν ἀφικοίμην. Der
Tod heisst κακὸς Il. γ, 173; π, 47, der σκότος, das finstere
Todtenreich, στυγερὸς Il. ε, 47; π, 607, die Verstorbenen
ὀϊζυροί Od. δ, 197 (denn aus dem Zusammenhang erhellt,
dass hier unter βροτοὶ die Verstorbenen*) zu verstehn sind).
Der höchste Grad des Hasses ist Etwas zu hassen wie den
Tod; Il. γ, 454: ἶσον γάρ σφιν πᾶσιν ἀπήχθετο Κηρὶ με-
λαίνῃ, wie Il. ι, 312. Der Aides ist auch desswegen unter
den Göttern der verhassteste, θεῶν ἔχθιστος ἀπάντων Il. ι,
159, so gewiss, als das Leben relative der Güter höchstes
ist; ib. 401: οὐ γὰρ ἐμοὶ ψυχῆς ἀντάξιον, οὐδ᾽ ὅσα φασὶν
Ἴλιον ἐκτῆσθαι etc. Und will man directe Aeusserungen,
so heisst es Od. μ, 341: πάντες μὲν στυγεροὶ θάνατοι δειλοῖσι βροτοῖσιν. Naiv drückt die Unlust zu sterben aus Il. φ,
65: πέρι δ᾽ ἤθελε θυμῷ ἐκφυγέειν θάνατόν τε κακὸν καὶ
Κῆρα μέλαιναν, er hatte eben gar keine Lust zu sterben;
cf. 48: ὅς μιν ἔμελλεν πέμψειν εἰς Ἀΐδαο, καὶ οὐκ ἐθέλοντα νέεσθαι. Die Seele geht in den Hades ὃν πότμον
γοόωσα Il. π, 857; χ, 363. Und was mehr denn dies Alles
beweist: als Odysseus im Hades den Achilleus über den Tod
mit den Worten trösten will, dass er, wie im Leben gleich
den Göttern geehrt gewesen, so nun auch der König der
Todten sei, erwiedert ihm dieser die berühmten Worte: μὴ

---

*) [Doch wohl nicht als Verstorbene. Uns scheint der Dichter
ὀιζυροὶ βρ. hier in demselben Sinne wie sonst gebraucht zu haben, und ihm aus dem hypothetischen Satz v. 196 der leicht zu
ergänzende Gedanke vorzuschweben εἴ κε oder οἵ κε θάνωσι· mit
Ameis aber die Ueberlebenden unter diesen βροτοὶ zu verstehen,
halten wir für unstatthaft; vgl. Nitzsch.]

δή μοι θάνατόν γε παραυδα, φαίδιμ' Όδυσσεῦ· βουλοίμην κ'
ἐπάρουρος ἐὼν θητευέμεν ἄλλῳ, ἀνδρὶ παρ' ἀκλήρῳ, ᾧ μὴ
βίοτος πολὺς εἴη, ἢ πᾶσιν νεκύεσσι καταφθιμένοισιν ἀνάσσειν (Od. λ, 488 ff.).
Es wird somit die Erörterung der Frage nothwendig, in
wie fern denn der Tod ein so grosses Unglück sei.
Wir stellen das Resultat derselben gleich an die Spitze der
Erörterung: weil im Tode das Ich, das menschliche
Selbstbewusstsein, die Existenz der sich selbst
wissenden Persönlichkeit aufhört. [Vgl. §. 25.]
16. Der Tod ist Scheidung der Seele vom Leib; d. h.
im Tode verlässt die ψυχή, das Princip des animalischen, nicht des geistigen Lebens, den Leib, um in den
Hades zu gehn *). [Ψυχή stammt unzweifelhaft von ψύχω,
dessen Grundbedeutung: spirare, hauchen, am deutlichsten ersichtlich wird aus Il. υ, 438: καὶ τόγ' (Έκτορος δόρυ) Ἀθήνη
πνοιῇ Ἀχιλλῆος πάλιν ἔτραπε κυδαλίμοιο, ἦκα μάλα ψύξα-
σα· **) nur darf man nicht mit Damm und Duncan die einzig
natürliche Erklärung Aristarchs gegen die geschraubte von
Schol. BV vertauschen. Ψυχή ist also eigentlich der Hauch
(wie spiritus, anima, das hebr. ruach, nephesch, neschamah,
oder in gleicher Begriffsentwicklung ***): sskr. atman, ἀυτμήν,
ahd. atum d. h.) der „lebendige Odem.“ Daher werden ihr
nie geistige Funktionen beigelegt und „von lebenden Menschen gebraucht der Dichter das Wort nur, wenn eine Vor-

---

*) Vergl. die sehr verdienstliche Abhandlung Völcker's über die
Bedeutung von ψυχή und εἴδωλον. Giessen 1825 sammt der
Recension von Baumgarten-Crusius in Jahns Jbb. 1827 p. 144 ff.
Halbkart's Psychologia Homerica. Züllichau 1796 giebt sehr
wenig Ausbeute. Vgl. auch Nitzsch I, 187 [mit Zusatz; p. 284]
III p. 340 ff. u. nachher S. 383 d. letzte Note.
**) [Lautlich geht das Wort wohl auf ψύω = πτύω zurück — vgl.
die Analogieen bei Kuhn in s. Ztschr. IV p. 35 f. mit Curtius Etym. I n. 382 — und dies scheint wie die verwandten Wörter in andern Sprachen ein Onomatopoietikon zu sein. Döderlein vergleicht, nach freundlicher Privatmittheilung, ebenfalls
ψύττω mit πτύω wie ὄψον mit ὀπτόν, ὕψος mit ὕπατος, ψήν
mit πτήν, ψίλον mit πτίλον u. a.]
***) [Vgl. auch Curtius Grdz. I n. 564 über εἰμί u. s. w.]

stellung des Todes oder Sterbens im Hintergrunde steht." Dass sie eigentlich materiell gedacht ist, darüber vergl. §. 20 und besonders §. 28.] Sie war im Leibe gleichsam verschlossen als etwas von ihm Abgesondertes, für sich Bestehendes, das, sobald im Tode seine Bande gelöst sind (λύϑη ψυχή τε μένος τε, Il. ϑ, 123), durch den Mund (Il. ι, 409) oder durch die Wunde (Il. ξ, 518 coll. π, 505; 856; χ, 362), zu entweichen eilt [vgl. ι, 609: εἰσόκ᾽ ἀυτμὴ ἐν στήϑεσσι μένῃ]. Jedoch mit und in der ψυχή, diese für sich und allein genommen, ist wie gesagt nur das animalische Leben entwichen: ψυχὴ δὲ λέλοιπε, Od. ξ, 134 [σ, 91]; auch von Thieren wie v. 426: τὸν δ᾽ ἔλιπε ψυχή vom geschlagenen Schwein; ψυχή heisst zuweilen geradezu das Leben; Il. χ, 161: ἀλλὰ περὶ ψυχῆς ϑέον Ἕκτορος· ib. 325: λαυκανίην, ἵνα τε ψυχῆς ὤκιστος ὄλεϑρος· [Il. ι, 322: αἰεὶ ἐμὴν ψυχὴν παραβαλλόμενος wie Od. γ, 74 = ι, 255 ψυχὰς παρϑέμενοι, wofür β, 237: σφὰς γὰρ παρϑέμενοι κεφαλάς steht; vgl. auch χ, 245; Il. χ, 338; ν, 763; ω, 168; χ, 257; ω, 754; Od. χ, 442; α, 5; ι, 423]; auch wird sie mit αἰών parallelisirt [über dessen Unterschied von βίος und ζωή Döderlein Gl. §. 1039, über dessen Etymologie Curtius I n. 585 handelt]; Il. π, 453: λείπει ψυχή τε καὶ αἰών. Der Geist vergeht durch ihr Entschwinden nur mittelbar, insofern nämlich, als der Leib, der eigentliche Träger des Geistes, von der ψυχή, vom animalischen Leben verlassen, alle Fähigkeit verloren hat, die ihm zugehörigen Organe des geistigen Lebens in Bewegung zu setzen; hinwiederum wird die ψυχή, vom Leibe getrennt, zum εἴδωλον, — ψυχὴ καὶ εἴδωλον Il. ψ, 104 [vgl. v. 66 f. und λ, 51 mit 93] zum wesen- und bewusstlosen Scheinbild des ehemaligen wirklichen Menschen, einem Schatten (Od. κ, 495), einem Traumbild (ib. λ, 222), einem Rauche gleich (Il. ψ, 100). (Man vgl. die Beschreibung bei Lucian. ver. hist. 2, 12).

Dass nun der eigentliche Mensch der Leib *) sei, wird

---

*) [Diese Ansicht ist auch festgehalten N. Thl. VII, 31. Nach Grotemeyer p. 36 ist der eigentliche Mensch vielmehr: der in die Unterwelt gehende Schatten; z. B. Od. ι, 523; Il. γ, 322; ζ, 410; 422; ξ, 456; υ, 336 u. v. a. — Bemerkenswerth ist allerdings,

mehrere Male geradezu ausgesprochen; Il. α, 4: πολλὰς δ᾽
ἰφθίμους ψυχὰς Ἄιδι προΐαψεν ἡρώων· αὐτοὺς δὲ ἑλώρια
τεῦχε κύνεσσιν (sie selber, d. h. ihr rechtes, wahres Ich); ψ,
65: ἦλθε δ᾽ ἐπὶ ψυχὴ Πατροκλῆος δειλοῖο, · πάντ᾽ αὐτῷ,
μέγεθός τε καὶ ὄμματα κάλ᾽, εἰκυῖα· womit zu vergleichen

dass zwar bekanntlich (vgl. auch Stellen wie Il. ε, 654) nur die
ψυχή in den Hades wandert, nicht etwa der ganze Mensch und
man doch häufig Wendungen liest, welche den Menschen überhaupt als in den Hades hinabgehend bezeichnen z. B. Il. ζ, 284;
λ, 262 f.; π, 327; ψ, 50 f. Od. ζ, 11; λ, 425; Il. ο, 251 f.; · ψ,
244; Od. ξ, 207. (Diese Stellen sind vom Vf. unter den verschiedenen Ausdrücken für „Sterben" mit gesammelt) vgl. ψ, 179.
So wird auch der Schatten des Elpenor von Odysseus ohne weiteres angeredet: 'Ελπῆνορ, πῶς ἦλθες ὑπὸ ζόφον ἠερόεντα; Man
könnte daraus folgern wollen, dass vielmehr die ψυχή als der
eigentliche Mensch betrachtet werde; allein dies folgt hieraus und
aus den Stellen Grotemeyers so wenig als das Gegentheil aus
Stellen wie Il. λ, 241 ὡς ὁ μὲν ἔνθα πεσὼν κοιμήσατο χάλκεον
ὕπνον· denn es ist ja von der abgeschiedenen ψυχή d. h. vom
εἴδωλον, vom Ebenbild des Körpers (vgl. Il. ψ, ff.), die Rede,
welches so täuschend der äussern Erscheinung des Menschen vor
seinem Tode gleicht, dass z. B. Odysseus ein solches umarmen
will und man es also noch mit dem Namen des Menschen benannte.
Es kommt hier zunächst die so zu sagen körperliche Eigenschaft
dieser εἴδωλα in Betracht, wovon §. 28. Ueberhaupt möchten
wir bezweifeln, dass der homerische Mensch selbst unbewusst
über die Frage, ob der Leib oder der Geist in der Bestimmung
menschlichen Wesens prävalire, eine bestimmte Ansicht gewonnen habe. So wird sich z. B. auch nicht entscheiden lassen, ob
er geistige oder leibliche Vorzüge höher stellte; er schätzt sie
beide hoch, am höchsten in ihrer Vereinigung, wenn der κρατερὸς αἰχμητής zugleich ein ἐπίφρων ἀνήρ ist und die Frau οὔτινός
ἐστι χερείων οὐ δέμας οὐδὲ φυήν, οὔτ᾽ ἄρ᾽ φρένας οὔτε τι ἔργα
(Abschn. I §. 33). Und dies ist auch nur die Consequenz aus
seiner Ansicht vom Leben und dem Wesen des Menschen überhaupt; doch hierüber Einiges im folgenden §. 25. — Welcker
GL. I p. 811 sagt: „Was nach dem Aufhören des Blutlebens
bleibt und fortdauert, muss immer als das Ich, das persönliche
des Leibes angesehen werden" — von uns allerdings, dies wollen auch wir nicht läugnen; ob aber auch der homerische Mensch
sich dieses Verhältnisses bewusst war, ist eine andere Frage.]

ib. v. 107: εἴκτο δὲ θέσκελον αὐτῷ· Od. λ, 601: τὸν δὲ μετ᾽ εἰσενόησα βίην Ἡρακληείην, εἴδωλον· αὐτὸς δὲ (der wirkliche leibhaftige Herakles) μετ᾽ ἀθανάτοισι θεοῖσιν τέρπεται ἐν θαλίῃς. [So hat Völcker a. O. p. 23 die Sache dargestellt; gegen ihn und über die letzte Stelle vergleiche man die Nachweisungen bei Nitzsch (III p. 341 f. 335 ff.); Ameis versucht nach unsrer Meinung vergebens die Stelle zu retten. Sie gehört, wie schon in der Anm. zu Il. γ, 278 p. 276 f. und von Nitzsch auch in der Sagenposie z. B. p. 131 bemerkt ist, einer grösseren Interpolation an.] Drum wird auch nicht blos der Kürze wegen, sondern recht bedeutsam [dies bestreitet Grotemeyer p. 36] dem Leichname noch der Name der Person gegeben; Il. ψ, 21: πάντα γὰρ ἤδη τοι τελέω, τὰ πάροιθεν ὑπέστην, Ἕκτορα δεῦρ᾽ ἐρύσας δώσειν κυσὶν ὠμὰ δάσασθαι· ib. 45: πρίν γ᾽ ἐνὶ Πάτροκλον θέμεναι πυρί· ib. 182: Ἕκτορα δ᾽ οὔτι δώσω Πριαμίδην πυρὶ δαπτέμεν, ἀλλὰ κύνεσσιν. Vgl. auch ω, 227 [1]). In wiefern aber der Leib Bedingung und Träger des Geistes sei, wird aus folgendem Abriss der homerischen Psychologie, so hoffen wir, erhellen *).

---

1) Gegensatz Plat. Phaed. p. 115 E. [wo freilich ἐμοῦ τὸ σῶμα und τοὐμὸν σῶμα ausdrücklich steht; aber kurz zuvor auch: οὐκέτι ὑμῖν παραμενῶ, ἀλλ᾽ οἰχήσομαι ἀπιὼν εἰς μακάρων δή τινας εὐδαιμονίας u. a. Vgl. übrigens Od. λ, 51 mit 53, wo ausdrücklich der abgeschiednen ψυχὴ Ἐλπήνορος sein σῶμα, sein Leichnam entgegengestellt wird.]

*) [Diese vor zwanzig Jahren geschriebene Darstellung hat seitdem theils Zustimmung, theils Widerspruch von der gelehrten Welt erfahren. Letzteren hauptsächlich wegen der Scheidung des Lebensprincips in ein körperliches und geistiges. So weicht Helbigs Darstellung im Programm der Dresdn. Kreuzschule 1840: de vi et usu vocc. φρένες, θυμὸς similiumque ap. Hom. und in der Recension der ersten Aufl. dieses Werkes ZfAW. 1843 p. 663 besonders in diesem Punkte von der obigen des Vf. ab; dann unter anderen auch Welcker GL. I p. 810 f., insbesondre aber Grotemeyer „Homers Grundansicht von der Seele" im Programm der höheren Lehranstalt zu Warendorf 18⁵³/₅₄, welchem Ameis in der Recension ZfAW. 1855 p. 338—342 in der Hauptsache zustimmt. Dem verewigten Verfasser war es nicht mehr vergönnt, so sehr er es wünschte, dies Programm selbst kennen zu

17. [Zuvördcrst sei mit einem Wort an die bekannte
Thatsache erinnert, dass Homer und die Alten überhaupt
den Kopf und das Gehirn nicht als Organe des geistigen
Lebens betrachteten, sondern diesem seinen Sitz in der Brust
anwiesen. Grotemeyer findet p. 5 den natürlichen Grund
davon in dem Mangel an der Erfahrung, dass angestrengtes
Nachdenken vor allem Kopf und Gehirn afficirt, weil ab-
stractes Denken überhaupt jener Zeit abging, wohl aber
fühlte sie Erregungen des Gemüths, die sich in der Brust —
durch Athem und Pulsschlag — offenbarten.] Es giebt I. ein
rein körperliches Princip des geistigen Lebens: dies sind
die φρένες *), das Zwerchfell, welches die edleren Einge-

_____

• lernen; er trug dies dem Herausgeber auf. Dieser befindet sich
aber nun in dem Falle, im Allgemeinen ebenfalls der gegneri-
schen Ansicht zustimmen zu müssen, und wenn er gewiss überzeugt wäre, dass dies auch bei dem verewigten Vf. der Fall sein
würde, so hätte das ganze folgende Capitel eine Umgestaltung
erfahren. Da er aber zu dieser Ueberzeugung sich nicht berechtigt glaubt, hat er es für passend gehalten, Grotemeyer's
Ansicht im Folgenden an den betreffenden Stellen kurz anzudeuten, ebenso aber auch seine eigene Ansicht nicht zu verschweigen. Vielleicht wird es ihm möglich, dieselbe mit Anfü-
gung aller einschlägigen bereits von ihm gesammelten Stellen
ausführlicher besonders darzulegen. Ob und wie etwa die Schrift
von Martini: scienza del cuore tratta della Iliade. 2 voll. To-
rino 1825 diesen Gegenstand behandelt, ist ihm nicht bekannt
geworden. Einiges hieher Gehörige hat auch Hartung im dies-
jährigen Osterprogramm von Schleusingen behandelt.]

*) [Die Ableitung dieses Worts, wie des synonymen πραπίδες, hat
alten und neuen Etymologen viel zu schaffen gemacht. Dem
Begriff nach am einfachsten wäre die von φράσσω, womit Grotemeyer auch frenum in Zusammenhang bringt. Die Annahme
einer Verwandtschaft zwischen jenem Verbum und φρήν scheint
jedoch trotz Lobeck sehr gewagt. Gegen die Ableitung meines
hochverehrten Lehrers Döderlein Gl. §. 952 (φράζω, φραίνω,
φρήν) habe ich das Bedenken, ob wohl ein Körpertheil von vorne
herein vom Denken seinen Namen bekommen kann? Leo Meyer
in Kuhns Ztschr. V, 374 denkt an sskr. plihan Milz; (ὁ-σφραίνο-
μαι?). Minder wahrscheinlich dünkt mich ein Zusammenhang
mit sskr. prâna (halitus, spiritus, vita — Bohlen b. Lob., Bopp)
oder mit dem Stamm von φρήτρη (Ebel Ztschr. I, 297).]

weide, Herz, Leber u. s. w. von den unedleren scheidet;
[wahrscheinlich rechnete man, nach Grotemeyers sinnreicher
Vermuthung, dazu auch die damit theilweise verwachsenen
Häute, welche Herz und Lungen umhüllen; so würde sich
der Plural einfach erklären. Vgl. ἧπαρ ὑπὸ πραπίδων Il. ν,
412 und] Il. π, 481: ἀλλ᾽ ἔβαλ᾽, ἔνθ᾽ ἄρα τε φρένες ἔρχαται
ἀμφ᾽ ἀδινὸν κῆρ· Od. ι, 301: οὐτάμεναι πρὸς στῆθος, ὅθι
φρένες ἧπαρ ἔχουσιν· [Il. κ, 10 mit ο, 627 und θ, 124 ==
316 cf. ρ, 83: Ἕκτορα δ᾽ αἰνὸν ἄχος πύκασε φρένας ἀμφιμε-
λαίνας.] Wir erweisen dies erstlich damit, dass wir zeigen, wie die Funktionen des Geistes, Empfinden,
Denken und Wollen, in diesen φρένες sämmtlich
ihren Sitz haben. Zuvörderst Empfindung und Gefühl;
denn der Dichter sagt τέρπεσθαι φρεσὶν und Aehnliches,
πένθος ἐνὶ φρεσίν, ἄχος ἕλε φρένα, τί δέ σε φρένας ἵκετο
πένθος; πόνος oder ἄχος φρένας ἀμφιβέβηκεν, [ἧ κέ μοι
αἰνὸν ἄχος ἀπὸ πραπίδων ἔλθοι χ, 43], δείδοικα κατὰ φρένα,
[δέος ἐν φρεσὶ πίπτει, μετὰ φρ. δείδιθι,] ἔολπας ἐνὶ φρεσίν
(Il. φ, 583), αἰδεῖσθαι φρεσί coll. Il. ν, 121: ἐν φρεσὶ θέσθε
ἕκαστος αἰδῶ καὶ νέμεσιν· ἀλλὰ μάλ᾽ οὐκ Ἀχιλῆϊ χόλος φρεσὶν, ἀλλὰ μεθήμων· δάκε δὲ φρένας Ἕκτορι μῦθος· [vgl. noch
π, 61; τ, 127; Od. ρ, 238. Ebenso ἔρως und ἵμερος: γ, 442;
ξ, 294; hymn. in Ven. 57; Versöhnlichkeit τ, 178 und Hartherzigkeit ω, 114; 135; Od. ψ, 172; Mitleid und Rührung:
θ, 202; Od. ξ, 82; σ, 324; ο, 486.] Ferner Bewusstsein und
Gedächtniss. Der Schlaf, der dem Bewusstsein ein Ende
macht, wird ausgegossen ἐπὶ βλεφάροισιν ἰδὲ φρεσὶ πευκαλί-
μῃσιν (Il. ξ, 165). Als Sitz ʼdes Gedächtnisses erscheinen die
φρένες in dem häufigen σῆσιν ἔχε φρεσί [noch häufiger σὺ
δ᾽ ἐνὶ φρεσὶ βάλλεο σῆσιν „nimm das zu Herzen“; ἔπος ἐνὶ
φρεσὶ θήσω und ἀλλ᾽ ἔχετ᾽ ἐν φρεσὶ μῦθον], wie auch wir
sagen: behalte das im Herzen, und eigentlich das Gedächtniss meinen; ferner in Il. ρ, 260: τῶν δ᾽ ἄλλων τίς κεν ᾗσι
φρεσὶν (mittelst eigener Erinnerung) οὐνόματ᾽ εἴποι, ὅσσοι
δὴ μετόπισθε μάχην ἤγειραν Ἀχαιῶν [vgl. ἐκλάθετο φρεσὶν
ᾗσιν Od. κ, 557 vgl. Il. ε, 285]. Dann alle Thätigkeiten des
Verstandes: γιγνώσκω δὲ καὶ αὐτός, ὅ τοι πινυτὴ φρένας ἵκει
Od. υ, 228; ingleichen εἰδέναι κατὰ φρένας, γνῶναι ἐνὶ φρεσίν, ἐπίστασθαι φρεσὶν ἄρτια βάζειν, ἔπεα φρεσὶν εἰδέναι,

φράζεσθαι ἐν φρεσίν, νοεῖν, ὁρμαίνειν, μενοινᾶν, μερμηρίζε-
σθαι, [μήδεσθαι] φρεσὶν oder μετὰ φρεσίν, ἰδέσθαι ἐνὶ φρεσὶν ἠδὲ δαῆναι, φρεσὶ σύνθετο θέσπιν ἀοιδήν etc. Daher
sind auch bei allen Störungen des Verstandes die φρένες betheiligt; so bei den vom Weine bewirkten: περὶ φρένας ἤλυ-
θεν οἶνος Od. ι, 362; οἶνος ἔχει φρένας Od. σ, 331 ; δαμασ-
σάμενος φρένας οἴνῳ Od. ι, 454: βεβαρηότα φρένας οἴνῳ Od.
τ, 122; φρένας ἄασεν οἴνῳ Od. φ, 297; bei Bethörungen
aller Art, insbesondere bei solchen, welche die Gottheit bewirkt: βλάπτειν, ἠπεροπεύειν φρένας, ἐξελέσθαι φρένας, was
einige Male Zeus thut .[ζ, 234; ι, 377; ο, 724; Athene σ, 311 ;
θεοὶ η, 360 vgl. τ, 88; Od. ξ, 178; dazu kommt: φρένας ἠλὲ
und σ, 327: σύγε τις φρένας ἐκπεπαταγμένος ἐσσί mit Il. ν,
394: ἐκ δέ οἱ ἡνίοχος πλήγη φρένας], ἄτη φρένας εἷλε Il. π,
805; ferner: ἐκ γὰρ πλήγη φρένας Il. π, 403 coll. Il. η, 360:
ἐξ ἄρα δή τοι ἔπειτα θεοὶ φρένας ὤλεσαν αὐτοί. Hiezu gehört das μαίνεσθαι φρεσί Il. θ, 360; [vgl. ω, 114; θ, 413.]
Endlich sind die φρένες auch der Sitz des teleologisch bestimmten Denkens, des Gedenkens oder des Wollens. Daher
der Dichter sagt πείθειν φρένα, νόστον μετὰ φρεσὶ βάλλειν,
[τιτύσκετο δὲ φρεσὶν ἧσιν· vgl. auch andre hieher gehörige
Wendungen Od. χ, 235; β, 363; ο, 326; ζ, 65; ν, 362; π,
436; ω, 357; α, 151; η, 208; Il. σ, 463; τ, 29; 213; 343;
ferner Od. θ, 154 und] αἰεί τοι τὰ κάκ' ἐστι φίλα φρεσὶ μαν-
τεύεσθαι, σφῶϊν δ' ὧδε θεῶν τις ἐνὶ φρεσὶ ποιήσειεν αὐτώ
θ' ἑστάμεναι κρατερῶς καὶ ἀνωγέμεν ἄλλους, in euch beiden
aber wirke eine Gottheit den Entschluss etc. Darum ist es
auch begreiflich, dass die βίη und ἀλκή in den φρένες wohnt;
Il. γ, 45: οὐκ ἐστι βίη φρεσί· Il. ν, 381: φρεσὶν εἱμένος ἀλ-
κήν· vgl. δ, 245; π, 157. [Daher auch der standhafte Muth
μένος φ, 145; Od. α, 89 und θάρσος Od. γ, 76; ζ, 140.] —
Selbst das sinnliche Begehren, der Appetit, hat dort seinen
Sitz: σίτου τε γλυκεροῖο περὶ φρένας ἵμερος αἱρεῖ Il. λ, 89.

18. Irren wir nicht sehr, so hat man in allen diesen verzeichneten Stellen φρένες als den Körpertheil, als das leibliche
Zwerchfell zu denken. [Eine scharf bestimmte Grenze hier ziehen
zu wollen, wäre allerdings misslich und mit Recht ist darauf
aufmerksam gemacht worden, dass wir bei gar vielen Wendungen, in denen wir vom „Herzen" sprechen, uns selbst

nicht bestimmt bewusst sind, ob es physisch, ob psychisch
zu verstehen ist; vgl. Grotem. p. 21.] Metonymisch wird aber
der Sitz der geistigen Thätigkeit auch für diese selber gesetzt, theils in Ausdrücken, die noch an die ursprüngliche
Bedeutung erinnern, theils schon so, dass φρένες geradezu
für Geist, Gesinnung überhaupt, insbesondere gern für Verstand im eigentlichen Sinne steht. Wir erinnern an die Ausdrücke φρένες εἶσαι, ἔμπεδοι, ἐναίσιμοι, ἀκεσταί, στρεπταί,
ἀγαθαί· Od. λ, 367: σοὶ δ᾽ ἔπι μὲν μορφὴ ἐπέων, ἔνι δὲ
φρένες ἐσϑλαί. Hieran schliesst sich die specielle Bedeutung
Verstand in Stellen wie Il. ξ, 141: οὗ οἱ ἔνι φρένες, οὐδ᾽
ἠβαιαί coll. Od. φ, 288; πῇ δή τοι φρένες οἴχονϑ᾽, ἧς τὸ
πάρος περ ἔκλε᾽ ; Il. ω, 201; vergleiche φρένες μαινόμεναι
Il. ω, 114; νῦν δέ ᾽σευ ὠνοσάμην πάγχυ φρένας Il. [Die
φρένες gelten sogar — wie πραπίδες vgl. Il. α, 608; υ, 12;
σ, 380; 482; Od, η, 92; ϑ, 347 vgl. hymn. in Merc. 49 —
hauptsächlich als Sitz der Verstandesthätigkeit; dies zeigt die
überwiegende Zahl von Stellen dieser Bedeutung, auch noch
bei Hesiod; und Ableitungen und Composita wie φράζομαι,
φράδμων, φραδμοσύνη, ἀφραδής, συμφράσσομαι, συμφράδ-
μων, ἀμφι-ἐπι-μεταφράσσομαι, φρόνις, ἄφρων, ἀφραίνω,
ἐπίφρων, χαλίφρων, ἀεσίφρων, ἀρτίφρων, δαΐφρων, ἐχέφρων,
κερδαλεόφρων, ὀλοόφρων, περίφρων, πολύφρων, σαόφρων,
φρονέω und seine Composita ἐὺ φρονέω, ἀλλο- und δολο-
φρονέω u. a. beziehen sich alle auf eine der oben angeführten Verstandesthätigkeiten oder auf den Verstand überhaupt.
— Auch hat Ameis *) richtig bemerkt (vgl. §. 17 a. Anf.),
dass der Singular von φρένες überall psychisch zu fassen ist:
φρήν, φρένι ζ, 65, φρένα und besonders κατὰ φρένα in Verbindung mit μερμήριζε, οἶδε, ὥρμαινε und Ausdrücken der
Freude, des Schmerzes, der Furcht, des Zornes; in ἐς φρένα
ϑυμὸς ἀγέρϑη (?)], πεῖϑε φρένα, und in Il. κ, 46: (Ζεὺς
Ἑκτορέοις) ἐπὶ φρένα ϑῆχ᾽ ἱεροῖσιν, welches dem lat. animum
advertere entspricht.] So steht φρένες nicht selten im Gegensatze von εἶδος, φυή, κάλλος und ἔργα· Od. ρ, 454: οὐκ

---

*) [In der ZfAW. 1855 p. 340, wo auch die Beweis-Stellen dafür
angeführt sind.]

ἄρα σοίγ᾽ ἐπὶ εἴδεϊ καὶ φρένες ἦσαν coll. Od. δ, 264: οὔ τευ
δευόμενον, οὔτ᾽ ἄρ φρένας, οὔτε τι εἶδος und ib. ϑ, 168:
οὔτε φυὴν, οὔτ᾽ ἄρ φρένας. Il. α, 115: οὐ δέμας οὐδὲ φυήν,
οὔτ᾽ ἄρ φρένας, οὔτε τι ἔργα· Il. ν, 432: κάλλεϊ καὶ ἔργοισιν
ἰδὲ φρεσίν.

19. Dass die φρένες das körperliche Princip des geistigen Lebens sind, erweisen wir zweitens damit, dass,
wenn der Thierseele Eigenschaften zugeschrieben werden,
welche den Thätigkeiten des menschlichen Geistes analog
sind, diese gleichfalls auf den φρένες beruhn und denselben
inhärieren. So heisst es Il. δ, 245 von den Hirschkälbern:
οὐδ᾽ ἄρα τίς σφι μετὰ φρεσὶ γίγνεται ἀλκή· Il. ρ, 111 vom
Löwen: τοῦ δ᾽ ἐν φρεσὶν ἄλκιμον ἦτορ παχνοῦται· Endlich
drittens, und dies ist das Schlagendste, daraus, dass dem
Leblosen, wenn ihm geistige Thätigkeit zugeschrieben wird,
ebenfalls φρένες beigelegt werden. Die mit Verstand begab-
ten Phaiaken-Schiffe heissen Od. ϑ, 556 τιτυσκόμεναι φρεσὶ
νῆες (vgl. Il. ν, 556, wo von Antilochos gesagt wird: τιτύσκε-
το δὲ φρεσὶν ᾖσιν ἤ τευ ἀκοντίσσαι ἠὲ σχεδὸν ὁρμηϑῆναι).
Il. σ, 419 heisst es von den aus Gold gefertigten Mädchen
in Hephaistos' Haus: τῇς ἐν μὲν νόος ἐστὶ μετὰ φρεσὶν, ἐν
δὲ καὶ αὐδὴ καὶ σϑένος etc. — [Gegen das zweite Argument
bemerkt Grotemeyer p. 22, dass hier nur eine analoge Uebertragung geistiger Zustände von der Menschen- auf die
Thierwelt vorliege, welche um so erklärlicher sei, als ja die
Thiere auch ein Zwerchfell haben und diesem die gleichen
Thätigkeiten wie dem menschlichen zugeschrieben würden,
da Thier- und Menschenseele vom Dichter nicht wesentlich
unterschieden werde. Eine solche Uebertragung sei auch in
den letzteren Stellen anzuerkennen, die Phaiakenschiffe seien
eben nach Menschenart beseelte Wunderdinge.]

20. Aber neben dem körperlichen Principe des geistigen Lebens giebt es II. auch ein unkörperliches, ein
seelisches Princip desselben, ein geistiges Correlat der animalischen ψυχή. Das ist der ϑυμός. Denn obgleich sich
aus dem Grundbegriffe von ϑυμός, welcher kraft der Abstammung des Wortes von ϑύω *) bekanntlich ein Wallen

---

*) [Vgl. Curtius Grdz. I n. 320 und Lobeck Rhem. p. 23 f. Wenn in

und Strömen, ein Brausen und Sieden ist (θύσις καὶ ζέσις τῆς ψυχῆς Plat. Cratyl.), besonders solche Bedeutungen herausgebildet haben, welche die Regungen des Triebes und Gefühls bezeichnen, Verlangen, Wille, Herz, Zorn, Muth u. dgl., so erscheint doch der θυμός nicht selten auch als Träger der geistigen Thätigkeiten überhaupt, so dass mittelst des θυμός nicht nur gefühlt, begehrt, geliebt, gezürnt, sondern auch gewusst, gedacht, überlegt und begriffen wird. Es geht im θυμός das Nämliche vor was in den φρένες vorgeht, und insofern ist θυμός als das unkörperliche Princip der geistigen Thätigkeiten dem körperlichen φρένες zu parallelisiren. [Gegen diese Schlussfolgerung spricht sich Grotemeyer p. 19 ff. aufs Entschiedenste aus, insbesondre weil die Consequenz davon wäre, dass Homer im Menschen eine doppelte Seele angenommen hätte. Ueberhaupt kenne Homer den Begriff der reinen Geistigkeit nicht, denke sich vielmehr θυμός und ψυχή materiell — hauch- und luftartig — u. s. w.]. Wir erinnern an γηθήσει θυμός neben τέρπεσθαι φρεσίν, an θυμὸν χολώθη, ἐχολώσατο θυμῷ neben χόλος (ἐνὶ) φρεσίν, an θυμὸς ἐέλπεται und dergleichen neben ἔολπας ἐνὶ φρεσίν, an θυμῷ δεῖσαι, θυμῷ κήδεα ἔχειν neben den vielen entsprechenden mit φρένες gebildeten Ausdrücken, an αἰδῶ θέσθ᾽ ἐνὶ θυμῷ neben ἐν φρεσὶ θέσθ᾽ αἰδῶ (Il. ν, 121), an ἔρος θυμὸν ἐνὶ στήθεσσι περιπροχυθεὶς ἐδάμασσε (Il. ξ, 316) neben ἔρως πυκινὰς φρένας ἀμφεκάλυψεν (ib. 294), an θυμὸν πείθειν neben φρένα πείθειν. Ferner vergleichen wir θυμῷ σάφα εἰδέναι, φράζεσθαι, κατὰ θυμὸν μερμηρίζειν, μνήσατο γὰρ κατὰ θυμὸν u. dgl. mit den gleichbedeutenden oben wegen φρένες aufgeführten Redensarten, das θυμῷ νοέω καὶ οἶδα ἕκαστα (Od. σ, 228) mit dem φρεσὶ νοεῖν (Il. ο, 81), das θυμὸς ἀεσίφρων (Od. φ, 302) mit ἄτη φρένας εἷλεν. Das sinnliche Begehren hat im θυμός so gut als in den φρένες seinen Sitz; mit der oben angeführten Stelle Il. λ, 89 vergleiche κεύθετε θυμῷ βρωτὺν (Od. σ, 406),

---

ψυχή der lebendige Athem als Lebensbedingung erscheint, so deutet θυμός auf das den Körper vom Herzen aus durchströmende Blut; vgl. Grotemeyer p. 11.]

ἤραρε θυμὸν ἐδωδῇ (Od. ε, 95), δαιτὸς κεκορήμεθα θυμόν, πλησάμενος θυμὸν ἐδητύος etc. — Aus dieser Parallelisirung des körperlichen und unkörperlichen Princips der geistigen Thätigkeiten erhalten nunmehr Ausdrücke wie ὥρμαινε κατὰ· φρένα καὶ κατὰ θυμόν, οὐδ᾽ ἐνόησε κατὰ φρένα καὶ κατὰ θυμόν, wo man gewöhnlich mit Unrecht im Verstand und im Gemüth übersetzt, ihr eigentliches, vollständiges Licht; man wird sich nämlich, so gut man sich zur farrenäugigen Here bequemt hat, auch entschliessen müssen zu sagen: im Zwerchfell *) und in der Seele. [Dieses κατὰ φρ. κ. κ. θ. erscheint in Verbindung mit ὁρμαίνω Il. α, 193; λ, 411; ϱ, 106; σ, 15; Od. δ, 120; ε, 365; 424; ζ, 118; — mit μερμήριξε Il. ε, 671; θ, 169; Od. δ, 117; κ, 151; υ, 10; ω, 235; — mit φράζεσθαι Il. ο, 163; Od. α, 294; — mit ἐνόησε (bedachte nicht) Il. υ, 264; — mit οἶδα Il. δ, 163; ζ, 447; Od. ο, 211; — vgl. Od. δ, 813: (ὀϊζύος ἠδ᾽ ὀδυνάων,) αἵ μ᾽ ἐρέθουσι κ. φϱ. κ. κ. θ. — hymn. in Apoll. Del. 70: αἰνῶς δείδοικα. — Im θυμὸς geht besonders das Gemüthsleben vor sich — nach Grotemeyer p. 18 — und nur mit dessen Theilnahme das Erkennen; die φρένες sind der Verstand, in weiterer Bedeutung Sinn und Gesinnung überhaupt, und obige Verbindung entspricht also dem lateinischen mente animoque, dem deutschen „im Sinn und Gemüthe."] Aber gerade bei der Parallelisirung beider Principien tritt auch ihr Unterschied sehr deutlich hervor. Die φρένες, als etwas Körperliches, eignen sich nicht zum Subjekt einer geistigen Thätigkeit; diese geht wohl mittelst der φρένες und in denselben vor (φρεσίν, ἐν φρεσίν, κατὰ φρένας), aber nur einige Male treten die φρένες oder tritt vielmehr die φρὴν als handelndes Subjekt auf: ἐκλήθεται φρήν, ἐτράπετο φρήν [dann aber eben nicht als körperliches Organ; s. d. Note]. Dagegen handelt

---

*) [Dies ist allerdings nicht nöthig. Denn, vgl. auch Grotemeyer p. 18 f.; φρένες bezeichnet nicht blos den Sitz der Verstandesthätigkeit als leibliches Organ. sondern sehr häufig (vgl. §. 18) letztere selbst, steht also geradezu für Verstand und es ist kein Grund vorhanden, gerade in obiger Verbindung das leibliche Zwerchfell unter φρένες zu verstehen, schon der Singular φρίνα spricht dagegen; vgl. §. 18.]

der lebendige ϑυμός äusserst häufig selbst: ϑυμὸς ἀνώγει, κελεύει, ἤϑελε, ἵετο, ἐβούλετο, ἐποτρύνει, οὐκ ἐάσει etc. Anhangsweise bemerken wir hier noch, dass ϑυμὸς aufs engste verwandt ist mit ἦτορ *) von ἄω [vgl. z. B. Od. v, 22 mit 17] und mit κραδίη (vergl. [Od. α, 353; δ, 548; Il. ι, 635 und das häufige κραδίη καὶ ϑυμὸς κελεύει oder ὀτρύνει, ἀνώγει und] κραδίην καὶ ϑυμὸν ἵκανεν), endlich mit κῆρ, wenn gleich letzteres in Il. ζ, 523 τὸ δ᾽ ἐμὸν κῆρ ἄχνυται ἐν ϑυμῷ als etwas specielleres denn ϑυμός, als in diesem enthalten erscheint. Vgl. Aeschyl. Agam. 995 ff. (961 H.). Die nähere Darlegung dieser Verwandtschaft würde für jetzt den Gang der Untersuchung nur stören; es wird sich weiter unten die Nothwendigkeit ergeben, wenigstens in einer Hauptrücksicht näher darauf einzugehn.

21. Für jetzt versuchen wir unsere Parallelisirung des ϑυμὸς als des unkörperlichen Princips der geistigen Thätigkeiten mit den φρένες als dem körperlichen noch weiter zu begründen. Unter den Bezeichnungen der Seelenkräfte spielen bei dem Dichter ausser den genannten auch μένος und νοῦς eine grosse Rolle. Was nun μένος betrifft, so ist es gemäss seiner Verwandtschaft mit μάω, μέμονα, μενεαίνω (vgl. Doed. **) Lectt. Hom. spec. III) der Drang; mit sinnlicher Anschaulichkeit steht Od. ω, 319: τοῦ δ᾽ ὠρίνετο ϑυμὸς (des Odysseus in der Erkennungsscene mit Laertes), ἀνὰ ῥῖνας δέ οἱ ἤδη δριμὺ μένος προὔτυψε, φίλον πατέρ᾽ εἰσορόωντι, es schlug ihm der kitzelnde Drang in die Nase,

---

*) Vgl. mit ϑυμοῦ δευόμενος das vollkommen gleichbedeutende βεβλαμμένος ἦτορ Il. π, 660. Vgl. Aeschyl. Agam. 479 (458 H.) φρενῶν κεκομμένος. [Die Ableitung von ἄημι oder näher vom Stamm ât — wovon âtman sskr. Hauch, Seele, ἀυτμή, ἀτμός· Curtius I n. 588 — scheint die passendere, obwohl das Suffix — vgl. Lobeck Rhem. p. 316 — beispiellos bleibt; Curtius übergeht das Wort mit Stillschweigen. Vgl. auch Döderlein Gl. §. 676 a. E.]

**) [Im Glossar §. 135 und 142 unterscheidet Döderlein zwei Homonyma, das eine von μέμονα μέμαα, das andere von μένω, „ohne geradezu die Möglichkeit läugnen zu wollen, dass es nur zwei divergirende Bedeutungen eines Wortes sind." Diese Möglichkeit hat Curtius Grdz. I n. 429 u. Einl. p. 84 wenigstens zur Wahrscheinlichkeit erhoben.]

wie wir sagen: es jückte ihn --; Il. τ, 200: ἄλλοτέ περ
καὶ μᾶλλον ὀφέλλετε ταῦτα πένεσθαι, ὁππότε τις μεταπαυ-
σωλὴ πολέμοιο γένηται, καὶ μένος οὖ τόσον ἦσιν ἐνὶ στήθεσσιν ἐμοῖσιν. [Vgl. ψ, 468: μένος ἔλλαβε θυμόν· ε, 136:
δὴ τότε μιν τρὶς τόσσον ἕλεν μένος, wo v. 142 f. die Ableitung von μέμαα zeigen, ferner θ, 178; ϱ, 503 und die Ausdrücke μένος ἄσχετε und ἐπισπόμενοι μενέϊ σφῷ· daher die
Ableitungen μενεαίνω (in der Bedeutung: leidenschaftlich begehren), μενοινάω, μενοεικής, Ἰθαιμένης von ἰθύς wie ἰθαι-
γενής? vgl. Il. ν, 172; π, 602; ε, 506).] Es ist ferner die
nach Bethätigung strebende Kraft [daher in Verbindung
mit χεῖρες, γούνατα und mit den Epithetis ἔμπεδον, κρατερόν, ἤΰ, ferner πυρός, Ἡελίοιο, ποταμῶν, ἀνέμων, ἵππων
μένος und wie βίη in Umschreibungen von Personen z. B.
κρατερὸν μένος Ἀκτορίδαο u. a. daher auch die Ableitung
ὑπερμενὴς hochgewaltig (Od. τ, 62 ὑπερμενέοντες)]. Auch in
allgemeinerem Sinne: Lebenskraft; [z. B. τοῦ δ᾽ αὖθι λύθη
μένος· λῦσεν δὲ βοὸς μένος?] daher es neben ψυχὴ steht in
τοῦ δ᾽ αὖθι λύθη ψυχή τε μένος τε Il. ε, 296 coll. ϱ, 298:
vgl. ἀπὸ γὰρ μένος εἵλετο χαλκὸς Il. γ, 294, ferner τὸ γὰρ
μένος ἐστι καὶ ἀλκή, Essen und Trinken, Il. ι, 706. Weiter
ist es der energische Wille, der vorwärts trachtende Muth,
der hervorbrechende Zorn: αἴ γάρ πως αὐτόν με μένος καὶ
θυμὸς ἀνείη — Il. χ, 346; μένος καὶ θυμὸς ἀνώγει, Il. ω,
198; so auch in dem häufigen Uebergangsvers: ὤτρυνε μένος
καὶ θυμὸν ἑκάστου z. B. π, 210; ferner ἦλθον ἐγὼ παύσουσα
τὸ σὸν μένος, Il. α, 207; ἔνθ᾽ αὖ Τυδείδῃ Διομήδεϊ Παλλὰς
Ἀθήνη δῶκε μένος καὶ θάρσος, Il. ε, 2; ἐμέων μενέων ἀπε-
ρωείς Il. θ, 361 [daher μενεαίνω auch die Bedeutung von
zürnen hat]. Niemals ist es die den Leib durchwallende Seele,
nie das Herz, das Gemüth *) [wohl aber werden die Ablei-

---

*) Grotemeyer führt p. 38 dagegen die Stelle Od. τ, 493 an, wo
Eurykleia dem eben erkannten Odysseus sagt: οἶσθα μὲν οἶον
ἐμὸν μένος ἔμπεδον οὐδ᾽ ἐπιεικτόν. Hier soll μένος mens bezeichnen;
dagegen spricht aber schon der sonstige Gebrauch der Epitheta;
sie will vielmehr versichern, dass selbst Gefahr ihr das Geheimniss
nicht entlocken soll; dazu besitze sie Muth und Standhaftigkeit genug: ἕξω δ᾽ ὡς ὅτε τις στερεὸς λίθος ἠὲ σίδηρος. Die

tungen εὐμενέτης, δυσμενής, δυσμενέων so gefasst werden
müssen], nie das sinnliche Begehren, niemals endlich die Verstandesthätigkeit. Dies bezeichnet [abgesehen von φρὴν und
φρένες §. 18] der ν ο ῦ ς *) als Denkkraft und Verstand
überhaupt, [daher die Ableitungen ἄνοος, ἀγχίνοος, νοήμων,
ἀνοήμων, νοεῖν wahrnehmen, denken, erdenken, part. praes.
verständig, bedachtsam, νόημα auch Verstand;] zweitens als die
actio des Denkens, [vgl. νόημα Gedanke η, 35] welche als
Dichten und Trachten übergeht in die Sphäre des Willens [vgl. νοεῖν vorhaben, gedenken z. B. II. ω, 560] und sich
hier verallgemeinert in der Bedeutung: Denkart, Gesinnung
(Od. σ, 136: τοῖς γὰρ νόος ἐστὶν ἐπιχθονίων ἀνθρώπων, οἷον
ἐπ᾽ ἦμαρ ἄγῃσι πατὴρ ἀνδρῶν τε θεῶν τε· vgl. νύος ἐναίσιμος,
θεουδής [ἀπηνής, ἀτάρβητος· νόημα Sinn: II. ω, 40; Od. η, 292; ν,
330 = ρ, 403; υ, 82])]; endlich als das Gedachte, der Gedanke
[wiederum wie νόημα z. B. Od. β, 363; ξ, 273], der sich näher bestimmt als Sinn, Plan und Rathschluss: Il. ο, 242:
ἐπεί μιν ἔγειρε Διὸς νόος αἰγιόχοιο· Od. ξ, 490: ὃ δ᾽ ἔπειτα
νόον σχέθε τόνδ᾽ ἐνὶ θυμῷ, fasste diesen Plan; οὔτι καθ᾽

---

andre „noch deutlicher" beweisen sollende Stelle ll. λ, 268:
ὀξεῖαι δ᾽ ὀδύναι δῦνον μίνος Ἀτρείδαο interpretirt er wohl mit
Rücksicht auf Stellen wie Od. σ, 348: ὄγρ᾽ ἔτι μᾶλλον δύη ἄχος
κραδίην Ὀδυσῆος in dieser Weise; allein μίνος kann hier ebenso
gut umschreibend (= βίην) stehen, wie auch in Il. ι, 239: κρατερὴ δὲ ἑ λύσσα δέδυκεν (Ἕκτορα) die Person selbst genannt ist,
nicht erst ein durch die Wuth afficirtes Organ.]
*) [Νόος hängt etymologisch jedenfalls mit γιγνώσκω zusammen.
Curtius I n. 135 und Leo Meyer in Kuhns Ztschr. V p. 368
wollen es lieber auf einen Stamm snu (goth. snutrs sapiens) zurückführen. Einmal, weil νοίω bei Homer nur die Bedeutung:
wahrnehmen, sehen habe; dies ist aber leicht als unrichtig zu erweisen. . Auch hat die Wurzel jnâ (Westergaard R. p. 3) die
Bedeutungen animadvertere, cognoscere, nosse oder scire, die im
Griechischen eben unter νοίω und γιγνώσκω sich vertheilen. Aber
auch ein formelles Hinderniss sei vorhanden: γ werde vor ν im
Griechischen sorgfältig gewahrt. Und doch kommt ἄγνοια, ἀπό-
γνοια, μετάγνοια, σύγγνοια (Lob. El. p. 94) auch ohne γ vor;
abgesehen von γινώσκω, ὄνομα (Curt. I n. 446) und νάπη (v. γναμ-
πτός· Döderlein Gl. §. 229).]

ἡμέτερόν γε νόον, nicht nach unserem Sinn, Il. ι, 108 [vgl.
νόημα Il. η, 456; κ, 104; σ, 328; Od. β, 121; ζ, 183; ϑ, 559;
ψ, 306]. Weil nun Denken das ist, was den specifischen
Unterschied zwischen Menschen und Thieren begründet, so
bezeichnet νοῦς auch die Vernunft; Od. κ, 239: οἳ δὲ συῶν
μὲν ἔχον κεφαλάς φωνήν τε τρίχας τε καὶ δέμας, αὐτὰρ νοῦς
ἦν ἔμπεδος, ὡς τὸ πάρος περ. Zusammengestellt wird νοῦς
mit ϑυμός: Sinn und Willen, mit μῆτις: Verstand und Ue-
berlegung [Klugheit], auch Absicht und Vorhaben oder Sin-
nen und Dichten; vgl. Il. η, 447 [κ, 226; ο, 509; ψ, 590;
Od. τ, 326], endlich mit βουλή· Od. π, 375: ἐπιστήμων βουλῇ
τε νόῳ τε [β, 281; γ, 128; δ, 267; μ, 211; ν, 305].

Diese kurzen Andeutungen genügen zum Erweise, dass
unter μένος und νοῦς zwei Grundkräfte der Seele zu verstehn
sind, denen man, um die Trias von Gefühl, Verstand und
Willen vollständig zu haben, ϑυμὸς in seinem speciellen
Sinne beiordnen mag. Aber sie beide, μένος und νοῦς,
ruhn gleichmässig sowohl in den φρένες als in
dem ϑυμός, so dass sich von diesen beiden jedes als ein
Träger jener Grundkräfte, somit als Princip der geistigen
Thätigkeiten erweist. Man vergleiche a) in Bezug auf μένος
Il. ρ, 451: ἐν γούνασσι βαλῶ μένος ἠδ᾽ ἐνὶ ϑυμῷ· ferner
ψ, 468: μένος ἔλλαβε ϑυμὸν mit Il. φ, 145: μένος δέ οἱ ἐν
φρεσὶ ϑῆκεν Ξάνϑος· ferner Il. χ, 312: μένεος δ᾽ ἐμπλή-
σατο ϑυμὸν ἀγρίου mit Il. α, 103: μένεος δὲ μέγα φρένες
ἀμφιμέλαιναι πίμπλαντ᾽· b) in Bezug auf νοῦς das oben
schon angeführte ϑυμῷ νοεῖν mit φρεσὶ νοεῖν (Il. ο, 81), ferner das τῆς ἐν μὲν νόος ἐστὶ μετὰ φρεσὶ (Il. σ, 419) mit jenem ὃ δ᾽ ἔπειτα νόον σχέϑε τόνδ᾽ ἐνὶ ϑυμῷ Od. ξ, 490,
abgesehn davon, dass auch βουλή und μῆτις, welche mit νοῦς
gleichbedeutend sind, dem ϑυμὸς inhärieren; ἐμβάλλεσϑαι
ϑυμῷ μῆτιν, ἥδε δέ μοι κατὰ ϑυμὸν ἀρίστη φαίνετο βουλή*).

---

*) Aus diesem Allem ergiebt sich für Homer folgende psychologi-
sche Tafel:

	φρένες			ϑυμός (ἦτορ, κραδίη)	
μένος	νοῦς (ϑυμός)	—	μένος	νοῦς (κῆρ)	
	μῆτις			μῆτις	
	βουλή			βουλή	

22. Doch wir haben für unsere Parallelisirung des
ϑυμός mit den φρένες noch einen dritten Beweis. Oben
nannten wir ϑυμός das geistige Correlat der animalischen
ψυχή. Als solches verlässt der ϑυμός wie die ψυχή den Leib
im Tode: τὸν λίπε ϑυμός, ἀπὸ δ᾽ ἔπτατο ϑυμός, ϑυμὸν
ἀπηύρα, ἐξέλετο, ϑυμὸν ὀλέσσαι, ἀποπνείειν, ϑυμὸν ἄϊσϑων,
ὦκα δὲ ϑυμὸς ᾤχετ᾽ ἀπὸ μελέων Il. π, 606; λίπε δ᾽ ὀστέα
ϑυμός ib. 743, τοὺς μὲν Τυδείδης δουρικλειτὸς Διομήδης, ϑυμοῦ καὶ ψυχῆς κεκαδὼν, κλυτὰ τεύχε᾽ ἀπηύρα λ, 334. Aber
der ϑυμός theilt das Loos der ψυχή nicht; er ist nicht
identisch mit ihr; denn Od. λ, 220 — 222 wird ausdrücklich unterschieden: ἀλλὰ τὰ μέν τε, das Körperliche [mit
Einschluss der φρένες, welchen der ϑυμός inhäriert, §. 23 *)]
πυρὸς κρατερὸν μένος αἰϑομένοιο δαμνᾷ, ἐπεί κε πρῶτα λίπῃ λεύκ᾽ ὀστέα ϑυμός· ψυχὴ δ᾽, ἠΰτ᾽ ὄνειρος, ἀποπταμένη
πεπότηται. Hieraus geht unwidersprechlich hervor, dass ϑυμός wenn auch einerseits an vielen Stellen eine einzelne Gei-
steskraft, doch andererseits auch wieder viel mehr
als eine solche, dass er ein Träger der übrigen
und so zu sagen die geistige Seele ist, welche mit der animalischen correspondirt **).

23. Hiemit haben wir zur Genüge gezeigt, dass sich
der Dichter einerseits den ϑυμός als den φρεσὶ coordinirt
denkt. Nichts desto weniger ist es ihm andererseits wie-

Στῆϑος ist lediglich das äusserliche Behältniss der Seelenkräfte,
gehört folglich nicht in diese Tafel.

*) [Dies scheint die Ansicht des Vf. über diese Stelle zu sein, vgl.
§. 24; so dass er in dieser Hinsicht mit Unrecht von Grotemeyer
(s. d. folg. Not.) corrigirt würde.]

**) [Grotemeyer (vgl. Ameis ZfAW. 1855 p. 339): Vielmehr ist die
ψυχή mit dem ϑυμός dem Wesen nach identisch, und zwar ϑυμός die mit dem Leib verbundene und darum lebenskräftige Seele,
ψυχή die abgeschiedene, kraftlos fortvegetirende Seele, gleichsam
ein ϑυμὸς τῆς ϑύσεως καὶ ζίσεως ἰστερημένος. Der Gegensatz in
Od. λ, 220 ff. findet nicht zwischen ϑυμὸς und ψυχή statt. Ue-
berdies kann (Il. η, 129) sogar der ϑυμός in den Hades gehen,
woraus eben wieder die Wesenseinheit des ϑυμὸς mit der ψυχή
hervorgeht etc. (p. 36 f. vgl. p. 24).]

der unmöglich, jenes unkörperliche, seelische Princip ohne Verbindung mit einem körperlichen Organ zu denken; darum inhäriert auch der *ϑυμός* den *φρεσὶν*, und es ist in diesen am Ende das ganze geistige Leben in seinem Principe sowohl als in seinen einzelnen Aeusserungen vollkömmlich beschlossen *). Man vergleiche, was Il. *ϑ*, 201 Here zu Poseidon sagt: *οὐδέ νυ σοί περ ὀλλυμένων Δαναῶν ὀλοφύρεται ἐν φρεσὶ ϑυμός;* in welcher Stelle sich *ϑυμὸς* also zu den *φρεσὶ* verhält, wie *κῆρ* zu *ϑυμὸς* in dem oben schon angeführten *κῆρ ἄχνυται ἐν ϑυμῷ* aus Il. *ζ*, 524; ferner Il. *τ*, 178: *καὶ δὲ σοὶ αὐτῷ ϑυμὸς ἐνὶ φρεσὶν ἵλαος ἔστω·* Il. *ν*, 280: *οὐδέ οἱ ἀτρέμας ἧσϑαι ἐρητύετ’ ἐν φρεσὶ ϑυμός* (dem Feigling); *κ*, 232: *αἰεὶ γάρ οἱ ἐνὶ φρεσὶ ϑυμὸς ἐτόλμα·* Od. *π*, 73: *μητρὶ δ’ ἐμῇ δίχα ϑυμὸς ἐνὶ φρεσὶ μερμηρίζει* [*υ*, 38] Il. *ω*, 321 = Od. *ο*, 165: *καὶ πᾶσιν ἐνὶ φρεσὶ ϑυμὸς ἰάνϑη* [in der unächten Theomachie *φ*, 386: *δίχα δέ σφιν ἐνὶ φρεσὶ ϑυμὸς ἄητο·* vgl. hymn. in Ven. 72: *μετὰ φρεσὶ τέρπετο ϑυμόν*]; Il. *ν*, 487: *πάντες ἕνα φρεσὶ ϑυμὸν ἔχοντες*, — und, damit man nicht meine, *ϑυμὸς* hafte nur in so fern in den *φρεσὶν*, als es eine einzelne Regung des Gemüthes bedeute, endlich auch Od. *ε*, 458: *ἀλλ’ ὅτε δή ῥ’ ἄμπνυτο καὶ ἐς φρένα ϑυμὸς ἀγέρϑη*, wo das Wort offenbar für das gesammte geistige Leben des Menschen, für das Selbstbewusstsein überhaupt steht. Nicht minder denn *ϑυμὸς* haften auch desselben oben genannte Synonyma *ἦτορ* und *κραδίη* in den *φρεσί·* siehe in Bezug auf *ἦτορ* Il. *π*, 242: *ϑάρσυνον δέ οἱ ἦτορ ἐνὶ φρεσί·* Il. *τ*, 169: *ϑαρσαλέον νύ οἱ ἦτορ ἐνὶ φρεσί*, womit zu vergl. Il. *ρ*, 111: *ἐν φρεσὶν ἄλκιμον ἦτορ παχνοῦται*. Ferner: *πῇ μέματον; τί σφῶϊν ἐνὶ φρεσὶ μαίνεται ἦτορ*; Il. *ϑ*, 413 [Od. *ν*, 320: *φρεσὶν ᾗσιν ἔχων δεδαϊγμένον ἦτορ*]. In Hinsicht auf *κραδίη* Il. *π*, 435: *διχϑὰ δέ μοι κραδίη μέμονε φρεσὶν ὁρμαίνοντι*, vgl. Aeschyl. Ag. 995 ff. (961) [und *κῆρ* Od. *σ*, 344].

---

*) [Grotemeyer p. 24: „Also ist die Thätigkeit der *φρίνες* eben keine andere, als die sich in und durch den *ϑυμός* äussert und wir haben Ein psychologisches Princip. — Die Subsumtion alles geistigen Lebens unter *φρίνες* ist gleichfalls unrichtig."]

24. So beruht denn alles geistige Leben auf den φρένες. Wenn diese nicht sind, ist auch kein Geist, kein Gefühl, kein Denken, kein Wille. Gehn also diese verloren
im Tode, durch das Feuer des Scheiterhaufens oder nicht
mehr animalisch belebt durch die ψυχή, so ist vom Menschen der Geist gestorben; nichts ist von ihm übrig als,
sonderbar genug, das animalische Leben; denn die ψυχή,
und nur diese, ruht nicht in den φρένες· nur diese kann
somit in den Hades gehn.

Nach dieser Deduction wird endlich die Bedeutung der
beiden Stellen klar, in denen die Bedeutung des Vorhanden-
seins oder des Fehlens der φρένες für das εἴδωλον d. i. die
im Hades befindliche ψυχή klar ausgesprochen ist. Als
Achilleus des Patroklos Eidolon gesehn, ruft er Il. ψ, 103:
ὦ πόποι, ἦ ῥά τίς ἐστι καὶ εἰν Ἀΐδαο δόμοισιν ψυχὴ καὶ εἴ-
δωλον· ἀτὰρ φρένες οὐκ ἔνι πάμπαν [„eben weil der
Schatten nur ein luftiges Gebilde ist"]. Und Od. κ, 493
sagt Kirke von Teiresias, um dessen willen Odysseus in den
Hades hinabgehn muss: τοῦ τε φρένες ἔμπεδοί εἰσιν·
τῷ καὶ τεθνηῶτι νόον πόρε Περσεφόνεια, οἴῳ πεπνῦσθαι·
τοὶ δὲ σκιαὶ ἀΐσσουσιν *).

25. Hiemit haben wir die Richtigkeit unserer obigen
Antwort auf die Frage, warum der Zustand der Abgeschiedenen im Hades ein unglückseliger sei, zur Genüge dargethan; wir haben gezeigt, dass der Mensch im Tode sich
selbst verloren geht, dass er nicht nur, was sich von selber
versteht, alles dessen entbehrt, was an den Besitz des Körpers geknüpft ist, sondern dass er im Tode um sein eigentliches Ich, um seine geistige Persönlichkeit kommt. [An-
knüpfend an unsere Note zu §. 16 S. 382 bemerken wir zu-

---

*) [Diese φρένες ἔμπεδοι können nicht als leibliches Zwerchfell
gefasst werden, da auch Teiresias keinen Körper hat; der Ausdruck φρ. ἔμπ. kommt nur noch Il. ζ, 352 und Od. σ, 215 vor
und bezeichnet dort mit der Negation dasselbe was ἄφρων oder
ἀνοήμων, das Gegentheil von σαόφρων und κερδαλεόφρων. Hier
dagegen ist der Sinn: ihm ist sein Bewusstsein noch unverletzt
(mens integra) vgl. λ, 392; was dann eine asyndetisch beigefügte
doppelte Erläuterung erhält (nicht: τῷ = darum).]

nächst, dass nach unserer Meinung für den homerischen
Menschen die Unterscheidung eines eigentlichen Ich nicht
besteht; das Ich ist ihm der lebendige Mensch in seiner innigen Vereinigung von Leib, Seele und Geist. Wird diese
aufgehoben, so hört damit zugleich der Mensch auf; es sind
σάρκες und ὀστέα da, eine Beute der Verwesung, des Feuers
oder der Hunde, Vögel und Fische; andrerseits eine ψυχὴ
(θυμίς), die mit dem letzten Hauch und Pulsschlag den sterbenden Körper verlässt und nun davon flattert, weil sie an
diesen nicht mehr gebunden ist, eben dadurch aber auch ihre
geistigen Fähigkeiten einbüsst. — So war theils die Wahrnehmung, theils die erste naheliegende Reflexion (wobei besonders hervorzuheben, dass die Wesensverschiedenheit von
Leib und Seele und so die Möglichkeit der Fortdauer der
letzteren ein Postulat der homerischen Psychologie war);
aber das unmittelbare Resultat dieser Reflexion war, um es
kurz zu sagen, dass mit dem Ende des leiblichen Lebens
alles aus sei. So geht allerdings der Mensch im Tode sich
selbst verloren *), die selbstbewusste Persönlichkeit ist dahin,
und darum ist der Tod der Uebel grösstes, das Leben der
Güter höchstes: Il. ι, 401—409; Od. λ, 488—491. — Wir
werden aber weiterhin §. 29 sehen, dass die Vorstellung
auch des homerischen Menschen sich dabei nicht beruhigen
konnte.] Wir weisen nunmehr den Zustand der Todten im
einzelnen nach; vgl. auch Nitzsch III p. 188.

In Absicht auf die physische Existenz der Abgeschiedenen geben die Benennungen σκιαὶ (Od. κ, 495), ἀμενηνὰ
κάρηνα [die wesenlosen, oder **) nicht bleibenden], εἴ-

---

*) [P. C. Henrici de immortalitate animi Homerica. Viteb. 1786
und Sturz: de vestigiis doctr. de animi humani immortal. in
Hom. carmm. prolegg. III. Gerae 1795 hatten wir nicht Gelegenheit einzusehen.]

**) [So Döderlein Gl. §. 147 besonders mit Hinweisung auf Od.
λ, 210. Aber so erklärt sich ἀμενήνωσεν (entkräftete) in Il. ν,
562 durchaus nicht; vgl. v. 564. — Auf keinen Fall darf das
Wort von μένος ganz getrennt werden (Aufrecht in Kuhn's
Ztschr. II p. 151); ἀμενής, gebildet wie ὑπερμενής und das spätere ζαμενής, ist zunächst „ohne μένος" d. h. entweder: kraft-

δωλα, die Vergleichungen der abgeschiedenen Seele mit einem Rauch, einem Traumbild allen hier nöthigen Aufschluss. Sie sind nun nichts Fassbares, nichts Greifbares mehr; τρὶς μὲν ἐφωρμήθην, sagt Odysseus Od. λ, 206 vom εἴδωλον seiner Mutter, ἐλέειν τέ με θυμὸς ἀνώγει, τρὶς δέ μοι ἐκ χειρῶν, σκιῇ εἴκελον ἢ καὶ ὀνείρῳ, ἔπτατ'· und sie selbst erklärt den Grund davon v. 219 ff. mit den Worten οὐ γὰρ ἔτι σάρκας τε καὶ ὀστέα ἶνες ἔχουσιν, ἀλλὰ τὰ μέν τε πυρὸς κρατερὸν μένος αἰθομένοιο δαμνᾷ, ἐπεί κε πρῶτα λίπῃ λεύκ' ὀστέα θυμός. [Ebenso wird der vergebliche Versuch des Schattens von Agamemnon, den Odysseus zu umarmen, erklärt v. 393 f.: ἀλλ' οὐ γάρ οἱ ἔτ' ἦν ἲς ἔμπεδος οὐδέ τι κῖκυς.] Sie haben drum auch keine rechte Stimme mehr; sie bringen nur ein klangloses Summen und Zischen hervor, das, wie die Stimme der Vögel, mit τρίζειν bezeichnet wird, oder mit κλαγγή, welches der Dichter nie vom Metall der artikulirten Menschenstimme braucht (vgl. Od. λ, 605: ἀμφὶ δέ μιν κλαγγὴ νεκύων ἦν, οἰωνῶν ὥς [mit Il. β, 463; γ, 3; in der zweiten unächten Nekyia wird es mit dem schrillenden Ton der Fledermäuse verglichen] oder auch mit ἠχή, von welchem Worte das Nämliche gilt; vgl. Passow und λ, 633: ἀλλὰ πρὶν ἐπὶ ἔθνε' ἀγείρετο μυρία νεκρῶν ἠχῇ θεσπεσίῃ, mit wundersamem, unheimlichem Geräusche. — In Absicht auf ihre geistige Beschaffenheit ist ihr Schicksal Bewusstlosigkeit. Der Todte heisst ἀκήριος in Il. λ, 392, d. i. einer, der kein κῆρ, d. h. kein ἦτορ oder, was gleich-

---

und wesenlos (so Död. Lectt. Hom. Spec. III), oder ohne Lebenskraft, und es wird den Schatten damit ebenso die materielle Existenz, das wirkliche Leben, abgesprochen, wie mit ἀφραδίες die selbstbewusste geistige Existenz; aber gleichbedeutend mit diesem kann es auch nicht sein (§. 21). Ebenso das Parasyntheton (Lob. Proll. p. 145, 192) ἀμενηνός. Es ist kein zwingender Grund vorhanden, von dieser Etymologie abzugehen; denn Traumbilder, Schattenbilder, die dem Rauch verglichen werden, sind mit „wesenlos" wenigstens eben so gut bezeichnet als mit „nicht bleibend." Dann stimmt auch der spätere Gebrauch „kraftlos" dazu, was freilich nicht absolut nöthig wäre. Dass manchem Hörer übrigens das Verbum μένω dabei durchklingen mochte, sind wir freilich nicht im Stand zu läugnen.]

viel ist, keinen ϑυμὸς, also kein geistiges Bewusstsein hat*);
ferner ist Od. λ, 476 von den Todten als von ἀφραδέες, be-
sinnungslosen, die Rede.   Darum vergisst im Hades der
Todte seiner gleichfalls verstorbenen Freunde, und Achilleus
vermisst sich hoch, wenn er diesen Bann des Hades zu brechen verheisst; Il. χ, 389: εἰ δὲ ϑανόντων περ καταλήϑοντ᾽
εἰν Ἀΐδαο, αὐτὰρ ἐγὼ καὶ κεῖϑι φίλου μεμνήσομ᾽ ἑταίρου·
freilich setzt er ebenso die Möglichkeit voraus, dass Patroklos im Hades noch Kunde erhalte von den Vorgängen auf
der Oberwelt: Il. ω, 592: Μή μοι, Πάτροκλε, σκυδμαινέμεν,
αἴ κε πύϑηαι εἰν Ἀιδός περ ἐὼν ὅτι Ἕκτορα δῖον ἔλυσα. —
Gleichwohl aber kennt die Mutter ihren Sohn nicht eher, als
bis sie von dem Blute der von Odysseus in jene Grube geschlachteten Opferthiere getrunken (Od. λ, 153), und das
Gleiche ist von allen mit Odysseus sich unterredenden Helden anzunehmen, wenn der Dichter auch nicht bei jedem
Einzelnen des Trinkens gedacht hat.

26.   Nämlich die Todten sind momentaner Wiederbelebung fähig.   Die φρένες können sie freilich nicht wieder bekommen; da wird denn ein anderes Leibliches zum Träger
des neuzugewinnenden Bewusstseins gemacht, das Blut. Mit
geistreicher Inconsequenz denkt sich der Dichter die Schatten als fähig, das Blut in sich aufzunehmen. Wie das Leben der tödtlich Verwundeten mit ihrem Blute verströmt, so
kehrt es mit dem Blute in die ψυχή zurück, und mit dem
Leben das Bewusstsein und die Sprache und alles menschliche Gefühl**); Od. λ, 153: μήτηρ ἤλυϑε καὶ πίεν αἷμα κε-

---

*) [Dadurch ist er eben als todt bezeichnet; aber unmittelbar, wie
Grotemeyer p. 31 in der Note anzunehmen scheint, ist dies der
Begriff von ἀκήριος nicht.]

**) Nitzsch III p. 203 [„der Genuss des Bluts muss wohl jede Psyche
stärken und laben.“ — Allerdings, insofern eben dadurch für
einen Moment das Scheinleben in ein wirkliches, nur ohne Leib,
verwandelt wird. Wenn aber Nitzsch (ebend. u. p. 190) die Vermuthung aufstellt, dass dies Bluttrinken wohl aus den Bräuchen
bei Todtenopfern herrührt und „nur eine mythische Ausführung
der labenden Wirkung sein könne, welche man dem in die
Grube gegossenen Opferblut bei jedem Todtenopfer auf die Seelen zuschrieb“ — so werden wir vielmehr so die Sache uns

*λαινεφές· αὐτίκα δ᾽ ἔγνω καί μ᾽ ὀλοφυρομένη ἔπεα
πτερόεντα προσηύδα.* Achilleus' Seele scheidet hocherfreut
(*γηθοσύνη*) von Odysseus, der ihr Neoptolemos' Heldenmuth
gepriesen (ib 540); Ajas aber, der nothwendig ebenfalls vom
Blute getrunken haben muss*) (sonst hätte er Odysseus
nicht erkannt), aber eben weil er ihn vorher nicht erkannte,
dem Drange nach Wiederbelebung instinctmässig folgen
konnte, Ajas also hält ewiglich Zorn. Zu ihm, dem Neube-
lebten, spricht dann Odysseus als wie zu einem Lebenden
ganz unbefangen: *δάμασον δὲ μένος καὶ ἀγήνορα θυμόν.* Nur
Teiresias, dessen *φρένες ἔμπεδοι* (s. S. 397 Note) geblieben sind
auch im Tode, obwohl er wie die Andern ein Schatten ist, erkennt den Odysseus und redet mit ihm bevor er getrunken
(Od. *λ*, 91); begehrt aber gleichfalls des Blutes, als Schatte,
der den Drang nach Leben fühlt, wie uns bedünkt, nicht
weil er dann erst weissagen konnte. Denn diese Fähigkeit
hatte er ja mit der ihm zu Theil gewordenen Bewahrung
seines geistigen Lebens, mit den *φρένες* behalten [während

denken müssen, dass ohne Voraussetzung jener Wirkung, welche
auch durch die spätere Vorstellung bestätigt wird, vgl. C. F. Hermann G. A. §. 28, 27, ein Todtenopfer, welches man den Todten
— nicht, etwa dem Hades oder der Persephone — brächte, keinen rechten Sinn, also keinen Anlass zur Entstehung hätte. Nur
fragt sich, ob mit dem Blute etwa die anderen *ψυχαί* gelabt werden sollen, um den neuen Ankömmling unter sich aufzunehmen
— vgl. Il. *ψ*, 72—74 mit Nitzsch III p. 199 — oder ob dem letzteren selbst; dem abgeschiedenen Verwandten, die Labung bestimmt
ist, und dann kommt es darauf an, ob in seiner Eigenschaft als
divi manes. Dies scheint wohl der Sinn, wenn man die spätere
Vorstellung und bei Homer den Umstand ins Auge fasst, dass
das Opferblut genau ebenso auch den chthonischen Gottheiten
hinabgegossen wird (die es dann ebenso geniessen soller, wie
die Olympier den im Rauch emporwirbelnden Fettdampf); doch
mischte sich wohl selbst dann noch der Gedanke an jene Wirkung des Bluts, die auf die unteren Götter keine Anwendung
leidet, unvermerkt bei. Vgl. §. 30.]
*) [Auch Nitzsch III p. 298 ist geneigt dies anzunehmen. Grote-
meyer p. 33 und Ameis zu v. 544 ziehen dies mit Unrecht in
Zweifel; Achilleus hat ebenso gut getrunken; mit Elpenor und
Herakles hat es eine besondere Bewandniss; vgl. auch §. 28. 32.]

Andere nur im Moment des Sterbens, vgl. oben IV §. 30, oder höchstens nur kurze Zeit darnach, ehe sie eigentlich in die Unterwelt aufgenommen sind, wie Elpenor, diese Fähigkeit haben. — Die Stelle, in welcher Herakles auftritt, gehört der schon mehrmals erwähnten Interpolation somit einer späteren Vorstellungsweise an, vgl. §. 30 f. und Nitzsch III p. 335—355.]

27. Hiemit sind wir in das Gebiet der Widersprüche gerathen, in welche sich auch in diesem Bereiche die homerische Weltanschauung mit Nothwendigkeit verstrickt*). Der Todte ist ein merkwürdiges Wesen. Er hat keinen Leib mehr, und doch noch eine Art von leiblicher Existenz, keinen Geist mehr und ist doch ein Geist, ist etwas Uebermenschliches, ja Göttliches (divi manes). Es geberdet sich die Vorstellung, als ob sie dem Menschen im Tode nichts mehr lassen wollte, lässt ihm jedoch manches nicht nur, sondern giebt ihm theilweise noch mehr, als er im Leben besass. Das Unerklärliche, Geheimnissvolle der Geisterwelt ist es, was entgegengesetzte Vorstellungen nicht nur möglich macht, sondern sogar provocirt. Es erscheint dann, wie wir sehen werden, der lebendige Körper eben sowohl als Schranke und Hemmniss des Geistes, denn als Bedingung und Träger desselben. — [So gestaltet sich die Sache, wenn man gleicherweise den ganzen in den Gedichten überlieferten Stoff ohne Ausscheidung der Interpolationen (s. d. Note), wozu auch λ, 225 — 332 kommt, berücksichtigt. Durch Beseitigung jener Stellen und der zweiten Nekyia ist denn freilich der grösste Theil der Widersprüche hinweggeräumt. Wir verkennen nicht, wie triftig die Gründe bei den bekannten Athe-

---

*) Freilich wird über diese Widersprüche mit rechter Bestimmtheit erst dann geredet werden können, wenn die Kritik mit den Interpolationen von Od. λ im Reinen ist. Möge sie sich nur nicht zu viel vergebliche Mühe machen. Vgl. jetzt besonders Nitzsch III p. 305 ff. [und Sagenpoesie S. 130 mit des Vf. Anm. zu Il. γ, p. 256 f., wo ebenfalls v. 565 — 627 als Interpolation anerkannt ist; und allerdings zeigen sich in diesem Stück mancherlei Incongruenzen und eine spätere Anschauungsweise als die sonst, abgesehen von Od. ω init., vorliegende.]

tesen in Od. λ und ω sind, würden aber doch glauben einen
Fehler zu begehen, wenn wir jene Stellen nunmehr von dieser Darstellung gänzlich ausschliessen wollten; schon desshalb, weil gerade sie einen Uebergang zu den späteren Vorstellungen bilden, von welchen sie die Keime, theils mehr theils
minder entwickelt, deutlich darstellen. In wie weit aber jeder derselben dem Boden homerischen Glaubens nicht blos
entstammt, sondern auf demselben sich auch bereits zu entwickeln angefangen hat, wer vermöchte dies mit Gewissheit
zu sagen? oder wer wollte in dieser Kette von Consequenzen, zu denen der rastlos forschende Menschengeist sich mit
der Zeit gedrängt sah, jede genau angeben, welche über die
homerische Vorstellung bestimmt hinausgeht? Ist es so undenkbar, oder ist es nicht vielmehr wahrscheinlich, dass die
vom Dichter besungene Zeit neben der einen Vorstellung
auch die Ansätze zu einer verwandten hatte oder selbst fort-
zubilden begann? Mancher Einzelne — wir meinen nicht
den Dichter — der Reflexion verhältnissmässig mehr zuge-
neigt und für Speculation, so weit hievon die Rede sein kann,
mehr befähigt, mochte seinen Zeitgenossen auf diesem Gebiete
etwas vorausgeeilt sein. Wenn aber in gleicher Zeit die Ansichten
der Einzelnen im Volke auf die angegebene Weise differir-
ten, was sich freilich nicht in Form eines ausgesprochenen
Dogma's oder Systems kundgab, so darf es uns nicht wun-
dern, diese Differenzen in den Gedichten abgespiegelt zu
finden. Dass man sie dann auch nach der Fixirung in der
Epopöe erweitert, das frühere ausgeschmückt und letztere
interpolirt hat, begreift sich leicht. So kam es dann
theils durch Weiterbildung, geringeren Theils durch spätere
Zuthat, dass wir jetzt in den Dichtungen Vorstellungen neben einander finden, die doch erst nach und nach entstanden nicht von Anfang an mit einander vereinigt sein konnten. — Bevor wir nun zur Darlegung des Thatbestandes im
Einzelnen (§. 30 ff.) übergehen, möge man auch uns den Versuch
gestatten, in einer pragmatischen Entwicklung summarisch die
verschiedenen Stadien darzulegen, welche die Vorstellung zu
durchlaufen hatte. Was uns in der Dichtung geboten ist,
möchten wir vergleichen mit fossilen Ueberresten von verschieden entwickelten Zweigen und Blättern einer und der-

selben früheren Baumgattung: wir mögen wohl durch ver-
gleichende Schlüsse aufzufinden suchen, wie etwa dieser Baum
herangewachsen sein, welche Gestalt er gehabt haben und
in welcher Folge er jene Zweige und Blätter nach und nach
getrieben haben kann.]

28. [Der Augenschein lehrte, dass der Leib zu Staub und
Erde wurde oder im Feuer sich auflöste zu Asche; dagegen ent-
flatterte — so glaubte man — durch den Mund (oder die Wunde)
des Sterbenden der letzte Lebenshauch desselben, ψυχή oder
θυμός, d. h. zunächst: seine anima, nicht animus oder mens;
der νόος geht mit den leiblichen φρένες zu Grunde. Dies
ist die allernächste Vorstellung; wir werden sehen, dass dieser Glaube auch dem homerischen Menschen keine Befriedigung gewähren konnte. Diese ψυχή ist also vom Leib
und seinen Kräften wesentlich verschieden; sie hat selbst ihn
sammt diesen beseelt und belebt, überdauert ihn daher. Wie
sollte auch die Kraft, die das Leben schafft und selbst Leben ist, mitsterben können? Und wenn nicht mit dem Leib,
wann überhaupt? Darum sind diese ψυχαὶ ewig, aber
ἀφραδέες, ohne die Fähigkeit zu denken, zu wollen und zu
empfinden. — Wohin kommen sie aber? in der Luft bleiben sie doch wohl nicht, und von einem pantheistischen
Verfliessen in eine allgemeine Weltseele giebt es bekanntlich keine Ahnung bei Homer. Daher müssen sie im Raume
wenigstens beschränkt sein. Dies führte auf die Nothwendigkeit ihnen eine Gestalt zuzuschreiben. Hier zeigt sich
nun wieder der humane hellenische Sinn. Man dachte sich die
ψυχαὶ nicht in Vogelgestalt, was nahe zu liegen scheinen
könnte und anderwärts nicht unerhört ist — vgl. z. B. die
Citate aus Schwenck's Mythol. der Slaven bei Welcker GL.
I p. 816 n. 22 und ausserdem Wackernagel in der Jubelschrift Ἔπεα πτερόεντα p. 40 — sondern, was noch näher
lag (Limburg-Brouwer I, 2 p. 485), in Menschengestalt, wie
der Traum die Abgeschiedenen zeigte*) und wie man sie
in lieber Erinnerung bewahrte. (Daneben zeigt sich eine
Vorstellung, deren relatives Alter sich kaum bestimmen lässt

---

*) [Vgl. Cic. Tusc. 1. 13. 29 extr.]

und die auch nicht neben der anderen fortbestehen konnte,
dass nämlich die Gestalt, wie sie im Moment des Tódes aus-
sah *), auch die der ψυχή sei, Od. λ, 38 — 43). Freilich
kann diese Gestalt nicht leiblich-materiell, sie kann kein Körper sein, es sind nur Umrisse, wie eines Schattens oder
Rauchs. So sind die ψυχαὶ εἴδωλα der Menschen wie sie
im Leben waren.

Dies führt erstens auf die weitere Vermuthung, dass
dieselben wohl nicht bei uns wohnen, sondern an einem besonderen Aufenthaltsort, der den Lebenden verschlossen und
daher wohl nicht auf Erden ist; sie müssen im Reich der
Unsichtbarkeit, des A i d e s, weilen (vgl. Döderlein im Er-
langer Universitätsprogr. 1859 p. 3 f.; anders Leo Meyer
Bemm. p. 55). Und nun ergeben sich sofort zwei Möglichkeiten. Dies Reich, in welches nie ein Sonnenstrahl dringt
(denn Helios scheint nur ὑπεριὼν über die Erde und im
Olymp) befindet sich 1) u n t e r d e r E r d e ὑπὸ κεύθεσι γαίης,
wohin das Blut der Erschlagenen rinnt, wohin man die
Todten versenkt**), wohin der Tartaros verlegt ist (dieser Anschauung zunächst gehört der Zug an, dass die Bestattung
des Leichnams Bedingung für das Eingehen der ψυχή in
den Hades d. h. letzteres selbst ist; nachher wurde derselbe
auch auf die· folgende Anschauung übertragen); oder jenes
Reich ist 2) i m s o n n e n l o s e n W e s t e n, jenseits des erd-
umströmenden Flusses. Sollen aber die ψυχαὶ dahin gehen
um dort zu sterben oder auch nur regungslos zu verharren?
Das wäre doch sonderbar. Und `doch haben sie keinen Kör-
per und keinen θυμὸς mehr. Wir stehen vor einem Räthsel. Zu dessen Lösung müssen wir einen Schritt weiter thun,
und dies ist die andere Folge von der Statuirung der εἴδωλα. —
Es bleibt nämlich jetzt nichts übrig, als den Z u s t a n d derselben
sich als ein εἴδωλον ζωῆς zu denken; ein blosses εἴδωλον ζωῆς,
weil sie weder Körper noch θυμὸς haben (ἀφραδέες, ἀμε-
νηνά) und so gleichsam ein Traumleben hindämmern, (als)
σκιαὶ· ἀίσσουσι. So ist denn Achilleus ein König unter den

---

*) [Diese Vorstellung liegt vielleicht auch dem Ausdruck εἴδωλα κα-
μόντων zu Grund.]

**) [Man vergleiche Cic. Tusc. 1, 16, 36 f.]

Todten, nicht über alle (dies ist Hades; in λ, 491 liegt eine
Steigerung s. v. a. ἢ καὶ πᾶσι), sondern über seine Unterthanen im früheren Leben; ebenso richtet Minos als βασιλεὺς δικασπόλος, und so setzen auch wohl die anderen ἀρι-
στῆες ihr Leben fort, nur aber als Schatten, ebenso auch
deren Unterthanen und überhaupt alle Menschen. Doch
fehlt der Phantasie noch etwas. Die Unterwelt selbst
muss ein locales εἴδωλον der Oberwelt sein *). Dies
ist ebenso natürlich als nothwendig. Die mit körperlichen Umrissen gedachten ψυχαί müssen ja einen Raum
haben, wo sie sich bewegen: zunächst jene Wiesen mit der
schaurigen Todtenblume, und dann finden sich von selbst
auch Bäume dazu, aber ὠλεσίκαρποι· und warum sollte es
keine Flüsse geben? freilich mit schauerlichen Namen; dann
reihen sich Berge an; auch die Thiere müssen hereingenom-
men werden, wo sollten denn deren ψυχαί — an die wir
gar noch nicht gedacht — sonst sein? So kann doch jenes
Leben erst recht ein Nachbild des diesseitigen werden, ein
trauriges freilich, aber darum ist es Folge des Todes. Dass
dann auch Kleidung und Waffen, natürlich auch nur als
Abbilder im eigentlichsten Sinn, — an Seelen derselben (vgl.
Voss kr. Bl. II, 427 ff.) hat der Grieche gewiss nicht gedacht — hinzugefügt werden, ist mehr folgerichtig als incon-
sequent. — Diese Vorstellungen von den εἴδωλα hängen
offenbar untereinander zusammen und sind desswegen hier
zusammengestellt, ohne dass wir irgend behaupten wollten,
die Reihenfolge derselben müsste gerade die angegebene
sein. Ebenso wenig ist unsere Meinung, dass die zunächst
§. 29 zu besprechende Weiterbildung der Ansichten über
das Jenseits erst nach Vollendung der eben gegebenen begonnen hätte. So natürlich es ist, dass erst nach der sinnlichen Wahrnehmung und dem Beginn der Thätigkeit der
Phantasie die Macht des sittlichen und persönlichen Bewusstseins mit ihrer Reflexion sich geltend machte, so muss man
sich doch vor dem Glauben hüten, als läge zwischen beiden
Factoren des Glaubens an ein Jenseits eine grosse Kluft.]

---

*) [Hiezu vergl. besonders Welcker's GL. I p. 798—805.]

29. [Denn je schöpferischer und erregter die Phantasie des hellenischen Volkes in seinen früheren Perioden gewesen sein muss, um so rascher mochte sie die eben dargelegten Vorstellungen erzeugen; aber wenn ihr auch mit einem solchen Zustand der ψυχαί ein Genüge gethan wäre, so regte sich doch schon längst, um nicht zu sagen gleichzeitig beginnend, ein tiefes Bedürfniss des persönlichen, sittlichen Bewusstseins und während daher der Mensch seiner Phantasie folgte, hatte er gleichsam kein gutes Gewissen, zumal mitten aus dem Leben heraus ein specielles ethisches Bedenken die Fortdauer der Persönlichkeit im Jenseits wenn auch zunächst in beschränkter Weise postulirte. — Aller harret ein gleiches Ende: θάνατος ὁμοίιος. Und doch ist dem oder jenem offenkundigen Meineidigen, der sich am Heiligsten versündigt hat, hier nichts Böses widerfahren, trotzdem er die göttliche Strafgerechtigkeit selbst herausgefordert hat. Alle Religion hätte ein Ende, das sittliche Bewusstsein wäre im innersten Kern verletzt, wenn dieser Frevel nicht selbst im Jenseits noch geahndet und schwer geahndet würde. Wie nahe es dann lag, auch andere*) auffallende Frevel jenseits gestraft werden zu lassen, leuchtet ein. Den Frevler erwartet eine **Strafe im Jenseits** von den Beherrschern der Unterwelt oder ihren Dienerinnen (Anm. zu Il. γ, 278). Wenn nun der Glaube an Strafe nach dem Tode nicht sofort verallgemeinert wurde, so lag dies daran, dass eben einzelne sehr auffallende Frevel ihn hervorgerufen hatten; die Verallgemeinerung ist nachhomerisch. — Aber um die Strafe fühlen zu können, muss man diesen Frevlern ein Vorrecht einräumen, nämlich Empfindung und Bewusstsein, den θυμός· sie sind **nicht mehr** ἀφραδέες. Ein wichtiges Resultat! Der Bann des Hades ist durchbrochen; warum sollte dies nun nicht auch zu Gunsten hervor-

---

*) [Hiebei wollen wir erinnern, dass Tantalos, nach einer andern von Nitzsch III p. 320 freilich aus systematischen Gründen übergangenen Wendung der Sage, wegen Meineids von Zeus bestraft wurde; vgl. Schol. ad Od. τ, 518. Die Art der Strafe, ebenfalls verschieden, s. bei Ant. Lib. 36, Schol. ad Pind. Ol. 1, 90 und Od. υ, 66.]

ragender verehrter Persönlichkeiten geschehen dürfen? Hier
bietet die thebanische Localsage einen hochangesehenen
Seher, der selbst von seiner Kunst den Namen hat und
solche Weisheit besitzt, dass sein νόος*), seine φρένες gewiss auch im Tode nicht untergehen, sondern Persephone
selbst huldreich ihn vom Banne ausnimmt; besteht ja auch
sein Orakel noch fort und ist ihm ein Cultus gewidmet
(λ, 32 f.).
Den Charakter einer Belohnung hat aber dieses Vorrecht nicht sofort. Wohl aber führt es uns weiter. Es giebt,
und vielleicht nicht erst in Folge davon**), einen Todten-
cultus (λ, 26 ff.). Wie man auch den Anlass zu seiner
Entstehung auffassen mag, auch wenn blos eine Labung der
Todten damit beabsichtigt ist, nimmermehr können die ψυχαὶ dabei als ἀφραδέες, als ganz empfindungs- und bewusst-
los, gedacht sein ***). Endlich also musste man sich entschliessen allen Todten auch den θυμὸς beizulegen. War
es bisher ein Räthsel, wie derselbe so gut wie die ψυχὴ †)
vom Leib fortfliegen und doch ihn nicht überdauern konnte,
so findet sich jetzt eine doppelt willkommene Lösung. Die
erste Spur dieser allgemeinen Prädicirung von Bewusstsein

---

*) [Dass dieser kein körperliches Substrat mehr hat, ist eine Incon-
   sequenz, welche der Glaube gar nicht merkt, oder nicht scheut,
   da ihm ja nach und nach andere Vorstellungen über die Bedingungen jener Existenz sich unterschieben: dort braucht man
   ja keinen Körper.]
**) [Nitzsch III p. 170 „das, was man den Todten durch die
   Grabspenden und namentlich durch das Blutgiessen zu leisten
   glaubte, sieht so sehr nach einer noch rohen Vorstellung aus,
   dass diese Gebräuche wohl nur in einem sehr frühen Zeitalter
   entstanden sein können."]
***) [Dass dennoch Od. χ, 521 noch νεκύων ἀμενηνὰ κάρηνα erwähnt
   werden, ist eine Beibehaltung des Ausdrucks aus der früheren
   Vorstellung, und so auch nach Homer.]
†) [So fasste man jetzt die üblichen Bezeichnungen auf (anders als
   sie anfangs gemeint waren: §. 28 init.) Man verstand jetzt unter
   θυμὸς den animus, unter ψυχή die anima. So konnte selbst ein
   Ausdruck wie der in seiner Art einzige Il. η, 131 eine neue
   Deutung und sofort Verallgemeinerung erfahren.]

bei den Todten findet sich in Il. ψ, 72 f. Sonst ist dies die
relativ späteste Vorstellung, die der zweiten Nekyia (während die localen Ausschmückungen darin recht wohl schon
einer früheren Anschauung angehören können).

Erst jetzt, wo die ψυχαί wirklich ψυχαί (im späteren
Sinn) geworden waren, konnte der Glaube an die Möglichkeit einer momentanen Rückkehr derselben auf die Oberwelt
entstehen. Eine Folge davon ist, dass man ihnen ein allgemeines Wissen von der Zukunft zuschrieb, dann überhaupt
eine Einwirkung auf die Oberwelt. Das letztere findet sich,
doch nur leise, angedeutet in Il. ω, 592; auf den ersteren
Glauben gründet sich die Epagogic oder Todtencitation,
von welcher in der älteren Nekyia die ersten Anfänge (Odysseus muss selbst an den Eingang des Hades gehen) sich finden; der Ritus λ, 34—37. (Ἑρμῆς ψυχοπομπὸς §. 33.)

Endlich findet sich auch die Vorstellung von Beloh-
nungen der Frommen, von einem Aufenthalt derselben auf
dem Ἠλύσιον πεδίον Od. δ, 563—569. Diese Vorstellung ist
hervorgerufen durch die von den Strafen in der Unterwelt;
gleichwohl fragt sich, ob sie, in dieser speciellen Fassung
wenigstens, schon homerisch ist; die damit in Verbindung
gesetzte Apotheose des Menelaos hat manches Bedenken erweckt; s. Nitzsch III p. 284, 316 und 340—352.]

30. (28). Um das Aeusserliche zuerst zu besprechen,
so hat schon Völcker in seiner homerischen Weltkunde
genügend auf den Widerspruch aufmerksam gemacht, der in
der Vorstellung des Dichters von der Localität des Hades
herrscht. Denn einerseits denkt sich ihn der Dichter west-
lich jenseits des Okeanos, ausserhalb des Bereiches unse-
res Sonnensystems aber nicht unterirdisch (vgl. Völcker
p. 141 ff.); andererseits versetzt er ihn auch ins Innere der
Erde (V. p. 140 f.). Indess hat diese ganze Untersuchung
für unseren gegenwärtigen Zweck kein Interesse*). Wichtig

*) Eggers freilich hat in seiner Abhandlung de Orco Homerico.
Altona 1836 nachzuweisen gesucht, dass es in der Vorstellung
der Alten nur einen Orcus gebe und dass dieser im Innern
der Erde sei. Gegen diesen und gegen Völcker hat sich Nitzsch
III p. 187 vgl. p. 171 [154 und überhaupt p. XXXV] für die

dagegen sind die Widersprüche der Vorstellung in Absicht
auf die Leiblichkeit der Todten. Wir meinen hier nicht diejenigen Stellen, in welchen den Todten eine laute Stimme
beigelegt wird, wie z. B. Od. λ, 391, wo es von Agamemnon
heisst: κλαῖε δ᾽ ὅγε λιγέως· denn er hatte ja vom Blute
getrunken; auch nicht Il. ψ, 67, wo Patroklos' ψυχὴ beschrieben wird als ihm in allen Stücken und auch · der
Stimme nach ähnlich; denn Patroklos erscheint ja als ein
Traumbild, und die Traumbilder reden mit dem Träumen-
den vernehmlich; kaum auch dass Elpenor's ψυχὴ ohne Blut
getrunken zu haben mit Odysseus vernehmlich zu sprechen
vermag (λ, 51 ff.); denn Elpenor war noch nicht verbrannt

Vossische Ansicht eines Todtenreiches im Innern der Erde mit
westlichem Eingang jenseits des Okeanos entschieden [und ihm
folgt unter Anderen W. Teuffel in seiner Hom. Eschatologie
p. 31 ff. Ebenso schliesst sich v. Limburg-Brouwer hist. d. l. civilis.
Tome II p. 481 f. der Vossischen Ansicht an. Dagegen hat Völcker
einen Vertheidiger gefunden an Welcker GL. I p. 799. Damit
auch ein tertium nicht fehle, hat Gladstone zu erweisen gesucht,
dass der Hades vielmehr im Osten gedacht sei, was sein Recen-
sent in der Edinburgh Review 1858 p. 515 f. genügend abweist;
nur betont dieser wiederum, unter Anführung von Parallelen aus
der Mythologie anderer Völker, deren mehrere auch Welcker hat,
die westliche Lage des Hades so sehr, dass es scheint, als denke
er gar nicht an die Vorstellung eines unterirdischen Hades.
(Seine Zusammenstellung von ῎Ερεβος mit Εὐρώπη, dem hebr.
ereb und dem arab. gharb, Algarve und Arabia scheint uns
sehr gewagt, so plausibel er sie zu machen sucht. Lobeck
und Döderlein §. 324 ff. erklären ὄρφνη für verwandt; mit sskr.
rajas goth. riqvis stellt es Leo Meyer in Kuhns Ztschr. VI, 19
unter Zustimmung von Lottner (VII, 20) Legerlotz (VII, 136)
und Grassmann (IV, 28) zusammen). Wenn wir unsre Meinung
aussprechen sollen, so möchten wir der Völckerschen Ansicht
von einer in den Gedichten wahrnehmbaren doppelten Vorstellung aus den oben §. 27 a. E. entwickelten Gründen und weil
uns die Vossische Ansicht auch nach Nitzsch zu complicirt erscheint im Ganzen beistimmen. — Die Abhandlung von Stein-
metz de aliquot locis Od. et Aen. ad Orci Maniumque descr.
pertt. Merseb. 1840 konnten wir nicht vergleichen.]

und bestattet[1]). So lange der Leib aber nicht vernichtet
ist, steht er mit der ψυχὴ in einem geheimen Rapport; die
Seele hat noch ein Element von Leiblichkeit an sich [auf
welches etwa der vielleicht noch nicht als ganz vernichtet
gedachte θυμὸς einwirken könnte?]. Sie ist noch nicht
einerlei Wesens mit den Seelen bereits verbrannter Leiber
geworden, und wird daher von diesen auch nicht über den
Fluss gelassen; Il. ψ, 71 ff. sagt Patroklos: θάπτε με ὅττι
τάχιστα, πύλας Ἀΐδαο περήσω. Τῆλέ με εἴργουσι ψυχαὶ,
εἴδωλα καμόντων, οὐδέ μέ πω μίσγεσθαι ὑπὲρ ποταμοῖο
ἐῶσιν· ἀλλ᾽ αὔτως ἀλάλημαι ἀν᾽ εὐρυπυλὲς Ἀΐδος δῶ. Man
vergleiche hierüber auch Nitzsch III p. 199. Eben so wenig befremdet, dass Teiresias' εἴδωλον redet; denn dies hat
ja, freilich mit merkwürdiger, nicht näher zu urgirender Inconsequenz, seine φρένες noch. — Auch meinen wir die
[natürlich relative] Körperlichkeit der Frevler Tantalos, Tityos und Sisyphos nicht; denn wenn einmal die mythologische Vorstellung von solchen Strafen redete, so musste sie
den Bestraften auch die Fähigkeit zu empfinden lassen; denn
ein wesen- und bewusstloses εἴδωλον wäre ja des Gefühls
einer Strafe nicht fähig. Den Keim zu diesen Vorstellungen
enthält der Glaube an eine Bestrafung des Meineids vgl.
Anm. zu Il. γ, 278 p. 257. [Man beachte auch Hes. E. 803 f.]
Alles also, was solchen Todten zugeschrieben wird, die nicht
in jeder Beziehung wirkliche, wahrhafte εἴδωλα sind, über
deren psychologische Ursache Nitzsch I p. 187 handelt [vgl.
dort den Zusatz p. 326] bringt in die Vorstellung von diesen
keinen Widerspruch. Allein das ist ein Widerspruch, wenn
das εἴδωλον, das einem Rauch oder einem Schatten gleicht,
das nichts Fassbares und Greifbares ist, das in seiner Bewusstlosigkeit doch wohl auch der Empfindung der Furcht
nicht fähig ist, abgewehrt werden kann von jener mit Blut
gefüllten Grube durch das blanke Schwert; Od. x, 535: αὐ-

---

1) Eine merkwürdige Analogie bietet der Zug in der Sage von
Sisyphos, dass er sich Bestattung und Todenspenden listig ver-
bittet, um wieder aus dem Hades entlassen zu werden; vgl.
Welcker Tril. p. 555 mit Theognis 704 ff. [im Auszug bei Nitzsch
III p. 329.]

τὸς δὲ ξίφος ὀξὺ ἐρυσσάμενος παρὰ μηροῦ ἧσθαι, μηδὲ ἐᾶν
νεκύων ἀμενηνὰ κάρηνα αἵματος ἆσσον ἴμεν, πρὶν Τειρεσίαο
πυθέσθαι. cf. λ, 48 ff., 88 ff. — Solche Widersprüche lösen
zu wollen, wäre thöricht; sie schieben sich der Vorstellung
des Dichters unvermerkt, ja man möchte sagen natürlich unter, und treten mehr in der poetischen Darstellung hervor
als dass sie den Kern der Ansicht alterirten.

31 (29). Wir gehn zu den Widersprüchen fort, die
sich in des Dichters Vorstellung finden in Absicht auf das
Bewusstsein und Wissen der Todten. Teiresias gehört begreiflicher Weise nicht hieher. Eben so wenig darf
man die Aeusserungen Lebender urgiren, wenn solche bei
Gelegenheit von den Todten so reden, als ob diese im Hades ein Bewusstsein hätten; wie z. B. Il. ω, 592 Achilleus
sagt: μή μοι, Πάτροκλε, σκυδμαινέμεν, αἴ κε πύθηαι εἰν
Ἀϊδός περ ἐὼν, ὅτι Ἕκτορα δῖον ἔλυσα· oder Deiphobos Il.
ν, 415: οὐ μὰν αὖτ᾽ ἄτιτος κεῖτ᾽ Ἄσιος· ἀλλά ἔ φημι εἰς Ἀϊδός περ ἰόντα, πυλάρταο κρατεροῖο, γηθήσειν κατὰ θυμὸν,
ἐπεί ῥά οἱ ὤπασα πομπόν. Dies sind momentane Vorstellungen, die nicht bestimmt sind, ein so zu sagen dogmati-
sches Dafürhalten auszudrücken. Dagegen zeigt sich ein
anderer Fortschritt der Vorstellungen in Minos' Richteramt
unter den Todten; Od. λ, 568—571: ἔνθ᾽ ἤτοι Μίνωα ἴδον,
Διὸς ἀγλαὸν υἱὸν, χρύσεον σκῆπτρον ἔχοντα, θεμιστεύοντα
νέκυσσιν, ἥμενον· οἱ δέ μιν ἀμφὶ δίκας εἴροντο ἄνα-
κτα, ἥμενοι ἑσταότες τε κατ᾽ εὐρυπυλὲς Ἀϊδος δῶ· d. h. die
Todten um ihn her trugen ihm ihre Händel vor, holten sich
richterlichen Bescheid von ihm; εἴροντο vgl. Il. α', 513 καὶ
εἴρετο = ηὔδα [? vgl. Nitzsch und Döderlein §. 518]. Es
wird wohl jetzt Niemand mehr diese Stelle auf die spätere
pindarische Vorstellung von einem Gericht über das Verhalten der Todten im Leben beziehn; vgl. Nitzsch III p. 182 ff.
Ebenso wie Minos setzt auch Orion (λ, 575) seinen Beruf
fort; da war der Dichter denn genöthigt, ihm Objecte zu geben, an denen er ihn üben konnte; vgl. Nitzsch III p. 282.
Noch auffallender endlich ist, dass die Todten, [zunächst nur
einzelne], des Leibes ledig, gleich als wäre dieser eine
Schranke der Seele gewesen, zuweilen ein übermenschliches

Wissen verrathen[1]). Wir wollen hier gleichfalls nicht urgiren, dass Teiresias und Herakles den Odysseus, den sie doch im Leben nie gesehen haben, ohne weiteres erkennen. Aber Elpenor sagt Od. λ, 69 zu Odysseus: οἶδα γὰρ, ὡς ἐνθένδε κιὼν δόμου ἐξ Ἀΐδαο νῆσον ἐς Αἰαίην σχήσεις εὐεργέα νῆα. Und wollte man auch diese Worte nur als eine blos menschliche Vermuthung, nicht als übernatürliche Weissagung fassen wie z. B. Nitzsch [und Ameis] thun, so bleibt doch immer Patroklos' Aeusserung Il. ψ, 80 stehn: καὶ δὲ σοὶ αὐτῷ μοῖρα, θεοῖς ἐπιείκελ᾽ Ἀχιλλεῦ, τείχει ὕπο Τρώων εὐηγενέων ἀπολέσθαι. Denn dies spricht Patroklos durchaus im Charakter einer Offenbarung und mit einer Bestimmtheit, welche wie eine Bestätigung dessen klingt, was er und Achilleus sonst schon von des letzteren frühzeitigem Tode gewusst haben. [Freilich wurde diese Fähigkeit nicht sofort auch allen Todten zugeschrieben.] Vgl. Nitzsch III p. 212.

32. (30). Wir sind hiemit an einen Punkt der homerischen Vorstellung vom Wesen der Todten gekommen, bei welchem die erste Ahnung von der späteren Ansicht hervorbricht, als sei der Zustand nach dem Tode ein höherer, ein vollkommnerer denn der irdische. Mit dieser Ahnung stimmt, dass Odysseus (Od. κ, 516 ff. λ, 23 ff.; vgl. Nitzsch III p. 162) den Todten mit dem μελίκρητον, einem Trank aus Honig und Milch, ferner mit Wein, endlich mit Wasser, worauf Gerstenmehl gestreut wird, eine Spende darbringen, hierauf ihnen ein mit Gebet verbundenes Gelübde thun muss (πολλὰ δὲ γουνοῦσθαι νεκύων ἀμενηνὰ κάρηνα), dass er ihnen nach seiner Heimkehr ein feistes, jedoch nicht trächtiges Rind, dem Teiresias einen schwarzen Schafbock opfern wolle. Ueber die ganze Stelle, und die darin erwähnten Gebräuche vergleiche man die eingehenden Untersuchungen von Nitzsch III p. 163 ff. 170. Hiemit erscheinen die Todten als *divi manes*, und vollkommen hiezu passt, dass Achilleus in der Nacht, in welcher Patroklos' Leichnam von den Flam-

---

1) Düntzer Fragm. p. 23 Νόστοι. Ἀχιλλέως εἴδωλον ἐπιφανὲν — προλέγον τὰ συμβησόμενα· vgl. Schöll Beiträge Bd. I p. 203 ff.

men verzehrt wird, fortwährend Weinspenden ausgiesst und
dazu die ψυχή des Patroklos ruft; Il. ψ, 220: οἶνον ἀφυσ-
σάμενος χαμάδις χέε, δεῦε δὲ γαῖαν, ψυχὴν κικλήσκων Πατροκλῆος δειλοῖο, ein ganz anderes Rufen, als der Abschieds-
gruss ist, dessen der Dichter Od. ι, 65 gedenkt. [Hieher bezieht Grotemeyer p. 35 auch die dem Todten zu Ehren an-
gestellten Leichenspiele; ob es aber der gespenstisch geister-
hafte Zustand der Todten war, der die Schatten als Wesen
höherer Art erscheinen liess, möchten wir doch bezweifeln.
Grotemeyer scheint uns überhaupt die verschiedenen Stufen,
in denen sich die Vorstellungen auf diesem Gebiet entwickelten, zu wenig zu scheiden.] Indessen bleibt es bei solchen
Ahnungen; sie sind gleich Samenkörnern, deren Aufgehn
einem späteren Zeitalter vorbehalten war*). Bei Homer ist
von einer Unsterblichkeit des Geistes ohne den Leib noch
keine Rede, worauf wir gleich kommen werden, wenn wir
schliesslich noch Einiges über die Widersprüche bemerkt
haben, welche sich gegen die bisher dargelegte Lehre vom
Wesen der Todten aus Od. ω ergeben.

33. (31). Sie bestehn kürzlich in Folgendem. Erstlich
fällt Ἑρμῆς ψυχοπομπὸς auf; nirgends sonst im Dichter wird
die ψυχή von einem Gotte an ihren neuen Aufenthalt geleitet; [nirgends findet sich eine Andeutung, dass sie den
Weg dahin etwa nicht finden könnte oder nicht machen
müsste. Dieser offenbar spätere Glaube eines seelengelei-
tenden Hermes scheint in Verbindung mit der Nekromantie,

---

*) [Der von Welcker GL. I p. 812 hiegegen erhobene Widerspruch
scheint auf einer zu allgemeinen Auffassung obiger Worte zu
beruhen. Es soll damit nur gesagt sein, dass die bei Homer
qualitativ, nicht blos quantitativ, minder entwickelte Vorstellung
(jene Ahnungen) in der späteren Zeit sich weiter bildete, inten-
siv sowohl als extensiv, womit dann freilich die häufigeren
„buchstäblichen Zeugnisse" in Zusammenhang stehen. Ersteres
wird gewiss auch Welcker nicht läugnen; aber ebensowenig
kam es dem verewigten Verfasser in den Sinn, blos nach buchstäblichen Zeugnissen die Chronologie der Begriffe und Ahnungen zu ermessen, oder dem Dichter ein anderes etwa tieferes
Wissen als seinem Volk zu vindiciren. Vgl. die Einleitung S. 2.]

mit den ψυχοπομπεῖα, zu stehen. Vgl. auch Preller Myth.
I p. 315 der zweiten Aufl. — etwas anders als in der ersten
p. 254.] Ferner kommen die Schatten der Freier in Berührung und Verkehr mit den Todten noch vor ihrer Bestattung, während Patroklos und Elpenor, der ebendesswe-
gen dem Odysseus auch zuerst begegnet (Od. λ, 51), als
unbestattete noch nicht unter die Todten sich mengen dürfen. Drittens erkennt Agamemnon den Freier Amphimedon
sogleich als einen alten Gastfreund und spricht mit ihm,
ohne Blut getrunken zu haben. Diese Widersprüche konnten sich innerhalb der sonst im Dichter geltenden Ansicht
nicht ausbilden. Was Spohn de extr. parte Odysseae p. 42
gegen Koes, um sie theilweise zu mildern oder zu rechtfer-
tigen, vorbringt, beruht auf falschen Ansichten von vielen
der von uns oben besprochenen Stellen. Wenn irgend ein
Theil der Odyssee, so scheint die Todtenscene in Od. ω
nicht vom Dichter herzurühren, wofür es ja bekanntlich noch
andere Gründe giebt, deren Erörterung nicht hieher gehört.
[Vergl. ausser Spohn und Nitzsch Anm. III, Sagenpoes.
S. 170 etc. auch Hennings: Die νέκυια δευτέρα u. d. verschiedenen Ordner der Odyssee, in NJbb. 83 p. 89 ff.]
   34. (32). Doch zurück. Des Geistes Unsterblichkeit
ist bei dem Dichter durch die des Leibes bedingt; oder nur
der Gott ist unsterblich. Doch strebt die Vorstellung des
homerischen Menschen auch nach einer Vermittlung; sie
lässt den Tod und ewiges Leben nicht absolut auseinander
fallen. Sie theilt nämlich die Zeit zwischen Tod und Unsterblichkeit, so dass der eine Tag jenem, der andere dieser
angehört; dies bei Kastor und Pollux, τοὺς ἄμφω ζωοὺς κατ-
έχει φυσίζοος αἶα, οἳ καὶ νέρϑεν γῆς τιμὴν πρὸς Ζηνὸς
ἔχοντες ἄλλοτε μὲν ζώουσ᾽ ἑτερήμεροι, ἄλλοτε δ᾽ αὖτε τε-
ϑνᾶσιν· τιμὴν δὲ λελόγχασ᾽ ἶσα ϑεοῖσιν (λ, 301—304).
Ein zweites Mittel wäre die Person zu spalten, und des
Menschen wahres Ich, seinen Leib, bei den Göttern, sein
εἴδωλον im Schattenreiche wohnen zu lassen; dies wäre bei
Herakles Od. λ, 601 ff. der Fall, und diese Stelle würde der
in Il. σ, 117 ff., nach welcher Herakles gestorben ist, im
Grunde nicht widersprechen; allein sie hat andere Gründe
gegen sich; vgl. §. 16. Die Vorstellung wagt aber sogar den

letzten Schritt; sie macht in Wirklichkeit oder wenigstens
verheissungsweise den Menschen ganz unsterblich, und versetzt den Liebling der Götter, Zeus' Eidam Menelaos, lebendigen Leibes in das elysische Gefilde, wo der blondgelockte
Rhadamanthys mit Anderen wohnt (Od. δ, 561 — 569); bemerkenswerth ist dabei nur, dass von einer Apotheose an-
drer Helden z. B. des Achilleus noch keine Spur sich findet
[vgl. §. 29 a. E.]. So tief wurzelt im Menschen die Sehnsucht
nach unsterblichem, unvergänglichem Wesen; seine Vorstellung ringt die Seele aus dem dumpfen Schattenleben des
Todes heraus, und ehe sie sich der Ahnung von wirklicher
Unsterblichkeit völlig begäbe, entschliesst sie sich lieber dem
Menschen den Todeskelch gar nicht zu reichen.